Fey · Petsitis
Wörterbuch der Kosmetik

Wörterbuch der Kosmetik

Begründet von Horst Fey
Bearbeitet von Xenia Petsitis, Hofheim

5., völlig neu bearbeitete und
erweiterte Auflage

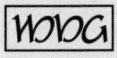

Wissenschaftliche Verlagsgesellschaft mbH Stuttgart

Anschrift der Autorin:
Dipl.-Ing. Xenia Petsitis
Am Lotzenwald 28
65719 Hofheim

Danksagung

Für die gute Zusammenarbeit und die Überlassung von aussagekräftigem Informationsmaterial möchte ich mich bei den auf S. 7 und 8 aufgeführten Firmen und ihren Mitarbeitern bedanken. Mein besonderer Dank gilt darüber hinaus Sabine Steinmetzer und Rolf Scheepe für ihren fachlichen Beistand und meinem Mann, Titus Steinhauer, der mir stets mit Rat und Tat zur Seite stand.

Xenia Petsitis

Ein Markenzeichen kann warenrechtlich geschützt sein, auch wenn ein Hinweis auf etwa bestehende Schutzrechte fehlt.

Bibliografische Information Der Deutschen Bibliothek
Die Deutsche Bibliothek verzeichnet diese Publikation in der Deutschen Nationalbibliografie; detaillierte bibliografische Daten sind im Internet über http://dnb.ddb.de abrufbar.
3-8047-1986-4

Jede Verwertung des Werkes außerhalb der Grenzen des Urheberrechtsgesetzes ist unzulässig und strafbar. Dies gilt insbesondere für Übersetzung, Nachdruck, Mikroverfilmung oder vergleichbare Verfahren sowie für die Speicherung in Datenverarbeitungsanlagen.
© 2004 Wissenschaftliche Verlagsgesellschaft mbH, Birkenwaldstraße 44, 70191 Stuttgart
Printed in Germany
Satz und Druck: Gulde Druck, Tübingen
Umschlaggestaltung: Atelier Schäfer, Esslingen

Vorwort zur 5. Auflage

Der Umfang und die Vielfältigkeit kosmetischer Präparate, das Rohstoffangebot sowie neue Technologien haben in den vergangenen Jahren so stark zugenommen, dass eine umfassende inhaltliche Aktualisierung des Wörterbuchs der Kosmetik notwendig erschien. Vor Ihnen liegt nun die 5. Auflage, die ich im Sinne von Herrn Horst Fey (Offenbach) und Frau Dr. Ilse Otte (Hamburg) weiterzuführen versucht habe.

Als Schwerpunkte gelten nach wie vor die Erläuterung wichtiger Rohstoffe, die Darstellung von kosmetischen Basisformulierungen sowie die Anatomie und Physiologie der Haut und ihrer Anhangsgebilde. Letztere blieben größtenteils bei der Überarbeitung erhalten, da sie relativ trendunabhängig und von neueren Entwicklungstendenzen kaum betroffen sind.

Hervorheben möchte ich jedoch die Erweiterung im Bereich der dekorativen Kosmetik, die Aufnahme neuer Produktklassen und wichtiger Einzelrohstoffe mit ihrer aktuellen INCI-Bezeichnung. Wichtig erschien mir ferner, die Kosmetikpräperate mit aufzunehmen und kurz zu charakterisieren, die sich mittlerweile am Markt etabliert haben, häufig jedoch mit unterschiedlichen englischen (teilweise auch französischen) Bezeichnungen betitelt sind. Einige von ihnen werden bereits als Gattungsbegriff gehandelt – auch wenn sich dahinter nicht immer ein inhaltlich neues Produkt verbirgt. Ein Anspruch auf Vollständigkeit lässt sich aufgrund der großen Anzahl und Variationsbreite jedoch nicht erheben, was auch für die Erfassung und Erläuterung der Einzelsubstanzen gilt.

Für Anregungen und Kommentare stehe ich Ihnen jederzeit gerne als Ansprechpartnerin zur Verfügung.

Hofheim am Taunus, im November 2003
Xenia Petsitis

Abkürzungen

(Firma)	=	Hersteller/Lieferant des Produktes	F.	=	Schmelzpunkt
			Erstp.	=	Erstarrungspunkt
(lat.)	=	lateinisch	mm	=	Millimeter
(gr.)	=	griechisch	µm	=	Mikrometer
(franz.)	=	französisch	nm	=	Nanometer
(engl.)	=	englisch			
(span.)	=	spanisch	i.d.R.	=	in der Regel
			med.	=	medizinisch
>	=	mehr als	Mz.	=	Mehrzahl
<	=	weniger als	→ Stichwort	=	siehe auch unter diesem Stichwort
D	=	Dichte			
R	=	organ. Rest (Alkyl, Acyl, Aryl o.a.)	Stichwort (INCI)	=	aktuelle INCI-Bezeichnung
Me	=	Metall	u.U.	=	unter Umständen
K_p	=	Kochpunkt = Siedepunkt	vgl.	=	vergleiche
			z.T.	=	zum Teil

Literaturverzeichnis

Auterhoff – Knabe – Höltje: Lehrbuch der pharmazeutischen Chemie, 14. Auflage, Wissenschaftliche Verlagsgesellschaft mbH, Stuttgart 1999
Bender, S.: Körperpflegekunde, 2. Auflage. Wissenschaftliche Verlagsgesellschaft mbH, Stuttgart 2004
Beyer – Walter: Lehrbuch der organischen Chemie, 23. Auflage. S. Hirzel Verlag, Stuttgart-Leipzig 1998
Charlet, E.: Kosmetik für Apotheker. Wissenschaftliche Verlagsgesellschaft mbH, Stuttgart 1989
Clausen, Th., Balzer, W.: Färben des Haares. Wella AG (Hrsg.), Darmstadt 1996
Das Haar und seine Struktur. Wella AG (Hrsg), Darmstadt 1999
Deutsches Arzneibuch 2003. Deutscher Apotheker Verlag, Stuttgart, Govi-Verlag – Pharmazeutischer Verlag GmbH, Eschborn
Europäisches Arzneibuch 2002 (4. Ausgabe). Deutscher Apotheker Verlag, Stuttgart, Govi-Verlag – Pharmazeutischer Verlag GmbH, Eschborn
Europäisches Arzneibuch 4. Ausgabe, 1. bis 5. Nachtrag. Deutscher Apotheker Verlag, Stuttgart, Govi-Verlag – Pharmazeutischer Verlag GmbH, Eschborn
Friederich, H.C. (Hrsg.): Praxis der Akne-Therapie. Wissenschaftliche Verlagsgesellschaft mbH, Stuttgart 1992
Leven, W.: INCI-Index. Synonym-Lexikon der Kosmetikinhaltsstoffe, 2. Auflage. Govi Verlag – Pharmazeutischer Verlag GmbH, Eschborn 2000.
Maisch, Roman: Perlglanzpigmente. Curt R. Vincentz Verlag, Hannover 1996.
Ott, A.: Haut und Pflanzen: Allergien, phototoxische Reaktionen und andere Schadwirkungen. Gustav Fischer Verlag, Stuttgart, Jena, New York 1991
Otterstätter, G.: Dragocolor – Farbenlexikon, 2. Auflage. Dragoco Gerberding & Co. AG (Hrsg.), Holzminden 2001
Petsitis, X.: Kosmetik-Guide. Was ist drin – was ist dran? vgs Verlagsgesellschaft, Köln 2002

Pschyrembel: Klinisches Wörterbuch, 259. Auflage. de Gruyter, Berlin 2002
Raab, W., Kindl, U., unter Mitarbeit von Daniels, R.: Pflegekosmetik. Ein Leitfaden, 3. Aufl. Wissenschaftliche Verlagsgesellschaft mbH, Stuttgart 1999
Römpp: Chemie Lexikon, 10. Auflage. Thieme Verlag, Stuttgart 1996
Römpp. Lebensmittelchemie. Thieme Verlag, Stuttgart 1995
Schmidt – Christin: Wirk- und Hilfsstoffe für Rezeptur, Defektur und Großherstellung. Wissenschaftliche Verlagsgesellschaft mbH, Stuttgart 1999
Schürer, N.: Die trockene Haut. Wissenschaftliche Verlagsgesellschaft mbH, Stuttgart 2000
Thews – Mutschler – Vaupel: Anatomie, Physiologie, Pathophysiologie des Menschen, 5. Auflage. Wissenschaftliche Verlagsgesellschaft mbH, Stuttgart 1999
Umbach, W.: Kosmetik. Entwicklung, Herstellung und Anwendung kosmetischer Mittel. Thieme Verlag, Stuttgart 1988

Rohstoff-Lieferantenadressen

BASF AG
Rathausplatz 10 + 12
67056 Ludwigshafen
Tel.: 0621/60–0
http://www.basf.de

Brenntag GmbH
Spezialchemikalien
Humboltring 15
45472 Mühlheim an der Ruhr
Tel.: 0208/7828–0
http://www.brenntag.de

Ciba Spezialitätenchemie Lampertheim GmbH
Rehlinger Straße 1
86462 Langweid
Tel.: 08230/41–0
http://www.cibasc.com

Clariant GmbH
Functional Chemicals Division
65840 Sulzbach/Ts.
Tel.: 06196/757–0
http://www.clariant.de

Cognis Deutschland GmbH
Care Chemcials
40551 Düsseldorf
Tel.: 0211/7940–0
http://www.cognis.de

Croda GmbH
Herrenpfad-Süd 33
41334 Nettetal
Tel.: 02157/8173–0
http://www.croda.de

Degussa Care Specialties
Goldschmidt AG
Goldschmidtstraße 100
45127 Essen
Tel.: 0201/173–0
http://www.degussa.de

Symrise GmbH & Co. KG
Mühlenfeldstraße 1
37603 Holzminden
Tel.: 05531–90–0
(Zusammenschluß der Firmen Dragoco Gebering & Co. AG und Haarmann & Reimer GmbH.)
http://www.symrise.com

Dragoco Gerbering & Co. AG siehe Symrise.

Elementis GmbH
Stolbergerstraße 370
50933 Köln
Tel.: 0221/485–0
http://www.elementis-specialties.com

Haarmann & Reimer GmbH (H&R)
siehe Symrise.

Interorgana Chemiehandel GmbH & Co.KG
Wörthstraße 34
50668 Köln
Tel.: 0221/7765–0
http://www.into.de

Impag GmbH
Fritz-Remy-Straße 25
63071 Offenbach
Tel.: 069/850008–9
http://www.impag.de

Induchem AG
Industriestraße 26
CH-8604 Volketswil
Schweiz
Tel.: +41/(0)1/9084333
http://www.induchem.com

ISP Global Technologies Deutschland GmbH
Emil-Hoffmann-Straße 1a
50996 Köln-Rodenkirchen
Tel.: 02236/9649–260
http://www.ispcorp.com

Jan Dekker (Deutschland) GmbH
Hans-Böckler-Str. 21
40764 Langenfeld
Tel.: 02173/90411–0
http://www.jandekker.com

Merck KGaA Darmstadt
Deutschland
Frankfurter Straße 250
64293 Darmstadt
Tel.: 06151/72–0
http://www.merck.de

Nordmann, Rassmann GmbH & Co.
Kajen 2
20459 Hamburg
Tel.: 040/3687–0
http://www.nrc.de

Roche Vitamins Ltd
Grenzacherstrasse 125
CH-4070 Basel
Schweiz
Tel.: +41/(0)61/6881111
http://www.roche.com

Sasol Germany GmbH
GB Tenside
Paul-Baumann-Str. 1
D-45764 Marl
http://www.sasol.com

Zschimmer & Schwarz GmbH & Co. KG
Max-Schwarz-Str. 3–5
56112 Lahnstein
Tel.: 02621/12–0
http://www.zschimmer-schwarz.de

Angaben ohne Gewähr

A

Abbrechen der Haare
→ Trichoklasie, → Trichorrhexis nodosa.

Abdeckcreme
Hautfarbenes, cremeförmiges → Abdeckprodukt auf Basis einer Emulsion oder wasserfreien Paste.

Abdeckprodukte
Engl. auch → Concealer genannt. Oberbegriff für hautfarbene dekorative Kosmetika, die in Stiftform, als Creme, Paste oder Emulsion angeboten werden. Sie dienen der Aufhellung bzw. Abdeckung bestimmter Gesichtspartien. Durch den hohen Gehalt an Titandioxid (ca. 5–8%) wird in Kombination mit farbigen Eisenoxiden eine starkes Deckvermögen erreicht, sodass z. B. Augenringe, Teleangiektasien oder Pigmentflecken gezielt kaschiert werden können und der Teint ebenmäßiger wirkt.

Abdeckstifte
Hautfarbene → Abdeckprodukte, die im Grundaufbau den → Lippenstiften ähneln. Die eingesetzten Öle sind jedoch weniger okklusiv, verfügen über geringeren Glanz und ziehen schneller in die Haut ein. Meist sind auch Pudergrundstoffe enthalten, um eine gute Haftfestigkeit und einen leicht mattierenden Effekt zu gewährleisten.

Abietinsäure
Zu den Diterpenen gehörende trizyklische Harzsäure, wichtigster Bestandteil des Kolophoniums.

Abil (Degussa Care Specialties)
Handelsbezeichnung für organomodifizierte Silicone und Siliconpolyole, mit unterschiedlicher Ausrichtung (z. B. als Emulgator oder Konditioniermittel für Haarprodukte). Beispiele:
Abil EM 90
(INCI: Cetyl PEG/PPG-10/1 Dimethicone) Emulgator für glänzende W/O-Emulsionen mit hoher Wärme- und Kältestabilität.
Abil Soft AF 100
(INCI: Methoxy PEG/PPG-7/3 Aminopropyl Dimethicone) Konditioniermittel für Haarprodukte, das auch Struktur und Volumen vermittelt und substantiv auf das Haar aufzieht.

Abrasivum, Mz. Abrasiva
→ Schleifmittel, die, unterstützt durch reibende Bewegung auf der Haut oder den Nägeln zur Ablösung der obersten Hornschüppchen führen.
→ Peeling. In Zahnpflegeprodukten unterstützen Schleif- bzw. Putzkörper die Reinigung der Zähne.

Abschminken
Gesichtsreinigung/Entfernung von aufgetragenen → Make-up-Produkten. Die Reinigung kann mit Hilfe von Reinigungsmilch, Waschlotionen oder getränkten → Abschminktüchern erfolgen. Zur Nachklärung kann zusätzlich ein Gesichtswasser angewendet werden.

Abschminktücher
→ Feuchttücher auf Vlies- oder Zellstoffbasis zum Abschminken des Gesichts. Sie können mit wässrigen Tensidpräparaten, Emulsionen oder einer Ölmischung getränkt sein.

Abschuppung der Haut
Desquamation (lat. squama = Schuppe). Das Abstoßen der flachen verhornten Zellen der oberen Hautschicht, das meist unbemerkt verläuft. Die tägliche Abschuppung beträgt ca. 6–8 g. In etwa 4 Wochen haben sich die oberen Lagen der Hornschicht von Grund auf erneuert. Desquamatio furfuracea: Kleienförmige Abstoßung in kleinsten Schüppchen, wird als Abschilferung bezeichnet (z. B. bei Masern). Desquamatio membranacea oder lamellosa: Abschuppung in Hornhautfetzen als Folge von Entzündungen bei bestimmten Infektionskrankheiten (Scharlach), von Verbrennungen (auch Sonnenbrand) oder von Vergiftungen mit chemischen Substanzen.

Absolues
Bezeichnung für die alkohollöslichen Bestandteile der aus Pflanzen oder Pflanzenteilen (speziell Blüten) extrahierten Duftstoffe, die man

durch Behandeln der sog. Concrètes mit absolutem Ethanol (100%igem) enthält. → Blütenöle

Absorptionsbasen
(lat. absorbere = verschlingen, aufsaugen) Es handelt sich i. d. R. um halbfertige W/O-Cremegrundlagen, bestehend aus einer geeigneten Mischung von Wachsen, Ölen und Emulgatoren. Sie können ein Vielfaches ihres Gewichtes an Wasser binden und bilden stabile W/O-Emulsionen.

Abszess
(lat. abscessus = Eitergeschwür) Ansammlung von Eiter in einem abgeschlossenen Gewebehohlraum.

Acarus siro
(syn. Sarcoptes Scabiei) Krätzemilbe → Scabies (lat. = Krätze)

Acetale
Organische Dialkoxyverbindungen der allgemeinen Formel $RCH(OR_1)(OR_2)$, die formal entstehen, wenn Aldehyde oder Ketone mit Alkoholen unter Wasserabspaltung reagieren. Gegen Alkalien beständige, meist angenehm riechende Flüssigkeiten. Verwendung in der Parfümerie finden Citraldimethylacetal, Phenylacetaldehyddimethylacetal, u. a.

Acetofette
Acetoglyceride. Fettsäuremonodiglyceride, bei denen die restlichen Hydroxylgruppen mit Essigsäure oder einer anderen kurzkettigen Carbonsäure verestert sind. Sie sind physiologisch unbedenklich und als Emulgatoren und Weichmacher verwendbar.

Aceton
Dimethylketon, 2-Propanon, $H_3C-CO-CH_3$. Wasserklare Flüssigkeit von typischem Geruch, mischbar mit Wasser, Ethanol, Ether, Benzol, Chloroform, löst fette und ätherische Öle, Harze, Lacke, Nitrocellulose, Acetylcellulose (Acetatseide, Vorsicht bei Spritzern auf Kleidungsstücken). D 0,79; Kp. 56 °C. Verwendung nur noch gelegentlich zur Herstellung von Nagellack und Nagellackentfernern, da das Aceton den Nägeln Fett entzieht.

6-Acetoxy-2,4-dimethyl-1,3-dioxan → Dioxin

Achromia
(gr. a = Verneinungs-α; chroma = Farbe) → Albinismus

Achselhaare
(Hirci) Sie gehören zur Terminalbehaarung und sind ambosexueller Natur, d. h. ihre Bildung erfolgt bei beiden Geschlechtern in der Pubertät.

Acrylsäure
Propensäure $H_2C=CH-COOH$. Stechend essigsäureartig riechende, farblose Flüssigkeit; F. 12–13 °C, Kp. 141,6 °C; polymerisiert in Abwesenheit von Stabilisatoren bei längerem Stehen. Ausgangsmaterial für Kunststoffe (Polyacrylate).

Acylglutamat → Fettsäureglutamat

Adaptation
(lat. adaptare = anpassen) Anpassung von Organen oder Organismen an bestimmte Umwelt-Reiz-Bedingungen durch Übung oder Gewöhnung.

Adenoma sebaceum
(gr. aden, adenos = Drüse; -oma = Geschwulst; lat. sebum = Talg) Treten im Bereich von Nase, Kinn und Wagen (meist gehäuft) als feste, hautfarbene oder gelbliche Talgdrüsenfehlknötchen auf.

Adinol (Croda)
Handelsbezeichnung für eine Gruppe anionischer Tenside (Natriumsalz des Kokosfett- oder Ölsäuremethyltaurids), die als besonders mild eingestuft werden und daher für den Einsatz in Mund- und Zanpflegepräparaten geeignet sind → Fettsäuremethyltauride. Beispiel:
Adinol CT 95 (INCI: Sodium Methyl Cocoyl Taurate).

Adipate
Salze und Ester der Adipinsäure. → Isopropyladipat

Adipinsäure
Hexandisäure $HOOC(CH_2)_4COOH$. Kristallines Pulver. Verwendung für saure Haarwaschmittel und als Säurekomponente für Kohlensäurebäder.
Die Ester der Adipinsäure (Adipate) werden als

Rückfettungsmittel, Weichmacher und als Repellents eingesetzt.

Adsorption
In der Kosmetik: Anlagerung von Stoffen an die obersten Haut- oder Haarschichten.

Adstringentien
(lat. adstringere = zusammenziehen) Mittel, die auf der Haut, in Schleimhäuten und Wunden Eiweißfällungen und Gerinnungen hervorrufen, sodass die Gewebe oberflächlich verdichtet werden. Hierzu gehören: Gerbsäure und Gerbstoffdrogen, Alaun und andere Aluminiumverbindungen, Zinksulfat, Bismutverbindungen. Verwendung bei großporiger Haut, als Antihidrotika bei starker Schweißabsonderung, zur Blutstillung nach dem Rasieren, nach Gebrauch aller Pflegemittel, die eine Alkalisierung der Hautoberfläche bewirken etc.

adstringieren(d)
Zusammenziehend wirkend. → Adstringentien

Äderchen
Die im Volksmund als „geplatzte Äderchen" bezeichnete Erscheinung ist eine Erweiterung der Haargefäße (Teleangiektasien). Das Netz der feinen, durch die Haut schimmernden Oberflächenvenen tritt vor allem auf den Wangen und auf der Nase auf, kann aber auch auf Ober- und Unterschenkeln vorkommen. Ursache können Erfrierungen, Hitze, Wind oder Sonnenbestrahlung sein, auch starker Alkoholgenuss (Trinkernase). Teleangiektasien sind durch äußerlich anzuwendende Mittel nicht zu beeinflussen, sie können mit der Diathermienadel oder mit Laserstrahlen verödet werden.

Ägyptische Erde
Produktbezeichnung für bräunliche Gesichtspuder, die lose oder gepresst meist in Form sog. → Bräunungspuder angeboten werden und häufig neben Farbpigmenten auch Perlglanzpigmente enthalten.

Aerosole
Dispersionen von festen oder flüssigen Teilchen in Gasen. Der Begriff Aerosole findet aber auch als Synonym für alle Druckgaspackungen Verwendung, die ein Produkt versprühen sollen. In den Aerosolpackungen ist dieses Produkt in der flüssigen Phase eines Treibmittels, das einen Siedepunkt unterhalb der Zimmertemperatur aufweist, gelöst oder suspendiert. Als Treibmittel dienen im Allgemeinen verflüssigte Gase (Flüssiggase). → Treibgase. Sie sollten möglichst mit einer großen Zahl von Lösungsmitteln mischbar sein oder selbst als Lösungsmittel fungieren können. Die Behälter für Aerosole sind aus lackiertem Aluminium oder Weißblech oder auch aus Glas oder Kunststoff und sind auf Druck- und Bruchfestigkeit und Korrisionsbeständigkeit zu prüfen. In der Gasphase herrscht ein Überdruck von ca. 3–6 bar. Durch Betätigung eines Ventils entweicht ein Treibmittel-Präparat-Gemisch durch eine Düse (Sprühkopf), das Treibmittel verdampft spontan und zerstäubt dadurch das Präparat in der Luft in Form eines Aerosols. Die Größe der dispergierten Teilchen hängt vom Druck des Treibmittels, der Löslichkeit und Konzentration der zu versprühenden Substanz in dem Flüssiggas und von der Art des Ventils ab, dessen Konstruktion sich nach dem Verwendungszweck und den physikalischen Eigenschaften der Komponenten des Aerosols richtet. Der Gebrauchsdruck in der Dose bleibt konstant, wenn er nach jeder Ventilbetätigung durch Verdampfen von flüssigem Treibgas wieder hergestellt wird. Bei Verwendung von komprimierten Gasen als Treibmittel, z. B. Kohlendioxid oder Stickstoff, die im Allgemeinen dem flüssigen Inhalt unlöslich sind, sinkt der Gebrauchsdruck bei jeder Ventilbetätigung. Derartige Treibmittel bieten sich gelegentlich bei Produkten auf wässriger Basis an und bei solchen, die keiner feinen Zerstäubung bedürfen wie z. B. Zahnpasten, Handcremes, Sonnenschutzmittel. Spraydosen ohne Treibmittel sind mit mechanischen Pumpsystemen ausgerüstet, sodass auf die Verwendung von Treibgasen ganz verzichtet werden kann.
In einem Zwei-Phasen-Aerosol liegt außer der Gasphase nur eine flüssige Phase vor, in der Wirkstoff, Lösungsmittel und Flüssiggas miteinander mischbar oder gelöst sind. Finden sich in der Abfüllung neben der Gasphase zwei nicht miteinander mischbare flüssige Phasen oder eine flüssige und eine feste Phase (Puderaerosole) so spricht man von Dreiphasensystemen. Eine Zwischenstellung nehmen die Schaumaerosole ein, in denen das flüssige Treibgas in der Wirkstofflösung emulgiert ist (Rasierschäume, Haarpflegeschäume).
Aerosoldosen sind nie voll gefüllt, es muss ein Druckraum über der Flüssigkeit bleiben. Drückt

man auf den Ventilkopf, so drückt das Treibgas, das sich in dem Gasraum über der Flüssigkeit angesammelt hat, den Doseninhalt durch das Steigrohr und durch die Spritzdüse heraus.

Aesculetin
6,7-Dihydroxycumarin. Es bildet sich bei der enzymatischen Zerlegung des Glykosids Aesculin durch Emulsin. Es ist unlöslich in Wasser, löslich in Ethanol.

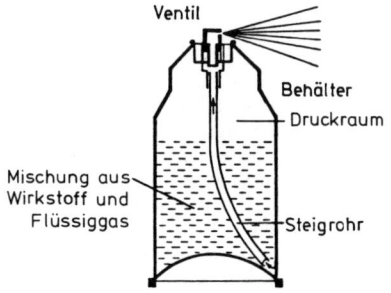

Aesculin
6,7-Dihydroxycumarin-6-β-glucosid. Vorkommen in der Rinde der Rosskastanie. Als Cumarinderivat absorbiert es im ultravioletten Teil des Spektrums. Rosskastanien-Rindenextrakte sind deshalb in begrenztem Maß natürliche Lichtschutzmittel.

Als Alternative zu den herkömmlichen Aerosolsystemen sind die sog. Zwei-Kammer-Aerosole entwickelt, in denen das zu versprühende Produkt von dem Treibgas getrennt wird, indem es in einen Aluminium- oder Kunststoffbeutel eingeschlossen wird. Dadurch ist ein weiterer Schutz der Präparate vor Fremdstoffberührung möglich.
Aerosole, die als Lösungsmittel oder als Treibmittel brennbare Stoffe enthalten, sind in Räumen mit offenem Feuer mit Vorsicht zu gebrauchen. Auch sollte das Treibgas nicht direkt eingeatmet werden (missbräuchliche Verwendung als Schnüffelgas), da dieses zu gesundheitlichen Schäden führen kann. Sprühdosen müssen im Allgemeinen beim Versprühen senkrecht gehalten werden mit dem Ventil nach oben, da sonst nur Treibgas abgeblasen wird. Die Ausnahme bilden die Zweikammer-Systeme, die sich in allen Positionen handhaben lassen; sie dienen häufig zur Applikation von Schäumen und Cremes. In keinem Fall darf eine Spraydose in noch nicht entleertem Zustand geöffnet werden.
Aerosole zeichnen sich durch bequeme Handhabung und Dosierbarkeit, gleichmäßigen Auftrag, hygienische Anwendung und gleich bleibende Wirksamkeit des gegen die Außenatmosphäre abgeschlossenen Inhalts aus. Eine Vielzahl kosmetischer Präparate findet in Aerosolform Verwendung, insbesondere Haarsprays, Deodorantien, Parfüms, Repellents, Sonnenschutzmittel, Rasierschäume.

Ätherische Öle
Sammelbezeichnung für größtenteils leicht flüchtige, fettlösliche Substanzen (ätherisch = flüchtig wie Ether). Sie können aus Pflanzen oder Pflanzenteilen gewonnen werden, bevorzugt durch Wasserdampfdestillation, aber auch durch Extraktion mit niedrig siedenden Lösungsmitteln oder verflüssigten Gasen oder durch Pressen (Zitrusöle). Ätherische Öle sind Gemische von teilweise leicht flüchtigen Alkoholen, Aldehyden, Ketonen, Estern, Lactonen, schwefel- und stickstoffhaltigen Verbindungen und Kohlenwasserstoffen (Terpenen und Sesquiterpenen).
Aufgrund ihrer funktionellen Gruppen reagieren sie empfindlich gegen Sauerstoff, Licht und Wärme. Sie können jedoch aufgrund ihrer geringen Molekülgröße und ihrer Lipoidlöslichkeit auch allergische Reaktionen auslösen. Verwendung in Parfümölen, als Wirkstoffkomponente, z.B. in Badepräparaten oder Mundpflegemitteln sowie in der Aromatherapie. Nelkenöl, Thymianöl, Eukalyptusöl, Pfefferminzöl und Anisöl sind bekannt für ihre fungizide bzw. bakterizide Wirkung.

After-Shave-Cremes
Produkte, die der Pflege der Haut nach der Rasur dienen, vor allem der sensiblen, zu Rötung neigenden Haut. Sie erhöhen den Feuchtigkeitsgehalt, wirken glättend und entspannend, können Wirkstoffe der Kamille, Vitamine und Lichtschutzmittel enthalten und so gleichzeitig der vorzeitigen Hautalterung vorbeugen.

After-Shave-Lotion
Mittel, das nach der Rasur verwendet wird. Der Alkoholgehalt liegt zwischen 30% und 50%, meist Ethanol oder ein Gemisch aus Ethanol und Isopropanol. After-Shave-Präparate sollen den biologischen Säuremantel der Haut wieder herstellen, adstringierende Wirkung auf Poren und Gewebe haben und hautpflegend sein. Der Alkohol wirkt kühlend und desinfizierend, was durch Zusatz von Menthol oder Campher verstärkt werden kann. Glycerol, Sorbitol oder Propylenglykol geben der Haut einen weichen und glatten Griff. Als saure Komponenten werden Citronen-, Milch- oder Borsäure verwendet. Außerdem können Adstringentien, Allantoin, Rückfettungsmittel und antiseptische Stoffe enthalten sein. After-Shaves dienen auch als Parfümträger. (→ Rasierwasser)

After-Sun-Präparate
Emulsionen oder Lotionen, die Zusätze enthalten, die den durch zu starke Sonneneinwirkung entstanden Schäden der Haut entgegen wirken sollen. Als Wirkstoffe können dabei dienen: Feuchthaltemittel, Antioxidantien, Antireizstoffe, Allantoin, Azulene, Panthenol, Aloe-, Calendula-, Johanniskrautextrakte u. a.

Agar-Agar
Heißwasserextrakt aus Rot- und Braunalgen, der beim Erkalten noch in 1%iger Lösung ein festes Gel bildet. Agar-Agar besteht zu ca. 70% aus dem Polysaccharid Agarose und zu ca. 30% aus dem nicht gelierenden Agaropektin. Es ist farb- und geschmacklos und dient zur Herstellung von Zahnpasten, Shampoos, Haarpflegemitteln etc. (→ Alginsäure, → Alginate)

Agrumenöle → Zitrusöle

Akanthom
Aus Stachelzellen gebildete gutartige Geschwulst.

Akanthose
Akanthosis, Verdickung der Epidermis durch abnorme Vermehrung der Zellen der Stachelzellschicht.

Akne
(gr. akme = Spitze, Blüte) Auch: Acne. Nichtansteckende Erkrankung der Talgdrüsenfollikel mit Sekretions- und Verhornungsstörungen und nachfolgender Entzündung. Es kann zu Papel-, Pustel-, Abszess- und Komedonenbildung kommen.
Ursachen können sein: erbliche Veranlagung, Seborrhoe in Verbindung mit Verhornungsstörungen und dem Vorhandensein des Propionibakterium acnes.
Die wichtigsten Formen der Akne sind:
Acne vulgaris
Die „gewöhnliche" Akne. Sie tritt vornehmlich in der Pubertät auf und ist hauptsächlich auf die talgdrüsenreiche Hautbezirke lokalisiert (Gesicht, Dekolletee, Rücken). In ausgeprägter Form ist die Behandlung durch einen Arzt ratsam.
– Acne comedonica: auch Komedonenakne. Leichtere Form der Acne vulgaris, die bei starker Talgdrüsenproduktion (Seborroe) mit offenen und geschlossenen Komedonen einhergeht.
– Acen papulopustulosa: gekennzeichnet durch entzündliche Papeln und Pusteln.
– Acne conglobata: schwerste Form der Acne vulgaris mit großen entzündlichen Knoten, Abszessen und Fisteln, die auch die Extremitäten befallen können. Männer sind z.T. häufiger als Frauen betroffen.
Acne aestivalis
Auch Mallorca-Akne genannt, tritt nach übermäßiger UV-Lichtexposition in Verbindung mit fett- und emulgatorhaltigen Sonnenschutzmitteln auf.
Acne venenata
Auch Kontaktakne genannt. Sie wird ausgelöst durch den Kontakt mit bestimmten komedogen wirkende Substanzen wie z.B. halogenierte Kohlenwasserstoffe (Chlorakne), Teerprodukte (Teerakne) oder Kosmetika (Kosmetikakne) oder Tensidprodukte (Detergensakne).
Acne cosmetica (Kosmetikakne)
Kann durch Langzeitanwendung von okklusiv wirkenden Kosmetika entstehen oder Produkten, deren Ölphase komedogene Fette oder Öle enthält. Sie wird durch einen seborroeischen Hautzustand begünstigt und ist gekennzeichnet durch kleine, dicht stehende Komedonen im Auftragsbereich des Kosmetikums (meist Gesicht).
Acné excoriée des jeunes filles
(franz. excorier = wundkratzen, jeune filles = junge Mädchen) Akneform, die fast nur bei jungen Mädchen und Frauen auftritt und durch das ständige, zwanghafte Ausdrücken oder Manipulieren der Akne-Effloreszenzen gekennzeichnet

ist. Dabei entstehen Hautabschürfungen, die bis in die Dermis reichen und Narben hinterlassen können.

Akne-Behandlung
Kosmetische Behandlungsmöglichkeiten:
1. Die Gesichtsreinigung mit lauwarmem Wasser und sparsamer Verwendung von speziellen bakteriostatischen Waschpräparaten (Syndets oder Seifen) entfernt überschüssigen Talg und vermindert den möglichen Fettglanz der Haut. Eine Verringerung der Symptome wird durch die oberflächliche Behandlung jedoch nicht erreicht.
2. Gesichtsdampfbäder oder heiße Kompressen (zur Öffnung der Poren) mit anschließender mechanischer Entfernung der Komedonen verbessern das Hautbild.
3. Peelings entfernen abgestorbene Hautschüppchen und verfeinern das Hautbild.
4. Anwendung desinfizierender alkoholischer oder wässrig alkoholischer Lösungen können die Neubildung von entzündlichen Talgdrüsenfollikeln eindämmen.

Dermatologische Behandlungsmöglichkeiten:
1. Schälkuren mit Keratolytika, wie z.B. Vitamin-A-Säure, Benzoylperoxid oder Azelainsäure. Sie werden unter ärztlicher Aufsicht ausgeführt. Die Hornzellen werden abgetragen, die Zellproliferation beschleunigt und die Komedonenbildung verhindert. Als Nebenwirkungen können Brennen, starke Rötung und Schuppung auftreten. Die Therapie erstreckt sich i.d.R. über mehrere Monate.
2. Weitere Maßnahmen können sein: Verabreichung von Antibiotika (z.B. Tetracycline), bei Frauen der Anti-Baby-Pille (Antiandrogene) oder der operative Eingriff (z.B. Dermabrasion oder chemo-physikalisch wirksame Methoden wie Laser- oder Elektroabrasion).

Akrozyanose
Blaurote Verfärbung der Finger, Zehen, Ohren, Nase durch periphere Durchblutungsstörungen vegetativer Art oder durch → Kälteschäden.

Aktinomykose
Strahlenpilzerkrankung, hervorgerufen durch verschiedene Arten der in der Natur weit verbreiteten Aktinomyzeten. Sie finden sich auch als harmlose Bewohner der menschlichen Mundschleimhaut, können aber durch kleine Verletzungen des Zahnfleisches pathogen werden. Beste Vorbeugung ist gute Mund- und Zahnpflege.

Alanin
α-Aminopropionsäure $H_3\text{--}C\text{--}CH(NH_2)\text{--}COOH$.
Eine der wichtigsten Aminosäuren, die in fast allen Eiweißkörpern vorkommt. Im lebenden Organismus kann Alanin z.B. aus Milchsäure und Ammoniumionen gebildet werden, sie ist also keine essenzielle Aminosäure.

Alaune
Doppelsalze der Schwefelsäure von der allgemeinen Formel: $ME^{III}ME^{I}(SO_4)_2 \cdot 12H_2O$.
Wichtige Alaune:
1. Aluminiumnatriumsulfat $NaAl(SO_4)_2$
2. Aluminiumkaliumsulfat (Kaliumaluminiumsulfat) $KAl(SO_4)_2 \cdot 12H_2O$ DAB 10
Eigenschaften: weiße kristalline Pulver, löslich in Wasser; infolge Protolyse saure Reaktion. Geschmack süßlich, zusammenziehend.
Verwendung als Adstringentien und Blutstillungsmittel in Lösungen (Hautwässer, Gesichtswässer, Rasierwässer), in Pudern (Schweißpuder), in Antischweißmitteln (gegen Körper- und Fußschweiß), für Badesalze (Alaunbäder, z.B. gegen Handschweiß) und Rasierstifte.

Albinismus
Erblicher Farbstoffmangel bei Mensch und Tieren, der einzelne Körperteile betreffen kann (partieller Albinismus) oder alle normalerweise pigmentierten Organe (totaler A.): Haut, Haare, Augen. Er entsteht durch das Fehlen des Enzyms Thyrosinase in den Pigmentzellen. Eine Behandlung des Albinismus ist nicht möglich.

Albumine
Eine der wichtigsten Gruppen der Eiweiße. Sie kommen nur im Tierreich in größeren Mengen vor in Körperflüssigkeiten und Sekreten. Charakteristisch ist ihre kolloidale Löslichkeit in Wasser, durch welche sie sich von allen anderen Proteinen unterscheiden: z.B. Lactalbumin der Milch, Ovalbumin des Eiklar, Serumalbumin. Kosmetische Verwendung als schaumstabilisierender Zusatz zu Seifen und für hautstraffende Gesichtsmasken. Abbauprodukte der Albumine dienen zur Herstellung von haut- und haarschonenden Waschmitteln.

Aldehyde
Organische Verbindungen, die eine $-C{\lesseqgtr}^H_O$ Gruppe tragen. Die Bezeichnung ist gebildet aus <u>Al</u>kohol <u>dehyd</u>rogenatus, weil Aldehyde formal durch Entfernung von 2 H-Atomen aus Alkoholen erhalten werden können. Zur Benennung fügt man an den systematischen Namen des zugrunde liegenden Kohlenwasserstoffes die Endung -al, oder man ersetzt bei dem lateinischen Namen der Säure, die bei der Oxidation des betreffenden Aldehyds entsteht, die Endung durch -aldehyd z. B. <u>Formaldehyd</u>, Acetaldehyd, Benzahldehyd. Die Aldehydgruppe ist eine osmophore (geruchstragende) Gruppe. Viele Aldehyde haben einen obst- oder blumenartigen Geruch und werden in der Parfümerie verwendet. Von den <u>aliphatischen</u> Aldehyden sind es vor allem die mit 8–13 C-Atomen (<u>Pelargonaldehyd</u>, <u>Laurinaldehyd</u>), von den Terpenaldehyden (→ <u>Terpene</u>) <u>Citral</u>, <u>Citronellal</u>, <u>Hydroxydihyddrocitronellal</u>, von den <u>aralipathischen</u> Aldehyden <u>Benzaldehyd</u>, <u>Anisaldehyd</u>, <u>Zimtaldehyd</u>, <u>Phenylacetaldehyd</u> u. v. a.

Alginate
Salze und Ester der <u>Alginsäure</u>. Die Alkalisalze und das Magnesiumalginat lösen sich in Wasser unter Bindung von <u>Gallerten</u>. Calciumalginat ist in Wasser unlöslich. Natriumalginat dient als <u>Binde-</u> und <u>Verdickungsmittel</u>, Schutzkolloid und Grundlage für Hautgele, <u>Gesichtsmasken</u>, <u>Zahnpasten</u> und <u>Badezusätze</u>. Durch geringe Mengen von Calciumionen kann die <u>Viskosität</u> der <u>Gele</u> variiert werden.

Alginsäure
<u>Polysaccharid</u> aus Braunalgen, das überwiegend aus 1,4-glykosidisch verknüpften Mannuronsäureinheiten besteht. Molekulargewicht ca. 200000. Es ist unlöslich in kaltem Wasser und organischen Lösungsmitteln, wenig löslich in siedendem Wasser. Alginsäure kann aber ein Vielfaches ihres Gewichts an Wasser binden. Verwendung → <u>Alginate</u>.

Aliphatische Verbindungen
Sammelbezeichnung für organische Verbindungen, deren Kohlenstoffatome in geraden oder verzweigten Ketten angeordnet sind, im Gegensatz zu den <u>aromatischen</u> oder alizyklischen Verbindungen, bei denen die Kohlenstoffatome Ringe bilden.

Alizarincyaningrün
(C.I. 61570) Blaugrüner wasserlöslicher <u>Anthrachinonfarbstoff</u>, der u. a. in <u>Tensidpräparaten</u> und <u>Seifen</u> eingesetzt wird.

Alkalien
Substanzen, deren wässrige Lösung alkalisch (basisch, laugenhaft) reagiert (<u>pH-Wert</u> 7–14). Hierzu gehören vor allem die Hydroxide der Alkalimetalle, insbes. von Natrium und Kalium, aber auch die der Erdalkalimetalle und das Ammoniumhydroxid.

Alkane
Sammelbezeichnung für gesättigte, <u>aliphatische</u> Kohlenwasserstoffe, früher auch „Paraffine" genannt, die entweder in verzweigten oder unverzweigten Ketten vorliegen (allgemeine Formel C_nH_{2n+2}) oder ringförmig, Cycloalkane genannt (allgemeine Formel C_nH_{2n}). Die ersten Glieder der Kette haben Trivialnamen: Methan, Ethan, <u>Propan</u>, <u>Butan</u>, die weiteren werden mit Hilfe der griechischen Zahlwörter benannt: <u>Pentan</u>, Hexan ... und Cyclohexan.

Alkanolamine
Fachsprachliche Trivialbezeichnung für Aminoalkohole. Verbindungen, die an einer Kohlenwasserstoffkette Aminogruppen (oft substituiert) sowie alkoholische OH- oder Ethergruppen tragen. Wichtige Alkanolamine sind Mono- und <u>Triethanolamin</u>, Mono- und <u>Triisopropanolamin</u> u. a. Sie bilden mit Fettsäuren → <u>Fettsäurealkanolamide</u>. Die Verwendung von Dialkanolaminen ist wegen der Gefahr der Bildung Krebs erregender Nitrosamine durch die Kosmetik-Verordnung verboten.

Alkanole → <u>Alkohole</u>

Alkansulfonate → <u>Alkylsulfonate</u>

Alkene
Bezeichnung für ungesättigte aliphatische Kohlenwasserstoffe, die eine oder mehrere Kohlenstoff-Kohlenstoff-Doppelbindung enthalten (auch Diene, Triene, Polyene).

Alkohole
Gruppenbezeichnung für Hydroxyderivate von aliphatischen und alizyklischen gesättigten und ungesättigten Kohlenwasserstoffen. Die systematischen Namen werden von denen der Stammkohlenwasserstoffe durch Anhängen der Endung -ol abgeleitet. Nach der Anzahl der OH-Gruppen, die das Molekül enthält, spricht man von einwertigen, zweiwertigen (Diolen), dreiwertigen (Triolen) ... usw. Alkoholen, nach der Stellung der OH-Gruppen von primären (R-CH$_2$OH), sekundären (R$_1$–CHOH–R$_2$) und tertiären (R$_1$$\underset{R_3}{\overset{R_2}{\gtrless}}$C–OH) Alkoholen. Neben den gesättigten gibt es – je nach der Anzahl der Doppelbindungen – einfach, zweifach oder mehrfach ungesättigte Alkohole.

Wenn die OH-Gruppe bei Benzolderivaten an eines der 6 C-Atome des aromatischen Ringes gebunden ist, spricht man von Phenolen, die aufgrund ihrer Eigenschaften nicht zu den Alkoholen gerechnet werden. Liegt die OH-Gruppe in der aliphatischen Seitenkette eines aromatischen Kohlenwasserstoffes, so gehört die Verbindung zu den araliphatischen Alkoholen.

Die einwertigen primären Alkohole mit 1–3 C-Atomen sind leicht bewegliche Flüssigkeiten, beliebig mit Wasser mischbar; die mit 4–11 C-Atomen sind ölige Flüssigkeiten, die höheren Alkohole sind bei Zimmertemperatur wachsähnlich, geruchlos und nur in organischen Lösungsmitteln löslich. Mit der Anzahl der OH-Gruppen in einem Molekül steigt die Wasserlöslichkeit.

Alkohole mit kosmetischer Bedeutung:
Alkanole mit 2–8 C-Atomen dienen als Lösungsmittel (Ethanol, Propanole, Butanole, Pentanole ...). Methanol darf wegen seiner Giftigkeit nicht verwendet werden.

Von den mittleren Alkoholen mit 8–11 C-Atomen dienen einige als Riechstoffe, z. B. Pelargonalkohol, 3-Octanol, 2,6-Dimethyl-2-heptanol. Größere Bedeutung haben der ungesättigte Blätteralkohol (3-Hexen-1-ol) wegen seines intensiven Grüngeruchs, ferner 1-Octen-3-ol für Lavendelkompositionen und der Veilchenblätteralkohol.

Primäre Alkohole mit 8–22 C-Atomen bezeichnet man als Fettalkohole (Lauryl-, Myristyl-, Cetyl-, Stearyl-, Arachidylalkohol), die höheren ab 24 C-Atomen als Wachsalkohole (Ceryl-, Myricylalkohol). Zweiwertige Alkohole von Bedeutung sind: Ethylenglykol, Propandiole, Butandiole, Hexandiole; von den dreiwertigen das Glycerol (Propantriol), Araliphatische und Terpenalkohole, die als Riechstoffe verwendet werden, sind: Benzylalkohol, Phenylethanol, Zimtalkohol, Citronellol, Geraniol, Nerol, Linalool, Terpineol, Menthol, Farnesol, u. a.

N-Alkyl-β-aminopropionate

$$R-N\begin{smallmatrix}CH_2-CH_2-COO-Me\\H\end{smallmatrix}$$

Amphotere Tenside (Amphotenside), die je nach dem pH-Wert des Mediums anion- oder kationaktiv sind (Zwitterionen). Die Verbindungen werden wegen ihrer guten Haut- und Schleimhautverträglichkeit in Spezialbadeprodukten eingesetzt und in Haar-Shampoos. Sie ziehen auf Haut und Haarkeratin auf, wirken antistatisch und bakteriostatisch, sind verträglich mit anion- und kationaktiven Tensiden.

Alkylbenzolsulfonate
Allgemeine Formel:

$$R-\bigcirc-SO_3-Me$$

R = unverzweigter Alkyrest mit 10–13 C-Atomen
Me = Natrium, Triethanolamin

Alkylbenzolsulfonate sind anionaktive Tenside, die als Grundlage für Textilwaschmittel und flüssige Haushaltsreiniger dienen, da sie zu 80% biologisch abbaubar sind. Sie werden aber in kosmetischen Produkten praktisch nicht mehr eingesetzt, da sie auf der Haut als klebrig empfunden werden.

Alkylethersulfat → Fettalkoholethersulfat

Alkylphenolpolyglykolether
Alkylphenolethoxylate. Nichtionogene Waschrohstoffe. Die Löslichkeit wird durch die Häufung des polaren Ether-Sauerstoffs im Polyglykoletherrest bewirkt.

R—⟨O⟩—O—(CH$_2$CH$_2$O)$_n$H

R = Alkylrest, gerade oder verzweigt, meist mit 6–12 C-Atomen
n = Zahl der angelagerten Ethylenoxid-Moleküle, meist 3–20

Alkylpolyglykolether → Fettalkoholpolyglykolether

Alkylpolyglykolethersulfate → Fettalkoholpolyglykolethersulfate

Alkylpolyglykoside
Tenside aus pflanzlichen Rohstoffen mit vorteilhaften ökologischen, dermatologischen und anwendungstechnischen Eigenschaften für kosmetische Mittel. Fettalkohole auf natürlicher Basis werden mit Glucose, Saccharose oder Sorbit hydrophiliert, wobei man durch Variation der Kettenlänge der Alkohole und der Anzahl der Glucosegruppen die Eigenschaften der Alkylpolyglykoside beeinflussen kann. Es entstehen milde nichtionische Tenside, die in Mischungen mit anderen Tensiden die Viskosität erhöhen. Sie emulgieren Fett ohne das Schaumvermögen zu verlieren und sind deshalb für Formulierungen von 2 in 1-Duschgels besonders geeignet.

Alkylsulfate → Fettalkoholsulfate

Alkylsulfonate
(Alkansulfonate)
Allgemeine Formel R–SO$_2$–O–Me^I

$$R-\underset{\underset{H}{|}}{\overset{\overset{H}{|}}{C}}-\overset{O}{\underset{O}{\overset{\|}{S}}}-O-Me^I \quad R_1-\underset{\underset{H}{|}}{\overset{\overset{SO_3Me^I}{|}}{C}}-R_2$$

(prim.) (sec.)

Das Schwefelatom ist direkt mit einem C-Atom verbunden. Alkylsulfonate sind anionaktive Tenside, die in der Kosmetik kaum Bedeutung haben. → Alkylbenzolsulfonate

Allantoin

$$H_2N-CO-NH-\underset{\underset{H}{\overset{|}{N}}\overset{\diagdown}{\underset{O}{\diagup}}}{\overset{H}{\overset{|}{N}}\diagdown}$$

5-Ureidohydantoin. Produkt des Eiweißstoffwechsels, das im Harn von Säugetieren, besonders Raubtieren, in Fliegenmaden und in vielen Pflanzen vorkommt (Rosskastanienrinde, Beinwell-, Schwarzwurzeln, Ahorn, roten Rüben, Weizenkeimen). Allantoin fördert die Wundheilung und beschleunigt die Zellregeneration. Für die Verwendung in der Kosmetik ist auch die keratolytische Wirkung wichtig, z. B. in Akne-Präparaten. Es ist gut verträglich. Allantoinzusatz in Cremes (0,1–0,2%) und Lotionen als Handpflegemittel für raue, aufgesprungene Hände macht die Haut zart und glatt. Außerdem wird es empfohlen für Rasierwasser, Lippenstifte, Tages- und Nachtcremes, Babypflegeprodukte, Sonnenschutzpräparate, Mund- und Zahnpflegeprodukte, Antiperspirantien, Deodorantien u. a.

Allergen
Substanz, die bei sensibilisierten Personen zu einer allergischen Reaktion führen kann (→ Allergie). Je nach Art der Exposition unterscheidet man:
Inhalationsallergen: Die Aufnahme erfolgt vornehmlich über die Atemwege (z. B. Pollen, Milbenkot oder Tierhaare).
Ingestionsallergen: Substanzen, die im Verdauungstrakt aufgenommen werden (z. B. bestimmte Nahrungsmittelbestandteile).
Kontaktallergen: Die Aufnahme erfolgt durch Hautkontakt, z. B. durch Kosmetikbestandteile (Parfümölbestandteile, Konservierungs- oder Farbstoffe), Pflanzensäfte o. Ä.
Injektionsallergen: Dazu zählen tierische Gifte (z. B. von Wespen, Bienen) und Medikamente, die unter die Haut gespritzt werden.

Allergie
Darunter versteht man eine Überempfindlichkeit des Organismus gegen körperfremde Stoffe, die zu Störungen besonders im Bereich der Haut, Schleimhäute und Atemwege führt (z. B. Urtikaria, Ekzeme, Ödeme, Bindehautentzündung, Heuschnupfen, Asthma). Die Allergie wird durch eine Antigen-Antikörper-Reaktion des Immunsystems ausgelöst, wobei zunächst durch bestimmte, als Antigen wirkende Allergene eine Sensibilisierung hervorgerufen wird, die eine Antikörperbildung zur Folge hat. Bei erneuter Einwirkung des Allergens kommt es dann zur allergischen Reaktion. Zu den Allergenen können artfremde Eiweißstoffe, Blüten-

staub, Tierhaare, Wolle, Seide, gewisse Nahrungs- und Arzneimittel, ätherische Öle, Kosmetika oder deren Inhaltsstoffe (Konservierungsmittel, Farbstoffe o. Ä.) gehören. Durch Strahlungen ausgelöste Allergien werden als Photoallergien, die dadurch hervorgerufenen Hautreaktionen als Lichtdermatosen bezeichnet. → Kontaktallergie

Alloxan
Mesoxalylharnstoff. Die wässrige Lösung der farblosen Kristalle färbte die Haut rot. Früher Verwendung in Selbstbräunern in Kombination mit DHA. Mittlerweile ist der Einsatz von Alloxan verboten.

All purpose creams (engl.) = Allzweckcremes

Aloe
Aus dem Parenchym der Blätter der Aloe barbardensis (Aloe vera) kann nach Abtrennung der Faserbestandteile ein fast farbloses dünnflüssiges Gel gewonnen werden, das auf schonende Weise konzentriert oder auch gefriergetrocknet wird. Die Gesamtheit der Inhaltsstoffe übt einen günstigen Einfluss auf entzündliche Prozesse aus, verbessert die Wundheilung und hat einen befeuchtenden und weich machenden Effekt auf der Haut. Aloe-Vera-Extrakte werden in pflegenden Ölen und Emulsionen für den ganzen Körper, in Sonnenschutzpräparaten und dekorativen Kosmetika eingesetzt.

Alopezie
Alopecia (gr. alopekia = Fuchsräude). Als Alopezie werden verschiedene Formen des Haarausfalls bezeichnet (→ Haarausfall). Man unterscheidet eine reversible (vorübergehende) und eine irreversible (dauernde, bleibende) Form. Bei der reversiblen Form wird die Produktion an Haaren vorübergehend eingestellt. Die normal weiterwachsenden Haare gelangen in die Ruhephase, sind Kolbenhaare, die drei bis vier Monate später ausfallen, ohne dass der normalerweise vorhandene Nachschub da ist. Die Dauer dieses als telogenen Effluvium bezeichneten Haarausfalls beträgt einige Wochen bis zu

wenigen Monaten. Auch bei dem anagenen Effluvium, bei dem durch plötzlich einsetzende Wurzelschädigungen wachsende Haare ausfallen, erholt sich in der Regel die Haaranlage und bildet später wieder neue Haare. Bei der irreversiblen Alopezie werden die in der Kopfhaut vorhandenen Haarbildungsstätten zerstört. Diese Zerstörung kann durch mechanische, thermische und chemische Einflüsse sowie durch Strahleneinflüsse bewirkt werden. Auch lokale krankhafte Veränderungen an der Kopfhaut sind für diesen Haarausfall verantwortlich. Eine Sonderform der irreversiblen Alopezie ist die gewöhnliche Glatze.

Altersflecken → Alterspigmentierungen

Altershaut
Der Alterungsprozess der Haut wird sowohl von genetischen als auch von äußeren Faktoren gesteuert. Mit den Jahren sinkt die Zellteilungsrate in der Keimschicht, die Epidermis wird dünner, gleichzeitig verlangsamt sich die Desquaminierung, sodass die Hornschicht sich verdickt. Die Funktion der Schweiß- und Talgdrüsen lässt nach, die reife Haut verliert die Fähigkeit, Feuchtigkeit zu speichern und wird faltig und runzlig. Dazu kommen Veränderungen im Bindegewebe der Lederhaut. Dieses besteht im Wesentlichen aus kollagenen und elastischen Fasern. Das Kollagen, das ca. 70% des Bindegewebes ausmacht, ist in jungen Jahren flexibel und quellfähig, sog. „lösliches Kollagen". Im Alter werden die kollagenen Fibrillen unlöslich, inflexibel, nicht mehr quellfähig. Das Wasseraufnahmevermögen ist herabgesetzt. Die Elastinfasern bilden in der Lederhaut ein spinngewebeartiges Netz, das mit zunehmendem Alter seine Elastizität verliert. Der Gehalt des Bindegewebes an Mucopolysacchariden nimmt ab. Außerdem findet eine Abflachung des Papillarkörpers statt. Zu dieser normalen Degeneration der Haut tritt die Alterung durch äußere Einflüsse. Durch Seifen und Tenside werden Lipide aus der Hornschicht extrahiert. Dadurch wird die Auswaschbarkeit stark hygroskopischer Substanzen, der „natural moisturizing factors", erleichtert, das Wasserbindungsvermögen und die Elastizität wiederum eingeschränkt. Ein weiterer Faktor für die vorzeitige Hautalterung ist die übermäßige UV-Bestrahlung. Sie verstärkt die Bindegewebsdegeneration, verursacht Schäden an den DNS-Strängen (→ Repair-System) und setzt Ra-

dikale frei. Die Hautoberfläche wird lederartig, es treten Altersflecken an Gesicht und Händen auf. Aufgabe der Kosmetik ist es, die Auswirkungen der Hautalterung zu mildern. → Alterskosmetika

Alterskosmetika
Kosmetika, die bezwecken, der reifen Haut einen höheren Gewebsdruck durch Wassersättigung und eine bessere Elastizität wiederzugeben. Um den Verlust von Lipiden aus der Hornschicht gering zu halten, sollten für die Reinigung der Haut nur milde amphotere Tenside benutzt werden oder Ölbäder und ölhaltige Duschgels. Pflegende Cremes oder Lotionen können Fett- und Wassermangel beheben, Schutz vor weiterer Austrocknung und vor UV-Bestrahlung bieten und die Zellteilung anregen. In der Ölphase enthalten sie außer Wachsen und Fettsäureestern auch polare Lipide wie Phosphilipide und Ceramide, in der wässrigen Phase vor allem Feuchthaltemittel. Eine Kombination aus den Vitaminen E und C fängt freie Radikale ab, Vitamin-A-palmitat und Panthenol aktivieren bestimmte Hautenzyme in der Basalzellenschicht, wodurch die Epidermis wieder dicker und die Kollagenbildung gefördert wird. UV-Filter schützen vor Lichtschäden. Neuere Untersuchungen haben gezeigt, dass α-Hydroxysäuren die normale Abschuppung der äußeren Hornschicht intensivieren. Die Haut wirkt dadurch besser durchblutet, klarer und jünger. Auch die Fähigkeit, Feuchtigkeit zu binden, wird verbessert.

Alterspigmentierungen
(Lentigo senilis) Besonders bei älteren Menschen auftretende, nicht erhabene bräunliche Hautflecken, die bevorzugt an besonders lichtexponierten Stellen wie Handrücken, Armen und Gesicht auftreten. Sie verblassen im Gegensatz zu Sommersprossen nicht.

Altersschwiele
Keratoma senile. Hyperkeratose, die im höheren Alter im Gesicht, an Handrücken und Unterarmen zu beobachten ist. Die Verhornungserscheinungen treten vor allem an Hautstellen auf, die dauernd dem Wetter oder der Sonne ausgesetzt sind. Die Hornschichtwucherungen sind plattenartig und von gelber bis braungrauer Farbe. Sie verlangen ärztliche Beobachtung, da es sich um präkanzeröse Zustände handeln kann.

Alterswarzen
(Verrucae seniles) Bei älteren Menschen auftretende hellbraune bis braunschwarze rundliche Flecken, die wie aufgesetzt wirken. Sie können gehäuft auftreten und evtl. mit Juckreiz einher gehen, sind aber harmlos und können vom Arzt entfernt werden. → Warzen

Aluminiumallantoinate
→ Aluminiumhydroxyallantoinat,
→ Aluminiumchlorhydroxyallantonat.

Aluminiumchlorhydrat
$Al_2(OH)_5Cl \times 2,5\ H_2O$ sind hygroskopische, wasserlösliche Kristalle. Aluminiumchlorhydrat hat auf der Haut eine adstringierende Wirkung und wird vornehmlich als schweißhemmender Zusatz in Antitranspirantien eingesetzt.

Aluminiumchlorhydroxyallantoinat
Feines weißes Pulver; löslich in Wasser von 20 °C zu 2% (pH-Wert = 4,5–5,5), in warmem Wasser gut löslich; lösl. in Alkanolen ~ 1%. Wirkt bakterizid, entzündungshemmend, hautregenerierend, adstringierend.
Verwendung für Akne-Präparate, Antiperspirantien, Deodorantien, After-Shave-Präparate, Mundwässer.

Aluminiumformiate
$HO-Al(OOCH)_2$, Diformiat, $A(OOCH)_3$ Triformiat.
Beide werden in der Kosmetik als Adstringentien verwendet, das Triformiat auch als Zusatz zu Syndetseifen.

Aluminiumhydroxid
$Al(OH)_3$, Aluminiummetahydroxid $AlO(OH)$.
Eigenschaften: Trockenes Kolloid, bildet mit Wasser, Glycerol usw. gelartige Massen; fördert die Emulsionsstabilität.
Verwendung: schwach adstringierender Wirkstoff für Antihidrotika, Rasierwasser, Zahnpasten, Cremes, Salben.

Alumuniumhydroxyallantoinat
Feines weißes Pulver. Praktisch unlöslich in Methanol, Ethanol, Wasser. Wirkt entzündungshemmend, hautregenerierend, pH-Wert-regulierend.
Verwendung für Akne-Präparate, Hautcremes; Zusatz zu Zahnpflegemitteln, Seifen, Rasiercremes.

Aluminiumisopropylat
$(C_3H_7O)_3Al$. Verwendung in Antihidrotika.

Aluminium-Kaliumsulfat
Kalialaun, $KAl(SO_4)_2 \cdot 12H_2O \rightarrow$ Alaune.

Aluminiumlactat
Eigenschaften: löslich in Wasser.
Verwendung: Adstringierender Bestandteil in Zahnpflegemitteln, für Gesichtswässer, Mund- und Gurgelwässer, Spülungen. An Stelle von Aluminiumacetattartratlösung verwendbar.

Aluminiummethionat
Verwendung als Adstringens für Pre- und After-Shave-Lotionen, Adstringentstifte, Antiperspirantien.

Aluminiumoxid
Al_2O_3. Unlöslich in Wasser und Säuren, adsorbiert jedoch Wasser gut. Bei unreiner Haut wirken Waschungen mit 30–70% Aluminiumoxid enthaltenden Pasten abrasiv und sorgen für eine schnelle Entfernung der besonders in den Haarfollikeln befindlichen, keimdurchsetzten Schmutzteilchen.

Aluminiumsilikate
$\rightarrow$ Bentonit, $\rightarrow$ Kaolin.

Aluminiumstearat
Weißes Pulver, meist ein Gemisch aus Di- und Tristearaten des $Al(OH)_3$, unlöslich in Wasser. Mit Ölen und flüssigem Paraffin bildet es Gele, die als Cremegrundlagen dienen können.
Verwendung als Quell- und Verdickungsmittel für kosmetische Präparate, zur Herstellung adstringierender Puder und Cremes (z.B. Fußschweißpräparate).

Aluminiumsulfat
Aluminii sulfas Ph. Eur. 2001; $Al_2(SO_4)_3 \cdot 18H_2O$.
Eigenschaften: löslich in Wasser und Ethanol. Verwendung für Kohlensäurebäder als CO_2-Entwickler. Infolge seiner adstringierenden Wirkung als mildes Antischweißmittel und für Fußbadesalze geeignet.

Alveolen
(lat. alveolus,-i = kleine Mulde) Zahnfächer in den Alveolarfortsätzen des Ober- und Unterkiefers ($\rightarrow$ Zähne).

Ambosexuelles Haar
(lat. ambo = beide; sexus = Geschlecht) Diese Behaarung wird in der Pubertät bei beiden Geschlechtern durch den Einfluss von Sexualhormonen gebildet. Darunter fallen: Achselhaare, ein Teil der Behaarung der Schambeingegend und des Kopfhaares.

Ambra
Möglicherweise eine pathologische Ausscheidung des Pottwals, die, weil spezifisch leichter als Wasser, an den Küsten der Ozeane angeschwemmt wird. Die Hauptmenge wird aber aus erlegten Tieren gewonnen. Hauptbestandteil ist das Ambrein, das selbst nicht riecht, durch Photooxidation und Autoxidation aber in Verbindungen mit dem typischen Ambrageruch nach Tabak, Waldboden und Sandelholz übergeht. Ambra wurde früher als Fixateur in der Parfümindustrie verwendet, wird heute jedoch meist durch synthetische Produkte ersetzt.

Ameisensäure, wasserfreie
Acidum formicum anhydricum HCOOH, Gehalt mindestens 98%. Klare, farblose, stark ätzende Flüssigkeit von stechendem Geruch. Kp 100–102 °C, D 1,215–1,221. Mischbar mit Wasser und Ethanol. Vorsichtig aufbewahren!
Verdünnte Ameisensäure ist 25%ig.
Verwendung als Reizmittel in Haarwässern und als Konservierungsmittel (bis 0,5%).

Amerchole (Nordmann, Rassmann)
Handelsbezeichnung für Gemische aus mineralischen Fetten oder Ölen, Wollwachsalkoholen und ggf. Wollwachs, die als Absorptionsbasen, W/O-Stabilisatoren und Co-Emulgatoren einsetzbar sind.

Amidoschwefelsäure
H_2N-SO_2-OH, löslich in Wasser mit stark saurer Reaktion. Verwendung für sprudelnde Badesalze zum Freimachen von Kohlendioxid aus Carbonaten.

Amine
Derivate des Ammoniaks NH_3, in dem ein oder mehrere Wasserstoffatome durch Kohlenwasserstoffreste ersetzt worden sind. Es werden unterschieden:

$R_1-N\overset{H}{\underset{H}{\diagdown}}$　　$R_1-N\overset{R_2}{\underset{H}{\diagdown}}$　　$R_1-N\overset{R_2}{\underset{R_3}{\diagdown}}$
prim. Amine　　sek. Amine　　tert. Amine

R = Methyl-, Ethyl-, Propyl-, Butyl- und andere Gruppen (Methylamine, Ethylamine usw.). Fettamine sind primäre Amine mit längeren Kohlenwasserstoffketten (z. B. $C_{15}H_{31}-NH_2$).
R = Alkanolgruppen ergeben Alkanolamine (z. B. Ethanolamin), Aminoalkohole.
Die Verwendung von Dimethylamin in Körperpflegemitteln ist wegen der Gefahr der Bildung von Nitrosaminen nicht erlaubt.

Aminoalkohole → Alkanolamine

4-Aminobenzoesäure (p-Aminobenzoesäure) (INCI: PABA) → UV-Filter, gut in Ethanol, schwach in Öl löslich, Wirkungsspektrum UV-B-Bereich bis 290 nm. Einsatzbereich sind vorwiegend wässrig-alkoholische Lösungen, die zulässige Höchstkonzentration beträgt 5%. Auch die Esterformen kommen als UV-B-Filter zum Einsatz (z. B. p-Aminobenzoesäureethylester + 25 Mol Ethylenoxid (INCI: PEG-25 PABA) oder N,N-Dimethyl-4-aminobenzoesäure-2-ethylhexylester (INCI: Ethylhexyl Dimethyl PABA). Sensibilisierungen sind bekannt, bei den Stickstoff-substituierten Estern soll die Gefahr von PABA-Allergien jedoch geringer sein.

Aminoessigsäure
Glycin → Aminosäuren

$$H-\underset{\underset{H}{|}}{\overset{\overset{NH_2}{|}}{C}}-COOH$$

2-Aminoethanol
$HO-H_2C-CH_2NH_2$ (in der Industrie häufig als Ethanolamin bezeichnet) Weiterer Ersatz der beiden Amin-Wasserstoffe liefert Di- und Triethanolamin.
→ Alkanolamine

α-Aminoproplonsäure → Alanin, › Aminosäuren

$$H_3C-\underset{\underset{H}{|}}{\overset{\overset{NH_2}{|}}{C}}-COOH$$

Aminosäuren

Aminosäuren (Aminocarbonsäuren) Substanzen, die sowohl eine saure Carboxylgruppe (–COOH) als auch eine basische Aminogruppe (–NH$_2$) enthalten. Je nach der Stellung der Amino- zur Carboxylgruppe unterscheidet man α-, β-, γ- ... Aminosäuren. Unter Aminosäuren im engeren Sinn versteht man nur die in der Natur frei oder als Bausteine von Eiweißkörpern vorkommenden α-Aminosäuren. Allgemeine Formel: R–CH(NH$_2$)–COOH, wobei R ein aliphatischer oder aromatischer Kohlenwasserstoffrest ist, der zusätzlich noch weitere Amino- oder Carboxylgruppen tragen kann. Sind weitere Aminogruppen vorhanden, so spricht man von basischen, bei zusätzlichen Carboxylgruppen von sauren Aminosäuren.
Aminosäuren sind Ampholyte, d. h. sie liegen als Zwitterionen vor, ihre Löslichkeit ist pH-abhängig.

$$\overset{+}{H_3N}-\underset{R}{\overset{|}{CH}}-COOH \underset{H^+}{\overset{OH^-}{\rightleftarrows}} \overset{+}{H_3N}-\underset{R}{\overset{|}{CH}}-COO^- \underset{H^+}{\overset{OH^-}{\rightleftarrows}} H_2N-\underset{R}{\overset{|}{CH}}-COO^-$$

Bis auf Glycin enthalten alle Aminosäuren ein asymmetrisches Kohlenstoffatom, sie sind also optisch aktiv. Die natürliche Form ist fast immer die linksdrehende, die l-Form.
Als Eiweißbausteine sind die Aminosäuren auch Bausteine der Haut und der Haare. Dabei gibt es verschiedene Möglichkeiten der Verknüpfung:
1. Die Peptidbindung, bei der die NH$_2$-Gruppe des einen Moleküls mit der COOH-Gruppe eines anderen unter Bildung einer Amidgruppe (–CO–NH–) reagiert. Sie führt zu Polypeptidketten, aber nicht zu Querverbindungen.
2. Die Salzbindung (Ionenbindung) zwischen Aminosäuren mit sauren und solchen mit basischen Gruppen im R-Teil.
3. Die Wasserstoffbrückenbindung, die sich zwischen dem an Stickstoff gebundenen, stark positiv polarisierten Wasserstoffatom und dem stark negativ polarisierten Sauerstoff einer Carboxyl- oder Hydroxylgruppe ausbildet. >C=O HN< ↔ >C ···· O····H····N<
4. Die Disulfid-Brückenbindung, die besonders im cysteinreichen Haarkeratin von Bedeutung ist (–S–S–). Ihre Stabilität ist vom Oxidations-Reduktions-Gleichgewicht abhängig. Durch Reduktion kann sie gebrochen werden, durch milde Oxidation wieder hergestellt. (→ Kaltwelle)
Die Verknüpfungen 2–4 sind für die räumliche

Anordnung der Polypeptidketten zu Proteinen verantwortlich.
Es gibt essenzielle und nichtessenzielle Aminosäuren. Die essenziellen müssen mit der Nahrung aufgenommen werden, da der menschliche Organismus sie nicht synthetisieren kann.
Essenzielle Aminosäuren sind: Isoleucin, Leucin, Lycin, Methionin, Phenylalanin, Threonin, Tryptophan, Valin. Arginin und Histidin gelten als semiessenziell, sie müssen nur in der Wachstumsphase und bei Mangelerscheinungen zugeführt werden.
Die wichtigsten nicht-essenziellen Aminosäuren sind: Alanin, Asparaginsäure, Cystein, Cystin, Glutaminsäure, Glycin, Prolin, Serin, Tyrosin.
In der Kosmetik werden Aminosäuren in Hautcremes eingesetzt, weil sie aufgrund ihrer Pufferwirkung den Säuremantel der Haut stabilisieren, unter Umständen auch hautbefeuchtend wirken.
In der Haarpflege haben schwefelhaltige Aminosäuren u. U. günstige Wirkung auf Haarwachstum und Seborrhoe.

Aminoxide

Verbindungen der Formel $R_3N{-}O$ (IUPAC), die durch Umsetzung von tertiären Aminen mit Wasserstoffperoxid entstehen.
Aminoxide von Fettaminen spielen in der Kosmetik als nicht-ionogene, gut wasserlösliche, biologisch abbaubare Tenside eine bedeutende Rolle, insbesondere für Shampoos. Aminoxide verbinden milde Reinigungswirkung mit hervorragender Hautverträglichkeit und Schaumstabilität und geringer Toxizität. In Verbindung mit anderen waschaktiven Substanzen verringern sie deren hautirritierende Wirkung. Sie verleihen dem Haar Glanz und antistatische Eigenschaften.

Ammoniak

NH_3. Farbloses, stechend riechendes, zu Tränen reizendes Gas. Die wässrige Lösung des Ammoniaks nennt man Ammoniakwasser oder volkstümlich Salmiakgeist. Sie reagiert basisch. Das rührt daher, dass das Ammoniakmolekül mit seinem freien Elektronenpaar ein Proton binden kann, wobei in geringem Maß Ammonium- (NH_4^+) und Hydroxidionen (OH^-) entstehen. Die Lösungen greifen die Haut an und verursachen Bläschenbildung.
Handelssorten:
1. Ammoniaklösung mit 28–29% NH_3; D 0,90.
2. Ammoniaklösung mit 10% NH_3; D 0,96.
Verwendung in Dauerwellpräparaten, Haarfärbemitteln, seltener als Alkalisierungsmittel.

Ammoniumbituminosulfonat

(INCI: Sodium Shale Oil Sufonate)
Durch trockene Destillation schwefelreicher bituminöser Schiefer gewonnenes, mit Schwefelsäure sulfoniertes und mit Ammoniak neutralisiertes Schieferöl. Zähe dunkelbraune Masse mit charakteristischem Geruch, mischbar mit Wasser, Fetten, Glycerol, Vaselin. Hauptbestandteil sind Ammoniumsalze substituierter Thiophene. Gesamtschwefel 9–10%. Ichthammolum hat hyperämisierende, antibakterielle und antimykotische Wirkung. Verwendung in der Kosmetik als Antiseptikum und Bakterizid, z. B. bei Akne und in Mitteln gegen fettiges Haar.

Ammoniumchlorid

(Salmiak) NH_4Cl. Geruchlose, farblose Kristalle, deren Lösung stimulierend wirkt. Verwendung in Dauerwellpräparaten.

Ammoniumhydroxid

NH_4OH → Ammoniak.

Ammoniumsulfit

$(NH_4)_2SO_3$. Oxidiert an der Luft. Verwendung als Reduktionsmittel in Dauerwellpräparaten und Haarfärbemitteln.

Ammoniumthioglykolat → Thioglykolsäure

Ammoniumverbindungen, quaternäre

(Quats, Invertseifen). Aliphatische oder heterozyklische Verbindungen, die sich vom Ammoniumion (NH_4^+) ableiten, indem die Wasserstoffatome durch organische Reste ersetzt sind. Man erhält sie durch Alkylierung von tertiären Aminen, die mindestens einen längeren Alkylrest enthalten (→ Fettamine), z. B. mit Methylchlorid oder -bromid, Ethylchlorid, Dimethylsulfat, Benzylchlorid o. ä. Das Anion ist im Allgemeinen Cl^-, Br^- oder HSO_4^-. Es entstehen Verbindungen der allgemeinen Formel:

$$\left[R-N{\overset{CH_3}{\underset{CH_3}{\diagup\!\!\!\diagdown}}}CH_3 \right]^{\oplus} Hal^{\ominus} \quad \text{oder} \quad \left[\underset{}{\bigcirc}-CH_2-N{\overset{CH_3}{\underset{CH_3}{\diagup\!\!\!\diagdown}}}R \right]^{\oplus} Hal^{\ominus}$$

Zu den Quats gehören auch quaternäre Pyridiniumsalze, quaternäre Imidazolinderivate und die Sapamintypen.
Die Quats sind Kationtenside, sie schäumen stark, besitzen aber nur geringes Waschvermögen. Sie sind gute Emulgatoren, können jedoch in den dafür notwendigen Konzentrationen Hautreizungen hervorrufen. Mit Aniontensiden sind sie unverträglich.
Ihre besonderen Anwendungsmöglichkeiten beruhen auf ihrer Substantivität, d. h. ihrem Aufziehvermögen auf die Oberfläche vieler Materialien, so auch auf Haut und Haar, und auf ihrer konservierenden, antiseptischen und desinfizierenden Wirkung. Sie werden deshalb in Haarpflegepräparaten eingesetzt (→ Avivage), in Deodorantien, Rasier- und Gesichtswässern, für desinfizierende Körperreinigungs- und Mundpflegemittel.

Ampholyte
Von „amphotere Elektrolyte" abgeleitete Bezeichnung für Verbindungen, die sowohl saure als auch basische hydrophile Gruppen besitzen, z. B. Aminogruppen und Carboxyl- oder Sulfogruppen. → Amphotenside

Amphotenside
(Amphotere oder ampholytische Tenside) Bezeichnung für oberflächenaktive Substanzen, die sowohl saure als auch basische Gruppen enthalten. In wässriger Lösung ionisieren sie und verleihen den Verbindungen im alkalischen Bereich anionischen, im sauren Bereich kationischen Charakter.
Amphotenside sind haut- und schleimhautverträglich, besitzen gutes Schaum- und Reinigungsvermögen und z. T. mikrobizide Wirkung. Chemisch gehören sie entweder zu den Alkylaminoalkancarbonsäuren, zu den Betainen, Sulfobetainen oder Imidazolinderivaten.

Ampullen
(lat. ampulla = kleine Flasche) Nicht wieder verschließbare Glasbehältnisse (ca. 1–3 ml), deren Inhalt durch Anritzen und Abbrechen des oberen Glashalses zugänglich ist. Diese Verpackungsform wird meist für Wirkstoffkonzentrate gewählt. Der Inhalt kann als wässrige oder ölbasierende Lösung vorliegen und ist zum unmittelbaren Verbrauch bestimmt.

Amylacetat → Pentylacetat

Amylalkohol
Gruppenname für technisch anfallende Isomerengemische der gesättigten aliphatischen C_5-Alkohole. → Pentanol

Amylose, Amylopektin → Stärke

Amylzimtaldehyd
2-Amyl-3-phenylpropen-2-al-1 ist eine gelbliche Flüssigkeit von jasminähnlichem Geruch. Einer der wichtigsten synthetischen Riechstoffe besonders für Jasminkompositionen.

$$\text{C}_6\text{H}_5-\text{CH}=\overset{\underset{|}{C_5H_{11}}}{C}-\text{CHO}$$

Anämie
(gr. an = ohne; aemie von haima = Blut) Unter Anämie versteht man eine Reihe von Krankheiten, bei denen ein Mangel an roten Blutkörperchen oder Blutfarbstoff besteht. Kennzeichen sind Blässe der Haut und der Schleimhäute. Die Blutarmut ist besonders deutlich an der Blässe der Augenbindehaut zu erkennen.

Anaesthesin
p-Aminobenzoesäureethylester. Die Verwendung in kosmetischen Präparaten ist nicht erlaubt.

anagene Phase
Wachstumsaktive Periode des Haarfollikels, während der ständig neue Zellen in der Follikelmatrix erzeugt werden. → Haarzyklus

Anastomosen
(gr. anastomosis = Einmündung) Anastomosennetze sind netzartige Vereinigungen und Verbindungen von Blut- und Lymphgefäßen der Haut, sodass die Ernährung eines Organs auch bei Ausschaltung eines Gefäßes gesichert bleibt. Die Anastomosen zwischen Arterien, Venen und Lymphgefäßen dienen vermutlich dem Ausgleich des Flüssigkeitsdruckes (→ Gefäßsysteme der Haut).

Androgene
Bezeichnung für die zu den Steroiden gehörenden Sexualhormone, die die Ausbildung der primären und sekundären männlichen Geschlechtsmerkmale fördern. Wichtigstes Androgen ist das Testosteron, das im Organismus in Androsteron übergeht. Der Einsatz von Andro-

genen in kosmetischen Präparaten ist nicht erlaubt.

Anethol
4-Methoxy-1-propenyl-benzol. → Anisöl

H₃C—O—⟨◯⟩—CH=CH—CH₃

Verwendung für Mundpflegemittel.

Angiolopathie
(gr. angiole = Verkleinerungsform zu angeion = Gefäß, Blutgefäß; pathia von pathos = Leiden) Veränderungen der Blutkapillaren, die zu einer Farbveränderung der Haut (vor allem der Unterarme, der Hände, der Beine und Füße) führen. Chronische Kälteschäden bewirken eine ständige blaurote Verfärbung der Haut (Erythrocyanosis crurum puellarum).

Angioma
(gr. angeion = Gefäß; -oma [als Endung] = -geschwulst) Geschwulst des Gefäßgewebes, Blutschwamm.

Angulus infectiosus oris
(lat. os, oris = Mund) Faulecke, Perlèche. Hartnäckige, entzündliche, krustöse Herde an den Mundwinkeln. Bei Kindern oft durch Streptokokken, bei älteren Leuten oft durch Soor, Vitamin-B-Mangel, Diabetes, Eisenmangelanämie oder schlecht sitzende Zahnprothesen verursacht.

Anhangsgebilde der Haut
Als Anhangsgebilde der Haut werden Haare und Nägel bezeichnet. Sie sind ein Bestandteil der Haut, und zwar der Oberhaut (Epidermis).

Anhidrosis
(gr. an = ohne; hidros = Schweiß) Schweißmangel. Das völlige Fehlen der Schweißdrüsen ist ein sehr selten vorkommender vererbter Zustand.

Anionen
Negativ geladene Ionen, die in Lösung unter dem Einfluss des elektrischen Gleichstroms zum positiven Pol (Anode) wandern. Beispiele: Cl⁻, NO_3^-, SO_4^{2-}, PO_4^{3-}, OH⁻ (→ auch Kationen).

Aniontenside
(→ Tenside) Grenzflächenaktive Verbindungen, die in wässriger Lösung in Ionen dissoziieren, von denen die Anionen Träger der grenzflächenaktiven Eigenschaften sind. In den Aniontensiden ist ein hydrophober Kohlenwasserstoffrest mit einer hydrophilen Carboxylat-, Sulfat-, Sulfonat- oder Phosphatgruppe verbunden.
→ Seifen, Fettsäuresarkosinate, Eiweiß-Fettsäure-Kondensate, Fettalkoholsulfate, Fettalkoholethersulfate, Türkischrotöle, Alkylbenzolsulfonate, Sulfobernsteinsäureester, Fettsäuretauride, -glutamate und Phosphorsäureester.

Anisaldehyd
Aubépine, p-Methoxybenzaldehyd.
Vorkommen im Anisöl, Fenchelöl, Cassiablütenöl. Farbloses bis gelbliches Öl von süßem Weißdorngeruch.
Verwendung in der Parfümerie zu blumigen Kompositionen (Flieder, Heliotrop, Weißdorn).

CHO
⟨◯⟩
O—CH₃

Anisalkohol
4-Methoxybenzylalkohol. Weiße Kristallmasse (F. 25 °C) mit feinem Blumengeruch, die als Riechstoff verwendet wird.

Anisöl
Anisi aetheroleum Ph. Eur. 2001. Gewinnung aus den Früchten von Pimpinella anisum (gewöhnlicher Anis) oder Ilicium verum (Sternanis).
Bestandteile: 80–90% Anethol, ferner Methylchavicol, p-Methoxyacetophenon, Anisaldehyd, Anisalkohol u. a.
Eigenschaften: Farbloses bis blassgelbes ätherisches Öl von starkem Anisgeruch. Bei Temperaturen von +15 °C bis +19 °C erstarrt das Öl zu einer weißen kristallinen Masse. D 0,978–0,992.
Verwendung in der Parfümerie und in Mundpflegemitteln.

ANM Amylum non mucilaginosum
Eine mit Tetramethylolacetylendiharnstoff veretherte Stärke (Mais-, Reis- oder Kartoffelstärke), die praktisch keine Quellneigung mehr zeigt, mehr Wasser aufnehmen kann als native Stärke, sich nicht zersetzt und bei pH=6 autosteril ist. Verwendung als Pudergrundlage und für Trockenshampoos.

Anthranilate
Salze und Ester der Anthranilsäure (2-Aminobenzoesäure)

$$\underset{\bigcirc}{\text{NH}_2}\text{COOH}$$

Der Methylester riecht nach Orangenblüten und kommt in vielen natürlichen ätherischen Ölen vor. Verwendung zur Herstellung von künstlichem Neroliöl.

Anti-/anti...
Vorsilbe mit der Bedeutung „gegen".

anti-ageing...
Ausdruck für Produkte oder Behandlungen, die den Alterungserscheinungen entgegenwirken sollen. → Anti-Falten-Produkte

antibakteriell
Dem Wachstum von Bakterien entgegenwirkend. → Konservierungsmittel

Antibiotika
Ursprünglich von lebenden Zellen gebildete Wirkstoffe, die hemmende, degenerative, lytische oder abtötende Wirkung auf pflanzliche oder tierische Mikroorganismen zeigen (Mikrobizide). Die Bedeutung der Antibiotika in der Medizin ist bekannt; ihr Einsatz in kosmetischen Präparaten ist verboten.

Antienzyme
(gr. anti = gegen; en = innerhalb; zyme = Sauerteig) Substanzen, die eine blockierende Wirkung auf Enzyme oder Enzymsysteme ausüben. → Inhibitoren

Anti-Falten-Make-up
Allgemeiner Ausdruck für Grundierungen (→ dekorative Kosmetika), die vergleichbar hautglättende Eigenschaften aufweisen wie → Anti-Falten-Produkte. Zusätzlich können auch → Effektpigmente enthalten sein, die das Licht diffus streuen, und so feine Hautfältchen optisch kaschieren.

Anti-Falten-Produkte
Bezeichnung für Pflegepräparate (Emulsionen oder Gelformulierungen) mit hautglättenden Eigenschaften. Als Wirkstoffe zur Faltenglättung werden zur Erhöhung des Turgors Feuchthaltemittel und Substanzen eingesetzt, die den Zellstoffwechsel anregen (z.B. Phytohormone, Enzyme und Co-Enzyme). Meist enthalten diese Produkte auch Antioxidanzien und UV-Filter, die der vorzeitigen Fältchenbildung zusätzlich entgegenwirken.
Zur sofortigen optischen Faltenreduzierung können auch → Effektpigmente enthalten sein, die das Licht diffus streuen.

Antifettwirkstoffe
Stoffe, die die Sekretion der Talgdrüsen regulieren sollen. Als solche dienen organische Schwefelverbindungen wie sulfoniertes Schieferöl oder Mercaptane, die Shampoos und Haarwässern zugesetzt werden und bei überfettetem Kopfhaar eine Normalisierung der Rückfettung bewirken.

Antigene
Artfremde Substanzen, die im Organismus die Bildung von Antikörpern bewirken. Es sind meist hochmolekulare Stoffe (z.B. Proteine) oder niedermolekulare Verbindungen (z.B. bestimmte Wirkstoffe), die sich an körpereigene Eiweiße anlagern. → Allergie

Antihidrotika
(gr. anti = gegen, hidros = Schweiß) Allgemein für Antischweißmittel, auch → Antitranspirantien oder Antiperspirantien genannt. Übliche Handelsformen sind Sprays, Stifte und Emulsionen (z.B. als Roll-on), seltener Puderprodukte.

Antikörper
Reaktionsprodukte der Körperzellen auf den Reiz der Antigene, gegen die sie spezifisch gerichtet sind. Es sind Globuline mit z.T. chemisch noch unbekannter Struktur. Sie gelten als Träger des Infektionsschutzes. → Allergie

antimikrobiell
Dem Wachstum von Mikroorganismen (z.B. Bakterien, Pilze, Hefen) entgegenwirkend.

antimikrobielle Substanzen
Stoffe, die in kosmetischen Produkten eingesetzt werden, um Mikroorganismen wie Bakterien, Pilze oder Hefen abzutöten bzw. ihre Vermehrung zu hemmen. → Konservierungsmittel

Antimykotika
Präparate gegen Erkrankungen, die durch Pilze hervorgerufen werden. Antimykotika gegen äußere Mykosen, insbesondere der Haut, die in kosmetischen Präparaten verwendet werden dürfen, sind z. B. Undecensäure, Phenolderivate und quaternäre Ammoniumverbindungen.

Antioxidantien
Oxidationsinhibitoren, Antioxigene. Verbindungen, die unerwünschte, durch oxidative Prozesse bedingte Veränderungen an den zu schützenden Stoffen hemmen oder verhindern sollen. Die Wirkung der Antioxidantien besteht entweder darin, dass sie die Bildung der auftretenden freien Radikale reduzieren, sodass die Kettenreaktion, die dem Oxidationsprozess zugrunde liegt, abgebrochen wird, oder aber sie wirken als Peroxidzersetzer.

Antioxidantien fungieren als Produktschutz, wenn Formulierungsbestandteile ungesättigte Fettsäuren enthalten oder als Hautschutzwirkstoff (Radikalfänger), z. B. in Lichtschutzpräparaten und Pflegeprodukten.

Zu den natürlichen Antioxidantien zählen die Vitamine A, C und E, β-Carotin und das verwandte Lycopin, zu den synthetischen Typen gehören die Phenolderivate Butylhydroxytoluol (BHT) und Butylhydroxyanisol (BHA). Da Schwermetallionen die Oxidation begünstigen, werden den Antioxidantien oft synergistisch wirkende Stoffe zugesetzt, die die Metallionen durch Chelatbildung binden; z. B. Ascorbinsäure, Zitronensäure, Weinsäure, Aminosäuren, Ethylendiamintetraessigsäure u. a.

Antiperspirantien → Antitranspirantien

antiphlogistisch
(anti = gegen, phlogosis = Entzündung) Entzündungshemmend wirkend.

Antireizstoffe
Antiirritantia. Substanzen, die Zubereitungen zugesetzt werden, welche hautreizende Eigenschaften besitzen können. Die Irritationen sollen durch sie ganz oder teilweise ausgeschaltet werden. Als Antireizstoffe werden u. a. genannt: Polyvinylpyrrolidon, Schleimstoffe, Azulen, Proteinhydrolysate, Phospholipide, Cellulosederivate, Zuckerester, Amphotenside u. a.

anti-rides...
Franz. für „Anti-Falten".

Antischuppenmittel
(→ Kopfschuppen) Präparate, die die vermehrte Korneozytenbildung regulieren, die Talgdrüsensekretion normalisieren und die Tätigkeit der Mikroorganismen hemmen sollen. Schon durch antimikrobielle Tenside im Shampoo (→ quaternäre Ammoniumverbindungen, → Amphotenside) und in alkoholischen Haarwässern, die die Entleerung der Talgdrüsen einschränken, kann man Erfolge in der Schuppenbekämpfung erzielen. Als zytostatische, keratolytische oder mikrobizide Wirkstoffe für Antischuppenmittel dienen u. a. Zinkpyrithion, Octopirox, Salicylsäure, Schwefel, Undecensäurederivate. Als Antischuppenmittel auf Naturstoffbasis werden empfohlen: Extrakte aus Arnika, Birke, Klettenwurzel, Bartflechte, Pappel, Brennnessel, Walnussschalen.

Antischweißmittel → Antihidrotika

Antisepsis
(gr. anti = gegen; sepsis = Gärung, Fäulnis, Blutvergiftung) Vernichtung von Krankheitskeimen mit chemischen Mitteln.

Antiseptikum, Mz. Antiseptika
Mittel zur Vernichtung von pathogenen Keimen, besonders in Wunden. In der Kosmetik werden sie als Wirkstoffe in Deodorantien, Rasierwässern, Fußpudern etc. verwendet sowie als Hilfsstoffe zum Schutz der Präparate.

Als Antiseptika dienen Alkohole (Ethanol), Säuren (Salicylsäure, Benzoesäure) Phenolderivate, quaternäre Ammoniumverbindungen u. a. → Konservierungsmittel.

Antistatika
Präparate zur Verhinderung der durch Reibung entstehenden elektrostatischen Aufladung. Die Wirkung der Antistatika beruht im Allgemeinen darauf, dass ein hydrophiler Überzug erzeugt wird, der für die Ableitung der Ladung sorgt. Elektrostatische Aufladung der Haare → Avivage.

Als Antistatika dienen z. B. Polyglykolether von Fettalkoholen, Fettaminen, Fettsäuren, Alkylphenolen, Alkylsulfaten, quaternäre Ammoniumverbindungen u. a.

Antitranspirantien
Mittel zur Schweißreduktion zur Anwendung im Achselbereich. Durch entsprechenden Wirkstoffzusatz kann die Schweißsekretion um bis zu 40% herabgesetzt werden. Als Wirkstoffe fungieren dabei adstringierende Substanzen, wie z.B. Aluminiumchlorhydrat, Aluminiumhydroxylactate sowie saure Aluminium-/Zirkoniumsalze. Sie verengen die Schweißdrüsenausgänge und vermindern dadurch die Schweißsekretion. Des Weiteren können Esteraseinhibitoren, wie z.B. Tributylcitrat, Triisopropylcitrat oder Triethylcitrat eingesetzt werden, die die Enzymaktivität inhibieren und dadurch die Geruchsbildung reduzieren. Antibakterielle Substanzen, die die oberflächliche Keimflora beeinflussen und die Vermehrung der Schweiß zersetzenden Bakterien hemmen, können ebenso enthalten sein wie Parfümöle. Letztere dienen jedoch lediglich der Überdeckung von möglichem Körpergeruch. → Deodorantien, → Antihidrotika.

anti-wrinkle...
Engl. für „Anti-Falten".

Antrachinonfarbstoffe
Farbstoffklasse, die in der Natur weit verbreitet ist. Sie gelten als relativ beständig gegenüber Alkalien und Säuren. Als kosmetische Färbemittel finden u.a. Verwendung: Karmin, → Alizarincyaningrün, Irisol, Acid Blue 80.

Apfelsäure
HOOC–CH$_2$–CH(OH)–COOH. Hydroxybernsteinsäure, Acidum malicum. Wichtige in der Natur weit verbreitete Säure (→ Hydroxysäuren). Ihre Salze werden zur Herstellung von Zahnpflegemitteln, Prothesenreinigungsmitteln, Mundwässern und Deodorantien empfohlen.

Aphthen
(gr. aphthai = Bläschen) → Mundschleimhautentzündung

Apigenin

5,7,4'-Trihydroxyflavon. Gelber Farbstoff, der in Form eines Glykosids in Kamillenblüten vorkommt (Apiin = Apigenin-7-glykosid). Die bei blondem Haar aufhellende Wirkung der Kamille wird dem Vorhandensein von Apigenin zugeschrieben.

Apiserum → Gelée royale

Apokrine Drüsen → Schweiß, → Schweißdrüsen.

Applikation
(lat. applicare = verwenden) Bestimmungsgemäßer Auftag eines Kosmetikproduktes. Die Art der Applikation ist von der Dosiervorrichtung abhängig (z.B. Zerstäuber, Spray Roll-on-Kugel), kann aber auch mithilfe eines → Applikators, oder durch Verteilung des Produktes mit den Fingern oder der Handfläche erfolgen.
Perkutane Applikation = äußerliche (über die Haut wirksame) Anwendung.

Applikator
Utensil (z.B. Pinsel, Quaste, Bürste, Roll-on-Kugel oder Schwämmchen), das zum Auftragen eines Kosmetikums u./o. zur geeigneten Dosierung geeignet ist.

Arachidonsäure
C$_{19}$H$_{31}$COOH, 5,8,11,14-Eicosatetraensäure. Sie gehört zu den essenziellen Fettsäuren.

Arachidylalkohol
n-Eicosanol, Fettalkohol mit der Summenformel C$_{20}$H$_{41}$OH, F. 67–69 °C. Verwendung in Emulsionen, Tensidpräparaten und Produkten der dekorativen Kosmetik.

Arachisöl → Erdnussöl

araliphatisch
Durch aromatische Gruppen substituierte aliphatische Verbindungen.

Arginin → Aminosäuren

Aristolochiasäure
Wirkstoff aus den Wurzeln der Osterluzei (Aristolochia clematis), der als Wundheilmittel und in Aknepräparaten verwendet wurde. Wegen der Gefahr der Kanzerogenität ist die Aristolochiasäure weder in kosmetischen Präparaten noch in Arzneimitteln erlaubt.

Arlacel (Brenntag)
Handelbezeichnung für verschiedene nichtionogene W/O-Emulgatoren wie Sorbitan- und Glyzerinmonofettsäureester, die z.T. auch in ethoxylierter Form vorliegen.

Arlamol (Brenntag)
Handelbezeichnung für verschiedene Ester, die als Emollients in Pflegeprodukten einsetzbar sind. Es handelt sich u.a. um Ester höherer Fettsäuren und Fettalkoholpolyglykolether.

Arnika
Arnikablüten enthalten u.a. 0,2–0,4% ätherisches Öl, Flavonglykoside, Phenolderivate, Sesquiterpenlactone.
Durch Extraktion mit 70%igem Ethanol erhält man Arnikatinktur, die antiseptisch, fungizid, bakteriostatisch, antiphlogistisch und granulationsfördernd wirkt.
Verwendung für Mundpinselungen und verdünnt für Mundspülungen. In niederen Konzentrationen erzeugt Arnikatinktur Hyperämie. In der Kosmetik können Arnikaauszüge speziell in Hand- und Fußpflegecremes, in Badezusätzen und in Antischuppenmitteln verwendet werden.
Beschrieben sind allergische Hautreaktionen.

Aromatherapie
Behandlungsmethode mit hochreinen, ätherischen Ölen, die zur Unterstützung der Selbstheilungsfunktion des Körpers und des Wohlbefindens eingesetzt werden. Eine Selbstmedikation setzt die Kenntnis der Rohstoffe und Behandlungsformen und eventueller Nebenwirkungen voraus. Die Aufnahme der ätherischen Öle über den Geruchssinn kann die Befindlichkeit des Menschen beeinflussen, da eine direkte Verbindung mit dem vegetativen Nervensystem besteht.
Durch die perkutane Applikation können die kleinen Moleküle der ätherischen Öle durch die Haut aufgenommen werden und so im Körper ihre Wirkung entfalten. Sie werden i.d.R. verdünnt (2–3%ig) angewendet, in Einzelfällen auch bis zu 10%. Die Verdünnung kann mit Pflanzenölen wie z.B. Sonnenblumen-, Mandel- oder Sesamöl erfolgen. Die innerliche Anwendung wird nur in wenigen Fällen praktiziert. Allergische Reaktionen sind bei entsprechend sensibilisierten Personen auch bei verdünnter Anwendung zu berücksichtigen.
Die einsetzbaren Öle weisen jeweils ein differenziertes Wirkungsspektrum auf. Beispiele:
- Eukalyptus: antiseptisch, schleimlösend, anregend
- Fenchel: krampflösend, verdauungsfördernd, beruhigend
- Kamille: fiebersenkend, krampflösend, entzündungshemmend
- Lavendel: antiseptisch, fiebersenkend, schlaffördernd, ausgleichend
- Orange: anregend, desinfizierend, stärkend, aufbauend
- Rosmarin: antiseptisch, heilungsfördernd, anregend, stärkend
- Teebaumöl: antiseptisch, antibakteriell, fiebersenkend, antirheumatisch
- Wacholder: desinfizierend, entgiftend, stärkend
- Zitrone: antibakteriell, fiebersenkend, entspannend

Aromatische Verbindungen
Begriff für alle iso- und heterozyklischen Verbindungen, die die besonders stabile symmetrische Elektronenanordnung des Benzolringes besitzen.

Arrector pili
(lat. arrigere, arrectum = aufrichten; pilus, -i = Haar) Haaraufrichtemuskel (Musculus arrector pili), Trichopilarmuskel, Haarbalgmuskel, Haarmuskel (→ Haare; → Gänsehaut).

L(+)-Ascorbinsäure

Acidum ascorbicum Ph. Eur. 2001 (Vitamin C)
Verwendung gegen Parodontose, Zusatz zu Mundpflegemitteln (Zahnpasten, Mundwässern); als Synergist für Antioxidantien verhin-

dert es die Peroxidbildung in Fetten und das Entstehen freier Radikale.

Ascorbylpalmitat → Palmitoylascorbinsäure

Asepsis
(gr. a = Verneinung, sepsis = Fäulnis, Gärung, Blutvergiftung). Keimfreiheit. Methode der Wundbehandlung und Wundversorgung, bei der von vornherein jegliches Berühren der Wunde mit unsterilem Material (Instrumente, Verbandstoffe) vermieden wird im Gegensatz zur Antisepsis, bei der versucht wird, bereits eingedrungene Bakterien mit chemischen Mitteln zu bekämpfen.

Asparaginsäure
Aminobernsteinsäure, $HOOC-CH_2-CH(NH_2)-COOH$. → Aminosäuren

Atherom
(gr. athere = Brei aus Weizengrütze) Balggeschwulst, Sebocystomatosis, Grützbeutel, Schmerbalg, Retentionszyste der Talgdrüsen oder Haarbälge, von der vor allem ältere Menschen befallen werden können. Die Beseitigung erfolgt auf chirurgischem Wege.

Atrichie
(gr. a = Verneinung, tricha = Haar) Angeborenes Fehlen der Haare.

Atrophie
Medizinischer Ausdruck für die Rückbildung eines Organs.

Aufheller → Optische Aufheller

Augenbrauen
Augenbrauenhaare sind Borstenhaare und zählen zu den Terminalhaaren. Ihre biologische Aufgabe besteht darin, von der Stirn herab rinnenden Schweiß oder Wassertropfen wie „Dachrinnen" seitlich abzuleiten. Da Farbe und Form der Brauen den Gesamteindruck des Gesichtes stark beeinflusst sind sie häufig Ziel kosmetischer Maßnahmen. Durch Auszupfen (Cilienpinzette) störender Härchen kann die Brauenform korrigiert und das schnelle Nachwachsen der Haare verhindert werden. Die farbliche Erscheinung ist durch Anwendung von Augenbrauenstiften oder Augenbrauenpudern zu beeinflussen. Um eine dauerhafte Färbung zu erreichen, können die Brauenhärchen auch, gleichsam dem Haupthaar, gefärbt werden. Bei sehr wenigen Härchen kann das Permanent-Make-up Abhilfe schaffen.

Augenbrauenpuder
Puder in gepresster Form, der zur farblichen Betonung der Augenbrauen verwendet wird. Er ist farblich sehr dunkel eingestellt unterscheidet sich von den Puderlidschatten durch seinen besonders hohen Farbpigmentanteil (meist nur Eisenoxide). Der Auftrag erfolgt auf die Augenbrauen mithilfe eines kurzborstigen Pinsels.

Augenbrauenstifte
Sie werden zur farblichen Betonung der Augenbrauen eingesetzt. Der Auftrag erfolgt durch feine Striche auf die Haut zwischen den Augenbrauenhärchen. Die gängigste Darreichungsform ist der einfache → Holzstift. Die Stiftmine ähnelt im Aufbau der eines klassischen Lippenstiftes, um eine gute Haftfestigkeit zu erreichen ist der Wachs- und Farbpigmentanteil jedoch höher. Die Textur wirkt dadurch trockener und fester.

Augenkonturenstifte
Oberbegriff für alle dekorativen Produktformen, mit denen die Augen farbig umrahmt bzw. gestaltet werden können. Dazu zählen z. B. Eyeliner- und Kajalstifte.

Augenlid
(lat.) Palpebra

Augen-Make-up
Gesamtheit aller dekorativen Kosmetika, die im Augenbereich angewendet werden. Dazu zählen z. B. Mascara, Eyeliner, Lidschatten, Kajal und Augenbrauenpuder und -stifte.

Augen-Make-up-Entferner
Präparate zum Abschminken von besonders haftfestem Augen-Make-up. Zur Anlösung des meist wasserlöslichen Fett-Wachs-Films sind okklusive, fette Öle gut geeignet. Der Anteil gut spreitender Öle muss gering sein, um die mögliche Migration ins Auge zu minimieren. Auch Emulsionen (W/O oder O/W), die einem höheren Öl- und Emulgatoranteil enthalten sind geeignet. Es gibt auch vorgetränkte Pads (→ Feuchttücher), die direkt zum Abschminken angewendet werden können.

Augenpflege

Die Haut der Augenpartie ist dünner und weist weniger Talgdrüsen auf als die übrige Gesichtshaut. Vor dem Auftrag von Pflegeprodukten ist der Augenbereich ggf. von Make-up-Resten zu befreien. Empfehlenswert sind leichte, nicht zu fetthaltige O/W-Emulsion, die Lipid- und Feuchtigkeitsverluste ausgleichen können, die z.B. durch Gesichtsreinigung oder sehr trockene Luft entstehen. Auch Gelformulierungen sind geeignet, während zu fettreiche Produkte die Haftfestigkeit von Lidschatten, Eyelinern und Mascara herabsetzen können. Geschwollene Lider können mit kühlenden Kompressen behandelt werden.

Augenringe

Dunkle Schatten unter den Augen können durch Schlafmangel entstehen oder das Zeichen einer Allgemeinerkrankung sein. Kosmetisch lassen sie sich vorübergehend mit Abdeckprodukten kaschieren.

Augentrost

Herba Euphrasiae. Stammpflanze Euphrasia officinalis. Familie Scrophulariaceae (Rachenblütler). Wirkstoffe: Ätherisches Öl, Gerbstoffe, Bitterstoffe, Glykoside. Verwendung als Aufguss für Umschläge, Kompressen und Augenbäder bei Augenentzündungen (Entzündungen der Augenbindehaut und der Augenlider), bei Augenschwäche und bei Augentränen.

Autoxidation

Durch Luftsauerstoff hervorgerufene und durch Licht, Wärme oder Schwermetallionen begünstigte Oxidation. In erster Stufe bilden sich Radikale, die sich mit Sauerstoff zu Hydroperoxidradikalen vereinigen, die wiederum eine sich selbst beschleunigende Kettenreaktion in Gang setzen. Ungesättigte Verbindungen mit einer oder mehreren C-C-Doppelbindungen sind besonders empfindlich gegen Autoxidation, z.B. ungesättigte Fettsäuren (→ Ranzidität). Aber auch terpenreiche ätherische Öle unterliegen der Autoxidation, wobei sie polymerisieren und verharzen.

Avivage

(franz. aviver = beleben) In der Haarkosmetik umschreibt der Begriff eine Reihe von erwünschten Effekten wie Glanz, seidigen Griff, gute Kämmbarkeit, besonders, wenn die Haare nass sind, Herabsetzung der elektrostatischen Aufladbarkeit, Biegesteifigkeit u. a. Präparate, die diese Wirkung haben, sind z.B. die quaternären Ammoniumverbindungen, die man deshalb in konditionierenden Shampoos und Haarkuren einsetzt, speziell nach dem Färben, weil die Quats die Farbstoffe fixieren. → Konditioniermittel

Avocadoöl

(INCI: Persea Gratissima) Öl aus den Früchten von Persea gratissima, in denen es bis zu 25% der essbaren Substanz enthalten sein kann. Es besteht zu 84–85% aus ungesättigten Fettsäureglyceriden, hauptsächlich Ölsäure- (65%) und Linolsäureglyceriden (6–10%), enthält Vitamin A und E, Phytosterole, Squalen, gesättigte langkettige Kohlenwasserstoffe und Lecithin. Hautcremes mit Avocadoöl zeigen besonders gutes Spreitvermögen, gutes Eindringen in die Hornschicht und hydratisierende Wirkung. Verwendung für Cremes, Hautöle und Emulsionen in einer Zusatzmenge von 5–10%.

Axerophthol

Veralteter Name für Vitamin A (Retinol)

Axol C62 (Degussa Care Specialties)

(INCI: Gyceryl Stearate Citrate) Handelsbezeichnung für einen PEG-freien, naturbasierenden O/W-Emulgator. Er ist geeignet für den Einsatz in den unterschiedlichsten Arten von Cremes und Lotionen.

Ayurveda

Das Sanskritwort „ayus" bedeutet Leben oder Lebensdauer, „veda" Wissen oder Wissenschaft. Ayurveda stammt aus dem Nordwesten Indiens und gilt als Lehre vom (langen) Leben. In dieser Wissenschaft wird das Leben als ganzheitliches System verstanden, in dem Körper und Geist, die individuelle Konstitution und die Beziehung des Einzelnen zu seiner Umwelt mit in die Betrachtungen einbezogen sein. Als angewandte Wissenschaft dient Ayurveda der Behandlung von Krankheiten sowie der Förderung und Steigerung der Gesundheit. Neben chirurgischen Techniken und Methoden der inneren Medizin werden auch sehr differenzierte, physiotherapeutische Verfahren eingesetzt. Bekannt sind aus diesem Bereich Körperbehandlungen, wie z.B. Massagen oder Ölanwendungen. Dabei kommen u. a. Kräuter und aufbereitete Öle wie

Sesamöl, Sonnenblumenöl, Mandelöl, Olivenöl, Distelöl oder Niemöl zum Einsatz.

Azofarbstoffe
Umfangreiche Gruppe organischer → Farbstoffe und -pigmente mit klarer, leuchtender Farbwirkung. Die löslichen Azofarben fallen unter die Kategorie Farbstoffe und werden häufig in Tensidpräparaten eingesetzt. In Form ihrer unlöslichen Salze finden sie auch in dekorativen Kosmetika Verwendung. Kennzeichen ist die mindestens einmal im Molekül enthaltene Azo-Gruppe -N=N-, die beidseitig an aromatische oder heterozyklische Ringsysteme gebunden ist. Bei einer Azo-Gruppe spricht man auch von Monoazofarbstoffen, bei zwei Gruppen von Bisazo- und bei drei von Trisazofarbstoffen. Azofarbstoffe, die in Kosmetika eingesetzt werden, führen die C.I.-Nummern 11000 bis 36999 (z.T. sind diese auch als Lebensmittelfarbstoffe erlaubt).
Beispiele:
Azorubin: C.I. 14720
Amaranth: C.I. 14720
Gelborange S: C.I. 15985
Tartrazin: C.I. 19140
Ponceau 4R: C.I. 16255
Brilliantschwarz BN: C.I. 28440

Azulen
(INCI: Azulene) Zyklische Kohlenwasserstoffe von meist blauer Farbe, die sich vom Bicyclo-(0,3,5)-decapentaen ableiten. Sie sind in vielen Pflanzen bzw. deren ätherischen Ölen enthalten Reich an Azulenen sind vor allem die Korbblütler (Asteraceae, früher Compositae). In den Pflanzen kommen Vorstufen der Azulene vor. Die Vorstufe des in der Kamille vorkommenden Azulens ist das Proazulen C (Prochamazulen), das auch als Matricin bezeichnet wird und bei 80–90 °C in Chamazulen übergeht.
In der Natur nachgewiesen wurden:
1. Chamazulen als Bestandteil des Kamillenöls, des Römisch-Kamillenöls, des Schafgarbenöls, des Wermutöls,
2. Guajazulen als Bestandteil des Kampfer-, Geranium-, Eucalyptus-, Cubeben- und Guajakholzöls.
Chamazulen ist 1,4-Dimethyl-7-ethylazulen:

Guajazulen ist 1,4-Dimethyl-7-isopropylazulen:

Im Gegensatz zum Chamazulen ist die Reindarstellung des Guajazulens bedeutend einfacher. Pharmakologische und klinische Arbeiten haben ergeben, dass beide Azulene in ihrer antiphlogistischen, antiallergischen und regenerativen Wirkung gleich sind.
Verwendung für Hautcremes, Lippenstifte, Mundwässer, Zahnpasten, Hautöle usw.

B

Babybäder
Wässrige Badezusätze speziell für die Körperreinigung von Babyhaut. Sie enthalten besonders milde Tenside (z. B. Amphotenside, Fettsäuresarcosinate oder Sulfosuccinate), Rückfetter und pflegende Zusatzstoffe, wie z. B. Proteinhydrolysate. Es werden auch unparfümierte, z. T. auch konservierungsmittelfreie Produkte angeboten. Die Dosierung sollte sparsam erfolgen, um die Haut vor unnötiger Austrocknung zu bewahren, der pH-Wert sollte schwach sauer eingestellt sein.

Babycremes
1. Körpercremes: Leichte, besonders verträgliche O/W-Emulsionen zur Pflege von Babyhaut. Wird dem täglichen Reinigungsbad ein Badezusatz mit hohem Rückfetteranteil zugesetzt, ist das anschließende Eincremen nur bei zu Trockenheit neigender Haut nötig.
2. Cremes für den Windelbereich: Sie werden nach der Reinigung der Windelregion zum Schutz vor ammoniakalischen Substanzen und mikrobiellen Enzymen eingesetzt. Als Basis eignen sich feste W/O-Emulsionen, die Zinkoxid, hoch gereinigtes Wollfett, pflanzliche oder synthetische Öle, Wachse sowie entzündungshemmende und hautpflegende Substanzen enthalten können. Meist werden auch Parfümöle und Konservierungsstoffe eingesetzt.

Babyhaut
Die Säuglingshaut ist nur etwa ein Fünftel so dick wie die des Erwachsenen. Die besondere Empfindlichkeit wird bedingt durch eine weniger dichte Packung der Hornschichtzellen und eine geringere Talgdrüsenaktivität. Der schützende Hydrolipidfilm ist daher nur schwach ausgeprägt. Die Empfindlichkeit gegenüber chemischen, physikalischen und mikrobiellen Einflüssen ist bis zum Ende des 3. Lebensjahres relativ hoch, sodass Babypflegeprodukte besonders reizarm formuliert sein müssen.

Baby-Reinigungstücher → Feuchttücher

Babyshampoos
Besonders milde Tensidpräparate zur schonenden Reinigung der Babyhaare und der Kopfhaut, die auch bei Schleimhautkontakt im Augenbereich kein Brennen verursachen sollten. Als milde Tensidrohstoffe kommen dafür u. a. Amphotenside (Betain-Typ) oder Sulfosuccinate zum Einsatz.

Bacillus subtilis
Heubazillen. Grampositive Sporenbildner, die in der Natur weit verbreitet sind und u. a. als Lebensmittelvergifter wirken.

Bad
Das Bad eignet sich zur Pflege und Reinigung der Haut. Schmutz, Schweiß und Krankheitskeime sollen durch Wasser und Reinigungsmittel von der Haut entfernt werden. Die oberflächlichen Hornschichten werden beim Baden aufgeweicht, dadurch wird ihr Abstoßen erleichtert und die in sie eingedrungenen Verunreinigungen werden beseitigt. Andererseits wird durch die waschaktiven Substanzen der Hauttalg entfernt, der die tiefer liegenden Hautschichten vor dem Austrocknen bewahren soll. Bei normaler Haut erfolgt die natürliche Rückfettung innerhalb von zwei Stunden, weshalb eine einmalige tägliche Reinigung mit Tensiden als unbedenklich angesehen werden kann. In den Wintermonaten ist wegen der geringeren Luftfeuchtigkeit die Gefahr des Austrocknens der Haut größer als im Sommer. Die Wassertemperatur kann bei einem kurzen Vollbad bis zu 39 °C betragen, bei längerem Baden sollte sie knapp unter der Körpertemperatur liegen. Der Wärmeaustausch, der hydrostatische Druck, Schaum und Dampf beeinflussen die Blutzirkulation und andere Körperfunktionen, Duft- und Farbstoffe verstärken das subjektive Wohlbefinden. Aus Badezusätzen können Wirkstoffe über die Atemwege aufgenommen werden. Duschbäder sind für die tägliche Reinigung dem Vollbad vorzuziehen; sie sind zudem Wasser und Energie sparend. (→ Schaumbäder)

Badeemulsionen
Bademilchen. Öl-in-Wasser-Emulsionen, bei denen die Ölphase fast vollständig aus Parfümölen besteht. Ihr Hauptzweck ist die Parfümierung des Badewassers. Sie ähneln in ihrer Zusammensetzung den Cremebädern und den solubilisierten Ölbädern.

Badeessenzen
30–90%ige alkoholische Lösungen von ätherischen Ölen oder Drogenextrakten, in denen die ätherischen Öle mit entsprechenden Lösungsvermittlern so verarbeitet werden, dass eine Abscheidung der ätherischen Öle, die hautreizend wirken können, ausgeschlossen ist.

Badeextrakte
Präparate mit überwiegend organischen Inhaltsstoffen, die durch Extraktion von Pflanzen oder Pflanzenteilen gewonnen werden. Man erwartet von ihnen die gleiche Wirkung wie von den Drogen (→ Badezusätze). Ihre Herstellung erfolgt heute im Allgemeinen durch schonende Kaltextraktion entweder mit Propylenglykol/Wasser oder mit Isopropanol für alkoholische Präparate oder mit Pflanzenölen oder Isopropylmyristat für öllösliche Extrakte.

Badekräuter
Drogen oder Drogenmischungen, die dem Badewasser entweder als solche oder in Form von wässrigen Aufgüssen, Essenzen, Extrakten oder ätherischen Ölen zugesetzt werden. Ihre Inhaltsstoffe haben vor allem hautbeeinflussende Wirkung, die Dämpfe der ätherischen Öle dringen aber auch über die Lungen in den Körper ein und wirken auf die Atmungsorgane und das Zentralnervensystem. → Badezusätze

Badeöle
Sie sollen das nach dem Baden häufig auftretende Gefühl der Trockenheit der Haut beseitigen, also eine Rückfettung der Haut erreichen. Reine Öle würden auf dem Wasser schwimmen und als fettender Film auf der Haut liegen. In den sog. solubilisierten Badeölen kann die Öl- oder Fettapplikation auf die Haut erfolgen, ohne dass ein sichtbarer Fettfilm erscheint. Das Öl verschwindet z. T. in der Hornschicht. In den solubilisierten Badeölen liegt das Öl (ca. 80–90%) mit einem Emulgator (ca. 10–20%) gemischt vor; sie ergeben mit Wasser stabile, milchähnliche Emulsionen. Als Öle können Weizenkeimöl, Erdnussöl, Rizinusöl oder auch mineralische Öle verwendet werden, gemischt mit Isopropylfettsäureestern, Laurinsäurehexylestern, Stearinsäurebutylestern, Ölsäuredecylester oder ähnlichen Verbindungen. Als Emulgatoren können nen ethoxylierte Fettkohole oder ethoxylierte Sorbitan-, Glycerol-, Pentaerythritfettsäureester dienen. Der Parfümölgehalt beträgt bis zu 10%.

Badepulver
Pulverförmige Zubereitungen, die sich, wie die Badesalze, klar im Wasser lösen. Sie enthalten vor allem Wasserenthärtungsmittel und waschaktive Substanzen und, falls eine Kohlendioxid abspaltende Wirkung erwünscht ist, Natriumcarbonat, Natriumbicarbonat mit Weinsäure, Zitronensäure, Adipinsäure oder sauren Salzen (z. B. Natriumhydrogensulfat, Natriumdihydrogencitrat). Sauerstoff abspaltende Badepulver können unter Verwendung von calcinierter Soda, die mit Wasserstoffperoxid getränkt wurde, hergestellt werden. Das getrocknete Pulver gibt mit Wasser sofort Sauerstoff ab.

Badesalze
Parfümierte und gefärbte Salzgrundlagen, die die Aufgabe haben, das Badewasser weich zu machen und Farbstoffe und Duftstoffe darin zu verteilen, ohne eine medizinische oder kosmetische Wirkung zu entfalten. Man verwendet gern schön- und großkristallisierende Salze wie Natriumthiosulfat, Natriumsesquicarbonat, Natriumchlorid, Phosphate und Pyrophosphate. Als Duftstoffe dienen z. B. Lavendelöl, Rosenöl oder ein Fantasieparfüm.
Brausende Badesalze auf der Grundlage von Natriumhydrogencarbonat und Zitronen-, Wein- oder Adipinsäure entwickeln Kohlendioxid. Sie erzeugen auf der Haut ein prickelndes Gefühl, die Kapillargefäße werden erweitert, die Haut erscheint hochrot. Die gleiche Wirkung, nur milder, haben Sauerstoff-abgebende Badesalze, denen Natriumperborat und Weinsäure zugrunde liegen. Um ein vorzeitiges Zersetzen der brausenden Badesalze zu verhindern, werden ihnen Trennmittel in Form von Kochsalz, Milchzucker oder Stärke zugegeben.

Badetabletten
Zu großen Tabletten gepresste Badesalzpräparate. Besonders bevorzugt werden die brausenden Badetabletten (Sprudeltabletten). Wichtig ist, dass die Tabletten sich leicht in Wasser lösen,

deshalb werden ihnen sog. Sprengmittel wie Siliciumdioxid zugesetzt, die den Zerfall erleichtern. Die Tabletten sind meist in eine Metallfolie eingewickelt, die dem Erzeugnis nicht nur ein schönes Aussehen gibt, sondern auch eine vorzeitige Zersetzung durch Luftfeuchtigkeit verhindert.

Badezusätze
Dem Badewasser in flüssiger oder fester Form zugefügte Zusätze, die Tenside, Mineralsalze, Öle, Farb- und Duftstoffe, Vitamine, Pflanzenextrakte oder deren Wirkstoffe o. Ä. enthalten können. (→ Schaumbäder, Badeemulsionen, Badeessenzen, Badeöle, Badesalze, Badetabletten).
Als Badezusätze mit pflanzlichen Wirkstoffen für kosmetische Zwecke kommen zahlreiche Heilkräuter zur Anwendung:
Für sensible Haut: Johanniskraut, Kamille, Calendula, Schafgarbe, Huflattich, Hopfen, Fenchel, Arnika.
Für fettige Haut: Kamille, Salbei, Schachtelhalm, Huflattich, Melisse, Mistel, Quendel.
Für unreine Haut: Kamille, Eichenrinde, Hamamelis, Salbei, Fenchel, Huflattich, Ehrenpreis, Melisse, Queckenwurzel.
Für trockene, schuppige Haut: Calendula, Kamille, Lindenblüten, Stiefmütterchen.
Moorextraktbäder, Moorsalicalysäurebäder gegen rheumatische Beschwerden, Teer- und Schwefelbäder gegen Hautkrankheiten sowie die in ihrer Wirkung auf dem Gesamtorganismus zielenden Heilpflanzenkomplexe müssen zu den medizinischen Badezusätzen gerechnet werden.

Bakterien → Mikroorganismen

Bakteriostatika
Bezeichnung für Substanzen, die das Wachstum von Bakterien hemmen oder verhindern.

Bakterizide
Bezeichnung für die zu den Mikrobiziden gehörenden Bakterien abtötenden Substanzen. Hierzu gehören z. B. Ethanol, Phenole, Seifen und Tenside, die die Zellmembran der Bakterien zerstören; andere Substanzen schädigen den Stoffwechsel der Bakterien. → Desinfektionsmittel, → Antiseptika, → Konservierungsmittel.

Baldrian
Valerianae extractum siccum DAB 2001. Die Droge besteht aus den getrockneten Wurzeln der Valeriana officinalis. Sie besitzt einen durchdringenden, an Valeriansäure und Campher erinnernden Geruch. Ihre sedierende Wirkung ist seit langem bekannt, beruht aber nicht auf dem Gehalt an den thermolabilen und oxidationsempfindlichen Valepotriaten, da diese in den Extrakten fehlen. Die Wirkung der Droge wird wahrscheinlich durch die Abbauprodukte der Valepotriate hervorgerufen sowie durch das ätherische Öl. Wässrige Mazerationen sind wirksamer als alkoholische Auszüge. Verwendung in der Kosmetik für Badepräparate.
Das durch Wasserdampfdestillation gewonnene Baldrianöl enthält als Hauptbestandteil Bornylacetat, daneben Bornylisovalerianat und andere Ester, freie Isovaleriansäure und Terpen- und Sesquiterpenkohlenwasserstoffe. Der unangenehme Geruch, den gealtertes Baldrianöl annimmt, beruht auf dem zunehmenden Gehalt enzymatisch gebildeter Isovaleriansäure. Verwendung des Baldrianöls für Seifenparfüms und für Badepräparate.

Balsame
1. Pflanzliche dickflüssige bis zähflüssige Lösungen von festen Harzbestandteilen in ätherischen Ölen (z. B. Terpentinöl), die als Wundsekret bei Verletzungen der Pflanze ausfließen. An der Luft verdunstet das ätherische Öl und das zurückbleibende Harz bildet einen natürlichen Wundverschluss. Die pflanzlichen Balsame werden deshalb auch als Weichharze bezeichnet.
2. In der Kosmetik werden als Balsame Präparate bezeichnet, die eine wohltuende („balsamische") Wirkung auf den menschlichen Körper ausüben sollen. Man kennt z. B. Augenbalsam, Badebalsam, Blütenbalsam, Fußbalsam, Handbalsam, Hautbalsam, Kräuterbalsam, Massagebalsam, Nagelbalsam, Wimpernbalsam usw.

Bandhaar
Im Querschnitt besonders stark abgeflachtes Haar.

Bariumsulfat
(INCI: Barium Sulfate) C. I. 77120, $BaSO_4$. Weißes, schweres, ungiftiges Pulver, unlöslich in Wasser, verdünnten Säuren und Alkalien. Es wird u.a. als Beschichtungsmaterial für Pudergrundstoffe eingesetzt. Auf Glimmer aufge-

bracht entstehen (in Verbindung mit Titandioxid) sog. → Effektpigmente, die zur optischen Fältchenkaschierung oder zur Verbesserung des Hautgefühls in Puder- oder Emulsionsgrundlagen eingesetzt werden können.

Barriere
Die so genannte Reinsche Barriere liegt, als dünne zusammenhängende Keratinmembran zwischen Leuchtschicht und Körnerzellenschicht. Sie trennt die Hornschicht von dem tiefer liegenden Hautgewebe. (→ Haut) Neueren Auffassungen zufolge stellt die Barriere jedoch keine eigene Schicht dar, sondern ist die Gesamtheit des Stratum corneum. Die einzelnen Schichten der Hornschicht sind nach innen immer dichter gepackt. Sie erschweren eine Durchdringung schichtenweise. Die Barriere ist elektrisch aufgeladen. Hornschichtwärts ist sie von Hydroxonium-Ionen (H_3O^+-Ionen) und in Richtung zur zellhaltigen Epidermis von Hydroxid-Ionen (OH^--Ionen) besetzt.
Der pH-Wert der Hautoberfläche von 5,8 bis 6,4 sinkt zur Leuchtschicht auf den pH-Wert 4,5 bis 5,5, um dann wieder in der Tiefe des Stratum granulosum bis zum Stratum basale den Wert von 7,35, der genau dem pH-Wert des Blutes entspricht, zu erreichen. Die tiefsten pH-Werte liegen also da, wo die Reinsche Barriere angenommen wird. Im Bereich der Barriere erreicht der Säuregrad der Hautoberfläche sein Maximum. In diesem Bereich erfolgt eine Anhäufung von freien Aminosäuren (→ Pufferhülle der Haut).
Es ist verständlich, dass das Potenzialfeld, die physikalisch chemischen Eigenschaften der Barriere für die Penetration und Resorption der Haut eine große Rolle spielen. Aufgabe der Barriere ist es, Wasserbindevermögen und Wasserdurchlässigkeit der Haut zu beeinflussen. Verliert die verhornte Epidermis Feuchtigkeit, so wird sie spröde und brüchig. Die Elastizität lässt nach und kann durch Fettstoffe allein nicht wieder zurückgewonnen werden. Der Organismus muss das transepidermal abgedunstete Wasser (→ Schweiß) aus tieferen Hautschichten kontinuierlich ersetzen. Die Barriere regelt diesen Wassernachschub und sorgt durch ihren Gehalt an Lipiden dafür, dass selbst unter ungünstigen Verhältnissen eine völlige Austrocknung der Haut vermieden wird (→ Wasserhaushalt der Haut).

Barrierepräparate
Hautschutzmittel, die den Kontakt zwischen Haut und schädlichen äußeren Einflüssen verhindern sollen. Sie müssen einen lückenlosen Film bilden, der sich nicht zu leicht von der Haut abreiben lassen darf, weder verdampfen noch in die Haut eindringen und nicht brüchig werden darf. Man unterscheidet zwischen Präparaten gegen wässrige Lösungen, gegen organische Lösungsmittel, gegen staubförmige oder teerartige Substanzen, gegen physikalische Einflüsse (→ Strahlenschutz, → Kälteschutz), gegen mechanische Beanspruchung (→ Gleitmittel, → Massagepräparate) und gegen Insekten (→ Repellents).

Bartflechte
1. Durch Eitererreger verursachte Entzündung der Follikel der Barthaare. Die Behandlung muss durch den Arzt erfolgen.
2. → Usnea barbata

Barthaare
Sie zählen wie die Kopfhaare zu den Langhaaren, sind aber etwa doppelt so dick. Ein Barthaar wächst pro Tag zwischen 2 und 3 mm. Die Bildung wird durch den Einfluss männlicher Sexualhormone stark beeinflusst.

Basaliom
Hautgeschwulst, die von den Basalzellen ausgeht. Form des Hautkarzinoms, meist im Gesicht auftretend, das als Spätschaden durch übermäßige UV-B-Strahlung auftreten kann.

Basalzellschicht
Stratum basale. Unterste Schicht der Oberhaut oder Epidermis. Teil der Keimzone. Sie besteht aus zylindrischen Zellen.

Basalzellen mit Brücken und Füßchen

Durch Zellteilung (Mitose) werden immer neue Zellen gebildet, die sich nach oben schieben, sich abflachen und schließlich nach etwa 4 Wochen von der Hautoberfläche abgestoßen werden. Die

Einzelzellen sind durch interzellulare Zwischenräume voneinander getrennt. Durch Zellbrükken stehen die Basalzellen mit den Nachbarzellen in Verbindung. Durch Wurzelfüßchen sind die Basalzellen in der Lederhaut verankert. Da sich in der Basalzellschicht die Bildung neuer Zellen vollzieht, werden die Basalzellschicht und die Stachelzellschicht zur „Keimschicht" (Stratum germinativum) zusammengefasst.

Base Coat
Engl. für → Unterlack.

Basen → Alkalien

Bayöl
(INCI: Pimenta Acris) Ätherisches Öl aus Pimenta racemosa. Inhaltsstoffe: 40–55% Eugenol, Methyleugenol, Chavicol, Methylchavicol, Citral, Phellandren, Myrcen. Geruch nelkenartig, frisch. Es hat eine antiseptische Wirkung und findet als Parfümölgrundstoff, weniger als Einzelrohstoff, Verwendung.

Beau-Reil-Querfurchen
Grabenartig über den Nagel hinweglaufende Vertiefung nach schweren Erkrankungen oder Vergiftungen (bei Säuglingen normal gegen Ende des 1. Monats) durch zeitweilig vermehrte oder verminderte Hornbildung.

Bedampfer
Vapozon. Gerät, das im Kosmetikinstitut zur Erzeugung von feinem Wasserdampf eingesetzt wird. Es dient der Erwärmung und Entspannung der Gesichtshaut und erleichtert die anschließende Ausreinigung (Entfernung von Komedonen). Dem Wasserdampf können zusätzlich z.B. ätherische Öle oder Kräuterauszüge zugesetzt werden. Bei Gefäßanomalien, Ekzemen oder entzündlichen Hautveränderungen sollte die Bedampfung jedoch nicht durchgeführt werden.

Behensäure
Docosansäure; gesättigte, unverzweigte C_{22}-Carbonsäure, deren Metallseifen als Schauminhibitoren verwendet werden. Tenside mit langkettigen Fettsäuren haben aufgrund ihrer Schwerlöslichkeit ein geringeres Irritationspotenzial als die mit C_{12}–C_{18}-Säuren hergestellten. Behenyl-Quats sind milde Emulgatoren und Konditioniermittel speziell für Haarbehandlungspräparate.

Bentone (Elementis)
Handelsbezeichnung für Schichtsilicate auf Basis von Hectorit, die als rheologische Additive (Verdickungsmittel) in wässrigen und nichtwässrigen Systemen als Gelier- bzw. Thixotropiermittel fungieren. Die Gelierung erfolgt über die Ausbildung von Wasserstoffbrückenbindungen an den Kanten benachbarter Plättchen. Beispiele:

Bentone EW
(INCI: Hectorite) Verdicker für die wässrige Phase und geeignet für den Einsatz in Antitranspirantien, Emulsionen und Tensidpräparaten.

Bentone 27 V
(INCI: Stearalkonium Hectorite) Verdicker für die öllösliche Phase mit mittlerer bis hoher Polarität. Geeignet für den Einsatz in Stiften, Emulsionen und Nagellacken.

Bentone 38 V
(INCI: Disteardimonium Hectorite) Verdicker für öllösliche Phasen mit niedriger bis mittlerer Polarität. Verwendung für Antitranspirantien, Emulsionen und Sonnenschutzpräparate.

Bentonit
Bentonitum Ph. Eur. 2001. Wasserhaltiges Magnesium-Aluminiumsilikat natürlicher Herkunft. Anorganischer Gelbildner mit gutem Quellvermögen, der thixotrope Gele zu bilden vermag. Sehr feines weißes bis grauweißes Pulver, unlöslich in Wasser. In Gegenwart kleiner Mengen Wasser verwandelt Bentonit sich in eine geschmeidige Masse.
Verwendung in der Kosmetik als Stabilisator in Emulsionen, als Dispergierhilfsmittel, Binde- und Verdickungsmittel in Suspensionen, Zahnpasten, Salben etc.

Benzaldehyd
Künstliches Bittermandelöl. Farblose bis schwach gelbliche, stark lichtbrechende Flüssigkeit mit starkem Bittermandelgeruch. Löslich in Ether und Ethanol.
Verwendung in der Parfümindustrie.

Benzylalkohol   Benzaldehyd   Benzoesäure

Benzalkoniumchlorid
(INCI: Benzalkonium Chloride) Zu den quaternären Ammoniumverbindungen zählende Gruppe von Alkyldimethylbenzylammoniumchloriden der allgemeinen Formel:

$$\left[\underset{}{\bigcirc}-CH_2-N\underset{CH_3}{\overset{CH_3}{\underset{R}{\rightleftarrows}}}\right]^{\oplus} Hal^{\ominus}$$

R = Alkylrest mit 8–18 C-Atomen
Hal = vorwiegend Cl oder Br

Weißes bis gelbliches Pulver, das als Konservierungsmittel für Rinse-off-Produkte mit guter Wirksamkeit gegen Bakterien, mäßig gegen Sporen und Pilze einsetzbar ist. Das pH-Optimum liegt zwischen 4 und 10, die max. Einsatzkonzentration bei 0,1%.

Benzalkonium Saccharinat
Alkyldimethylbenzylammoniumsaccharinat.
Weißes, kristallines Pulver von angenehm süßem Geschmack und guten bakteriziden Eigenschaften. Als Konservierungsmittel nur bis zu einer Konzentration von 0,1% (berechnet als Benzahlkoniumchlorid) zugelassen. Der Augenkontakt ist bei Produktanwendung zu vermeiden.

$$\left[R-\underset{CH_3}{\overset{CH_3}{\underset{|}{N}}}-CH_2-\bigcirc\right]^{\oplus} \quad \underset{SO_2}{\overset{CO}{\bigcirc}}N^{\ominus}$$

Benzimidazol

$$\bigcirc\underset{H}{\overset{N}{\underset{N}{\rightleftarrows}}}$$

Derivate des Benzimidazols werden als optische Aufheller und als Lichtschutzmittel verwendet.

Benzoeharz
Für die Kosmetik ist besonders die Siam-Benzoe, das Harz des Baumes Styrax tonkinense wichtig. Inhaltsstoffe sind u.a. Coniferylbenzoat, Benzoesäure, Vanillin, ätherische Öle und Harze. Siam-Benzoe riecht angenehm vanilleartig und wirkt leicht konservierend. Es wird in der Parfümerie als Fixateur verwendet, in der Kosmetik als Benzoetinktur in Mundwässern, Zahnpasten und anderen Artikeln.
Die Sumatra-Benzoe hat einen kräftigeren Geruch, der aber als nicht so fein gilt. Sie wird für Seifenparfüms eingesetzt.

Benzoesäure
(INCI: Benzoic Acid) C_6H_5COOH. Weißes, kristallines Pulver, unlöslich in kaltem Wasser, löslich in siedendem Wasser, Ethanol und fetten Ölen. Benzoesäure wirkt antimykotisch und antiseptisch, ist wenig toxisch und wird deshalb als schwaches Desinfektionsmittel in Salben und Mundwässern (1%) und als Konservierungsmittel in saurem Milieu (0,1%) eingesetzt.

Benzoesäureester
Angenehm riechende Flüssigkeiten, die in der Parfümerie Verwendung finden, z.B. der Methyl-, Ethyl-, Isobutyl- und Benzylester.

o-Benzoesäuresulfimid → Saccharin

Benzol

$$C_6H_6 \quad \bigcirc$$

Farblose, brennbare, leicht verdunstende Flüssigkeit von eigenartigem, benzinähnlichem Geruch. Benzoldämpfe sind giftig und mit Luft gemischt hochexplosiv. Benzol ist in Wasser unlöslich, löslich in Ethanol, Ether, Aceton.
Nach der Kosmetik-Verordnung darf Benzol in kosmetischen Mitteln nicht verwendet werden.

4-Benzoxyphenol → Hydrochinonmonobenzylether

Benzylalkohol
(INCI: Benzyl Alcohol) Phenylmethanol ist im Jasminblütenöl enthalten. Farblose Flüssigkeit von jasminartigem Geruch; löslich in Ölen und Ethanol; schwer löslich in Wasser.
Verwendung in der Parfümindustrie und als Konservierungsmittel gegen Bakterien, Hefen und Schimmelpilze (Einsatzkonzentration bis 1,0%).

Bergamottöl
Das durch Pressen der Schalen von Citrus aurantium L., subsp. bergamia gewonnene Öl enthält als Hauptbestandteil 30–40% Linalylacetat, daneben 6–10% Linalool, ca. 1% Citral und 20–50% verschiedene Terpenkohlenwasserstoffe. Unter diesen ist das Bergapten für die photosensibilisierende Wirkung des Bergamottöls

verantwortlich. Deshalb unterliegt der Gebrauch des Öls in Kosmetika Beschränkungen, sofern es sich nicht um furocumarinfreies Bergamottöl handelt. Dieses wird aber heute bereits industriell hergestellt. Es wird als Riechstoff in Parfümölkompositionen verwendet.

Bergapten

Furocumarinderviat, das im Bergamottöl enthalten ist. Es hat photosensibilisierende Eigenschaften (→ Berloque-Dermatitis), kann jedoch für den kosmetischen Einsatz aus dem Bergamottöl entfernt werden.

Berloque-Dermatitis
Licht- oder Photodermatose, die durch die photosensibilisierenden Eigenschaften des im Bergamottöl enthaltenen Bergapten hervorgerufen wird. Durch UV-Bestrahlung tritt an den Stellen des Produktauftrages eine fleckige, bräunliche Hautverfärbung auf.

Bernsteinsäure
$HOOC-CH_2-CH_2-COOH$. Farblose, stark sauer schmeckende Kristalle, löslich in Wasser und in Alkoholen. Die Salze heißen Succinate.
Verwendung für Kohlensäurebäder, saure Hautcremes, Lotionen. Ethyl- und Isopropylbernsteinsäureester sind gute Lösungsvermittler, der Benzylester dient als Weichmacher, Sulfobernsteinsäure und deren Halbester werden für gut hautverträgliche Tenside verwendet. Dibutylsuccinat wirkt als Repellent.

Bestrahlungsreaktionen
Folgen natürlicher Sonneneinwirkung von Solarien sind Bräunung, Erythem, Verbrennungen und chronische Schäden. Die Reaktionen sind abhängig von der Intensität der Strahlung, die wiederum durch geographische Breite, Tages- und Jahreszeit, Meereshöhe, Reinheitsgrad der Luft und Reflexion an Wasser, Schnee oder Eis bestimmt wird. Weiterhin spielt der → Pigmentierungstyp eine Rolle. Siehe auch → Sonnenschutzpräparate.

Beta-Carotin
(INCI: Beta-Carotene, als Färbemittel C.I. 40800) Auch Provitamin A, β-Carotin (siehe auch → Carotine). Natürliches Vorkommen in vielen Blüten und Früchten. Die technische Gewinnung kann aus Palmöl, Luzerne oder Karotten erfolgen. Es hat eine intensive Rot- bzw. Orange-Färbekraft, reagiert jedoch empfindlich gegen Luftsauerstoff.

β,β-Carotin

Verwendung: Zur Anfärbung von Kosmetika und als künstliches Hautbräunungsmittel. Bei oraler Einnahme soll β-Carotin durch Abfangen freier Radikale Lichtschutzwirkung speziell bei sonnenlichtempfindlicher Haut zeigen. → Lichturticaria

Betain
1. Trimethylammonioacetat, Trimethylderviat des Glycins.
Weiße, neutral reagierende, salzartige, leicht in Wasser lösliche Substanz. Verbreitet in vielen Pflanzenteilen, Rübenzuckermelasse usw. Betain und Betainderivate sind Zwitterionen (innere Salze).
2. Kationaktive Verbindungen, die eine quaternäre Ammoniumgruppe und einen Säurerest enthalten. Die industriell hergestellten Alkylbetaine und Fettsäureamidoalkylbetaine werden als Amphotenside für antibakteriell wirksame Shampoos und andere Körperpflegeprodukte eingesetzt.

Betanin
(β-D-Glucopyranosid) Blutroter Farbstoff, der aus den Wurzeln der Roten Rüben (INCI: Beta vulgaris) gewonnen werden kann. Gelegentlicher Einsatz in kosmetischen Präparaten. Auch zur Anfärbung von Lebensmitteln (E 162) geeignet.

Bewegungsfalten
Mimische Falten, z. B. Nasolabialfalte (Nasolabialfurche).

BHA (INCI)
→ Butylhydroxyanisol

BHT *(INCI)*
Butylhydroxytoluol; → Dibutylhdroxytoluol

Bibergeil → Castoreum

Bienenwachs
Knetbare Ausscheidung aus den Drüsen der Honigbienen, aus der die Honigwaben gebaut werden. Man schmilzt die durch Ausschleudern vom Honig befreiten Waben, trennt die Schmelze (F. 61–68 °C) von festen Verunreinigungen und lässt das gelbe Rohwachs (Cera flava) erstarren. Dieses kann mit Chromsäure, Wasserstoffperoxid, Alkaliperoxiden, Benzoylperoxid oder anderen Sauerstoff abgebenden Verbindungen weitgehend entfärbt werden (Cera alba). Besonders schonend ist die adsorptive Reinigung.
Bienenwachs besteht zu 10–15% aus Paraffinkohlenwasserstoffen, hauptsächlich Heptacosan ($C_{27}H_{56}$), zu 35–70% aus Estern von C_{16}–C_{36}-Säuren mit C_{24}–C_{36}-Alkoholen (der wichtigste davon ist das Myricylpalmitat), zu ca. 15% aus Cerotinsäure, Melissinsäure und deren Homologen.
Verwendung zur Herstellung von Salben, Cremes, Stiften etc.

Bimsstein
Utensil zur Entfernung von Hornhautschwielen an Händen und Füßen. Die reibende Bewegung erzeugt einen dem → Peeling vergleichbaren Effekt. Angeboten wird Bimsstein natürlichen und synthetischen Ursprungs.

Bindegewebe
Bestandteil fast aller Organe, indem es diese umhüllt, verbindet oder trennt. Das Bindegewebe baut sich aus drei Strukturbestandteilen auf, den Zellen, den Fasern und der amorphen Grundsubstanz. Fasern und Grundsubstanz bezeichnet man zusammen auch als Interzellularsubstanz, da sie von den Zellen synthetisiert und in den extrazellularen Raum abgegeben wird. Die Grundsubstanz besteht im Wesentlichen aus an Proteine gebundenen Mucopolysacchariden, sie hat gelartigen Charakter, hohes Wasserbindungsvermögen und ist für den Stoffaustausch von Bedeutung. Bei den Fasern unterscheidet man Kollagenfasern (→ Kollagen), Retikulinfasern und elastische Fasern (→ Elastin). Die Anteile der Strukturelemente im Bindegewebe sind seiner jeweiligen Funktion angepasst und bestimmen die physikalischen und chemischen Eigenschaften. In der Subkutis befinden sich feine Bindegewebsfasern, die das subkutane Fettgewebe durchziehen. Das männliche Bindegewebe in der Subkutis ist straffer als das weibliche, weshalb Männer seltener von Cellulite betroffen sind. Formen des Bindegewebes sind: Gallertgewebe, Fettgewebe, retikuläres Bindegewebe, lockeres und straffes faseriges Bindegewebe (Haut, Sehnen) und mineralisiertes Bindegewebe (Knochen, Zähne).

Bindemittel
1. Mittel, die Pulvermischungen zugesetzt werden, um sie formbar zu machen (→ Pastillen, → Tabletten).
2. Mittel, die in Pasten die Trennung von festen und flüssigen Bestandteilen verhindern.
3. Mittel, die Präparaten eine bestimmte Konsistenz verleihen. Als Bindemittel für kosmetische Präparate dienen vor allem die natürlichen organischen Hydrokolloide, Celluloseester und -ether, Bentonite und synthetische Polymere. → Verdickungsmittel

Binder
Fachbegriff für ein Zwischenprodukt, das im Bereich der Puderherstellung verwendet wird. Der Binder setzt sich i.d.R. aus einer Mischung geeigneter Fette und Öle zusammen, die fein in der Pudermischung verteilt werden, um zum einen die Staubigkeit der trockenen Puderbestandteile herabzusetzen und zum anderen dafür zu sorgen, dass sich die Puderschicht gut auftragen und verteilen lässt. In gewissem Umfang sorgt er auch dafür, dass der Puder nicht austrocknend auf die Haut wirkt. Der Binder wird in losen und gepressten Pudern in Konzentration zwischen 3 und 10% eingesetzt.

Biokatalysatoren
Substanzen, die eine Reaktion im lebenden Organismus anregen oder beschleunigen. Zu den Biokatalysatoren zählen Enzyme (Fermente), Hormone, Vitamine, Wuchsstoffe, Spurenelemente.

biologische Abbaubarkeit
Abbau organischer Kohlenstoffverbindungen durch Enzyme oder Mikroorganismen zu Kohlendioxid, Wasser und einfachen Verbindungen der Heteroelemente. Im engeren Sinne: Abbau von im Abwasser befindlichen organischen

Chemikalien. Einschränkend auf den Abbau können zu niedrige Wasserlöslichkeit oder starke Bakterientoxizität wirken. Seit In-Kraft-Treten des „Waschmittelgesetzes" am 1.10. 1977 sind nur noch solche Tenside erlaubt, die eine Abbaurate von mindestens 80% aufweisen.

Biomimetische Peptide
Peptide, die nach dem Vorbild natürlicher Hautpeptide synthetisiert werden und diesen in ihrer Aminosäuresequenz und räumlichen Struktur entsprechen. Sie sind hydrophil und können als Wirkstoffe in Pflegeprodukten eingesetzt werden. Die Verarbeitung sollte bei einer Temperatur unter 40 °C erfolgen.
Beispiele: (IMAPG/Vincience)
M.A.P. (Melanin Activating Peptide): natürlicher Hautschutz durch verstärkte Pigmentierung.
Modulene: entzündungshemmende, anti-allergische Wirkung.
E.T.F. (Epidermal Thymic Factor): verbesserte Immunabwehr der Haut.

Biosol (Jan Dekker)
(INCI: o-Cymen-5-ol) Handelsbezeichnung für ein lipophiles Konservierungsmittel mit breitem Wirkungsspektrum gegen Bakterien, Hefen und Pilze. Wirksamer pH-Wert-Bereich 4 bis 9. Das weiße, geruchlose kristalline Pulver hat auch antioxidantive Eigenschaften. Die maximale Einsatzkonzentration in der EU beträgt 0,1%.

Biostimuline
Biogene Stimulatoren. Wirkstoffe, die nach Filatov entstehen, wenn man pflanzliche oder tierische Gewebe subletalen Verhältnissen aussetzt. Unter diesen Bedingungen bilden die Zellen Substanzen, die die Lebensvorgänge des Gewebes unterstützen, um es vor dem Absterben zu bewahren. In der Kosmetik verspricht man sich von den Extrakten solcher Biostimuline enthaltenden Gewebe eine revitalisierende Wirkung auf die Haut. → Gewebeextrakte

Biotechnologie
Wissenschaft, die sich mit der Stoffproduktion oder Stoffumwandlung durch Enzyme, Mikroorganismen oder durch pflanzliche oder tierische Zellen befasst.

Biotechnologische Wirkstoffe
Synthetische oder biologische Ausgangsstoffe werden dabei durch biotechnologische Verfahren mithilfe von Enzymen oder Mikroorganismen (beispielsweise Hefen) umgewandelt. Nach der Filtration und Reinigung bleiben konzentrierte Wirkstoffe zurück, bei denen es sich um Glykolipide, Proteine oder Polymere handeln kann.
Beispiele: (IMPAG)
Handelsbezeichnungen: GP4G, Biofactor HSP: Wirkungsbereich Zellschutz.
Sopholiance: Einsatzgebiet Deodorantien, Anti-Akne-Produkte.

Biotin (INCI)
Biotinum Ph. Eur. 2001. Weißes kristallines Pulver, schwer löslich in Wasser und Ethanol. Auch Vitamin H genannt, obwohl es sich nicht um ein Vitamin im engeren Sinne handelt. Es ist ein bizyklisches, wasserlösliches Harnstoffderivat mit einem Tetrahydrothiophanring und beständig gegen Hitze, Säure und Alkalien, aber empfindlich gegen Oxidationsmittel und UV-Strahlung. Es kommt in allen Zellen vor, besonders in Hefe, Nüssen, Reis, Getreide, Leber und Eigelb. Biotin ist die prosthetische Gruppe von Enzymen, die Carboxylgruppen übertragen.
Mangelerscheinungen, die eine Dermatitis auslösen können, sind selten.

Birkenblätterextrakt
Wässrig alkoholischer Extrakt, der aufgrund seiner durchblutungsfördernden Wirkung für Hautpflegemittel, Shampoos und Haarwässer verwendet wird.

Birkenknospenöl
Durch Wasserdampfdestillation aus den harzigen Blattknospen gewonnenes ätherisches Öl von angenehmem Geruch, das für Haarwässer verwendet wird.

Birkenrindenöl
Enthält vorwiegend Salicylsäuremethylester. Verwendung in der Parfümerie.

Birkensaft
Aus Oberflächenwunden der Birken im Frühjahr austretendes Sekret, das 1–1,5% gelöste Stoffe enthält, hauptsächlich Fructose und Glucose, organische Säuren, Phosphate, Aminosäuren und Peptide. Die Lösung des Birkensafts in Alkohol nach Zusatz von Birkenknospenöl und Borsäure ergibt Birkenhaarwasser.
Die Haarwuchs fördernde Wirkung der Birkenpräparate ist umstritten, man schreibt sie vor allem dem Betulin zu, das in der Rinde vorkommt.

Birkenteer
Durch trockene Destillation von Rinde und Zweigen der Birke gewonnene dunkelbraune Flüssigkeit von brenzlichem Geruch. Sie enthält u. a. Guajacol, Kresole, Xylenole, Brenzcatechin, Kohlenwasserstoffe und Betuin.
Verwendung gegen Ekzeme und Dermatosen; in der Parfümerie zur Herstellung von Duftstoffen mit Leder-, Tabak- und Chyprenoten.

Biron (Merck)
Handelsbezeichnung für Perlglanzpigmente und Perlglanzpigmentanteigungen mit Rizinusöl auf der Basis von Bismuthoxychlorid. Verwendung vorwiegend in dekorativen Kosmetika.

Bisabolol
Vorkommen im ätherischen Öl der Kamillen und der Schafgarbe.

Träger der antiphlogistischen Eigenschaften der Kamille.
Verwendung zur Pflege empfindlicher Haut in Flüssigseifen, Schaumbädern, Sonnenschutz-, After-Sun- und After-Shave-Präparaten, zur Behandlung unreiner Haut und in Mundpflegemitteln.

Bismutoxychlorid
(INCI: Bismuth Oxychloride, C.I. 77163) BiOCl. Weißes, kristallines Pulver, das durch Hydrolyse von Bismuttrichlorid entsteht.
Verwendung als silbriges Perlglanzpigment in dekorativen Kosmetika.

Bittermandelöl
Natürliches Bittermandelöl ist ein giftiges, nach Benzaldehyd und Blausäure riechendes Öl. Es enthält ca. 90% Benzaldehyd und 2–4% Blausäure, Mandelsäurenitril, Benzoin, Harze. Es wird aus Aprikosen-, Pflaumen- oder Kirschkernen durch Wasserdampfdestillation gewonnen. Nachdem die Blausäure durch Ausschütteln mit Kalkmilch und Eisensulfat entfernt worden ist, wird es in Parfüms und Aromen eingesetzt. → Benzaldehyd

Bituminosulfonate → Ammoniumbituminosulfonat

Bixin
(C.I. 75120) Orange bis purpurner Farbstoff, der zu den Carotinoiden gehört. Er ist Hauptbestandteil des aus den reifen Samen der Bixa orellana gewonnenen Extrakts, der als Anatto zur Färbung von kosmetischen Mitteln zugelassen ist. Auch das synthetische Bixin wird verwendet.

Blasen
(lat. bulla = Blase, vesicula = kleine Blase) Mit Flüssigkeit gefüllte Hohlräume in der Epidermis oder zwischen Epidermis und Cutis. Die Entstehung von Blasen kann verschiedene Ursachen haben (z. B. Druck, Reibung). Blasen mit eitrigem Inhalt werden als Pusteln bezeichnet.

Bleichcremes → Whitening-Produkte

Bleichmittel
Älterer Ausdruck für Produkte, die zur Aufhellung der Haut eingesetzt werden. Engl. auch Skin Lightener genannt. → Whitening Produkte

Bleichmittel für Haare → Blondiermittel

Blondieren, Blondierung
Haarbleichung, oxidative Aufhellung bzw. Bleichung der Haare mithilfe von → Blondiermitteln. Das vorhandene → Melanin wird durch alkalisches Wasserstoffperoxid in Lösung gebracht und oxidativ abgebaut. Die Melaninteilchen werden dabei aufgelöst, an ihrer Stelle verbleibt ein kleiner Hohlraum. Blondierte Haare sind daher poröser und reagieren empfindlicher auf nachfolgende mechanische oder chemische Reize (z. B. Dauerwelle). Zu häufig durchge-

führte Blondierungen lassen das Haar stumpf, strohig und brüchig werden.
Bei nicht vollständiger Blondierung kann sich in Abhängigkeit von der Ausgangshaarfarbe ein gelblich oranger Farbton einstellen. Um einen hellblond wirkenden Farbton zu erzielen ist die Beimischung eines bläulichen Färbemittels erforderlich.

Blondiermittel
Präparate, die durch oxidative Zerstörung des Haarpigments eine mehr oder weniger starke Entfärbung bewirken. Als Bleichmittel zur Haaraufhellung fungiert das Wasserstoffperoxid, das je nach gewünschtem Blondierungseffekt in unterschiedlich hoher Konzentration angewendet wird. Produkte für den Heimgebrauch haben i.d.R. einen Wasserstoffperoxidgehalt von 3%, im Friseurfachbereich sind bis zu 12%ige Konzentrationen gebräuchlich. Die entsprechende Mischung kann bedarfsgerecht angemischt oder z.b. als fertige Creme auf das Haar aufgetragen werden. Die Einwirkzeit (ca. 10–30 Minuten) hängt vom gewünschten Aufhellungsgrad ab.
Durch häufiges Blondieren wird die Haarstruktur porös, da durch die Oxidation die Melaninteilchen aufgelöst werden, und an ihrer Stelle jeweils ein kleines Loch verbleibt.

Blütenöle
Rohstoffe für die Herstellung feiner Parfümöle. Die Gewinnung der Blütenöle erfolgt:
1. Durch Wasserdampfdestillation.
2. Durch Extraktion mit kalten Fetten nach dem Enfleurage-Verfahren, bei dem flache, mit geruchlosen Fetten beschickte Horden mehrfach mit Blüten bedeckt werden. Die flüchtigen Bestandteile der Blüten werden von den Fetten aufgenommen und aus diesen mit Alkohol extrahiert. Nach dem Abdampfen des Alkohols im Vakuum erhält man die ‚Absolues d'Enfleurage'. Dieses Verfahren wird heute fast nur noch für Jasmin und Tuberose angewendet.
3. Durch Extraktion der frischen Blüten mit niedrig siedenden Lösungsmitteln wie Petrolether und Benzol, wobei man die ‚Essence concrète' erhält, die außer dem ätherischen Öl auch Harze, Wachse und Farbstoffe enthält und von salbenartiger bis fester Konsistenz ist. Durch Umlösen mit Ethanol werden daraus die ‚Essences absolues' hergestellt.
4. Durch Extraktion mit verflüssigten Gasen (z.B. Butan, fluorierten Kohlenwasserstoffen, Kohlendioxid).
5. Durch Destraktion mit Gasen im überkritischen Zustand. Die beiden letzten Verfahren sind besonders schonend und liefern Blütenöle, deren Duft dem der Blüten sehr ähnlich ist.

Blütenwässer
Die bei der Wasserdampfdestillation aromatischer Pflanzen oder Blüten anfallende wässrige Phase, die Duftstoffe gelöst enthält. Rosenwasser, Orangenblüten-, Lavendelblütenwasser werden häufig kosmetischen Präparaten wie Lotionen, Gesichtswässern zugesetzt. Die in Blütenwässern gelösten Stoffe können aber auch mit geeigneten Lösungsmitteln extrahiert werden.

Blush
Kurzform von → Blusher.

Blusher
(engl. blush = erröten) Bezeichnung für Wangenrouge. → Rouge

Blutarmut
Anämie. Oft ein mitbestimmender Faktor für eine blasse Hautfarbe sowie für Hyperhidrosis, Mundwinkelrhagaden, Haarausfall, Hohlnägel.

Blutgefäßerweiterung
Teleangiektasie, → Äderchen.

Blutschwamm
Haemangioma cavernosum. Über die Hautoberfläche herausragende, beetartige Blutgefäßschwulst von weicher Konsistenz und blauroter Farbe; kann sich spontan zurückbilden.

Blutstillungsmittel
Hämostyptika. Sie werden nur angewendet, wenn kleine Schnittwunden, wie sie im Verlauf des Nassrasur auftreten können, wieder geschlossen werden sollen. Man verwendet hierzu Rasierwässer, Rasierstifte oder Rasiersteine, die Adstringentien wie z.B. Eisen-III-Salze, Alaun, Tannin, Calciumsalze enthalten. Zur Behandlung größerer Wunden oder Schnittverletzungen sind diese Mittel nicht geeignet.

Blutversorgung der Haut
(→ Anastomosen; → Gefäßsysteme der Haut)
Die Blutversorgung der Haut erfolgt in der Haut

durch drei bzw. vier übereinander in Ebenen angeordnete flächenhafte Anastomosennetze. Von unten nach oben oder von innen nach außen betrachtet, handelt es sich 1. um das fasciale Netz, 2. das kutane Netz, 3. das subpapillare Netz. 4. Das subkutane Netz ist nur stellenweise anzutreffen. Die arteriellen Endkapillaren in den Papillen der Lederhaut bilden mit den venösen Kapillaren Gefäßschlingen. Das venöse Blut wird nun von diesen abwärts zu Venen geleitet, die ebenfalls in flächenhaften Netzen parallel zur Hautoberfläche liegen. Es werden fünf venöse Netze in verschiedenen Ebenen unterschieden.
In der Epidermis sind keine Gefäße vorhanden. Die Versorgung der Zellen mit Aufbaustoffen erfolgt aus dem Saftstrom in den Zellücken der Keimschicht, wo auch die ständige Zellteilung erfolgt.
Die Lederhaut ist von zahlreichen Gefäßen und Gefäßnetzen durchzogen.
Das Unterhautfettgewebe wird in den oberen Lagen aus dem Netz versorgt. Die Versorgung der unteren Lagen erfolgt aus tiefer liegenden Gefäßen. Eine zunehmende Stärke des Unterhautfettgewebes führt zu Gefäßneubildungen, die aber bei einem Schwinden der Fettschicht wieder zurückgebildet werden.
Das Blutgefäßnetz ist besonders dicht an Stellen, die starken Druckbelastungen ausgesetzt sind (z. B. Fußsohlen, Handinnenflächen). Die Maschendichte des oberen (subpapillaren) arteriellen Gefäßnetzes liegt entsprechend der Belastung zwischen 0,3 bis 2 mm².

BMI
Abkürzung für → Body-mass-index

Body-mass-index (BMI)
Engl. für Körpermassenzahl. Berechnungsformel zur Einschätzung und Beurteilung des Körpergewichts, welches i. A. die höchste Lebenserwartung verspricht.

$$BMI = \frac{\text{Körpergewicht (kg)}}{\text{Körperlänge}^2 \text{ (m}^2\text{)}}$$

Einstufung:	BMI Männer	BMI Frauen
Untergewicht	< 20	< 19
Normalgewicht	20–25	19–24
Übergewicht	25–30	24–30
Starkes Übergewicht	30–40	30–40

Body Milk
Engl. für Körpermilch. Ähnlichkeit mit der → Body Lotion. Die Formulierung ist bei dieser Namensgebung oft als W/O-Emulsion ausgelegt.

Body Lotion
Engl. für Körperlotion. Fließfähige, leicht verteilbare Emulsion (meist O/W) zur Hautpflege, die in Flaschen, Spendern oder als Spray angeboten wird.

Bodypainting
Engl. für Körpermalerei. Farbige, nicht dauerhafte, z. T. sehr kunstvolle Bemalung von Körperteilen oder des ganzen Körpers.

Body Styling
Engl. für Körpergestaltung. Gemeint ist damit die positive Beeinflussung der Figur durch sportliche oder kosmetische Maßnahmen, wie z. B. Fitnesstraining, Tiefenwärmebehandlung oder Body Wrapping.

Body Wrapping
Engl. für „Körpereinhüllung". Kosmetische Behandlungsmethode, bei der einzelne Körperpartien (z. B. Arme, Beine) für eine bestimmte Zeit fest mit einer speziellen Spezialfolie umwickelt werden. Die Durchblutung und der Abtransport von Schlackestoffen durch die Lymphflüssigkeit wird durch den entstehenden Druck angeregt. Ziel ist, das Hauterscheinungsbild zu verbessern und ggf. eine Umfangreduzierung z. B. im Oberschenkelbereich zu erreichen. Durchführung nur durch die geschulte Kosmetikerin, da z. B. bei Herzerkrankungen, Entzündungen, Infekten oder Schwangerschaft Beschwerden auftreten können.

Bolus → Kaolin

Borax
Natriumtetraborat $Na_2B_4O_7 \cdot 10H_2O$.

$$2\,Na^{\oplus} \left[\begin{array}{c} HOO \\ \diagdown\diagup \\ O-BO \\ \diagdown\diagup \\ HO-BOB-OH \\ \diagup\diagdown \\ OH \end{array} \right]^{2-}$$

Farblose Kristalle oder weißes, kristallines Pulver, mäßig löslich in kaltem Wasser, besser in heißem und in Glycerol. Die wässrige Lösung reagiert schwach alkalisch, wirkt schwach bakteriostatisch und adstringierend. Borate werden heute relativ selten, u.a. noch in Mitteln für Mundhygiene und Fußpflege eingesetzt. Für Borate und Tetraborate gelten in der Kosmetik-Verordnung die gleichen Einschränkungen wie für Borsäure. → Borsäure

Borneol
Bizyklischer Terpenalkohol von kampferartigem Geruch, der in der Natur weit verbreitet ist, z.B. in den Ölen verschiedener Nadelhölzer.

Boronitrid
(INCI: Boron Nitride) Weißliches Pigment, das als Einzelrohstoff oder als Pigmentbeschichtung (z.B. auf Glimmer oder Talkum) in Stiften oder Emulsionen einsetzbar ist. Die Struktur besteht aus hauchfeinen, ebenen Schichten, die leicht gegeneinander verschoben werden können. In kosmetischen Formulierungen bewirkt es ein samtig glattes Hautgefühl.

Bornylacetat
Charakteristischer Bestandteil der meisten Koniferenöle, wird auch synthetisch hergestellt. → Fichtennadelöl

Borsäure
Acidum boricum Ph. Eur. 2001 H_3BO_3.
Weiße, glänzende Schuppen oder weißes, kristallines Pulver, das sich etwa zu 4% in Wasser von 20°C löst. Borsäure und andere Borverbindungen sind verhältnismäßig giftig, insbesondere für Säuglinge. Deshalb: Vorsicht beim Gebrauch von Borwasser zur Reinigung von Brustwarzen stillender Mütter. Borsäurelösungen und Borsalbe haben nur schwach antiseptische und antimykotische Wirkung, sodass diese Indikationen kaum zu vertreten sind. Da die von Wunden und Schleimhäuten resorbierte Borsäure nur langsam ausgeschieden wird, kumuliert sie stark. Vergiftungen erfolgen also nicht nur durch Einnahme, sondern auch nach äußerlicher Applikation. Borsäure ist in Pflegemitteln für Kinder unter 3 Jahren nicht erlaubt; in Mundpflegemitteln zugelassen bis zu einer Höchstkonzentration von 0,5%, in anderen Präparaten bis zu 3%, in Pudern bis 5%.

Borstenhaare → Haare

Botox
Abkürzung für → Botulinumtoxin.

Botulinumtoxin
Starkes Nervengift, das vom Bakterium Clostridium botulinum produziert wird. In geringer Konzentration wird es zur Unterspritzung mimischer Gesichtsfältchen im Rahmen von Schönheitsoperationen eingesetzt. Durch die Injektion unter die Haut in das darunter liegende Muskelgewebe werden gezielt Nervenimpulse blokkiert.

Bräunungsbeschleuniger
Es handelt sich i.d.R. um Tyrosinderivate, die in Pre Sun- oder Pre Tan-Produkten durch Erhöhung des Tyrosinlevels zur Beschleunigung der Hautbräunung beitragen können. Die Anwendung sollte etwa 14 Tage vor der Sonnenbestrahlung beginnen.

Bräunungspräparate → Selbstbräuner

Bräunungspuder
Dunkler, sehr bräunlicher, tendenziell jedoch transparenter → Gesichtspuder in loser oder gepresster Form, der auch ohne Grundierung angewendet werden kann. Nach dem Auftrag erscheint das Gesicht leicht gebräunt, evtl. auch leicht goldig oder silbrig schimmernd, sofern neben den eingesetzten Farbpigmenten auch Perlglanzpigmente enthalten sind. Dieser Produkttyp wird teilweise auch als Ägyptische Erde bezeichnet.

Brauenpuder → Augenbrauenpuder

Breitbandfilter
Chemische Verbindungen, die über den gesamten Bereich der ultravioletten Strahlung von ca.

280–380 nm absorbieren und als UV-Filter in Lichtschutzmitteln sowohl Anteile der UV-A- als auch der UV-B-Strahlen aus dem Sonnenlicht herausfiltrieren.

Brennnessel
Brennnesselextrakte werden in der Pflanzenkosmetik für Haarkuren, Haarwässer und Shampoos verwendet. Sie enthalten u.a. Gerbstoffe, Histamin, Ameisensäure und zeigen hyperämisierende Wirkung.

Brij (Brenntag)
Handelsbezeichnung für verschiedene nichtionogene Polyoxyethylenfettalkoholether (→ Fettalkoholpolyglykolether). Sie werden als Lösungsvermittler, Emulgatoren und Stabilisatoren in Emulsionen verwendet.

Brillantinen
(franz. brillant = glänzend) Auch Haarglanzwachs oder Haarpomade. Altbekannte Haarfestigungsmittel, vornehmlich für den Herrn, welche das Haar in Form halten und mit einem glänzenden Film überziehen. Sie haben eine salbenartige Konsistenz und bestehen überwiegend aus Fetten und Wachsen. Die Brillantine war noch in den 70er Jahren des letzten Jahrhunderts als Tubenprodukt sehr gängig. Heute werden ähnliche Produkte meist als Haarwachse bezeichnet.

Bronzer
Engl. für Bräunungspuder. Bezeichnung für Puder, z.T. auch Emulsionen oder Gele, die mit gold- und bronzefarbenen Perlglanzpigmenten angereichert sind.

Bromchlorophen
2,2'-Dihydroxy-3,3'-dibrom-5,5'-dichlordiphenylmethan (→ Hexachlorophen) ist ein lichtempfindliches, pulverförmiges Konservierungsmittel, das für Mund- und Zahnpflegemittel verwendet wird (maximale Einsatzkonzentration 0,1%).

Bromhidrosis, Bromhidrose
(gr. bromos = Gestank) Unangenehm übel riechender Schweiß, der duch bakterielle Zersetzung infolge mangelnder Hygiene auftreten kann.

5-Brom-5-nitro-1,3-dioxan
(INCI: 5-Bromo-5-nitro-1,3-dioxane)

Weiße kristalline Substanz, wenig löslich in Wasser, löslich in Ethanol und Propylenglykol. Konservierungsmittel, das im pH-Bereich 5–9 gegen Bakterien, Hefen und Schimmelpilze wirksam ist. Verwendung bis 0,1% für Shampoos und Schaumbäder (nur für Präparate, die wieder abgespült werden).

Bronopol
(INCI: 2-Bromo-2-nitropropane-1,3-diol)
2-Brom-2-nitropropan-1,3-diol

$$HO-H_2C-\underset{\underset{NO_2}{|}}{\overset{\overset{Br}{|}}{C}}-CH_2-OH$$

Weiße, wasserlösliche Kristalle, gegen Bakterien wirksames Konservierungsmittel (max. bis 0,1%). Die mögliche Nitrosaminbildung im Produkt ist bei Formulierungen zu berücksichtigen.

Brustimplantat
→ Implantat, das im Rahmen einer chirurgischen Operation zur Brustvergrößerung eingesetzt wird. Durch Schnitte in den Brustfalten, am Brustwarzenrand oder im Bereich der Achselhöhle lassen sich die flüssigkeitsgefüllten Kissen in den Brustbereich hineinschieben.

Bürsten
Kosmetische Gebrauchsmittel. Sie bestehen aus dem Bürstenrücken und den Bürstenborsten. Die Borsten der für kosmetische Zwecke verwendeten Bürsten sind aus:
a) Tierhaaren: Ross-, Rinder-, Dachs-, Marder-, Ziegenhaaren, Schweineborsten,
b) Pflanzenfasern: Kokosfasern, Fibre (Agave-Fasern), Luffa-Leitgewebe, Reiswurzeln,
c) Kunststoffen: Perlon, Nylon usw.,
d) Gummi.
Die Borsten werden gebündelt in die Löcher des Bürstenrückens eingestanzt, eingekittet oder eingezogen.
Nach dem Verwendungszweck unterscheidet man: Haarbürsten, Badebürsten, Rückenbürsten (Stielbürsten), Massagebürsten, Handbür-

sten, Nagelbürsten, Zahnbürsten, Gesichtsbürstchen.
Haarbürsten können Naturborsten oder Kunstborsten besitzen. Bei sehr fettem Haar sind Naturborsten den Kunstborsten vorzuziehen, da Kunststoffborsten kaum Fett aufnehmen. Die Reinigung der Haarbürsten erfolgt mit einer Waschmittellösung.
Zahnbürsten werden mit Kunstborsten versehen. Je nach Empfindlichkeit des Zahnfleisches wird die Härte der Borsten gewählt. Kunststoffborsten dürfen keine scharfen oder spitzen Enden besitzen. Für Bade- und Massagebürsten sind Naturborsten besser geeignet als Kunststoffborsten.
Gesichtsbürsten aus Ziegenhaar werden zur täglichen Trockenbürstenmassage des Gesichts empfohlen, um den Hautzustand bei trockener Seborrhoe zu verbessern. Eine Keratose wird dadurch langsam beseitigt.
Bürsten sind trocken auf der Rückenseite zu lagern. Nasse Bürsten sind hochkant zu stellen, damit die Feuchtigkeit nicht in den Rücken einziehen kann.

Bürzeldrüsenfett
Öliges Sekret der Bürzeldrüse, das den Vögeln zum Einfetten ihres Gefieders dient und dieses Wasser abweisend macht. Charakteristisch für das Bürzeldrüsenfett ist sein Gehalt an verzweigtkettigen Fettsäuren.

Buffer
(engl. buff = polieren) → Polierfeile.

Build-up
Engl. für „Aufbau". Wird der Begriff im Zusammenhang mit Mascara verwendet, steht er für den optisch sichtbaren „Volumenaufbau" der Wimpern, der durch die Anwendung von Mascara erzielt wird.
Im Bereich der Haarkosmetik ist mit Build-up die Anreicherung einer dünnen Siliconschicht auf dem Haar gemeint, die durch wiederholte Anwendung siliconhaltiger Haarpflegeprodukte entstehen kann. Durch den Siliconfilm erhält das Haar einen gewissen Schutz, es kann jedoch u. U. zu Beeinträchtigungen bei der Dauerwellbehandlung oder der Haarfärbung kommen. Die vollständige Entfernung dieses Films erfordert i. d. R. mehrmaliges Haarewaschen.

Bulbus
Unterer Bereich des Haarfollikels, der von der Follikelmatrix bis zur Keratinisierungszone reicht. → Haarzwiebel

Bulbus pili = Haarzwiebel

Butaflore → Blütenöle

n-Butan
$CH_3-CH_2-CH_2-CH_3$ Kp 0,5 °C;
Isobutan $(CH_3)_3-CH$ Kp $-11,7$ °C
Farblose, brennbare, in größeren Dosen narkotisch wirkende Gase. Verwendung als Flüssiggase. → Aerosole, → Treibgase.

1-Butanol
n-Butanol $CH_3-CH_2-CH_2-CH_2OH$.
2-Butanol, sekundärer Butylalkohol
$CH_3-CH_2-CHOH-CH_3$.
Beide Alkohole werden als Lösungsmittel für Nagellacke verwendet.

Butylacetat
Essigsäurebutylester, $CH_3COOH_4H_9$. Farblose, feuergefährliche Flüssigkeit, die als Lösungsmittel für Kunstharze verwendet wird (→ Nagellacke).

1,3-Butylenglykol
$HOH_2C-CH_2-CHOH-CH_3$ 1,3-Butandiol.
Verwendung als Feuchthaltemittel für O/W-Emulsionen.

tert.-Butylhydrochinon
Sehr wirksames Antioxidanz. Zusatzmenge 0,01–0,05 %.

Butylhydroxyanisol
(INCI: BHA) 2- oder 3-tert.-Butyl-4-methoxyphenol.
Wichtiges, häufig mit Gallussäureestern zusammen verwendetes Antioxidanz; unlöslich in Wasser, löslich in Alkoholen, Fetten und Ölen. Als Allergen bekannt.

Butylhydroxytoluol
(INCI: BHT) → Dibutylhydroxytoluol

Butylpalmitat
Isobutylpalmitat. Lösungsmittel und Grundkomponente kosmetischer Präparate. → Fettsäureester

Butylparaben
p-Hydroxybenzoesäurebutylester, PHB-Ester. Konservierungsmittel mit einem Wirkungsoptimum zwischen pH 4 und 8. Einsatzkonzentration einzeln 0,4%, in Estermischungen bis zu 0,8%.

Butylstearat
(INCI: Butyl Stearate) Farbloses, fast geruchloses Öl. Verwendung als Emollient in Emulsionen und Stiften und als Lösungsmittel für Parfümöle und fettlösliche Wirkstoffe.

C

C.I.(-Nummer)
(Engl. color index = Farbindex) Alle kosmetischen Färbemittel haben einen fünfstelligen Nummercode, dem die Buchstaben C.I. vorangestellt werden. Am Ende der Deklaration sind die C.I.-Nummern der im Produkt enthaltenen Färbemittel in beliebiger Reihenfolge aufgeführt. Steht das Symbol +/- von der Aufzählung der C.I.-Nummern, so bedeutet das, dass die nachfolgend aufgeführten Färbemittel im Produkt enthalten sein können, aber nicht zwangsläufig enthalten sind.

Cadinene
Ungesättigte Sesquiterpene, die in vielen ätherischen Ölen vorkommen, vor allem in Kamillenöl, Kalmusöl, Terpentinöl, Braunalgenöl, Wacholderholzöl, Perubalsamöl, Ingwerwurzelöl.
Die verschiedenen Isomeren α-, β-, γ- und δ-Cadinen unterscheiden sich durch die Stellung ihrer Doppelbindungen.

Verwendung für medizinische Teerseifen, Haarsalben, Salben gegen Hautausschläge. Die Wirkung der Cadinene ist noch nicht genügend untersucht.

Cake Mascara
Veraltete Form der Wimperntusche, früher auch Block-Mascara oder verächtlich Spuck-Mascara genannt. Die Masse liegt als harter, gegossener Block vor. Die Hauptbestandteile sind verseifte Stearinsäure, Wachse, Eisenoxide und evtl. Öle. Mit einem separaten Bürstchen wird zusammen mit etwas Wasser die Oberfläche angerieben (emulgiert), sodass sich die angelöste Masse auf die Wimpern aufbringen lässt. Durch die leichte Wasserlöslichkeit, die daraus resultierende geringe Haftfestigkeit und die umständliche Handhabung verlor diese Form der Mascara in den siebziger Jahren des letzten Jahrhunderts weitgehend an Bedeutung.

Calciumalginat
Calciumsalz der Alginsäure, unlöslich in Wasser und organischen Lösungsmitteln, wird als Sprengmittel in Tabletten, in Hämostyptika und als Verdickungsmittel verwendet.

Calciumbenzoat
Erweichendes Mittel mit antiseptischer Wirkung bei Hyperkeratosen und Hyperhidrosis.

Calciumcarbonat
Kreide, Calcii carbonas, Ph. Eur. 2001. $CaCO_3$.
Für kosmetische Zwecke kommt gefälltes Calciumcarbonat in Zahnpasten und Pudern zur Anwendung. Es ist rein weiß, wasserunlöslich, leicht, locker und voluminös, mikrokristallin. Es haftet gut, deckt gut und besitzt ein für Puder ausreichendes Saugvermögen. In Zahnpasten dient es als Putz- und Schleifkörper.

Calciumfluorid
CaF_2. Weißes Pulver, von dem sich 15 mg in 1 Liter Wasser von 18 °C lösen. Es ist wegen seiner Schwerlöslichkeit für Zahnpasten ungeeignet. → Fluoridierung.

Calciumlactat
Das Calciumsalz der Milchsäure wirkt äußerlich als mildes Adstringens und wird deshalb gelegentlich in Zahnpasten verwendet.

Calciummonofluorphosphat
Als Fluoridierungsmittel für Zahnpasten mit Einschränkungen zugelassen.

Calciumpalmitat
Calciumsalz der Palmitinsäure. Nicht wasserlösliche Kalkseife, die als W/O-Emulgator verwendet werden kann.

Calciumpantothenat
Calcii pantothenas Ph.Eur.2001. Weißes, schwach hygroskopisches Pulver, löslich in Wasser und Glycerol, schwer löslich in Ethanol. Es wird zur lokalen Wundbehandlung bei Schürfwunden und Rhagaden eingesetzt.

[HO–CH$_2$–C(CH$_3$)$_2$–CHOH–$\overset{\overset{O}{\|}}{C}$–$\overset{\overset{H}{|}}{N}$–CH$_2$–CH$_2$–COO]$_2$$^-$ Ca^{2+}

Kosmetische Verwendung: 0,05–0,5%ig für wässrige, wässrig-alkoholische und emulgierte Haut- und Haarpflegemittel der verschiedensten Art. Dient dem Aufbau und der normalen Funktion der <u>Haarpapillen</u>, der Regulation der Talgdrüsentätigkeit, der Regeneration des Haarwuchses. Auch für Badepräparate und <u>Gesichtswässer</u> findet der Wirkstoff Verwendung.

Calciumphosphate
Kosmetische Verwendung als Schleif- und Putzkörper in <u>Zahnpasten</u> finden:
1. Calciumhydrogenphosphat und Dicalciumphosphat, ein schwer lösliches, weißes Pulver, CaHPO$_4$ · 2H$_2$O,
2. Tricalciumphosphat Ca$_3$(PO$_4$)$_2$, ein weißes, amorphes, in Wasser unlösliches Pulver,
3. Calciumdiphosphat, Calciumpyrophosphat Ca$_2$P$_2$O$_7$.

Calciumstearat
(C$_{17}$H$_{35}$COO)$_2$Ca. Calciumsalz der <u>Stearinsäure</u>. Nichtwasserlösliche Kalkseife. Gelegentliche Verwendung als W/O-<u>Emulgator</u> und zur Herstellung von <u>Pudern</u> (als <u>Gleitmittel</u>).

Calciumsulfat, gefälltes
(INCI: Calcium Sulfate) CaSO$_4$ · 2H$_2$O; wenig löslich in Wasser.
Verwendung gelegentlich für <u>Puder</u>grundlagen; als mildes Schleifmittel für <u>Zahnpasten</u>.

Calciumthioglykolat-Trihydrat
(INCI: Calcium Thioglycolate) Feines weißes Pulver. Die 3%ige Lösung ist milchig trüb und hat einen <u>pH-Wert</u> von 11,5.
Verwendung zur Herstellung von <u>Enthaarungsmitteln</u>.

$\left[S-H_2C-C\overset{\overset{O}{\diagup}}{\diagdown_O}\right]^{2\ominus}$ Ca$^{2\oplus}$ · 3 H$_2$O

Calendula
(INCI: Calendula Officinalis) Ringelblume. Calendulaöl oder → <u>Calendulablütenextrakte</u> können als Zusatz in <u>Emulsionen</u> für die Behandlung trockener Hautzustände eingesetzt werden. Jedoch sind auch <u>Phytodermatosen</u> bekannt, die durch die enthaltenen Sesquiterpenlactone hervorgerufen werden können.

Calendulablütenextrakte
Ein unter Verwendung eines gegen Ranzidität stabilisierten Pflanzenöls hergestellter Calendulablütenauszug enthält die lipidlöslichen Bestandteile der Calendulablüten. Er besitzt, in öligen oder emulgierten kosmetischen Präparaten verarbeitet, wundheilende, granulationsfördernde, epithelisierende und reizlindernde Eigenschaften und wird als Wirkstoff für Präparate gegen aufgesprungene und rissige Haut eingesetzt.
Der wässrig-glykolhaltige Extrakt der Calendulablüten zeigt ähnliche Eigenschaften wie das Calendulaöl.

Callus
(lat. = dicke Haut) = Schwiele

Camouflage
(Franz. camouflage = Verkleidung, Tarnung) → <u>Grundierung</u>, die sich durch besonders hohes <u>Deckvermögen</u> auszeichnet und geeignet ist, auch deutlich sichtbare Hautanomalien, wie z. B. <u>Feuermale</u>, zu kaschieren. Häufig werden Camouflages in Form wasserfreier <u>Compact-Make-ups</u> angeboten. Je nach Auftragsmenge kann die Deckkraft mehr oder weniger stark variiert werden.

Camphen
Natürlich vorkommender Kohlenwasserstoff, der in <u>ätherischen Ölen</u> (z. B. sibir. <u>Fichtennadelöl</u>, Campheröl, Cypressenöl, <u>Eukalyptusöl</u>, Fenchelöl, <u>Spiköl</u>) enthalten ist und für Camphersynthesen verwendet wird.

Campher (Kampfer)
(INCI: Camphor) Naturkampfer wird durch <u>Wasserdampfdestillation</u> aus dem Holz der Kampferbäume, die in Japan und China beheimatet sind, gewonnen. Im Allgemeinen wird jedoch synthetischer Campher (Camphora synthetica), der dem Naturkampfer gleichwertig ist, zur Herstellung von kosmetischen Erzeugnissen verwendet. Zur Herstellung des synthetischen Camphers wird das im <u>Terpentinöl</u> enthaltene <u>Pinen</u> in Campher übergeführt. Campher bildet eine weiße kristalline, charakteristisch riechende Masse. Campher ist in Wasser nur wenig löslich. Er löst sich aber gut in Ethanol, Ether, fetten und <u>ätherischen Ölen</u>. Er verflüchtigt sich schon bei Normaltemperatur und muss deshalb in gut verschlossenen Gefäßen aufbewahrt wer-

den. Infolge seiner hautanregenden und antiseptischen Eigenschaften verwendet man Campher zu Herstellung von Campherspiritus, Rasierwässern, Haarwässern, Kühlsalben usw. Empfindliche Personen können, je nach Konzentration, u. U. mit Hautreizungen reagieren.

Camphen   Campher   Camphersulfonsäure

Campherderivate
Am C_3-Atom des Camphers mit einem Benzylidenring

$$\left(=CH-\bigcirc\right)$$

verknüpfte Campherderivate sind als → UV-Filter im Einsatz. Beispiele:
3-(4'-Trimethylammonium)benzyliden-bornan-2-on-methylsulfat (INCI: Camphor Benzalkonium Methosulfate) und 3-(4'-Methyl)benzyliden-borman-2-on (INCI: 4-Methylbenzylidene Camphor).

Camphersäure
Monokline Blättchen, F. 187 °C, 2 asymmetrische C-Atome, 4 optische Isomere.
Verwendung äußerlich als Adstringens und leichtes Antiseptikum bei Schweißbildung.

Camphersulfonsäure
d-Campher-β-sulfonsäure. Hygroskopische, antiseptische, in Wasser und Ethanol lösliche Substanz mit leichter Kampferwirkung.

Candelillawachs
(INCI: Candelilla Cera) Braungelbes, brüchiges Hartwachs von verschiedenen Euphorbiaceae.

F. 68–70 °C. Es besteht zu ca. 50% aus gesättigten Kohlenwasserstoffen, hauptsächlich Hentriacontan ($C_{31}H_{64}$); weitere Bestandteile sind Wachsester, freie langkettige Alkohole und Säuren, Harze etc. In Stiften, Pasten oder Emulsionen trägt es zur Erhöhung der Konsistenz bei. Traditionell wird es als glanzgebende Wachskomponente in Lippenstiftformulierungen verwendet. Die übliche Einsatzkonzentration liegt zwischen 5 und 10%.

Candida
(lat. candidus = weiß) Gattung der Sprosspilze auf der Haut und auf Schleimhäuten von Menschen und Tieren. Sie sind zum Teil Krankheitserreger, wie z. B. Candida albicans, der Erreger der Soormykose.

Candidamykose → Soor

Canities
(lat. canus = grau, weißgrau) Gleichbedeutend mit Poliosis = Ergrauen der Haare; Canities praecox (praematura) = vorzeitiges Ergrauen der Haare; Canities unguium = graue Beschaffenheit der Nägel.

Capillus
(lat.) = Kopfhaar, Barthaar; Capilli = Kopfhaare.

Caprinsäure
n-Decansäure → Fettsäuren

Caprylalkohol → 1-Octanol

Caprylsäurediethylamid
$CH_3(CH_2)_5CH_2CO \cdot N(C_2H_5)_2$. Farblose viskose Flüssigkeit von eigenartigem, nicht unangenehmem Geruch; gut hautverträglich. Unlöslich in Wasser; mischbar mit organischen Lösungsmitteln und Ölen.
Verwendung als Insektenabwehrmittel in Lotionen, Cremes, öligen Lösungen, Stiften, Aerosolen. → Repellents

Capsaicin
(N-(4-Hydroxy-3-methoxybenzyl)-8-methyl-trans-6-nonensäureamid)

Farblose Kristalle, deren brennender Geschmack noch in einer Verdünnung von 1:10^5 zu spüren ist. Capsaicin verursacht den scharfen Geschmack von Paprika, Chillies u.a. Capsicum-Arten. Es ist kaum löslich in Wasser, Glycerol, Paraffin- oder Olivenöl, löslich in Ethanol und anderen organischen Lösungsmitteln. Capsaicin übt einen starken Reiz auf Haut und Schleimhäute aus. In der Kosmetik wird es eingesetzt, wo lokal eine Steigerung der Durchblutung und des Stoffwechsels erzielt werden soll, wie z.B. in Haarwässern (Konz. 0,001–0,003%) und Frostsalben.

Capsanthin und Capsorubin
Tiefrote zu den Carotinoiden gehörende Farbstoffe aus rotem Paprika (Capsicum), die zum Färben von kosmetischen Mitteln zugelassen sind.

Carbamidperoxid → Harnstoffperoxid

Carbamidsäureesterharz
Kondensationsharz aus Formaldehyd und Carbamidsäurebutylester (Butylurethan). → Kunstharze

Carbomer (INCI)
Acrylsäurepolymere, die als weißes Pulver vorliegen und in wässriger oder wässrig alkoholischer Lösung als Gelbildner (klare Gele) und emulsionsstabilisierende Komponente einsetzbar sind. Durch die Neutralisierung mit Basen wie z.B. Triethanolamin, Natriumhydroxid oder Hydroxypropylethylendiamin wird das Gelgerüst aufgebaut.

Carbonsäuren
Gruppe von organischen Säuren, die eine oder mehrere $-C{\lower.5ex\hbox{$\overset{\displaystyle H}{\displaystyle O}$}}$ -Gruppen enthalten (Mono-, Di-, Tri-, Polycarbonsäuren). Die Carboxylgruppe kann mit gesättigten oder ungesättigten, aliphatischen oder aromatischen Resten verbunden sein. Viele Carbonsäuren haben Trivialnamen. → Aminosäuren, → Fettsäuren. Mit Basen bilden Carbonsäuren Salze, mit Alkoholen Ester → Fette, → Fettsäureester, → Wachse.

Carboxymethylamylopektin
Stärkedevirat, entspricht den Carboxymethylcellulosen und findet als Verdickungsmittel Verwendung.

Carboxymethylcellulose (CMC)
Natriumcelluloseglykolat

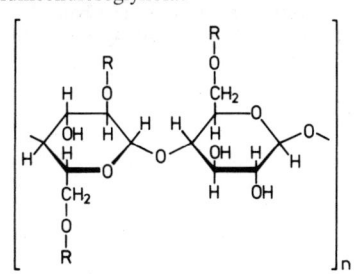

R = H: Cellulose
R = CH$_2$COONa oder H: Carboxymethylcellulose
R = Methyl, Ethyl, Hydroxyethyl oder H: → Celluloseether
Farbloser bis schwach gelblicher, wasserlöslicher, ionogener Celluloseether, der mit Wasser unter Gelbildung quillt und eine hitzebeständige kolloide Lösung bildet. Substitutionsgrad: 0,7–0,8.
Kosmetische Verwendung: Da die Filme der CMC in organischen Lösungsmitteln weitgehend unlöslich sind und die Hautatmung nicht beeinträchtigen, wird sie in Hautschutzcremes eingesetzt als fettfreie Salbengrundlage, als Binde- und Verdickungsmittel in Zahnpasten und Shampoos und als Prothesenhaftpulver.

Carcinogene → Karzinogene

Carmin → Karmin

Carnaubawachs
(INCI: Carnauba) Gelbes, sehr hartes Wachs, das zur Schmelzpunkterhöhung weicher Wachse dient. Es besitzt den höchsten Schmelzpunkt unter den natürlichen Wachsen (84–86 °C). Es wird von der Wachspalme Copernicia cerifera Martius gewonnen.
Carnaubawachs besteht zu 85% aus Estern von Wachssäuren, ω-Hydroxycarbonsäuren und Zimtsäuren mit Wachsalkoholen. Als festigende Komponente findet es häufig Verwendung in Lippenstiftformulierungen. Die Einsatzkonzentration liegt bei 2–5%.

Carobengummi
Johannisbrotbaumkernmehl. Die gemahlenen Samen der Früchte des Johannisbrotbaumes

enthalten hochmolekulare Polysaccharide, die in kaltem Wasser quellen, in der Wärme fast transparente kolloidale Lösungen ergeben. Verwendung wie Tragant oder Gummi arabicum als Verdickungsmittel.

Carotine
Zur Gruppe der 11–12fach ungesättigten Tetraterpene gehörenden fettlöslichen Pflanzenfarbstoffe, die in mehreren isomeren Formen vorkommen. Sie sind nicht nur in Blättern, Blüten und Früchten enthalten, sondern auch im tierischen Organismus (Milch, Fett, Eigelb, Leber, Butter). Das Beta-Carotin ist das Provitamin A.

Carotinoide
(→ Carotine) Carotinähnliche Kohlenwasserstoffe und mit Hydroxyl- und/oder Oxogruppen substituierte Derivate (Xanthophylle), deren Grundgerüst aus 8 Isopreneinheiten besteht. Sie haben keinen Provitamincharakter. Carotinoide sind im Pflanzen- und Tierreich weit verbreitete gelbe bis tiefrote fettlösliche Farbstoffe, die zur Färbung von Lebensmitteln und Kosmetika zugelassen sind; sie sind empfindlich gegen Luftsauerstoff und Wärme. → Bixin, Capsanthin, Lutein, Lycopin.

Carrageenan (INCI)
Auch Carragheen. Heißwasser-Extrakt aus Rotalgen, der nach dem Abkühlen ein thixotropes Gel bildet. Carrageenate sind Natrium-, Kalium-, Calcium- oder Magnesiumsalze von verschiedenen Poly-D-Galactopyranosesulfaten. Ihr Molekulargewicht liegt zwischen 100000 und 800000. Die Lösungen von Natriumcarageen sind hoch viskos, Calciumcarrageen bildet elastische Gele. Verwendung für Zahnpasten, Hautcremes, als Verdickungsmittel für Shampoos und Lotionen.

Carvacrol
2-Methyl-5-isopropylphenol.

Isomeres des Thymols und wie dieses Bestandteil des Thymianöls. Verwendung in Zahn- und Mundpflegepräparaten.

CAS-Nummer
Abkürzung für chemical abstracts service. System einer international verbindlichen Nummerierung für chemische Reinstoffe. Anhand der CAS-Nummer ist die Identifizierung einer chemischen Substanz möglich. Bei kosmetischen Färbemitteln gilt die C.I.-Nummer.

Casein
Milcheiweiß, ein phosphorsäurehaltiges Protein (→ Eiweißkörper). In gefälltem Zustand ist es in Wasser unlöslich, aber quellbar. Mit Basen werden wasserlösliche Caseinate erhalten. Teilhydrolysiertes Milcheiweiß wird als Überfettungsmittel für Seifen und Gesichtspackungen und als Konditioniermittel für Haut- und Haarpflegepräparate verwendet.

Castoreum
Bibergeil. Getrocknete Drüsensäcke des Bibers oder das aus diesen Drüsen extrahierte scharf riechende Sekret. Die verdünnte Lösung riecht angenehm nach Moschus, Birkenteer, etwas fruchtig.
Castoreum dient als fixierende Duftkomponente für Parfüms mit feiner Ledernote.

Cedernholzöl
Ätherisches Öl aus dem Holz von Cedrus atlantica, Juniperus virginiana oder Juniperus mexicana mit süßlich holzigem, sehr haftendem Geruch.

Cellulite
Fälschlich auch Cellulitis genannt. Bezeichnung für Hautbereiche, die gekennzeichnet sind durch ein schwächeres Bindegewebe, schlechtere Durchblutung und deutliche Fettanreicherung im Unterhautfettgewebe. Oberflächlich zeigen sich unregelmäßige Eindellungen, die durch Zusammendrücken verstärkt sichtbar werden (auch Orangenhaut genannt). Frauen sind i.d.R. eher betroffen, da ihr Bindegewebe weniger stark vernetzt und dadurch flexibler ist als das der Männer. Oberschenkel, Po, Hüften und Bauch zählen zu den häufig betroffenen Körperzonen. Die kosmetischen Möglichkeiten, Celluliteerscheinungen zu beseitigen, sind begrenzt. Die Behandlungsmethoden zielen auf durchblutungsfördernde und den Stoffwechsel anregende Wirkungen ab, z.B. durch die Anwendung spezieller Massagen oder dem → Body Wrapping. Cellulitepräparate sind daher oft mit

durchblutungsfördernden Wirkstoffen (z. B. Nicotinsäureester) angereichert.

Cellulose

Das in der Natur am meisten verbreitete Gerüstpolysaccharid liegt in der Baumwolle und im Flachs in fast reiner Form vor und ist im Holz zu ca. 50% enthalten. Die formale Bruttozusammensetzung ist $(C_6H_{10}O_5)n$, wobei n bis zu 10000 betragen kann. Der Grundbaustein, die Glucose in der pyranosiden Form, ist β-glykosidisch in 1,4-Stellung zu makromolekularen Ketten verknüpft, von denen sich mehrere parallel zusammenlagern. Cellulose ist unlöslich in Wasser, löslich in Kupfertetramminhydroxid und Kupferethylendiaminhydroxid. Bei schonender Hydrolyse von Cellulose erhält man Disaccharid, die Cellobiose, die der eigentliche Baustein der Cellulose ist.

In der Kosmetik wird ein mikrokristallines Cellulosepulver verwendet, das durch partielle Hydrolyse mit Salzsäure und anschließender Zerkleinerung und Sprühtrocknung hergestellt wird.

Es dient als Stabilisator für Emulsionen und als Bindemittel in Zahnpasten und Gesichtsmasken.

Celluloseacetat → Celluloseester

Celluloseester

Cellulosederivate, die durch Veresterung der freien Hydroxylgruppen mit anorganischen oder organischen Säuren entstehen. Celluloseacetat ist Grundstoff der Acetatfasern (Kunstseide) und von hoch glänzenden, Wasser abweisenden, gegen Öle und Fette beständigen Lacken.
→ Nagellacke, → Nitrocellulose, → Kollodium

Celluloseether

1. Wasserlösliche Derivate der Cellulose, in denen die freien Hydroxylgruppen teilweise durch Alkoxy- oder Hydroxyalkoxyreste ersetzt sind (→ Formel bei Carboxymethylcellulose). Es gibt einfache Ether oder Mischether mit zwei oder mehreren verschiedenen Substituenten. Die Viskosität der Celluloseetherlösungen hängt von der Kettenlänge der Cellulosemoleküle ab, die

Löslichkeit, das Emulgiervermögen, die Elektrolytverträglichkeit von dem Charakter der Substituenten (ob hydrophil oder hydrophob) und dem Veretherungsgrad (Substitutionsgrad). Wären alle freien OH-Gruppen substituiert, wäre der Veretherungsgrad = 3; er liegt aber im Allgemeinen zwischen 1,3 und 2,5. Diese Celluloseether sind geruchs- und geschmacksneutral, in kaltem Wasser kolloidal löslich oder quellbar. Sie sind nicht so anfällig für Schimmelpilze und Bakterien wie Stärke oder andere pflanzliche Hydrokolloide. Kosmetische Verwendung als Binde-, Verdickungs- und Stabilisierungsmittel für Emulsionen und Dispersionen. Die gebräuchlichsten Celluloseether sind Methylcellulose, Carboxymethylcellulose, Hydroxyethylcellulose, Methylhydroxyethylcellulose und Methylhydroxypropylcellulose.
2. Celluloseether, wasserunlösliche → Ethylcellulose. Celluloseetherderivate, die durch Einführung quaternärer Ammoniumgruppen Substantivität aufweisen, können als Hautschutzsubstanzen und konditionierende Haarpflegemittel verwendet werden.

Ceralution (Sasol)

Handelsbezeichnung für verschiedene Geminitensid-Mischungen. Beispiele:
Cerulation H
(INCI: Behenyl Alcohol, Glyceryl Stearate, Glyceryl Stearate Citrate, Sodium Dicocoylethylenediamine PEG-15 Sulfate) Gelnetzwerk-Emulgator und Dispergator, pH- und elektrolytstabil, geeignet für die Bereiche Sonnenschutz, Hautpflege und Haar-Conditioner.
Cerulation F
(INCI: Sodium Lauroyl Lactylate, Sodium Dicocoylethylenediamine PEG-15 Sulfate) Mildes und Co-Tensid, verbessert die Schaumkonsistenz und senkt das Irritationspotenzial des Hauptensides in Shampoos, Gesichtsreinigern und Duschgelen.
Die Kombination Ceralution H und Ceralution F erlaubt die flexible Formulierung stabiler sprüh- und schäumbarer O/W-Emulsionen.

Ceramide

N-Acyl-sphingosin. Körpereigene, besonders in der Hirnsubstanz und im Myelin des ZNS vorkommende lipophile Verbindungen, deren Grundkörper das Sphingosin, ein langkettiger ungesättigter Aminoalkohol ist. Bei den in der Epidermis vorkommenden Ceramiden ist die

Aminogruppe mit verschiedenen langkettigen, meist ungesättigten Fettsäuren acyliert. Ist die primäre Alkoholgruppe des Sphingosins mit Cholinphosphorsäure verestert, so liegen Phosphosphingolipide vor, ist sie mit einem Zucker (meist Galactose) verknüpft, spricht man von Glykosphingolipiden. Diese sind wichtige Bausteine der Zellmembranlipide.
Ceramide werden in der Hautpflege eingesetzt, um einen Mangel an Hornschichtlipiden auszugleichen und damit den Feuchtigkeitsverlust der Epidermis zu verringern.

Ceresin
→ Paraffine. Mineralwachs, gereinigtes Erdwachs aus hochmolekularen Paraffinkohlenwasserstoffen, D 0,91–0,92, F. 60–80 °C; löslich in heißen Ölen, unlöslich in Wasser.
Ceresin wird nicht ranzig, besitzt große Beständigkeit gegen Oxidationsmittel, ist in der Wärme plastisch, mit Paraffinen mischbar.
Verwendung zur Verfestigung von Salben, Pasten, Cremes und Stiften.

Cerotinsäure
$C_{25}H_{51}COOH$. Vorkommen: frei und verestert im Bienenwachs und im Wollwachs.

Cerumen
(lat. cera, -ae f. = Wachs) Zerumen, Ohrenschmalz, wachsartige Absonderung der Ceruminaldrüsen (Talgdrüsen des äußeren Gehörganges, Glandulae ceruminosae). Ceruminalpropfen im Gehörgang sind mittels einer Ohrenspritze und warmen Wassers zu entfernen. Die Entfernung mit harten Gegenständen ist gefährlich und zu unterlassen.

Cervix
(lat. = Hals) Hals, Nacken oder halsähnlicher Teil eines Organs. Cervix dentis = Zahnhals.

Cerylalkohol
Wachsalkohol $C_{26}H_{53}OH$. Vorkommen mit Cerotinsäure verestert im Wollwachs, Carnaubawachs, Bienenwachs, chinesischen Wachs. Eigenschaften: Weiße, in rhombischen Blättchen krist. Substanz. F. 79 °C.

Cetearylalkohol → Cetylstearylalkohol

Cetiol (Cognis)
Handelsbezeichnung für verschiedene flüssige bis feste Ölkomponenten, die als Emollients in Emulsionen, Stiften, Pasten und als Rückfetter einsetzbar sind. Es handelt sich dabei u. a. um rekonstruierte Wachsester und ethyoxylierte Fettsäureester. Beispiele:
Cetiol V (INCI: Decyl Oleate)
Cetiol HE (INCI: PEG-7 Glyceryl Cocoate)

Cetrimid
Cetrimidum Ph. Eur. 2001. Vorwiegend aus Trimethyltetradecylammoniumbromid bestehende quaternäre Ammoniumverbindung mit bakteriziden Eigenschaften speziell gegen grampositive Erreger. Nur geringe Wirkung gegen Pilze und Sporen.

Cetrimoniumbromid
Kurzbezeichnung für Cetyltrimethylammoniumbromid → Ammoniumverbindungen, quaternäre.

Cetylacetat
(INCI: Cetyl Acetate) Essigsäurecetylester. Verwendung als Salbenbestandteil, der das Permeationsvermögen der Wirkstoffe verbessert, als Haut- und Haarpflegemittel und für Lippenstifte.

Cetylalkohol
(INCI: Cetyl Alcohol) 1-Hexadecanol $C_{16}H_{33}OH$. Feste weiße Masse, die als Wasser bindender, Konsistenz gebender Bestandteil zur Herstellung kosmetischer Zubereitung verwendet wird. Er ist löslich in Ethanol, nicht löslich in Wasser, reizlos, verträglich und toxikologisch unbedenklich. Er hat hautglättende, nichtfettende Wirkung. Verwendung in Cremes und Emulsionen, Salben, Pasten und Stiften.

Cetyllactat
(INCI: Cetyl Lactate) Gelbliches Wachs, F. 36–38 °C. Verwendung für Hautcremes (Fettcremes), W/O-Emulsionen.

Cetyllaurat
(INCI: Cetyl Laurate) Walratähnliche Substanz. F. 41 °C.

Cetylmyristat
(INCI: Cetyl Myristate) Walratähnliche Substanz. F. 47–48 °C.

Cetylpalminat
(INCI: Cetyl Palmitate) → Palmitinsäurecetylester

Cetylpalmitinsäurealkanolamid
In Wasser dispergierbare Substanz, die als O/W-Emulgator, Verdickungsmittel und Schaumstabilisator verwendet wird.

Cetylpyridiniumchlorid
→ Pyridiniumsalze, quaternäre.

Cetylricinoleat
(INCI: Cetyl Ricinoleate) Salbenartiges Wachs, F. ca. 20 °C., das als Zusatz für Cremes, Emulsionen, Salben, Pasten und Stifte verwendet wird.

Cetylstearylalkohol
Alcohol cetylicus et stearylicus Ph. Eur. 2001. Gemisch höherer gesättigter Fettalkohole, das aus Naturprodukten durch Spaltung oder Reduktion mit nachfolgender Härtung gewonnen wird. Cetylstearylalkohol besteht zu etwa gleichen Teilen aus Cetylalkohol und Stearylalkohol. Er bildet eine weiße bis schwach gelbliche wachsartige Masse und wird verwendet als Konsistenz gebender, hautfreundlicher, jedoch nicht selbst emulgierender Grundstoff für kosmetische Salben und Cremes. Für die Herstellung von Emulsionen ist die Zugabe von emulgierenden Substanzen erforderlich.

Cetylstearylschwefelsaures Natrium
Gemisch aus etwa gleichen Teilen Natriumcetylsulfat und Natriumstearylsulfat. Weißes bis schwach gelbliches, amphores oder kristallines Pulver.
Verwendung als neutraler, reizloser, beständiger Emulgator zur Herstellung von Salben, Cremes und Emulsionen vom O/W-Typ.

Chalazion → Hagelkorn

changierend (im Farbton)
(franz. changer = wechseln, ändern) Optischer Farbwechsel (Farbflop) eines Kosmetikproduktes, der jedoch erst durch Änderung des Betrachtungswinkels erkennbar ist. Ein Lidschatten beispielsweise kann dann einerseits bläulich, andererseits grünlich schimmern. I. d. R. sind die im Produkt verwendeten speziellen → Perlglanzpigmente für diese Effekte verantwortlich.

Chamazulen → Azulen, → Kamille.

Cheilitis
Lippenentzündung (gr. cheilos = Lippe; -itis als Endung = med. Entzündung)
Cheilitis actinica: Lippenentzündung mit Bläschenbildung, die durch übermäßige UV-Bestrahlung hervorgerufen wird.
Cheilitis vulgaris: Sog. aufgesprungene Lippen, die sich in Form einer entzündlichen Schwellung oder durch Hautrisse äußern können. Ursachen dafür können häufiges Ablecken der Lippen oder besonders trockene Luft sein. Treten bei oder nach der Verwendung von Lippenstift- oder Zahnpastaprodukten o. g. Unverträglichkeitserscheinungen auf, so kann es sich auch um ein Kontaktekzem handeln.

Cheiropompholyx
(gr. cheir, -ros = Hand; pomphos = Blase) Dyshidrotisches Ekzem. → Dyshidrosis

Chelatbildner
Auch Sequestierungsmittel, → Komplexbildner.

Chelate
Scherenbindungskomplexe (lat. chelae = Scheren). Verbindungen, bei denen Moleküle, die zwei oder mehr freie Elektronenpaare (Donatorgruppen) besitzen, mehrere Bindungen gleichzeitig mit einem Zentralatom eingehen. Voraussetzung ist, daß diese Elektronenpaare genügend weit auseinander liegen. Auf diese Weise entstehen „mehrzähnige" (oder auch „mehrzählige"), meist sehr stabile, wasserlösliche Komplexe. → Komplexbildner

Chemische Schädigung der Haut
Hautschäden durch Chemikalien machen sich durch Jucken, Schmerzempfindungen, Rötung oder Weißwerden und Bläschenbildung bemerkbar. Als hautschädigend sind bekannt: Säuren, Basen-, Salz- und andere Chemikalienlösungen, organische Lösungsmittel. Chemische Reizungen haben mit Allergie nichts zu tun, denn
1. Reizungen und Schädigungen treten bereits beim ersten Kontakt der Haut mit den Substanzen auf,
2. Reizungen und Schädigungen werden nur an der Kontaktstelle beobachtet, nicht aber an entfernten Stellen, selbst nicht in den unmittelbar angrenzenden Hautbezirken,

3. Stärke der Reizungen und Schädigungen ist abhängig von der Konzentration der Substanzen und deren Einwirkungsdauer auf die Haut,
4. Reizungen und Schädigungen treten praktisch bei jedem Menschen, der mit den hautschädigenden Substanzen in Berührung kommt, in der gleichen Form und Stärke auf.

Chinarinde

Chinchonae cortex Ph. Eur. 2001. Die außen graubraune, innen rotbraune Rinde enthält verschiedene Alkaloide, von denen das Chinin das bekannteste ist. Ferner sind in der Chinarinde Gerbstoffe und Chinarot enthalten.
Verwendung: In der Kosmetik werden alkoholische Auszüge der Chinarinde gelegentlich zur Herstellung von Haarwässern (Eau de Quinine) gebraucht. Hier mag die adstringierende Wirkung der Gerbstoffe und die tonisierende und antiseptische Wirkung des Chinins von Nutzen sein.

Chinin

Wichtigstes Alkaloid der → Chinarinde. Chinin und seine Salze sind nach der Kosmetik-Verordnung nur noch in Shampoos (0,5%) und in Haarlotionen (0,2% berechnet als Chininbase) zugelassen, sie wirken antiseptisch und tonisierend.

Chinolingelb

(C.I. 47005) Gelber wasserlöslicher Chinophthalonfarbstoff, der in Tensidpräparaten, wässrig alkoholischen Lösungen und Seifen einsetzbar ist. Als unlöslicher Farblack findet er auch in dekorativen Produkten wie Lippenstiften und Nagellacken Verwendung.
Anmerkung: Nicht identisch mit D&C Yellow No. 10, trotz gleich lautender C.I.-Nummer. Es liegt ein anders zusammengesetztes Isomerengemisch vor.

Chinophthalonfarbstoffe

Reaktionsprodukt von Chinolinderivaten und Phthalsäureabkömmlingen. Der im Kosmetikbereich wichtige Farbstoff dieser Klasse ist das Chinolingelb.

Chitin (INCI)

Polysaccharid, das in Crustaceenschalen und in der Gerüstsubstanz der Insekten vorkommt. Die Struktur des Chitins ähnelt sehr der von Cellulose. Es besteht aus kettenförmig verknüpften N-Acetyl-D-glucosamineinheiten. Durch starke Laugen wird Chitin teilweise entacetyliert, es entsteht Chitosan, das mit verdünnten Säuren viskose Lösungen bildet. Durch Einführung hydrophiler Gruppen wurden lösliche Produkte entwickelt, die in ihren Eigenschaften der Hyaluronsäure ähneln und als Feuchthaltefaktor in Haut- und Haarpflegepräparaten empfohlen werden.

Chitosan

(INCI: Chitosan) Abbauprodukt von Chitin. Aminozuckerhaltiges in Alkohol und Glyzerin lösliches Polysaccharid. Es kann in kosmetischen Produkten als Gel- oder Filmbildner eingesetzt werden.

Chloasma

(gr. chloadzo = Sprosse, grüne) Unter einem Chloasma versteht man Hautpigmentierungen, gelblich braune, flächenhafte Verfärbungen. Chloasma kommt vor allem bei Frauen vor, die sich in der Schwangerschaft befinden (Chloasma uterinum). Nach Bohnstedt beruht das Entstehen des Chloasmas auf einer gesteigerten melanotropen Funktion der Hypophyse, die in der Schwangerschaft verschiedene Hormone verstärkt ausschüttet. Das Chloasma uterinum bildet sich in der Regel nach Beendigung der Schwangerschaft von selbst wieder zurück.

Chloracetamid

(INCI: Chloroacetamide) Chloressigsäureamid $ClCH_2CONH_2$. Weißes, geruchloses wasserlösliches Pulver, in allen pH-Bereichen hoch wirksames Konservierungsmittel gegen grampositive und gramnegative Bakterien. Es wird besonders für Shampoos und Pflanzenextrakte verwendet (bis 0,3%). Es soll gelegentlich zu Allergien führen.

Chloramin T

(INCI: Chloramine T) Chloraminum, Tosychloramid-Natrium.

$$Na^{\oplus} \left[H_3C-\bigcirc-SO_2-N-Cl \right]^{\ominus} \cdot 3 H_2O$$

Weißes oder schwach gelbliches, kristallines, wasserlösliches Pulver, das bei der Lagerung vor Licht und Wärme geschützt werden muss. In Wasser findet partielle Hydrolyse statt unter Bildung von unterchloriger Säure HClO. Diese wirkt als Desinfektionsmittel, ist im Gegensatz zu Chlor für Haut und Schleimhäute verträglich und wird in desinfizierenden, deodorierenden Pudern, für Spülungen und andere kosmetische Präparate verwendet.

Chlorbutanol
(INCI: Chlorobutanol) Trichlorisobutanol, 1,1,1-Trichlor-2-methyl-2-propanol. Haut- und schleimhautverträgliches Konservierungsmittel, auch am Auge einzusetzen, wirksam in schwach saurem Milieu gegen grampositive Bakterien und Schimmelpilze (bis 0,5%).

$$Cl_3C-\underset{\underset{CH_3}{|}}{\overset{\overset{CH_3}{|}}{C}}-OH$$

Chlordifluormethan (CDFM)
Unbrennbares Treibgas, Kp $-41\,°C$, das nicht vom Verbot der FCKW betroffen ist, da es nicht voll halogeniert ist. Wegen seines tiefen Siedepunktes muss es aber mit anderen Treibgasen, z.B. Butan, gemischt werden, da sonst ein zu hoher Überdruck entsteht.

Chlorfluorkohlenstoffe (CFK)
Niedermolekulare aliphatische Kohlenstoffverbindungen, die durch Chlor und/oder Fluor substituiert sind. Die Herstellung der vollhalogenierten CFK ist in der EU verboten.

Chlorhexidin
(INCI: Chlorhexidine) 1,1'-Hexamethylenbis(5-(4-chlorphenyl)-biguanid)

Die Salze des Chlorhexidins, z.B. das Gluconat und das Acetat, sind gut haut- und schleimhautverträgliche Antiseptika, Konservierungsmittel und Deodorantien. Wirkungsoptimum: pH 5–8. Verwendung im Mundraum bei Zahnfleischentzündung und zur Inhibierung des bakteriellen Zahnbelags.

Chlorkresole
Chlormethylphenole, Chlorhydroxytoluole. Phenol- oder kresolartig riechende starke Desinfektionsmittel, die Haut und Schleimhaut reizen, jedoch schwächer als die Kresole. Sie sind unlöslich in Wasser, löslich in organischen Lösungsmitteln. Der wichtigste Vertreter, das 4-Chlor-m-kresol, wird für Seifen und Deodorantien verwendet.

Chlorophyll
Grüner Blattfarbstoff der assimilierenden Pflanzen, der die Photosynthese ermöglicht. Er ist wasserunlöslich. Durch Verseifen mit Natronlauge erhält man wasserlösliche Alkalisalze der Chlorophylline, die aber schwächer gefärbt und lichtempfindlich sind. Ersetzt man das Magnesium des natürlichen Chlorophylls durch Kupfer, so entstehen intensiv grün gefärbte Chlorophylline von guter Löslichkeit. Chlorophyll und Chlorophylline werden als Farbstoffe für Seifen und andere kosmetische Präparate verwendet.

4-Chlorresorcin
Verwendung als Melanin-Inhibitor gegen Sommersprossen und andere unwillkommene Hautpigmentierungen (z.B. Chloasma).

Chlorthymol
(INCI: Chlorothymol) Farblose Kristalle von angenehm thymolartigem Geruch, löslich in Ethanol, Natronlauge; schwer löslich in Wasser. Verwendung als Desinfektionsmittel.

p-Chlor-m-xylenol (PCMX)

p-Chlor-m-xylenol (PCMX)
Konservierungsmittel mit breitem antimikrobiellem Wirkungsspektrum. Löslich in Ethanol, Seifenwasser, Ölen und Fetten. Wirkt stärker desinfizierend als Phenol oder Kresol bei geringerer Reizwirkung auf die Haut.

Cholesterin
Synonym für → Cholesterol.

Cholesterol

Weiße, sich fettig anfühlende Blättchen, die in Wasser unlöslich, aber löslich in heißem Ethanol, in Ölen und Fetten sind. Vorkommen im Wollwachs, Gehirn, Rückenmark, Eidotter, in Gallensteinen, ferner in allen tierischen Fetten. Die Gewinnung erfolgt vor allem aus Wollwachs. Cholesterol kommt frei und verestert auch im Hauttalg vor, es macht ihn wasseraufnahmefähig, es wirkt als Quellungsregulator und Schutzsubstanz. Hautcremes mit Cholesterol stehen den natürlichen Hautfetten chemisch und physikalisch nahe, sind gut verträglich und machen die Oberhaut weich und zart. Cholesterol in Salben- und Cremegrundlagen, besonders in Gegenwart geringer Mengen Lecithin, erhöht deren Wasseraufnahmevermögen beträchtlich. Es wird deshalb in freier oder mit Fettsäuren veresterter Form vor allem zur Herstellung von Absorptionsbasen verwendet. Ein Zusatz von Cholesterol stabilisiert Formulierungen mit Liposomen.

Chondroitinsulfat
Mucopolysaccharid, das vor allem in Knorpeln und Sehnen vorkommt, aber auch mit Kollagen und Hyaluronsäure zusammen im Bindegewebe. Es besteht aus N-Acetylchondrosamin (D-Galactosamin), D-Glucuronsäure und Schwefelsäure. Chondroitinsulfat beinflusst das Wasserbindungsvermögen der Haut und kann wie Hyaluronsäure als Feuchthaltemittel für Haut- und Haarpflegepräparate verwendet werden.

Chromatografie
Chemisches Analysenverfahren zur Auftrennung von Stoffgemischen. Durch die spezifischen Wechselwirkungen zwischen den Einzelsubstanzen, dem verwendeten Lösungsmittel und dem Trennmittel (Adsorbens) kann die Indentifizierung einzelner Stoffe erfolgen. Je nach Trennmittel unterscheidet man Papier-, Dünnschicht- oder Säulenchromatografie.

Chromhidrosis
(gr. chroma = Farbe; hidros = Schweiß) Abscheidung von bläulichem (Indoxylausscheidung) oder rötlichem Schweiß (Jodintoxikation).

Chromoxidgrün
(C.I. 77288) Lindgrünes, anorganisches Farbpigment, das in allen dekorativen Kosmetika, Seifen und Tensidpräparaten Verwendung findet.

Chromoxidhydratgrün
(C.I. 77289) Bläulich-grünes, anorganisches Farbpigment, das in allen dekorativen Kosmetika, Seifen und Tensidpräparaten Verwendung findet.

Chypre
Duftnote für Parfüms auf der Basis von Eichenmoos mit verschiedenen Citrusölen, Holz- oder Blütenriechstoffen kombiniert.

Cicatrix → Narbe

Cilium (lat.) = Wimper, Mz. Cilien.

Cineol
Eucalyptol, 1,8-Epoxy-p-menthan. Hauptbestandteil des Eucalyptusöls.

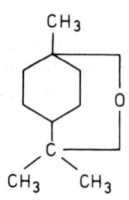

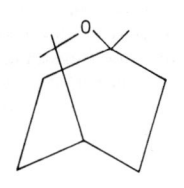

Cinnamate
Salze und Ester der Zimtsäure

Cithrol (Croda)
Handelsbezeichnung für Polyethylenglykol-mono- und -difettsäureester verschiedener Ethoxylierungsgrade sowie Glycerolmonofettsäureester und Polyglycerolfettsäureester, die als Emulgatoren für O/W- bzw. W/O-Systeme einsetzbar sind.

Citral
β-Citral, 3,7-Dimethylocta-2,6-dienal. Vorkommen u.a. im Lemongrasöl, Citronenöl, Verbenaöl, Mandarinenöl, Rosenöl. Fast farbloses, nach Zitrone duftendes Öl. Bedeutender Riechstoff für künstliche Citronenöle u.a. sowie als Ausgangsprodukt zur Herstellung der Jonone.

Allergische Reaktionen sind bekannt.

Citraldimethylacetal
Riechstoff mit grün-citrischem Duft, der für Kölnisch Wasser und künstliche Bergamottöle verwendet wird. Er ist relativ alkalistabil und deshalb für die Seifenparfümierung geeignet.

Citronnellal
2,6-Dimethylocten-(2)-al-(8). Hauptbestandteil des Melissenöls. Verwendung in der Parfümerie.

Citronellöl
Gewinnung aus Cymbopogon nardus Rendle (Citronellöl-Ceylon) und Cymbopogon winteri-anus Jowitt (Citronellöl-Java). Das Java-Citronellöl ist im Gebrauch feiner und deshalb wertvoller als das Ceylon-Citronellöl. Das gelbe Öl besitzt einen rosenartig-fruchtigen Geruch. Hauptbestandteile sind Geraniol und Citronellal.
Verwendung zur Seifenparfümierung, zur Gewinnung von Geraniol, Citronellal und Citronellol.

Citronellol
2,6-Dimethylocten-(2)-ol-(8)

Vorkommen in Rosen- und Geraniumöl (l-Form) und im Citronellöl (d-Form). Flüssigkeit von rosenähnlichem Duft, die in der Parfümerie verwendet wird.

Clavus
(lat.) = Nagel, Hühnerauge.

Cleanser
Engl. Begriff für ein Reinigungsprodukt, meist → Reinigungsmilch oder Reinigungscreme.

Cleansing Cream
Engl. Begriff für → Reinigungscreme. → Abschminken

Cleansing Lotion → Reinigungsmilch

Clear Varnish
Engl. für → Klarlack (transparenter Nagellack).

Clostridium
(lat. = Spindel) → Mikroorganismen. Gattungsbegriff für grampositive anaerobe Sporenbildner, die sich durch einen ausgeprägten Gärungsstoffwechsel und ihr Verhältnis zu Sauerstoff auszeichnen. Sie gedeihen in Eiweiß und Kohlenhydraten; Vorkommen: ubiquitär im Erdboden, Staub etc.

Clupanodonsäure
$C_{21}H_{33}COOH$, 4,8,12,15,19-Docosapentaensäure. Ungesättigte Fettsäure, die mit Glycerol verestert im Waltran, Dorschlebertran und im Eieröl vorkommt. Verursacht den Fischgeruch.

CMC → Carboxymethylcellulose

CMC
Abkürzung für: Kritische Micellbildungskonzentration (engl. critical micelle concentration).

Coating
Engl. für Überzug. Technische Bezeichnung für die Beschichtung/Ummantelung von Pigmenten. → Pigmente, gecoatete

Coccionellae
Im Drogenhandel übliche Bezeichnung für die getrockneten Weibchen der Schildlaus. → Cochenille

Cochenille
Bezeichnung für den zur Farbstoffgewinnung verwendeten getrockneten Körper der weiblichen Nopal-Schildlaus. Dieser enthält etwa 10% einer roten Alkali-Protein-Verbindung der → Karminsäure, die sich durch Extraktion isolieren lässt.

Cocosfettsäurealkylolamide → Fettsäurealkanolamide

Co-Emulgator
Emulgatoren werden häufig in Kombination eingesetzt. Die Substanz, die neben dem Hauptemulgator als emulgierende und stabilisierende Komponente in der Emulsion fungiert, kann als Hilfs- oder Co-Emulgator bezeichnet werden.

Coemulgator → Co-Emulgator

Coenzym
Prosthetische („hinzugefügte") Gruppe eines → Enzyms, das bei katalytischen Reaktionen beteiligt ist. Vitamine oder deren Abkömmlinge sind häufig Coenzyme.

Cold-Cream
Kühlsalbe, Unguentum leniens DAB 2001. Sie besteht aus 7 Teilen Bienenwachs, 8 T. Cetylpalmitat, 60 T. Erdnussöl und 25 T. Wasser, ggf. einem Antioxidanz. In das auf 60 °C erwärmte Fettgemisch wird das warme Wasser eingerührt, wobei eine instabile Emulsion entsteht, die beim Verreiben auf der Haut zerstört wird. Der Kühleffekt der Cold-Cream beruht auf der Verdunstung des Wassers. Durch Zusatz von Emulgatoren werden die Cold-Creams haltbarer, aber ihre Kühlwirkung geringer. In den älteren Rezepturen wird Borax verwendet, das mit dem Bienenwachs Seifen bildet, die als Emulgator wirken. In modernen kosmetischen Formulierungen findet die Cold Cream jedoch keine Verwendung mehr.

COLIPA
Abkürzung für comité de liason des associations européenes de l'industrie de la parfumerie, des produits cosmetiques et de toilette (Verbandsausschuss der europäischen Vereinigung der Parfüm-, Kosmetik- und Toiletteartikelindustrie).

Collodium → Kollodium

Colophonium → Kolophonium

Coloration
Der Begriff umfasst die eigentliche Haarfärbung sowie die Mittel, die zur permanenten Haarfärbung geeignet sind. Mithilfe von → Oxidationshaarfarben können farbbildende Substanzen in die Faserschicht des Haares eingebracht werden. Diese Haarfarbe ist dauerhaft und wächst mit der Zeit aus.

Colorona (Merck)
Handelsbezeichnung für Perlglanzpigmente. Mit Titandioxid und/oder Eisenoxid ummantelter Spezialglimmer, der mit einem organischen oder anorganischen Farbpigment beschichtet sein kann. Verwendung insbesondere für alle Produkte der dekorativen Kosmetik.

colo(u)r cosmetic
Engl. für Farbkosmetik, dekorative Kosmetik. In der amerikanischen Schreibweise entfällt das „u".

colo(u)r pigment
Engl. für Farbpigment. In der amerikanischen Schreibweise entfällt das „u".

Colortherapie
Farblichtbehandlung auf der Haut, die zur positiven Beeinflussung von Körper und Geist angewendet wird. Dabei wird farbiges Licht auf bestimmte Hautstellen gestrahlt, das dort eine energetische Wirkung entfalten soll:

Gelb – stimmungsfördernd
Orange – regenerierend
Rot – anregend, belebend
Violett – ausgleichend, entschlackend
Blau – kühlend, adstringierend
Grün – beruhigend

Colour-Index-Nummer → C.I.(-Nummer)

Comedo
(lat. comedere = verzehren, mitessen) → Komedonen

Compact
(Engl. compact = kompakt, dicht, gedrängt) Der Begriff wird für die Benennung verschiedener dekorativer Kosmetika recht unspezifisch verwendet. Häufig sind damit gegossene Grundierungen gemeint (→ Compact-Make-up). Gepresste Gesichtspuder können z.B. auch als „Compact-Powder" bezeichnet sein. Als Namenszusatz kann „compact" oder „kompakt" auch bedeuten, dass es sich um ein kleines, leicht und praktisch anzuwendendes Produkt handelt.

Compact-Face-Powder
Engl. Ausdruck für gepressten → Gesichtspuder.

Compact-Foundation → Compact-Make-up

Compact-Make-up
Engl. Bezeichnung für meist wasserfreie Grundierungen in pastöser Form, die in flache Pfannen gegossen oder als Stift angeboten werden. Der Auftrag erfolgt i.d.R. mit einem trockenen oder leicht angefeuchteten Schwämmchen. → Compact

Comperlan-Typen (Cognis)
Handelsbezeichnung für → Fettsäurealkanolamide, die als Viskositätsregulatoren bzw. Verdicker hauptsächlich in Tensidpräparaten eingesetzt werden.

Concealer
(engl. conceal = verdecken, kaschieren) Übliche Darreichungsform: Stift, Paste oder cremige Emulsion. Anwendungsziel und Verwendung siehe → Abdeckprodukt.

Concrètes
Essences concrètes. Durch Extraktion von riechstoffhaltigen Pflanzenteilen gewonnene Produkte. Dazu wird erst das Duftöl durch den Einsatz von Lösemitteln aus der Pflanze gelöst. Nach Abtrennung des Lösemittels entsteht das Concrètes, das oft farbig und wachsartig erscheint, da im Gegensatz zur Destillation bei der Extraktion auch farbige Bestandteile und Pflanzenwachse mit herausgelöst werden. Aus dem Concrètes werden dann mit Alkohol die Duftstoffe herausgelöst. Nach deren Entfernung erhält man das → Absolue, das dann im späteren Parfümöl einsetzbar ist. → Blütenöle

Conditioner
Engl. für → Konditioniermittel. Der Begriff wird vorwiegend im Haarpflegebereich als Bezeichnung für Haarspülungen, -kuren u.a. Produkten mit → Avivageeffekt verwendet, doch auch für die dort eingesetzten substantiven Einzelrohstoffe ist er gebräuchlich.

Conjunctiva
(lat. conjunctio, -onis f. = Verbindung) Übliche Kurzbezeichnung für Tunica conjunctiva; Bindehaut. Dünne durchscheinende Schleimhaut des Augapfels (Tunica conjunctiva bulbi) und der Augenlider (Tunica conjunctiva palpebrarum).

Conjunctivitis
Entzündung der Bindehaut des Auges, Conjunctivitis acuta = akute Bindehautentzündung des Auges mit Rötung, Lichtempfindlichkeit und starker Sekretabsonderung; Conjunctivitis aestivalis = Sommerbindehautkatarrh; Conjunctivitis allergica = Überempfindlichkeitserscheinung, hervorgerufen z.B. durch Pflanzenpollen; Conjunctivitis catarrhalis oder Conjunctivitis simplex = katarrhalische Bindehautentzündung des Auges.

Container
Bezeichnung für kleine, flaschenähnliche Kunststoffbehältnisse, die transparent oder eingefärbt sein können. Sie sind i.d.R. mit einem in der Kappe verankerten → Applikator ausgestattet. Beispiele: Mascara, Lipgloss, flüssiger Eyeliner.

Contour
Engl./franz. für Umriss, Kontur. → Lip-Liner werden häufig auch als Contour-(Lip-)Pencil oder Lip-Contour-Pencil bezeichnet.

Corium
Lederhaut (siehe auch → Haut, → Lederhaut.)

Cornu cutaneum
(lat. cornu, -us n. = Horn; cutaneus, -a, -um = zur Haut gehörig) Hauthörner kommen meist bei älteren Menschen vor. Aber auch jugendliche Personen können befallen sein. Es handelt sich um hornige gekrümmte Missbildungen auf dem Kopf, auf der Hand, im Gesicht, die einige Zentimeter lang werden können. Die Ursache der Hauthörner ist noch nicht geklärt. Die kosmetisch störenden Erscheinungen können nur durch den Hautarzt behandelt werden. Differenzialdiagnostisch vom Spinaliom, Stachelzellkarzinom, einem Plattenepithelkarzinom mit Neigung zur raschen Metastasierung zu unterscheiden!

Corpus luteum-Hormon (Gelbkörperhormon)
→ Progesteron

Corpus papillare → Papillarschicht

Corpuscula bulboidea → Krausesche Körperchen

Corpuscula lamellosa
(Abart: C. articularia) → Vater-Pacinische Körperchen

Corpuscula tactus
→ Meissnersches Tastkörperchen
→ Hautnervensystem

Cortex
(lat.) = Rinde.
1. Faserschicht des Haarschaftes. → Haar
2. Drogenbezeichnung, z.B. Cortex Quercus = Eichenrinde.

Corticosteroide
Stoffgruppe mit der Wirkung der Nebennierenrindenhormone, die den Mineral- und Kohlenhydratstoffwechsel beeinflussen. Die Corticosteroide besitzen entzündungswidrige und Juckreiz stillende Eigenschaften bei Dermatosen und Allergien (Hydrocortison und Fluorhydrocortison). Ihre Verwendung in kosmetischen Präparaten ist nicht zulässig.

Corynebakterien
(→ Mikroorganismen) Keulenförmige grampositive Bakterien, zu denen u.a. die Propionibakterien gehören und das Lactobacterium bifidum.

Cosmacol-Ester (Sasol)
Handelsbezeichnung für reine lipophile Ester aus Hydroxycarbonsäuren und linearen oder einfach verzweigten primären Alkoholen mit rückfettenden Eigenschaften. Beispiele:
Cosmacol EBI
(INCI: C12–15 Alkyl Benzoate) Leichter Rückfetter mit hohem Spreitvermögen. Einsetzbar in Lipogelen, Hautpflegeprodukten, Stiften, After Shave-Produkten und Reinigungslotionen. Lösemittel für UV-Filter.
Cosmacol ELI
(INCI: C12–13 Alkyl Lactate) Polarer Rückfetter in Deodorantien, Duschgelen, Hautpflegeprodukten, After Shave-Produkten sowie Bade- und Körperpflegeölen.
Cosmacol ESI
(INCI: Tridecyl Salicylate): Rückfetter, der der Haut Salicylsäure zur Verfügung stellt. Geeignet in Sonnenschutzpräparaten (Titandioxid-Dispergator), Anti-Schuppen-Shampoos und Haarsprays.

Cosmeceuticals
Konstruierter Begriff, der sich aus *Cosme*tics und Pharmac*euticals* zusammensetzt. Gemeint sind damit kosmetische Mittel mit bioaktiver Wirkung, die zwar eine nachweisbare Wirkung erzielen, jedoch noch nicht den Arzneistoffen zugerechnet werden müssen (Beispiel Fruchtsäuren).
Es handelt sich weder im juristischen, noch im wissenschaftlichen Sinn um eine begrenzte Stoffklasse, sondern um den Versuch, ausgewählten Kosmetika eine speziellere Positionierung zukommen zu lassen.

Cottonöl = Baumwollsaatöl

Couperose
Gesichtshaut, die in Teilbereichen rötliche Stellen aufweist, die durch Gefäßerweiterungen oder -lähmungen entstehen können. Mögliche Ursachen: erbliche Veranlagung, überstrapazierte oder falsch gepflegte Haut, evtl. auch das Anfangsstadium einer → Rosacea.
Kosmetische Maßnahmen: Vermeidung von durchblutungsfördernden Behandlungen, Verwendung von milden Reinigungspräparaten, kaschieren mit einer ausreichend deckenden → Grundierung oder grünlichen Abdeckprodukten.

Medizinische Maßnahme: z. B. Laserbehandlung durch den Facharzt.

Covercream
Engl. für Abdeckcreme. → Abdeckprodukt

Coverstick
Engl. für → Abdeckstift.

Cream
Engl. für Creme.

Cream Eyeshadow → Creme-Lidschatten

Creme
Emulsionssysteme, bestehend aus einer Fett- und einer Wasserphase mit geeignetem Emulgator. Die Begriffe Creme und Emulsion werden häufig nebeneinander verwendet, wobei im allgemeinen Sprachgebrauch mit Creme die höher viskosen Emulsionen gemeint sind. Teilweise werden auch wasserfreie pastöse Zubereitungen mit dem Namenszusatz „Creme" versehen, obgleich es sich nicht in allen Fällen tatsächlich um Emulsionen im klassischen Sinn handelt (z. B. → Creme-Lidschatten). Die wichtigsten Typen sind lipophile W/O-Emulsionen und hydrophile O/W-Emulsionen. Die Herstellung und Zusammensetzung entspricht prinzipiell den Emulsionen, z. T. enthalten Cremeformulierungen einen höheren Ölphasenanteil und können dadurch reichhaltiger, aber auch etwas zäher wirken. Als Grundlage für die Herstellung von W/O-Cremes dienen auch → Absorptionsbasen. Bei wasserfreien Zubereitungen spricht man auch von Salben.

Crème
Franz. für Creme.

Crème de Jour
Franz. für → Tagescreme.

Crème de Nuit
Franz. für → Nachtcreme.

Cremebäder
Cremeschaumbäder liegen in ihrer Zusammensetzung zwischen den Badeölen und den Schaumbädern. Gegenüber den Schaumbädern enthalten sie mehr Fette, fettähnliche oder fettend wirkende Stoffe, gegenüber den Badeölen mehr Wasser und Tenside.

cremefarben
Spezielle Farbbezeichnung für Nagellack- oder Lippenstiftnuancen, die keine Perlglanzpigmente, sondern nur Farbpigmente (in unterschiedlichen Konzentrationen) enthalten. Dieser Ausdruck hat nichts mit der „Creme" im herkömmlichen Sinne zu tun und er beschränkt sich auch nicht auf weiße oder cremefarbene Töne.

Creme-Gele
Emulgatorfreie Produktform, die sich durch eine leicht schmelzende Textur und ein frisches Gefühl beim Hautauftrag auszeichnet. Sie sind besonders für fettigere Haut geeignet und besitzen i. d. R. eine höhere Fließgrenze als klassische Emulsionen. Typisch ist bei Creme-Gelen der Einsatz von synthetischen Polymeren wie z. B. Ammonium Acryloldimethyltaurate/VP (AVC), Polyacrylamiden oder Polyacrylaten. Sie fungieren als Gelbildner für die wässrige Phase und bilden die Formulierungsgrundlage.

Cremelack
Bezeichnung für Nagellackfarben, die keine Perlglanzpigmente, sondern nur Farbpigmente enthalten. Diese Farbnuancen werden (leicht irreführend) auch als Cremefarben bezeichnet, haben jedoch nichts mit der „Creme" in herkömmlichen Sinne zu tun. Gegenpart: perlglanzpigmenthaltige Pearllacke oder transparente Klarlacke.

Creme-Lidschatten
Pastöse, meist wasserfreie Zubereitungen, deren Hauptkomponenten Fette, wenig spreitende Öle, strukturgebende Wachse, Filmbildner und Farb- und Perlglanzpigmente sind. Zur Erhöhung der Haftfestigkeit können auch flüchtige lipophile Bestandteile (z. B. Siliconöle, Isododecan o. Ä.) eingesetzt werden, die nach dem Auftrag verdunsten. Darreichungsformen sind Tiegel, Container mit integriertem Applikator und kleine Tuben.

Creme-Make-up
Spezielle Form der → Grundierung. Meist handelt es sich um emulsionsbasierende Formulierungen mit cremiger Konsistenz. Sie werden für anspruchsvollere u./o. trockene Haut empfohlen, da die Anteile an pflegenden Ölen i. d. R. höher sind als bei Fluid-Make-ups. Das Deckvermögen ist variabel und sehr produktspezi-

fisch. Übliche Darreichungsformen sind Tiegel, Tuben oder Dosierspenderfläschchen.

Creme-Rouge
Pastöse, meist wasserfreie Zubereitungen, die in flache Pfannen oder Tiegel gegossen oder als Stift angeboten werden. Hauptkomponenten sind Fette, Öle, Wachse sowie Farb- und Perlglanzpigmente. Die Anwendung von Creme-Rouge bietet sich bei trockener Haut als Alternative zum → Rouge in Puderform an.

Cremeseife → Flüssigseifen

Cremophor (BASF)
Handelsbezeichnung für flüssige bis wachsartige, nichtionogene Substanzen, die als W/O- und O/W-Emulgatoren und Lösungsvermittler eingesetzt werden. Beispiele:
Cremophor A 6 (INCI: Ceteareth-6 (and) Stearyl Alcohol) weißes Wachs, PEG-freier O/W-Emulgator für Cremes und Lotionen, HLB-Wert 10–12.
Cremophor A 25 (INCI: Ceteareth-25) PEG-freier O/W-Emulgator für Cremes und Lotionen, weiße Mikrokügelchen, HLB 15–17, gut kombinierbar mit Typ A 6.
Cremophor CO 40 (INCL: PEG-40 Hydrogenated Castor Oil) softig-weiche bis zähfließende Paste, HLB 14–16.
Cremophor GS 32 (INCI: Polyglyceryl-3 Distearate) PEG-freier O/W-Emulgator für Cremes und Lotionen, auch für Sonnenschutz- und hypoallergene Produkte geeignet, weißes Pulver, HLB ca. 9.

Crista cutis
(lat. crista = Leiste; cutis = Haut) → Papillarlinien

Crodacol (Croda)
Handelsbezeichnung für eine Reihe gesättigter Fettalkohole, natürlichen nicht tierischen Ursprungs, die als Emollients, Viskositätsregler und Stabilisatoren in Emulsionen Verwendung finden. Z. B.
Crodacol CS90 EP (INCI: Cetearyl Alcohol)

Crodafos (Croda)
Handelsbezeichnung für saure Phosphorsäureester des ethoxylierten Oleylalkohols oder Cetylstearylalkohols, die als Emulgatoren, Lösungsvermittler und Antistatika verwendet werden.

Crodamol (Croda)
Handelsbezeichnung für verschiedene Ester geradkettiger und verzweigter Fettsäuren oder Alkohole, die als Emollients, Rückfetter und Konsistenzgeber vielseitig verwendbar sind.

Crodasinic (Croda)
Handelsbezeichnung für Fettsäuresarcosinate, die als besonders milde Tenside in Babybädern und -shampoos sowie in Mund- und Zahnpflegemitteln einsetzbar sind. Beispiele:
Crodasinic L (INCI: Lauroyl Sarcosine)
Crodasinic S (INCI: Stearoyl Sarcosine)

Crodesta (Croda)
Handelsbezeichnung für Partialester der Saccharose mit Palmitin-, Stearin- oder Kokosfettsäure, die als hautfreundliche Emulgatoren für Gesichtsreinigungs- und Babypflegemittel und Make-up Präparate geeignet sind. → Saccharoseester, Zuckertenside

Croquat (Croda)
Handelsbezeichnung für eine polypeptidhaltige quaternäre Ammoniumverbindung als Haarkonditionier- und Avivagemittel. Sie ist oberflächenaktiv, biozid und substantiv.

Crossential (Croda)
Handelsbezeichnung für eine Reihe hochreiner ungesättigter Fettsäuren wie z. B. Oleinsäure, Linolensäure, die vielseitig in kosmetischen Präparaten einsetzbar sind.

Crotonsäure

$$\mathrm{\underset{H}{\overset{H_3C}{>}}C=C\underset{COOH}{\overset{H}{<}}}$$

trans-2-Butensäure wird u. a. zur Copolymerisation mit Vinylacetat für Kunstharze (→ Haarsprays) verwendet.

Crusta
(lat.) = Borke, Kruste. → Effloreszenz, sekundäre

CTFA
Abkürzung für Cosmetic, Toiletry and Fragrance Association. Verband der amerikanischen Kos-

metik- und Parfümerieindustrie. Bis zum 1.7.1998 wurden Inhaltsstoffdeklarationen entsprechend der CTFA-Nomenklatur vorgenommen, seit dem gilt die INCI-Bezeichnung als einheitlicher Deklarationsstandard.

Cumarin-Derivate

Cumarin

Wegen ihrer Fluoreszenz-Eigenschaft als optische Aufheller verwendet. Dabei wird das Cumarin bevorzugt in 3- und 7-Stellung mit stickstoffhaltigen heterozyklischen Verbindungen substituiert.
Hydroxycumarine haben Lichtschutzwirkung.
→ Aesculetin, → Umbelliferon.

curling
Engl. für „kringelnd". Als Namenszusatz bei Mascara ist die Fixierung der Wimpern in „geschwungener" Form gemeint.

Cuticle Remover
Engl. für Nagelhautentferner.

Cuticula
(lat.) = Häutchen. Verkleinerungsform zu cutis = Haut. Cuticula pili = Schuppenschicht des Haares. Haaroberhäutchen; dünne vollständig verhornte, kernlose, durchsichtige Lage von Zellplättchen. Cuticula dentis = Schmelzoberhäutchen; dünnes homogenes, verkalktes Häutchen an der Oberfläche des unversehrten Zahnschmelzes.

Cutina (Cognis)
Handelsbezeichnung für eine Serie verschiedener kosmetischer Grundstoffe, die als Creme- und Salbengrundlagen sowie als Konsistenzgeber eingesetzt werden. Beispiele:
Cutina GMS (INCI: Glyceryl Stearate) Gemisch aus Mono- und Diglyceriden der Palmitin- und Stearinsäure, Verwendung als Konsistenzgeber für O/W-Emulsionen.
Cutina CP (INCI: Cetyl Palminate) Emollient für Emulsionen und Stifte.

Cutis
(lat.) = Die äußere Haut des menschlichen Körpers (Epidermis + Corium); im engeren Sinn =

Lederhaut (Corium). Cutis anserina (lat. anser, anseris f. = Gans) → Gänsehaut; C. callosa = Schwielenhaut; C. marmorata = bläuliche Marmorierung der Haut bei Kälte; C. pendulans = 1. abnorm schlaffe Haut, 2. pendelndes Fibrom; C. testacea = stark schuppende seborrhoische Haut; C. unctuosa = seborrhoische Haut, Haut mit abnorm starker Talgdrüsenabsonderung; C. vagantium = Vagabundenhaut, schmutzig braune Hautverfärbungen mit hellen Närbchen, Kratzstriemen, Ekzematisation; C. rhomboidalis nuchae = Nackenhautfurchung, rhombenförmige Verdickungen des Hautreliefs.

Cyclamate
Salze der Cyclohexansulfamidsäure (Natrium- oder Calciumsalz), die als Süßstoffe verwendet werden. Obgleich ihre Süßkraft geringer ist als die des Saccharins, werden sie wegen ihrer Hitzestabilität und wegen des Fehlens eines bitteren Nachgeschmacks viel eingesetzt.

Natriumcyclamat

Cyclamenaldehyd
Cyclamal, 3(4-Isopropylphenyl)2-methyl-propanal. Farblose bis schwach gelbliche Flüssigkeit von intensivem, an Alpenveilchen und Maiglöckchen erinnerndem Geruch. Viel verwendeter Riechstoff zum Aufbau blumiger Gerüche.

Cyclohexansulfamidsäure
(Natrium- und Calciumsalz) → Cyclamate, → Süßstoffe

2-Cyclohexylcyclohexanol → Repellents

p-Cymol
Isopropylmethylbenzol. Angenehm riechende Flüssigkeit, unlöslich in Wasser, löslich in Ethanol, die in zahlreichen ätherischen Ölen vorkommt (Kümmelöl, Eucalyptusol u. a.) und als Grundkörper vieler Terpene betrachtet werden kann. Kosmetische Verwendung als Duftstoff und für die Synthese von Thymol.

Cyste
(gr. kystis = Blase) → Zyste

Cystein
2-Amino-3-mercaptopropionsäure wird in neutraler oder alkalischer Lösung leicht zu Cystin oxidiert. Cystein ist eine nicht-essenzielle Aminosäure, da sie im Organismus biosynthetisiert wird.

$$\underset{O}{\overset{H-O}{>}}C-\underset{NH_2}{\overset{H}{\underset{|}{C}}}-CH_2-SH$$

Cystin
Im Keratin der Haare und in der Hornsubstanz der Haut, der Nägel, von Hufen und Federn in größeren Mengen enthalten. Es werden ihm wachstumsfördernde Eigenschaften bei Haut und Haaren nachgesagt, deshalb wird es gelegentlich in der Haarbehandlung kosmetisch verwendet.

$$\underset{O}{\overset{H-O}{>}}C-\underset{NH_2}{\overset{|}{CH}}-CH_2-S-S-CH_2-\underset{NH_2}{\overset{|}{CH}}-C\overset{O}{\underset{O-H}{<}}$$

D

D&C-Farbstoffe
Abkürzung für Drug & Cosmetics. Zusatzbezeichnung von Arzneimittel- und Kosmetikfarbstoffen, die in den USA zugelassen sind.

DAB
Abkürzung für Deutsches Arzneibuch. Darin sind die amtlichen Vorschriften zusammengefasst, die u.a. die Herstellung, Aufbewahrung und Prüfung von Arzneimitteln betreffen und in Apotheken zubereitet werden können. Siehe auch → Europäisches Arzneibuch.

Damenbart
Übermäßige Behaarung (Hypertrichosis) bei Frauen im Bereich des Gesichts wird als Damenbart bezeichnet. Hierbei spielen hormonale Umstellungen (Unterentwicklung der Eierstöcke, Wechseljahre, Schilddrüsen- und Nebennierenstörungen) eine Rolle. Im Allgemeinen handelt es sich um eine harmlose ererbte Besonderheit. Ein sich schnell entwickelnder Damenbart allerdings kann ein Anzeichen einer ernsten inneren Erkrankung sein.
Möglichkeiten zur Entfernung:
1. Depilation, z. B. durch Rasur.
2. Epilation, z. B. durch Auszupfen mit einer Cilienpinzette oder durch Zerstörung der Haarwurzel mittels elektrischen Stroms (Diathermiegerät).

Dampfbad
Schwitzbad, bei dem mit Wasserdampf gesättigte Luft auf den ganzen Körper (Dampfstubenbad) oder nur auf bestimmte Körperteile (Teildampfbad) einwirkt. Die Temperatur beträgt mindestens 37,5 °C, ansteigend auf 50° bis 56 °C. Die Anwendung regt die Stoffwechselfunktionen an und wirkt entschlackend. Personen mit Herzkrankheiten sollten vorab einen Arzt konsultieren. Eine Verbindung von Dampfbad und Heißluftbad ist die → Sauna.

Dark Repair → Repair-System

dauerhafte Haarfärbung
→ Haarfärbemittel

Dauerwelle
Auch Kaltwelle. Zweistufiges Verfahren zur dauerhaften Haarverformung.
Die Anfänge des Dauerwellverfahrens (um 1940) stützten sich noch auf stark alkalische Lösungen und Hitzeentwicklung (Brennschere) mit Temperaturen bis zu 100 °C. Das Heißwellverfahren wurde dann in den 60er Jahren des letzten Jahrhunderts durch die heute angewandte Form der Kaltwelle abgelöst.
Das moderne Verfahren beruht auf folgendem Prinzip: Durch Reduktion werden die Disulfidbindungen des Cysteins gebrochen und durch Oxidation wieder in neuer Position fixiert. Dabei lösen sich auch Teile der Brückenbindungen (→ Aminosäuren) der Keratinketten, die Ionenbindung wird bereits durch das Befeuchten der Haare mit Wasser gelockert. Beim Aufrollen der nassen Haare werden die Peptidketten stark gedehnt, sodass sich ein Teil der Wasserstoffbrückenbindungen öffnet. Durch die Auflösung der Disulfidbrücken wird das Haar formbar. Bei der abschließenden Oxidationsreaktion werden die Cysteinseitenketten durch Verwendung des wasserstoffperoxidhaltigen Fixiermittels wieder geschlossen. Dieser Vorgang schließt die geöffneten Bindungen jedoch nicht wieder zu 100% ab, sodass beim Dauerwellprozess immer eine gewisse Schädigung der Haarstruktur eintritt. → Dauerwellpräparate
Die praktischen Arbeitsschritte sehen dabei wie folgt aus:
1. Waschen der Haare, handtuchtrocken frottieren.
2. Exaktes Aufwickeln einzelner Strähnen auf spezielle Dauerwellwickler.
3. Gleichmäßiger Auftrag des thioglykolathaltigen Wellmittels auf die Wickler.
4. Nach der Einwirkzeit: Sehr gründliches Ausspülen des Wellmittels mit Wasser. (Verbleibende Reste des Reduktionsmittels können sonst die anschließende Oxiationsreaktion beeinträchtigen und die vollständige Refixierung der Disulfidbrücken verhindern.)
5. Gleichmäßiger Auftrag des Wasserstoffperoxid haltigen Fixiermittels zur Rückbildung der Cysteinbrücke.

6. Gründliche Endspülung, um alle Chemikalien zu entfernen und ein neutrales Milieu herzustellen. Dabei wird die Quellung der Haare weitgehend rückgängig gemacht.

Das Ergebnis der Verformung ist abhängig von der Sruktur des Haares, der Wickeltechnik und der Wicklergröße, von Temperatur, Einwirkzeit und von der Konzentration und Alkalität der Thioglykolatlösung. Im Allgemeinen wird die Thioglykolsäure mit Ammoniak neutralisiert. Die Verformung geht schnell, der erwünschte Grad der Kräuselung liegt aber in einem schmalen Zeitbereich. Bei der sog. schonenden Dauerwelle wird mit Ammoniak und Ammoniumbicarbonat neutralisiert. Dadurch wird die Einwirkungszeit verlängert, aber die Gefahr der Überkräuselung verringert. Für stark strukturgeschädigtes Haar werden auch Thioglykolsäureester als Kaltwellösungen verwendet („saure" Dauerwelle); bei längerer Einwirkungszeit ist die Dauerhaftigkeit der Verformung nicht so gut wie bei der alkalischen Kaltwelle.

Dauerwellpräparate
Mittel zur dauerhaften Haarverformung, bestehend aus Well- und Fixiermittel. Das Wellmittel kann in Form einer wässrigen Lösung, einer Creme oder eines Gels vorliegen. Es enthält max. 11% Thioglykolsäure bzw. 12% Thiomilchsäure, Tenside zur leichten Benetzung der Haare sowie Ammoniumsalze, Alkalien, Hilfsstoffe und Parfümöle. Der pH-Wert ist meist mildalkalisch eingestellt und liegt bei max. 9,5. Nach der Einwirkzeit des Wellmittels ist ein Teil Cysteinketten aufgebrochen. Es wird durch gründliches Ausspülen entfernt. Das anschließend aufzutragende Fixiermittel liegt als klare oder milchig trübe Lösung vor und enthält neben stabilisiertem Wasserstoffperoxid (max. 12%) auch Lösungsvermittler, Stabilisatoren, Komplexbildner und Tenside. Die Keratinseitenketten werden damit in der neuen, gewellten Form wieder zusammengefügt (oxidiert) und so fixiert. → Dauerwelle, → Haarglättungsmittel.

DCMX → Dichlor-m-xylenol

deckende Pigmente
Allgemeiner Begriff für Pudergrund- und Füllstoffe oder Farbpigmente, die auf der Haut stark deckend wirken. Titandioxid wird in dekorativen Kosmetika wie z.B. Grundierungen, als Hauptkomponente zur Einstellung des Deckvermögens eingesetzt. Die abdeckende Wirkung von Füllstoffen wie z.B. Talkum, Glimmer oder Kaolin ist dagegen vergleichsweise gering, Zinkoxid weist eine stärkere Deckkraft auf. Allgemein ist die Deckkraft jedoch auch abhängig von der Teilchengröße. Mikronisiertes Titandioxid (Einsatz als physikalischer UV-Filter), ist beispielsweise kaum auf der Haut sichtbar.

Deckkraft → Deckvermögen

Decksalben
Für eine oberflächliche chemotherapeutische Behandlung der Haut (epidermatrope Therapie) bedient man sich der Decksalben, die keine Tiefenwirkung besitzen. Als Salbengrundlage kommen vor allem Vaselin oder Zinkpaste in Frage.

Deckvermögen
Bezeichnet die abdeckende Wirkung eines aufgetragenen Produktes. Je mehr die Hautton nach dem Auftrag hindurch schimmert, desto weniger Deckvermögen liegt vor.
Das Deckvermögen steigt mit zunehmendem Einsatz von Farbpigmenten u./o. deckenden Pigmenten. Bei dekorativen Kosmetika ist die abdeckende Wirkung eines Produktes mit verantwortlich für das Schminkergebnis. Neben dem Farbton spielt sie daher bei der Produktauswahl eine wichtige Rolle.

Decyloleat → Ölsäuredecylester

Defluvium
(lat. = Abfluss, Ausfall) Defluvium capillorum = vermehrter Haarausfall.

Degeneration der Haut
(→ Altershaut)
a) Epidermisatrophie. Durch übermäßige Sonneneinwirkung an exponierten Hautarealen (Gesicht, Hals, Arme und Handrücken) verursachte Hautveränderung, die auch als „Landmanns- oder Seemannshaut" bezeichnet wird. Vergleichbare Veränderungen entstehen auch durch zu häufiges und intensives Sonnenbaden auf der Sonnenbank (Solarium).
b) Degeneration der Lederhaut oft als Spätfolge von UV-Einstrahlungen in jungen Erwachsenenjahren.
c) Gallertige Degeneration des Fettgewebes. Typische altersbedingte Degeneration. Normaler Altersschwund führt zu allmählich

einsetzenden, langsam fortschreitenden Veränderungen einzelner Gewebsbestandteile der Haut. Das Unterhautfettgewebe schwindet, die Oberhaut verdünnt sich, die Unterhautvenen scheinen hindurch. Es wird eine stark wechselnde Pigmentierung der Basalzellenschicht beobachtet. Die Papillen sind abgeflacht.

Dehnungsstreifen
Zunächst blaurötliche, später gelblich weiße Streifen auf Bauch, Brüsten oder Hüften, die durch Schädigung der elastischen Fasern infolge Überdehnung der Haut entstehen. Dehnungsstreifen können durch Schwangerschaft (Striae gravidarum), durch plötzlichen starken Fettansatz (Striae distensae) oder hormonal bedingt sein. Sie sind mit kosmetischen Mitteln nicht zu beheben.

Dehydracetsäure

(INCI: Dehydroacetic Acid) 3-Acetyl-6-methyl-2,4(3H)-pyrandion. Weiße Kristalle, wenig löslich in Wasser, löslich in Alkalien, Ethanol, Propylenglykol. Als Konservierungsmittel gut wirksam gegen Hefen und Schimmelpilze, nur schwach gegen Bakterien, anwendbar im sauren Bereich bei pH $\leq$ 6 (bis 0,6%); Verwendung auch in Zahnpflegemitteln.

Dehydratisierung
(Dehydratation) Entzug von Wasser, Gegenteil von Hydratisierung.

7-Dehydrocholesterol
Provitamin D_3. Bestandteil des Hautfettes. 7-Dehydrocholesterol geht bei Belichtung mit UV-Licht in Vitamin D_3 über.

Deklaration (der Inhaltsstoffe)
Inhaltsstoffauflistung auf allen kosmetischen Produkten nach der → INCI-Nomenklatur. Die verwendeten Rohstoffe werden dabei bezogen auf ihren Prozentgehalt in absteigender Reihenfolge aufgeführt. Parfümölzusätze, die i.d.R. als Mischungen zum Einsatz kommen, wurden bisher nur als „Parfüm" deklariert, einzelne Bestandteile sind dadurch nicht erkennbar. Über die Angabe bestimmter Riechstoffbestandteile wird erst zukünftig entschieden. Am Ende jeder Deklaration stehen die Färbemittel, die in unregelmäßiger Reihenfolge aufgeführt werden (→ C.I.-Nummer). Stoffe, deren Einsatzkonzentration unter einem Prozent liegt, dürfen in beliebiger Reihenfolge aufgeführt werden.

dekorative Kosmetika
Farbkosmetika, engl. auch Color Cosmetics. Produktgruppe, die sich vor allem durch ihren Gehalt an Farbpigmenten u./o. Perlglanzpigmenten von den Pflegeprodukten unterscheidet. Sie dienen vornehmlich der positiven, optischen Beeinflussung von Finger- oder Fußnägeln und des Gesichts, ihre Anwendung wird als schminken bezeichnet. Die Betonung der Augen-, Lippen- und Wangenpartie verleiht dem Gesicht Frische und Ausstrahlung, eine Grundierung kaschiert kleine Hautunregelmäßigkeiten und lässt den Teint ebenmäßiger wirken. Durch entsprechende Farbauswahl und Schminktechnik lassen sich dezente, modische oder sehr auffällige Akzente setzen. Zu den wichtigsten Produktgruppen der dekorativen Kosmetik zählen:
1. Grundierungen (Foundation, Fond de Teint, Make-up)
2. Lippenstifte, Lipgloss
3. Mascara
4. Lidschatten (Eyeshadow)
5. Rouge
6. Augenkonturenprodukte (z.B. Kajal, Eyeliner)
7. Nagellacke
8. Gesichtspuder (Face Powder)
9. Augenbrauenstifte, -puder

Haarfärbemittel und Mittel zur Färbung der Wimpern zählen nicht zu den dekorativen Kosmetika.

Dekubitus
(lat. decubitare = darnieder liegen) Wundliegen der Kranken, Druckbrand, bei mangelhafter Gewebsernährung.

Dellwarzen
Mollusca contagiosa. Ansteckende dermatrope Viruserkrankung (Inkubationszeit mehrere Wochen). Gutartige Geschwülstchen von Stecknadelkopf- bis Erbsengröße mit zentraler Eindellung, besonders im Gesicht (Lider). Auf Druck entleert sich eine krümelige Masse.

Demodex folliculorum → Haarbalgmilbe

Demulgatoren
Substanzen, die die Entmischung einer Emulsion bewirken, wie z. B. Elektrolyte, fettsaure Salze, Salze von Sulfonsäuren u. a.

Denaturierungsmittel
Vergällungsmittel. Substanzen, die bestimmte Waren genussunbrauchbar machen; so wird z. B. Ethanol für industrielle Zwecke vergällt, für kosmetische Verwendung mit Phthalsäurediethylester, Campher, Thymol oder Methylethylketon.

Dens
(lat.) = Zahn; Dentes decidui = Milchzähne; Dentes permanentes = bleibende Zähne: Incisivi = Schneidezähne; Canini = Eckzähne; Praemolares oder Bicuspidati = Backenzähne; Molares (Dentes multicuspidati) = Mahlzähne; Sapientes = Weisheitszähne.

Dentin
Zahnbein: Substantia eburnea. Modifiziertes Knochengewebe.

Deodorantien/Deodorants
(lat. de = weg, odor = Geruch) Auch Desodorant. Kosmetische Zubereitungen zur Verhinderung bzw. Überdeckung von Körpergeruch. Mögliche Darreichungsformen sind: wässrig/alkoholische Lösungen, Emulsionen, Stifte, Cremes oder Puder. Die Wirksamkeit der Präparate kann auf unterschiedlichem Wege erreicht werden.
1. Einsatz keimhemmender Mittel, die das Wachstum der Schweiß zersetzenden Bakterien verhindern. Beispiele: Chlorhexidinsalze, Triclosan, einige Quats und Amphotenside vom Betaintyp.
2. Einsatz von Geruchsabsorbern, die geruchsbildende Verbindungen aufnehmen und „einschließen". Beispiel: Zinkricinoleat (Zinksalz der Ricinolsäure).
3. Einsatz von Parfümölen als Geruchsüberdecker.
4. Einsatz von Enzyminhibitoren, die die Schweiß zersetzenden Enzyme (Ester spaltenden Lipasen) inaktivieren, ohne die Bakterienflora zu schädigen. (Beispiel: Zitronensäuretriethylester).

Deodorantseifen
Normale überfettete Toiletteseifen mit desinfizierenden Zusätzen. Sie sind als Körperseifen zu verwenden, nicht als Gesichtsseifen.

Depigmentierungsmittel
(lat. de = weg; pigmentum, -i, = Farbstoff) Präparate, die der Hautaufhellung oder Beseitigung von störenden Hautpigmentierungen dienen. Dazu können keratolytisch wirkende Schälmittel, Oxidationsmittel und Mittel eingesetzt werden, die die Melaninbildung inhibieren. → Whitening Produkte
Depigmentierungsbehandlungen bei Berloque-Dermatitis, Hutbanddermatitis, Leberflecken, Scheckhaut (Vitiligo) sind Sache des Hautarztes.

Depilation
(lat. de = weg; pilus = Haar) Temporäre Haarentfernung, bei der die Haarwurzeln erhalten bleiben und wieder nachwachsen. Bei der Anwendung von chemisch wirkenden Depilatorien wird die Keratinstruktur aufgelöst. Weitere Methoden sind: Rasur, Warm- oder Kaltwachsanwendung, Auszupfen, Anwendung von Depilationsgeräten.

Depilatorien
Enthaarungsmittel, Haarentfernungsmittel. Präparate, die unerwünschte Körperhaare schnell und schmerzlos auf chemischem Weg beseitigen. Als wirksame Komponente dienen z. B. Calcium- oder Kaliumthioglykolat. Mit ihrer Hilfe lassen sich in alkalischem Milieu die Disulfidbrücken des Keratins spalten. Das Haar wird dadurch in wenigen Minuten in eine weiche plastische Masse verwandelt, die durch Abschaben oder Abwaschen von der Haut entfernt werden kann. Das notwendige alkalische Milieu (Optimum pH = 12) wird durch Zugabe von Calciumhydroxid erreicht. Gelegentlich werden auch Salze der Thiomilchsäure verwendet. Sie kommen als Cremes oder Gele in den Handel. Die Einwirkungszeit richtet sich nach der Haarbeschaffenheit; die erfolgreiche Wirkung erkennt man daran, dass die Haare sich korkenzieherartig kräuseln. Probebehandlung auf Hautverträglichkeit ist zu empfehlen.

Depilierwachse
Auch Epilierwachse. Enthaarungshilfsmittel, die als Heiß- oder Kaltwachsprodukt angeboten

werden. Die Haare werden dabei zuerst von der Wachsmasse umschlossen und dann ruckartig ausgerissen – eine Prozedur, die schmerzhaft sein kann. Die Haut ist danach noch sehr empfindlich und sollte schonend mit Lotionen zur Beruhigung und Desinfizierung behandelt werden. Die Haarentfernung mit Wachs führt auch die Kosmetikerin durch.

Dermabrasion
(gr. derma = Haut, lat. abradere = abkratzen, abscheren) Behandlung, die durch den Facharzt ausgeführt wird. Mithilfe elektrischer oder mechanisch betriebener Schleifkörper wird die Haut oberflächlich abgetragen. Durch diesen operativen Eingriff lassen sich Hautkrankheiten oder z. B. starke Akne-Formen behandeln. Es muss mit einer längeren Abheilungsphase gerechnet werden.

Dermatitis
Hautentzündung (gr. derma = Haut; -itis als Endung med. = Entzündung). Entzündliche Reaktion der Haut auf meist äußere Schädigungen, deren Behandlung in die Hand des Hautarztes gehört. Die Dermatitis hat im Allgemeinen einförmige Effloreszenzen, das Ekzem dagegen vielgestaltige. Die Dermatitis klingt nach Fortfall der Schädigung bald ab. Von den Hautentzündungen seien als Beispiele erwähnt: Windeldermatitis (Dermatitis ammoniacalis), Sonnenbrand (Dermatitis solaris), Wiesendermatitis (Dermatitis bulosa pratensis), Berloque-Dermatitis, durch Giftstoffe hervorgerufene Hautentzündung (Dermatitis toxica) usw.

Dermatologe
Facharzt für Hautkrankheiten.

Dermatologie
(gr. logos = Lehre) Lehre von der Haut und ihren Erkrankungen.

Dermatomykosen
(gr. mykes, myketos = Pilz) Durch Haar- und Hautpilze (Dermatophyten, Dermatomyzeten) hervorgerufene Hauterkrankungen. Zu den Dermatomykosen zählen: Trichophytie, Epidermophytie, Mikrosporie, Favus, Erythrasma, Pityriasis versicolor, Soormykose, Sporotrichose, Aktinomykose, Pityriasis rosea.

Dermatosen → Hautkrankheiten

Dermis
Lederhaut. Zwischen Epidermis und Subkutis gelegener bindegeweberiger Anteil der → Haut.

Dermographismus
(gr. graphein = schreiben) Nach mechanischer Reizung auftretende sichtbare Hautreaktion (Blässe, Rötung, Quaddelbildung), die die Erregbarkeit des Gefäßnervensystems der Haut anzeigt.

Desensibilisierung
Dermatologische Behandlungsmethode, die bei Allergikern zur Abschwächung ihrer allergischen Reaktion eingesetzt wird. Das Allergikum wird dem Patienten in geringer Dosierung über eine längere Zeit hinweg verabreicht. Durch die regelmäßige, leicht ansteigende Zufuhr dieser Substanz(en), gewöhnt sich der Körper langsam daran, sodass die allergische Reaktion beim Kontakt mit diesem Stoff ausbleibt.

Desinfektion
Maßnahme, die auf chemischem Weg (→ Desinfektionsmittel) oder mittels physikalischer Verfahren (Einwirkung von Hitze, Entzug von Wasser) zur Abtötung von Mikroorganismen (Viren, Bakterien, Pilzen, Hefen) führt.

Desinfektionsmittel
Stoffe, die zur Bekämpfung pathogener Mikroorganismen geeignet sind. Als Wirkstoffe finden u. a. Verwendung: Alkohole (Ethanol, Isopropylalkohol), Formaldehyd, Phenolderivate und halogenierte Phenole (z. B. Chlorthymol, Chlorkresol). → Konservierungsmittel

Desmosin und Isodesmosin
Als Abbauprodukte des Elastins isolierte Aminosäuren, die aus einem mit verschiedenen Aminosäureresten substituierten Pyridiniumkern bestehen und die Vernetzung der Polypeptidketten des Elastins bewirken.

Desodorantien → Deodorantien

Desoxyribonucleinsäure
Abkürzung: DNS, engl. DNA. Polynucleotid, das Träger der genetischen Information in den Chromosomen ist. Es besteht aus Mononucleotiden, die über $3',5'$-Phosphordiesterbrücken verknüpft sind. Die Reihenfolge der Basen Adenin, Guanin, Cytosin und Thymin bestimmt

den genetischen Code. Die DNS liegt meist als Doppelstrang vor.

Desquamation → Abschuppung der Haut

Destraktion
Aus Destillation und Extraktion gebildeter Begriff für die Extraktion von Naturstoffen (z.B. ätherischen Ölen) mit Gasen (z.B. Kohlendioxid) oberhalb ihrer kritischen Temperatur und ihres kritischen Druckes (auch Hochdruckextraktion genannt). In diesem überkritischen Zustand weisen manche Gase besondere Lösungsmitteleigenschaften auf und eine größere Extraktionsgeschwindigkeit als im verflüssigten Zustand. Durch Druckverminderung können die extrahierten Stoffe bei konstanter Temperatur abgeschieden werden. Die Vorteile der Destraktion liegen in der niedrigen Arbeitstemperatur, im Luftausschluss, in der Regeneration des Lösungsmittels und lösungsmittelfreien Rückständen.

Destillation
(lat. destillare = herabträufeln) Chemisches Verfahren, bei der eine aus verschiedenen Komponenten bestehende Flüssigkeit verdampft wird. Das anschließend aus dem Dampf gewonnene Kondensat ist das Destillat, der nicht verdampfte Anteil ist der Destillationsrückstand. Die → Wasserdampfdestillation ist ein besonderes Verfahren zur Gewinnung von ätherischen Ölen.

Detergentien
(lat. detergere = reinigen) Verbindungen, die allein oder in Mischung mit anderen Stoffen den Arbeitsaufwand bei einem Reinigungsprozess verringern. Das englische „detergent" umfasst sowohl Seifen als auch synthetische grenzflächenaktive Substanzen. Im deutschen Sprachgebrauch tritt das Wort „Detergentien" seltener auf, seitdem das Detergentiengesetz durch das Waschmittelgesetz ersetzt wurde. → WAS, → Tenside.

Dextrine
Abbauprodukte der Stärke, die bei der unvollständigen Hydrolyse mit verdünnten Säuren, durch Hitzeeinwirkung oder durch enzymatischen Abbau entstehen. Die Molekulargewichte können zwischen 2000 und 30000 liegen. Dextrine sind in Wasser kolloidal löslich. Verwendung

gelegentlich als Gelbildner, Binde- und Verdikkungsmittel.

DHA → Dihydroxyaceton

Dialyse
Unter Dialyse versteht man die Trennung von kolloidalen und kristalloiden Bestandteilen einer Lösung mithilfe einer semipermeablen Membran. Die Trennung erfolgt durch das Herausdiffundieren der kristalloid gelösten Moleküle bzw. Ionen. → Umkehr-Osmose

4,4'-Diaminostilben-2,2'-disulfonsäure
(„Flavonsäure")

Aus diesem Grundkörper wird die größte Zahl der auf dem Markt befindlichen optischen Aufheller hergestellt. Besonders wichtig sind die Bis-(triazonylamino)-stilbendisulfonsäuren.

Derivate dieser Verbindungen werden nicht nur in der Textil- und Waschmittelindustrie eingesetzt, sondern auch in der Kosmetik.

Diaminotoluole
o- und p-Toluylendiamin. Grundsubstanzen für die Herstellung von Oxidations-Haarfärbemitteln. Als Farbstoffvorstufe dient vor allem das 2,5-Diaminotoluol, oft auch in Form seines Sulfats. m-Toluylendiamin ist wegen des Verdachts auf karzinogene Wirkung nicht mehr zugelassen.

Diammoniumphosphat
$(NH_4)_2HPO_4$. Wird mit Harnstoff zusammen in Zahnpasten verwendet, um die Milchsäure bildenden Bakterien zu vermindern.

Diaskopieprobe
(gr. dia = hindurch; skopein = betrachten) Um die Eigenfarbe der Haut festzustellen, wird die Diaskopieprobe vorgenommen. Mittels dieser Probe können Flecken in der Haut beurteilt werden.

Diathermie
(gr. therme = Wärme) Kurzwellen-(Diathermie-)geräte werden a) großflächig zur Tiefendurchwärmung, b) kleinflächig, punktförmig für genau umschriebene Gewebszerstörungen auf unblutige Art und ohne Infektionsgefahr verwendet. Die Verwendung der Diathermienadel hat sich bewährt bei der Zerstörung von Haarwurzeln und beim Veröden von kleinen Blutgefäßen der Gesichtshaut (Teleangiektasien).

Diatomeen-Erde → Kieselgur

Diazolidinylharnstoff → Diazolidinyl Urea

Diazolidinyl Urea *(INCI)*
Wasserlösliches, Formaldehyd abspaltendes Konservierungsmittel mit Wirksamkeit gegen gram-negative Bakterien und Pilze. Geeigneter pH-Bereich 3 bis 9, max. Einsatzkonzentration 0,5% (üblich sind 0,05–0,3%).

Dibutylhydroxytoluol
(INCI: BHT) 2,6-Di-tert.-butyl-4-methylphenol. Antioxidanz, das oft zusammen mit BHA verwendet wird; unlöslich in Wasser, Glycerol, Propylenglykol, löslich in Fetten und Ölen. Seine Wirkung beruht auf der Radikalfängereigenschaft.

$(H_3C)_3C$ — [Struktur: 2,6-Di-tert.-butyl-4-methylphenol mit OH, $C(CH_3)_3$, CH_3]

Dibutylphthalat
Phthalsäuredibutylester. Farb- und geruchlose Flüssigkeit, die als Lösungs- und Fixiermittel für Parfümöle und als Weichmacher für Nagellack verwendet wird.

Dicalciumphosphat → Calciumphosphate

Dicarbonsäuren
Allgemeine Formel: $HOOC–(CH_2)_n–COOH$. Trivialnamen kosmetisch wichtiger Dicarbonsäuren: Bernsteinsäure (n=2), Adipinsäure (n=4), Sebacinsäure (n=8), und Oxydicarbonsäuren: Apfelsäure, Weinsäure. Die Dicarbonsäuren werden als solche oder in Form ihrer Salze, Ester, Ether oder deren Derivate verwendet.
→ Sulfobernsteinsäureester

Dichlorophen
[Struktur: Bis(5-chlor-2-hydroxyphenyl)-methan]

Bis(5-chlor-2-hydroxyphenyl)-methan. Als Fungizid und Germizid für Shampoos, Deoseifen und -puder in Konzentrationen bis 0,5% zugelassen. Dichlorophen wird speziell für Fußpflegemittel verwendet.

Dichlor-m-xylenol (DCMX)
(INCI: Dichloro-m-xylenol) 2,4-Dichlor-3,5-dimethylphenol. Antimikrobieller Wirkstoffzusatz in Deodorantien.

Diethanolamin → Alkanolamine

Diethylenglykol
$HO–CH_2CH_2–O–CH_2CH_2–OH$ Diglykol. Farblose, viskose, süßlich schmeckende, hygroskopische Flüssigkeit, die der Haut noch stärker Wasser entzieht als Glycerol. Für kosmetische Mittel ist Diethylenglykol nur bedingt tauglich, wichtiger sind seine Ester und Ether und die Polyethylenglykole.

Diethylenglykolether
Allgemeine Formel:
Diethylenglykolmonoether
$HO–CH_2CH_2–O–CH_2CH_2–O–R$
Diethylenglykoldiether
$R–O–CH_2CH_2–O–CH_2CH_2–O–R$
R = Alkyl oder Aryl
Kosmetische Bedeutung haben vor allem die Methyl- und Ethylmono- und diether und der Monobutylether. Sie sind mischbar mit Wasser, Ethanol und Ölen und finden als Lösungsmittel und Lösungsvermittler für Nagellacke, Wachse, Harze, ätherische Öle und Riechstoffe Verwendung. Monobenzyl-, Monobutyl- und Monophenylether sind auch als Repellent wirksam.

Diethylenglykolfettsäureester
Allgemeine Formel:
R–CO–O–CH$_2$CH$_2$–O–CH$_2$CH$_2$–OH
Diethylenglykolmonofettsäureester
R–CO–O–CH$_2$CH$_2$–O–CH$_2$CH$_2$–O–OC–R
Diethylenglykoldifettsäureester
R = Fettsäurealkyl mit 10–22 C-Atomen.
Kosmetische Bedeutung haben vor allem die Monoester der <u>Laurin-</u>, <u>Mystrin-</u>, <u>Palmitin-</u>, <u>Öl-</u> und <u>Steinsäure</u>, die aber fast immer auch Diester enthalten, und das Diethylenglykoldistearat. Sie sind gut hautverträglich, teils flüssig, teils wachsartig und werden als Emulsionskomponenten in Verbindung mit anderen <u>Emulgatoren</u> verwendet, das Distearat auch als <u>Trübungsmittel</u> in <u>Shampoos</u>.

Diethylentriaminpentaessigsäure

HO–OC–H$_2$C 　　　　CH$_2$–CO–OH 　　　　CH$_2$–CO–OH
　　　　＼N–CH$_2$–CH$_2$–N–CH$_2$–CH$_2$–N＜
HO–OC–H$_2$C ／　　　　　　　　　　　　　　CH$_2$–CO–OH

→ <u>Sequestierungsmittel</u>

Diethylether
H$_5$C$_2$–O–C$_2$H$_5$ (Schwefelether). Klare, farblose, leicht flüchtige, feuergefährliche Flüssigkeit von charakteristischem Geruch. Mischbar mit <u>Ethanol</u>, fetten und <u>ätherischen Ölen</u>, sehr wenig löslich in Wasser. K$_p$ 34–35 °C. D. 0,71.

Diethylphthalat
Phthalsäurediethylester. Farblose, geruchlose Flüssigkeit. Verwendung als <u>Denaturierungsmittel</u> für <u>Ethanol</u>, der für kosmetische Zwecke gebraucht werden soll, als <u>Weichmacher</u>, Parfümfixateur und als <u>Repellent</u>.

[Strukturformel: Benzolring mit zwei –COOC$_2$H$_5$-Gruppen]

Diethylsebacat → <u>Sebacinsäureester</u>

Diethyltoluamid
(INCI: Diethyl Toluamide)

[Strukturformel: Benzolring mit CO–N(C$_2$H$_5$)$_2$ und CH$_3$]

DEET; N,N-Diethyl-m-toluamid. Farblose Flüssigkeit, unlöslich in Wasser, löslich in <u>Alkohol</u>. Substanz, die in Lösungen oder <u>Sprays</u> als <u>Repellent</u> gegen stechende Insekten eingesetzt wird. Bei einer Konzentration von 30% in den Präparaten hält die Wirkung bei normalem Auftragen ca. 6–8 Stunden an. Die Produktanwendung darf jedoch nicht an Kinder < 6 Jahren erfolgen. Toxikologische Nebeneffekte sind bekannt.

diffuse Lichtstreuung → <u>Lichtstreuung, diffuse</u>

Diffusion
(von lat. diffundere = ausbreiten, zerstreuen) Die ohne Einwirkung äußerer Kräfte allmählich eintretende Vermischung von verschiedenen, miteinander in Berührung befindlichen gasförmigen, flüssigen oder festen Stoffen, die durch selbstständige Bewegung von Ionen, Atomen, Molekülen oder Kolloidteilchen verursacht wird. Diffusion durch semipermeable Membranen bezeichnet man als Osmose.

Diglyceride
<u>Glyceride</u>, in denen 2 OH-Gruppen des <u>Glycerols</u> verestert sind, wobei man 1,2 und 1,3-Diglyceride unterscheidet. Die meisten Glycerolmonofettsäureester sind Mischungen von Mono- und Diglyceriden.

Diglycerol
HO–CH$_2$–CHOH–CH$_2$–O–H$_2$C–CHOH–CH$_2$ OH. Bedeutung haben die Di- und <u>Polyglycerolfettsäureester</u> als <u>Emulgatoren</u>.

Dihydroxyaceton (DHA)
(INCI: Dihydroxyacetone) HO–H$_2$C–CO–CH$_2$–OH. Farblose, charakteristisch riechende, süßlich schmeckende Kristalle, löslich in Wasser und <u>Ethanol</u>. Dihydroxyaceton bildet mit den Eiweißkörpern der <u>Haut</u> eine braune Verbindung und wird daher in → <u>Selbstbräunern</u> in Konzentrationen von 2–5% eingesetzt. Um den vorzeitigen Abbau von Dihydroxyaceton zu vermeiden, sollten die Formulierungen einen <u>pH-Wert</u> zwischen 3 und 5 aufweisen, keine Stickstoffverbindungen enthalten und nach der Zugabe unter 38 °C weiter verarbeitet werden. Inhibierende Wirkung können ferner auftreten durch <u>Hydroxysäuren</u>, Formaldehyd abspaltende <u>Konservierungsstoffe</u>, <u>Carbomere</u> und <u>Pig-</u>

mente, wie z. B. Titandioxid, Zinkoxid oder Eisenoxid.

Dihydroxybenzol → Resorcin

Dihydroxycumarin → Aesculetin

5,6-Dihydroxyindol → Melanin

3,4-Dihydroxyphenylalanin (DOPA)
Oxidationsprodukt des Tyrosins. Zwischenstufe der Melaninsynthese im Organismus.

Diisopropanolamin
Hygroskopische Kristalle. F. 42 °C; K_p 249 °C. Bildet mit Fettsäuren Fettsäurealkanolamide.

Diisopropyladipat → Isopropyladipat

Dimethicone *(INCI)*
Das Polydimethylsiloxan kann durch Hydrolyse und Polykondensation aus Dichlordimethylsilan und Chlortrimethylsilan hergestellt werden. Siehe auch → Dimeticon. Verwendung: Zur Verbesserung des Hautgefühls, des Gleit- und Auftragvermögens in Emulsionen, Stiften, Pasten sowie als Entschäumungsmittel und Hautschutzkomponente. → Silicone

Dimethylether
$H_3C–O–CH_3$. Kp −23 °C. Brennbares, leicht zu verflüssigendes Gas; eignet sich aufgrund seiner Wasserlöslichkeit für eine Vielzahl von Aerosolformulierungen auf Wasserbasis als Treibgas. Es ist ungiftig, besitzt spezifisches Lösungsvermögen für Parfüms und Harze, senkt den Gehalt an Alkohol in kosmetischen Rezepturen (was in Ländern mit hoher Alkoholsteuer von Bedeutung ist), besitzt schaumbrechende Eigenschaften, verbessert den charakteristischen Duft von Parfüms.

5,5-Dimethylhydantoin
5,5-Dimethyl-2,4-imidazolidin-dion.

Durch Umsetzung mit Formaldehyd entstehen 1-Hydroxymethyl-5,5-dimethylhydantoin und 1,3-Bis-(hydroxymethyl)-5,5-dimethylhydantoin, die als Formaldehyd abspaltende Konservierungsmittel zugelassen sind. Bei längerer Einwirkung von Formaldehyd auf Dimethylhydantoin bei höherer Temperatur erhält man transparente filmbildende Kunstharze, die in Haarsprays und Haarfestigern eingesetzt werden können.

Dimethylketon → Aceton

Dimethylphthalat
Farblose, wasserunlösliche Flüssigkeit. D 1,19; Kp 160–164 °C. Verwendung als Lösungsmittel, als Weichmacher für Haarsprays, als Fixateur in der Parfümerie, zur Herstellung von Insektenschutzmitteln. (→ Repellents) Ein dünner Überzug von dimethylphthalathaltigen Präparaten schützt die Haut 6 Stunden lang vor Insekten (Fliegen, Mücken).

Dimeticon

Dimeticonum Ph. Eur. 2001. Das farb-, geruch- und geschmacklose Silikonöl von je nach Polymerisationsgrad unterschiedlicher Viskosität ist praktisch unlöslich in Wasser, unbegrenzt mischbar mit Kohlenwasserstoffen, begrenzt mischbar mit Ethanol und Isopropanol. Verwendung als Hautschutzmittel gegen wasserlösliche Stoffe.

Dinatriumhydrogenphosphat → Natriumphosphate

Dinatriummonofluorphosphat → Natriummonofluorphosphat

Dioctylnatriumsulfosuccinat
Bis-(2-ethylhexyl)natriumsulfosuccinat, Docusat-Natrium. Meist verwendetes Tensid der Sulfobernsteinsäureester-Gruppe. Die Substanz steigert infolge ihrer Netzmitteleigenschaft die

bakterizide Wirkung einiger keimtötender Stoffe, vor allem im sauren Bereich.
Verwendung in Zahnpasten, Shampoos, speziell Antischuppenshampoos, Haarwässern etc.

$$COO-CH_2-\underset{\underset{\underset{\underset{C_2H_5}{|}}{COO-CH_2-\underset{|}{CH}-(CH_2)_3-CH_3}}{|}}{\overset{\overset{C_2H_5}{|}}{CH}}-(CH_2)_3-CH_3$$
$$\underset{}{CH_2}$$
$$CH-SO_3 \cdot Na$$

Diole → Glykole

1,4-Dioxan
Zyklischer Diether (Kp. 101 °C), der in Spuren bei der Herstellung ethoxylierter Tenside entstehen kann. Dioxan ist schwach giftig. Der Dioxangehalt in kosmetischen Präparaten von weniger als 10 mg pro kg in Mitteln, die wieder ausgespült werden, ist deshalb gesundheitlich unbedenklich. Darüber hinaus wurde durch neue Anlagen und Verfahren der Dioxangehalt in ethoxylierten Verbindungen gesenkt.

1,4-Dioxan

Dipenten
d,l-1,8-p-Menthadien. Optisch inaktives Limonen. Zitronenartig riechende Flüssigkeit, unlöslich in Wasser, löslich in Ethanol.
Verwendung als Lösungsmittel in der Parfümindustrie.

Dipliner
Spezielle Bezeichnung für Eyelinerprodukte, deren Applikator über eine sehr feine Faserspitze verfügt. Ähnlich wie beim Nagellack wird der Applikator eingetaucht und die daran haftende Masse aufgetragen. Im Unterschied zu einem feinen Pinsel hat die starre Applikatorspitze für Ungeübtere den Vorteil, dass die aufgetragene feine Linie gleichmäßiger wird. Die Basis der farbpigmenthaltigen Formulierung kann dabei eine wässrige oder wässrig alkoholische Suspension oder eine sehr fließfähige O/W-Emulsion sein.

Dipropylenglykol
HO–(CH$_2$)$_3$–O–(CH$_2$)$_3$–OH. Farblose, sirupöse, hygroskopische Flüssigkeit mit germizider Wirkung, mischbar mit Wasser, Ethanol und vielen Lösungsmitteln.
Verwendung wie Glycerol und Propylenglykol, es ist aber ein besseres Lösungsmittel für Fette, Öle, Farbstoffe etc.

direkt ziehende Farbstoffe
Zur (nicht dauerhaften) Haartönung werden kationaktive direkt ziehende Farbstoffe und direkt ziehende Nitrofarbstoffe verwendet. Die kationaktiven Substanzen (z. B. Viktoriareinblau BO oder Basic Violett 14) werden an die sauren Gruppen der Haaroberfläche gebunden. Es entsteht eine salzartige Verbindung, eine Penetration des Farbstoffes wie bei den Oxidationshaarfarben erfolgt jedoch nicht. Die direkt ziehenden Nitrofarbstoffe dringend aufgrund ihrer geringen Größe etwas in den äußeren Haarbereich ein. Durch die fehlende Ladung erfolgt jedoch keine Fixierung, sodass diese Substanzen nach und nach wieder ausgewaschen werden. Eine Aufhellung der natürlichen Haarfarbe ist durch diese Farbstoffe nicht möglich.

Dispergiermittel
Substanzen, die das Dispergieren von Teilchen in einem Dispersionsmittel erleichtern, indem sie die Grenzflächenspannung zwischen den beiden Komponenten erniedrigen, also Benetzung herbeiführen. → Netzmittel, Tenside, Emulgatoren, Suspensionen.

Dispersion
System aus zwei oder mehreren → Phasen, von denen die eine kontinuierlich ist (Dispersionsmittel) und mindestens eine darin sehr fein verteilt ist. Beispiele: Emulsion, Aerosol. Ist ein Feststoff in einer ihn umgebenden Phase verteilt, spricht man auch von einer → Suspension.

Disulfidbindungen
Cystein-Seitenketten verschiedener Polypeptidmoleküle können Disulfidbrücken bilden, die zum Aufbau der Tertiärstruktur der Eiweiße beitragen. Keratin enthält ca. 17% Cystin, also darf man viele -S-S-Bindungen annehmen. Sie werden durch Alkalien, Säuren, Hitze, Belichtung, Oxidation oder Reduktion abgebaut. Durch Reduktionsmittel entstehen Thiole, durch anschließende Oxidation wieder Disulfid-

brücken, was man sich bei der Dauerwelle zunutze macht.

```
    N—H                    N—H
    |                      |
H—C—CH₂—S—S—CH₂—C—H
    |                      |
O=C                        C=O
    \                     /
    N—H              H—N
    |                      |
R—C—H               H—C—R
    \                     /
    C=O              O=C
```

Diterpene
Naturstoffe mit 20 C-Atomen (→ Isoprenoide). Dazu gehören u.a. Vitamin A und die Harzsäuren.

DMDM Hydantoin *(INCI)*
1,3-Dimethylol-5,5-Dimethylhydantoin. Wasserlösliches, besonders gegen Bakterien wirksames Konservierungsmittel, das bei sensibilisierten Personen allergische Reaktionen hervorrufen kann. → Formaldehydabspalter

DNA = Deoxyribonucleic acid. → DNS

DNS = Abkürzung für → Desoxyribonucleinsäure.

1-Dodecanol → Laurylalkohol

Dodecansäure → Laurinsäure

Dodecylalkohol → Laurylalkohol

2-Dodecylcetylalkohol
Alkohol C-28 mit verzweigter Alkylkette. Verwendung als Salben- und Cremebestandteil.

Dodecylgallat
→ Gallussäurealkylester, → Antioxidanzien

Dodecylmonoglycerolether
Laurylglycerol
$C_{12}H_{25}$–O–H_2C–CHOH–CH_2OH
→ Glycerolether

Dodecyltriphenylphosphoniumbromid
Antimykotikum und Desinfiziens bei Fußpilzerkrankungen.
Der Wirkstoff ist eine farblose, kristalline Substanz, die sich gut in Ethanol, Isopropanol und Polyglykolen löst.

[Structure: triphenylphosphonium with –CH_2–$(CH_2)_{10}$–CH_3, $Br^\ominus$]

DOPA → Dihydroxyphenylalanin

DOPA-Chinon
→ Melanin

[Structure: quinone with –CH_2–CH(–NH_2)–COOH substituent]

Dracorin CE (Symrise)
(INCI: Glyceryl Stearate Citrate) Handelsbezeichnung für einen PEG-freien O/W-Emulgator auf pflanzlicher Basis (Glycerinmono-/distearaten und Zitronensäureestern von Mono- und Diglyceriden) für Cremes und Lotionen. Auch für die Herstellung von Emulsionen mit einem leicht sauren pH-Wert und als Co-Emulgator für PEG-freie Formulierungen geeignet.

Dragoxat EH (Symrise)
(INCI: Ethylhexyl Ethylhexanoate) Handelsbezeichnung für einen flüssigen alkylverzweigten Fettsäureester, dessen molekulare Struktur dem Bürzeldrüsenöl der Wasservögel ähnelt. Es wird als Emollient eingesetzt und zeichnet sich durch ein hohes Spreitvermögen und ein weiches, glattes Hautgefühl ohne fettende Wirkung aus.

Dragophos S (Symrise)
(INCI: Sodium Dihydroxycetyl Phosphate) Handelsbezeichnung für einen anionischen, nicht ethoxylierten, DEA-freien Phosphat-Emulgator, bestehend aus neutralisiertem Dihydroxycetyl-Phosphat. Ermöglicht die Herstellung von leicht sauren Formulierungen, leichten O/W-Emulsionen und Sonnenschutzformulierungen mit guter Wasserresistenz.

Draize-Test
Tierversuchsverfahren, benannt nach dem amerikanischen Toxikologen John M. Draize. Um Aussagen über die Schleimhautverträglichkeit von Substanzen zu erlangen, wird den Versuchstieren (Kaninchen) steigende Konzentrationen einer Prüfsubstanz in das Auge geträufelt. Das

Verfahren ist heute verboten. Als alternative in-vitro-Methode stehen heute z.B. der → HET-CAM-Test und der → Neutralrot-Test für kosmetische Erzeugnisse zur Verfügung.

Drehpencil
Auch Automatik-Liner. Oberbegriff für dekorative Kosmetika, die in Form einer bleistiftdünnen Kunststoffhülse angeboten werden und in denen sich eine herausdrehbare, z.T. auch wieder zurückdrehbare Stiftmine befindet. Die Minenzusammensetzung entspricht der einer fester eingestellten Lippenstiftformulierung. Im Gegensatz zu den kosmetischen Holzstiften sind die Minen i.d.R. etwas weicher und geschmeidiger und müssen nicht mehr angespitzt werden. Als Drehpencils werden vor allem Lipliner und Augenkonturenstifte angeboten.

Drogen
Ursprünglich getrocknete Stoffe pflanzlicher oder tierischer Herkunft. Sie spielen in der Kosmetik eine Rolle, wenn ihre Inhaltsstoffe bei äußerlicher Anwendung eine kosmetische Wirkung hervorrufen, d.h. erweichende, heilende, entzündungswidrige, adstringierende oder tonisierende Eigenschaften entwickeln.
Die Drogen können für sich oder in Mischungen für Badezwecke (Badekräuter) als Aufgüsse für Dampfbäder (z.B. Kamillendampfbäder), für Umschläge (z.B. Leinsamen für erweichende Kataplasmen) und Kompressen eingesetzt werden oder es werden Extrakte aus den Drogen verwendet (z.B. Fichtennadelextrakt, Kamillenextrakt, Hamamelisextrakt).
Als isolierte Wirkstoffe sind ätherische Öle (z.B. Eucalyptusöl, Rosmarinöl), Azulen, Aesculin, Umbelliferon und andere bekannt.
Von den zahlreichen auch kosmetisch wichtigen Drogen seien die nachstehenden lediglich in ihren Drogengruppen zusammengefasst erwähnt:
1. Wurzel- und Wurzelstockdrogen: Eibischwurzel, Klettenwurzel, Baldrianwurzel, Kalmuswurzel, Ratanhiawurzel, Allantoin, Tormentillwurzel.
2. Rindendrogen: Chinarinde, Eichenrinde, Hamamelisrinde.
3. Blattdrogen: Eibischblätter, Huflattichblätter, Hamamelisblätter, Melissenblätter, Rosmarinblätter, Salbeiblätter, Walnussblätter.
4. Blütendrogen: Arnikablüten, Heublumen, Kamillenblüten, Lavendelblüten, Ringelblume, Taubnesselblüten.
5. Kräuterdrogen: Augentrost, Brennnessel, Ehrenpreis, Feldthymian, Johanniskraut, Schafgarbe, Thymiankraut.
6. Frucht- und Samendrogen: Fenchel, Leinsamen, Paprika (Capsaicin).
7. Sporendrogen: Agar-Agar, Hefe, Irländisches Moos, Schachtelhalm.
8. Ätherische Öle: Campher, Bergamottöl, Zitronenöl, Eucalyptusöl, Fenchelöl, Lavendelöl, Fichtennadelöl, Nelkenöl, Neroliöl, Pfefferminzöl, Rosenöl, Menthol, Thymol.
9. Harze: Benzoeharz, Mastixharz, Sandarak, Schellack.
10. Balsame: Perubalsam, Tolubalsam.
11. Gummidrogen: Gummi arabicum, Tragant.
12. Gummiharze: Myrrhe, Weihrauch.
13. Drogen aus dem Tierreich: Coccionellae, Moschus, Castoreum, Ambra, Zibet.

Druckempfindung, Druckrezeptoren
→ Endkörperchen, → Hautnervensysteme, → Vater-Pacinische Lamellenkörperchen.

Drüsen
(Glanduale) Parenchymatöse Organe aus epithelialen Zellen, die
A. Sekrete bzw. Exkrete bilden und nach außen abweiden (Drüsen mit äußerer Sekretion = exokrine Drüsen),
B. Inkrete (Hormone) bilden und direkt ins Blut bzw. in die Lymphbahn abgeben (Drüsen mit innerer Sekretion = endokrine Drüsen).
Kosmetisch interessieren die zu A gehörenden Hautdrüsen (Schweißdrüsen, Talgdrüsen).
Nach dem Absonderungsvorgang werden unterschieden:
Merokrine Drüsen: Sekretausschleusung ohne Zytoplasmaverlust, z.B. kleine Schweißdrüse, Speicheldrüse.
Apokrine Drüsen: z.B. Milchdrüse, große Schweißdrüse.
Holokrine Drüsen: gesamte Drüsenzelle wird Sekret, z.B. Talgdrüse.

Duftdrüsen → Schweißdrüsen

Duftöle
Unspezifischer Sammelbegriff für Duftstoffe oder Duftstoffkompositionen, die im Handel z.T. auch als ätherische Öle zur Raumparfümierung angeboten werden.

Duftstoffe
A. Organische Verbindungen des Tier- und Pflanzenreichs, die in bestimmten Duftdrüsen enthalten sind und biologische Aufgaben (z.B. Anlockung, Abschreckung) zu erfüllen haben.
1. **Tierische Duftstoffe** (z.B. Ambra, Bibergeil, Moschus, Zibet)
2. **Pflanzliche Duftstoffe**
a) Ätherische Öle (z.B. Rosenöl, Fenchelöl, Lavendelöl, Orangenblütenöl, Orangenschalenöl, Jasminöl, Fichtennadelöl usw.)
b) Harze (z.B. Benzoe, Myrrhe, Styrax usw.)
c) Balsame (z.B. Perubalsam)
d) Isolierte natürliche Pflanzeninhaltsstoffe (z.B. Anethol, Anisol, Carvakrol, Citral, Cineol, Geraniol, Eugenol, Jasmon, Campher, Menthol, Limonen, Pinene, Thymol, Vanillin usw.)

B. Organische Verbindungen, die synthetisch hergestellt werden und für kosmetische Erzeugnisse verwendet werden.
1. **Halbsynthetische Duftstoffe** (z.B. Menthol, Thymol, Vanillin, Cumarin, Citronellol, Citronellal, Borneol, Linalool, Linalylacetat, Jonone)
2. **Vollsynthetische Duftstoffe**
a) Alkohole (z.B. Veilchenblätteralkohol, Phenylethanol)
b) Aldehyde (z.B. Geranial, Zimtaldehyd, Piperonal)
c) Ketone (z.B. Iron)
d) Ester (z.B. Benzoesäureethylester, Benzylacetat, Bornylacetat, Geranylacetat, Methylsalicylat)
e) Spezialriechstoffe (z.B. synthetische Moschusriechstoffe)
Zweck der Duftstoffe in kosmetischen Erzeugnissen ist es, den Eigengeruch eines Präparates zu maskieren und weiterhin angenehme Empfindungen bei Verbraucher(in) und Partner(in) auszulösen. → Parfümöle

Duftwässer
Aquae aromaticae. Im Allgemeinen Lösungen von ätherischen Ölen in Wasser. Hierzu zählen z.B. Rosenwasser, Fenchelwasser, Zimtwasser, die auch verfahrenstechnisch in der Kosmetik gebraucht werden.

Duhring-Kammer-Test → Kammertest

Duschbäder
Zusammensetzung der Präparate → Schaumbäder. Der Gehalt an wachsaktiven Substanzen sollte geringer sein als in Badezusätzen (maximal bis 20%), da die Präparate direkt mit der Haut in Berührung kommen können.
Zwei-in-Eins-Duschpräparate bieten Reinigung und Pflege in einer Formulierung. Zur Einarbeitung der Fettphase in die Tensidlösung ohne Verlust des Schaumvermögens sind Alkylpolyglykoside besonders geeignet.

Dyshidrosis
(gr. dys = Störung eines Zustands oder einer Tätigkeit; hidros = Schweiß)
1. Anomale Schweißabsonderung.
2. Juckende Bläschen von Sagokorngröße an Handflächen, Fingerseiten oder Fußsohlen. Gefahr einer Sekundärinfektion. Als Ursachen werden angesehen: Mykosen, Folge eines mikrobiellen Ekzems, Kontaktekzem oder Arzneiexanthem.

Dyskeratose
Verhornungsstörung, früher Ausdruck für Parakeratose im Gegensatz zu Hyperkeratose.

E

Eau de Cologne
Abkürzung EdC. Duftwasserkomposition mit einem 2–4%igen Duftstoffanteil (→ Parfüm). Die Lösung enthält mindestens 70%igen Ethanol. Früher wurde auch das → Kölnisch Wasser als Eau de Cologne bezeichnet.

Eau de Parfum
Abkürzung: EdP. Alkoholisches Duftwasser, das einen geringeren Duftstoffanteil als das → Parfüm enthält (ca. 10–15%).

Eau de Toilette
Abkürzung: EdT. Alkoholisches Duftwasser, das einen Duftstoffanteil von etwa 5–10% enthält.
→ Parfüm

Eckzahn
Caninus (Mz. Canini), Augenzahn, Hundszahn.

Ectoin (RonaCare™) (Merck)
(INCI: Ectoin) Handelsbezeichnung für ein zyklisches Aminosäurederivat (2-Methyl-1,4,5,6,-tetrahydropyrimidine-4-carboxylic acid).

$$H_3C-\underset{\underset{H}{N}}{\overset{\overset{HN}{|}}{C}}{\diagdown}{N}-COO^-$$

Es stabilisiert die natürliche Struktur von Biopolymeren wie Proteinen, Nukleinsäuren und Biomembranen. Es schützt u. a. das Immunsystem der Haut vor Schäden durch UV-Strahlung, unterstützt hauteigene Schutzmechanismen und bewahrt die Feuchtigkeit der Haut. Einsatzkonzentration 0,3–2%.

EDTA → Ethylendiamintetraessigsäure

Effektpigmente
Allgemeine Bezeichnung für eine Teilgruppe von → Pudergrundstoffen, die durch spezielle technische Veredelung (z.B. „Coating" oder Mikronisierung) zusätzliche bzw. neue Eigenschaften erhalten.
Beispiel: Ein mit Silicon beschichtetes Talkum ist hydrophober als unbeschichtetes. Durch den Einsatz eines solchen Rohstoffes lassen sich die Haftfestigkeit und das Weichheitsgefühl eines Puders verbessern.
Es gibt auch Effektpigmente, die von Natur aus über besondere Eigenschaften verfügen. Das können z. B. sein: lichtstreuende Effekte zur optischen Fältchenreduzierung (→ Lichtstreuung, diffuse) oder Mattierungseigenschaften durch die Aufnahmefähigkeit von Feuchtigkeit u./o. Lipiden.
Teilweise werden auch Interferenzpigmente als Effektpigmente bezeichnet.

Effleurage
(franz. effleurer = streifen) → Streichmassage

Efflorenzenzen
(lat. efflorescere = emporblühen) Hutausschläge. Man unterscheidet:
I. Primäre Effloreszenzen, die unmittelbar durch Krankheiten hervorgerufen werden: 1. Fleck, Macula (Roseola, Purpura), 2. Papula, Knötchen, 3. Tuber, oberflächlicher Knoten, 4. Nodus, tieferer Knoten, 5. Phyma, Knolle, Tumor, Geschwulst, 6. Urtica, Quaddel, 7. Vesicula, Bläschen, 8. Bulla, Blase, 9. Pustula, Eiterbläschen, 10. Zyste.
II. Sekundäre Effloreszenzen, die sich im Anschluss an die primären Effloreszenzen entwikkeln: 1. Schuppe, Squama, 2. Kruste, Crusta, Borke. 3. Erosion, Erosio, Hautabschürfung, 4. Excoriatio, Abschürfung, 5. Rhagade, Fissura, Schrunde, 6. Ulcus, Geschwür, 7. Narbe, Cicatrix, 8. Hautschwund, Atrophia.

Effluvium capillorum
Haarausfall (darf nicht verwechselt werden mit einem Haarausfall, der im Rahmen des natürlichen Haarwechsels erfolgt).

Eibischwurzel
Althaeae radix Ph. Eur. 2001. Schleimdroge mit ca. 10% Polysaccharidanteil, deren Extrakte in der Kosmetik für reizlindernde und schützende Hautcremes, Rasier- und Gesichtswässer und Gesichtsmasken verwendet werden können.

Eichenmoos
Auf Eichen wachsende Flechten, deren Extrakte als Concrètes oder Absolues (Mousse de chêne) zur Herstellung von Parfüms mit holzig erdigem Charakter (Chypre- oder Fougèrenoten) verwendet werden. Sie wirken auch als Fixateure.

Eichenrinde
Cortex Quercus. Droge mit hohem Gerbstoffgehalt. Verwendung für Antitranspirant- und Deodorant-Präparate, für Mittel gegen großporige und fettige Haut, bei Seborrhoe, für Haarwässer und Fußpflegemittel.

Eicosanol → Arachidylalkohol

n-Eicosansäure → Arachinsäure

Eieröl
Durch Auspressen von geronnenem Eigelb oder durch Extraktion von gekochtem Eigelb mit Ether oder Ethylendichlorid gewonnenes gelbes bis rötliches Öl. Es enthält ca. 63% Fette (Glyceride der Palmitin-, Stearin-, Öl-, Linol- und Clupanodonsäure), 33% Phospholipide und 5% Sterole. Die Färbung wird durch den Gehalt an Carotin und Carotinoiden verursacht. Eieröl wirkt als W/O-Emulgator, es erstarrt bei Abkühlung unter 10 °C.
Verwendung für Hautcremes, Eishampoos etc.

Eisenoxide
Wichtigste Gruppe von anorganischen Farbpigmenten, die in pulvriger Form in allen dekorativen Kosmetika Verwendung finden, wo man sie auch häufig mit Perlglanzpigmenten kombiniert einsetzt. Es handelt sich um gelbe, rote und schwarze Farbtöne, die heute weitgehend synthetisch hergestellt werden. Als Mischfarben gibt es auch orange und braune Nuancen. Aufgrund ihres gedeckten, „schmutzigen" Farbcharakters werden sie auch als Erdfarben oder Erdtöne bezeichnet. Sie haben eine sehr intensive Färbekraft. In Abmischung mit Titandioxid können hautfarbene Nuancen z.B. für Grundierungen erzielt werden. Die Einsatzkonzentration liegt, je nach Farbintensität und Produktform, bei etwa 2 bis 20%.

Eisenoxidpigmente → Eisenoxide

Eiter
Die bei eitrigen Entzündungen gebildete eingeschlossene Flüssigkeit, die u. a. aus weißen Blutkörperchen besteht und als Abwehrmaßnahme gegen Krankheitserreger vom Körper gebildet wird.

Eiweiß
Proteine. Aus Aminosäuren aufgebaute hochmolekulare Verbindungen. Sie sind Nahrungs-, Gerüst- und Reservestoffe der Organismen und als substratspezifische Wirkstoffträger der Enzyme unentbehrlich für alle Lebensvorgänge. Eiweiß ist wesentlicher Bestandteil der Haare, Nägel, Muskeln, Sehnen, kommt ferner im Blut, in der Milch, in Eiern und Knochen vor, bei den Pflanzen vor allem in den Samen. Die Aminosäuren sind in einer für jedes Protein charakteristischen Sequenz durch Säureamidbindungen hauptvalenzmäßig zu Peptidketten verbunden (Primärstruktur). Diese Peptidketten werden durch Wasserstoffbrücken in bestimmten Sekundärstrukturen fixiert, entweder in Faltblattanordnung oder schraubenförmig gewunden (α-Helix). Die Gesamtstruktur des Proteins entsteht durch Zusammenlagerung und Quervernetzung mehrerer Polypeptidketten durch Bindungen zwischen den funktionellen Gruppen ihrer Seitenketten (Disulfidbrücken, Peptidbindungen z.B. Glutamyl-Lysinbindung o.a. oder elektrostatische Bindungen). Die chemischen Eigenschaften der verschiedenen Eiweißkörper werden von der Größe und der Form ihrer Moleküle und von der Art und Reihenfolge der enthaltenen Aminosäuren bestimmt. Es gibt wasserlösliche und wasserunlösliche Proteine. In den globulären Proteinen sind die Seitenketten nach außen gerichtet, was in wässriger Lösung zur Ausbildung einer Hydrathülle führt, während die Skleroproteine lange faserförmige Makromoleküle besitzen und im Allgemeinen wasserunlöslich sind. Da sowohl basische als auch saure Seitenketten auftreten, besitzen Eiweißstoffe Ampholytcharakter. Durch erhöhte Temperatur, durch Alkohole, Säuren, Schwermetallionen, Ammoniumsalze u. dgl. kann die Tertiärstruktur, die räumliche Anordnung, der Proteine gestört werden, sie denaturieren. Dagegen kann man mit kaltem Wasser oder verdünnten Säuren native Proteine aus Geweben extrahieren.
Für die Kosmetik sind vor allem die Skleroproteine interessant, die als Kollagen- und Elastin-

präparate oder als Hydrolysate Verwendung finden, sowie auch die löslichen Albumine.

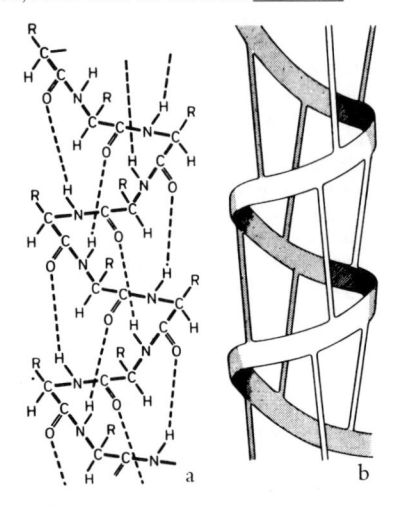

Molekularer Aufbau der Peptidkette

a) Schraubenstruktur des Moleküls und Anordnung der Wasserstoffbrücken (gestrichelt)
b) Das breite Band zeigt die Hauptbindungskräfte der Peptid-Bindungen. Die schmalen Bänder verdeutlichen die weniger festen Bindungen der H-Brücken in Längsrichtung.

Einteilung der Eiweißstoffe

- *Einfache Eiweißstoffe*

Globuläre oder	Skleroproteine
Sphäroproteine	Gerüst- oder
(Kugel- oder	Faserproteine
Knäuelstruktur)	(fibrilläre P.)
z.B. Albumine	z.B. Keratin
Globuline	Fibroin
Protamine	Elastin
Histone	Kollagen
Gluteline u.a.	

- *Zusammengesetzte* **Eiweißstoffe**

Außer Aminosäuren sind als prosthetische Gruppen Nichtproteinkomponenten enthalten:
z.B. Nucleoproteine
Glykoproteine
Lipoproteine
Phosphorproteine
Chromoproteine
Metallproteine

Eiweiß-Fettsäure-Kondensate
(Fettsäure-Polypeptid-Kondensate) Anionaktive Tenside, die durch Kondensation von Kollagenhydrolysaten mit einem Fettsäurechlorid entstehen. Sie verbinden gutes Schaum- und Waschvermögen mit extrem guter Haut- und Schleimhautverträglichkeit.

Eiweißhydrolysate
Proteinhydrolysate. Meist aus tierischem Eiweiß (Kollagen, Elastin, Gelatine) auf chemischem oder enzymatischem Wege hergestellte Produkte, die je nach Verfahren und angestrebtem Verwendungszweck aus Aminosäure, Oligo- oder Polypeptiden bestehen.
Verwendung in der Kosmetik als Additive für Shampoos, Haarkuren und alle aggressiven Haarbehandlungsmittel, für hochwertige Hautpflegemittel zur Verbesserung der Wasserbindungsfähigkeit in Antifalten- und Feuchtigkeitscremes und After-Sun-Präparaten, zur Herstellung hautfreundlicher Tenside. Durch Acylierung mit einer Fettsäure werden Eiweißhydrolysate löslich in Alkoholen und Ethylacetat und damit auch für Nagellacke, Nagellackentferner und Haarsprays verwendbar.

ekkrine Drüse
Veraltet für merokrine Drüse. Kennzeichen: Sekretausschleusung ohne Zytoplasmaverlust, z.B. kleine Schweißdrüsen.

Ekzem
(gr. ekzeo = sieden) Eine auf Überempfindlichkeit der Haut (gegen meist wiederholt einwirkende Reize) beruhende Gruppe von Erkrankungen der Oberhaut und des Papillarkörpers. Im akuten Stadium kommt es zu Juckreiz, Rötung, Bläschenbildung, Nässen und Krusten, im chronischen Stadium zu Lichenifikation, Desquamation, Hyperkeratosen und Rhagaden. Nägel und Kopfhaut können mitbefallen sein.
Man unterscheidet
1. das degenerative oder toxische Ekzem, das von einer Reizung durch hautunverträgliche Stoffe hervorgerufen wird, z.B. nach längerem Umgang mit Alkalien, Seifen oder organischen Lösungsmitteln. Das Ekzem heilt nach Fortfall der Schädigungsursache aus.

2. das allergische Kontaktekzem, dem eine spezifische Sensibilisierung gegen eine oder mehrere Substanzen zugrunde liegt. Hierher gehören Berufsekzeme von Malern (Farben, Lacke, Terpentinöl), Friseuren (Kaltwellmittel), Maurern (Zement, Chromate) u.a.
3. mikrobielle Ekzeme (parasitäre), die durch bestimmte Mikroben oder Viren verursacht werden.
4. endogene Ekzeme, die entweder durch gewisse Nahrungsmittel oder Arzneimittel hervorgerufen werden können oder konstitutionell bedingt sind (Asthma-Ekzem, Milchschorf).

Elaidinsäure
Transisomeres der Ölsäure.

Elastin
Skleroprotein, das den Hauptbestandteil der elastischen Fasern des Bindegewebes bildet und vor allem in Organen mit hoher Elastizität vorkommt wie Blutgefäßen, Sehnen, Haut etc. Charakteristisch ist der Gehalt der Aminosäuren Glycin, Alanin, Prolin und Valin. Elastin ist wasserunlöslich, chemisch sehr stabil und wird durch Hitze nicht denaturiert. Es wird aus den Nackenbändern des Rindes isoliert, die zu ca. 80% aus Elastin bestehen. Das Elastin als solches ist aber aufgrund seiner Eigenschaften für die Kosmetik ungeeignet. Durch Kochen mit Oxalsäure oder Alkali oder durch das Enzym Elastase entstehen lösliche Hydrolysate, die zur Behandlung der Altershaut eingesetzt werden können und feuchtigkeitsbindende und hautglättende Eigenschaften aufweisen. Mit zunehmendem Alter verdicken sich die elastischen Fasern und das Bindegewebe verliert so an Elastizität.

elastische Fasern
Bindegewebsfaser, Bestandteil der Lederhaut. Elastische Fasern bilden dreidimensionale Netze und sind im Gegensatz zu den relativ unflexiblen Kollagenfasern stark dehnbar. Elastin ist das wichtigste Protein der elastischen Fasern.

Elastose
Veränderungen am Kollagen und an den elastischen Fasern der Dermis. Aktinische Elastose = Bindegewebsdegeneration durch übermäßige Bestrahlung.

Eleidin → Leuchtschicht

Elektronenpaare, einsame
Freie Elektronenpaare. Nichtbindende Elektronenpaare in chemischen Verbindungen. Sie können lokalisiert oder wie bei den aromatischen Verbindungen über das Gesamtmolekül verteilt sein. Die einsamen Elektronenpaare von valenzmäßig abgesättigten Verbindungen können koordinative oder kovalente Bindungen eingehen wie z.b. beim Stickstoff, Phosphor, Schwefel oder Sauerstoff. Das einsame Elektronenpaar des Donators lagert sich in eine Elektronenlücke des Akzeptors ein.
Beispiele: Ammoniumverbindungen, Chelate, Aminoxide.

Elektrophorese
(gr. phorein = tragen) Verfahren, durch welches mittels einer elektrischen Spannung unter Ausnutzung der Wanderungsgeschwindigkeit von in Flüssigkeit dispergierten geladenen Teilchen auf einem Trägermaterial (z.B. Filterpapier) vorwiegend kolloide und makromolekulare Stoffe analysiert werden können.

Emblica™ (Merck)
Handelsbezeichnung für einen standardisierten Extrakt aus dem tropischen Baum Phyllanthus emblica, einer der Schlüsselpflanzen der Ayurveda-Lehre. Hellbeiges Pulver mit einem Gehalt von mind. 50% niedermolekularen hydrolysierbaren Tanninen, zu ca. 80% in der wässrigen und 20% in der Fettphase löslich.
In einer Einsatzkonzentration von 0,1–0,5% kann es als Langzeit-Antioxidant eingesetzt werden, weil durch die Oxidation der Hauptwirkstoffe wieder neue antioxidativ wirksame Verbindungen entstehen (Kaskadeneffekt).
In höherer Dosierung (1–2%) hat es eine hautaufhellende Wirkung und ist daher für den Einsatz in Whitening-Produkten geeignet.

Emollients
(lat. emollire = weich machen) I.d.R. fettlösliche, kosmetische Inhaltsstoffe, die die Haut weicher und geschmeidiger machen. Dazu zählen z.B. Fettsäureester (z.B. Glyceryl Isostearate, Decyl Oleate, Isopropylpalmitat), Fettalkohole (z.B. Isostearylalkohol) und Wollwachsderivate. Sie werden als Hauptpflegekomponenten häufig in Emulsionen und Stiftpräparaten eingesetzt.

Emulgade (Cognis)

Emblicanin-A → Emblicanin-B → Emblicanin Oligomer

Emulgade (Cognis)
Handelsbezeichnung für selbst emulgierende Creme- und Salbengrundlagen (O/W-Typ), die aus einer Mischung von Cetylstearylalkohol und einem Emulgator (z. B. auf nichtionischer Basis) aufgebaut sind.

Emulgatoren
Grenzflächenaktive Hilfsstoffe zur Herstellung stabiler Emulsionen mit amphiphilen Molekülaufbau. Sie bestehen aus einer hydrophilen und einer lipophilen Gruppe. (→ Tenside)

Schematischer Aufbau eines Emulgatormoleküls:

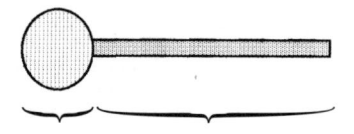

hydrophiler Teil   lipophiler Teil

Das Verhältnis des hydrophilen Anteils zum Gesamtmolekulargewicht kann durch den HLB-Wert charakterisiert werden. Die Erniedrigung der Grenzflächenspannung kommt dadurch zustande, dass sich die Emulgatormoleküle in der Grenzfläche anreichern und derart orientieren, dass ihre hydrophilen Gruppen in die wässrige Phase eintauchen, ihre hydrophoben Teile in die Ölphase. Es entsteht ein Grenzflächenfilm, der sich beim mechanischen Zerteilen der Phasen ausbreitet, bis alle Tropfen von einem monomolekularen Emulgatorfilm umhüllt sind. Dieser verhindert als elastische Schutzschicht und/oder durch gleichsinnige elektrische Auflagung der Teilchen ihr Zusammenfließen. Zur Stabilisierung der Emulsion trägt außerdem die Ausbildung von Micellen (flüssigkristalliner Phasen), von Solvathüllen und die sterische Hinderung z. b. durch natürliche Polymere, langkettige Kohlenwasserstoff- oder Polyoxyethylenreste der Emulgatormoleküle bei.
Für kosmetische Emulsionen sind besonders die nichtionischen, die anionischen und die kationischen Emulgatoren von Interesse.
Beispiele:
W/O-Emulgatoren allgemein:
- nichtionische Verbindungen, z. B. auf Basis von Sorbitanfettsäureester (z. B. Sorbitan Stearate, Sorbitan Oleate)
- Glycerinfettsäureester (z. B. Glyceryl Oleate)
- Fettsäurepolyglycerinester (z. B. Polyglyceryl-3 Diisostearate, Polyglyceryl-3 Polyricinoleate)
- Hydrierte Rizinusölethoxylate (PEG-7 Hydrogenated Castor Oil)
- Silicon-Copolymere (z. B. Cetyl PEG/PPG-10/1 Dimethicone)
- PEG-Blockpolymere (z. B. PEG-45 Dodecyl Glycol Copolymer)

Anionische O/W-Emulgatoren
- Fettalkoholsulfate (z. B. Sodium Cetearyl Sulfate)
- Fettsäure-Mono/Diglyceride mit K/Na-Stearat (z. B. Glyceryl Stearate SE)
- Verseifte Fettsäuren (z. B. Sodium Stearate)
- Fettalkoholphosphorsäureester (z. B. Potassium Cetyl Phosphate, Sodium Dihydroxycetyl Phosphate)

Nichtionische O/W-Emulgatoren
- Alkylpolyglucoside (z. B. Cetearyl Glucoside)

- Polyglycerin Alkylpolyglucoside (z. B. Polyglyceryl-3 Methylglucose Distearate)
- Fettalkoholethoxylate (z. B. Steareth-2, Ceteareth-20)
- Fettsäureethoxylate (z. B. PEG-40 Stearate)
- Silicon Copolymere (z. B. Bis-PEG/PPG-16/16 PEG/PPG 16/16 Dimethicone)
- Sorbitanfettsäureesterethoxylate (z. B. Polysorbate-20)
- Ethoxylierte Mono/Diglyceride (z. B. PEG-20 Glyceryl Stearate, PEG-40-Stearate)
- Hydrierte Rizinusölethoxylate (z. B. PEG-40 Hydrogenated Castor Oil)

Kationische O/W-Emulgatoren
- Quaternäre Ammoniumsalze (Cetrimonium Chloride, Behentrimonium Methosulfate)
- Amidoamine (z. B. Stearamidopropyl Methosulfate)

Als Emulgatoren natürlichen Ursprungs gelten Wollwachs, Lecithin, Sterole und Zuckerester.

Emulgieren
Herstellungsprozess von Emulsionen. Die anzuwendende Technik richtet sich nach dem erwünschten Emulsionstyp, dem eingesetzten → Emulgator und den Verarbeitungseigenschaften der übrigen Rohstoffe. Allgemeines Vorgehen:
O/W-Emulsionen:
Vorlegen der auf 60–85 °C erhitzten Wasserphase im Kessel. Unter Rühren erfolgt die kontinuierliche Zugabe der auf 70–85 °C erwärmten Ölphase, meist mit dem darin gelösten Emulgator.
W/O-Emulsionen:
Die auf 70–85 °C erhitzte Ölphase wird vorgelegt. Unter Rühren kann die ebenfalls erhitzte oder ggf. kalte Wasserphase langsam zugegeben werden.
Die sich jeweils anschließende Homogenisierung dient der Feinverteilung der dispersen Phase, der Reduzierung der Teilchengrößen und damit der Stabilisierung der Emulsion.

Emulsionen
Für kosmetische Präparate sind Emulsionen von großer Bedeutung, da sie in ihrer Zusammensetzung den physiologischen Bedingungen der Haut ähneln und sie mit Fett und Feuchtigkeit versorgen können.
Es handeln sich um disperse Systeme von zwei nicht oder nur wenig miteinander mischbaren Flüssigkeiten. Sie bestehen i. d. R. aus einer Ölphase, die verschiedene Öle, Fette und Wachse in sich vereint, sowie einer wässrigen Phase, die neben Wasser auch Feuchthaltemittel, Verdikkungsmittel und andere Hilfs- sowie Wirkstoffe enthalten kann. Die innere, disperse Phase liegt in der äußeren kontinuierlichen Phase fein verteilt vor. Durch Verwendung von → Emulgatoren, die die Grenzflächenspannung zwischen den Phasen herabsetzen, kommt es während des Herstellungsprozesses, dem Emulgieren, zur Emulsionsbildung. Dabei werden die Öl- und die Wasserphase vereinigt. Je nach Emulgatortyp entstehen Wasser-in-Öl- oder Öl-in-Wasser-Emulsionen (W/O- bzw. O/W-Emulsionen). Erkennbar sind O/W-Emulsionen an ihrer leichten Wasserverdünnbarkeit während W/O-Emulsionen nicht mit Wasser, sondern mit Öl mischbar sind. Das HLB-Wert-System kann die Auswahl der Emulgatoren erleichtern. Die Tröpfchengrößen variieren i. d. R. und liegen polydispers, d. h. uneinheitlich vor. Die Teilchengröße liegt bei > 1000 nm, bei → Mikroemulsionen bei 100–500 nm. Zu den Mischformen zählt man die multiplen Emulsionen des Typs W/O/W und die O/W/O.
Emulsionen können sehr unterschiedliche Viskositäten haben. Flüssige Emulsionen werden auch als Lotion, Milk oder Fluid bezeichnet, zähere Formen als Creme oder Cream. Sie bilden die Grundlage für eine Vielzahl von Hautpflegepräparaten. Durch den Zusatz von Wirkstoffen, UV-Filtern, Farbpigmenten u. Ä. werden sie ihrem Anwendungsziel entsprechend ausgerichtet. Zu den möglichen Zusatzstoffen, die für die Produktoptik, die sensorischen Eigenschaften, die Stabilität und die Sicherheit des Emulsion verantwortlich sind, zählen u. a.: Antioxidanzien, Gel- und Filmbildner, Füllstoffe, Konservierungs- und Farbstoffe sowie Parfümöle.

Emulsions-Foundation
Allgemeine Bezeichnungen für → Grundierungen auf der Basis einer farbpigmenthaltigen → Emulsion im Unterschied zu Grundierungen auf pastöser (wasserfreier) Basis (→ Compact-Make-up).

Emulsions-Mascara
Auch Creme-Mascara. Wimperntusche auf O/W-Emulsionsbasis, die sich durch eine hohe Zähigkeit (Wachsanteil 3–8%) und ein gutes Haftungs- und Trocknungsvermögen auszeichnet. Die Wasserfestigkeit kann durch Zusatz geeigneter Filmbildner erreicht werden. Der Farbpigmentanteil liegt bei 10–15%, auch Perlglanz-

pigmente können enthalten sein. Die am häufigsten eingesetzten Farbpigmente sind schwarzes, braunes, gelbes und rotes Eisenoxid und Ultramarinblau.

Emulsions-Stabilisatoren
Das Aufrahmen (Phasentrennung) von → Emulsionen wird in erster Linie durch den Zusatz von → Emulgatoren verhindert. Darüber hinaus können flüssigkristalline Strukturen (→ Micellen) und Solvathüllen räumliche Barrieren ausbilden und zur Stabilisierung beitragen. Viskositätserhöhende Stoffe wie z.B. natürliche und synthetische Polymere, Carbomere, PVP oder PVA, Alginate oder Polysaccharide erschweren das Zusammenfließen der dispergierten Tröpfchen. Verdickend wirken auch Kieselsäure sowie Bentonite und Hectorite. Letztere sind auch in der Lage, thixotrope Systeme auszubilden.

Enamelum
Zahnschmelz. Frühere Bezeichnung: Substantia adamantina. Härteste Substanz des Zahnes.

Endhaar → Haare

Endkörperchen → Hautnervensystem

endokrine Drüse
Bezeichnung für → Drüsen mit äußerer Sekretion.

Enfleurage
(franz. la fleur = die Blüte, die Blume) → Blütenöle

Enterokokken
(→ Mikroorganismen) Zu den Streptokokken gehörender normaler Darmbewohner bei Tier und Mensch.

Enthaarung
Man unterscheidet zwischen Depilation und Epilation. Als Depilation bezeichnet man alle Methoden, bei denen die Haare oberflächlich entfernt werden. Die Haare wachsen jedoch schnell wieder nach, weil die Haarwurzeln erhalten bleiben. Dazu zählen z.B. die Enthaarung durch chemische Zersetzung (Enthaarungscreme) und die Rasur. Die mechanische Entfernung der Haare inkl. der Haarwurzel bezeichnet man als Epilation. Dazu zählen z.B. das Zupfen mit der Pinzette oder die Anwendung von Depilierwachsen und Enthaarungspflastern.

Enthaarungsmittel → Depilatorien

Enthärtungsmittel, Enthärter
Chemische Substanzen, die den Mineralstoffgehalt des Wassers entfernen oder unschädlich machen. (→ Wasserhärte) Die Entmineralisierung geschieht: 1. durch Destillation (Aqua destillata); 2. mit Soda oder Natriumbicarbonat, die die Härtebildner z.T. als Carbonate ausfällen; 3. mit Polyphosphaten oder Phosphonsäuren, die mehrwertige Metallionen in Form von löslichen Komplexen binden; (→ Natriumpolyphosphat, → Phosphonsäuren); 4. durch Ionenaustauscher; 5. mit Trinatriumphosphat, das die Härtebildner als Phosphate ausfällt; 6. mit Sequestrierungsmitteln auf der Basis von Ethylendiamintraessigsäure o.a.

Entkeimung → Membranfiltration, → Ultraviolettentkeimung.

Enzymblocker
Substanzen, die Enzyme inaktivieren. Sie können z.B. in den Stoffwechsel der Bakterien eingreifen, die die Zersetzung der Körpersekrete des Menschen bewirken. Die Bakterien sind dann nicht mehr imstande, Schweißfettsäuren und Zelldetritus (Keratinmassen) zu verdauen. Den enzymatischen Eiweißabbau verhindern Metallchelate der β-Dicarbonylverbindungen. Die Cu-, Al- und Mg-Chelate der 1,3-Pentandione besitzen die biologisch bedeutsame Fähigkeit zur Enolbildung und dadurch zur Komplexbildung. Insbesondere wird die Urease gehemmt, die den Abbau von Harnstoff in Ammoniak und Kohlendioxid katalysiert. Außerdem werden die proteolytischen Enzyme inhibiert.

Enzyme (Fermente)
In lebenden tierischen und pflanzlichen Zellen gebildete hochmolekulare Eiweißkörper, die als Biokatalysatoren die Stoffwechselvorgänge im Organismus ermöglichen. Die Enzyme bestehen aus dem eigentlichen Wirkstoff, der prosthetischen Gruppe (Co-Enzym), und dem Wirkstoffträger, dem Proteinanteil, der die Substratspezifität bestimmt. Co-Enzyme können z.B. bestimmte Vitamine sein. Wie alle Eiweißkörper sind die Enzyme temperaturempfindlich und in ihrer Wirkung pH-abhängig.

Besonders intensive Enzymaktivitäten liegen z. B. bei der Samenkeimung, der Zellfusion und Zellteilung, den Verdauungs- und anderen biologischen Ab- und Aufbauvorgängen vor.
Man kann gewisse Enzyme aus Gewebeextrakten herstellen und z. B. in pharmazeutischen Präparaten und in Waschmitteln einsetzen. In der Kosmetik werden Enzyme zur biologischen Schälung der Haut verwendet (Pankreatin, Trypsin, Erepsin). Auf proteolytischen Enzymen basierende Schönheitsmasken bewirken den Abbau horniger Verdickungen, gute Reinigung, Glättung und Regenerierung der Haut.

Eosin
Tetrabromfluorescein. Das rote kristalline Pulver ist in Form des wasserlöslichen Natrium- oder Kaliumsalzes der Eosinsäure als Farbstoff für kosmetische Präparate zugelassen. Wegen seiner photosensibilisierenden Wirkung wird Eosin für Lippenstifte kaum noch verwendet, (gelegentlich als Zusatz zu den farbgebenden Pigmenten). Als Eosinfarbstoffe bezeichnet man auch eine Reihe anderer halogenierter → Fluoresceinderivate.

Epheliden
(gr. epi = über, auf Veranlassung; helios = Sonne)
→ Sommersprossen

Epidermis
(gr. epi = über; derma = Haut) Oberhaut (→ Haut).
Die Schichten der Epidermis werden unterteilt in:
Stratum basale – Basalzellenschicht
Stratum spinosum – Stachelzellenschicht
Stratum granulosum – Körnerschicht
Stratum lucidum – Glanz- oder Leuchtschicht
Stratum corneum – Hornschicht

Epidermoidzysten
Lokalisierte, ektodermale Fehlbildungen, die im weitesten Sinn als ektodermale Naevi aufzufassen sind. Hautfarbene derbe Gebilde, die sich vor allem fissural am Kopf entwickeln, z. b. echte Atherome im Gegensatz zu „falschen Atheromen", z. B. Follikelzysten.

Epidermophytie
Durch bestimmte parasitäre Pilze hervorgerufene Erkrankung der Oberhaut und der Nägel. Ihre Entstehung wird begünstigt durch Hyperhidrosis, Durchblutungsstörungen, Tragen von Gummischuhen oder Gummihandschuhen. Die häufigste Form ist die Zwischenzehen-Epidermophytie (→ Fußpilz), ferner die der Leistengegend, des Genitalbereichs, der Achselhöhlen, Kniekehlen und anderer Faltenbereiche. Die akute Form ist durch juckende, gerötete Herde, Bläschen, die oft platzen, Schuppungen oder weißes gequollenes Epithel gekennzeichnet. Als Erreger der Epidermophytie sind bekannt:
1. Epidermophyton floccosum,
2. Trichophyton mentagrophytes (alte Bezeichnungen: Epidermophyton interdigitale, Epidermophyton Kaufmann-Wolf)
3. Trichophyton rubrum (alte Bezeichnung: Epidermophyton rubrum)
4. Trichophyton violaceum
Die Behandlung mit Antimykotika ist Aufgabe des Arztes.

Epikutantest
Läppchenprobe, Patchtest. Er dient zur Feststellung der lokalen Verträglichkeit eines Präparates. Die zu prüfende Substanz wird auf ein Läppchen von 1 cm^2 Größe gebracht und für 24 Std. auf die gesunde Haut geklebt. Dann wird das Testpflaster abgenommen und die Reaktion nach 10 Min., 12 Std. und 24 Std. abgelesen. Bei positivem Ausfall entstehen Rötung (+), Papulo-Vesikel (++) oder Blasen (+++). Voraussetzung ist, dass die geprüfte Substanz nicht toxisch ist. Toxische Substanzen rufen fast immer eine toxische Dermatitis hervor. Zur Prüfung auf sensibilisierende Eigenschaften wird der Epikutantest weitere 5-mal in Abständen von 48 Std. und dann nochmal nach 10 Tagen wiederholt. Bei Kosmetika, die auf der Haut einer intensiven UV-Bestrahlung ausgesetzt sind, kann zusätzlich ein Photo-Patchtest unter UV-A-Einwirkung durchgeführt werden, um Phototoxizität und Photosensibilisierung auszuschließen.
→ Hautverträglichkeit.

Epilation
(lat. e, ex = aus; pilus = Haar) → Enthaarung. Haarentfernung bei der die Haare inkl. der Haarwurzel entfernt werden, z.B. durch Auszupfen der Haare oder durch Zerstörung der Haarwurzel mittels elektrischen Stroms (Diathermienadel). Wenn die Nadel die Papille trifft, kann kein neues Haar mehr gebildet werden. Es kann jedoch zu Narbenbildungen kommen.

Epithel
Oberste Zellschicht (Deckgewebe) des tierischen und menschlichen Haut- und Schleimhautgewebes.

Eponychium
(gr. epi = über; onyx, onychos = Nagel) Die auf der Nagelwurzel liegende Hautschicht.

Erdfarben → Eisenoxide

Erdtöne → Eisenoxide

Erdnussöl
Fettes hellgelbes Öl aus der Erdnuss (Arachis hypogaea L.), F. 2–3 °C. Von den im Erdnussöl enthaltenen Fettsäuren sind 80–87 % ungesättigt, davon 35–72 % Ölsäure, 20–40 % Linolsäure. An gesättigten Säuren sind enthalten: Palmitin-, Stearin-, Arachin- und Behensäure.

Erdwachs → Ozokerit

Erfrierungen → Frostschäden, → Kälteschäden.

Erfrischungstücher
Zellstofftücher, die mit einer erfrischend parfümierten alkoholischen Lösung getränkt sind. Sie werden in einem flüssigkeitsdichten, präparierten Papier-, Kunststoff- oder Metallfolienumschlag (Aluminium) verpackt, um einem vorzeitigen Verdunsten der Erfrischungssubstanz vorzubeugen. → Feuchttücher.

Ergrauen der Haare
Poliosis, Canities. → Haarfarbe, → Haarfärbemittel, → Haarfarbveränderungen, → Haarkrankheiten.
„Graue" oder weiße Haare zeigen oft einen Gelbstich, der durch Blauspülungen (blau = Komplementärfarbe zu gelb) oder durch Haarwässer beseitigt werden kann.

Erosion
(lat. erodere = annagen) Ganz oberflächlicher, nur die oberen Epidermisschichten (bis zur Keimschicht) betreffender Defekt. Eine Erosion nässt und heilt ohne Narben.

Erscheinungsform
Auch Darreichungsform. Bezeichnet, in welcher Form z.B. eine Grundierung dargeboten wird, z.B. als Stift, cremeförmig im Tiegel oder in der Tube, oder auch flüssig im Spender.

Erysipel
(gr. erysipelas = Rose) Rose, Wundrose. Durch intrakutane Streptokokken verursachte anstekkende Entzündung der Haut und des Unterhautfettgewebes, die zur Ausbreitung auf dem Lymphwege neigt. Charakterisiert u.a. durch Rötung, Schwellung, Schmerzhaftigkeit und scharfe Abgrenzung. Als Eintrittspforte für die Erreger genügen größere oder kleinere, evtl. unsichtbare Hautverletzungen, besonders Rhagaden im Gesicht. Die Erkrankung tritt zu 90 % im Gesicht, ferner an den Extremitäten auf.
Die mit einem plötzlichen Fieberanstieg, Frösteln oder Schüttelfrost verbundene Erkrankung erfordert unbedingt ärztliche Behandlung.

Erythem
(gr. erythema = Röte, Entzündung) Primäreffloreszenz. Durch Hyperämie bedingte entzündliche Rötung der Haut. Oft krankheitsbedingt mit vielen, z.T. infektiösen Sonderformen, die der ärztlichen Beobachtung und Behandlung bedürfen.
Von Erythemen seien erwähnt: Erythema autumnale = Herbsterythem; Erythema caloricum = Hitzeerythem; Erythema solare = Sonnenbrand.

Erythrasma
Zwergflechte. Äußert sich in scharf abgegrenzten, bräunlich rötlichen, flächenhaften, etwa handtellergroßen Verfärbungen in der Leistenbeuge des Mannes, gegenüber dem Skrotum oder unter der Brust der Frau oder in den Achselhöhlen oder in der Analregion mit oberflächlicher zarter Schuppung. Als Erreger der oberflächlichen Hauterkrankung wird der zu den Actinomycesarten gehörende Pilz Nocardia minutissima (früher Microsporon minutissimum) angesehen. Die subjektiven Beschwerden sind gering. Blasenbildung kommt bei der Erkrankung

nicht vor, gelegentlich Juckreiz. Disponierende Momente: vermehrte Schweißabsonderung, besonders bei adipösen Personen, Diabetes, ungenügende persönliche Hygiene. Die Behandlung der Krankheit ist Aufgabe des Arztes.

Erythrit
(INCI: Erythritol)

$$H_2C-\underset{\underset{OH}{|}}{\overset{\overset{H}{|}}{C}}-\underset{\underset{OH}{|}}{\overset{\overset{H}{|}}{C}}-CH_2$$
$$\,\,OH\,\,\,\,\,\,\,OH$$

Vierwertiger Alkohol, der in Kosmetika als Feuchtigkeitsspender eingesetzt werden kann.

Erythrocyanosis
(gr. erythros = rot; kyaneos = kornblumenblau)
→ Kälteschäden

Erythrosin
(C.I. 45430) 2,4,5,7-Tetrajodfluorescein, Dinatriumsalz. Rosaroter, wasserlöslicher Xanthenfarbstoff mit gelber Fluoreszenz bei 350 nm. In sauren Lösungen (pH 3–4) bildet sich die schwer lösliche Erythrosinsäure. Kosmetische Verwendung z.B. in Mundwasser und in Form des wasserunlöslichen Farblacks in Lippenstiften und Nagellacken. → Fluoreszenzfarbstoffe

Erythrulose
Butan-1,3,4-triol-2-on. Ketose des Erythrit. Sirupdicke Flüssigkeit; färbt in 2–10%igen Lösungen die Haut braun.

Escherichia coli
Kolibakterien. Gramnegative Stäbchen, die zur normalen Dickdarmflora gehören.

Essence concrète, Essence absolue → Blütenöle

Essence d'Orient → Fischsilber

Essige, kosmetische
Aceta cosmetica.
Arten: Kampferessig (Acetum camphoratum); Lavendelessig (Acetum Lavandulae); Rasieressig, Gesichtsessig, Hautessig.
Kosmetische Essige sind Lösungen von Wirk- und Duftstoffen in Ethanol unter Zusatz von Essigsäure, die jedoch heute kaum noch Verwendung finden. Sie haben die Aufgabe, die Hautporen nach dem Waschen mit alkalischen Waschmitteln (Seife) zu schließen und Hautspannungen, die durch das Waschen mit Seife zu beobachten sind, zu beseitigen.

Essigester → Ethylacetat

Essigether → Ethylacetat

Essigsäure
$H_3C-COOH$. 99–100%; D 1,05; F. nicht unter 15 °C (Eisessig). Klare, farblose, flüchtige, ätzende Flüssigkeit von saurem Geruch. In starker Verdünnung noch deutlich saurer Geschmack. 3–5%ige Verdünnungen werden als Essige bezeichnet, Lösungen, die 15% und mehr Essigsäure enthalten, als Essigessenz. Essigsäure wirkt stark styptisch und adstringierend.

Essigsäureamylester → Amylacetat

Essigsäurebenzylester
Benzylacetat. Nach Birnen und Jasmin duftende Flüssigkeit, die im Jasminöl (65%) enthalten ist.

Essigsäurebutylester → Butylacetat

Essigsäurecinnamylester
Zimtalkoholacetat. Nach Hyazinthen duftende Flüssigkeit, die in der Parfümindustrie als Fixateur dient.

Essigsäureester
Acetate der jeweiligen Alkoholkomponente der allgemeinen Formel: $H_3C-CO-OR$. Die niedermolekularen Ester sind leicht flüchtige, brennbare Flüssigkeiten von angenehmem, oft fruchtartigen Geruch, die als gute Lösungsmittel für Lacke und Harze und in der Parfümerie verwendet werden.

Essigsäureethylester → Ethylacetat

Ester
Organische Verbindungen, die formal durch Kondensation von Alkoholen mit Säuren entstehen. Dabei stammt die OH-Gruppe von der Carboxylgruppe der Säure (oder von der anorganischen Säure) und das Wasserstoffatom von der Hydroxylgruppe des Alkohols.

$$R_1-OH + HO-\underset{\underset{O}{\|}}{C}-R_2 \rightleftharpoons R_1-O-\underset{\underset{O}{\|}}{C}-R_2 + H_2O$$

Die Bezeichnung der Ester setzt sich zusammen entweder aus dem Namen der Säure, dem der Alkylgruppe des Alkohols und der Endung -ester (z.B. Essigsäureethylester, Palmitinsäurecetylester) oder aus dem Namen der Alkylgruppe, dem der Name der Säure mit der Endung -at angefügt wird (z.B. Ethylacetat, Isopropylmyristat, Laurylsulfat).
In der Natur sind Ester weit verbreitet als Fette, Wachse, Lecithine, Phosphatide, Riechstoffe etc.
Man unterscheidet:
a) Ester anorganischer Säuren
wie Schwefelsäureester, Phosphorsäureester, Salpetersäureester, Kohlensäureester. Hierunter fallen u.a. die Fettalkoholsulfate.
b) Ester organischer Säuren
1. Fruchtester: Ester niederer Carbonsäuren mit niederen Alkoholen (Ethylacetat, Butylacetat, Amylacetat).
2. Fettsäureester: Ester höherer Fettsäuren mit niederen oder höheren einwertigen Alkoholen (Myristinsäureisopropylester, Ölsäureoleylester u.a.).
3. Fettsäureglycerylester: Ester höherer Fettsäuren mit dem dreiwertigen Alkohol Glycerol (Fette).
4. Sonstige Ester mehrwertiger Alkohole, z.B. der Glykole, des Erythrits, der Pentite und Hexite.

Esterasen
Enzyme, die die Bildung und Verseifung von Estern katalysieren. Dazu gehören u.a. Cholinesterasen, Lecithinasen, Phosphatasen, Lipasen.

Esterwachse → Wachse, synthetische

Ethanol
(INCI: Alcohol) Auch Ethylalkohol (Weingeist) C_2H_5OH. Wasserklare Flüssigkeit mit angenehmem, erfrischendem Geruch, mischbar mit Wasser, Glycerol, Aceton etc.
Handelssorten sind: Absoluter (wasserfreier) Alkohol 99,8% V/V; D 0,79; Monopolsprit (Feinsprit) 96% V/V; D 0,80; Ethanol-Wasser-Gemische mit 90, 80, 70, 60, 50, 45% V/V.
Ethanol ist das bevorzugte Lösungsmittel für Parfümöle und andere kosmetische Erzeugnisse. Es wirkt erfrischend und tonisierend, aber auch stark Wasser entziehend und Eiweiß fällend. Noch 30%iges Ethanl kann die Schleimhäute reizen. 50–70%iges Ethanol ist ein gutes Desinfektionsmittel. Er kann daher in kosmetischen Produkten als Konservierungsmittelkomponente eingesetzt werden. Ethanol unterliegt der Monopolgesetzgebung, der Preis für den reinen Alkohol ist durch Steuerauflagen überhöht. Für industrielle Zwecke wird er deshalb in den verschiedenen Staaten mit unterschiedlichen Mitteln vergällt (→ Denaturierungsmittel).

Ethanolamin → Aminoethanol

Ether
Verbindungsklasse der allgemeinen Formel: R_1–O–R_2
Für die Kosmetik sind besonders die Ether des Ethylenglykols und des Di- und Triethylenglykols, die ihrerseits selbst Ether sind, von Bedeutung sowie die Polyethylenglykolether und die Celluloseether.
Allgemein ist mit der Bezeichnung „Ether" der Diethylether gemeint.

Etherische Öle → Ätherische Öle

Ethersulfate → Fettalkoholpolyglykolethersulfate

ethnic cosmetics
Engl. Ausdruck für → Ethnokosmetik.

Ethnokosmetik
Kosmetische Produkte, die auf die speziellen Ansprüche dunkelhäutiger Menschen abgestimmt sind. Dazu zählen z.B. Whitening-Produkte zur Aufhellung der Haut und Haarglättungsmittel, die der Entkräuselung negroider Haare dienen. Die Farbausrichtung im dekorativen Produktsegment ist größtenteils farbintensiver und weniger „pastellig" ausgerichtet.

Ethoxydiglycol (INCI)
Diethylenglykolmonoethylether. Schwer flüchtiges, mit Wasser mischbares Lösungsmittel, das u.a. als Extraktionsmittel zur Herstellung von Extrakten verwendet wird.

Ethoxylate
Bezeichnung für Ether, die durch Addition mehrerer Ethylenoxidmoleküle an aktive Wasserstoffatome entstanden sind. Besonders die von Fettalkoholen und Alkylphenolen abgeleiteten Ethoxylate sind wichtige nichtionische Tenside und Emulgatoren.
Der Grad der Ethoxylierung bestimmt die Wasserlöslichkeit der Produkte, die auf der Fähig-

keit der Ethersauerstoffatome beruht, Wasserstoffbrücken zu bilden.

Ethylacetat
Essigsäureethylester $H_3C–COOC_2H_5$. Farblose, angenehm riechende Flüssigkeit; D 0,90; Kp 77 °C; löslich in der 10fachen Menge Wasser (25 °C) mischbar mit Ethanol, Ether, Aceton, Benzol, Chloroform. Verwendung als Lösungsmittel z.B. für Nitrocellulose zur Herstellung von Nagellacken und Nagellackentfernern.

Ethylalkohol → Ethanol

Ethyl Butylacetylaminopropionate *(INCI)*
3-(N-Butylacetamino)propionsäureethylester. Klare, farblose bis schwach gelbliche, praktisch geruchlose Flüssigkeit. Wirksames Repellent gegen verschiedenste Stechmücken (Aedes-, Culex-Anopheles-Species), Zecken, Bremsen, Fliegen, Kriebelmücken, Wespen, Bienen und Läuse. Es ist auch für Formulierungen für Kleinkinder und Säuglinge (> 12 Monate) geeignet.

Ethylcellulose
Celluloseethylether, AT-Cellulose. In Wasser, Säuren und Alkalien unlöslich, löslich in Aceton, Essigester, Butylacetat. Mit höherem Substitutionsgrad nimmt die Löslichkeit in Kohlenwasserstoffen zu.
Kosmetische Verwendung für Nagellacke und Haarsprays als Filmbildner.

Ethylendiamintetraessigsäure, Tetranatriumsalz EDTA

$$4\,Na^{\oplus}\begin{bmatrix}{}^{\ominus}OOC\cdot CH_2 \\ {}^{\ominus}OOC\cdot CH_2\end{bmatrix}N–CH_2–CH_2–N\begin{matrix}CH_2COO^{\ominus} \\ CH_2COO^{\ominus}\end{matrix}\Bigg]^{4\ominus}$$

Die Verbindung besitzt die Fähigkeit, mit Erdalkalien und anderen zweiwertigen Metallionen wasserlösliche, nichtionisierte Komplexe (→ Komplexbildner) zu bilden.
Verwendung in Seifen und Kosmetika, zur Stabilisierung von Wasserstoffperoxidlösungen und Haarfarben, bei denen es die Autoxidation verhindert.

Ethylenglykol
Ethandiol, $HOH_2C–CH_2OH$ → Glykole

Ethylenglykol-Fettsäureester
Allgemeine Formeln:
1. $R–CO–O–H_2C–CH_2–OH$ (Monoester)
2. $R–CO–O–H_2C–CH_2–O–OC–R$ (Diester)
R = Alkyle mit 10–22 C-Atomen

Die Monoester und Diester speziell der Stearinsäure dienen in der Kosmetik zur Erzeugung von Perlglanzstrukturen und als Trübungsmittel in Shampoos, Bade- und Duschpräparaten sowie als Konsistenzregler und Emulgatoren.

Ethylenoxid

$$H_2C\overset{O}{\underset{}{\diagup\!\!\!\diagdown}}CH_2$$

Oxiran. Farblose, mit Wasser und vielen organischen Lösungsmitteln mischbare Flüssigkeit (K_p 10,7 °C) von süßlichem Geruch. Sie ist giftig, haut- und schleimhautreizend, potenziell karzinogen und bildet mit Luft explosive Gemische. Ethylenoxid reagiert mit Verbindungen, die ein aktives Wasserstoffatom besitzen (Wasser, Alkohole, Ammoniak, Amine, Amide, Phenole, organische Säuren) unter Ringöffnung. Diese Reaktion wird als Ethoxylierung bezeichnet, die entstehenden Produkte als Glykole, Glykolether, Ethoxylate, Polyethylenglykole bzw. Polyglykolether oder -ester.
In Gegenwart von Katalysatoren polymerisiert Ethylenoxid zu Polyethylenglykolen.

2-Ethylhexandiol-1,3
$HO–H_2C–CH(C_2H_5)–CHOH–C_3H_7$. Dieser viskose zweiwertige Alkohol findet in kosmetischen Präparaten als Insektenabwehrmittel (Repellent) Verwendung. Er wird in Lösungen, Cremes und Emulsionen verarbeitet.

2-Ethylhexanol
→ Octanole dienen u.a. zur Herstellung von Estern mit verzweigten Kohlenstoffketten, die in kosmetischen Präparaten als flüssige Fettkomponenten verwendet werden.

Etidronsäure
(INCI: Etidronic Acid) 1-Hydroxyethan-1,1-diphosphonsäure (HEDP).

$$\begin{matrix} & OH & CH_3 & OH & \\ & | & | & | & \\ HO- & P & -C- & P & -OH \\ & \| & | & \| & \\ & O & OH & O & \end{matrix}$$

Verwendung als → Komplexbildner, → Phosphonsäure

Eucalyptusöl
Eucalypti aetheroleum Ph. Eur. 2001. Von den über 500 verschiedenen Eucalyptusarten liefern die australischen ein aus dem Laubwerk gewonnenes Öl mit einem Cineol-Gehalt (Eucalyptol) von 80–85% und einer angenehmen Geruchsnote, das für Kräuterkompositionen verwendbar ist, sowie wegen seiner keimtötenden Wirkung für Mundpflegemittel. Das aus Eucalyptus citriodora gewonnene Öl enthält als Hauptbestandteil Citronellal und wird wie dieses in der Parfümerie eingesetzt.

Eudermie
(gr. eu = schön; derma = Haut) Hautverschönerung. Wohlerscheinung der Haut in anatomischer und funktioneller Beziehung.

Eugenol
4-Allyl-2-methoxyphenol

HO—⟨◯⟩—CH₂—CH=CH₂
    |
    OCH₃

Intensiv nach Nelken riechende Flüssigkeit. Vorkommen im Nelkenöl, Bayöl, Pimentöl u. a. Eugenol ist einer der wichtigsten Riechstoffe z. B. für die Parfümierung von Seifen, verfügt jedoch auch über ein allergenes Potenzial. Außerdem kann es aufgrund seiner anästhesierenden und in alkoholischer Lösung bakterienhemmenden Wirkung in Mundpflegemitteln verwendet werden.

Eumelanin
Braunschwarzer Melanintyp, der besonders in dunkler und leicht bräunender Haut vorkommt und bis zu 2% in schwarzem Haar vorhanden ist.

Euperlan (Cognis)
Handelsbezeichnung für flüssige bis pastöse Perlglanzmittel (Konzentrate). Es handelt sich u. a. um pumpbare Dispersionen von perlglanzgebenden Substanzen mit Fettalkoholethersulfaten, Alkylglycosiden oder Amphothensiden, die in Tensidpräparaten eingesetzt werden können. Beispiele:

Euperlan PK 810 AM (INCI: Glycol Distearate (and) Sodium Laureth Sulfate (and) Cocamide MEA (and) Laureth-10)
Euperlan PK 3000 AM (INCI: Glycol Distearate (and) Laureth-4 (and) Cocamindopropyl Betaine)

Europäisches Arzneibuch
Pharmacopoea Europea, Abkürzung Ph. Eur. Europäische Arzneibuchsammlung, die ergänzend zum DAB und dem HAB in Deutschland in der jeweils letzten Fassung Gültigkeit hat.

Eusolex (Merck)
Handelsbezeichnung für eine Gruppe von verschiedenen → UV-Filtern, auf organischer oder anorganischer Basis oder in verkapselter Form. Beispiele:
Eusolex T
(INCI: Titanium Dioxide, Simethicone) Weißes Pulver mit hydrophober Oberfläche zur Dispergierung in der Ölphase (UV-A/UV-B-Breitbandfilter).
Eusolex T-AQUA
(INCI: Aqua, Titanium Dioxide, Alumina, Sodium Metaphosphate, Phenoxyethanol, Sodium Methylparaben) Thixotrope weiße Dispersion für die Wasserphase. UV-A/UV-B-Breitbandfilter.
Eusolex UV-Pearls™ OMC
(INCI: Aqua, Ethylhexyl Methoxycinnamate, Silica, PVP, Chlorphenesin, BHT) Wässrige weiße Dispersion für die Einarbeitung in die Wasserphase. Hochwirksamer in Siliciumdioxid verkapselter UV-B-Filter. Besonders geeignet zum Einsatz in Produkten für empfindliche Haut.

Eutanol G (Cognis)
Handelsbezeichnung für 2-Octyldodecanol.

Evening Primrose Extract Powder (Jan Dekker)
(INCI: Oneothera biennis) Handelsbezeichnung für den Samenextrakt der Nachtkerze, der einen Polyphenolgehalt von mindestens 60% aufweist. Durch die antioxidativen Eigenschaften der Polyphenole eignet sich der Extrakt vornehmlich für den Einsatz in Pflegekosmetika wie z. B. Anti-Aging-Präparaten.

Exanthem
(gr. ex-antheo = blühe hervor) Hautausschlag, der meist auf größere Hautpartien ausgedehnte,

multiple Hautveränderungen zeigt. Die Erscheinungen müssen einen zeitlichen Ablauf (Anfang, Höhepunkt, Ende) erkennen lassen. Ein Exanthem besteht aus Effloreszenzen.

Exfoliation
(engl. exfoliate = abblättern) Englicher Ausdruck, der eingedeutscht (exfolierend) im Zusammenhang mit Peeling-Produkten verwendet wird.

exfolierend
Damit ist die abschilfernde Wirkung von Peeling-Produkten gemeint (→ Exfoliation)

Exkoriation
Hautabschürfung, die die Lederhaut (Corium) erreicht.

exokrine Drüse
→ Drüsen mit nach „innen" (in die Blut- bzw. Lymphbahn) gerichteter Sekretion.

Extinktion
(lat. extinctio = Auslöschung, Vernichtung) Unter der Extinktion einer gelösten Substanz wird der dekadische Logarithmus des Verhältnisses der Intensität des eingestrahlten Lichtes zur Intensität des ausgestrahlten Lichtes verstanden.
$E = \log_{10}(I_0/I)$
Die Extinktion ist der Konzentration der gelösten Substanz und der Schichtdicke proportional. Sie gilt immer für eine bestimmte Wellenlänge.

Extrakte
Konzentrierte, gegebenenfalls auf einen bestimmten Wirkstoffgehalt eingestellte Zubereitungen aus Drogen. Nach der Beschaffenheit werden unterschieden:
1. **Trockenextrakte** (Extracta sicca),
2. **Fluidextrakte** (Extracta fluida),
3. **Zähflüssige Extrakte** (Extracta spissa).
Die Herstellung kann durch Mazeration oder Perkolation erfolgen. Aber auch andere Herstellungsverfahren sind zugelassen. Bedeutung haben in dieser Hinsicht vor allem Trockenextrakte, die nach modernen Zerstäubungs- und Gefriertrocknungsverfahren erhalten werden.

Extraktion
(lat. extrahere, extractum = herausziehen)

1. Operatives Herauslösen eines Körperteils (insbesondere eines Zahns)
2. Methode zur Gewinnung von Pflanzen-(Drogen-)extrakten und ätherischen Ölen mittels Wassers, Glykolen, leicht siedender organischer Lösungsmittel (z.B. Ethanol), verflüssigter Gase, Ölen oder Fetten.

Extrapone (Dragoco)
Handelsbezeichnung für wässrig-glykolische Zubereitungen aus natürlichen Pflanzenextrakten, die sich durch vielseitige Anwendung in Haut- und Haarpflegeprodukten auszeichnen.

Eyecontour(-Produkte)
Engl. für Augenkontur. Allgemeine Bezeichnung für dekorative Kosmetika, die geeignet sind, die Augenkontur farbig zu umrahmen. → Konturenstifte

Eyecontour Pencil/Eye-(Contour-)Pencil
Engl. Ausdruck für Augenkonturenstift. → Konturenstifte

Eyegloss
Lidschatten in Glossform, der typischerweise einen ölig glänzenden, leicht klebrigen Film auf dem Augenlid hinterlässt. Die Zusammensetzung ist mit dem Lipgloss vergleichbar. Die Haftfestigkeit ist gegenüber Lidschatten in Puderform deutlich geringer.

Eyeliner
Sammelbegriff für dekorative Kosmetika, die zur farbigen Umrahmung der Augenkonturen verwendet werden. Der Ausdruck Eyeliner ist nicht exakt definiert. Je nach Anbieter finden sich u. U. noch andere Bezeichnungen.
Im Allgemeinen lassen sich die verschiedenen Produktformen in folgende Gruppen einteilen:
Flüssig- oder Liquid-Eyeliner:
O/W-Emulsion mit Farbpigmenten, die mithilfe eines sehr feinen Pinsels appliziert werden.
Eyeliner-Tinte, -Ink:
Wässrig-alkoholische Suspension, die je nach Darreichungsform lösliche Farbstoffe (Faserstift) oder Farbpigmente enthalten kann, letztere Variante wird z.T. auch als Dip-Liner bezeichnet.
Eyeliner-Pencil:
Anspitzbare feste Stiftmine (siehe auch → Pencil), die von Holz oder Kunststoff ummantelt sein kann, dazu zählt z.B. auch der Kajal.

Eyeliner-Ink
Englischer Ausdruck für Eyeliner-Tinte. → Eyeliner

Eyeshadow
Engl. für → Lidschatten.

Eyeshadow-Cream/-Creme
Engl. für Lidschattencreme. Siehe auch → Lidschatten.

Eyeshadow-Powder
Engl. für Lidschattenpuder. Siehe auch → Lidschatten.

Eyeshadow-Stick
Engl. für Lidschattenstift. Siehe auch → Lidschatten.

F

Face Powder
Engl. für → Gesichtspuder.

Facial Tonic
Engl. für → Gesichtswasser.

Färbemittel
Oberbegriff für alle Farbstoffe (löslich), Farbpigmente und Farblacke (beide unlöslich). Kosmetische Färbemittel werden entweder eingesetzt, um die Produktoptik zu beeinflussen, oder nach dem Auftrag einen farblich sichtbaren Effekt zu erzielen (→ dekorative Kosmetika). Alle zugelassenen Färbemittel sind im Anhang 3 der Kosmetikverordnung gemäß ihrem Anwendungsbereich, Reinheitsanforderungen und möglicher Höchstmengen gelistet. In der INCI-Deklaration sind sie am Ende als C.I.-Nummer aufgeführt.
• **Anwendungsbereich 1:**
Geeignet zur Herstellung aller kosmetischen Präparate.
• **Anwendungsbereich 2:**
Geeignet zur Herstellung von kosmetischen Präparaten, die nicht mit den Schleimhäuten des Auges in Berührung kommen können.
• **Anwendungsbereich 3:**
Geeignet zur Herstellung von kosmetischen Präparaten, die nicht mit den Schleimhäuten (Auge und Lippe) in Berührung kommen.
• **Anwendungsbereich 4:**
Geeignet zur Herstellung von kosmetischen Präparaten, die nur kurzzeitig mit der Haut in Berührung kommen (Rinse-off-Präparate).

Im Bereich der → Haarfärbemittel unterscheidet man direktziehende Farbstoffe und Oxidationshaarfarben.

Falten
Alterserscheinungen der Haut, die durch Nachlassen des Hautturgors und Degeneration der elastischen Fasern im Bindegewebe entstehen. Die Faltenbildung kann durch regelmäßige bzw. übermäßige Sonnenexposition beschleunigt werden. Auch unsachgemäße Hautpflege (Austrocknung) oder Radikaldiäten können zu vermehrt auftretender Faltenbildung führen.

Man unterscheidet allgemein:
1. Bildungsfalten
Das sind Falten, die sich nach den anatomischen Hautunterlagen (Muskulatur, Fettansatz) gebildet haben.
2. Bewegungsfalten
Das sind Falten, die durch die Körperbewegung gebildet werden.
3. Mimische Falten
Sie sind Bewegungsfalten des Gesichtes. Hierzu gehören Querfurchen und Querfalten auf der Stirn, senkrechte Falten über der Nasenwurzel, konvexe und konkave Falten im Bereich der Augenlider (Lachfältchen) und die Nasolabialfalten.
4. Trockenheitsfältchen
Entstehen durch Austrocknung der Hornschicht. Sie können durch Anwendung feuchtigkeitsspendender Präparate (Hydratisierung der Hornschicht) gemildert werden.

Faltenglättungsmittel
→ Anti-Falten-Produkte. Sammelbezeichnung für Präparate, die feine Fältchen mildern sollen. Es handelt sich dabei in erster Linie um Produkte mit feuchtigkeitsspendender u./o. den Zellstoffwechsel anregender Wirkung. Dazu zählen u.a. Hyaluronsäure, Glycerin, Proteinhydrolysate, Co-Enzyme, Vitamin E oder hormonähnliche Stoffe wie das Pregnolon.
Auch filmbildende Präparate werden als Faltenglättungsmittel empfohlen: Eine wässrige Lösung von Serumalbumin (oder das alte Hausmittel Eiereiweiß) bewirkt zwar keine strukturelle Veränderung der Haut, aber der aufgetragene Film spannt beim Eintrocknen das darunter liegende Gewebe für einige Stunden. (→ Gesichtspackungen, Gesichtsmasken).
Im Rahmen medizinischer Behandlungen werden zur Faltenreduzierung auch Softlaserbehandlungen, Faltenunterspritzungen und Implantationen durchgeführt. → Schönheitsoperationen

Faltenreduzierung, optische
Kann durch den Einsatz spezieller Effektpigmente (lichtstreuende Pigmente) in Gesichtspudern, Tagescremes, Abdeckprodukten oder Grundierungen erreicht werden. Aufgrund ihrer unregelmäßigen Oberflächenstruktur sind sie in der Lage, das einfallende Licht diffus, d.h. in verschiedene Richtungen, zu reflektieren. Man spricht daher auch von diffus lichtstreuenden Pigmenten, Light-Diffusing-, Soft Focus oder Line-Minimizing-Pigmenten (→ Lichtstreuung, diffuse). Feine Fältchen kommen optisch weniger stark zur Geltung, da sie nicht so stark „ausgeleuchtet" werden.

Fango
Mineralschlamm vulkanischen Ursprungs aus heißen Quellseen, der in der Medizin zu Einpackungen und Umschlägen benutzt wird als Antirheumatikum, Antiphlogistikum und Antineuralgikum, bei Leber-, Gallen- und Frauenleiden. Er enthält neben organischen Stoffen u.a. Calcium-, Aluminium-, Magnesium- und Eisensalze. → Peloidbäder. In der Kosmetik wird Fango gelegentlich für Gesichtspackungen verwendet.

Farbberatung
Auch Farbtypberatung, Typ- und Stilberatung. Ziel ist, die Farben zu bestimmen, die besonders gut mit den natürlich vorhandenen Farben der betreffenden Person harmonieren. Dabei spielen die Haut-, Augen- und Haarfarbe eine wichtige Rolle. Die Auswahl der passenden Farbgruppen kann mithilfe von Farbtüchern erfolgen. Eine bekannte Unterteilung von Farbtypen sind die Frühlings-, Sommer-, Herbst- und Wintertypen.

Farblacke
Allgemeine Bezeichnung für organische, unlösliche Farbpigmente, die durch Fällen eines löslichen Farbstoffes mit Metallsalzen, wie z.B. Calcium, Strontium- oder Bariumsalz, entstanden sind. Dazu zählen z.B. die Azo-, Chinolin- und Xanthenverbindungen. Sie zeichnen sich durch eine starke Leuchtkraft aus und wirken schon in geringsten Konzentrationen intensiv färbend. Haupteinsatzgebiet ist die dekorative Kosmetik im Bereich der Lippenstifte und Nagellacke.

Farbpigmente
Man unterscheidet organische und anorganische Farbpigmente. Beide Formen haben eine intensive Färbekraft und hinterlassen einen matten Farbeindruck. Vornehmliches Einsatzgebiet sind die Produkte der dekorativen Kosmetik. Die Einsatzkonzentration kann, je nach Produktform, zwischen 1 und 30% liegen. Zu den wichtigsten anorganischen Farbpigmenten zählen:
(C.I. 77891) Titandioxid (weiß)
(C.I. 77492) Eisenoxidgelb
(C.I. 77491) Eisenoxidrot
(C.I. 77499) Eisenoxidschwarz
(C.I. 77288) Chromoxidgrün
(C.I. 77289) Chromoxidhydratgrün
(C.I. 77007) Ultramarinblau
(C.I. 77742) Manganviolett
(C.I. 77510) Preußischblau
Zu den wichtigsten organischen Farbpigmenten zählen die → Farblacke und das natürlich gewonnene unlösliche → Karmin (Aluminium-Calcium-Lack).

Farbstoffe
Oberbegriff für wasser- und öllösliche Färbemittel, die i.d.R. zur Verbesserung der Produktoptik in Tensidpräparaten, Emulsionen, wässrigen oder alkoholischen Lösungen u.Ä. eingesetzt werden. Meist handelt es sich um organische Farbstoffe. Gemäß ihrer Herkunft unterscheidet man:
1. Farbstoffe natürlichen Ursprungs wie z.B. Carotin, Chlorophyll, Sepia, Karminsäure, Bixin oder Betanin.
2. Synthetisch hergestellte Farbstoffe, wie z.B. Azo-, Anthrachinon-, oder Triphenylmethanfarbstoffe.
Siehe auch → Haarfärbemittel.

Farbstoffe, direkt ziehende → direkt ziehende Farbstoffe

Farbtreue
Fachausdruck für die Übereinstimmung der äußerlich sichtbaren Farbe (Produktoptik) von dekorativen Kosmetika mit dem Farbeindruck nach der anwendungsgemäßen Applikation.

Farnesol

$\bigwedge\bigwedge\bigwedge$CH₂OH

Sesquiterpenalkohol, der u.a. im Maiglöckchenöl, im Lindenblütenöl und in Moschuskörnern vorkommt. Farbloses Öl von maiglöckchenarti-

gem Geruch, das als Riechstoff Verwendung findet.
Synthetisches Farnesol kann aufgrund seiner bakteriostatischen Wirkung in Deodorantien eingesetzt werden.

Faserstamm
Aus Cortex- und Medullazellen bestehender Teil des Haarschafts, der von der Cuticula umhüllt wird.

Faserstifte
Dekorative kosmetische Stiftprodukte, die in Aufbau und Funktion mit Faserschreibgeräten vergleichbar sind. Sie enthalten i.d.R. einen mit löslichen Farbstoffen getränkten faserigen Kern. Über eine Filzstiftspitze wird die Farblösung auf die Haut aufgetragen, die Deckkraft ist jedoch geringer als bei Produkten, die Farbpigmente enthalten. Für diese Anwendungsform eignen sich z.B. semipermanente Tattoostifte oder Eyeliner.

Faulecke → Angulus infectiosus oris

Favus
(lat. = Honigwabe. Wegen der Ähnlichkeit im Aussehen so benannt.) Dermatomycosis favosa, Grindpilzflechte, Erbgrind. Krankheit der behaarten Kopfhaut. Der Pilz Trichophyton schoenleinii dringt in die Haarfollikel ein und befällt von da aus die Hornschicht. Die um das Haar herumgebildeten Kolonien werden als Schildchen (Scutula) bezeichnet. Die rundlichen, oberseits konkaven, unterseits konvexen Platten sind schwefelgelb gefärbt. Charakteristisch ist der Geruch nach Mäuseharn. Die Haare sind fahl und brechen ab. An den Einflussstellen der Krankheit bildet sich eine Atrophie aus. Die mechanischen und toxischen Schädigungen durch den Pilz können infolge der atropischen Prozesse die Kopfhaut dauernd schädigen. Die Haare können nicht nachwachsen. Favus gehört zu den schwersten und hartnäckigsten Pilzkrankheiten.

Favus der Nägel
Onychomycosis favosa. Graue bis gelbe Massen zunächst unter, später in der Nagelsubstanz.

FCKW
Abkürzung für Fluorchlorkohlenwasserstoffe. Halogenierte → Treibgase, die für den Ozonabbau in der Stratosphäre verantwortlich sind und seit 1991 in der EU nicht mehr eingesetzt werden dürfen.

FDA
Abkürzung für Food and Drug Administration. Diese Behörde überwacht in den USA die Kosmetika-, Nahrungs- und Arzneimittelherstellung.

FD&C (Farbstoffe)
Abkürzung für Food, Drug & Cosmetic (Lebensmittel, Arzneimittel und Kosmetik). Farbstoffe, die den US-amerikanischen Gesetzen (Code of Federal Regulations) entsprechen und zur Färbung von Lebens-, Arzneimitteln und Kosmetika zugelassen sind.

Feilen
Mechanische Hilfsmittel für die Nagelpflege, die zur Glättung der Nageloberfläche und -kanten dienen. Sie können aus verschiedenen Materialien gefertigt sein (z.B. Sandblattfeile, Mineralfeile). Im Bereich der → Nagelmodellage sind Feilen mit unterschiedlicher Körnung wichtige Utensilien zur Vorbereitung der Nägel.

Feinseifen
Auch Toiletteseifen. Reinigungsmittel für die Haut, die als Stückseifen (→ Seife) oder → Syndetseife konzipiert sein können.

Feldthymian → Quendel

Fenchel → Fenchelöl

Fenchelöl
Foeniculi amari aetheroleum DAB 2001. Die getrockneten Früchte von Foeniculum vulgare enthalten mindestens 4% des ätherischen Öls. Das Fenchelöl besteht aus 50–70% trans-Anethol (4-Propenylanisol), 12–23% Fenchon, das campherartigen Geruch verursacht, ferner Methylchavicol und α-Pinen. Es wird zur Aromatisierung von Mundpflegemitteln verwendet, gelegentlich auch in der Parfümerie. Fenchelaufgüsse (Fencheltee) und Fenchelwasser werden für Augenspülungen und Augenkompressen und als Mundpflegemittel empfohlen, Fenchelextrakte für Badepräparate.

Fenchon
Inhaltsstoff des Fenchel- und Thujaöls, der für

Badepräparate und Luftverbesserungsmittel verwendet werden kann. → Fenchel

(+)-Fenchon

Fermentation
Von lat. fermentum = Gärung, Gärungsmittel. Abgeleitete Bezeichnung für chemische Prozesse, die unter bestimmten Lagerbedingungen unter dem Einfluss von Enzymen und Mikroorganismen stattfinden.

Fermente
Ältere Bezeichnung für → Enzyme.

Fettalkohohle
(→ Alkohole) Einwertige primäre Alkohole mit 8–22 C-Atomen mit verzweigten oder unverzweigten Ketten. Sie werden aus natürlichen Ölen und Fetten durch Spaltung und Hochdruckhydrierung hergestellt. In der Natur kommen fast nur solche mit einer geraden Anzahl von C-Atomen vor.
Fettalkohole sind neutrale, leicht emulgierbare, hoch siedende ölige Flüssigkeiten oder farblose weiche Massen, praktisch unlöslich in Wasser, leicht löslich in Ethanol. Verwendung zur Verfestigung oder Verbesserung von Hautcremes und Salben (Cetyl- und Cetylstearylalkohol), zur Herstellung von Fettalkoholpolyglykolethern und -sulfaten, und, mit Fettsäuren verestert, als fettende Komponente in Salben, Hautcremes, Hautölen usw. (→ Wachsester)
Ungesättigte Fettalkohole, vor allem der Oleylalkohol, kommen im Spermöl mit ungesättigten Fettsäuren verestert vor. Von den verzweigten Fettalkoholen ist Octyldodecanol vielfach im Einsatz.

Fettalkoholethersulfate → Fettalkoholpolyglykolethersulfate

Fettalkoholpolyglykolether
Alkylpolyglykolether, Fettalkoholethoxylate. Durch Umsetzung von Fettalkoholen mit Ethylenoxid erhält man Verbindungen der allgemeinen Formel
$R–O–(CH_2–CH_2–O)_n–H$
R = Alkylrest mit 10–20 C-Atomen
n = Zahl der Ethylenoxid-Moleküle, vorzugsweise 2–20

Nichtionische Tenside, die mit anderen Tensiden gut verträglich sind. Sie reagieren neutral und sind durch das Fehlen salzartiger Gruppen gegen hartes Wasser, Säuren und Alkalien unempfindlich. Je nach Länge des hydrophoben Molekülteils (R = Alkylrest) und nach dem Ethoxylierungsgrad (n = Anzahl der Ethylenoxid-Moleküle) ergeben sich Reaktionsprodukte verschiedener anwendungstechnischer Eigenschaften, z. B. flüssiger oder wachsartiger Konsistenz, lipid- oder wasserlösliche.
Verwendung als Lösungsvermittler für Fette und Öle in Dusch- und Schaumbädern, Badeölen, Gesichts- und Rasierwässern, als Emulgatoren und Emulsionsstabilisatoren für Cremes und flüssige Emulsionen, als Salbengrundlage etc.

Fettalkoholpolyglykolethersulfate
Alkylpolyglykolethersulfate, Fettalkoholethersulfate. Sie entstehen durch Sulfatierung der Fettalkoholpolyglykolether. Ihre Salze sind Aniontenside mit hervorragendem Wasch- und Schaumvermögen, hartwasserbeständig, hautverträglich und biologisch abbaubar.
Allgemeine Formel:
$R–O–(CH_2–CH_2–O)_n–CH_2–CH_2–O–SO_3–Me$
R = Alkylrest mit 10–14 C-Atomen
n = Anzahl der Ethylenoxid-Moleküle, meist 2–5
Me = Natrium, Magnesium, Triethanolamin o. a.
Fettalkoholethersulfate sind wichtige Waschrohstoffe für Shampoos, Schaumbäder, Flüssigseifen und andere Reinigungsmittel, speziell Natriumlaurylethersulfat.

Fettalkoholsulfate
Alkylsulfate. Salze der sauren Fettalkoholschwefelsäureester, die zu den anionischen Tensiden gehören. Schäumende Waschmittel, die im Gegensatz zu den Seifen mit Calcium und Magnesium keine Niederschläge geben. Sie reagieren neutral in wässriger Lösung, sind beständig gegen Säuren und Alkalien.
Allgemeine Formeln:

(prim.) $C_nH_{2n+1}–C–O–S–O–Me^I$

(sec.) $C_nH_{2n+1}–C–C_nH_{2n+1}$ mit $O–S–O–H(Me^I)$

Die Sulfogruppe SO_3H ist bei den Fettalkoholsulfaten über eine Sauerstoffbrücke mit dem Alkylrest verbunden.
Die Salze der Fettalkohol-Schwefelsäureester

sind wichtige Rohstoffe der pharmazeutisch-kosmetischen Verfahrenstechnik, z. B. Natriumlaurylsulfat.
Verwendung für Schaumbäder, Shampoos, Mund- und Zahnpflegemittel. Reizlose, neutrale, beständige Emulgatoren für Salben, Cremes, Emulsionen vom O/W-Typ. Anwendungsbereich zwischen pH 4–10.

Fettamine
Ersetzt man im Ammoniak die Wasserstoffatome stufenweise durch organische Reste, so erhält man primäre (RNH_2), sekundäre (R_2NH) und tertiäre Amine (R_3N). Wenn wenigstens ein R ein Alkylrest mit mehr als 8 C-Atomen ist, so spricht man von Fettaminen. Diese sind flüssig bis pastenförmig bis fest, in Wasser wenig, aber in organischen Lösungsmitteln gut löslich.
Fettamine sind Ausgangsstoffe für die Herstellung von Fettaminoxiden, Fettaminpolyglykolethern und quaternären Ammoniumverbindungen.

Fettaminethoxylathe → Fettaminpolyglykolether

Fettaminpolyglykolether
Sie werden durch Umsetzen von Ethylenoxid mit Fettaminen erhalten, z. B. mit Lurylamin, Kokosfettamin, Talgfettamin, Oleylamin, Stearylamin.
Allgemeine Formel:

$$R-N\begin{matrix}(CH_2CH_2O)_nH\\(CH_2CH_2O)_mH\end{matrix} \quad \text{oder} \quad \begin{matrix}R_1\\R_2\end{matrix}N-(CH_2CH_2O)_nH$$

Eigenschaften: Nichtionogene Verbindungen, die mit anionaktiven Produkten verarbeitet werden können, ohne dass es zur Bildung von unlöslichen, elektroneutralen Verbindungen kommt. In sauren Lösungen reagieren sie kationaktiv. Die Vereinigung von nichtionogenen mit kationaktiven Eigenschaften verleiht den Fettaminpolyglykolethern eine vielseitige Anwendung als Netzmittel, Emulgatoren, Antistatika, Verdickungs- und Konditioniermittel.

Fettcremes
Kaum noch verwendete allgemeine Bezeichnung für Produkte mit einem hohen Gehalt an Öl- und Fettkomponenten. Dazu zählen z. B. Salben, Pasten und W/O-Emulsionen.

Fette
Die Bezeichnungen Fette und Öle werden häufig parallel verwendet, wobei Fette eher mit einer festeren Konsistenz in Verbindung gebracht werden. Für kosmetische Produkte sind Fette pflanzlichen und tierischen Ursprungs geeignet. Auf die Verwendung von Rohstoffen tierischer Herkunft, wie z. B. die im Rindertalg enthaltenen Palmitin-, Stearin-, und Ölsäure wird jedoch zunehmend verzichtet. Zu den pflanzlichen, häufig eingesetzten Fetten zählen z. B. Kakaobutter, Kokosfett und Palmkernfett. Sie enthalten neben ungesättigten vorwiegend gesättigte Fettsäuren, wie Laurin-, Myristin-, Palmitin- und Stearinsäure. In den flüssigen Pflanzenfetten finden sich höhere Anteile von ungesättigten Fettsäuren wie z. B. die Linol- und Linolensäure. Diese Fettkomponenten tragen zur Geschmeidigkeit der Hornschicht bei und können in Hauptpflegepräparaten eingesetzt werden.

fette Öle
Allgemeine Bezeichnung für Öle, die (auf der Haut) einen ausgeprägt fettigen, glänzenden Eindruck hinterlassen, kaum einziehen und einen okklusiven Charakter aufweisen.

Fetthärtung
Überführung ungesättigter, niedrig schmelzender oder flüssiger Öle und Fette in feste gesättigte Fette durch katalytische → Hydrierung. Dabei wird bei erhöhter Temperatur und erhöhtem Druck Wasserstoff an eine oder mehrere C=C-Doppelbindungen addiert. Die gehärteten Fette sind haltbarer als die Ausgangsprodukte.

Fettgewebe → Unterhautfettgewebe

Fettsäurealkanolamide
Allgemeine Formeln:

$$R-\overset{O}{\underset{\|}{C}}-N\begin{matrix}C_nH_{2n}OH\\H\end{matrix} \qquad R-\overset{O}{\underset{\|}{C}}-N\begin{matrix}C_nH_{2n}OH\\C_nH_{2n}OH\end{matrix}$$

Sie gehören zu den nichtionogenen Tensiden. Die Monoalkanolamide der gesättigten Fettsäuren sind wachsartig. Die Dialkanolamide sind flüssig. Sie besitzen allein keine Waschwirkung, sind aber wichtige Zusatzstoffe als Schaumstabilisatoren, Rückfetter und Verdickungsmittel. Verwendung für Syndetseifen, Shampoos, Schaumbäder, Handwaschpasten u. a.

Fettsäurealkanolamidethoxylate

Nichtionische, biologisch abbaubare Tenside. Verwendung in Shampoos und Schaumbädern als Rückfettungsmittel, Schaumstabilisator und Lösungsvermittler für Parfümöle.

$$CH_3(CH_2)_{10}-\overset{O}{\underset{\|}{C}}-N\overset{(CH_2CH_2O)_nH}{\underset{CH_2CH_2OH}{}}$$

Fettsäureamide
Allgemeine Formel:

$$R-\overset{O}{\underset{\|}{C}}-N\overset{H}{\underset{H}{}}$$

R = Alkyl mit 11–17 C-Atomen

Die Fettsäureamide haben als Dodecanamid, Hexadecanamid und Octadecanamid einige Bedeutung erlangt. 9-Octadecenamid dient als Verdickungsmittel, Schaumbooster und Schaumstabilisator für Tenside.

Fettsäureamidpolyglykolether

$$R-\overset{O}{\underset{\|}{C}}-N\overset{(CH_2CH_2O)_xH}{\underset{(CH_2CH_2O)_yH}{}}$$

Ethoxylierte Fettsäureamide.
Eigenschaften: Nichtionogene Substanzen, unempfindlich gegen hartes Wasser, verdünnte Säuren und Alkalien sowie Metallsalzlösungen. Schaumvermögen wenig ausgeprägt, entwickeln jedoch hohe Waschkraft, besitzen gutes Emulgier- und Dispergiervermögen und sind hervorragend hautverträglich. Durch Kälte und Wärme keine Änderung der chemischen, physikalischen und technischen Eigenschaften.
Verwendung vielseitig als Tenside für Spezialzwecke, z. B. als Lösungsvermittler für Parfümöle und Farbstoffe in Shampoos und Schaumbädern.

Fettsäurediethanolamide → Fettsäurealkanolamide

Fettsäureester

Die Ester von Fettsäuren mit kurzkettigen Alkoholen wie Isopropyl- und Butylalkohol zeichnen sich durch gutes Spreitvermögen aus und können vielseitig, z. B. in Emulsionen, Stiften oder Pasten eingesetzt werden.
Verzweigt kettige Fettsäureester haben stets einen niedrigeren Schmelzpunkt als unverzweigte.
Ester mit mehrwertigen Alkoholen → Ethylenglykolfettsäureester, → Glycerolfettsäureester.
Ester mit höheren Alkoholen → Wachse.

Fettsäureglutamate

Salze der N-Acylverbindungen der Glutaminsäure der allgemeinen Formel

$$R-\overset{}{\underset{\|}{C}}-NH-CH-COONa$$
$$\overset{}{O}CH_2-CH_2-COOH$$

Anionische Tenside für hautschonende Körperreinigungsmittel und Shampoos mit gutem Schaumvermögen. Cocoylglutamat soll die Adsorption von Ethersulfaten auf der Haut vermindern und ist als Emulgator für Kaltemulsionen geeignet.

Fettsäureglyceride → Glycerolfettsäureester

Fettsäureglykolester → Ethylenglykolfettsäureester

Fettsäureisethionate

Acylestersulfonate $RCO-O-H_2C-CH_2-SO_3Na$. Fettsäureester der 2-Hydroxy-1-ethansulfonsäure, Natriumsalz. Anionaktive, hartwasserbeständige Tenside mit guter Schaum- und Reinigungswirkung für milde Hautwaschmittel und Zahnpasten.

Fettsäuremethyltauride

$R-CO-N(CH_3)-CH_2-CH_2-SO_3Na$. Anionische, sehr milde Tenside auf der Basis von Palmkern-/Kokosfette, Stearinsäure oder Ölsäure. Sie sind besonders geeignet für den Einsatz in milden Tensid- und Mundpflegepräparaten.

Fettsäuremonoglykolester → Ethylenglykolfettsäureester

Fettsäuren

Ursprünglich die aus pflanzlichen und tierischen Fetten durch Verseifung gewonnenen C_4–C_{24}-Carbonsäuren, dann Gruppenbezeichnung für alle aliphatischen gesättigten und ungesättigten, verzweigten und unverzweigten Carbonsäuren. Fettsäuren mit 1–7 C-Atomen bezeichnet man als niedere, mit 8–12 C-Atomen als mittlere,

über 12 C-Atome als höhere Fettsäuren, von denen in der Natur vor allem die geradzahligen vorkommen.
Für die technisch wichtigen Vertreter sind Trivialnamen üblich:
Ameisensäure (HCOOH),
Essigsäure (CH_3COOH),
Propionsäure (C_2H_5COOH),
Buttersäure (C_3H_7COOH),
Valeriansäure C_4H_9COOH),
Capronsäure ($C_5H_{11}COOH$),
Önanthsäure ($C_6H_{13}COOH$),
Caprylsäure ($C_7H_{15}COOH$),
Pelargonsäure $C_8H_{17}COOH$),
Carpinsäure ($C_9H_{19}COOH$),
Undecansäure ($C_{10}H_{21}COOH$),
Laurinsäure ($C_{11}H_{23}COOH$),
Myristinsäure $C_{13}H_{27}COOH$),
Palmitinsäure ($C_{15}H_{31}COOH$),
Stearinsäure ($C_{17}H_{35}COOH$),
Arachinsäure ($C_{19}H_{39}COOH$),
Behensäure ($C_{21}H_{43}COOH$),
Lignocerinsäure ($C_{23}H_{47}COOH$),
Cerotinsäure ($C_{25}H_{51}COOH$),
Melissinsäure ($C_{29}H_{59}COOH$).
Von den einfach- oder mehrfach ungesättigten Fettsäuren sind für die Kosmetik wichtig:
Acrylsäure (C_2H_3COOH),
Sorbinsäure (C_5H_7COOH),
Undecensäure ($C_{10}H_{19}COOH$),
Ölsäure ($C_{17}H_{33}COOH$),
Linolsäure ($C_{17}H_{31}COOH$),
Linolensäure ($C_{17}H_{29}COOH$),
Arachidonsäure ($C_{19}H_{31}COOH$),
Clupanodonsäure ($C_{21}H_{33}COOH$).

Fettsäuren, gesättigte
Monocarbonsäuren, die keine Doppelbindungen enthalten. Als Glycerolester kommen sie als Hauptbestandteil in vielen tierischen und pflanzlichen Fetten vor. Beispiele: Palmitin-, Stearinsäure.

Fettsäuren, essenzielle
Mehrfach ungesättigte Monocarbonsäuren, die der Körper nicht selbst herstellen kann. Sie müssen über die Nahrung aufgenommen werden. Den mehrfach ungesättigten Fettsäuren wurde deshalb Vitamincharakter zugesprochen. Man bezeichnete sie als „Vitamin F". Bei Mangel an ungesättigten Fettsäuren kommt es zu Störungen der Barrierefunktion der Haut, sie wird trocken, welk und fahl. Haare und Nägel werden stumpf und brüchig. Durch perkutane Applikation können diese Symptome günstig beeinflusst werden. Zu den wichtigsten essenziellen Fettsäuren zählen Linolsäure, γ-Linolensäure und die Omega-3-Fettsäure. Sie sind u.a. in Keimölen und Nachtkerzenöl enthalten und eignen sich besonders zum Einsatz in Pflegeprodukten für trockene Haut.

Fettsäuren, ungesättigte
Monocarbonsäuren, die ein- oder mehrere Doppel- bzw. Dreifachbindungen enthalten. Sie kommen als unverzweigte Kohlenstoffkette in Pflanzenölen vor, wo sie mit Glycerol verestert sind. Sie unterliegen leicht der Autoxidation und sollten durch Antioxidanzien geschützt werden.

Fettsäurepolyglykolester → Polyethylenglykolester

Fettsäure-Polypeptid-Kondensate → Eiweiß-Fettsäure-Kondensate

Fettsäuresarkosinate
Salze der N-Acylverbindungen des Sarkosins (N-Methylaminoessigsäure) der allgemeinen Formel:

$$R–CO–N–CH_2COO–Me$$
$$|$$
$$CH_3$$

Anionische Tenside für hochwertige, hautschonende Körperreinigungsmittel und Shampoos mit gutem Schaumvermögen.

Fettsalben
Veralteter Begriff für wasserfreie Präparate, die i.d.R. Wachse, Fette und Öle als Basiskomponenten enthalten. Sie überziehen die Haut mit einem okklusiven Fettfilm, der zu einer Feuchtigkeitsanreicherung in der Hornschicht beiträgt. Sie können u.a. als Kälteschutzpräparate eingesetzt werden.

Fettschminken
Veraltete Bezeichnung für wasserfreie dekorative Kosmetika. Präparate, die sich hauptsächlich aus Wachsen, verschiedenen Fetten, Ölen und Farbpigmenten zusammensetzen, werden heute den → Pasten zugerechnet. Zu dieser Kategorie zählen z.B. Creme-Rouge oder Compact-Make-

Fettstabilisatoren

up. Theaterschminken werden z.T. auch heute noch als Fettschminken bezeichnet.

Fettstabilisatoren
Sustanzen, die das Verderben von Fetten und fetthaltigen Präparaten verhindern sollen. → Antioxidanzien, → Ranzidität.

Feuchthaltemittel
Es handelt sich vorwiegend um Stoffe, die geeignet sind, kosmetische Zubereitungen wie z.B. Zahnpasten, O/W-Emulsionen u.a. vor dem Austrocknen zu bewahren. Dazu gehören: Sorbit, Natriumlactat/Milchsäure, Glycerol, Glykole, Polysaccharide. Gelegentlich werden auch kosmetische Wirkstoffe, die zur Hydratisierung der Hornschicht beitragen, als Feuchthaltemittel bezeichnet. → Feuchtigkeitsspender

feuchtigkeitsbindende Präparate
Produkte, die die Haut nicht austrocknen, die körpereigene Hautfeuchtigkeit jedoch bewahren. Vergl. → feuchtigkeitsspendende Präparate.

feuchtigkeitsspendende Präparate
Auch Moisturizing Cream oder Moisturizer genannt. Pflegeprodukte, die meist als Emulsion, teilweise auch als Gel konzipiert sind. Ziel ist es, durch ihre Anwendung die Hautfeuchtigkeit zu erhöhen. Dabei werden in der Formulierung → Feuchtigkeitsspender eingesetzt. Der Einsatz okklusiver Fette oder Öle ist auch möglich, da auf diesem Wege die Wasserabgabe der Haut reduziert wird. Die feuchtigkeitsspendende Wirkung lässt sich messtechnisch mithilfe eines Corneometers (Messung der elektrischen Leitfähigkeit) ermitteln.

Feuchtigkeitsspender
Substanzen, die kosmetischen Pflegepräparaten zugesetzt werden, um die Hydratisierung der Hornschicht bzw. das Wasserbindevermögen der Haut zu erhöhen. Es handelt sich i.d.R. um hydrophile Stoffe, die Wasser an sich binden. Die Haut wird dadurch glatt und geschmeidig. Geeignete Substanzen sind z.B. Aloe Vera, Hyaluronsäure, Glyzerin und die Kombination von Stoffen, die dem natürlichen NMF nachempfunden sind (Harnstoff, Milchsäure, Natriumsalz der Pyrrolidoncarbonsäure, Aminosäuren). → feuchtigkeitsspendende Präparate

Feuchttücher
Auch (Wet) Wipes oder feuchte Reinigungstücher. Oberbegriff für getränkte Tücher, die gebrauchsfertig und z.T. einzeln verpackt sind. Meist handelt es sich um mit einer Reinigungsflüssigkeit befeuchtete Tücher, die z.B. als Erfrischungstücher, Baby-Reinigungstücher, Desinfektionstücher, Make-up-Entfernertücher, Deodoranttücher oder Toilettenpapier angeboten werden.
Das Tuchmaterial muss nassfest sein. Es besteht meist aus einer Viskose/Cellulosefaser- oder einer Viskose/PP-Faser Mischung, teilweise auch aus reiner Baumwolle oder 100% Viskose. Bei Erfrischungstüchern handelt es sich i.d.R. um so genannte Nasskrepp-Papiere.
Als Tränkflüssigkeiten kommen infrage
• wässrig tensidische Lösungen
• wässrig alkoholische Lösungen
• W/O- und O/W-Emulsionen
• Ölmischungen
Je nach Anwendungszweck werden der jeweiligen Formulierung spezifische Hilfs- und Wirkstoffe wie z.B. Feuchthaltemittel, Konservierungsmittel, Alkohol oder Parfümöle zugesetzt.

Feuermal
Naevus vasculosus sive flammeus. Angeborener, mehr oder weniger schnell wachsender rötlicher Fleck, der nicht über das Niveau der Haut herausragt.

Fibrillen
(lat. fibrilla, Verkleinerungsform zu fibra = Faser) Fadenförmige Strukturen aus Proteinen, die in verschiedenen Zellarten vorkommen können: Kollagene Fibrillen im Bindegewebe, Myofibrillen im Muskelgewebe, Neurofibrillen im Nervengewebe, Tonofibrillen im Epithelgewebe, Keratinfibrillen der Haare.

Fibroblasten
Ortsständige junge, noch nicht ausgereifte Bindegewebszellen, die Interzellularsubstanz bilden können.

Fibrome
Gutartige Geschwülste des Bindegewebes. Fibroma durum: harte Bindegewebsgeschwulst; Fibroma molle: weiche Bindegewebsgeschwulst; Fibroma simplex: aus Bindegewebe bestehendes Hautknötchen.

Fibrozyten
Reifere ruhende Bindegewebszellen mit eingeschränkter Fähigkeit, Interzellularsubstanz zu bilden.

Fichtennadelextrakt
Extrakt aus Nadeln oder jungen Zweigen verschiedener Pinusarten, denen nach dem Eindampfen Fichtennadelöle zugesetzt werden, da die ätherischen Öle beim Eindampfen verloren gehen. Verwendung für Badepräparate mit tonisierender, hyperämisierender, spasmolytischer Wirkung.

Fichtennadelöl
Aus Nadeln und frischen Zweigen verschiedener Fichten- und Tannenarten durch Wasserdampfdestillation gewonnenes ätherisches Öl. Je nach Herkunft kann es bis zu 45% Bornylacetat enthalten, 12–40% α- und β-Pinen, 18–32% β-Phelandren, 10–20% Camphen und geringe Mengen anderer Monoterpene. Fichtennadelöle werden gerne zur Parfümierung von Seifen, Badepräparaten und Shampoos verwendet.

Filamente
Technische Bezeichnung für feine, dünne Fasern aus synthetischem Material. Im kosmetischen Bereich sind das z. B. die Borsten einer Mascarabürste oder eines Nagellackpinsels.

Filmbildner
Stoffe, die in der Lage sind, einen Film auszubilden. Umgangssprachlich werden Filmbildner teilweise auch einfach als Polymere bezeichnet. Sie werden in kosmetischen Präparaten eingesetzt, um durch die → Filmbildung eine gute Haftfestigkeit bzw. Unempfindlichkeit des aufgetragenen Produktes zu erhalten. Filmbildner finden häufig Verwendung in Sonnenschutzpräparaten, Nagellacken (Nitrocellulose) und Mascara (PVP, PVP-/VA-Copolymere, Acrylates/Octylacrylamide Copolymere oder Acrylates Copolymere). In Haarstylingprodukten wie z. B. Haarsprays dienen vielfach PVP-/PVA- oder Vinylacetat/Crotonsäure-Copolymere (neutralisiert mit Fettaminen) als Filmbildner. Nur noch selten wird heute natürlich gewonnener Schellack eingesetzt.

Filmbildung
Verdunstet nach der Applikation eines Kosmetikums das zuvor enthaltene Lösemittel (z. B. Wasser, Alkohol, flüchtiges Siliconöl o. Ä.), bilden die restlichen Formulierungsbestandteile einen Produktfilm aus. Dieser Film kann geschlossen sein, aber auch offenen Charakter haben. Kennzeichen eines geschlossenen Films ist die Ausbildung einer trocken wirkenden, glatten Oberfläche, die durch weitere Berührungen nicht mehr verändert wird (z. B. bei Nagellack, Mascara, Haarspray, Haarfestiger). Einen offenen Produktfilm können Lipgloss, Lippenstifte, fettreiche W/O-Emulsionen, Salben und Pasten hinterlassen, wenn sie einen hohen Anteil an okklusiven Fettkomponenten enthalten. Zur Unterstützung und Ausbildung eines geschlossenen Films werden i. d. R. → Filmbildner eingesetzt.

Fingernägel, künstliche → Nagelmodellage

Fischschuppenkrankheit → Ichthyosis

Fischsilber
Guanin, Fischschuppenessenz. Blättchenförmiges Pigment, das aus Weißfischschuppen (Hering, Ukelei) gewonnen wird und überwiegend aus Guanin und Hypoxanthin besteht, heute jedoch aufgrund des hohen Preises kaum noch verwendet wird. Die erzielbaren perlmuttglänzenden Effekte können in ähnlicher Weise durch die Verwendung von → Perlglanzpigmenten erreicht werden.

Fissur
(lat. fissura = Spalte) Spaltbildung, Schrunde, Rhagade. Hauteinriss bei unelastisch gewordener spröder Haut.

Fixateure
In der Parfümerie Stoffe, die imstande sind, dem Duft von Riechstoffen erhöhte Beständigkeit zu verleihen, indem sie die Verdunstung der einzelnen Duftkomponenten so verlangsamen und einander angleichen, dass der Duftcharakter während der Verdunstungszeit möglichst konstant bleibt. Fixateure sind schwer flüchtige hoch siedende Flüssigkeiten, die entweder ihren Eigengeruch lange bewahren (z. B. schwerflüchtige ätherische Öle und Riechstoffe, synthetische Moschuskörper) oder als Katalysatoren der Duftentwicklung wirken (Ambra, Castoreum, Zibet, Muscon u. a.) oder als „echte" Fixateure den Dampfdruck der Duftstoffe ver-

Fixiermittel

mindern (Labdanum, Styrax, Tolubalsam, Benzoe u.a.).

Fixiermittel
Wässrige Lösungen, die bei der Dauerwellbehandlung als Oxidationsmittel zur Fixierung der neuen Haarform Verwendung finden. Sie enthalten i.d.R. 0,5–1,5% Wasserstoffperoxid, ca. 1,5% Natriumperborat, Tenside und meist auch verdünnte Säuren wie Zitronen-, Essig- oder Milchsäure. → Dauerwellpräparate

Flaumhaar → Haararten

Flavone, Flavonoide

Gruppe von Verbindungen, denen das Gerüst des 2-Phenyl-1-benzopyran-4-on zugrunde liegt. Dazu gehören eine Reihe von gelben Pflanzenfarbstoffen sowie die Vitamin-P-Faktoren, die die Durchlässigkeit der Gefäßwände beeinflussen. Flavonoiddrogen zeigen entzündungswidrige und antiödematöse Wirkung.

Flechte
In der Medizin: Pilzerkrankung der Haut. → Dermatomykose
In der Botanik: Lagerpflanze (Thallophyten), die eine dauernde Lebensgemeinschaft zwischen Pilzen und Algen darstellen. Zu den kosmetisch interessanten Flechteninhaltsstoffen gehören: Usninsäure, Riechstoffe, Schleimstoffe. → Usnea, → Isländisches Moos.

Flecke
(lat. macula) Umschriebene Farbveränderungen der Haut, die z.B. durch Gefäßerweiterung (Erythem), Blutaustritte ins Gewebe (Blutergüsse), Pigmentveränderungen in der Basalschicht (Sommersprossen) oder Depigmentierung (Vitiligo) entstehen können.

Fliedergrundlage → Terpineol

Florideenstärke
Hydrokolloide aus Rot- und Braunalgen, Salze teilweise mit Schwefelsäure veresterter Polysaccharide. → Agar-Agar, → Carrageenan.

Flüssig-Eyeliner
Auch Liquid- oder Fluid-Eyeliner. Farbpigmenthaltige, leicht fließfähige Emulsionen oder wässrig alkoholische Suspensionen, die durch die Verwendung leicht flüchtiger Komponenten und geeigneter Filmbildner nach dem Auftrag schnell abbinden. Sie sind meist in Containern abgefüllt und mit einem feinen Pinsel oder einer starren, z.T. filzartigen Spitze als Applikator ausgestattet. Der Auftrag erfordert etwas Fingerspitzengefühl und erfolgt direkt über dem Wimpernkranz. Der resultierende Lidstrich ist im Gegensatz zu stiftförmigen Augenkonturenprodukten (z.B. Kajal) konturenschärfer.

Flüssiggase
Bezeichnung für Gase, die bei Zimmertemperatur durch geringen Überdruck verflüssigt werden können.

Flüssigkristalle
Bezeichnung für einen Aggregatzustand, in dem die Moleküle nicht so fixiert sind wie im kristallinen Zustand, aber auch nicht so frei beweglich wie im flüssigen. Flüssigkristalle fließen wie isotrope Flüssigkeiten, aber ihre mechanischen und optischen Eigenschaften sind anisotrop, richtungsabhängig. Sie werden bevorzugt von Substanzen mit lang gestreckten Molekülen gebildet. Diese schmelzen zunächst zu einer trüben Masse, bei der das Kristallgitter zusammenbricht, aber die Moleküle noch eine bestimmte Ausrichtung behalten. Erst bei höherer Temperatur wird die Schmelze klar. Zwischen diesen beiden Temperaturen treten aufgrund optischer Anisotropie Farbeffekte auf, die man sich auch technisch zunutze macht.
Zweiphasige lyotrope Flüssigkristalle können aus amphiphilen Verbindungen und Wasser oder anderen polaren Lösungsmitteln entstehen. Dabei stehen die polaren Gruppen der Substanzen mit dem Lösungsmittel in Wechselwirkung, während sich die Paraffinketten gegenüberstehen. Es kann zur Ausbildung von Schichten, Zylindern oder Kugeln kommen, die im Lösungsmittel unlösliche Stoffe einlagern können. (→ Micellen)
In Tensid-Wasser-Systemen entstehen konzentrationsabhängig verschiedene flüssigkristalline Phasen. Lecithin, ein wichtiger Bestandteil der Zellmembran, ist im Gemisch mit Wasser flüssigkristallin.

Flüssigseifen
Liquid Soap, Soft Soap, Cremeseifen, Cleansing Lotion. Tensidpräparate, die alternativ zur klassischen Stückseife für die Handreinigung einsetzbar sind. Sie enthalten als waschaktive Substanzen meist Natriumlaurylsulfat oder -laurylethersulfat, Amphothenside, ferner Schaumstabilisatoren, Rückfetter, Trübungs- oder Perlglanz- und Konservierungsmittel sowie Parfümöle und werden meist als klare, eingetrübte, eingefärbte oder perlglänzende wässrige Lösungen angeboten.

Fluid/fluid...
Engl. für flüssig, oft Zusatzbezeichnung für sehr fließfähige → Emulsionen.

Fluid-Eyeliner → Flüssig-Eyeliner

Fluid-Foundation → Fluid Make-up

Fluid-Make-up
Auch Fluid-Foundation oder Liquid-Make-up. Dünnflüssige, fließfähige → Grundierung auf Emulsionsbasis, die häufig in Glasflaschen, Dosierspendern oder Tuben mit besonders feiner Öffnung angeboten wird. Diese Formulierungen sind häufig sehr leicht, d.h. wenig fettend eingestellt, ihre Deckkraft ist i.d.R. mittel bis leicht transparent.

Fluorchlorkohlenwasserstoffe → FCKW

Fluorescein
C.I.45350, Uranin. Wasserlösliche, gelbgrün fluoreszierende Xanthenverbindung, die in Form des Dinatriumsalzes als Farbstoff häufig in Tensidpräparaten eingesetzt wird (max. 6%).

→ Fluoreszenzfarbstoffe

Fluoresceinderivate
Auch Eosinfarbstoffe. Es handelt sich um halogenierte Xanthenderivate, die in Form ihres wasserlöslichen Alkalisalzes vorwiegend zur Färbung von Tensidpräparaten eingesetzt werden. Dazu zählen Eosin, Erythrosin, Phloxin und Fluorescein (Uranin).

Fluoridierung
Die Fluoridversorgung zur Kariesprophylaxe kann erfolgen durch Zusatz von Fluorverbindungen zum Trinkwasser oder zu Zahnpasten. Die Karies hemmende Wirkung wird auf die Umwandlung des wenig resistenten Hydroxylapatits des Zahnschmelzes in den härteren Fluorapatit zurückgeführt. Als Fluorierungsmittel für Zahnpasten dienen die Salze der Fluorphosphorsäure (Natrium-, Kalium-, Ammonium- oder Calciumsalze) oder des Fuorwasserstoffs (Na, K, Ca, NH_4, Al, Sn), Silicofluoride oder mit aliphatischen Kohlenstoffketten substituierte Aminhydrofluoride (Cetylaminhydrofluorid etc.) Ihre Verwendung ist durch die Kosmetik-Verordnung eingeschränkt auf einen Gehalt von 0,15% berechnet als Fluor.

Fluoreszenzfarbstoffe
Substanzen, die einen Teil des absorbierten Lichtes als Strahlung wieder abgeben. Der Betrachter erkennt durch diesen Vorgang die Fluoreszenzfarbe. Beispiel: Der gelbe Xanthenfarbstoff Fluorescein (Uranin) fluoresziert bei 350 nm gelb-grün.

Fluorphosphorsäure
Fluorhaltige Phosphorsäure $F-PO(OH)_2$, deren Natriumsalz Na_2PO_3F zur Fluoridierung von Zahnpasten benutzt wird.

Foetor ex ore
(lat. foetor = Gestank; ex = aus, von; os = Mund, Rachen) Synonym für Halitosis. → Mundgeruch

Föhnlotionen
Sie werden nach der Haarwäsche und vor dem Trockenprozess im Haar verteilt und dienen der Festigung der Haare bzw. der Föhnfrisur. In ihrer Zusammensetzung sind sie mit den Haarfestigern vergleichbar. → Föhnwelle

Föhnwelle
Ausdruck für die temporäre Haarverformung, die dem Prinzip der → Wasserwelle entspricht. Durch die Hitzeeinwirkung eines Föhns und die Zurhilfenahme einer Rundbürste oder die Verwendung eines Lockenstabs lässt sich das Haar in eine neue Form bringen. So genannte Föhnlotionen fördern die Nasskämmbarkeit sorgen für eine gute Trocknung und eine lockere Festigung des Haares.

Föhnwell-Lotionen → Föhnlotionen

Folliculitis
Haarbalgentzündung. Akute oder chronische Entzündung des Haarfollikels und des umgebenden Gewebes durch Staphylokokkeninfektion. Voraussetzung für eine Infektion mit diesen Erregern, die ständig die menschliche Haut besiedeln, ist eine geschwächte Abwehrlage, eine geringfügige Verletzung, Verstopfung von Talgdrüsen (→ Akne) o. Ä.

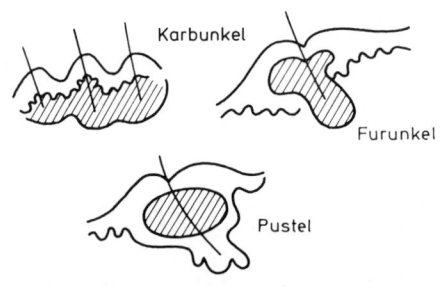

Die Bartflechte ist eine chronisch rezidivierend verlaufende Folliculitis der Bartgegend. Der Furunkel ist eine tief greifende, abszedierende Perifolliculitis; ist eine Gruppe nebeneinander liegender Follikel befallen, spricht man von einem Karbunkel.

Follikel
(lat. folliculus, Verkleinerungsform zu follis = Sack) Man unterscheidet drei Arten von Haar- bzw. Hautfollikeln: Terminalhaarfollikel auf der Kopfhaut und in den Achselhöhlen (→ Haarfollikel); Vellushaarfollikel, die besonders im Gesicht der Frauen vorkommen und ein kaum sichtbares Haar enthalten, und Talgdrüsenfollikel im Gesicht, auf Brust und Rücken. → Talgdrüsen

Fond de Teint
Franz. Ausdruck für → Grundierung.

Formaldehyd
Methanal $H_2C = O$. Stechend riechendes, giftiges Gas, das als 34–37%ige wässrige Lösung (Formalin) im Handel ist. Darin liegt der Formaldehyd teils als monomeres, teils als oligomeres Hydrat vor. Wegen seiner Polymerisationsneigung werden die Lösungen mit Methanol stabilisiert. Sie wirken reizend und ätzend auf Haut und Schleimhäute. 5%ige Formaldehydlösungen sind als Nagelhärter zugelassen. Formaldehyd wirkt bakterizid und viruzid. Er ist als Konservierungsmittel (bis 0,2%) vor allem für Shampoos und Schaumbäder und in Mundpflegemitteln (0,1%) geeignet und weltweit zugelassen. In Deutschland wird er in freier Form jedoch kaum noch eingesetzt.
Zu den Formaldehyd abspaltenden Konservierungsmitteln zählen 1-Hydroxymethyl-5,5-dimethylhydantoin und 1,3-Bis(hydroxymethyl)-5,5-dimethylhydantoin.

Formaldehydabspalter
Auch Formaldehyddonatoren oder Formaldehyd-Depotstoffe. Bezeichnung für Konservierungsmittel, die Formaldehyd in Form von offenen oder zyklischen Halb- oder Vollacetalen, -aminalen bzw. O,N-Acetalen enthalten. Durch die Verwendung der gebundenen Form werden die Nachteile des freien Formaldehyds, wie hohe Flüchtigkeit und starke Desaktivierbarkeit durch organische Verbindungen in der Formulierung gemindert. Zu den Formaldehydabspaltern zählen z. B. Imidazolidinylharnstoff, DMDM Hydantoin.

Formalin
Wässrige, 35%ige Lösung von Formaldehyd.

Foundation
Engl. Ausdruck für → Grundierung.

Foundation, ölfreie
Bezeichnung für emulsionsbasierende Grundierungen, die ganz ohne herkömmliche Öle und Fette hergestellt sind, und stattdessen eine Siliconölphase enthalten. Seltener finden sich unter dieser Bezeichnung Gelformulierungen, die tatsächlich ohne Fettkomponenten auskommen. Die Anwendung dieses Foundationstyps ist i. d. R. für die fettige Haut vorgesehen. Meist sind sie zusätzlich mit mattierend wirkenden Substanzen wie z. B. sebumadsorbierenden Pudergrundstoffen angereichert.

Foundation-Sticks
→ Grundierungen, die als wasserfreie Stifte mit großem Durchmesser angeboten werden. Mithilfe einer Drehmechanik lässt sich der Stift zur direkten Applikation aus der Hülse herausdrehen. Um eine gleichmäßige Verteilung zu erreichen, wird die Masse partienweise über das Gesicht verteilt aufgetragen und mit einem

Schwämmchen oder mit den Fingern ausgestrichen.
Als Basisformulierung kann auch eine sehr feste Emulsion dienen, die durch einen entsprechend hohen Verdicker- u./o. Wachsanteil eine ähnlich zähe Konsistenz wie die Fettstiftbasis erhält.

Fougère
Duftnote für Parfüms mit holzig herbgrünem Charakter auf der Grundlage von Eichenmoosextrakten.

Fragrance
Engl. Oberbegriff für Duftstoffe.

fragrance free
Engl. für parfümfrei.

free radical scavanger
Engl. Ausdruck für Radikalfänger.

freie Radikale → Radikale, freie

French Manicure
Bezeichnung für eine spezielle Art der Nagelgestaltung. Der überstehende Nagelrand wird weiß betont, der gesamte Fingernagel wird mit einem sehr hellen, evtl. leicht pastellfarbenen Nagellack versehen.

Friktion
(lat. fricare = reiben)
1. Einreibung
2. Massagehandgriff: Eng umschriebene kreisförmige Bewegung der Fingerspitzen.

Frisiercremes → Brillantinen

Frostschäden
Erfrierungen an Händen und Füßen. Sie werden wie die Verbrennungen in drei Stufen eingeteilt. Der „offene Frost" verlangt unbedingt ärztliche Betreuung. Bei „geschlossenem Frost", den üblichen Frostbeulen, helfen mitunter schon die bekannten Hausmittel.
Frostbeulen entstehen
1. bei Kreislaufschwäche, wenn das Blut nicht auf natürliche Weise bis in die feinsten Kapillaren der Gliedmaßen gelangen kann,
2. wenn das Blut an dem natürlichen Einströmen in die feinen Kapillaren der Gliedmaßen künstlich gehindert wird (z. B. durch zu enges Schuhwerk, zu enge Handschuhe).

Aufgabe der Mittel gegen Frostschäden ist es, die Gefäßparalyse der peripheren Organe zu bekämpfen und die Blutzirkulation wieder in Gang zu bringen.

Fruchtester
Fruchtether. Ester niederer und mittlerer Fettsäuren mit niederen Alkoholen, die zusammen mit Aldehyden, Ketonen und Alkoholen zu den Fruchtaromen beitragen und für Parfüms verwendet werden.

Fruchtsäuren → Hydroxysäuren

Füllstoffe
Engl. auch Filler. Bezeichnung für → Pudergrundstoffe, die nicht Effektpigmente sind und im Produkt als körpergebende Komponente (z. B. in Emulsionen) oder als Haupt- bzw. Basisrohstoff (z. B. in Gesichtspuder) eingesetzt werden.

Fungizide
Pilztötende Mittel. Sie werden sowohl als Konservierungsmittel für kosmetische Präparate (PHB-Ester, Sorbinsäure, Benzoesäure, Dehydracetsäure u. a.) als auch zur Bekämpfung von Hautpilzerkrankungen (z. B. Undecensäurederivate, chlorierte Phenole, Antibiotika) eingesetzt.

Furocumarine
Gruppe von Pflanzeninhaltsstoffen mit Cumarin-Cumaron-Struktur. Abkömmlinge der Furocumarine sind das Bergapten (→ Bergamottöl) und das Psoralen (Vorkommen in Feigen, Sellerie und Petersilie). Sie fördern die Photosensibilisierung der Haut und können zu Rötungen, Schwellungen oder Blasenbildung führen. Der Gehalt von Furocumarinen ist in Sonnenschutz- und Selbstbräunungsmitteln auf unter 1 mg/kg Fertigerzeugnis beschränkt.
Psoralen:

Furunkel
Schmerzhafter, bohnen- bis walnussgroßer geröteter Knoten mit gelbem Zentrum (Eiterpfropf) und starkem Ödem der Umgebung; meist durch Staphylokokken hervorgerufene akut-eitrige Entzündung eines Haarbalges und seiner Talg-

drüse. Die Therapie ist Sache des Arztes. →
Folliculitis

Fußbäder
Das Baden der Füße wird zur Stimulierung ermüdeter oder beanspruchter Füße angewendet. Als Badezusätze eignen sich Kohlendioxid- oder Sauerstoff abspaltende Salze (→ Badesalze). Auch wässrige Tensidpräparate oder Ölbadezusätze mit durchblutungsfördernden oder desinfizierenden Zusätzen kommen zum Einsatz.

Fußcremes
W/O- oder O/W-Emulsionen, die neben pflegenden und geschmeidig machenden Fettkomponenten auch feuchtigkeitsbindende Substanzen enthalten und bevorzugt nach dem Fußbad angewendet werden. Als besondere Zusätze kommen je nach Produktausrichtung durchblutungsfördernde (z.B. Rosskastanienextrakt), Haut erweichende (z.B. Harnstoff, geringe Mengen Salicylsäure), kühlende (Menthol, Campher) oder antimikrobielle Wirkstoffe zum Einsatz.

Fußmassage
Die Massage kann in 4 Arbeitsgängen durchgeführt werden:
1. Streichen mit der flachen Hand in Richtung zum Körper hin
a) von den Zehen über Fußrücken und Fußgelenk zum Knie,
b) von den Zehenballen über Fußsohle zur Kniekehle.
2. Walken und Kneten der Fußmuskulatur und des Unterschenkels.
3. Reiben mit den Kuppen des Zeige- und Mittelfingers in kreisförmigen Bewegungen um die Fußknöchel.
4. Streichen und Kneten des Fußgewölbes.

Fußnagelprothetik → Pedique

Fußpflegemittel
Zur Fußpflege gehören Präparate zur Bekämpfung übermäßigen Fußschweißes und seiner Zersetzungserscheinungen, zur Verhütung von Fußpilzerkrankungen, zur Hornhauterweichung an Schwielen und zur Stimulierung bei Spannungs- und Ermüdungserscheinungen. Da die Füße an den Sohlen besonders dicht mit Schweißdrüsen besetzt sind und meist in undurchlässiges Schuhwerk eingeschlossen, bilden sich feuchte Kammern, in denen das Wachstum von Mikroorganismen begünstigt ist. Diese sind für das Entstehen übel riechender Abbauprodukte des Schweißes verantwortlich. Ein wirksames Mittel gegen Fußschweiß ist desinfizierender, deodorierender Fußpuder.

Fußpilzerkrankungen
Fußmykosen, Interdigitalmykosen. Die Fußpilzerkrankungen gehören zu den Dermatomykosen. Erreger sind pathogene Hefen, Candidaarten, Trichophyton mentagrophytes und T. rubrum, Epidermophyton floccosum u.a., die sich in den Räumen zwischen den Ansätzen der Finger und Zehen ansiedeln. Die Pilze vermehren sich durch Sporen, die außerordentlich widerstandsfähig sind. Erhöhte Ansteckungsgefahr besteht in Wasch- und Baderäumen durch Holzroste u. Ä. Hat eine Infektion stattgefunden, rötet sich die Haut, es bilden sich weiße Flecken, dann Bläschen, die platzen, verbunden mit einem starken Juckreiz. Fußpilzerkrankungen verlangen ärztliche Behandlung.

Fußpuder
Loser Puder, der meist Talkum als Basisbestandteil enthält. Er kann Feuchtigkeit aufnehmen und eignet sich daher zur Vermeidung von nassen Füßen. Schweiß reduzierende und antiseptisch wirkende Zusätze verhindern die Entstehung von unangenehmen Fußgeruch und beugen Fußpilzerkrankungen vor.

Fußreflexzonenmassage
Spezielle Form der Fußmassage, bei der ausgewählte Punkte massiert werden, die mit einem bestimmten Organ in Verbindung stehen. Ziel dieser Behandlung ist, dass durch die Massage ausgewählter Zonen auch die betreffenden Organe stimuliert und in ihrer Selbstheilungskraft gestärkt werden.

Fußschweiß, übermäßiger
Hyperhidrosis pedum. Ursachen können Erkrankungen oder erbliche Veranlagung sein. Die Fußschweißbildung wird durch luftundurchlässige Schuhe und ungeeignete Strumpfmaterialien gefördert. In dem feucht-warmen Milieu kann sich unter Einwirkung schweißzersetzender Bakterien unangenehmer Fußgeruch ausbilden. Mögliche Gegenmaßnahmen sind u.a. tägliches Füßewaschen, Anwendung von antiseptischem Fußpuder oder -spray und das Tragen von saugfähigem Strumpfmaterial.

G

Gänsehaut
Cutis anserina. Reflexerscheinung, die bei Kältegefühl oder bei seelischen Erregungen ausgelöst werden kann. Durch Zusammenziehen der glatten Haarbalgmuskulatur werden die Follikel vorgewölbt und die Haare aufgerichtet.

Galacturonsäure
Grundkörper der → Pektine.

```
      HO   H
       \ /
        C
        |
    H – C – OH
        |
   HO – C – H       O
        |
   HO – C – H
        |
    H – C
        |
       COOH
```

Gallerte
Bezeichnung für transparente elastische Lyogele, die aus organischen Makromolekülen aufgebaut sind. → Gele

Gallussäurealkylester
3,4,5-Trioxybenzoesäureester

```
        COOR
         |
      /‾‾\
  HO-|    |-OH
      \__/
         |
         OH
```

R = Methyl-, Ethyl-, Propyl-, Octyl-, Nonyl-, Dodecyl-, Cetyl-, Stearylgruppe
Verwendung als Antioxidanz möglich.

Gamma-Linolensäure
γ-Linolensäure. Mehrfach ungesättigte Fettsäure, die besonders als Pflegekomponente in Präparaten für trockene Haut eingesetzt werden kann. Vorkommen z. B. in Nachtkerzenöl. Vergl. → Linolensäure.

Ganzheitskosmetik
Schönheitspflegemaßnahmen, die den gesamten menschlichen Organismus mit einbeziehen. Neben der Anwendung von dekorativen Kosmetika und Körperpflegeprodukten zählen dazu beispielsweise eine gesunde Lebensweise, ausgewogene Ernährung und der körperliche und geistige Ausgleich von Stressphasen. Siehe auch → Wellness.

Gebissreinigungsmittel
Tabletten zur selbsttätigen Reinigung von Zahnprothesen. Sie enthalten in der Regel ein Schaumreinigungsmittel. Natriumhydrogencarbonat oder Natriumcarbonat, Zitronensäure, Sauerstoff abspaltende Salze wie Natriumperborat oder Kaliumpersulfat, Polyphosphate als Enthärter und ein Desinfektionsmittel.

Gefäßsysteme der Haut
1. Das Blutgefäßsystem dient der Blutversorgung der Haut und damit dem Stoffwechsel, vor allem aber der Wärmeregulation. Durch vermehrte oder verminderte Blutzufuhr aus dem Körperinneren in die Blutkapillaren der Haut wird Wärme an die Umgebung abgegeben oder Wärme gehalten. Die Gefäße der Haut sind reichlich mit Nerven versehen, die auf entsprechende Reize für eine Erweiterung oder Verengung der Hautgefäße sorgen. Auch psychische Momente können eine Rolle spielen (Erblassen, Erröten).
2. Das Lymphgefäßsystem bildet in der Haut ein eigenes Netzwerk feinster Kanäle.

Gelatine
Eiweißprodukt, das aus dem Kollagen von Knochen, Haut oder Knorpel gewonnen wird. Gelatine nimmt das 27fache ihres Gewichts an Wasser auf; eine 1%ige Lösung erstarrt bei Zimmertemperatur. Sie ist ein guter Nährboden für Mikroorganismen, sodass für Gelatinepräparate Konservierung erforderlich ist. Gelatine-Gallerte wirken hauterweichend und reizlindernd. Die kosmetische Verwendung als Binde- und Verdickungsmittel ist rückläufig.
Durch vollständige Hydrolyse erhält man kosmetisch verwendbare Eiweißhydrolysate.

Gelbildner

Substanzen, die als Gerüstbildner fungieren und dabei eine flüssige Phase verdicken, oder ein gummiartiges → Gel ausbilden können. Sie sind daher auch als Verdickungsmittel oder zur Stabilisierung von Emulsionen einsetzbar. Man unterscheidet:
1. *Natürliche Gelbildner:*
Gummi arabicum, Tragant, Agar-Agar, Carrageen, Alginsäure, Alginate, Stärke, Stärkederivate und Gelatine.
2. *Anorganische Gelbildner:*
Bentonite, Hectorite, Magnesium-Aluminium-Silicate, kolloidale Kieselsäure (Silica).
3. *Halbsynthetische Gelbildner:*
Carboxymethylcellulose, Hydroxyethyl- und Propylcellulose, Methylcellulose.
4. *Synthetische Gelbildner:*
Polyvinylalkohol (PVA), Polyvinylpyrrolidon (PVP), Polyacrylsäure, Acryl-Copolymere und Polyacrylate.

Gelborgane S

(C.I. 15985) 6-Hydroxy-5-(4-sulfophenylazo)-2-naphthalinsulfonsäure, Dinatriumsalz.

Orangefarbener, wasserlöslicher Monoazofarbstoff, der in allen kosmetischen Produkten einsetzbar ist. → Azofarbstoffe

Gele

Geleeartige, meist transparente disperse Systeme, die aus einem gerüstbildenden → Gelbildner und einer dispersen, ihn umgebenden flüssigen Phase bestehen. Diese werden auch Lyogele genannt. I.d.R. lassen sich Gele durch Einwirkung von Scherkräften und höheren Temperaturen reversibel verflüssigen. Als Hydrogele bezeichnet man Gele, deren Dispersionsmittel aus Wasser oder einer wässrigen Phase besteht, Lipo- oder Oleogele enthalten stattdessen Lipide. Hydrogele werden oft dann als Präparatbasis gewählt, wenn die Zufuhr von Lipiden unerwünscht ist, z.B. als Feuchtigkeitspflegeprodukt für fettige Haut oder als Haar- oder Augenbrauengele. Letztere enthalten meist auch Alkohole

und Filmbildner zur Fixierung des abgetrockneten Gelfilms. Die Lipogelbasis kommt seltener vor. Bekanntes Beispiel: Waterproof-Mascara.

Gelée Royale

Weiselfuttersaft. Von Bienen zur Ernährung der Königinnen sezernierter Saft. Seine Zusammensetzung ist weitgehend bekannt; er enthält Eiweiß, Kohlenhydrate, Lipide, B-Vitamine, insbesondere Pantothensäure, Enzyme und Spurenelemente. Die kosmetische Wirkung des Gelée Royale soll in einer Regenerierung von erschlafftem Gewebe bestehen, sie lässt sich aber nicht allein durch die Wirkung der Inhaltsstoffe erklären.

Geminitenside

Zwillingstenside. Allgemeine Bezeichnung für dimere Tensidmoleküle, deren Einzelbausteine der Struktur eines klassischen Tensidmoleküls entsprechen. Geminitenside sind in der Nähe ihrer hydrophilen Kopfgruppe chemisch miteinander verknüpft.
Schematischer Aufbau:

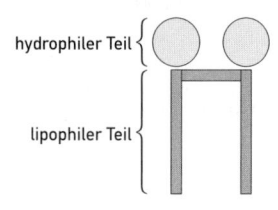

Geraniol

Geraniol (trans-Verbindung)

Ungesättigter einwertiger Alkohol, der mit Nerol und Linalool steroisomere Verbindungen von der Summenformel $C_{10}H_{19}OH$ bildet. Geraniol ist im Geraniumöl, im Java-Citronellöl, in Rosenölen und anderen ätherischen Ölen enthalten. Die farblose Flüssigkeit besitzt einen rosenähnlichen Geruch.
Verwendung in der Parfümindustrie.

Geraniumöle

Ätherische Öle aus Pelargonium- und Geraniumarten. Farbloses oder grünlich bis bräunliches Öl mit Rosengeruch, das für Seifen und Parfüms verwendet wird. Wesentliche Bestandteile sind Geraniol, Citronellol, Linalool und Geranylester.

Geranylester
Ester des Geraniols, die als Duftstoffe verwendet werden, sind das Acetat, Benzorat, Butyrat und das Pelargonat (Maiglöckchengeruch).

Gerbsäure → Tannin

Gerbstoffdrogen
Galläpfel, Eichen- und Weidenrinde, Ratanhia- und Tormentillwurzel, Brombeerblätter, Hamamelis, Salbei u. a.
Verwendung für adstringierende Präparate.

Gerbstoffe
Substanzen, die Haut gerben und als Adstringenzien dienen können. Die gerbende Wirkung beruht auf der Vernetzung von Kollagenfasern durch Wasserstoffbrücken zwischen den phenolischen Gruppen des Gerbstoffes und den Peptiden des Kollagens. Bei sauren Gerbstoffen entstehen auch Salzbindungen mit freien Aminogruppen des Kollagens. Gerbstoffe im engeren Sinn sind Gerbsäuren. → Tannin

Germizide
Verbindungen, die keimtötend wirken. → Antiseptika, → Desinfektionsmittel, → Konservierungsmittel.

Gerstenkorn
Hordeolum. Schmerzhafter Abszess der Liddrüsen. Akut-eitrige Entzündung der nach außen gerichteten Talg- oder Schweißdrüsen oder der Meibromdrüsen auf der Lidinnenseite. Vergl. → Hagelkorn.

Geruchsabsorber
Stoffe, die geruchsbildende Substanzen binden können. In Deodorantien werden sie zur Vermeidung von möglichem Körpergeruch eingesetzt.

gesättigte Fettsäuren → Fettsäuren, gesättigte

Gesichtsmasken
Zubereitungen, die auf die Gesichtshaut aufgetragen werden, dann antrocknen und evtl. einen Film ausbilden. Die Maske kann nach einer Einwirkzeit von etwa 10–20 Minuten wieder entfernt werden. Als Produktbasis eignen sich fett-

freie Gelgrundlagen oder Pasten, die aus Pudergrundstoffen (z. B. Kaolin oder Kieselsäure) zusammen mit Wasser angerührt und dann aufgetragen werden. Es gibt auch cremeförmige Zubereitungen und Schaummasken (Aerosole). Durch die okklusive Wirkung wird die Durchblutung gefördert und die Hydratation der Hornschicht verbessert. In Abhängigkeit von der Formulierungsbasis kann auch eine Poren verkleinernde oder erweiternde Wirkung erzielt werden.
→ Gesichtspackung

Gesichtsmilch → Reinigungsmilch

Gesichtsmuskulatur
Der anatomische Aufbau der Gesichtsmuskulatur ist aus nebenstehender Zeichnung zu ersehen. Die Kenntnis der Gesichtsmuskulatur ist besonders hinsichtlich der Gesichtsmassage für die Kosmetik von Bedeutung. Die Massage des Gesichtes erfolgt im Allgemeinen in Richtung der Muskelfasern, aber nicht quer zu deren Verlauf.
Die wichtigsten Gesichtsmuskeln:
1. Augenringmuskel (Musculus orbicularis oculi),
2. Dreieckmuskel (M. triangularis),
3. Jochbeinmuskel, großer (M. zygomaticus major),
4. Jochbeinmuskel, kleiner (M. zygomaticus minor),
5. Kaumuskel (M. masseter),
6. Lachmuskel (M. risorius),
7. Mundringmuskel (M. orbicularis oris),
8. Nasenmuskel (M. nasalis),
9. quadratischer Muskel (M. quadratus),
10. Stirnmuskel (M. frontalis),
11. Schlankmuskel der Nase (Senker der Stirnglatze, M. depressor glabellae).

Gesichtspackungen
Zubereitungen, die als dicke Schicht warm oder kalt auf die Gesichtshaut aufgetragen und nach einer Einwirkzeit von ca. 15–30 Minuten wieder abgenommen werden. Es kann sich dabei um Heilerden, Emulsions- oder Gelgrundlagen handeln, die mit verschiedenen Wirkstoffen angereichert sein können.
Das Anwendungsziel hängt vom Hautzustand ab. Beispiele: Beseitigung abgestorbener Epithelreste, Förderung der Durchblutung, Hydratisierung der Hornschicht, Verfeinerung des

Gesichtspflege

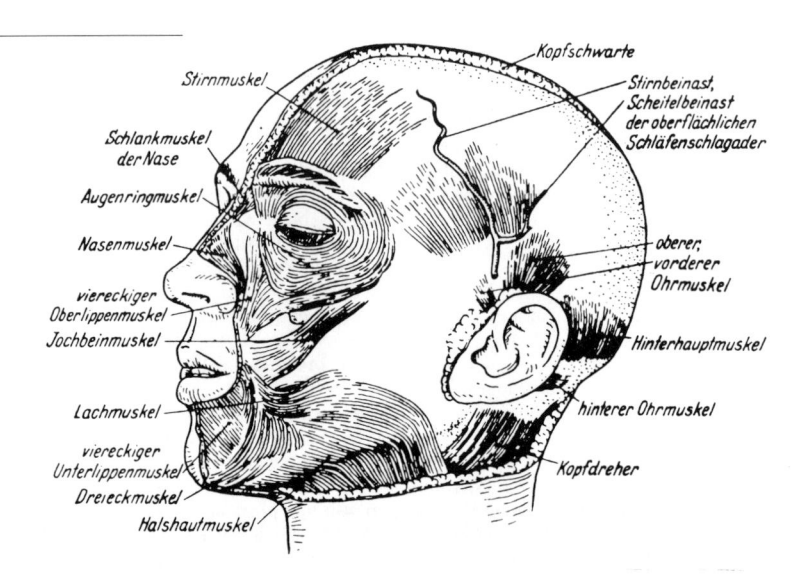

Anatomische Zeichnung eines Kopfes mit Beschriftung der Gesichtsmuskulatur: Stirnmuskel, Schlankmuskel der Nase, Augenringmuskel, Nasenmuskel, viereckiger Oberlippenmuskel, Jochbeinmuskel, Lachmuskel, viereckiger Unterlippenmuskel, Dreieckmuskel, Halshautmuskel, Kopfschwarte, Stirnbeinast, Scheitelbeinast der oberflächlichen Schläfenschlagader, oberer, vorderer Ohrmuskel, Hinterhauptmuskel, hinterer Ohrmuskel, Kopfdreher.

Hautbildes (bei großporiger Haut). Z.T. werden die Bezeichnungen Maske, Gesichtsmaske und Gesichtspackung parallel verwendet.

Gesichtspflege
Sie umfasst die Reinigung (→ Reinigungsmilch) das Anregen, Erfrischen und Klären durch ein Gesichtswasser und die Anwendung eines Hauptpflegepräparates wie z.B. einer Tages-, oder Nachtcreme, das auf den Hautzustand abgestimmt ist. In zeitlichen Abständen können zur Verfeinerung des Hautbildes z.B. Peelings oder Gesichtspackungen angewendet werden.

Gesichtspuder
Engl. auch Compact-Face-Powder, Compact Powder, Face Powder. Gesichtspuder wird sowohl gepresst als Kompaktpuder oder in loser Form angeboten (→ Puder). Die Anwendung erfolgt zur Fixierung des Make-ups u./o. zur Mattierung glänzender Hautpartien. Als Basisrohstoffe dienen Füllstoffe, wie z.B, Talkum, Kaolin, Glimmer oder Stärke. Zur Farbgebung werden vorwiegend anorganische Farbpigmente wie Eisenoxide und Titandioxid in Konzentrationen von 2–6% eingesetzt. Perlglanzpigmente sind häufig in Bräunungspudern (Bronzern) enthalten. Der Binder, meist eine Mischung verschiedener Öle, sorgt u.a. für eine geringere Staubigkeit des Puders und die Haftung auf der Haut.

Metallseifen, wie z.b. Zinkstearat, werden zur Verbesserung der Verpreßbarkeit eingesetzt. Je nach Zusammensetzung können Puderprodukte Feuchtigkeit und Lipide mehr oder weniger stark binden, sodass Puder bei sehr trockener Haut nicht angewendet werden sollten. Die Anwendung erfolgt mithilfe eines Pinsels oder einer Puderquaste.

Gesichtsreinigung
Ist die Entfernung von losen Hautschüppchen, Sebum, Schweißrückständen und feinen Schmutzpartikeln, die sich im Laufe des Tages auf der Haut ablagern sowie auch das Entfernen von Make-up-Resten (→ Abschminken). Die Gesichtsreinigung kann mithilfe von Wasser u./o. geeigneten Präparaten vorgenommen werden, wie z.B. Reinigungsmilch, Feuchttücher, wässrige bis flüssige oder gelartige Tensidpräparate, Reinigungsöle u.a. Am Ende kann ein → Gesichtswasser angewendet werden.

Gesichtstonic → Gesichtswasser

Gesichtswässer
Auch Gesichtstonic oder (Face) Tonic. Wässrige, z.T. akoholische Lösung zur Nachklärung und Erfrischung der Haut nach der Gesichtsreinigung bzw. dem Abschminken. Durch den Zusatz geeigneter Substanzen lässt sich die Formu-

lierung auf den Hauttyp abstimmen. Als Zusatzstoffe kommen in Betracht: Ethanol, Glycerin, Sorbit, Milchsäure, Mineralien, Pflanzenextrakte, milde Tenside, Rückfetter und antimikrobiell wirksame Substanzen.

Gestagene
Zu den Steroiden gehörende weibliche Sexualhormone (Corpus-luteum-Hormone), deren wichtigster Vertreter das Progesteron ist. → Hormone

Getönte Tagescreme
O/W-Emulsion, die sich im Vergleich zu einer → Grundierung nur durch einen geringeren Farbpigmentgehalt (ca. 2–5%) und damit einem deutlich geringeren Deckvermögen auszeichnet. Der Effekt nach dem Auftrag kommt einer leichten Brauntönung gleich, kleine Hautunregelmäßigkeiten werden nicht kaschiert.

Getreidekeimöle
Durch Pressen bei niedriger Temperatur (seltener durch Extraktion) aus Weizen-(6–8%), Roggen-(9–12%) oder Mais-(30–50%)keimen gewonnene Öle. Kaltgepresste Keimöle zeichnen sich durch hohen Gehalt an essenziellen Fettsäuren (50–60%) und Vitamin E (0,25–0,30%) aus. Durch die Anwesenheit der Tocopherole (Vitamin E), einem natürlichen Antioxidanz, sind sie trotz ihres ungesättigten Charakters stabil. Weitere wichtige Inhaltsstoffe der Keimöle sind die Provitamine A (Carotin) und D_2 (Ergosterol), Lecithin und Phytosterole. Kosmetische Verwendung für Haar- und Hautpflegemittel aller Art.

Gewebe
Die einzelnen Arten der Zellverbände, die gemeinsame Funktionen besitzen und den Körper aufbauen. Hierzu zählen: Bindegewebe, Knorpel- und Knochengewebe; Epithelgewebe; Muskelgewebe; Nervengewebe; Blut.

Gewebeextrakte
Wasser- oder öllösliche Auszüge aus Organen, denen regenerierende, hautstraffende und revitalisierende Eigenschaften zugewiesen werden. Ausgelöst durch das in der Vergangenheit Wiederauftreten von Tierseuchen (z.B. BSE) wurde das Inverkehrbringen von kosmetischen Erzeugnissen, die Gewebe und Körperflüssigkeiten aus Hirn, Rückenmark und Augen von Rindern, Schafen und Ziegen sowie Erzeugnisse daraus enthalten, verboten.

Gewebelehre → Histologie

Gingiva = Zahnfleisch

Gingivitis = Zahnfleischentzündung

Ginsengwurzel
Die vor allem für pharmazeutische Kräftigungsmittel und Geriatrika verwendete Droge soll als Extrakt für kosmetische Präparate auf die alternde, trockene Haut revitalisierend wirken.

Glandula
(lat. = Drüse) Allgemein für → Drüse, die Sekret nach innen (Blut- oder Lymphbahn) oder außen (Haut) abgibt.
Glandulae ceruminosae = Ohrenschmalzdrüsen; G. cicliares = Schweißdrüsen, die in die Haarbälge der Wimpern einmünden; G. cutis = Talg- und Schweißdrüsen der Haut, Hautdrüsen; G. sebaceae = Talgdrüsen; G. sudoriferae = Schweißdrüsen; Glandula mammaria = Drüsengewebe der weiblichen Brust.

glanzloses Haar
Kann durch starke mechanische (z.B. Toupieren), durch chemische (z.B. Coloration, Dauerwelle) Beanspruchung oder durch übermäßige UV-Bestrahlung oder Hitzeeinwirkung verursacht werden. Kennzeichnend ist darüber hinaus die geringe Elastizität und Reißfestigkeit sowie die schnelle Brüchigkeit. Um das Aussehen zu verbessern, können Haarspülungen und Haarkuren angewendet werden, eine Restrukturierung der Haarfaser kann jedoch nicht erfolgen.

Glanzpigmente → Perlglanzpigmente

Glanzschicht → Leuchtschicht, → Haut.

Glatze
Die gewöhnliche Glatze zählt zu den irreversiblen (bleibenden) Alopezien, die nach einem jahrelang anhaltenden Haarausfall entsteht. Ursache ist eine vollständige Atrophie der Haarpapillen. Die ausfallenden normalen Kolbenhaare werden zwar auch noch ersetzt; der Ersatz besteht aber in dünneren, pigmentärmeren und kurzlebigen Haaren, die schließlich eine kaum

noch sichtbare Flaumbehaarung bilden. Auch eine Glatze ist niemals haarlos.
Die Glatzenbildung betrifft in erster Linie Männer und hängt mit dem männlichen Hormonstoffwechsel zusammen. Voraussetzung für eine Glatzenbildung ist eine erbliche Veranlagung.

Gleitmittel
Substanzen, die die Aufgabe haben, in kosmetischen Präparaten die Reibung zu vermindern und die Gleitfähigkeit zu erhöhen, z.B. Paraffinöl in Massageölen oder Talkum in Pudern.

Gleitschienen
Begriff für gewisse Bestandteile in kosmetischen Präparaten, die das Einschleusen von Wirkstoffen in die Haut fördern. → Resorptionsvermittler

Gletscherbrand
Die im Hochgebirge zu beobachtende Hautschädigung durch ultraviolette Strahlung. Schutz gewähren Lichtschutzmittel mit hohem Lichtschutzfaktor. Wasserreiche Emulsionen sind jedoch nicht geeignet, da sie eine Erfrierung fördern (→ Kälteschutz). Gegen Gletscherbrand sind Mittel gegen Verbrennungen (Brandgele, Brandpuder) zu verwenden.

Gliadin
Eiweißkörper der Weizen- und Roggensamen, der mit den Glutelinen zusammen den Kleber bildet (→ Eiweiß). Wertvolles, schaumverbesserndes Füllmittel für kosmetische Seifen.

Glimmer
Natürlich vorkommende, zu den Schichtsilikaten zählende plättchenförmige, mineralische Substanz, die als Pudergrundstoff und Füllstoff (INCI: Mica) oder als Ausgangsmaterial zur Herstellung bestimmter → Perlglanzpigmente (C.I. 77019) dient. Als Pudergrundstoff verbessert es insbesondere die Gleitfähigkeit, die Haftung und das Hautgefühl.

Globuline
Proteine mit kugeliger Gestalt. → Eiweiß

Gloss
Engl. für Glanz. Produktbezeichnung für dekorative Kosmetika, die transparent oder opak, i.d.R. jedoch immer glänzend und zähflüssig sind und eine gewisse Klebrigkeit aufweisen. Charakteristisch ist ihre tendenziell geringe Haftfestigkeit und ihr besonders ausgeprägter Oberflächenglanz. Die Formulierungen sind wasserfrei, enthalten im Vergleich zu Lippenstiften weniger oder gar keine Färbemittel und zeichnen sich durch einen hohen Anteil okklusiver Öle bzw. synthetischer Fettkomponenten wie z.B. Polybuten oder Polyisobutene aus. Als Verdicker können auch geringe Mengen von Wachsen enthalten sein. Vergl. → Lipgloss, → Eyegloss.

GLP
Abkürzung für Good Laboratory Practice = gute Laborpraxis.
Die GLP-Richtlinien sind ebenso wie die GMP für die Kosmetikhersteller relevant und beziehen sich u.a. auf die Prüfeinrichtungen des Labors, die Sicherstellung der Rohstoffqualität und die Nachvollziehbarkeit einzelner Prüfschritte.

Glucamate (Nordmann, Rassmann)
Handelsbezeichnung für eine Reihe von Emulgatoren und Verdickungsmitteln auf Basis ethoxylierter Methylglucosefettsäureester. Beispiele:
Glucamate SSE-20
(INCI: PEG-20 Methyl Glucose Sesquistearate) Wachsartiger O/W-Emulgator, auch für dünnflüssige Emulsionen, besonders im Reinigungsbereich geeignet.
Glucamate DOE-120
(INCI: PEG-120 Methyl Glucose Trioleate (and) Propylene Glycol (and) Aqua) Verdicker für Tensidpräparate mit antiirritativer Wirkung auf das Gesamtsystem.

Gluconsäure
Pentahydroxycapronsäure $CH_2OH-(CHOH)_4-COOH$. Schwache Säure, die in wässriger Lösung als γ- und δ-Lacton vorliegt. Verwendung als Feuchtigkeitsspender und in Form ihrer Salze als Zahnsteinlösungsmittel.

$$\begin{array}{c} COOH \\ | \\ H-C-OH \\ | \\ HO-C-H \\ | \\ H-C-OH \\ | \\ H-C-OH \\ | \\ CH_2OH \end{array}$$

D-Gluconsäure

D-Glucose
Traubenzucker, $C_6H_{12}O_6$

$$HO-\underset{\underset{H}{|}}{\overset{\overset{H}{|}}{C}}-\underset{\underset{OH}{|}}{\overset{\overset{H}{|}}{C}}-\underset{\underset{OH}{|}}{\overset{\overset{H}{|}}{C}}-\underset{\underset{H}{|}}{\overset{\overset{OH}{|}}{C}}-\underset{\underset{OH}{|}}{\overset{\overset{H}{|}}{C}}-C\overset{\diagup O}{\diagdown H}$$

Die Glucose liegt normalerweise in der Halbacetalform als α- und β-Glucopyranose vor, nur bei wenigen Reaktionen tritt die Aldehydgruppe in Funktion.

Vorkommen in Früchten, als Disaccharid z.B. in der Saccharose und Cellobiose, als Polysaccharid in der Cellulose, Stärke und im Glykogen. Für die Kosmetik entwickelte Glucosederivate sind: Ethoxylierte Methylglycoside als Feuchthaltemittel, Fettalkoholether der Glucose als hautfreundliche Tenside und Fettsäureester der Glucose und des Methylglucosids als reizlindernde Tenside und Verdickungsmittel.

Glucuronsäure
Durch Oxidation der primären Alkoholgruppe der Glucose entstandene Säure. Sie ist Bestandteil der Mucopolysaccharide (→ Hyaluronsäure, → Chondroitinsulfat) und der Arabinsäure des Gummi arabicums.
Entsprechend leiten sich von der Mannose die Mannuronsäure (→ Alginsäure) und von der Galactose die Galacturonsäure (→ Pektine) ab.

Glukosaminoglykane → Mukopolysaccharide

Glutaminsäure
α-Aminoglutarsäure. Wichtige Aminosäure, die mit ca. 14% am chemischen Aufbau des Haarkeratins beteiligt ist.

$$\underset{O=C\diagdown OH}{\overset{H_2N\diagdown}{}}CH-CH_2-CH_2-COOH$$

Glutathion
1-Glutamyl-1-cysteinglycin

$$\underset{HOOC\diagup}{\overset{H_2N\diagdown}{}}CH-CH_2CH_2-\overset{O}{\overset{\|}{C}}-NH-CH\overset{\diagup CH_2-SH}{\diagdown CO\cdot NH\cdot CH_2COOH}$$

Tripeptid, das in der Leber synthetisiert wird und sich in fast allen lebenden Zellen neben Vitamin C findet. Da die SH-Gruppe reversibel in Disulfidbrücken übergehen kann, spielt Glutathion eine wichtige Rolle als biologisches Redox-System.
Verwendung als Antioxidanz und Hautpflegewirkstoff.

Glutin
Aus dem Kollagen von Knochen, Knorpel und Sehnen gewonnenes leimartiges Eiweiß, das in gereinigter Form als Gelatine bezeichnet wird.

Glyceride
Ester des Glycerols, wobei eine, zwei oder drei Hydroxylgruppen (Mono-, Di- oder Triglyceride) mit gleichartigen oder mit verschiedenen Säuresten verestert sein können. Fettsäureglyceride: → Fette, → Glycerolfettsäureester.

Glycerol
(INCI: Glycerin) Glyzerin, 1,2,3-Propantriol $HO-H_2C-CHOH-CH_2-OH$. Dreiwertiger Alkohol. Farblose, klare hochviskose, geruchlose, süß schmeckende, hygroskopische Flüssigkeit. F. 18 °C; D 1,26. Mischbar mit Wasser und Alkoholen. Wasserfreies Glycerol ist schleimreizend, als verdünnte Lösung dient es als Feuchthaltemittel und als Feuchtigkeitsspender in pflegenden Emulsionen, Gelen und Lösungen.

Glycerolaustauschstoffe
Als Ersatz für Glycerol können 1,3-Butylenglykol, Diethylenglykol, 1,2-Propylenglykol, Polyglycerole oder Sorbitsirup dienen.

Glycerolether
Alkylglycerolether
Allgemeine Formeln:

(I) $HO-H_2C-CHOH-CH_2-O-R$

(II) $R_1-CO-O-H_2C-\underset{\underset{O-OC-R_2}{|}}{CH}-CH_2-O-R$

Glycerolether höherer Fettalkohole (I) sind als Begleitsubstanzen der Seetierfette bekannt. Glycerolether mit Fettsäuren verestert (II) haben hautpflegende Eigenschaften. Verwendung für Hautcremes, Haut- und Haaröle und Seifenüberfettungsmittel.

Glycerolfettsäureester

Glycerolfettsäureester
Fettsäureglyceride. Als dreiwertiger Alkohol kann Glycerol mit einem, zwei oder drei Fettsäureresten verestert sein; man spricht von Mono-, Di- oder Triglyceriden. Sind verschiedene Fettsäuren enthalten, liegen gemischte Glyceride vor.

$$\begin{array}{lll}
CH_2OH\ (1) & CH_2O\cdot OC\cdot R & CH_2OH \\
CHOH\ \ (2) & CHOH & CHO\cdot OC\cdot R \\
CH_2OH\ (3) & CH_2OH & CH_2OH \\
(I) & (II) & (III)
\end{array}$$

$$\begin{array}{lll}
CH_2O\cdot OC\cdot R & CH_2O\cdot OC\cdot R & CH_2O\cdot OC\cdot R \\
CHO\cdot OC\cdot R & CHOH & CHO\cdot OC\cdot R \\
CH_2OH & CH_2O\cdot OC\cdot R & CH_2O\cdot OC\cdot R \\
(IV) & (V) & (VI)
\end{array}$$

(I) Glycerol; (II) 1-Monoglycerid; (III) 2-Monoglycerid; (IV) 1,2-Diglycerid; (V) 1,3-Diglycerid; (VI) Triglycerid.

Natürliche Glycerolfettsäureester sind die Fette und fetten Öle. Sie sind gemischte Triglyceride höherer, meist geradzahliger Fettsäuren.
Synthetische Glycerolfettsäureester werden in der Kosmetik in großer Zahl verwendet.
Monoglyceride, besser Mono-diglyceride, weil sie oft größere Mengen an Diglyceriden enthalten, haben aufgrund ihrer freien Hydroxylgruppen amphiphile Eigenschaften. Sie dienen als Emulgatoren für W/O-Emulsionen und zusammen mit Fettalkoholsulfaten, Alkalistearaten oder Fettalkoholpolyglykolethern als Cremegrundlagen für O/W-Systeme.
Synthetische Triglyceride mittelkettiger oder verzweigter Fettsäuren (C_8–C_{10}) werden als flüssige Fettkomponenten, Triglyceride höherer Fettsäuren (C_{10}–C_{18}) als Hartfette und Salbengrundlagen eingesetzt.

Glycerolmonostearat
Gemisch von Monoglyceriden der Stearin- und Palmitinsäure mit mindestens 40% Monoglyceriden, wechselnden Mengen Di- und Triglyceriden und maximal 6% freiem Glycerol. Weiße bis elfenbeinfarbige feste Masse, unlöslich in Wasser, löslich in Ethanol von 60 °C, Fetten, Ölen und Wachsen.
Verwendung als Grund- und Hilfsstoff für W/O-Emulsionen, als Komponente für Emulgatorgemische für O/W-Systeme und als Emollient.

Glycerolphosphorsäuren und deren Ester
Allgemeine Formel:

$$\begin{array}{l}
C^\alpha H_2OH \\
C^\beta HOH \quad\ \ O \\
\ \ \ \ \ \ \ \ \ \ \ \ \ \ \ \ \parallel\ \ \ O^\ominus \\
C\ H_2O\cdot P\diagdown \\
\ \ \ \ \ \ \ \ \ \ \ \ \ \ \ \ \ \ \ O^\ominus
\end{array}$$

Vorkommen in der Natur mit Cholin und höheren Fettsäuren verestert als Lecithin, mit Colamin (2-Aminoethanol) und Fettsäuren verestert als Kephalin. → Phospholipide

Glycerolseifen → Transparentseifen

Glycin
(INCI: Glycine) Aminoessigsäure H_2NCH_2-COOH.
Einfachste Aminosäure, Baustein der meisten Eiweißkörper und Bestandteil der Haut. Kosmetischer Einsatz als Feuchthaltemittel.

Glycyrrhetinsäure
(INCI: Glycyrrhetinic Acid) Aglucon des Glycyrrhizins aus der Süßholzwurzel, aus dem es durch Hydrolyse neben 2 Mol. Glucuronsäure entsteht.
Glycyrrhizin ist 50-mal süßer als Rohrzucker und kann als Süßstoff verwendet werden. Glycyrrhetinsäure wirkt bakteriostatisch und entzündungshemmend; sie kann als solche oder in Form von Süßholzextrakten in der Kosmetik in Cremes für unreine oder gerötete Haut, als Zusatz zu Mundwässern, Zahnpasten und Gesichtsmasken verwendet werden.

Glycyrrhetinsäure R = H
Glycyrrhizin R = Glucuronsäure – Glucuronsäure

Glykane → Polysaccharide

Glykole
Zweiwertige Alkanole (Alkandiole). Das erste Glied der Reihe ist das Ethylenglykol (Glykol, 1,2-Ethandiol), dessen Verwendung in kosmeti-

schen Präparaten jedoch nicht zu empfehlen ist. Die Ethylenglykol-Fettsäureester dagegen sind vielseitig einsetzbar. 1,2-Propylenglykol und 1,3-Butylenglykol sind als Glycerol-Austauschstoffe geeignet. Von größter Bedeutung für die Kosmetik sind die Polyglykole, ihre Ester und ihre Ether.

Glykolester → Ethylenglykol-Fettsäureester

Glykolether
Allgemeine Formel $R^1-O-(CH_2)_n-O-R^2$
Einige Glykolether werden als Repellents gegen Fliegen eingesetzt.

Glykolsäure
Natürliches Vorkommen u. a. im Zuckerrohr. In Hauptpflegeprodukten bewirkt sie eine verminderte Verhornung. → α-Hydroxysäuren

Glykoproteine
Kohlenhydrathaltige Eiweißstoffe. Glykoproteine aus Molke mit hoher Wasserlöslichkeit werden als hydratisierende Komponente für Gesichts-, Körperlotionen und Haarkosmetika verwendet.

Glykoside
Kondensationsprodukte aus Zuckern (Monooder Oligosacchariden) und Alkoholen oder Phenolen (sog. Aglykonen), bei denen die Halbacetal-Hydroxylgruppe des Zuckers (→ Glucose) über ein Sauerstoffatom mit dem Aglykon etherartig verknüpft ist. Außer den Sauerstoffglykosiden sind auch Schwefel- und Stickstoffglykoside bekannt.

Glykosphingolipide
(INCI: Glucosphingolipids) Sphingolipide, die Kohlenhydrate enthalten. Natürliches Vorkommen in der Haut, im kosmetischen Bereich werden sie als Liposomenbildner, z. T. auch als Emulgatoren eingesetzt.

Glyzerin
(INCI: Glycerin) Synonym für → Glycerol

GMP
Abkürzung für Good Manufacturing Practice = gute Herstellungspraxis. Ursprünglich in den USA erlassene Verordnung über die „gute Herstellungspraxis" von Arzneimitteln, die in Deutschland und anderen europäischen Ländern bis 1997 auf freiwilliger Basis angewendet werden konnte. Seit dem 1.7.1997 ist laut der 6. Änderungsrichtlinie der KVO die Umsetzung zur Einhaltung der Kosmetik-GMP für die Hersteller von Kosmetika in der EU verbindlich. Darin befinden sich u. a. Vorgaben zur hygienischen Herstellung, der Qualitätskontrolle, der Qualitätssicherung und der Personalschulung.

Golgi-Mazzonische Körperchen
Sensible Druckrezeptoren besonders in der Fingerhaut.

Graham'sches Salz
Gemisch aus hochmolekularen kettenförmigen Polyphosphaten mit einem geringen Anteil an Metaphosphaten (→ Natriumpolyphosphate), da durch Erhitzen von sauren Natriummonophosphaten und schnelles Abkühlen der Schmelzen entsteht. (Schmelzphosphate)

Granulom
(lat. granulum, -i = Körnchen) Bezeichnung für knötchenförmige Neubildung aus Entzündungszellen als Gewebereaktion auf allergisch infektiöse oder entzündliche Prozesse.
In der Zahnmedizin Bezeichnung für eine Granulationsgeschwulst an der Zahnwurzelspitze.

Grenzflächen
Phasengrenzflächen. Trennende Flächen zwischen zwei nicht mischbaren kondensierten Phasen (flüssig/fest, flüssig/flüssig, fest/fest). Ist die Phase ein Gas, spricht man von Oberfläche bei der angrenzenden Phase. In der Grenzfläche stehen die Moleküle unter anderen Bedingungen als im Innern der Phase.

grenzflächenaktive Stoffe
Verbindungen, die sich aus ihrer Lösung an Grenzflächen anreichern und dadurch die Grenzflächenenergie herabsetzen. Sie sind charakterisiert durch das Vorhandensein von lipophilen und hydrophilen Gruppen. → Tenside → Emulgatoren

Grenzflächenspannung
Die Kraft, die notwendig ist, um die Grenzfläche um eine Flächeneinheit zu verändern; sie ist positiv, wenn die Grenzfläche verkleinert wird und negativ, wenn sie vergrößert werden soll. Die Grenzflächenspannung kommt dadurch zu-

stande, dass die Teilchen im Innern der Phase von den sie umgebenden Molekülen in allen Richtungen des Raumes gleich stark angezogen werden, die in der Grenzfläche liegenden Teilchen dagegen einen verstärkten Zug nach innen erfahren, der bei der Zerteilung der Phase überwunden werden muss. Wichtig bei Vorgängen wie Schäumen, Waschen, Emulgieren etc.

Grünnoten
In der Parfümerie: Duftkompositionen mit frischem natürlichem Charakter. Als Basis für Grünnoten können sowohl Zitrusöle verwendet werden als auch Blätteröle (Veilchen- oder Rosenblätteröl oder Koniferenöle, Moos- und Krautöle.

Grützbeutel → Atherom

Grundierung
Synonyme: Foundation, Fond de Teint, im deutschen Sprachgebrauch auch → Make-up. Pigmenthaltige Emulsionen oder Pasten, die in verschiedenen Hauttönen angeboten und i.d.R. über der Tagescreme aufgetragen werden. Ziel ist es, durch die Anwendung den Teint zu egalisieren, kleine Hautunregelmäßigkeiten zu kaschieren und das Gesicht frisch und gepflegt erscheinen zu lassen. Die Basisformulierung ist meist als O/W-Emulsion konzipiert und kann durch entsprechende Zusätze auf die unterschiedlichen Hauttypen und Anforderungen abgestimmt werden (z.B. fett- u./o. feuchtigkeitsspendend, mattierend etc.). Als Farbpigmente (ca. 5–10%) finden vorwiegend Eisenoxide und Titandioxid Verwendung. Je höher ihr Anteil gewählt wird, desto stärker wird das Deckvermögen des Endproduktes. In Abhängigkeit von der Erscheinungsform (flüssig, cremig, fest/kompakt) unterscheidet man verschiedene Produkttypen wie z.B.: Fluid/Liquid-Foundation, -Make-up, Cream-Make-up, Foundation Cream, Compact-Make-up, Foundation-Stick. Die Produktbezeichnungen sind dabei nicht exakt festgelegt und variieren in Abhängigkeit vom Hersteller.

Grundlagen
Allgemeine Bezeichnung für die Basis einer kosmetischen Zubereitung (z.B. Emulsion, Puder, Salbe). Durch die Auswahl geeigneter Zusätze wie Färbemittel, spezielle Hilfs- oder Wirkstoffe lassen sich die Grundlagen auf unterschiedliche Anwendungsbereiche, Hauttypen und Anwendungsformen ausrichten. → Absorptionsbasen

Grundsubstanz, amorphe
Sie zählt zu der Interzellularsubstanz des → Bindegewebes und wird von Bindegewebszellen (Fibroblasten) gebildet. Im Wesentlichen besteht sie aus Proteoglykanen.

Guajazulen
1,4-Dimethyl-7-isopropylazulen. Dunkelblaue Kristalle; Schmelzpunkt ~ 30°C. Löslich in Ethanol, Propanol; unlöslich in Wasser, Glycerol, Sorbit flüssig, Propylenglykol; mischbar mit Fetten, fetten und ätherischen Ölen und Mineralölen.
Infolge seiner entzündungshemmenden, schleimhautabschwellenden, desinfizierenden und gewebsregenerierenden Eigenschaften in Kosmetik und Dermatologie vielseitig verwendet. Für Hautschutzmittel, Hautcremes, Depilatorien, Lippenstifte, Zahn- und Mundpflegemittel, Sonnenschutzmittel, Präparate gegen Sonnenbrand, Höhensonnenschäden usw. Einsatzmengen = 0,01–0,02%. → Azulene

Guanin
2-Amino-6-oxypurin

Weißes bis gelbliches Pulver, das in der Natur in der Haut und in den Schuppen von Fischen, Reptilien und Amphibien vorkommt. Wird nur noch selten als Perlglanzpigment in dekorativen Kosmetika eingesetzt (INCI: Guanine, CI. 75170). → Fischsilber

Guar-Mehl
Grauweißes, gemahlenes Endosperm der Cyamopsis tetragonaloba. Der wasserlösliche Teil ist das Guaran, eine Galactomannan, das zu 65% aus Mannose und zu 35% aus Galactose besteht.

Guar-Mehl hat das 8fache Verdickungsvermögen von Stärke und wird in der Kosmetik als Quellstoff zur Viskositätsregulierung und zur Stabilisierung von Emulsionen verwendet. Ein quaternisiertes Guarderivat zeigt gute Avivage-Eigenschaften.

Guerbet-Akohole
Fettalkohole mit verzweigter Alkylkette wie z. B. 2-Octyldodecanol oder 2-Hexyldecanol, die im Vergleich mit linearen gesättigten und ungesättigten Fettalkoholen gleicher Kettenlänge einen wesentlich niedrigeren Schmelzbereich aufweisen. Sie sind farb- und geruchlose Öle, hautverträglich und stabil gegen Autoxidation. Guerbet-Alkohole dienen als Ölkomponenten und als Austauschprodukte für pflanzliche und mineralische Öle.

Gürtelrose
Herpes zoster. Eine schmerzhafte Virusinfektion der Haut. → Herpes

Gummi (Mz. Gummen)
Pflanzen- und Baumsäfte, die an der Luft erhärten und Harze bilden. Zu den Gummen gehört z. B. Gummi arabicum, G. Benzoe, G. Guajaci, G. Mastix, G. Styrax, G. Tragant u. a. Kosmetische Verwendung als Binde- und Verdickungsmittel, Schutzkolloide und Emulgatoren.

Gummi arabicum
Farblose bis braune, spröde, geruchlose Stücke, die aus verschiedenen Akazienarten gewonnen werden. Sie lösen sich in Wasser zu einer klebrigen, schwach sauer reagierenden Flüssigkeit. Gummi arabicum besteht hauptsächlich aus den Alkali- und Erdalkalisalzen der sog. Polyarabinsäure, einem stark verzweigten Polysaccharid aus l-Arabinose, d-Galactose, l-Rhamnose und d-Glucuronsäure (3:3:1:1).
Verwendung als Verdicker. → Gummi

Gurkensaft
Der frische Gurkensaft hat hautreinigende und bleichende Wirkung, er macht die Haut auffallend weich. Er enthält u. a. Phosphor- und Schwefelverbindungen, Vitamine, Fruchtsäuren und Enzyme. Der Wert des Gurkensaftes geht bei der Lagerung rasch verloren, wahrscheinlich durch Inaktivierung der Enzyme, deshalb ist die Verarbeitung in kosmetischen Präparaten nicht sinnvoll.

H

Haar
Haare sind Anhangsgebilde der Haut. Sie sind mehr oder weniger stark über den ganzen Körper verteilt. Am dichtesten wachsen die Haare im Allgemeinen auf dem Kopf. Auf einen cm^2 entfallen gewöhnlich 100 Haare; d. h. auf den gesamten Kopf ca. 100 000 Haare. Der Durchmesser des Haares liegt zwischen 0,03 und 0,09 mm. Das Haar wächst täglich 0,3 mm oder 1 cm im Monat. Es hat eine Lebensdauer von 4 bis 6 Jahren; 4 bis 6 Haare verschiedenen Alters bilden eine Wachstumsgruppe. (→ Haarwechsel) Die in der Faserschicht abgelagerten Farbkörperchen (Pigmente) bestimmen die Haarfarbe.
Die Haare bestehen aus der Haut in den Haarfollikel eingebetteten Haarwurzel (Haarzwiebel) und dem herausragenden Haarschaft. Sie werden über der Haarpapille gebildet und von dieser sowie von dem umgebenden blutreichen Bindegewebe, dem Haarbalg, ernährt. Der Haarschaft hat, von außen nach innen betrachtet, drei Schichten: die Schuppenschicht (Cuticula), die Faserschicht (Cortex) und das Mark (Medulla).
Die Schuppenschicht wird aus abgeflachten, verhornten, dachziegelartig angeordneten Zellen gebildet. Sie stellt den Schutzmantel des Haares dar und besteht aus 8 bis 10 übereinander liegenden Schichten, die durch eine zementähnliche Substanz untereinander verkittet sind.
Die Faserschicht ist die stärkste Schicht des Haares. Sie liegt zwischen Schuppenschicht und

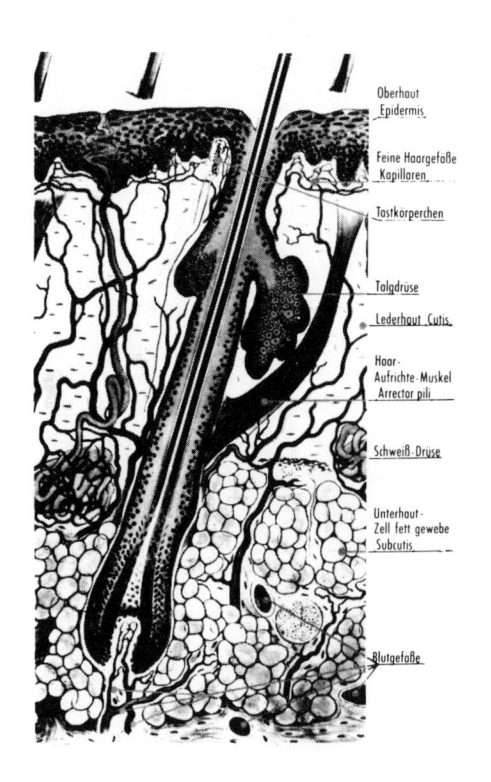

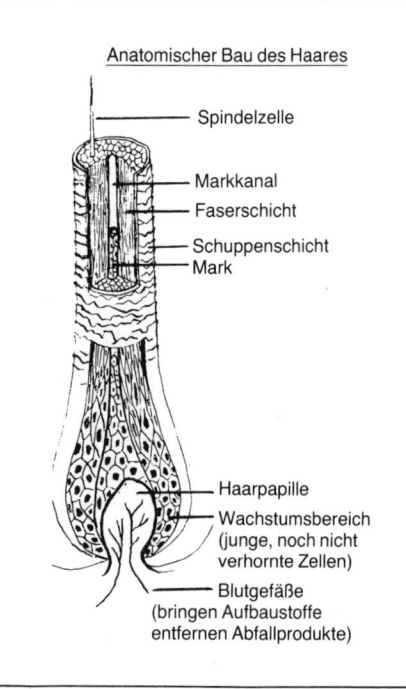

Anatomischer Bau des Haares

Mark, von ihr hängt Elastizität und Reißfestigkeit des Haares ab. Sie besteht aus Kabelsträngen, die in eine amorphe kittartige Substanz eingebettet sind. Jeder Strang baut sich aus Mikrofibrillen auf, die zu größeren Einheiten, den Makrofibrillen, zusammengefasst sind. In der Faserschicht spielen sich die chemischen Vorgänge beim Färben der Haare (Coloration) und bei der Dauerwelle ab. Das Mark bildet den inneren Zellstrang des Haares und befindet sich im Markkanal. Oft sind die Markzellen nicht mehr vorhanden oder der Markstrang ist durch Lufteinschlüsse unterbrochen.
Chemisch besteht die Haarsubstanz zu 90% aus Keratin, einem wasserunlöslichen Gerüsteiweißstoff (→ Keratin). Der Wassergehalt hängt von der relativen Luftfeuchtigkeit ab.

Haar, schnell fettendes
Fettiges Haar ist eine Teilerscheinung der Seborrhoe. Sie hängt mit einer gesteigerten Tätigkeit der in der Kopfhaut zahlreich vorhandenen Talgdrüsen zusammen.

Haaranomalien → Haarschaftsveränderungen

Haararten
Die Primärbehaarung (des Fötus) wird auch Lanugohaar genannt. Die Sekundärbehaarung ist die Behaarung des Kindes bis zur Pupertät. Danach erfolgt die Ausbildung der Terminalbehaarung. Das Haarkleid wird kräftiger, es bilden sich u. a. Bart-, Achsel- und Schambehaarung aus.
Flaumhaar (Vellushaar) ist das kaum sichtbare Körperhaar. Lichtes Kopfhaar (Glatze) entsteht durch die Umwandlung von Terminalhaar- in Flaumhaarwurzeln.

Haaraufheller → Blondiermittel

Haarausfall
1. Reversibler Haarausfall: Nach Infektionskrankheiten (postinfektiöser Haarausfall) wie Typhus, Scharlach und anderen hoch fieberhaften Erkrankungen, nach Geburten oder schweren Operationen, durch Vergiftungen (z. B. Thallium) oder gewisse Medikamente, durch Entzündung der Kopfhaut, bei schweren inneren Erkrankungen oder auch durch Strahleneinwirkungen. → Alopezie
2. Irreversibler Haarausfall → Alopezie, Glatze, Kahlheit.

Der kreisrunde Haarausfall (Alopecia areata) äußert sich in kreisrunden kahlen Stellen der Kopfhaut und ist nach der Glatzenbildung die häufigste Ursache von Kahlstellen und Kahlheit. Im Nacken bandförmig verlaufende Kahlstellen werden als Ophiasis bezeichnet. Kommt es im Verlauf der Krankheit zu völliger Kahlheit nebst Verlust der Augenbrauen und Wimpern, so wird von einer Alopecia totalis (besser Alopecia areata totalis) gesprochen.

Haarbalg → Haarfollikel

Haarbalgmilbe
Demodex folliculorum, Haarsackmilbe. Sie lebt in den Talgdrüsen des Gesichtes, besonders in Mitessern, und verursacht im Allgemeinen keine Beschwerden.

Haarbalgmuskel
Mithilfe des Haarbalgmuskels (→ Haarfollikel) können die Haare auf gewisse Reize hin aufgerichtet werden. (→ Gänsehaut) Diese Funktion hat für die Rasiertechnik einen praktischen Nutzen. → Pilomotorika

Haarbleichmittel → Blondiermittel

Haarbürsten → Bürsten

Haare, gedrehte
Pili torti. Haarschaftsveränderung, bei der das Haar um seine Längsachse gedreht ist und eine unregelmäßige Lichtreflektion zeigt. Sie wird fast ausschließlich bei blonden Kindern beobachtet und verschwindet im Allgemeinen um das 12. Lebensjahr, indem die gedrehten Haare durch normale ersetzt werden.

Haarentfernungsmittel → Depilatorien

Haarentfettungsmittel → Trockenshampoos

Haarfärbemittel
Produkte zur Veränderung der natürlichen Haarfarbe. Man unterscheidet nach der Beständigkeit der Färbungen:
- Permanente Färbemittel → Oxidationshaarfarben, → Coloration.
- Semipermanente Färbemittel → Haartönung, Intensiv-Tönung.
- Temporäre Färbemittel → Tönungsmittel

Die permanente Färbung überdauert fast beliebig viele Wäschen, sie wächst mit der Zeit heraus; die semipermanente verblasst nach 6–8 Wäschen, die temporäre wird oft schon durch einmaliges Shampoonieren entfernt.

Haarfarbe
Die Naturhaarfarbe entsteht durch eingelagerte Pigmentkörnchen, die Melaningranula. Sie befinden sich im Inneren der Cortex- und Medullazellen und entstehen im untersten Bereich der Haarwurzel nahe der Haarpapille. Sie werden dort von den Melanocyten gebildet. Die Pigmentkörnchen selbst enthalten eine stark UV-absorbierende Substanz, das Melanin. Man unterscheidet dabei das schwarzbraune → Eumelanin und das gelbrote → Phaeomelanin. Die Größe der Melaningranula und der Gesamtgehalt an Melanin beeinflussen die Farbtiefe und bestimmen, ob es sich um ein helles oder dunkles Haar handelt. Das Mengenverhältnis von Eu- und Phaeomelanin bestimmt die Farbrichtung: Schwarzes Haar enthält bis zu 2% Eumelanin und nur minimale Anteile an Phaeomelanin. Blondes Haar enthält hauptsächlich Phaeomelanin und wenig Eumelanin. Trichosiderin oder Trichochrom wird als Abkömmling des Phaelomelanins eingestuft und kommt typischerweise in naturrotem Haar vor. Weißes Haar ist frei von Melaningranula.
Mittel zur Haarfärbung → Haarfärbemittel.

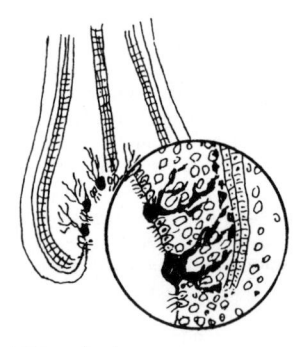

Pigmentbildung in der
Haarmatrix durch Melanozyten

Haarfestiger
Haarstylingprodukte auf Basis wässrig-alkoholischer Lösungen, die nach der Haarwäsche aufgetragen zur stärkeren Fixierung der getrockneten Haare angewendet werden. Der Zusatz geeigneter Filmbildner sorgt für die Festigungskraft, Konditioniermittel dienen der Verbesserung der Nasskämmbarkeit und als Pflegekomponente. Als flüssiges Lösungsmittel sind häufig Ethanol oder Isopropanol enthalten. Es können auch Farbstoffe eingesetzt werden, die dem Haar einen temporären farbigen Akzent verleihen. Flüssige Haarfestiger, z. B. als Pumpzerstäuber, eignen sich für Föhnfrisuren, in Aerosolform sind sie als Schaumfestiger einsetzbar.

Haarfestigungsmittel
Ältere Bezeichnungen für flüssige Haarfestiger bzw. Haarfestlegungsmittel, die vorwiegend bei der → Wasserwelle Anwendung finden.

Haarfollikel
Folliculus pili. Röhre, sackartige Vertiefung in der Lederhaut, in der sich die Haarwurzel befindet.
Teile des Haarfollikels:
Follikelöffnung (Follikelmund); Follikelröhre, bestehend aus Follikelhals, Talgdrüse und Follikelboden; innere und äußere Wurzelscheide; Haarbalg.
Die Talgdrüse kann man als Ausbuchtung des Follikelepithels betrachten, ihr Ausführungsgang mündet in den Follikelhals, ihr Sekret erhält das Haar geschmeidig. Der Follikelboden wird von der Haarpapille eingestülpt. Die Zellschicht, die den Follikelboden auskleidet und die Haarpapille überzieht, stellt die Haarbildungsstätte dar (Matrix). Die Papille ist ein längliches birnenförmiges Gebilde, reich an Blutgefäßen und Nervenbündeln, und gehört zum bindegewebigen Haarbalg. Beim Ausreißen des Haares wird die Papille fast nie entfernt.

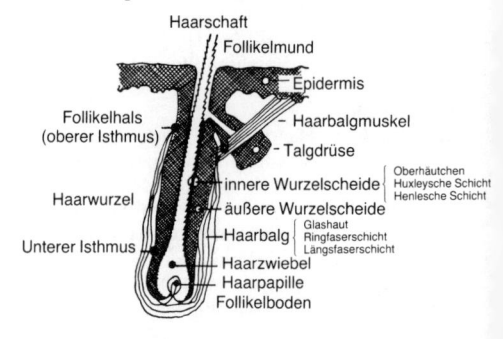

Die innere Wurzelscheide reicht vom Boden des Follikels bis zum Follikelhals und ist eng mit dem Haar verbunden. Die äußere Wurzelscheide ist die ephitheliale Auskleidung des Haarfollikels, die sich unterhalb der Talgdrüse eng mit dem Haar und der inneren Wurzelscheide verbindet. Der Haarbalg ist der bindegewebige äußere Teil des Haarfollikels.

Haarformen
Die Form des Einzelhaars bei glatten oder krausen Haaren ist von Rasse zu Rasse verschieden. Die Hauptmerkmale sind: die Haardicke, der Querschnitt und die Kreisförmigkeit bzw. die Elliptizität.

Haartyp	Aussehen	Durchmesser (mm)	Querschnittsform
kaukasisch europäisch	glatt	0,07	oval
asiatisch	sehr glatt	0,09	fast rund
afrikanisch negrid	kraus	0,09	stark elliptisch fast bandförmig

Haargefäße → Kapillaren

Haargefäßerweiterungen → Äderchen

Haarglättungsmittel
Zubereitungen, die in ihrem Aufbau und ihrer Wirkungsweise den Dauerwellpräparaten entsprechen, meist aber eine cremeartige bis zähviskose Konsistenz aufweisen. Sie werden zur dauerhaften Glättung krauser oder stark gewellter Haare eingesetzt. Anstelle der sonst bei der Dauerwelle eingesetzten Wickler tritt die Bearbeitung mit dem Kamm. Das meist alkalisch eingestellte Glättungsmittel wird auf das Haar aufgetragen und dann immer wieder glatt gekämmt. Nach dem Ausspülen wird entsprechend der Dauerwelle das wasserstoffperoxidhaltige Fixiermittel angewandt. Haarglättungsmittel stellen einen wichtigen Teil der Ethnokosmetik dar.

Haarglanz
Eine intakte Cuticula stellt eine glatte, farblose Umhüllung des Faserstamms dar und verleiht dem Haar seinen Glanz. Erst wenn die Schuppenschicht durch mechanische oder chemische Einwirkung geschädigt (rau) ist und das einfallende Licht nicht mehr genügend reflektiert werden kann, erscheint das Haar matt.

Haarknotenkrankheit → Trichorrhexis nodosa, → Trichomykose.

Haarkrankheiten
1. Haarausfall, vermehrter (Effluvium)
2. Kahlheit, Glatze (Alopezie)
3. Haarschaftsveränderungen
4. Haarfarbveränderungen
5. Kopfhautveränderungen → Psoriasis, Seborrhoe.
6. Pilzerkrankungen → Trichomykose, Trichophytie, Trichosporie
7. Haar- und Kopfhautschäden
a) mit primär toxischer Wirkung, chemisch bedingt durch haarkosmetische Arbeitsfehler, z.B. durch Alkali oder Wasserstoffperoxid
b) allergische Reaktionen z.B. auf Bestandteile von Haarfärbemitteln oder auf Parfümöle in Haarkosmetika.

Haarkuren
Auch Haarpackung. → Haarpflegemittel, die mit der Haarspülung vergleichbar sind, nur die Konsistenz ist i.d.R. etwas zäher und die Einwirkzeit länger. Als Grundlagen dienen pastöse Cremeformulierungen mit schwach saurem pH-Wert, die mit Konditioniermitteln, Rückfettern und speziellen Wirkstoffen angereichert sein können.

Haarlacke
→ Haarspray, das nach dem Auftrag einen sichtbar glänzenden Film auf dem Haar hinterlässt und sehr stark festigend wirkt.

Haarlosigkeit
Atrichia, Atrichosis. Völlige Haarlosigkeit gibt es nicht. Es handelt sich stets um hochgradige Hypotrichosen.

Haarmatrix
Zellschicht des Haarfollikelbodens über der Papillenkuppel, in der die Zellteilungen stattfinden. Die ständig neu entstehenden Zellen schieben die über ihnen liegenden, allmählich verhornende Zellen aus dem Haarbalg heraus.

Haarmuskel
(Musculus arrector pili = Haaraufrichtemuskel) → Haarbalgmuskel

Haarpackungen → Haarkuren

Haarpapille → Haar, → Haarfollikel.

Haarpflegemittel
Auch Conditioner. Sammelbegriff für Haarspülungen, Haarkuren und Haarpackungen. Es handelt sich dabei um meist opake (eingetrübte) O/W-Emulsionen, die nach der Haarwäsche zur Pflege trockener, spröder oder strapazierter Haare eingesetzt werden. Der nach dem Ausspülen verbleibende substantive Film verleiht dem Haar Glanz, wirkt glättend und verbessert die Nasskämmbarkeit. Die Formulierungen sind oft leicht sauer eingestellt und enthalten als Hauptbestandteile neben Wasser und Emulgatoren Fettalkohole, Konditioniermittel u./o. Silicone. Zur Pflege gesplisster Haarenden siehe → Haarspitzenfluid.

Haarpuder
Trockenshampoos zur Haarentfettung oder dekorative, pigmentierte Puder.

Haarschäden
→ Haarkrankheiten, → Haarschaftsveränderungen

Haarschaft
Scapus pili. Der aus dem Follikel herausragende bereits keratinisierte Teil des Haares, bestehend aus Cuticula- und Cortexzellen, bei dickeren Haaren auch Medullazellen. → Haar

Haarschaftsveränderungen
→ Haare, gedrehte, → Spindelhaare, → Ringelhaare, → Spliss, → Pinselhaarbruch.
UV-Licht, Dauerwellbehandlungen, Colorationen und Blondierungen können den Haarschaft angreifen und in seiner Struktur schädigen. Veränderungen in der Faserschicht lassen sich durch Messung des Zug-Dehnungsverhaltens an nassem und trockenem Haar quantifizieren. Zu stark alkalische Lösungen verursachen Quellung des Haares und hinterlassen nach dem Verdunsten der Flüssigkeit Schrumpfungsfurchen, Lufteinschlüsse und eine gespreizte, nicht mehr anliegende Schuppenschicht. Das Haar ist porös, glanzlos, zeigt einen rauen Griff, erhöhte Aufnahmefähigkeit für Feuchtigkeit und ist wenig frisierwillig.

Haarspitzenfluids
Flüssige oder cremeartige Haarpflegeprodukte auf Siliconölbasis, die vornehmlich an gesplissten Haarenden zur Anwendung kommen. Die geschädigte Haarspitze (→ Spliss) wird durch das Aufbringen der Produktmasse vorübergehend wieder zusammengekittet, man spricht daher auch von Repair-Fluids.

Haarspray
Haarstylingprodukte, die als alkoholische Lösung in Aerosolform oder als treibgasfreies Pumpspray (Pumpzerstäuber) angeboten und zur Fixierung der Frisur eingesetzt werden. Sie sollten sich sehr fein im Haar verteilen (geringe Tröpfchengröße), möglichst unempfindlich gegen hohe Luftfeuchtigkeit sein, sich aber trotzdem gut ausbürsten und -waschen lassen. Die Hauptbestandteile sind Filmbildner, Lösungsmittel, wie z. B. Ethanol oder Isopropanol sowie Neutralisierungs- und Treibmittel. Als Treibmittel kommen Propan, Butan, Isobutan oder Dimethylether zum Einsatz, wobei letzterer über gute Lösungsmitteleigenschaften verfügt.
Stark festigende Formulierungen werden auch als Haarlacke bezeichnet.

Haarspülungen
Cremeartiges, evtl. zäh fließendes → Haarpflegemittel zur Anwendung nach der Haarwäsche. Nach einigen Minuten Einwirkzeit wird es wieder ausgespült.

Haarstylingprodukte
Frisiermittel, die dazu geeignet sind, Haare in ihrer getrockneten (neuen) Form mehr oder weniger stark zu fixieren. Dabei lassen sich verschiedene Anwendungs- und Darreichungsformen unterscheiden:
- Flüssige Haarfestiger (Lösungen)
- Schaumfestiger (Aerosole)
- Haarsprays, Haarlacke (Aerosole)
- Haargele, Wetgele
- Haarwachse, Brillantinen

Dabei werden Haar- und Schaumfestiger in das noch feuchte Haar eingearbeitet, während Haarsprays, -lacke und -wachse vornehmlich im trockenen Haar angewendet werden. Gele sind dagegen vor oder nach dem Trocknen einsetzbar. Festigerprodukte enthalten i. d. R. Lösungsmittel wie z. B. Ethanol, die nach der Anwendung verdunsten. Eingesetzte Filmbildner verleihen dem Haar Stand, Konditioniermittel sorgen für eine gute Kämmbarkeit.

Haartönungen
Semipermanente Haarfärbemittel. Sie enthalten → direkt ziehende Farbstoffe, die z. T. aufgrund ihrer geringen Größe etwas in den äußeren

Haarbereich eindringen oder substantiv auf den Haarschaft aufziehen. Sie sind nicht dauerhaft fixiert, sodass nach etwa 6 bis 8 Haarwäschen die ursprüngliche Haarfarbe wieder erscheint. Haartönungen schonen das Haar, da keine Oxidationsmittel zum Einsatz kommen.
So genannte Intensiv-Tönungen sind, sofern Oxidationsmittel enthalten sind, keine reinen Haartönungen. Sie stellen aufgrund ihrer oxidativen Wirkung und bezüglich der Dauerhaftigkeit des Farbergebnisses eine Kombination zwischen semipermanenter Tönung und dauerhafter Coloration dar.

Haarwachs
Haarstylingprodukte, die in das getrocknete Haar geknetet werden. Sie eignen sich für eher kurzes Haar und verfügen gegenüber anderen Frisiermitteln über eine geringere Festigungskraft. Als Hauptbestandteile kommen häufig Wachse wie z. B. Wollwachs, Bienenwachs oder Carnaubawachs, aber auch Paraffine oder Ozokerite zum Einsatz. Auch cremeartige Stylingprodukte fallen unter diese Kategorie, während Haarglanzwachse gewöhnlich zu den Brillantinen zählen.

Haarwachstum → Haarwechsel, Haarzyklus

Haarwaschmittel → Shampoos

Haarwasser
Wässrig-alkoholische, z. T. eingefärbte und parfümierte Lösungen zum Einmassieren in Haar und Kopfhaut, die bis zu 80% Ethanol und/oder Isopropanol enthalten können. Sie sind entsprechend ihrer Produktausrichtung i. d. R. mit Wirkstoffen angereichert. Beispiele: Antischuppenwirkstoffe, durchblutungsfördernde Nicotinsäureester, kühlendes Menthol, entzündungshemmende Stoffe wie Azulen, Bisabolol, Allantoin oder verschiedene Kräuterextrakte.

Haarwechsel
Alle Haararten des Menschen haben (im Gegensatz zum Nagel, der einmal gebildet, lebenslänglich wächst) eine begrenzte Lebensdauer. Der Haarwechsel, der mit einem natürlichen Haarausfall verbunden sein muss, ist also ein vollkommen normaler Vorgang. Der tägliche Verlust beträgt ca. 30–60 Haare.

Das Haar, das sich in der Wachstumsperiode (Anagenphase) befindet, nennt man Papillenhaar, weil es mit der Papille verankert ist. Stellt das Haar sein Wachstum ein, löst es sich von der Papille und rückt im Haarfollikel nach oben. Seine Haarzwiebel nimmt Kolbenform an, behält aber vorerst noch die beiden Wurzelscheiden. Es wird als Katagenhaar bezeichnet, weil es sich in der Übergangsphase (Katagenphase) befindet.

Ist das Haar bis zur Höhe der Talgdrüse vorgerückt, ist die Übergangsphase abgeschlossen, dann befindet es sich als Kolbenhaar im Ruhestadium (Telogenphase). In diesem Zustand verweilt das Haar, bis es von dem neu gebildeten Haar ausgestoßen wird.

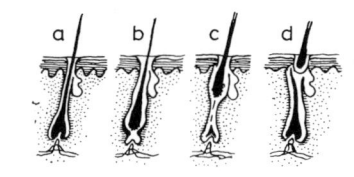

Der Haarwechsel
a Papillarhaar
b Haar in der Übergangsphase
c Haar in der Telogenphase. Neues Haar wird gebildet.
d Altes Haar kurz vor dem Ausfallen

Die Kopfhaare befinden sich bis zu 6 Jahren im Wachstums- und nur 3–4 Monate im Ruhezustand.

Haarwurzel
Der innerhalb des Haarfollikels befindliche und z. T. noch nicht keratinisierte Haarabschnitt. → Haar

Haarzwiebel
(lat. bulbus pili) Basaler, aus Epithelzellen bestehender, zwiebelförmig aufgetriebener Teil des Haares, der die Haarpapille umgibt.

Haarzyklus
Die Lebensdauer eines Haares wird in drei Abschnitte unterteilt:
• Anagenphase = aktive Wachstumsphase
• Katagenphase = Übergangsphase

• Telogenphase = Ruheperiode, kein Wachstum mehr
Die individuell erreichbare Haarlänge ist abhängig von der Länge der anagenen Wachstumsphase des Haarfollikels. Siehe auch → Haarwechsel.

HAB
Abkürzung für Homöopathisches Arzneibuch. Es enthält analog dem DAB die Bestimmungen zur Herstellung und Prüfung homöopathischer Mittel.

Haemangiome
(gr. häma = Blut; angeion = Gefäß) Gutartige Blutgefäßgeschwülste. → Blutschwamm, → Naevus, → Feuermal.

Haematom
Bluterguss. Ansammlung von Blut außerhalb der Blutbahn im Unterhautfettgewebe oder in anderen Weichteilen. Weichteilschwellungen; blaurote, später grüngelbe Hautverfärbungen.

Hämoglobin
Farbstoff der roten Blutkörperchen. Hämoglobin ist ein tetrameres Chromoprotein (→ Eiweiß), das aus 4 Polypeptidketten mit je einem Häm als Farbstoffkomponente besteht. Das Häm baut sich aus vier untereinander verbundenen, substituierten Pyrrolringen und einem zentralen zweiwertigen Eisenion auf. Die Verknüpfung mit dem Globin erfolgt durch koordinative Valenzen zwischen dem Eisen und den Histidinresten der Polypeptidketten. Die Aufgabe des Hämoglobins ist der Sauerstofftransport, der Kohlendioxidtransport und die Regulierung der Blutreaktion durch Pufferung.

Hämostyptika → Blutstillungsmittel

Haferpulver
Feine weiße, pulverförmige Hafermehle, die im Sinne der Naturstoffkosmetik als reizlindernde, Juckreiz stillende Puderstoffe empfohlen werden.

Haftfestigkeit
Zeitperiode, während der ein aufgetragenes (dekoratives) Kosmetikprodukt möglichst unverändert erhalten bleibt. Nicht zu verwechseln mit Haltbarkeit. Die Haftfestigkeit z. B. von Lippenstiften beträgt i. d. R. 3 bis 4 Stunden, haftfestere Varianten können bis zu 6 Stunden halten. Bei Nagellacken beispielsweise kann die Haftfestigkeit je nach Beanspruchung 2, 3, 4, seltener 5 Tage oder länger betragen.

Hagelkorn
Chalazion. Schmerzfreies, bis erbsengroßes, an den Augenlidern lokalisiertes Granulom. Es entsteht durch Verschluss der Ausführungsgänge (Sekretstauung) in den Meibrom-Drüsen.

Halitosis
(lat. halitus = Atem, Hauch) Synonym für Foetor ex ore. → Mundgeruch

Haltbarkeit
Zeitperiode, in der ein Kosmetikprodukt stabil und zur kosmetischen Anwendung geeignet ist. Ohne aufgedrucktes Mindesthaltbarkeitsdatum müssen kosmetische Produkte 30 Monate stabil (haltbar) sein.

Haltungsfehler
Sie betreffen vor allem die Wirbelsäule. Man teilt sie in zwei Gruppen:
1. Symmetrische Haltungsfehler, bei denen die natürlichen Krümmungen der Wirbelsäule krankhaft verstärkt sind, jedoch nicht aus der Mittelebene des Körpers abweichen. Hierzu gehört a) die Lordose (gr. lordos = vorwärts gekrümmt) oder das Hohlkreuz und b) die Kyphose (gr. kyphos = gebückt, gekrümmt) oder Rückgratverkrümmung nach hinten.
2. Asymmetrische Haltungsfehler, die sich in seitlichen Verbiegungen oder Skoliosen (gr. skolios = krumm, gebogen) äußern.
Die Haltungsfehler können durch Haltungsschulung gebessert werden.

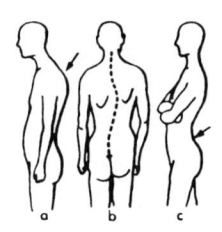

Haltungsfehler:
a Kyphose, b Skoliose, c Lordose

Hamamelis
Zaubernuss, Hamamelis virginiana. Das aus den Blättern durch Wasserdampfdestillation gewonnene Hamameliswasser wirkt aufgrund seines Gehalts an ätherischem Öl tonisierend auf die Haut und wird für Gesichts-, Haar- und Rasierwässer verwendet. Es enthält keine Gerbstoffe. Die Gerbstoffe sind in den Extrakten der Blätter und der Rinde. Sie werden überall da eingesetzt, wo eine adstringierende Wirkung erwünscht ist.

Handcremes
Präparate, die das Rau- und Rissigwerden der Haut auf den Händen verhindern sollen. Da die Rauheit auf einen Wasserverlust der Hornschicht zurückzuführen ist, enthalten Handcremes meist Glycerol (oder Propylenglykol), das aufgrund seiner Hygroskopizität Feuchtigkeit bindet, manchmal Siliconöl als Schutzstoff. Grundlagen sind Fettkohole, Mono-, Di- und Triglyceride, Wachsester, verzweigte Fettsäureester, Wollwachsderivate, Perhydrosqualen u. a.

Handgele
Sie trocknen auf der Haut zu einem hydroskopischen Film, der Wasser bindet und auf der Hautoberfläche festhält. Sie enthalten bis zu 20% Glycerol, Gelbildner, manchmal geringe Mengen an Fettstoffen oder Siliconöl.

Handreinigungsmittel
Dazu zählen wässrige oder gelförmige Tensidpräparate (Handwaschlotionen) und die klassische Feinseife. Hartnäckige Verschmutzungen können mit Hilfe von Handwaschpasten entfernt werden, die meist als Emulsionen konzipiert sind und neben Tensiden auch Abrasivstoffe wie z. B. Kunststoffpartikel oder Mandelkleie enthalten. Spezialzusätze können Desinfektionsmittel und Reduktionsmittel zur Entfernung von Farbstoffen sein.

Handschweiß
Hyperhidrosis palmae manus. Vielfach psychisch bedingt; Angst oder Aufregung führen oft zu einer Steigerung der Schweißdrüsensekretion.

Hapalonychie
(gr. hapalos = weich; onyx, onychos = Nagel) Weichwerden der Nagelsubstanz.
Ursachen: Schweißfuß, Magen-Darmstörungen u. a. sowie Umgang mit hornsubstanzschädigenden Mitteln.

Harnstoff
(INCI: Urea) Ureum, Diamid der Kohlensäure. Weißes, kristallines, schwach hygroskopisches Pulver, leicht löslich in Wasser und Ethanol.

$$H_2N-\underset{\underset{O}{\|}}{C}-NH_2$$

Harnstoff ist Bestandteil des NMF und in der Hornschicht zu etwa 1% enthalten. Er zeigt wundheilungsfördernde, in höherer Dosierung keratolytische Wirkung. Als Feuchthaltemittel kann er in Pflegeprodukten für besonders trockene Haut eingesetzt werden.

Harnstoffperoxid
$CO(NH_2)_2 \cdot H_2O_2$ Carbamidperoxid. Weißes, leicht wasserlösliches Pulver, das bei trockener Lagerung gut haltbar ist. In wässriger Lösung zersetzt es sich zu Harnstoff und Wasserstoffperoxid. Verwendung für Blondierungen und in Haarfärbemitteln. Zur besseren Dosierung ist Harnstoffperoxid auch in Tablettenform erhältlich.

Harze
1. Bezeichnung für synthetische Polymere, die vorwiegend im Nagellack- und Haarstylingbereich Verwendung finden. Dazu zählen z.B. Kondensationsprodukte von Formaldehyd mit Harnstoff, Urethanen oder Acrylsulfonamiden.
2. Harze natürlichen Ursprungs sind pflanzliche oder tierische Ausscheidungsprodukte, die unterschiedliche Zusammensetzung aber ähnliche physikalische Eigenschaften aufweisen. Sie sind amorphe Massen ohne festen Schmelzpunkt und ganz oder nur teilweise in organi-

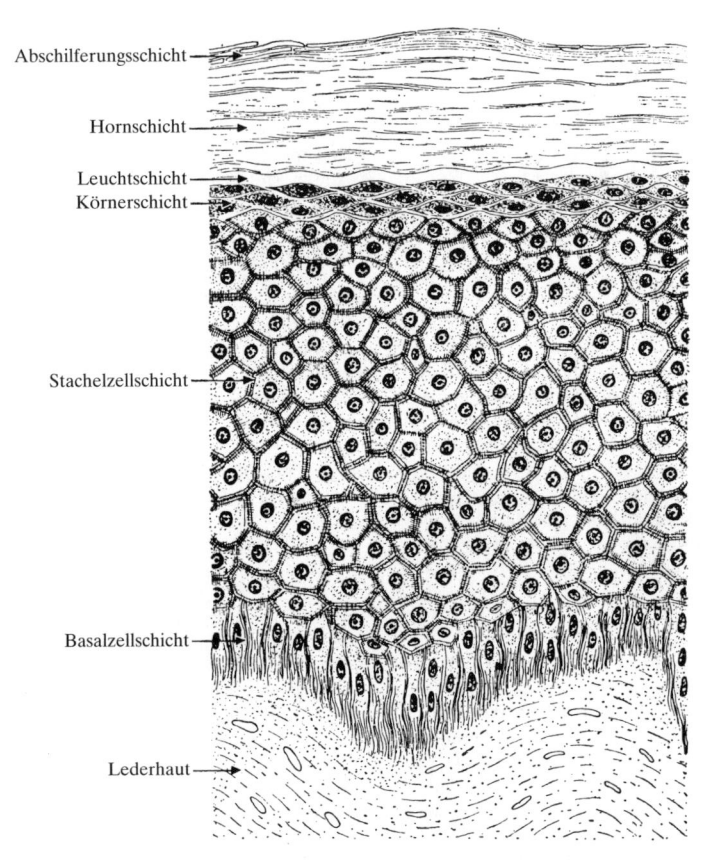

Labels on figure (top to bottom): Abschilferungsschicht, Hornschicht, Leuchtschicht, Körnerschicht, Stachelzellschicht, Basalzellschicht, Lederhaut

Halbschematischer Querschnitt durch die Epidermis

schen Lösemitteln löslich. Dazu zählen z.B. Kolophonium, Mastix, Perubalsam, Styrax, Tolubalsam und Schellack, von denen heute jedoch nur wenige als Kosmetikrohstoff eingesetzt werden. In Form ihrer Extraktionsprodukte (→ Resinoide) werden Harze aber noch als Basisrohstoff für die Herstellung von Parfümölen verwendet.

Hasenscharte
Mundspalte, Lippenspalte (Cheiloschisis, Labium leporinum). Angeborene Spaltbildungen im Bereich der Lippe oder des Kiefers, die chirurgisch zu beseitigen sind.

Haut
Aufbau der Haut:
1. Epidermis = Oberhaut
a) Hornschicht (Stratum corneum)
b) Leuchtschicht, Glanzschicht (Stratum lucidum), besonders an Hand- und Fußflächen vorhanden
c) Körnerschicht (Stratum granulosum)
d) Keimschicht (Stratum germinativum), unterteilt in Stachelzellschicht (Stratum spinosum) und Basalzellschicht (Stratum basale)
2. Corium = Lederhaut
a) Papillarschicht (Stratum papillare)
b) Netzschicht (Stratum reticulare) Retikularschicht

Vater-Pacinisches Lamellenkörperchen

subcutane Arterie

große Schweißdrüse

Arkadengefäß (Arterie)

Haaraufrichtmuskel

Talgdrüse

Terminalhaar

freie Nervenendigung im Epithel
oberflächliches Gefäßnetz
Arkadengefäß (Vene)

Papillarkörper
kleine Schweißdrüse

Lanugohaar

Ruffinische Spindel

Krause'sches Kolbenkörperchen

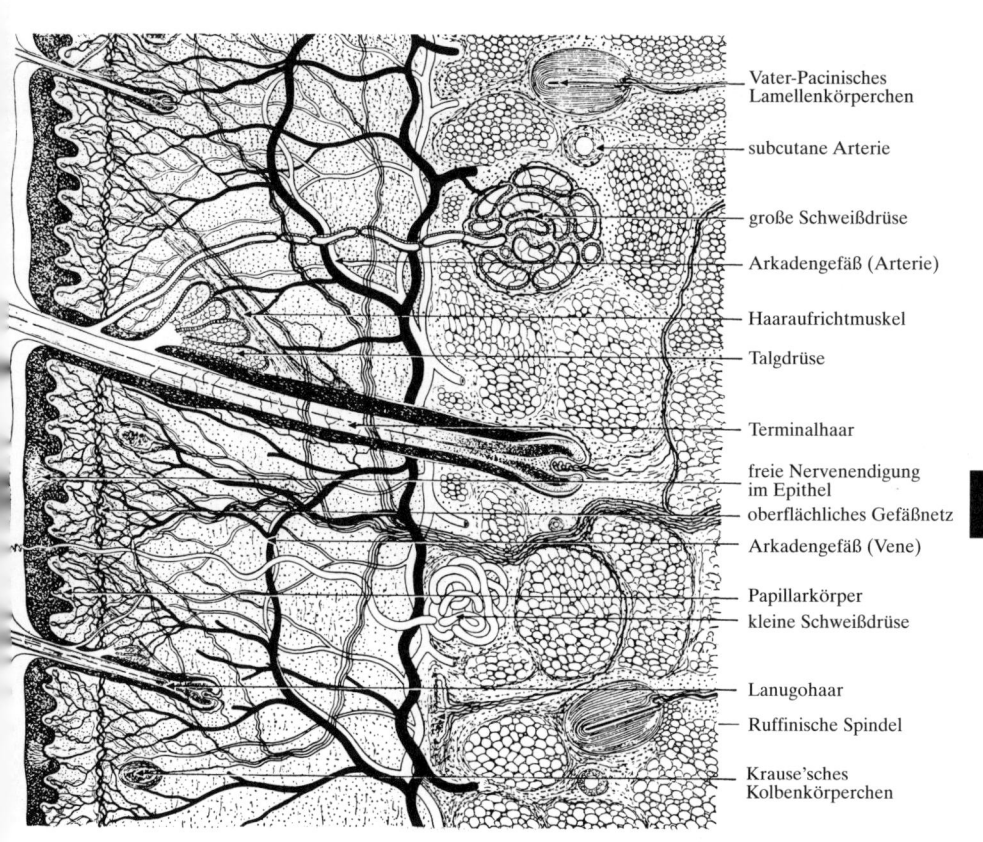

Halbschematischer Querschnitt durch die Haut

3. Subcutis = Unterhautfettgewebe

Die Dicke der Haut ist an den verschiedenen Körperstellen sehr unterschiedlich (je nach der biologischen Funktion) und beträgt zwischen 0,5 und 4 mm. Die Hautoberfläche ist nicht glatt, sondern von Furchen und Falten durchzogen und beträgt beim Erwachsenen 1,5–1,8 m^2.

Aufgaben der Haut:
Die Haut hat die Aufgabe, den Körper mit der Außenwelt zu verbinden und ihn gegebenenfalls gegen schädliche Einflüsse zu schützen. Dazu dienen die in die Haut eingebetteten Sinnesorgane.
Man unterscheidet:

1. Mechanorezeptoren: Tastkörperchen (Berührungssinne) der Cutis.
2. Thermorezeptoren:
a) Wärmerezeptoren (Ruffinische Nervenendigungen),
b) Kälterezeptoren (Krausesche Endkolben).
Es werden nur Wärmedifferenzen angezeigt.
3. Schmerzsinn vermittelt Schmerzqualitäten.
4. Druckrezeptoren (Deformationssinn): Golgi-Mazzonische Körperchen, Vater-Pacinische Lamellenkörperchen.

Außerdem wirkt die Haut als Wärmeregulator durch Verengung und Erweiterung der Hautgefäße und durch die Abgabe von Schweiß, sie schützt den Körper vor dem Austrocknen (wobei sie aber eine gewisse Wasserverdunstung zulässt) und vor dem Eindringen von Schmutz, Mikroorganismen und chemischen Schadstoffen. Als Ausscheidungsorgan für Stoffwechselschlacken spielt die Haut jedoch nur eine untergeordnete Rolle. Durch das in der Subkutis abgelagerte Fettgewebe ist die Haut aber auch ein Speicherorgan, das aus Kohlenhydraten Neutralfett synthetisieren und bei Bedarf als Energiereserve wieder abgeben kann. In der Haut wird durch UV-Bestrahlung aus dem 7,8-Dehydrocholesterol das Vitamin D_3 gebildet.

Die Haut als Ausdrucksmittel spiegelt Angst, Freude, Erregung durch Erblassen oder Erröten wider.

Hautalterung → Altershaut

Hautanhangsgebilde
Dazu zählen:
- Nägel
- Haare
- Talgdrüsen
- Duft- und Schweißdrüßen (apokrine Drüsen)
- Brustdrüsen

Hautanhangsorgane → Hautanhangsgebilde

Hautatmung
Als Hautatmung ist nur die Sauerstoff- und Kohlendioxiddiffusion durch die Hautoberfläche anzusehen. Die Hauptmenge des Sauerstoffs, den das Hautgewebe für seine Lebensvorgänge benötigt, nimmt es aus dem Blut auf, und es gibt das gebildete Kohlendioxid auch an das Blut ab. Nur ein sehr geringer Teil (ca. 1%) des Sauerstoffs wird aus der umgebenden Luft absorbiert. Bei Verbrennungen oder Verätzungen entstandene Hautläsionen beeinträchtigen die Hautfunktion durch gebildete Toxine, nicht durch Verhinderung der „Hautatmung".

Hautausschlag → Effloreszenzen, → Ekzem, → Exathem.

Hautbeschaffenheit
(→ Hauttypen)
Es wird unterschieden:
a) Kopfhaut: derb, glatt mit großen Haarbälgen der Kopfhaare, reichlich Schweißdrüsenausführungsgänge.
b) Gesichtshaut: mit großen, trichterförmigen Haarbalgöffnungen mit stark ausgebildeten Talgdrüsen und kaum sichtbarem Flaumhaar.
c) Stirnhaut: Beschaffenheit ähnlich der Kopfhaut, besonders dick im Bereich der Augenbrauenbögen, die mit Borstenhaaren (Augenbrauen) versehen sind.
d) Augenlidhaut: dünnste, sehr fein gefältelte Haut des Körpers, die am Lidrand mit Borstenhaaren (Wimpern) besetzt ist.
e) Wangenhaut: wenig faltbare, sehr dicke, fettgewebsreiche Haut mit besonders reicher Flaumbehaarung (bei Frauen) bzw. Bartbehaarung (bei Männern).
f) Schläfenhaut: dünne, leicht abhebbare Hautpartien an den Schläfen.
g) Haut des Nasenrückens: am oberen Nasenrücken dünn, geht bis zur Nasenspitze in eine derbe Beschaffenheit über.
h) Lippenhaut: etwa so dick wie die Stirnhaut. Im Bereich des Lippenrots fehlt der Oberhaut die Körnerschicht. Das Blut der Papillenkapillaren und des oberen Gefäßgeflechtes schimmert durch die Oberhaut hindurch. Das Lippenrot stellt den Übergang zur Mundschleimhaut dar. Das Lippenrot enthält freie (sogen. ektopische) Talgdrüsen, die keine Haarbalganteile aufweisen.
i) Kinnhaut: von derber Beschaffenheit und im Bereich des Grübchens an die Unterlage angeheftet.
k) Haut des Halses: im vorderen Bereich dünn, im Bereich des Nackens sehr fest und derb.
l) Haut der Hohlhand und der Fußsohle: feste und derbe Hautbeschaffenheit, die die charakteristischen Papillarlinienmuster und Handlinien erkennen lässt (Bewegungsfurchen), sie ist frei von Talgdrüsen, Haarbälgen, reich an Schweißdrüsen. Das kräftige, bindegewebsreiche subkutane Fettgewebe besitzt Polsterfunktion.

Hautbräunung → Pigmentierung

Hautbräunungsmittel
Präparate, die der Haut ohne UV-Bestrahlung einen bräunlichen Farbton verleihen. → Selbstbräuner

Hautcremes
Um der Haut Fett-, Wirk- oder Schutzstoffe zuzuführen, bedient man sich in der Kosmetik meist der Emulsionsform, da sich diese gut verteilen und auch gut wieder entfernen lässt. Wirkstoffe werden aus einer Emulsion besser resor-

biert als bei einer Salbenapplikation. W/O-Emulsionen überziehen die Haut mit einem mehr oder weniger ausgeprägten Fettfilm. Sie werden oft als Pflegecremes für trockene oder reife Haut, als Nacht- oder Nährcremes eingesetzt. Hohe Anteile okklusiver Öle können dabei Feuchtigkeitsverluste der Haut in einem gewissen Rahmen minimieren.
O/W-Emulsionen ziehen i.d.R. schneller ein und vermitteln durch den schneller verdunstenden Wasseranteil ein frischeres Gefühl auf der Haut. Sie werden als Basis für leichte Tages- oder Körpercremes, aber auch als Handcremes eingesetzt.

Hautdrüsen → Drüsen

Hautentzündungen → Dermatitis, → Erythem.

Hauternährung
Die Ernährung des Hautgewebes erfolgt über die Blutgefäße. In der Kosmetik versteht man unter Hauternährung im weitesten Sinne die Zuführung von Stoffen, die zur Erhaltung der Funktionstüchtigkeit der Haut dienen. Dazu gehören auch solche, die ihre Wirkung nur auf der Hornschicht entfalten.→ Nährcremes

Hautfarbe
Die Farbe der Haut wird bestimmt durch die Menge der in den oberflächlichen Hautschichten (vorwiegend Basalzellenschicht der Oberhaut) eingelagerten Pigmentkörper (Melanin) sowie die Eigenfarbe der darüber befindlichen Schichten. Außerdem beeinflussen auch die an dünnen Stellen durchschimmernden Blutgefäße die Hautfarbe. Blutfülle, Blutarmut oder schlechte Hautdurchblutung sind mitbeteiligt. Bläulich rote Färbung (besonders an Händen und Füßen) ist ein Zeichen für Kreislaufschwäche. Entsteht die Verfärbung durch Kälteeinwirkung, spricht man von Akrozyanose. (→ Kälteschäden)
Bei dunkelhäutigen Menschenrassen enthalten auch die höher gelegenen Zellschichten der Oberhaut (z.B. Stachelzellenschicht) Pigment, dessen intensive Farbwirkung durch die weiße Körnerschicht durchschlägt.

Hautfett
Hautoberflächenfett ist eine Emulsion aus Hauttalg, Schweiß und epidermalen Lipiden, die als dünner Film die Hautoberfläche glättet,
sie vor dem Austrocknen bewahrt und das Eindringen von Schmutzteilchen und Mikroorganismen erschwert. Die epidermalen Lipide werden in der Körnerschicht und in der Stachelzellenschicht der Haut gebildet, im Laufe des Keratinisierungsprozesses umgebaut und in die Hornschicht transportiert. Sie machen zwar nur etwa 3–4% des Hautfettes aus, aber sie füllen die interzellularen Räume der Hornschicht aus und tragen damit wesentlich zu ihrer Barrierefunktion bei. Für ihre Synthese sind essenzielle Fettsäuren erforderlich; ein Mangel an diesen verstärkt die Hautschuppung und den transepidermalen Wasserverlust. Wenn bei der gründlichen Reinigung der Haut das Oberflächenfett entfernt wird, treten die Ränder und Kanten der Hornplättchen hervor; die Haut wird glanzlos und rau. Durch die Aktivität der Talgdrüsen regeneriert sich der Fettfilm mehr oder weniger schnell, je nach Hauttyp. Trotzdem setzt man kosmetischen Präparaten wie Seifen, Duschund Schaumbädern, Shampoos etc. sog. Rückfetter zu, die vorübergehend die Schutzfunktion des Hautfetts übernehmen. Der natürliche Hautoberflächen-Lipidfilm ist porös, d.h. er ist für Gase durchlässig, nicht aber für Wasser. Diese Eigenschaft findet sich auch bei verzweigtkettigen Fettsäure- bzw. Fettalkoholestern und anderen Stoffen mit verzweigten Alkylketten, die deshalb als Rückfettungsmittel besonders geeignet sind.

Hautfeuchtigkeit
Bezeichnung für den Wassergehalt der Epidermis. Er wird durch die Perspiratio insensibilis, die Perspiratio sensibilis, den Gehalt an Wasser bindenden Substanzen (→ NMF) sowie durch die Luftfeuchtigkeit und die Temperatur der Umgebung beeinflusst. Die Hautfeuchtigkeit kann z.B. durch Messung der elektrischen Leitfähigkeit bestimmt werden. Sie beträgt im Allgemeinen 10–15%. → Hydratation

Hautflora
Unter Hautflora versteht man die normale Besiedlung der menschlichen Haut mit Mikroorganismen. Die Bakterien gehören überwiegend zu den grampositiven Kokken: Staphylococcus epidermis, Mikrokokken, Staph. aureus, Propionibakterien, Streptococcus pyogenes; aber auch gramnegative Enterobakterien und Pseudomonaden sind vorhanden. An Pilzen findet man Candida-, Pityrosporon- und Trichophytonarten.

hautfreundlich

Die meisten dieser Keime sind normalerweise harmlos, können aber bei geschwächter Abwehrlage oder wenn sie über offene Wunden in die Blutbahn gelangen, Krankheitserscheinungen hervorrufen. (→ Pyodermien, Dermatomykosen) Die natürliche Hautflora stellt aber auch einen Schutz gegen fremde Bakterien dar.

hautfreundlich
Begriff, der für Hautverträglichkeit im Zusammenhang mit Creme- oder Salbengrundlagen, Tensiden o. Ä. gebraucht wird.

Hautgrieß → Milium

Hauthorn → Cornu cutaneum

Hautjucken → Pruritus

Hautkrankheiten
Dermatosen. Zu den wichtigsten Erscheinungen zählen:
- Psoriasis (Schuppenflechte)
- Ekzeme (z. B. Kontaktekzem)
- Urtikaria (Quaddelsucht)
- Bakterielle Erkrankungen
- Mykosen
- Virusinfektionen (z. B. Herpes simplex)
- Akne
- Hauttumore (z. B. Melanom, malignes)

Hautkrebs
Allgemeiner Begriff für Karzinome der Haut. Dazu zählen z. B. → Basaliom, → Spinaliom, → Melanom, malignes.

Hautkultur-Test
In-vitro-Testmethode zur Überprüfung der Reizwirkung kosmetischer Fertigprodukte. An einem Hautstück von ca. 50 mm² wird die von geschädigten Zellen abgegebene Menge Enzym bestimmt.

Hautmilch → Lotion

Hautnervensysteme
Die Haut ist das nervenreichste Organ des menschlichen Körpers. Die Nerven haben den Zweck, Empfindungen an eine zentrale Stelle (Gehirn, Rückenmark) zwecks Auswertung und zweckmäßiger Reaktion weiterzuleiten.
Im Unterhautfettgewebe befinden sich so genannte Hautnerven, die sensible Fasern für die

Übermittlung der Schmerz-, Temperatur- und Berührungsempfindungen haben, und denen autonome Fasern zur Versorgung der Schweißdrüsen, der glatten Hautmuskulatur und der Gefäße angeschlossen sind. Während die Gefäße (Blut- und Lymphgefäße) die Epidermis frei lassen, dringen Nervenfasern auch in diese ein und bilden feinste Geflechte.
Was die Nervenendigungen betrifft, so enden viele Fasern einfach frei, besonders im Epithel, andere wieder zerteilen sich büschelförmig oder laufen in einem der spezifischen Endapparate aus.

hautneutral
Zusatzbezeichnung für kosmetische Präparate, die einem der Hautoberfläche entsprechenden → pH-Wert aufweisen.

Hautöle
Flüssige Präparate aus fetten Ölen, Mineralölen oder synthetischen Fettstoffen ohne Zusatz von Wasser. Sie haben die Aufgabe, der Haut pflegende fettähnliche Substanzen zuzuführen (→ Rückfetter) und damit die entfettende Wirkung von Bädern und Seifen auszugleichen, als Massageöl die Gleitfähigkeit der Haut zu erhöhen, als Sonnenöl die Haut vor Verbrennungen, als Kälteschutzöl vor dem Austrocknen und vor Wärmeverlust zu bewahren oder als Hautfunktionsöl die Durchblutung zu beeinflussen. Als Grundlagen können Pflanzenöle, flüssige Fettsäure- oder Dicarbonsäureester, Triglyceride, Silioconöle, Keimöle, Wollwachsderivate u. a. verwendet werden. Abwaschbare Hautöle enthalten Emulgatoren, die das Öl beim Zusammenkommen mit Wasser in eine wasserlösliche O/W-Emulsion verwandeln.

Hautpflege
Sie umfasst die Erhaltung des gesunden Hautzustandes durch
- Reinigung
- Ausgleich von Fett- und Feuchtigkeitsverlusten
- Schutz vor äußeren Einflüssen (z. B. UV-Strahlung)

Ist die Haut jedoch durch äußere Einwirkungen geschädigt, so gehört auch die Wiederherstellung des normalen Hautzustandes zum vornehmlichen Ziel der Hautpflege.

Hautpilzerkrankungen → Dermatomykosen

Hautporen → Poren

Hautrezeptoren → Hautsensoren

Hautsarkome
(gr. sarx = Fleisch) Bösartige Geschwülste der Haut, die vom Bindegewebe der Haut ausgehen. Primäre Hautsarkome gehen von der Haut selbst aus, während sekundäre Hautsarkome sich in einem Einwachsen tiefer liegender Sarkome in die Haut oder als Fernmetastasen äußern. Sofortige ärztliche Behandlung erforderlich!

Hautschutz
Unterstützung der Hautfunktionsbarriere durch Zuführung von Fett und Feuchtigkeit. → Hautschutzmittel. Oft werden auch Antioxidanzien und Lichtschutzfilter als „Hautschutz-Wirkstoffe" ausgelobt.

Hautschutzmittel
Präparate, die eine Barriere zwischen der Haut und schädigenden äußeren Einflüssen aufbauen. Sie sollen das Eindringen ätzender oder toxischer Stoffe verhindern, übermäßigen Wasserverlust einschränken und Abnutzungserscheinungen entgegenwirken. Hautschutzsalben oder -cremes sind in der Babypflege, bei bettlägerigen älteren Menschen und in gewissen Berufen (z.B. im Friseurgewerbe) von wachsender Bedeutung. Als Produktbasis sind z.B. wasserfreie Pasten und fettreiche W/O- oder O/W-Emulsionen geeignet, die auf der Haut einen haftfesten und schützenden Film hinterlassen.

Hautsensoren
Sie vermitteln Empfindungen, die durch Druck, Spannung, Berührung und Vibration ausgelöst werden können. Spezielle Rezeptoren sind z.B. Merkel-Zelle, Ruffini- und Meißner-Körperchen sowie Pacini-Körperchen. → Haut

Hautstraffungen
Auch engl. Lifting genannt.
1. Hautstraffende kosmetische Behandlungen: Durchblutungsfördernde Maßnahmen und Präparate können den Turgor der Haut erhöhen und lassen sie dadurch glatter und straffer aussehen.
2. Ärztlich durchführbare Maßnahmen:
Chirurgischer Eingriff:
Faltenreiche Hautpartien, z.B. im Bereich der Augenlider, des Halses oder Wangen, werden durch Ausschneiden bestimmter Bereiche gestrafft.
Laserbehandlung:
Je nach Laserausführung kommt unterschiedlich stark gebündeltes Licht zum Einsatz. Durch Hitzeimpulse ziehen sich die kollagenen Fasern zusammen. Ggf. wird dabei die Hautoberfläche geringfügig abgetragen.
Faltenunterspritzung:
Die zu behandelnde Zone kann mit Substanzen wie z.B. Kollagen, Hyaluronsäure oder Eigenfett unterspritzt werden, sodass die Fältchen von innen her aufgepolstert werden.
Die dosierte Anwendung von Botox, einem starken Nervengift, lähmt die umliegenden Nervenzellen und sorgt so für die „Weichzeichnung" vorhandener Mimikfältchen und zählt somit nur indirekt zur Hautstraffung.

Hauttalg
(Sebum cutaneum) Der Hauttalg wird durch die Talgdrüsen (Glandulae sebaceae) gebildet und durch die Follikeleinmündungen auf die Hautoberfläche gebracht. Er sorgt dafür, dass Haut und Haare geschmeidig bleiben. Zu geringe Hauttalgabsonderungen machen die Haut trocken, rissig und spröde. Krankhaft vermehrte Absonderung führt zu Schmerfluss oder Seborrhoe.
Zusammensetzung des Hauttalgs:
Freie Fettsäuren (Palmitin-, Palmitolein-, Öl-, Myristinsäure u.a.) 20%
Triglyceride 25%
Ceramide 25%
Squalen und andere Kohlenwasserstoffe 10%
Sterole 15%
Aufgrund seiner Emulgiereigenschaft macht der Hauttalg die Haut benetzungsfähig und hält andererseits die abgedunstete Feuchtigkeit zurück.

Hauttypen
Die Beschreibung des Hauttyps bezieht sich auf den aktuellen Hautzustand, wobei die Hauttypklassifizierung unter Berücksichtigung kosmetischer oder medizinischer Aspekte vorgenommen werden kann (→ Hauttypen, kosmetische und medizinische). Es haben sich jedoch auch Bezeichnungen etabliert, die diesen Definitionen nicht direkt zuzuordnen sind. Dazu zählt z.B. die empfindliche Haut, die Altershaut oder der Mischhauttyp. Daneben wird auch die UV-

Hauttypen, kosmetische

Lichtempfindlichkeit einer Hauttypeinteilung unterzogen (→ Pigmentierungstyp).
Besondere Hauttypen:
Empfindliche (sensible) Haut:
Kennzeichen: leicht irritierbar, Neigung zu Rötungen oder Fleckenbildung, auch durch emotionale Auslöser, wie z. B. innere Unruhe oder Aufregung. Die Hautoberfläche ist oft spröde oder trocken.
Mischhaut:
Kennzeichen: T-Zone mit erhöhter Talgdrüsentätigkeit (Stirn, Nase und Kinn sind ölig glänzend), Wangenpartie kann Kennzeichen der normalen oder trockenen Haut aufweisen.
Altershaut:
Kennzeichen: verstärkte Faltenbildung, geringer Hautturgor (Spannungszustand), die Haut erscheint fahl, meist feuchtigkeits- und fettarm.

Hauttypen, kosmetische
Die Einteilung erfolgt nach dem äußeren Erscheinungsbild der Gesichtshaut. Man unterscheidet dabei:
Apfelblütenhaut:
Heller Teint, leicht rosig, kaum Hautunreinheiten, relativ dünne Hornschicht, Telangiektasien im Wangenbereich möglich, relativ empfindlich.
Pfirsichhaut:
Mittlerer bis dunklerer Teint (leichte Bräunung), gelegentlich Hautunreinheiten, weniger empfindlich.
Orangenhaut:
Neigung zu fettiger, großporiger Haut, Hautunreinheiten, starke Verhornungstendenz, relativ unempfindlich.

Hauttypen, medizinische
Die Einteilung erfolgt unter besonderer Berücksichtigung des Sekretionszustandes der Gesichtshaut (Feuchtigkeitgehalt und Talgdrüsenaktivität). Man unterscheidet dabei:
- *Normale Haut:*
Ausgeglichene Sekretion, kleinporig, rosige Farbe, kaum Hautunreinheiten.
- *Trockene Haut (Sebostase):*
Verminderte Talgdrüsenaktivität, Haut wirkt schuppig, spröde, spannt leicht, selten Hautunreinheiten, Neigung zur vorzeitigen Faltenbildung, empfindlich gegenüber austrocknenden Substanzen wie z. B. Alkohol.
- *Fettige Haut (Seborrhoe, Seborrhö):*
Allgemein gesteigerter Sekretionszustand, Großporigkeit, Aknedisposition, häufig Hautunreinheiten und Hyperkeratosen, schlechte Durchblutung.
-*Seborrhoea oleosa:*
Erhöhte Talgproduktion, geringere Schweißsekretion, Auftreten von kleieförmigen Talgschuppen und stark verhornten Porenrändern.
-*Seborrhoea sicca:*
Stark erhöhte Talg- und Schweißsekretion, Haut glänzt ölig, Auftreten stark vergrößerter Poren.

Hautunreinheiten
Allgemeine Umschreibung für Komedonen und Pusteln (Akne-Pickel) und andere primäre Effloreszenzen.

Hautverträglichkeit
(→ Verträglichkeit) Bei der Prüfung von Kosmetika auf lokale Verträglichkeit unterscheidet man 1. die primäre Irritation und 2. die sensibilisierende Wirkung. Voraussetzung für die Anwendungstests am Menschen ist die abgeschlossene toxikologische Bewertung der Inhaltsstoffe und ihre mikrobiologische Stabilität (→ Sicherheitsbewertung).
Die Überprüfung der Hautverträglichkeit kann wie folgt durchgeführt werden:
1. Theoretische Risikoabwägung auf Basis der vorliegenden Daten der Einzelrohstoffe und Berücksichtigung ihrer Konzentration und des Anwendungsgebietes.
2. Durchführung von aussagekräftigen in-vitro-Tests (z. B. HET-CAM-Test).
Bei positiven Ergebnissen:
3. Durchführung dermatologisch kontrollierter Prüfungen an freiwilligen Probanden. Die Auswahl der geeigneten Prüfungen ist produktabhängig. Die Festlegung des entsprechenden Testumfanges und die Auswertung liegt in der Verantwortung des Herstellers.
Häufig angewandte Testmethoden:
- Epikutantest (Produktauftrag auf die Haut unter dermatologischer Aufsicht)
- Repetetiver Epikutantest (wiederholter Produktauftrag)
- Kontrollierter Anwendungstest (Bestimmungsgemäßer Gebrauch unter dermatologischer Aufsicht)
- Bestimmung des TEWL (Ermittlung von Hautaustrocknungserscheinungen)
- Belichtungstest (Erkennung von Photoallergien)

Hautzustand
Beschaffenheit/Aussehen der Haut. Der Hautzustand kann durch die Einnahme von Medikamenten (z.B. durch Hormone), durch bestimmte Erkrankungen, mechanische oder chemische Reize beeinflusst werden. Er ändert sich auch durch Alterungsprozesse, klimatische Einflüsse oder seelische Stimmungen. Siehe auch → Hauttypen.

HEC
Abkürzung für → Hydroxyethylcellulose.

Hectorite
Quellfähiges Schichtsilicat, das besonders als Verdickungsmittel für die wässrige und nichtwässrige Phase geeignet ist. Es fungiert als rheologisches Additiv und verbessert dadurch z.B. das Auftragsverhalten von Formulierungen und ihre Lagerstabilität.

Hefe
(→ Pilze) Hefe und Hefeextrakte sind aufgrund ihres Vitamin-B-Gehalts (B_1, B_2, B_6) für die Kosmetik von Interesse. (→ Vitamine)
Verwendung: Zur Behandlung von Störungen der Talgsekretion in Gesichtsmasken, Lotionen und anderen Präparaten gegen fettige Haut und Haare.
Hefen können aber auch den Verderb kosmetischer Präparate bewirken, pathogene Hefen Dermatomykosen auslösen.

Heilbuttleberöl
Gelbe bis bräunlich gelbe ölige Flüssigkeit aus frischen oder durch Kälte konservierten Lebern von Hippoglossus hippoglossus Linné, die reich an Vitamin A und D ist und an essenziellen Fettsäuren.

Heilerden
Feine, sterilisierte Lehmpulver unterschiedlicher Zusammensetzung. Sie enthalten im Allgemeinen Tonerde, Kalk, Siliciumdioxid, Eisenoxid und Spuren von Phosphaten und Manganverbindungen. Aufgrund ihres Adsorptionsvermögens werden sie in der Kosmetik für Gesichtspackungen verwendet.

Heißluftbad
Ganzkörperschwitzbad mit bis zu 100 °C heißer trockener Luft. Es wirkt stark Schweiß treibend und regt die Stoffwechselfunktionen an. Vorsicht ist bei Personen mit Herzkrankheiten geboten.

Heliotropin
Piperonal

In einigen ätherischen Ölen enthalten, u. a. dem der Robinia pseudoacacia, jedoch nie als Hauptbestandteil. Es wird deshalb synthetisch hergestellt. Verwendung für blumig würzige Duftkompositionen.

Helix
(engl. = Schraube, Spirale; lat. helica = Schnecke) Bezeichnung für die schraubenförmige Sekundärstruktur eines kettenförmigen Makromoleküls, die durch intramolekulare Wasserstoffbrücken stabilisiert wird, z.B. bei Polypeptidketten oder bei Amylose.

Henna
Natürliches Haarfärbemittel, das aus pulverisierten Blättern des Hennastrauchs (Lawsonia inermis) gewonnen wird. Die als Farbstoff wirkende Substanz ist → Lawson. Das Pulver wird mit Wasser angeteigt und dann aufgetragen. Erziehbare Farbtöne: helle Naturtöne bis hin zu leuchtendem Rot. Die Verwendung als Hautbräunungsmittel ist im europäischen Raum kaum verbreitet.

Herpes
Kurzbezeichnung für Herpes simplex, einer Viruserkrankung, die als gruppenförmiger Bläschenausschlag auftritt, der zu Krusten eintrocknet. Herpes kann durch fieberhafte Infekte ausgelöst werden, bildet sich besonders an den Übergangsstellen von Haut und Schleimhaut, z.B. an den Lippen, und ist oft rezidivierend.
Herpes zoster → Gürtelrose.

HET-CAM-Test
Abkürzung für „Chorionallantoismembrantest am bebrüteten Hühnerei". Testverfahren, das durchgeführt wird, um Aussagen über die Schleimhautverträglichkeit von neuen Stoffen oder Stoffgemischen zu erhalten. Als Testbasis dient die so genannte Chorionallantoismembran des bebrüteten, neun Tage bebrüteten Hühnereis. Die Membran ist von zahlreichen Blutgefäßen durchzogen und dient der Ernährung des Embryos. Sie enthält jedoch keine

Nerven, sodass die Embryonen keinen Schmerz empfinden. Nach Zugabe der Prüfsubstanz lässt sich an der Membran erkennen, ob Gewebsschädigungen auftreten und welchen Verlauf sie nehmen. Als Maß für die Reizwirkung dienen die Geschwindigkeit der Reaktion sowie der Schweregrad der Schädigung. Siehe auch → Neutralrot-Test.

heterogen
Unregelmäßig, ungleichmäßig. Gegenteil → homogen. Systeme, wie z.B. Dispersionen, die verschieden große Teilchen enthalten, können als heterogen bezeichnet werden.

Hexacosanol → Cerylalkohol

Hexadecanol → Cetylalkohol

Hexantriol-1,2,6
Gelbliche, viskose, hygroskopische Flüssigkeit. Mischbar mit Wasser, Ethanol usw. Verwendung als Glycerolersatz.

Hexosen
Nach IUPAC Bezeichnung für Monosaccharide mit 6 Kohlenstoffatomen. Man unterscheidet Aldosen (Glucose, Mannose, Galactose) und Ketosen (Fructose, Sorbose). → Kohlenhydrate

Hexylenglykol
2-Methyl-2,4-pentandiol.
Verwendung als Glycerolersatz in O/W-Emulsionen, Handcremes, Rasiercremes und als Repellent.

4-Hexylresorcin
Verwendung als bakterizider, fungizider und deodorierender Zusatz zu Seifen, Haarwässern und Zahnpasten.

Hidradenitis
(gr. hidros = Schweiß; aden = Drüse) Schweißdrüsenentzündung in Form von Abszessen, meist als Achseldrüsenentzündung, mit Neigung zu Rezidiven.

Hidroa
Bläschenbildung an der Haut durch abnorme Schweißabsonderung.

Hidrose, Hidrosis
1. (Vermehrte) Schweißbildung und Schweißsekretion.
2. Bezeichnung für Hautaffektionen infolge krankhafter Schweißabsonderung. Siehe auch → Hyperhidrosis.

Highlighter
Lidschattenprodukte, meist in hellen, pastelligen Tönen, die auf dem Jochbogen (unter den Augenbrauen) aufzutragen sind. Highlighter werden häufig in Cremeform oder als Lidschattenpuder angeboten.

Hirci
(lat.) = Achselhaare

Hirsekörner → Milium

Hirsutismus
Übermäßige Behaarung bei Frauen z.B. als Folge einer Behandlung mit Androgenen.

Histidin

β-Imidazolylalanin. Semiessenzielle Aminosäure, wichtig für den Aufbau der Nucleinsäuren und des Hämoglobins; ihr Fehlen bewirkt Anämie.

Histologie
Lehre von den Geweben des Körpers.

histophil
(gr. histion = Gewebe; philos = freundlich, angenehm) In der Kosmetik gebrauchter Begriff mit der Bedeutung gewebefreundlich, hautfreundlich.

HLB-Wert
Abkürzung für engl. hydrophile-lipohile balance = hydrophil-lipophiles Gleichgewicht (HLG). Es handelt sich um ein Maßsystem, bei dem die Wasser- bzw. Fettlöslichkeit von Emulgatoren eine entscheidende Rolle spielt. Ursprünglich wurde das HLB-System für nichtionische Emul-

gatoren entwickelt. Das Gewichtsverhältnis des hydrophilen Anteils am Gesamtmolekül wurden gemäß der Formel

$$\text{HLB} = \frac{\% \text{ Gehalt an hydrophilen Gruppen}}{5}$$

als Zahlenwert ausgedrückt, aus der sich damit eine Skala von 1–20 ergab. Um auch ionische Tenside in dieses Zahlensystem integrieren zu können, waren zur Einordnung experimentelle Untersuchungen nötig. Das Zahlensystem wurde dadurch auf rund 40 erweitert. Ein Emulgator mit einem HLB-Wert von 8-18 ist zur Herstellung von O/W-Emulsionen geeignet, ein HLB-Wert zwischen 3 und 8 ergibt W/O-Emulsionen.
Der Nutzen dieses Systems liegt darin, dass für eine vorgegebene Ölphase der möglichst optimale Emulgator schon im Vorfeld eingegrenzt werden kann. Eine sichere Voraussage für die Stabilität einer Formulierung lässt sich damit jedoch nicht treffen.

HLG
Abkürzung für hydrophil – lipophiles Gleichgewicht. → HLB-Wert

holokrine Drüsen
→ Talgdrüsen. Drüsen, deren Sekret aus den umgewandelten Drüsenzellen selbst besteht.

Holzpencils
Alternative Bezeichnung für → Holzstifte. Siehe auch → Pencils.

Holzstifte
Allgemeine Bezeichnung für farbgebende kosmetische Stifte. Sie werden bleistiftdünn, aber auch mit größerem Durchmesser angeboten. Die Mine ist ähnlich wie eine festere Lippenstifttextur aufgebaut, der Holzmantel wird i.d.R. aus Zedernholz gefertigt. Als Holzstift können Lippenstifte, Lipliner, Lidschattenstifte oder Eyeliner konzipiert sein. Zur begrifflichen Abgrenzung von klassischen Lippenstiften (in der Hülse) können alle Holzstifte, aber auch dünne mechanische Stifte (Drehpencils) aufgrund ihrer äußerlichen Ähnlichkeit zu herkömmlichen Buntstiften auch unter der allgemeinen Bezeichnung → Pencils zusammengefasst werden.

Honig
Er besteht zu 70–80% aus Invertzucker, 10% Rohrzucker und Spuren von Eiweißstoffen, Vitaminen, organischen Säuren, Mineralsalzen, Farb- und Aromastoffen etc. Honig kann als Feuchtigkeitsspender in Pflegepräparaten eingesetzt werden. Pollenrückstände sind nicht auszuschließen und somit bei Allergien zu berücksichtigen.

homogen
Gleichförmig, gleichmäßig. Gegenteil von → heterogen.

Hopfen
Der Extrakt aus dem sog. Hopfenzapfen, den grünlichen Fruchtständen der weiblichen Pflanzen, wird wegen seiner beruhigenden, hautstraffenden und entzündungshemmenden Wirkung für Hautkosmetika und Badepräparate verwendet.

Hordeolum
(lat. hordeum = Gerste) → Gerstenkorn.

Hormone
Körpereigene Wirkstoffe, die in endokrinen Drüsen gebildet werden oder in bestimmten Zellarten oder Geweben entstehen (Gewebshormone) und in geringsten Mengen in spezifischer Weise Stoffwechselvorgänge steuern. Hormonzusätze in kosmetischen Produkten sind nicht mehr zulässig.

Hornhaut
Verdickung der Hornschicht an stark beanspruchten Stellen des menschlichen Körpers (Fußsohlen, Handinnenflächen, Fingerballen), die eine Schutzmaßnahme gegen Abnutzungserscheinungen, Hautschäden, Wärme- und Lichteinwirkungen (Lichtschwiele) darstellt. Man kann sie durch Abreiben mit Bimsstein, Abfeilen, Abhobeln oder mit einer Hornhautsalbe entfernen.

Hornschicht
Stratum corneum. Oberste Schicht der Epidermis, die zum Hauptteil aus Keratin besteht. Die farblosen abgeflachten Zellen enthalten keinen Zellkern, in ihnen finden keine Stoffwechselvorgänge mehr statt, sie sind „tot". Sie werden laufend als sichtbare oder unsichtbare Schuppen abgestoßen. Die Hornschicht dient der

Haut als Schutzschicht gegen äußere Einflüsse, ihr Wassergehalt beträgt normalerweise ca. 10%, sie kann jedoch, besonders in alkalischem Milieu, quellen und verliert dann einen Teil ihrer Widerstandsfähigkeit. Die Hornzellen werden durch eine Matrix lamellarer Lipiddoppelschichten zusammengehalten, die sich aus Zellabbauprodukten während des Verhornungsprozesses bildet. Sie besteht u. a. aus freiem und verestertem Cholesterol, freien und mit Fettalkoholen veresterten Fettsäuren, Ceramiden, Polypeptiden, Purinderivaten und Pentosen. Das in der Hornschicht enthaltene komplexe Gemisch wasserlöslicher Substanzen (→ NMF) sowie das die Oberfläche der Hornschicht bedeckende Hautfett regulieren ihren Wassergehalt, der für ihre Geschmeidigkeit notwendig ist.

Hühnerauge
Leichdorn, Clavus. Umschriebene Hornzellenvermehrung mit Beteiligung tieferer Hautschichten, meist ein keilartiger Hornkonus, der durch Schuhdruck o. dgl. entsteht.
Hühneraugenmittel: Heiße Fußbäder (Seifenbäder oder Spezialbäder), Auflegen von undurchlässigen Hühneraugenpflastern oder Aufstreichen eines abdichtenden Films. Als zusätzlich Hornhaut erweichende Substanzen können enthalten sein: Salicylsäure, Milch- oder Essigsäure oder Soda.
Vorbeugend wirken Hühneraugenringe, um den Druck durch das Schuhwerk zu mildern.

Hühnerei-Test → HET-CAM-Test

Huflattich
Inhaltsstoffe: 6–10% Schleimstoffe, Gerbstoffe, Flavonide, Säuren etc. Huflattichblätter sind besonders schwefelreich. Ihre Extrakte dienen in der Pflanzenkosmetik zur Behandlung unreiner Haut, in der Haarpflege gegen Seborrhoe.

Humectants
(engl. humid = feucht) Ausdruck für → Feuchthaltemittel

Hyaluronsäure
Hochpolymeres Mucopolysaccharid, das aus langen unverzweigten Ketten eines Disaccharids aus N-Acetylglucosamin und D-Glucuronsäure aufgebaut ist. Es ist wesentlicher Bestandteil des Bindegewebes, kommt aber auch im Glaskörper der Augen, in Nabelschnüren und Hahnenkämmen vor. Die Angaben über das Molekulargewicht der Hyaluronsäure schwanken je nach Herstellungsart zwischen 0,5 und 20 Millionen. Für kosmetische Zwecke wird sie nicht mehr aus Hahnenkämmen gewonnen, sondern biotechnologisch mithilfe von Streptococcus zooepidemicus, wobei es nicht nötig ist, die begleitenden Proteine vollständig abzutrennen. Wichtiger ist die Vermeidung eines Molekülabbaus. Schon 1%ige wässrige Lösungen von Hyaluronsäure bilden durch intermolekulare Knäuelbildung ein viskoelastisches Netzwerk, das das Wasser außerordentlich fest bindet. Hyaluronsäure ist daher als Feuchtigkeitsspender für die Hautpflege zu empfehlen, da sie einen unsichtbaren luftdurchlässigen Film bildet, der auch bei niedriger relativer Luftfeuchtigkeit die Hornschicht vor dem Austrocknen schützt. Hyaluronsäure ist nicht toxisch, nicht allergen und nicht reizend. Verwendet wird auch das Natrium-Hyaluronat.

hydrating
Engl. für hydratisierend (feuchtigkeitsspendend).

Hydratisierung
Allgemein für Anlagerung von Wasser an organische Substrate. Im Zusammenhang mit kosmetischen Produkten ist mit Hydratisierung die Feuchtigkeitsanreicherung in der Hornschicht gemeint. Stoffe mit feuchtigkeitsbindender Wirkung sind z. B. Glyzerin und Hyaluronsäure. → feuchtigkeitsspendende Präparate

Hydrierung
Chemischer Vorgang, auch Härtung genannt, bei der ungesättigte Verbindungen durch Anlagerung von Wasserstoff zu gesättigten Verbindungen werden. Wird dieses Verfahren bei ungesättigten Fettsäuren angewendet, spricht man auch von Fetthärtung. Aus ungesättigten Fettsäuren werden damit gehärtete, oxidationsunempfindliche Fette.

hydro...
Engl. Vorsilbe für hydratisierend (feuchtigkeitsspendend).

Hydrochinonmonobenzylether
(Hydrochinon)

$$Na^{\oplus} \left[H_3C-\underset{}{\bigcirc}-SO_2-N-Cl \right]^{\ominus} \cdot 3 H_2O$$

Fast weißes kristallines Pulver, unlöslich in Wasser, löslich in Ethanol. Hydrochinonmonobenzylether inhibiert die Melanin-Pigmentierung der Haut. Die Verwendung in kosmetischen Präparaten ist zur Hautaufhellung nicht mehr erlaubt, in Mitteln zur Haarbehandlung ist es noch zugelassen.

Hydrogel → Gel

hydrogenated
(engl. hydrogenate = hydrieren) Kennzeichnende Vorsilbe vieler INCI-Bezeichnungen von hydrierten Verbindungen (z. B. Fetten). → Hydrierung

Hydrojuglon
1,4,5-Trihydroxinaphthalin. In glykosidischer Bindung Bestandteil der Walnussschalen und des aus diesen gewonnenen Nussschalenextraktes. Durch Sauerstoffeinwirkung geht Hyrdrojuglon in den haut- und haarbräunenden Farbstoff Juglon über.

Hydrokolloide
Natürliche oder synthetische hochmolekulare Verbindungen, welche mit Wasser kolloide Systeme bilden, die als Gele bezeichnet werden. Zu den natürlichen organischen Hydrokolloiden gehören die Gummen und Schleime. Es sind Polysaccharide, in denen die Zuckerbausteine durch glykosidische Bindungen zu Makromolekülen vereinigt sind. Sie sind mehr oder weniger gut wasserlöslich, wobei der Bau der Moleküle eine Rolle spielt: Unregelmäßig und verzweigt gebaute Moleküle lösen sich besser als lange unverzweigte Molekülketten. Durch Substitution z. B. mit Acetyl- oder Methylgruppen kann die Wasserlöslichkeit der Kettenmoleküle erhöht werden.
Hydrokolloide, die kosmetisch als Binde- und Verdickungsmittel und zur Herstellung von Gelen Verwendung finden, sind:
1. Die natürlichen Polysaccharide wie Agar-Agar, Alginate, Carrageenate, Caroben-Gummi, Guar, Gummi arabicum, Leinsamenschleim, Pektine, Quittensamenschleim, Stärken, Tragant.
2. Modifizierte Polysaccharide wie Celluloseether und Celluloseester.
3. Eiweißstoffe, vor allem Gelatine.
4. Natürliche anorganische Hydrokolloide wie Bentonit und Siliciumdioxid.
5. Synthetische Hydrokolloide wie Polyacrylate, Polyvinylalkohol, Polyvinylpyrrolidon, Polyvinylacetate, Polymethacrylate und Copolymere derselben.

Hydrolipidmantel
Oberflächenfilm der Haut aus Hautfett, Wasser und wasserlöslichen Stoffen (→ NMF).

hydrophil
(gr. hydor = Wasser; philos = Freund), wasserfreundlich. Hydrophile Substanzen sind Stoffe, die sich leicht in Wasser lösen oder in Wasser dispergierbar sind.

hydrophob
(gr. phobos = Furcht) = wasserfeindlich. Hydrophobe Substanzen sind Stoffe, die sich Wasser abstoßend verhalten und nicht in Wasser löslich sind.

Hydrotropie
Die Erscheinung, dass eine schwer lösliche Substanz sich in Wasser besser löst, wenn eine weitere Komponente, die selbst kein Lösungsmittel ist, zugegeben wird. Die Löslichkeit erhöht sich, ohne dass eine chemische Reaktion zwischen den Komponenten stattfindet. Substanzen, die solche Löslichkeitssteigerungen bewirken, bezeichnet man als hydrotrope Stoffe oder Hydrotropika, sie sind Lösungsvermittler. Ihr Wirkungsmechanismus kann entweder in der Bildung von Micellen (wie z. B. bei Tensiden) oder von Molekülverbindungen (Mischkristallen) bestehen oder im Abbau der Wasserstrukturen um die hydrophoben Gruppen des schwer löslichen Stoffes (wie z. B. bei Harnstoff).

β-**Hydroxylanin** → Serin

p-**Hydroxybenzoesäureester** → Parabene

Hydroxychinolinsulfat → Chinosol

Hydroxycumarine → Umbelliferon, → Aesculetin

Hydroxydihydrocitronellal
2,6-Dimethyl-2-hydroxyoctan-8-al,
$(CH_3)_2C(OH)-CH_2-CH_2-CH_2-CH(CH_3)-CH_2-CHO$. Einer der wichtigsten synthetischen Riechstoffe für blumige Kompositionen mit Linden-Maiglöckchengeruch. Farbloses, etwas viskoses Öl.

2-Hydroxydiphenyl → o-Phenylphenol

Hydroxyethylcellulose (HEC)
Wasserlöslicher Celluloseether; seine Lösungen sind hitzebeständig.

Hydroxyethylethylendiamintrieessigsäure

$$\begin{array}{c} HO-OC-H_2C \\ HO-H_2C-H_2C \end{array} N-CH_2-CH_2-N \begin{array}{c} CH_2-CO-OH \\ CH_2-CO-OH \end{array}$$

→ Komplexbildner

1-Hydroxymetyl-5,5-dimethylhydantoin
Formaldehyd abspaltendes Konservierungsmittel → Dimethylhydantoin.

p-Hydroxyphenylalanin
Tyrosin, Aminosäure, Eiweißbaustoff.

$HO-\langle O \rangle-CH_2-CH(NH_2)-COOH$

Hydroxyprolin
4-Hydroxypyrrolidin-2-carbonsäure. Aminosäure; charakteristischer Bestandteil der Kollagenfasern.

α-Hydroxysäuren
Organische Säuren, auch Fruchtsäuren genannt, die am der Carboxy-Gruppe benachbarten C-Atom eine Hydroxygruppe tragen. Für die Kosmetik interessant sind die Glykolsäure, Milchsäure, Apfelsäure, Weinsäure, Zitronensäure, und Salicylsäure. α-Hydroxysäuren wirken nicht nur feuchtigkeitsregulierend, sondern regen auch den Zellstoffwechsel an und fördern die Abschuppung der äußeren Hornschicht. Der Gehalt an freien Säuren in den Fertigprodukten sollte 1% nicht überschreiten, daneben können aber noch Salze, vor allem Natriumlactat, und Alkylester der Hydroxysäuren eingesetzt werden.

12-Hydroxystearinsäure
$CH_3-(CH_2)_4-CH(OH)-CH_2)_{11}-COOH$. Bei der Hydrierung von Ricinolsäure entstehende gesättigte Säure. Ihre Methyl-, Ethylenglykol-, Propylenglykol- und Glycerylester sind bienenwachsähnliche Produkte, die in der Kosmetik als Festigungsmittel für Stiftmassen Verwendung finden.

hygroskopisch
Wasser anziehend, Wasser bindend. Feuchthaltemittel, wie z. B. Glyzerin, sind hygroskopisch.

Hyperämie
(gr. hyper = über; häma = Blut) Blutfülle; vermehrte Blutansammlung in Organen oder begrenzten Körperbezirken infolge verstärkten Blutzuflusses oder verminderten Blutabflusses.

hyperämisierend
Die Durchblutung fördernd.

Hyperhidrosis, Hyperhidrose
Übermäßige Schweißabsonderung. Die allgemeine Hyperhidrosis ist meist Zeichen einer inneren Krankheit. Die Kosmetik befasst sich mit der lokalisierten übermäßigen Schweißabsonderung, dem Achselschweiß, Fußschweiß, Handschweiß. → Deodorantien

Hyperkeratose
(gr. keras. keratos = Horn) Verdickung der Hornschicht entweder durch vermehrte Bildung von Hornzellen oder durch verminderte Hornzellabstoßung. Siehe auch → Verhornung.

Hyperpigmentierung
Auf bestimmte Hautareale begrenzte oder generalisiert auftretende, verstärkte Färbung der Haut, die durch vermehrte Bildung von Melaningranula entsteht. Verursacher können Stoffwechselstörungen, Medikamenteneinnahme oder Hauterkrankungen sein (z.B. Nävus, Chloasma oder Lentigo).

Hypertrichosis, Hypertrichose
(gr. thrix, trichos = Haar) Übermäßige Behaarung.

hypoallergen
Nicht medizinischer, konstruierter Begriff, der mit „gering sensibilisierend" gleichgesetzt werden kann. Er wird als Auslobung für kosmetische Präparate verwandt, die nur Rohstoffe enthalten, die nicht über ein bekanntes allergenes Potenzial verfügen.

Hypodermis
(gr. hypo = unter; derma = Haut) → Unterhautfettgewebe.

Hyponychium
(gr. onyx, onychos = Nagel) Keimschicht unter der Nagelplatte.

Hyposensibilisierung → Desensibilisierung

Ichthyol → Ammoniumbituminosulfonat

Ichthyol hell
Das durch besonders schonende Darstellung bei niedriger Temperatur gewonnene helle sulfonierte Schieferöl ist oberflächenaktiv, gut verträglich, entzündungshemmend, antimitotisch, Juckreiz stillend, antiseborrhoeisch und vermindert die Sauerstoffradikalbildung. Es kann in Shampoos und Haarwässern zur Bekämpfung von Kopfschuppen und in Cremes gegen unreine Haut verwendet werden. Einsatzkonzentration: 0,5–5%.

Ichthyosis
(gr. ichthys = Fisch) Fischschuppenkrankheit. Dominant vererbliche Krankheit, die im 1. bis 2. Lebensjahr beginnt. Flächenhaft auftretende Verhornungsstörung. Durch verminderte Talg- und Schweißdrüsenabsonderung wird die Haut sehr trocken und schuppig.

Idiosynkrasie
Angeborene, manchmal auch erworbene, abnorme Überempfindlichkeit mancher Menschen gegenüber bestimmten Stoffen bereits beim ersten Kontakt ohne vorherige Sensibilisierung, und zwar gegenüber solchen Stoffen, die in den betreffenden Mengen von der Überzahl der Menschen ohne Beschwerden vertragen werden.

β-Imidazolacrylsäure
Synthethische → Urocaninsäure und ihr Ethylester sind als UV-Filter für Lichtschutzmittel zugelassen.

Imidazolidinyl Urea (INCI)
Imidazolidinylharnstoff. Wasserlösliches, Formaldehyd abspaltendes Konservierungsmittel mit guter Wirksamkeit gegen grampositive und gramnegative Bakterien, weniger gegen Hefen. Maximale Einsatzkonzentration 0,6%, geeigneter pH-Bereich 3 bis 9.

Imidazolidinylharnstoff → Imidazolidinyl Urea

Imidazolinderivate
Zu den substituierten Imidazolinen gehört eine Gruppe von Amphotensiden der allgemeinen Formel:

$$HOH_2C-H_2C-N^{\oplus}_{\underset{\smile}{}}N-CH_2-C\underset{O^{\ominus}}{\overset{O}{\diagup\diagdown}}$$

oder

$$\underset{R}{\overset{}{\underset{N=}{\diagdown}}}\overset{\oplus}{\underset{}{N}}\diagup\overset{CH_2-COO^{\ominus}}{\underset{CH_2-CH_2OH}{}}$$

Durch Quaternierung entstehen daraus kationaktive Tenside (→ Ammoniumverbindungen, quaternäre).

Immunität
Unempfindlichkeit des Organismus gegenüber pathogenen Mikroorganismen bzw. Schutz vor der Wirkung mikrobieller Stoffwechselprodukte sowie pflanzlicher oder tierischer Gifte.

Immunologie
Lehre von Struktur und Funktion des Immunsystems. Dazu zählen die Erkennungs- und Abwehrmechanismen des menschlichen Körpers gegen körperfremde oder körpereigene Stoffe und Substanzen.

Immuntherapie
Allgemein für Beeinflussung immunologischer Reaktionen durch therapeutische Maßnahmen (z. B. Schutzimpfung). Siehe auch → Desensibilisierung.

Impetigo
Grindflechte, Eiterflechte. Sie gehört zu den flächenförmigen Pyodermien, die durch Staphylokokken oder Streptokokken hervorgerufen werden. Sie äußert sich in kleinen oder größeren Bläschen mit anfangs klarem Inhalt, die schnell zerstört werden und sich mit gelben oder bräunlichen Krusten bedecken. Sehr infektiös.

Implantat
(lat. plantatus = gepflanzt) Bezeichnung für Stoffe oder Teile, die zur Erfüllung bestimmter Funktionen für einen begrenzten Zeitraum oder für immer in den menschlichen Körper eingebracht werden. Im Rahmen von sog. Schönheitsoperationen werden häufig kissenartige Implantate eingesetzt, die mit einem Silicongel, einem Hydrogel oder einer Kochsalzlösung gefüllt sein können.

Implantation
Einbringung oder Einpflanzung von körperfremden Materialien in den Organismus. → Implantat

Imwitor (Sasol)
Handelsbezeichnung für Glycerylmono-/difettsäureester und Emulgatoren für W/O-Emulsionen. In Mischung mit hydrophilen Emulgatoren auch für O/W-Emulsionen geeignet.

in vitro
(lat. vitrum = Glas) Ausdruck für wissenschaftliche Versuche, die im (Reagenz-)Glas und nicht am lebenden Organismus stattfinden. Vgl. → in vivo

in vivo
(lat. vivo = leben, am Leben sein) Ausdruck für wissenschaftliche Versuche, die im am lebenden Organismus durchgeführt werden.

INCI
Abkürzung für International Nomenclature Cosmetic Ingredients (Internationale Nomenklatur kosmetischer Inhaltsstoffe). EU-weit einheitlicher Bezeichnungscodex für kosmetische Inhaltsstoffe. Ersetzt die frühere CTFA-Bezeichnung. Alle in einem kosmetischen Produkt enthaltenen Rohstoffe werden mit ihren INCI-Bezeichnungen in absteigender Reihenfolge aufgeführt. Die INCI-Deklaration, die mit dem Begriff Ingredients eingeleitet wird, muss lesbar auf jeder Verpackung angebracht sein. Ist das nicht der Fall weist das Symbol darauf hin, dass sich die Inhaltsstoffauflistung an einer anderen Stelle, z.B. in einer separat aufgeführten Broschüre, befindet.

Indalon
6,6-Dimethyl-2-carbobutoxy-5,6-dihydro-γ-pyron

Leicht gelbliche bis rötliche Flüssigkeit von angenehmem Geruch, löslich in Alkoholen, Propylenglykol, Mineralölen und fetten Ölen. Verwendung als Repellent.

Indol

Mit Wasserdampf flüchtige, in reiner Form fäkalisch riechende Substanz. In starker Verdünnung wird der Geruch blumig frisch. Indol kommt u. a. im Jasminöl und im Neroliöl vor. Verwendung zur Herstellung synthetischer Blütenöle.

5,6-Indolchinon → Melanin

Inflammatio, Inflammation
(lat. inflammare = entzünden) Med. Fachbegriff für Entzündung.

Infrarotstrahlung
IR-, Ultrarot- oder Wärmestrahlung. Für das menschliche Auge unsichtbare elektromagnetische Strahlung, die sich an den sichtbaren Spektralbereich zu längeren Wellenlängen hin anschließt (Wellenlänge > 720 nm). Starke Wärmeeinwirkung kann bei entsprechender Disposition die Entstehung von Teleangiektasien (Erweiterung der Äderchen) fördern.

Ingredients
Engl. für Inhaltsstoffe. Der Begriff leitet die Auflistung (Deklaration) der kosmetischen Inhaltsstoffe eines Produktes nach INCI ein.

Inhaltsdeklaration von Kosmetika → Deklaration, → INCI.

Inhibitoren
Substanzen, die chemische Reaktionen einschränken oder unterbinden können, so wie Antioxidanzien die Autoxidation verhindern oder bestimmte Stoffe die Aktivität eines Enzyms unterdrücken können.

Inosite
Hexahydroxycyclohexan. Gruppe von 8 stereoisomeren sechswertigen Alkoholen, von denen der meso-Inosit dem Vitamin B-Komplex zugeordnet wird. Er kommt in vielen tierischen und pflanzlichen Organen vor und soll einen Einfluss auf das Haarwachstum haben.

Insekt Repellent IR 3535 (Merck)
(INCI: Ethyl Butylacetylaminopropionate) Handelsbezeichnung für einen Wirkstoff mit Insekten abwehrender Wirkung (→ Repellent). Die Flüssigkeit ist klar, farblos bis schwach gelblich und praktisch geruchlos. Dichte (20°C) 0,998 g/ml, löslich in Isopropylmyristat, Ethanol, Propylenglycol (50%). Wirkungsspektrum: Verschiedene Stechmücken (Aedes-, Culex-, Anopheles-Species), Zecken, Bremsen, Fliegen, Kriebelmücken, Wespen, Bienen und Läuse. Es ist auch für Formulierungen für Kleinkinder und Säuglinge (> 12 Monate) geeignet.

Insektenabwehrmittel, Insektenschutzmittel → Repellents

Instant-Make-up
Bezeichnung, die sowohl für → Compact-Make-up oder Puder-Make-up verwendet wird.

Intensiv-Tönungen
Semipermanente → Haarfärbemittel, deren Farbergebnis bis zu 24 Haarwäschen erhalten bleiben kann. Sie stellen eine Zwischenstufe von → Coloration und → Haartönung dar. Sie enthalten,wie die Tönungen, → direkt ziehende Farbstoffe, gegenüber den Colorationen jedoch einen geringeren Anteil an Oxidationsmitteln.

Interdigitalmykosen
Hautpilzerkrankungen, die zwischen Fingern oder Zehen lokalisiert sind. → Fußpilzerkrankungen

Interferenz
Sonderfall der Farberkennung. Unter Interferenz versteht man die Überlagerung (Verstärkung oder Löschung) verschiedener Wellenlängen des Lichtes, die durch Reflexion oder Lichtbrechung und an sehr dünnen, optisch wirksamen Schichten entstehen. Das einfallende weiße Licht wird an den Grenzflächen teilweise reflektiert und teilweise absorbiert, die zu erkennende Farbe ist abhängig von der Schichtdicke. Der Betrachtungswinkel entscheidet dabei, welche Farbe gesehen wird. Viele Farberscheinungen in der Natur, wie z. B. der mehrfarbig schillernde Glanz einer Pfauenfeder, beruhen auf diesem Prinzip. Im kosmetischen Bereich werden u. a. auch perlglänzende Pigmente mit Interferenzfarbeffekten eingesetzt (→ Interferenzpigmente).

Interferenzpigmente
Sonderform der → Perlglanzpigmente, die bei wechselndem Betrachtungswinkel unterschiedliche Farben zeigen. Die → Interferenz entsteht durch Lichtbrechung und Lichtüberlagerung an dünnen Schichten. Als Substrat dienen z. B. Glimmer-, Glas- oder Siliziumdioxidplättchen, die mit Titandioxid unterschiedlich stark beschichtet werden. Je nach Schichtdicke ergibt sich dann eine andere Interferenzfarbe:

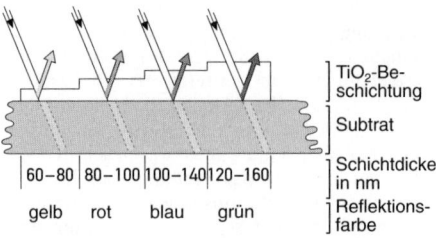

Schichtdicke in nm	Reflektionsfarbe
60–80	gelb
80–100	rot
100–140	blau
120–160	grün

(TiO$_2$-Beschichtung auf Substrat)

Durchsichtige Medien, die Interferenzpigmente enthalten, erscheinen bei frontaler Betrachtung (Lichtstrahlen werden reflektiert) in einem anderen Farbton als in der Durchsicht (Lichtstrahlen werden absorbiert). Bei diesem Farbwechsel erscheint dann die entsprechende Komplementärfarbe (z.B. rot – grün oder blau – gelb). Siehe auch → changierend (im Farbton).

Intertrigo
Wundsein, „Wolf". Rote, erosive, juckende und brennende Herde in den Körperfalten und im Bereich von Hautregionen, die bei Bewegung Reibungen ausgesetzt sind. Vorkommen besonders bei Säuglingen im Windelbereich. Die Entstehung wird begünstigt durch Schweißretentionen. Infektion mit Bakterien und Soorpilzen.

interzellulär
Sich zwischen den Zellen befindend.

Interzellulärsubstanz
Strukturbestandteile des → Bindegewebes, die sich aus den Fasern und der Grundsubstanz zusammensetzen.

Intimpflegemittel
Zur Intimpflege eignen sich leicht sauer (pH 4,5 bis 5,0) eingestellte milde Tensidpräparate.

Intoleranz
(med. = Unverträglichkeit) Bezeichnung für nichtimmunologische Haut- und Schleimhautveränderungen (z.B. Urtikaria), die klinisch allergischen Reaktionen ähneln.

Intoxikation
Ausdruck für Vergiftung.

intrazellulär
Sich in bzw. innerhalb der Zelle befindend.

Invertseifen
Oberflächenaktive ionogene Verbindungen, bei denen das Kation hydrophile und hydrophobe Eigenschaften in sich vereint, im Gegensatz zu den Seifen, wo das Fettsäureanion Träger der Oberflächenaktivität ist. → Kationtenside

Invertzucker
Das bei der hydrolytischen Spaltung von Rohrzucker (Saccharose) entstehende Gemisch von Glucose und Fructose, das in der Kosmetik als Feuchthaltemittel verwendet wird.

Ionen
Entstehen, wenn Atome Außenelektronen aufnehmen oder abgeben. Positiv geladene Ionen bezeichnet man als Kationen, negativ geladene als Anionen.

Ionenaustauscher
Anorganische oder organische Festkörper aus einem dreidimensionalen, wasserunlöslichen Gerüst, das bewegliche Ionen enthält, die gegen andere, gleichsinnig geladene Ionen ausgetauscht werden können. Die anorganischen Austauscher sind Silikate, deren weitmaschiges Kristallgitter sich aus SiO_4- und AlO_4^--Tetraedern aufbaut und das zur Kompensation der negativen Ladung bewegliche austauschbare Alkali- oder Erdalkaliionen enthält. (→ Zeolithe, Permutite) Die organischen Ionenaustauscher sind synthetische Polymere, in die Ionen bildende Gruppen (SO_3^-, COO^-, basische Aminogruppen o.a.) eingebaut sind, deren locker gebundene Gegenionen (z.B. Na^+, OH^-, H^+, o.a.) gegen andere Ionen ausgetauscht werden können. Sie können als Kation- oder als Anionaustauscher konzipiert werden.
In der Kosmetik verwendet man Ionenaustauscher zur Wasseraufbereitung.

Ionenbindung → Salzbindung

Iontophorese
Apparative Behandlungsform, bei der Ionen oder ionisierbare Molekularionen gezielt in die intakte Haut eingeschleust werden. Die Anwendung mit einem Iontophoresegerät kann durch die geschulte Kosmetikerin erfolgen. Mithilfe von Niedrigfrequenzstrom erhalten oberflächlich auf die Haut aufgetragene Wirkstoffe eine bessere Tiefenwirkung. Die Behandlung fördert auch die Durchblutung, wirkt stoffwechselanregend und wird auch im Rahmen von Cellulite-Behandlungen durchgeführt. Die Leitungswasseriontophorese ist als Therapieform gegen Hyperhidrose an Händen und Füßen einsetzbar.

IP
Im französischen Sprachgebrauch Abkürzung für indice de protection (= Schutzfaktor). Gemeint ist damit der Lichtschutzfaktor.

Irisches Moos
Knorpeltang, Carrageen. Stammpflanzen: Die Rotalgen Chondrus crispus, Gigartina mamilosa. → Carrageenan

Irisöl
Durch Wasserdampfdestillation aus den Wurzeln der Iris germanica oder Iris pallida gewonnenes ätherisches Öl, das aufgrund seines hohen Myristinsäuregehalts eine feste Masse darstellt. Wegen des Veilchenduftes, der auf dem Gehalt an Ionen beruht, wird es auch Veilchenwurzelöl genannt.

Iron
Isomeres des Methyljonos. Iron kommt u. a. in der Iriswurzel als natürlicher Riechstoff mit veilchenähnlichem Geruch vor. Bei der synthetischen Herstellung entsteht ein Gemisch mehrerer isometrischer Verbindungen.

β-Iron

Verwendung für feine Blumen- und Phantasiekompositionen.

Irritantien
Mechanische oder chemische Reizmittel für die Haut, die bei Berührung eine Unverträglichkeitsreaktion (z. B. Hyperämie) verursachen können. Irritativ können u. a. Phorbolester (im Latexsaft von Pflanzen enthalten), Serotonin (in Nesselgewächsen) und kosmetische Rohstoffe wie Nicotinsäureester, Campher oder bestimmte ätherische Öle wirken.

Irritation (der Haut)
Reizungen bzw. Reaktionen der Haut, die durch chemische oder mechanische Einwirkung hervorgerufen werden können. → Irritantien

Isländisches Moos
Flechtenart, aus der sich beim Kochen mit stark verdünntem Natriumbicarbonat ein Polysaccharid gewinnen lässt, das beim Erkalten zu einer Gallerte erstarrt. Verwendbar als Verdickungsmittel für kosmetische Präparate.

Isobutan → Butan

Isododecan
(INCI: Isododecane) 2,2,6,6-Tetramethyl-4-methylenheptan. Klares, öllösliches, geruchloses und leicht flüchtiges Isoparaffin, das als Emollient in Emulsionen und Stiften im pflegenden wie im dekorativen Bereich eingesetzt wird. Es ist sehr leicht, wirkt nicht komedogen, reduziert den öligen Charakter von Formulierungen und kann als Lösemittel und zur Verbesserung der Haftfestigkeit verwendet werden.

Isodragol (Symrise)
(INCI: Triisononanoin) Handelsbezeichnung für ein Triglycerid mit einer mittelkettigen alkylverzweigten Fettsäure. Als Emollient mit hoher Spreitfähigkeit vermittelt dieser Ester ein gutes Hautgefühl. Auch zur Benetzung von Pigmenten geeignet.

isoelektrischer Punkt
Bezeichnung für diejenige Wasserstoffionenkonzentration (pH-Wert), bei der amphotere Elektrolyte ungeladen erscheinen, d. h. wo ebenso viele positive wie negative Ladungen vorhanden sind. Der isoelektrische Punkt ist der pH-Wert mit der geringsten Löslichkeit und Reaktionsfreudigkeit des Ampholyten. Er wird z. B. bei Eiweißstoffen von der Anzahl der freien sauren und basischen Gruppen bestimmt und liegt für das Keratin der Haut um pH = 5.

Isofol (Sasol)
2-Alkyl-1-Alkanole (C_{12}–C_{24}). Handelsbezeichnung für definiert verzweigte Guerbet-Alkohole, die bei Raumtemperatur flüssig sind, oxidationsbeständig, thermostabil und biologisch abbaubar. Sie eignen sich zur Herstellung von Haut- und Massageölen, Estern und Polyglykolethern und als Rückfettungsmittel.

Isohexadecan
(INCI: Isohexadecane) Klares, geruchloses Isoparaffin. Klare, leichte Ölkomponente, die zur Verbesserung des Hautgefühls von Formulierungen eingesetzt werden kann. Es ist nicht komedogen, kann die Flüchtigkeit von Isododecan herabsetzen und als Weichmacher für Harze dienen. Vielseitiger Einsatz in Emulsionen, Stiften und anderen Produkten der pflegenden und dekorativen Kosmetik möglich.

Isoleucin

$$H_3C-H_2C\underset{H_3C}{\overset{}{>}}CH-\underset{\underset{NH_2}{|}}{CH}-COOH$$

Essenzielle Aminosäure.

Isomerie
(gr. isos = gleich; meros oder meris = Teil) In der Chemie die Erscheinung, dass die Moleküle von Verbindungen aus den gleichen Anzahlen der gleichen Atome bestehen, sich aber hinsichtlich ihrer Anordnung unterscheiden, woraus unterschiedliche Eigenschaften der Verbindungen resultieren. Isomere haben also gleiche Bruttoformeln, aber verschiedene Strukturformeln.
Die wichtigsten Arten der Isomerie sind:
1. Konstitutionsisomerie
a) Strukturisomerie (z.B. bei höher molekularen Alkanen oder Ethanol C_2H_5OH und Dimethylether $H_3C-O-CH_3$)
b) Substitutionsisomerie (z.B. o-, m- und p-Phenylendiamine)
c) Doppelbindungsisomerie, die durch die relative Lage der Doppelbindung innerhalb einer Kette oder mehrerer Doppelbindungen zueinander entsteht.
2. Stereoisomerie
a) cis-trans-Isomerie (z.B. Ölsäure – Elaidinsäure)
b) Konfigurationsisomerie oder Spiegelbildisomerie bei optisch aktiven Verbindungen.
→ Tautomerie

Isononanol
Isononylalkohol. Trivialname für ein Gemisch isomerer verzweigter C_9-Alkohole. Hauptkomponente ist 3,5,5-Trimethyl-1-hexanol, das wie die Isononansäure zur Herstellung von Kosmetikgrundstoffen mit verzwegten Kohlenstoffketten dient und von Weichmachern.

Isooctanol → Ethylhexanol

Isoparaffine
Alkane mit verzweigten Kohlenstoffketten, die als Emollients aufgrund ihrer Unlöslichkeit in Wasser den Feuchtigkeitsverlust der Haut reduzieren können. Sie verfügen über gutes Spreitvermögen, fühlen sich auf der Haut deshalb nicht so fettig oder klebrig an wie Paraffinöl. Sie sind mit den meisten kosmetischen Grund- und Wirkstoffen verträglich und toxikologisch unbedenklich.

Isopentan → Pentan

Isoprenoide
Naturstoffe, die durch Zusammenlagerung von Isopren-Einheiten entstanden sein könnten. Es sind ungesättigte Verbindungen mit 10, 15, 20, 40 C-Atomen, die Methylsubstituenten an ganz bestimmten Stellen aufweisen und in der Natur häufiger anzutreffen sind als andere. Sie können offenkettig oder zyklisch gebaut sein. → Terpene (C_{10}), → Sesquiterpene (C_{15}), → Diterpene (C_{20}), → Carotinoide → (C_{40}).

Isopropanol → Propanol

Isopropyladipat
Diisopropyladipat. Farblose Flüssigkeit, unlöslich in Wasser und Glycerol, löslich in Fetten. K_p 242–246 °C. Hautfreundlicher Fettkörper mit ausgezeichnetem Spreitvermögen, der als Rükkfettungsmittel in Haut- und besonders in Haarpflegepräparaten Verwendung findet.

Isopropylalkohol → Propanol

Isopropylether → Diisopropylether

Isopropylmyristat
(INCI: Isopropyl Myristate) Isopropylester der Myristinsäure. Er ist von dünnflüssiger, öliger Konsistenz und mit pflanzlichen Ölen und Paraffinen klar mischbar. Isopropylmyristat erniedrigt die Viskosität pflanzlicher Öle, erhöht das Eindringungsvermögen in die Haut und erhöht die Gleitfähigkeit, ohne dabei ein klebriges Gefühl zu hinterlassen. Aufgrund seiner Stabilität wird der Ester zum teilweisen oder vollständigen Ersatz pflanzlicher Öle in kosmetischen Zubereitungen verwendet. Daneben findet er Verwendung zur Herstellung von Lippenstiften, als Dispersionsmittel für Pigmente, als Lösungsvermittler, um Parfümöle mineralöllöslich zu machen und als Rückfettungsmittel.

Isopropylpalmitat
(INCI: Isopropyl Palmitate) Ester der Palmitinsäure mit Isopropanol. Dünnflüssiges, klares, wenig fettendes Öl, das häufig als Emollient in Emulsionen und Stiften eingesetzt wird.

Isopropylstearat
(INCI: Isopropyl Stearate) Ester der Stearinsäure mit Isopropanol. Ölkomponente mit vergleichbaren Eigenschaften und Einsatzmöglichkeiten wie Isopropylpalmitat.

$H_2C=\overset{\underset{CH_3}{|}}{C}-CH=CH_2$ Isopren

Isostearinsäure
(INCI: Isostearic Acid) C_{18}-Carbonsäure mit methylverzweigter Kohlenstoffkette. Ihr Schmelzpunkt ist niedriger als der der unverzweigten Fettsäure. Isostearinsäure und ihre Ester dienen wegen ihrer Oxidationsbeständigkeit in vielen Fällen als Ersatz für Ölsäure und Ölsäureester.

Isotonie
(gr. isos = gleich; tonos = Spannung) Konstanz des osmotischen Druckes der Körperflüssigkeiten (z. B. des Blutplasmas) beim Gesunden. → Osmose

isotonische Lösungen
Im med. Bereich: Lösungen, die eine dem Blutplasma entsprechende Konzentration an gelösten Teilchen enthalten. Beispiel 0,9%ige Natriumchloridlösung. → Isotonie

Isotretinoin
13-cis-Retinsäure, Derivat des Tretinoins (Vitamin-A-Säure). Wirkstoff zur topischen Anwendung bei Akne.

Jasminöl

Meist durch Extraktion der Blüten mit leicht flüchtigen Kohlenwasserstoffen, seltener noch nach dem Enfleurage-Verfahren gewonnenes ätherisches Öl. Mengenmäßig Hauptbestandteile sind Benzylalkohol, Benzylacetat und andere Ester des Benzylalkohols, geruchsbestimmende Inhaltsstoffe cis-Jasmon, Jasmonate und Indol. Handelsprodukte sind die durch Eindampfen der Extrakte erhaltenen Essences concrètes oder die Essence absolute, die für wertvolle Blütendüfte verwendet werden.

Jasmon

Charakteristischer Bestandteil des Jasminblütenöls. Synthetisch hergestelltes Jasmon wird in der Feinparfümerie verwendet.

Johannisbrot → Carobengummi

Johanniskraut

Herba Hyperici. Wirkstoffe: Ätherisches Öl (bis 1%), das vor allem Terpen- und Sesquiterpenkohlenwasserstoffe enthält, Flavonoide, Gerbstoffe und Hypericin. Hypericin zeigt photodynamische Wirkung; Tiere werden nach Fressen von Hypericumpflanzen gegen Sonnenlicht empfindlich und leiden unter Juckreiz, Ödembildung u. a. Johanniskraut dient seit alters als Mittel zur Wundheilung. In der Kosmetik werden Johanniskrautextrakte als durchblutungsfördernde Badezusätze und für pflegende und hautregenerierende Präparate verwendet.

Johanniskrautöl

(INCI: Hypericum perforatum) Extrakt der frischen Johanniskrautblüten mit einem stabilisierenden Pflanzenöl. Als Wirkstoffe sind enthalten: Hypericin, Gerbstoffe, ätherisches Öl, Flavonglykoside u.a., die durchblutungsfördernde, regenerierende, entzündungshemmende Eigenschaften aufweisen und gegen Sonnenbrand empfohlen werden.

Jojobaöl

(INCI: Buxus chinensis) Öl der olivenähnlichen Früchte der immergrünen Jojoba (Simmondsia chinensis), die wild in den Trockengebieten Kaliforniens, Mexikos und Arizonas wächst. Jojobaöl besteht im Gegensatz zu anderen Pflanzenölen nicht aus Glycerolestern, sondern aus Estern von geradkettigen Fettsäuren mit Fettalkoholen mit einer Doppelbindung (Eicosen- und Docosensäure mit deren Alkoholen). Jojobaöl ist ein flüssiges Wachs, bis 300 °C temperaturbeständig, von Natur fast frei von Verunreinigungen und es wird nicht ranzig. Wegen seiner außerordentlichen Hautfreundlichkeit hat es in der Kosmetik breite Anwendung gefunden. Es ist vielseitig als pflegende Ölkomponente in Emulsionen, Pasten und Stiften einsetzbar.

Jonone

Gruppe von Riechstoffen, die zu den zyklischen Terpenverbindungen zählen. α-Jonon und β-Jonon kommen in der Natur vor, gelbliche Öle von holzigem, in starker Verdünnung veilchenartigem Geruch. Die Jonone gehören zu den wichtigsten und schönsten synthetischen Riechstoffen zur Herstellung von Blumengerüchen.

β-Jonon

Juckreiz → Pruritus

Juglon

5-Hydroxy-1,4-naphthochinon. Hautbräunender Farbstoff, der in glykosidischer Bindung als Hydrojuglon in Walnussschalen vorkommt.

K

Kälterezeptoren
Nervenendigungen, die wie die Wärmerezeptoren auf der Hautoberfläche verteilt sind und Kälteempfindungen vermitteln. Das Verhältnis von Wärmepunkten zu Kältepunkten beträgt etwa 1:10. Man hat ermittelt, dass der Mensch auf seiner Hautoberfläche über etwa 30000 Wärmepunkte und etwa 300000 Kältepunkte verfügt. Aus diesem Grunde wird Kälte stärker und auch als unangenehmer empfunden.

Kälteschäden, chronische
Perniosis = Kältekrankheit
1. Teleangiektasien (→ Äderchen)
2. Frostbeulen, Perniones (→ Frostschäden)
3. Blaurote Färbung der Haut verbunden mit Kühle der Haut, besonders der Unterschenkel (Erythrocyanosis crurum puellarum).
4. Blaurote Färbungen und Kühle der Haut verbunden mit kaltem Schweiß an Händen, Füßen, Nase, Kinn, Ohren (Akrozyanose).
Die Kälteschäden treten vor allem in den Übergangsjahreszeiten bei feuchtkühler Witterung auf. Die Funktionsstörungen feiner Hautvenen können erblich bedingt sein und gehören in die Behandlung des Arztes.

Kälteschutzmittel
Barrierepräparate, die die Haut vor übermäßigem Wärme- und Feuchtigkeitsverlust schützen sollen. Sie sind wichtig für Menschen, die sich längere Zeit extremer Kälte aussetzen müssen oder z. B. für Sportler, wo sich durch Wind und Fahrtgeschwindigkeit die Hauttemperatur zusätzlich absenken kann. Kälteschutzmittel sollen wärmeisolierend und feuchtigkeitsbindend sein und die Transpiration nicht behindern.
Verwendet werden wasserfreie Formulierungen aus mindestens −30 °C stabilen Öl- und Fettkomponenten, z. B. den in ihrer Struktur den Squalenen ähnlichen Isoparaffinen, Vaselin, Mikrowachsen, Glycerol und ggf. Lichtschutzmitteln.

Kahlheit, Kahlstellen
(→ Haarausfall; → Glatze)
1. Angeborene Kahlheit ist u. a. erblich bedingt und nicht beeinflussbar, da die Haaranlagen oft überhaupt fehlen. Das Erscheinungsbild ist von Fall zu Fall verschieden und erstreckt sich von der völligen Kahlheit bis zur Ausbildung umschriebener Kahlstellen am Kopf.
2. Narben, die auf der Kopfhaut durch Verletzungen (z. B. Schnitte, Verbrennungen, Verätzungen, Strahlen usw.), Furunkel, Geschwüre usw. entstanden sind, besitzen keine Haarpapillen und bleiben immer kahl. Narbige Kahlstellen entstehen u. a. nach nicht geschwürigen Erkrankungen der Kopfhaut, Verhornungsanomalien und chronischen Infektionen aller Art (z. B. Knötchenflechte oder Lichen ruber, Schmetterlingsflechte oder Erythematodes, Sklerodermie usw.), Pilzerkrankungen der Kopfhaut.
3. Kahlstellen ergeben sich durch Muttermale (Naevi), gutartige und bösartige Geschwülste.
4. Als Ursachen von Kahlstellen und Kahlheit sind u. a. noch zu nennen: Haarrupfsucht (Trichotillomanie), mechanische Einwirkungen (Druck- und Zug, Aufliegen auf dem Hinterkopf, straffe Frisur).

Kajal
Ursprünglich war der aus Indien stammende Kajal ein Gemisch aus ölig gebundenen schwarzen Pigmenten (meist Ruß), z. T. waren auch Stoffe zur Anregung der Tränendrüsen enthalten (z. B. Campher). Im Bereich der dekorativen Kosmetik wird der Kajal heute fast ausschließlich als → Holzstift angeboten. Er dient der farblichen Betonung des inneren Lidrandes, kann jedoch auch am äußeren Lidrand (als Eyeliner) angewendet werden. Im Unterschied zu anderen Holzstiften, wie z. B. dem Lipliner, ist die Minenbeschaffenheit im Hinblick auf den empfindlichen Augenbereich etwas geschmeidiger und weicher eingestellt. Ansonsten entspricht die Zusammensetzung den für kosmetische Holzstifte üblichen Aufbau.

Kajalstift → Kajal

Kakaobutter
(INCI: Theobroma Cacao) Festes, gelbliches Fett, das durch Pressen aus Kakaobohnen gewonnen wird. F. 32–35 °C. In der Kosmetik ist

Kakaobutter heute weitgehend durch synthetische Triglyceride verdrängt, gelegentlich wird sie noch in Lippenstiften verwendet.

Kaliumaluminiumsulfat
Kalialaun → Alaune

Kaliumbisulfat
Kaliumhydrogensulfat, $KHSO_4$. Verwendung als Entwickler für brausende Badesalze und Kohlensäurebäder.

Kaliumcarbonat
Pottasche K_2CO_3. Verwendung wie Soda als Alkalisierungsmittel für Hornhaut erweichende Bäder und Nagelhautentferner und zur Herstellung von Stearatcremes.

Kaliumchlorid
KCl. Verwendung gelegentlich für Badesalze und Rasierseifen.

Kaliumhydroxid
KOH. Hygroskopische, ätzende, leicht in Wasser und in Ethanol lösliche weiße Plätzchen. Verwendung für Kaliseifen, Stearatcremes, Nagelhautentferner (bis 5%).

Kaliumpermanganat
$KMnO_4$. Dunkelviolette Kristalle, die sich in Wasser mit violetter Farbe lösen. Oxidierendes Desinfektionsmittel für Mund- und Gurgelwässer, Waschungen und Spülungen. Eine Kaliumpermanganatlösung soll für Zwecke der Mundpflege hellrosa gefärbt sein. (0,01–0,05%)

Kaliumpersulfat
$KO_2S-O-O-SO_3K$, Kaliumperoxidisulfat. Die wässrigen Lösungen zersetzen sich langsam, in Gegenwart von Säuren schneller unter Entwicklung von Wasserstoffperoxid. Gutes Desinfektionsmittel z. B. für Gebissreiniger.

Kaliumthioglykolat
(INCI: Potassium Thioglycolate) Kaliumsalz der Thioglykolsäure. Als ca. 40%ige wässrige Lösung kann es als Wirkkomponente in → Depilatorien eingesetzt werden.

Kallus → Callus

Kalmuswurzel
Rhizoma Calami. Der Extrakt der Droge enthält u. a. ätherisches Öl, Bitterstoffe, Gerbstoffe, Cholin, Schleimstoffe, Saponine und wird in der Kosmetik für Mundwasser, Zahnpflegemittel und Badezusätze verwendet.
Das durch Wasserdampfdestillation gewonnene ätherische Öl riecht campherartig. Inhaltsstoffe sind Camphen, Campher, Pinen, Eucalyptol, Eugenol u. a. Es dient zur Parfümierung von Seifen.

Kaltwelle
(→ Dauerwelle) Die heute übliche Methode der permanenten Haarverformung.

Kaltwellpräparate
Auch → Dauerwellpräparate. Mildalkalische (bis neutral) eingestellte Zubereitungen, die zur dauerhaften Haarverformung verwendet werden.

Kalziumthioglykolat → Calciumthioglykolat

Kamille
Man unterscheidet zwischen der sog. echten Kamille, Matricaria recutita L., und der römischen Kamille, Chamomillae romanae flos. Das aus den Blütenköpfen der echten Kamille gewonnene Öl enthält als Hauptbestandteile die Bisabolol (10–25%) und das für die blaue Farbe verantwortliche Chamazulen, das bei der Wasserdampfdestillation aus dem enthaltenen Matricin entsteht. Weitere Inhaltsstoffe sind Cumarine, Flavonoide sowie Flavonderivate. Kamillenöl und -extrakte wirken auf der Haut entzündungshemmend, antiseptisch und spasmolytisch. Hierauf beruht ihre Verwendung für Umschläge, in Bade- und After-sun-Präparaten, für Augen-, Mund- und Gesichtswässer, in Cremes, Salben und Seifen zur Behandlung unreiner oder empfindlicher Haut.
Die römische Kamille enthält 0,6–2,4% ätherisches Öl, aber kein oder nur wenig Bisabolol und nur geringe Mengen an Azulenen. Hauptinhaltsstoffe sind Ester der Angelikasäure ($H_3C-CH=C(CH_3)-COOH$), der Methacryl-, Tiglin- und Isobuttersäure mit C_4-C_6-Alkoholen, daneben sind Flavonoide u. a. enthalten. Für kosmetische Zwecke ist der Gehalt an Apigenin- und Luteolinglykosid von Bedeutung. Diese gelben Farbstoffe bewirken in Shampoos und Spülungen bei blondem Haar eine Aufhellung

nachgedunkelter Haare. Im Übrigen werden Öl und Extrakte der römischen Kamille wie die der echten Kamille verwendet.

Kammertest
Duhring-Kammer-Test. Hautverträglichkeitsprüfung. Härtetest unter extremen Bedingungen zur Ermittlung geringer Irritationspotenziale z.B. bei Tensiden. Dabei wird die Testsubstanz auf Baumwolle oder Filterpapier in kleinen Aluminiumkammern auf dem Unterarm befestigt, und zwar am 1.Tag für 18 Std., am 2.-5.Tag jeweils mit frischer Testsubstanz je 6 Std. Danach wird die Reaktion bewertet.

Kampfer → Campher

kanzerogen, karzinogen
(lat. cancer = Krebs) Krebs erzeugend.

Kaolin
(INCI: Kaolin, C.I.77004) Weißer Ton, Bolus alba: Natürliches, gereinigtes wasserhaltiges Aluminiumsilikat mit hohem Adsorptionsvermögen. Es ist ein feines, weißes, sich weich und fettig anfühlendes Pulver, das in Wasser leicht dispergiert werden kann. Es ist zudem relativ transparent und kann als Pudergrundstoff in Gesichts- und Lidschattenpudern sowie Grundierungen, Gesichtsmasken und Zahnpflegemitteln eingesetzt werden.

kapillaraktive Substanzen
Stoffe, die die Oberflächenspannung von Flüssigkeiten erniedrigen (z.B. Seifen, synthetische Netzmittel, Schaummittel). Die entspannten Flüssigkeiten werden von Kapillaren aufgenommen. → grenzflächenaktive Stoffe

Kapillaren
(lat. capillus, aus capitis pili= feines Kopfhaar abgeleitet)
1. Haargefäße, feinste Verzweigungen der Blut- und Lymphgefäße, welche dem Stoffwechsel, also der Zufuhr von Aufbaustoffen und Sauerstoff und dem Abtransport von verbrauchten Stoffwechselprodukten, einschließlich des Kolendioxids dienen (→ Anastomosen; Blutversorgung der Haut; Gefäßsysteme).
2. Röhrchen mit außerordentlich kleinem Innendurchmesser. Flüssigkeiten mit hoher Oberflächenspannung werden von Kapillaren nicht aufgenommen.

Karbunkel → Folliculitis

Karies
(lat. caries = Morschsein, Fäulnis) Generell bedeutet Karies Knochenfraß, die Zerstörung von Knochengewebe. → Zahnkaries

Kariesprophylaxe → Zahnkaries

Karlsbader Salz
Ursprünglich das in der Karlsbader Quelle enthaltene Salzgemisch. Das künstliche Karlsbader Salz enthält 44% Natriumsulfat, 36% Natriumbicarbonat, 18% Kochsalz und 2% Kaliumsulfat. Es wird als Zusatz zu Zahnpasten zur Verhinderung von Zahnsteinbildung empfohlen.

Karottenöl
Extrakt lipoidlöslicher Inhaltsstoffe der Karotte mit einem fetten Öl als Trägersubstanz. Karottenöl enthält Provitamin A (→ Carotine), Carotinoide, Tocopherole als Antioxidanzien sowie andere fettlösliche Substanzen der Karotte. Verwendung für Präparate gegen trockene, schuppige Haut und andere Vitamin-A-Mangelerscheinungen.

Karmin
(C.I.75470) Unlöslicher leuchtend roter Farblack organischen Ursprungs, der durch Fällung der Karminsäure mit Aluminiumsalzen gewonnen wird. Er kann als Farbpigment in allen Produkten der dekorativen Kosmetik eingearbeitet werden.

Karminsäure
Wasserlöslicher roter Antrachinonfarbstoff, der aus den weiblichen getrockneten Scharlachschildläusen (Coccus cacti, auch Cochenille genannt) gewonnen wird. Ein synthetisches Verfahren zur Herstellung dieses Farbstoffes gibt es z.Z. noch nicht. Die in Wasser und Alkohol lösliche Karminsäure ist auch das Ausgangsprodukt zur Herstellung des unlöslichen Farblackes Karmin.

Karminsäure

Karzinogene, Kanzerogene
Substanzen oder Faktoren, die zur Entstehung eines Karzinoms beitragen.

Karzinome
Bösartige epitheliale Geschwülste. Plattenepithelgeschwülste gehen von der Haut und Schleimhaut aus, Adenokarzinome entstehen in Drüsen.

Katagenphase
Übergangsphase des Haares vom Wachstumsstadium zum Ruhestadium. Das Haar und seine innere Wurzelscheide lösen sich von der Papille ab und rücken im Follikel höher (→ Haarwechsel, → Haarzyklus).

Katalysatoren
Stoffe, die durch ihre Gegenwart die Gleichgewichtseinstellung von chemischen Reaktionen beschleunigen, ohne in der Brutto-Reaktionsgleichung aufzutreten und ohne ihre Zusammensetzung zu verändern. Kleine Mengen der Katalysatoren genügen, um unbestimmte Mengen der reagierenden Substanzen zu beeinflussen. Biokatalysatoren wirken spezifisch oder selektiv nur auf ganz bestimmte Reaktionen oder Stoffe. → Enzyme

Kationen
Positiv geladene Teilchen, die in wässriger Lösung unter dem Einfluss des elektrischen Stromes zur Kathode wandern. Zu den Kationen gehören Metall- und Ammoniumionen, in der organischen Chemie auch substituierte Ammonium-, Iminium-, Pyridinium- etc. ionen.

Kationtenside
(→ Tenside) Grenzflächenaktive Verbindungen, die in wässriger Lösung in Ionen dissoziieren, wobei ihre funktionellen Gruppen an das Kation gebunden sind (Invertseifen). Kationtenside sind geradkettige oder zyklische quaternäre Ammoniumverbindungen, die mindestens einen längeren lipophilen Alkylrest enthalten. Sie zeigen keine Waschwirkung, ihre kosmetische Verwendung beruht auf ihrer Substantivität und auf ihren bakteriziden und fungiziden Eigenschaften.

Keime → Mikroorganismen

Keimfreiheit → Asepsis

Keimöle → Getreidekeimöle

Keimschicht
→ Haut. Sie umfasst die Stachelzellenschicht und die Basalzellenschicht. Hier findet die Neubildung von Zellen statt, die von den nachfolgenden zur Oberfläche hin abgeschoben werden, verhornen, absterben und abgestoßen werden. So erneuert sich die Epidermis etwa alle 30 Tage. In der Keimschicht liegen auch die Melanozyten und die von ihnen gebildeten Pigmentkörner. Die Ernährung der Keimschicht erfolgt durch die gefäßreichen Papillen der Lederhaut.

Keloide
(gr. kele = Klaue, Kralle) Derbe Geschwulstbildungen der Haut mit krallenartigen Ausläufern. Keloide entwickeln sich bei besonders disponierter Haut auf Narben, Verbrennungen oder Verätzungen, aber auch ohne vorausgegangene Verletzung. Sie neigen zwar nicht zu bösartiger Entartung, sollten aber durch den Arzt behandelt werden.

Kennzeichnung kosmetischer Mittel
Ab 1. Januar 1997 müssen alle Inhaltsstoffe kosmetischer Präparate in abnehmender Reihenfolge ihres Gewichts auf Behältnissen und Verpackungen deutlich sichtbar und gut lesbar angegeben werden. → Deklaration

Kephaline → Phospholipide

Keratine
(gr. keras = Horn) Eiweißkörper, die die mechanische Widerstandsfähigkeit der Hornschicht der Haut und der Nägel bewirken. Keratine sind unlöslich in Wasser und verdünnten Säuren, werden durch Alkalien gequollen und sind löslich in Reduktionsmitteln wie schwefliger Säure, Sulfiten, Sulfiden, Schwefelwasserstoff oder Thioglykolsäure. In Keratinen sind ca. 18 verschiedene Aminosäuren nachgewiesen, von denen Cystein, Glutaminsäure, Leucin, Arginin, Asparaginsäure, Prolin und Serin besonders hervorzuheben sind, da sie mit ihren funktionellen Gruppen die starke Vernetzung der Polypeptidketten ermöglichen. Nach der Struktur unterscheidet man das α-Keratin, das aus stark gefalteten, schraubenförmigen α-Helix-Ketten besteht, und das β-Keratin mit seiner gestreckten Faltblattstruktur. Im nassen Zu-

stand lässt sich die α-Form durch Recken in die β-Form überführen. Im Haarkeratin hat man zwei Proteinfaktoren nachgewiesen: Eine schwefelärmere und eine schwefelreichere. Die schwefelärmere Fraktion bildet die aus hochmolekularen α-Helix-Peptidketten aufgebauten Mikrofibrillen der Cortex; die schwefelreiche Fraktion hat ein niedrigeres Molekulargewicht, keine regelmäßige Sekundärstuktur und bildet die stark vernetzte, die Fibrillen umgebende amorphe Matrix und die Cuticula.
Durch die verschiedenen Haarbehandlungsprozesse wird in den Aufbau der Keratine eingegriffen: Durch Wasser und durch pH-Verschiebung wird die Ionenbindung zwischen den sauren und basischen Seitenketten der Polypeptide, die in der Nähe des isoelektrischen Punktes am festesten ist, gelockert; das Haar quillt. Durch Reduktionsmittel werden die Disulfidbrücken aufgebrochen, es findet Keratolyse statt (→ Kaltwelle, → Depilatorien), durch Oxidationsmittel werden sie oxidiert (→ Blondiermittel, → Haarfärbemittel).
Partiell hydrolysiertes Keratin und Keratinaminosäuren werden für Haapflegemittel verwendet.

Keratinisierung → Verhornung

Kerato-Akanthom
Molluscum sebaceum: Gutartiger, selbst heilender Hauttumor. In wenigen Wochen entstehender halbkugeliger Knoten, besonders im Gesicht und auf den Handrücken, dessen Oberfläche sich kraterförmig einsenkt und von einem Hornpfropf ausgefüllt ist. Spontane Rückbildung nach ca. 8 Wochen.

Keratohyalinschicht → Körnerschicht

Keratolyse
Hornschichtauflösung, Keratinauflösung. Als Hornhaut auflösende bzw. Hornhaut erweichende Mittel werden → Keratolytika eingesetzt.

Keratolytika
Hornschichtauflösende Substanzen, die in Mitteln gegen Hornhautschwielen, Hühneraugen und als Schälmittel eingesetzt werden können. Beispiele: Salicylsäure, Harnstoff, Milchsäure, Vitamin-A-Säure.

Keratome
(gr. keras, keratos = Horn) Übermäßige Verhornungserscheinungen der Epidermis, die ärztlicher Beobachtung bedürfen. Keratoma senile (= Keratosis senile): Altershyperkeratose, Altersschwiele.

Keratose
Keratosis. Verhornung, insbesondere der Haut, wird häufig anstelle von Hyperkeratose gebraucht.

Ketone
Verbindungen der allgemeinen Formel R_1–CO–R_2, wobei die organischen Reste R_1 und R_2 Alkyl- oder Arylreste sein können. Die Endung -on weist immer auf ein Keton hin. Ketone spielen in der Kosmetik z. B. bei den Riechstoffen eine Rolle (Jonone), als Bestandteile von ätherischen Ölen (Campher) und als UV-Filter (Derivate des Benzophenons).

Kiefernnadelöl
Das durch Wasserdampf gewonnene Öl besteht zu ca. 80% aus Monoterpenkohlenwasserstoffen, vor allem α-Pinen, wobei der Gehalt zwischen 9 und 60% schwanken kann, daneben Camphen, Phellendren u. a. Verwendung wie Fichtennadelöl.

Kieselgur
Diatomeenerde. Sie besteht aus Kieselsäuregerüsten einzelliger Algen, die gereinigt und gebleicht gelegentlich als Grundlagen für Fußpuder und als scheuernd wirkender Seifenzusatz verwendet werden.

Kieselsäure, synthetische, hochdisperse
$SiO_2 \cdot nH_2O$.
1. Durch Hydrolyse von Siliciumtetrachlorid in der Knallgasflamme hergestellte Kieselsäuren, die praktisch frei von Begleitstoffen sind (Chlorwasserstoffgehalt 0,025%). → Siliciumdioxid.
2. Fällungskieselsäuren, die aus Wasserglaslösungen mit verdünnten Säuren hergestellt werden.
Beide Arten sind nicht kristallin und verursachen beim Einatmen keine Silikose, sind bei oraler Aufnahme nicht toxisch, bei Haut- und Schleimhautkontakt harmlos. Sie zeichnen sich durch hohes Adsorptionsvermögen aus. An der Oberfläche der Kieselsäuren befinden sich hydrophile Silanolgruppen und hydrophobe Si-

loxangruppen, die durch Wasserabspaltung entstehen.

$$\underset{/|\backslash}{\overset{OH}{\underset{|}{Si}}} \quad \underset{/|\backslash}{\overset{OH}{\underset{|}{Si}}} \quad \xrightarrow{-H_2O} \quad \underset{/|\backslash}{Si} \overset{O}{\diagup\diagdown} \underset{/|\backslash}{Si}$$

Die Silanolgruppen sind zur Bildung von Wasserstoffbrücken befähigt und bewirken so die Ausbildung eines dreidimensionalen Netzwerks. Dieses kann durch mechanische Beanspruchung abgebaut werden, regeneriert sich aber wieder im Ruhezustand (Thixotropie). In unpolaren Flüssigkeiten genügt ein Kieselsäuregehalt von 5–6% zur Gelbildung; in polaren Flüssigkeiten (Wasser, Alkohol) mit Wechselwirkung zwischen Silanolgruppen und Flüssigkeitsmolekülen ist das Verdickungsvermögen geringer.
Kosmetische Verwendung zur Verdickung und Thixotropierung flüssiger Systeme, zur Stabilisierung von Suspensionen, zur Verbesserung der Fließfähigkeit von Pulvern und zur Überführung von Flüssigkeiten in Pulverform. Hydrophobe Kieselsäuren dienen zur Trockenhaltung hydroskopischer Pulver.

kissproof
Engl. für kussfest. Der Ausdruck wird häufig im Zusammenhang mit haftfesten Lippenstiften verwendet.

Klarlack
Transparenter → Nagellack, zur dezenten optischen Akzentuierung der Nägel. Leicht eingefärbte Klarlacke sind nach dem Auftrag kaum sichtbar, verleihen dem Nagel jedoch einen schönen Glanz. Sie sind meist dünnflüssiger als farbige Lacke. Funktionslacke wie z.B. Nagelhärter oder Rillenfüller basieren größtenteils auf Klarlack-Formulierungen.

Kleie → Mandelkleie, → Weizenkleie.

Klettenwurzelöl
Haaröl, das ursprünglich mit der Klettenwurzel nichts zu tun hatte. Unter Kletten oder Klatten verstand man eine Haarverfilzung (meist hervorgerufen durch starken Ungezieferbefall), die unter Verwendung von Öl ausgekämmt wurde. Dafür kann jedes fette oder mineralische Öl verwendet werden, das geeignet ist, die Atmungsorgane der Läuse zu verschließen und das Ungeziefer zum Absterben zu bringen. Inhaltsstoffe der Klettenwurzel (Radix bardanae) sind vor allem Kohlenhydrate (bis 45% Inulin) Proteine, Fette, Gerbstoffe, Schleimstoffe, bis 0,2% ätherische Öle und Sterole. Die Wirkung von Klettenwurzelextrakten in Haarpflegemitteln gegen Schuppen oder als Haarwuchsmittel ist umstritten.

Knötchen
(Papula) oder großer Knoten (Tuberculum). Unter Knötchen werden alle Erhebungen über das Hautniveau verstanden. Bei einem Teil von ihnen handelt es sich um Epithelhügelbildungen infolge akanthotischer Prozesse. Bei einem anderen Teil wird die Volumenzunahme durch entzündliche Vorgänge, Zellinfiltrate, Exsudate bzw. Zellödeme bedingt.
Überschreitet der Knoten die Größe einer Linse, dann wird er als Tuberculum bezeichnet.

Knolle
Phyma. Haselnussgroßes, geschwulstartiges Gewächs infolge krankhafter Wucherungen von Gewebsschichten.

Koaleszenz
Zusammenfließen der einzelnen Tröpfchen einer Emulsion, das zur irreversiblen Trennung der Phasen führt.

Kochsalz → Natriumchlorid

Kölnisch Wasser
Eines der ersten „Markenparfüms", das bis heute unter der Bezeichnung „4711 – Echt Kölnisch Wasser" angeboten wird. Bereits im 17. Jahrhundert war es als erfrischende Mischung aus Zitrusölen (u.a. Bergamotte), Rosmarinöl und Alkohol nicht nur in Köln, sondern in ganz Europa bekannt. Die Bezeichnung → Eau de Cologne für „Kölnisch Wasser" wird heute nicht mehr verwendet.

Körnerschicht
Stratum granulosum, Keratohyalinschicht. Teil der Epidermis. Die Zellen zeigen körnige Einlagerungen von Keratohyalin, einer weichen Vorstufe des Keratins, die lichtreflektierend wirkt und so der Haut ihr undurchsichtiges Aussehen verleiht.

Körpergeruch
Der individuelle Körpergeruch setzt sich zusammen aus dem Geruch der Haare, der Hautober-

Körperlotion

fläche, der Drüsensekrete, der Körperöffnungen und wird durch Ernährung, Krankheit, klimatische Verhältnisse u. a. beeinflusst.

Körperlotion
Allgemeine Bezeichnung für fließfähige → Emulsionen, die zum Eincremen des Körpers vorgesehen sind. Sie gleichen z. B. nach dem Duschen entstandene Fett- und Feuchtigkeitsverluste der Haut aus.

Körpermilch
Anderer Ausdruck für → Körperlotion.

Körperöle → Hautöle

Körperpuder
Darunter fallen lose Puderprodukte, die unterschiedlichen Einsatzzwecken dienen können. Dekolltéepuder enthalten i.d.R. Perlglanzpigmente, die der Haut einen glänzenden Schimmer verleihen und vornehmlich dekorativen Zwecken dienen. Feuchtigkeitsbindende Puder, wie z. B. Fußpuder, saugen den Schweiß auf und verhindern das Wundlaufen.
Parfümierte Puder ohne Farbpigmente dienen in erster Linie der Körperbeduftung.

Kohäsion
(lat. cohärere = zusammenhängen) Durch echte chemische Bindung oder durch zwischenmolekulare Kräfte verursachter Zusammenhalt von Stoffen. Kohäsion spielt bei der Formbeständigkeit von Gelen eine Rolle und bei der Grenzflächenspannung.

Kohlenhydrate
Natürlich vorkommende Polyhydroxyaldehyde (Aldosen) und Polyhydroxyketone (Ketosen) und höhermolekulare Verbindungen, die sich

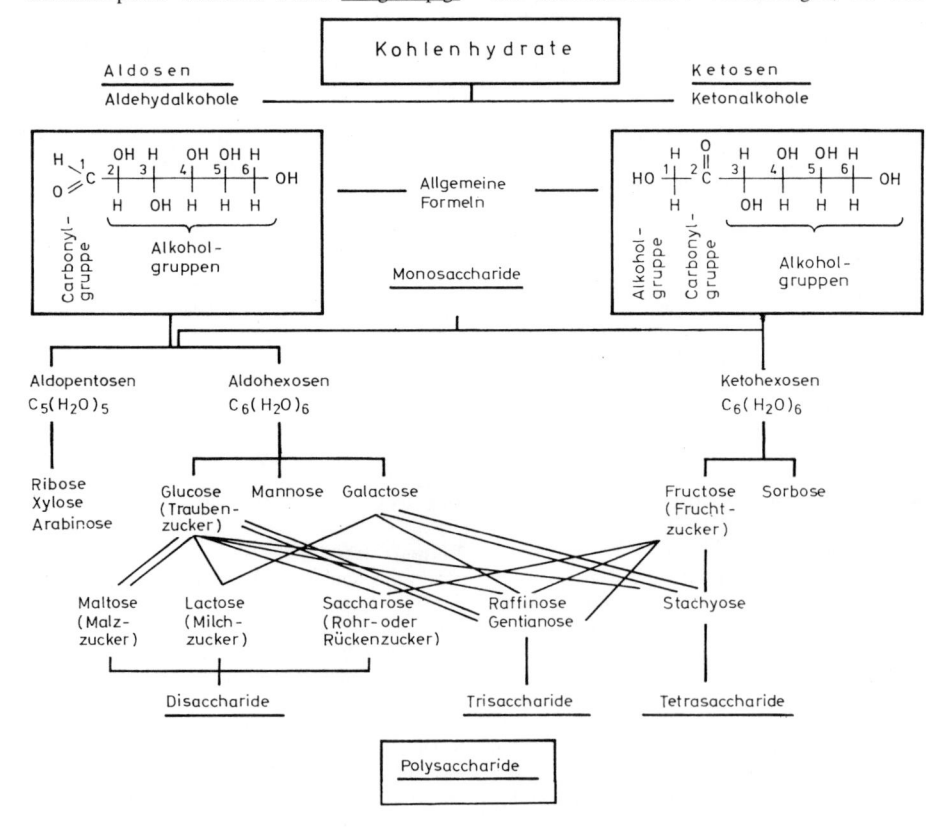

```
                          ┌─────────────────────┐
                          │   Kohlenhydrate     │
                          └─────────────────────┘
       Aldosen                                        Ketosen
       Aldehydalkohole ─────────────────────────────  Ketonalkohole
```

Monosaccharide — Allgemeine Formeln:

Aldosen: $H{-}\overset{1}{C}{=}O$, $\overset{2}{C}H(OH)$, $\overset{3}{C}H(OH)$, $\overset{4}{C}H(OH)$, $\overset{5}{C}H(OH)$, $\overset{6}{C}H_2OH$ — Carbonylgruppe (C1), Alkoholgruppen (C2–C6)

Ketosen: $HO{-}\overset{1}{C}H_2$, $\overset{2}{C}{=}O$, $\overset{3}{C}H(OH)$, $\overset{4}{C}H(OH)$, $\overset{5}{C}H(OH)$, $\overset{6}{C}H_2OH$ — Alkoholgruppe (C1), Carbonylgruppe (C2), Alkoholgruppen (C3–C6)

Aldopentosen $C_5(H_2O)_5$:
- Ribose
- Xylose
- Arabinose

Aldohexosen $C_6(H_2O)_6$:
- Glucose (Traubenzucker)
- Mannose
- Galactose

Ketohexosen $C_6(H_2O)_6$:
- Fructose (Fruchtzucker)
- Sorbose

Disaccharide:
- Maltose (Malzzucker)
- Lactose (Milchzucker)
- Saccharose (Rohr- oder Rückenzucker)

Trisaccharide:
- Raffinose
- Gentianose

Tetrasaccharide:
- Stachyose

Polysaccharide

durch Hydrolyse in diese Grundkörper zerlegen lassen. Sie haben meist die Bruttoformel $C_nH_{2n}O_n$ oder $C_n(H_2O)_n$, woraus der Name Kohlenhydrate abgeleitet wurde. Die niedermolekularen Kohlenhydrate (Mono-, Di-, Trisaccharide etc.) sind süß schmeckende wasserlösliche Verbindungen mit definiertem Molekulargewicht und werden als Zucker bezeichnet, die höhermolekularen Polysaccharide sind geschmacklos, meist wasserunlöslich oder schlecht löslich und haben kein einheitliches Molekulargewicht. Normalerweise liegen die Monosaccharide nicht in Kettenform, sondern als Halbacetale vor, in denen die Aldehyd- bzw. Ketogruppe mit einer Hydroxylgruppe des eigenen Moleküls einen pyranosiden 6-gliedrigen, (→ Glucose) oder furanosiden (5-gliedrigen) Ring bildet. In den Oligo- und Polysacchariden sind Monosaccharidmoleküle unter Wasseraustritt glykosidisch verknüpft, d.h. unter Beteiligung einer Halbacetalhydroxylgruppe. Formel → Carboxymethylcellulose

Kohlensäurebäder
Gemisch aus einem kohlensauren Salz z.B. Natriumbicarbonat, und einem Säureträger (z.B. feste organische Säure), das beim Auflösen in Wasser Kohlendioxid entwickelt. → Badesalze

Kohlenwasserstoffe
Oberbegriff für lineare oder verzweigte, zyklische, ungesättigte und gesättigte organische Verbindungen, die nur aus Wasserstoff- und Kohlenstoffatomen bestehen. Dazu zählen ganz allgemein Alkane, Alkene und Benzol. Als kosmetische Kohlenwasserstoffe werden vielfach flüssige bis feste Kohlenwasserstoffe eingesetzt, dazu zählen z.B. Paraffin, Ceresin, Ozokerit, Squalan, Isododecan.

Koilonychie
(gr. koilos = hohl, onyx = Nagel) Löffelnagel, Hohlnagel, Gegenstück zum Uhrglasnagel. Zentrale muldenförmige Eindellung der Nägel mit gleichzeitiger Randablösung. Ursache können Ekzeme, Trichophytie, Eisenmangel u.a. sein.

Kokosfett
Aus den Früchten der Kokospalme (Kokosnüsse) gewonnenes schmalzweiches Fett (F. 20–25°C), das als Hauptbestandteil (50–60%) Capryl-, Laurin-, Myristinsäureglycerid enthält, 15–20% Dilaurin-Myristinsäureglycerid und geringe Mengen Ölsäure-, Palmitin-, und Stearinsäureglyceride. Kokosfett besteht also überwiegend aus kurzkettigen Fettsäuren (C_8–C_{12}) und ist ein wichtiger Rohstoff für die Herstellung von Tensiden wie Fettsäureamiden, Fettalkoholen und Derivaten derselben.

Kolbenhaar → Haarwechsel

Kollagen
Gerüsteiweiß, Strukturelement der Fasern des Bindegewebes. 25–30% des Gesamtproteins des menschlichen und tierischen Organismus besteht aus Kollagen; besonders reich an Kollagen sind die Lederhaut und die Sehnen. Das Kollagen wird in den Fibroblasten des Bindegewebes aus Aminosäuren synthetisiert, wobei zunächst schraubenförmige Peptidketten entstehen, in denen jede dritte Position durch Glycin besetzt ist. Danach werden drei solche Ketten zum tripelhelikalen Prokollagen verdrillt und in den extrazellulären Raum abgegeben, wo es in das Tropokollagen umgewandelt wird.
Durch Wasserstoffbrückenbindungen kommt es zur Ausbildung von Fibrillen, Fasern und unlöslichen Faserbündeln, die der Haut ihre mechanischen Eigenschaften wie z.B. Reißfestigkeit verleihen. Das Molekulargewicht des Kollageneinheit beträgt ca. 300000, d.h. jede der drei Peptidketten besteht aus etwa 1000 Aminosäureresten, von denen ca. $1/3$ hydrophilen Charakter haben. (Prolin, Hydroxyprolin, Arginin, Lysin, Glutamin- und Asparaginsäure) Aufgrund der räumlichen Anordnung der polaren Gruppen kann das Kollagen große Mengen Wasser binden.
Die Lederhaut des Erwachsenen besteht zu ca. 15% aus den dünnen elastischen Fibrillen des Kollagen-Typ III (lösliches Kollagen) und zu ca. 80% aus den dicken Fasern des Kollagen-Typ I (unlösliches Kollagen). Da in fötaler und postnataler Haut der Gehalt am Typ III noch bis zu 50% beträgt, nimmt man an, dass dieses für das jugendliche Aussehen der Haut verantwortlich ist. Mit zunehmendem Alter verlieren die Fibroblasten offensichtlich die Fähigkeit, Kollagen III zu synthetisieren.
In der Kosmetik wird das hydratisierend wirkende Kollagen tierischen Ursprungs nicht mehr verwendet. Alternativ kann dafür z.B. Kollagen marinen Ursprungs eingesetzt werden.

Kollagenhydrolysate

Bei der Hydrolyse des Kollagens werden intra- und intermolekulare Bindungen der dreidimensionalen Netzwerkstruktur gespalten. Dafür stehen vier verschiedene Verfahren zur Verfügung: Die alkalische Hydrolyse, die saure Hydrolyse, die Druckhydrolyse und die schonende enzymatische Spaltung. Der Abbaugrad lässt sich durch Auswahl der Reaktionsbedingungen zwischen Partial- und Totalhydrolysaten variieren. Die so gewonnenen Polypeptid-Bruchstücke oder Kollagenaminosäuren sind kaltwasserlöslich und aufgrund ihrer Substantivität in Shampoos, Schaumbädern, Hautcremes und Haarpflegemitteln sowie zur Herstellung hautfreundlicher Tenside vielseitig verwendbar.

Kollodium

(gr. kollodes = klebrig) 4–6%ige Lösung von Kollodiumwolle in einem Ethanol-Ether-Gemisch. Kollodiumwolle ist feuergefährlich. Kosmetische Verwendung als Filmbildner in Nagellacken. → Nitrocellulose

Kollodiumwolle

Baumwollähnlich aussehendes, leicht entflammbares Cellulosedinitrat. Celluloseester, → Kollodium

Kolloide

Disperse Systeme. Das Wort „kolloid" bezeichnet einen bestimmten Zustand oder Zerteilungsgrad, den man auf eine Teilchengröße von 10^{-5} bis 10^{-7} cm festgelegt hat; dieses entspricht einer Atomansammlung von 10^3 bis 10^9 Atomen. Teilt man die Kolloide nach dem Aggregatzustand der dispersen Phase und des Dispersionsmittels ein, dann sind:
feste Sole Dispersionen von fest in fest
feste Schäume Dispersionen von Gas in fest (Bimsstein)
Sole Dispersionen von fest in flüssig (kolloidaler Schwefel)
Emulsionen Dispersionen von fl. in fl. (Milch, Butter)
fl. Schäume Dispersionen von Gas in fl. (Seifenschaum)
feste Aerosole Dispersionen von fest in Gas (Rauch)
fl. Aerosole Dispersionen von fl. in Gas (Nebel, Sprays)
Nach der Beweglichkeit und dem Zusammenhalt der dispergierten Substanz unterscheidet man: Inkohärente Systeme, wo jedes Teil frei beweglich ist (Sole) und kohärente Systeme, bei denen die dispergierte Substanz ein zusammenhängendes Gerüst bildet (Gele). Oder man teilt in:
1. Dispersionskolloide, die durch Zerteilung grob disperser Stoffe oder durch Zusammenlagerung molekular- oder ionendisperser Lösungen entstehen. Dispersionskolloide sind instabil, die Rückverwandlung in die Ausgangszustände wird durch elektrische Auflagung, Solvatation oder Schutz durch fest anhaftende Filme gehemmt. Als Schutzkolloide für wässrige Lösungen können z. B. Gelatine oder Gummi arabicum dienen, stabilitätsmindernd wirken Elektrolyte, sie führen zu Koagulation oder Flockung. Die allmähliche Zerstörung nach einer gewissen Zeit bezeichnet man als Alterung.
2. Molekülkolloide, die 10^3 bis 10^9 Atome im Molekül hauptvalenzmäßig gebunden enthalten. Sie können wegen ihrer Größe nur kolloidale Lösungen bilden. (Eiweißstoffe, Polysaccharide etc.)
3. Assoziations- oder Micellkolloide (Tenside, Seifen). Sie entstehen durch zwischenmolekulare Kräfte zwischen der gelösten Substanz und dem Lösungsmittel.
Kolloide Lösungen passieren Papierfilter, werden aber von semipermeablen Membranen zurückgehalten. Sie diffundieren und dialysieren nicht, sie können durchsichtig und klar oder getrübt sein.

Kolophonium

Fichtenharz. Rückstand der Terpentinöldestillation aus Fichtenbalsam. Glasartige, gelbe bis braune Stücke, die als wichtigsten Bestandteil die Abietinsäure enthalten. Es hat filmbildende Eigenschaften und wurde früher häufiger in Haarstylingprodukten und Mascara eingesetzt. Die enthaltene Abietinsäure soll für gelegentlich auftretende Unverträglichkeitsreaktionen verantwortlich sein.

Komedonen

Mitesser. Man unterscheidet offene Komedonen mit dunkel gefärbten Horn-Talgpfropfen, die in den erweiterten Follikelöffnungen sichtbar sind, und geschlossene Komedonen, die an der Hautoberfläche als hellgelbe kaum auffällige Knötchen erscheinen.

komodogen

Die Mitesserbildung fördernd.

kompakt → compact

Kompakt-Make-up → Compact-Make-up

Kompaktpuder
Oberbegriff für gepresste (kompaktierte) → Puder, die hauptsächlich im Bereich der dekorativen Kosmetik Anwendung finden. Dazu zählen z. B. Lidschattenpuder, Rougepuder und Gesichtspuder.

Komplexbildner
Auch Chelatbildner oder Sequestierungsmittel. Komplexbildende Substanzen, die als Wasserenthärter und in kosmetischen Produkten als Hilfsstoff eingesetzt werden. In kosmetischen Formulierungen können sich Metallspuren störend auswirken, da sie mit Kalzium-, Magnesium-, Kupfer-, Eisen- und Nickelionen unlösliche Komplexe bilden. Komplexbildner werden oft mit Antioxidanzien kombiniert eingesetzt. Zu den wichtigen Komplexbildnern zählen:
Ethylendiamintetraessigsäure, Nitrilotriessigsäure, Diethylentriaminpentaessigsäure, Weinsäure, Zitronensäure sowie organische Phosphonsäurederivate und Phytinsäure.

Komplexierungsmittel → Komplexbildner

Kompresse
Nasser, ausgedrückter Umschlag, der heiß oder kalt angewendet werden kann. Das Anfeuchten der Kompressen erfolgt in der Kosmetik meist mit einem Drogenaufguss (→ Drogen).

Konditioniermittel
Stoffe mit substantiven Eigenschaften, die aufgrund ihrer ausgeprägten Affinität zum Keratin auf Haar und Haut aufziehen. Sie sollen dem Haar Fülle, Glanz und einen angenehmen Griff verleihen (→ Avivage), der Haut Weichheit und Glätte. Konditioniermittel werden besonders in Haarnachbehandlungsmitteln (→ Haarkuren) eingesetzt, aber auch in Dusch- und Badepräparaten und Flüssigseifen. Konditionierend wirken quaternäre Ammoniumverbindungen und synthetische Polymere mit pseudokationaktivem Charakter, Eiweißderivate und Eiweißhydrolysate, Wollwachsderivate.

Koniferenöle → Fichtennadelöle

Konservierung
(lat. conservare = erhalten) Maßnahmen zur Haltbarmachung eines Produktes. Da wasserhaltige Produkte ein gutes Nährmedium für Mikroorganismen darstellen, setzt man ihnen geeignete → Konservierungsmittel zu, denn Wasserentzug, Bestrahlung oder Erhitzen sind zur Konservierung von Kosmetika nur in Ausnahmefällen möglich. Der mikrobielle Verderb und die Vermehrung pathogener Keime kann dadurch verhindert werden.

Konservierungsmittel, Konservierungsstoffe
Antimikrobiell wirksame Substanzen, die Mikroorganismen abtöten oder in ihrem Wachstum hemmen. Die Konservierungsstoffe lassen sich dabei in Bezug auf ihren Wirkungsmechanismus in zwei Gruppen einteilen:
1. Membranaktive Verbindungen
Dazu zählen z. B.: Alkohole, Phenole, Säuren, Quats, Guanidine und Salicylanilide. Sie werden an die Cytoplasmamembran absorbiert, stören die Proteinfunktion und hemmen die ATP-Synthese.
2. Elektrophile Verbindungen
Dazu zählen z. B. Aldehyde, auch Formaldehydabspalter, aktivierte Halogenverbindungen und Isothiazolinone. Sie wirken auf nucleophile Reaktionspartner in der Zelle, wie z. B. die Aminogruppe von Aminosäuren ein.
Das Wirkungsspektrum eines Konservierungsmittel beschränkt sich meist auf eine bestimmte Art von Mikroorganismen, wie z. B. gram-negative oder gram-positive Bakterien, Hefen und Pilze. Meist ist daher der Einsatz einer ausgewogenen Kombinationen von Konservierungsmitteln erforderlich.
Die Wirksamkeit der eingesetzten Konservierungsmittel hängt jedoch auch von der Ausgangskeimzahl, dem pH-Wert und den übrigen Rezepturbestandteilen ab. So können beispielsweise Pigmente, Tenside oder Gelbildner die Wirkung eines Konservierungsstoffes beeinflussen.
Der Konservierungsmitteleinsatz ist in der Anlage 6 der KVO mit entsprechenden Beschränkungen gelistet, da auch der Verwendungszweck (Rinse-off-Präparate, Babypflege, Produkte mit Schleimhautkontakt) beim Einsatz mit zu beachten sind. Zu den wichtigsten Konservierungsmitteln zählen:
- Ameisensäure
- Benzoesäure, -salze

- Benzylalkohol
- Benzalkoniumchlorid
- Bromchlorophen
- Bronopol
- Chlorhexidin
- Chlorkresol
- DMDM Hydantoin
- Dehydracetsäure
- Diazolidinylharnstoff
- Hydroxybenzoesäure, -salze (Parabene)
- Iodopropylcarbamat
- Imidazolidinylharnstoff
- Phenoxyethanol
- Salicylsäure, -salze
- Sorbinsäure, -salze
- Thiomersal
- Triclosan

Nicht als Konservierungsmittel gelistete Stoffe können ebenfalls eine konservierende Wirkung aufweisen. Sie können in so genannten konservierungsmittelfreien Präparaten eingesetzt werden.
Antimikrobielle Eigenschaften werden auch Teebaumöl, ätherischen Ölen wie z.B. Eugenol, Thymol und Geraniol zugeschrieben. Zum Nachteil für die Hautverträglichkeit kann sich jedoch die z.T. hohe erforderliche Einsatzkonzentration auswirken.

Konsistenz
Sammelbezeichnung vor allem für die rheologische Beschaffenheit einer Masse. Die Konsistenz eines Stiftes kann z.B. zäh, fest, spröde oder weich sein.

Konsistenzregler
Substanzen, die die Konsistenz eines kosmetischen Präparates beeinflussen. Es handelt sich i.d.R. um verdickend wirkende Substanzen. →
Verdickungsmittel

Kontaktallergie
Allergieform, die nach der erfolgten Sensibilisierung durch den erneuten Kontakt mit einem Allergen ausgelöst wird und so lange anhält, wie der Kontakt bestehen bleibt. Bei allergischen Reaktionen, die von kosmetischen Rohstoffen ausgelöst werden, handelt es sich i.d.R. um Kontaktallergien, die auch als Allergie Typ IV bezeichnet werden. Nach Absetzung des Produktes heilen die Hautreaktionen im Normalfall schnell wieder ab.

Kontaktekzem
Ein durch äußere Einwirkung entstandenes → Ekzem, das in unterschiedlichen Formen auftreten kann:
Toxisches Kontaktekzem: Entsteht durch Einwirkung schädigender Stoffe (z.B. Säuren, Basen) auf die Haut.
Allergisches Kontaktekzem: Wird durch Kontakt mit einem Allergen ausgelöst (Allergie vom Spättyp). Bekannte Stoffe sind z.B. Nickelsulfat, Kolophonium, p-Phemylendiamin und Latexproteine.

Kontamination
(lat. contaminare = beschmutzen) Allgemeiner Ausdruck für Verunreinigung. Als kontaminierte Kosmetika bezeichnet man z.B. Produkte, die mikrobiologisch verunreinigt (verkeimt) sind.

Konturenstifte
Allgemeine Bezeichnung für dekorative Kosmetika, die zur farblichen Umrahmung der Lippen- oder der Augenkontur geeignet sind. Üblich sind auch Namen wie Lip-Contour-Pencil, Lip-Pencil, Eye-Contour Pencil und Eye-Pencil, z.T. auch Eyeliner. Es handelt sich bei diesen Produktgruppen meist um eine der folgenden Darreichungsformen: → Holzstift, → Drehpencil, → Faserstift

Kopfhaare
→ Haare. Die Bildung des Kopfhaares wird nicht primär von Sexualhormonen beeinflusst. Das Kopfhaar liegt bei beiden Geschlechtern in ähnlicher Form vor.

Kopfhaut → Hautbeschaffenheit

Kopfschuppen
Gelöste Partikel der Hornschicht der Haut bzw. die krankhaft vermehrte Abschilferung der Kopfhaut. Die bei trockner Haut auftretenden Schuppen werden durch einen gesteigerten Verhornungsprozess durch erhöhte Mitoserate in der Epidermis gebildet. Sie werden durch zytostatisch und keratolytisch wirkende Mittel bekämpft. Fettige Schuppen können aus verhärtetem Talg der Haartalgdrüsen bestehen oder mit Talg verklebten Hautschuppen, die oft größere Flächen der Kopfhaut schorfähnlich verkrusten und einen guten Nährboden für Mikroorganismen darstellen. → Antischuppenmittel, → Antifettwirkstoffe

Korneozyten
Zellen der Hornschicht (Stratum corneum)

Kortex → Cortex, → Haar

Kortikoide → Corticosteroide

Korrekturstift → Abdeckstift

Kosmetik
(gr. kosmein = schmücken) Allgemeine Bezeichnung für die Körper- oder Schönheitspflege (→ Ganzheitskosmetik). Man unterscheidet dabei die Bereiche.
1. Pflegende oder präparative Kosmetik
Dazu zählt die Reinigung, Hautpflege- und Hautschutzmaßnahmen und physikalische Behandlungen wie z. B. Massagen.
2. Dekorative Kosmetik
Dazu gehören alle Produkte mit farbgebendem Aspekt; sie werden umgangssprachlich auch als Schmink- oder Make-up-Produkte bezeichnet.
3. Kosmetische Chirurgie
Dazu zählen chirurgische Eingriffe zur Beseitigung von Missbildungen, Narben o. ä. Operationen, die Alterserscheinungen mildern oder Körperteile so verändern, dass sie den persönlichen optisch ästhetischen Vorstellungen entsprechen.
→ Schönheitsoperationen

Kosmetika
Mittel, die den Menschen helfen, „Entstellungen" seines Äußeren (Körpergeruch, Behaarung, Unreinheit der Haut, Ungepflegtheit der Haare etc.) zu beseitigen bzw. deren Entstehung vorzubeugen. Nach dem Lebensmittel- und Bedarfsgegenständegesetz sind Kosmetika „Stoffe oder Zubereitungen aus Stoffen, die dazu bestimmt sind, äußerlich am Menschen oder in seiner Mundhöhle zur Reinigung, Pflege oder zur Beeinflussung des Aussehens oder des Körpergeruchs oder zur Vermittlung von Geruchseindrücken angewendet zu werden; es sei denn, dass sie überwiegend dazu bestimmt sind, Krankheiten, Leiden, Körperschäden oder krankhafte Beschwerden zu lindern oder zu beseitigen". Als Kosmetika gelten auch Mittel zur Reinigung und Pflege von Zahnersatz, nicht aber solche zur Beeinflussung von Körperformen, z. B. Hühneraugenmittel oder Aknemittel.

Kosmetikum, Mz. Kosmetika
Oberbegriff für alle kosmetische Präparate, die der Schönheitspflege im weitesten Sinne dienen.
→ Kosmetik

Kosmetikverordnung (KVO)
Verordnung über kosmetische Mittel. Darin ist die Verwendung von Substanzen und das Inverkehrbringen kosmetischer Produkte geregelt. Die KVO umfasst folgende Paragrafen:
§ 1 Allgemein verbotene Stoffe
§ 2 Eingeschränkt zugelassene Stoffe
§ 3 Farbstoffe
§ 3a Konservierungsstoffe
§ 3b UV-Filter
§ 4 Angaben zum Schutz der Gesundheit
§ 5 Kennzeichnung (der Fertigprodukte)

Kosmetologie
Konstruierter Begriff, der die wissenschaftliche Auseinandersetzung mit kosmetischen Produkten in den Bereichen Entwicklung, Herstellung und Anwendung umfasst.

Krähenfüße
Umgangssprachlich für feine Fältchen an den äußeren Augenwinkeln.

Krätze → Scabies

Krallennagel
Onychogryposis → Nagelveränderungen

Krausesche Endkörperchen
Sensible Rezeptoren der Haut für Kälte. Rundliche oder ovale Körper, in deren Inneres sich Nervenfasern einsenken. → Haut

Kreishaarschwund
Alopecia areata → Haarausfall

Kruste
(Crusta) Durch eingetrocknetes Blut oder andere Sekrete, Lymphe, Blutserum oder Eiter bestehende Auflagerung der Haut.

künstliche Nägel
Kunststoffmaterial, das direkt auf die vorhandenen Nägel aufmodelliert wird, aushartet und dann fest mit ihnen verbunden bleibt. Die aufgebrachte Kunststoffschicht dient der physikalischen Verstärkung und der optischen Verschönerung der Nägel. → Nagelmodellage

Kunstharze
Ältere Bezeichnung für synthetisch hergestellte → Harze.

Kunststoffe
Oberbegriff für synthetische makromolekulare Verbindungen.

Kupferfinne → Rosacea

Kussfestigkeit
Bei Lippenstiften ist damit eine lange → Haftfestigkeit gemeint.

KVO, KMVO → Kosmetikverordnung

L

Labdanum
Labdanumharz wird durch Auskochen der Blätter und Zweige von Cistus labdaniferus mit Wasser gewonnen; Labdanumöl kann entweder durch Wasserdampfdestillation aus dem Harz oder direkt aus der ganzen Pflanze („echtes Zistusöl") hergestellt werden, Labdanumresinoid durch Extraktion der Pflanzen mit Alkohol oder Petrolether. Die Produkte haben einen lang haftenden krautigen, in starker Verdünnung ambraähnlichen Geruch und werden in der Parfümindustrie als Fixateure für „orientalische", Fougère-, Leder-, Holz-, Heu- oder Chypre-Duftnoten verwendet.

Lactate
Salze der Milchsäure.

Lactobacillus (Lactobacterium) acidophilus
(Bacillus necrodentalis, Bacterium vaginale). Milchsäurebakterium, grampositives, unbewegliches Bakterium, das Kohlenhydrate in Milchsäure spaltet. Vorkommen in der Mundschleimhaut neben überwiegend Streptokokken und in der Scheidenflora (Döderleinsche Stäbchen). Die Milchsäurebakterien werden u.a. für die Entstehung der Zahnkaries verantwortlich gemacht. Zur Bekämpfung der Milchsäurebakterien im Mund werden z.B. Diammoniumphosphat, Natriumdehydroacetat oder Fettsäuresarkosinate den Zahnpflegemitteln zugesetzt.

Lactoflavin → Riboflavin, Vitamin B_2.

Lactose
Lactosum, Milchzucker, Monohydrat der 4-β-D-Galactopyranosyl-α-D-glucopyranose. Disaccharid aus Galactose und Glucose, das in der Kuhmilch (ca. 4,5%) vorkommt und aus Molke gewonnen wird. Kosmetische Verwendung zur Herstellung von Zuckerester-Tensiden, gelegentlich auch für Zahnpasten und Badetabletten.

Lamellenkörperchen → Vater-Pacinische Lamellenkörperchen

Landmanns- oder Seemannshaut
Hyperkeratose, die bei Menschen auftritt, die sich andauernd starker Sonnenbestrahlung aussetzen.

Lanette (Cognis)
Handelsbezeichnung für verschiedene Fettalkohole, die als Konsistenzgeber einsetzbar sind und selbst emulgierende Cremegrundlagen, die aus Mischungen von Fettalkoholen und Fettalkoholsulfatsalzen (als Emulgatoren) bestehen. Z.B.
Lanette 16 (INCI: Cetyl Alcohol)
Lanette 18 (INCI: Stearyl Alcohol)
Lanette O (INCI: Cetearyl Alcohol)
Lanette N (INCI: Cetearyl Alcohol (and) Sodium Cetearyl Sulfate)

Langerhans-Zellen
Zellen, die im tiefen Stratum spinosum der → Epidermis lokalisiert sind. Sie fungieren als Abwehrzellen und sind am Sensibilisierungsprozess (Allergie) beteiligt.

Lanolin
Mischung aus 65% Wollwachs, 20% Wasser und 15% dickflüssigem Paraffin, die als Grundlage für Salben und Cremes geeignet ist. Sie macht die Präparate geschmeidig, gut haftend und Wasser abweisend.

Lanolin, wasserfrei → Wollwachs

Lanolinalkohole → Wollwachsalkohole

Lanugo
Wollhaare, Flaumhaare. → Haararten

Latschenkiefernöl
Krummholzöl. Durch Wasserdampfdestillation aus den Zweigspitzen der Bergkiefern (Pinus montana) gewonnenes Öl. Inhaltsstoffe: α- und β-Pinen, Phellandren, Limonen, Dipenten, Sylvestren, Bornylacetat, Cadinen u.a. Verwendung für Badezusätze.

Laurinaldehyd
Dodecanal, $C_{11}H_{23}CHO$. Verwendung in der Parfümindustrie Tuberosen-, Gardenia-, Veilchen- und andere Duftnoten.

Laurinsäure
n-Dodecansäure, $C_{11}H_{23}COOH$. Als Glycerolester wesentlicher Bestandteil des Kokosfetts, kommt ferner im Lorbeeröl und als Cetylester im Walrat vor. F. 44 °C. Verwendung zur Herstellung von Tensiden.

Laurylalkohol
1-Dodecanol, $C_{12}H_{25}OH$. Angenehm blumenartig riechende farblose Blättchen, unlöslich in Wasser, löslich in Alkoholen und Ölen. Laurylalkohol kann zu Puder- und Seifenparfüms verwendet werden.
Von größerer Bedeutung ist Laurylalkohol für die Herstellung vieler Tenside wie Laurylsulfat, Laurylethersulfate, N-Laurylaminopropionat, quaternäre Ammoniumverbindungen u. a.

Laurylethersulfate → Fettalkoholpolglykolethersulfate

Laurylpyridiniumchlorid → Pyridiniumsalze

Laurylsulfat → Fettalkoholsulfate

Lavandinöl
Ätherisches Öl aus Lavandula latifolia- und Lavandula angustifolia-Hybriden von campherartigem Geruch, das sich vom Lavendelöl durch seinen Gehalt an Campher (5–10%) unterscheidet. Weitere Inhaltsstoffe: 40–50% Alkohole (Linalool) 25–30% Ester (Linalylacetat) u.a.

Lavendelöl
Durch Wasserdampfdestillation aus den Blüten von Lavandula angustifolia M. gewonnenes schwachgelbes Öl von süß-blumigem, etwas krautigem Geruch. Qualitätsbestimmend ist der Gehalt an Estern (beruhend auf Linalylacetat), der mindestens 35% betragen soll. Weitere Inhaltsstoffe: 15–35% Linalool, ca. 1% Campher und 1% Cineol.
Durch Extraktion der Lavendelblüten erhält man die sog. „Essence concrète", aus der durch Ausziehen mit Alkohol und anschließendem Abdampfen des Lösungsmittels die „Essence absolue" hergestellt wird. Sie unterscheidet sich von dem ätherischen Öl durch ihre dunkelgrüne Farbe und dem länger haftenden Geruch mit mehr heuartig würziger Note. Öl und Essence sind Bestandteil zahlreicher Duftkomplexe für Parfümöle.

Lawson
(INCI: Lawsone) 2-Hydroxy-1,4-naphthochinon.

Farbstoff aus dem Hennastrauch Lawsonia inermis, der aber auch synthetisch herstellbar ist. → Henna

Leberfleck
Naevus pigmentosus. Braunschwarze oder bläuliche Färbungen der Haut von runder, ovaler oder gelappter Form. Leberflecke können u. U. auch mehr als handtellergroß sein. → Lentigo

Lecithine
(gr. lekithos = Eigelb) Phospholipide, bei denen die Phosphorsäure einerseits mit Cholin, andererseits mit Glycerol verestert ist, und die freien Hydroxylgruppen des Glycerols mit Fettsäuren verestert sind. Lecithin ist ein fettähnlicher Wirkstoff, der in allen tierischen und pflanzlichen Zellen vorkommt, besonders reichlich im Eidotter, Hirn und Rückenmark und in Pflanzensamen. Sojalecithin weist einen hohen Gehalt an essenziellen Fettsäuren, besonders Linolsäure, auf. Es ist eine gelbliche, wachsartige, hygroskopische Masse, die im Wasser quellbar, in Ether und Ethanol löslich ist. Lecithine setzen die Oberflächenspannung des Wassers herab. In kosmetischen Präparaten fördern sie die Resorption, Absorption und Penetration der Inhaltsstoffe, wirken erweichend und der Entfettung der Haut und der Haare entgegen. Es kann vielseitig in Haut- und Haarpflegemitteln, u. a. auch als Co-Emulgator eingesetzt werden und findet außerdem Verwendung bei der Herstellung von Liposomen.
Allgemeine Formel:

Lederhaut
Corium (→ Haut). Die Lederhaut hat eine Dicke von 0,3–2,5 mm; sie besteht aus der Papillarschicht und der Retikularschicht. Die Papillarschicht ragt mit ihren zapfenähnlichen Fasern in die Keimschicht hinein und verbindet so die Lederhaut mit der Epidermis, versorgt sie mit Nährstoffen und vermittelt durch die in ihr enthaltenen Nerven Empfindungen. Die untere Schicht der Lederhaut besteht aus derbem Bindegewebe, einem dreidimensionalen Netzwerk aus kollagenen und elastischen Fasern, in das Talg- und Schweißdrüsen, Haarfollikel, Muskelfasern, Blut- und Lymphgefäße eingebettet sind. Tonus und Turgor der Haut sind vom Zustand der Lederhaut abhängig. → Kollagen , → Elastin.

Leichdorn → Hühnerauge

Leinsamen
Getrocknete reife Samen von Linum usitatissimum Linné. Die Samenschale enthält 5–20% Schleim, das Nährgewebe 30–40% fettes, an mehrfach ungesättigten Fettsäuren reiches Öl, 20–25% Eiweiß, Phosphatide und cyanogene Glykoside. Der entölte, schleimreiche Leinsamenpresskuchen wird in der Kosmetik für heiße erweichende Umschläge verwendet.
Das Leinsamenöl (Leinöl) gehört zu den trocknenden Ölen, es oxidiert und polymerisiert sehr leicht. Für kosmetische Präparate werden deshalb die abgetrennten ungesättigten Fettsäuren im Allgemeinen in Form ihrer Ester (Vitamin F Präparate) verwendet.

Lemongrasöl
Die aus den Grasarten Cymbopogon citratus und Cymbopogon flexuosus gewonnenen ätherischen Öle. Sie dienen hauptsächlich zur Gewinnung von natürlichem Citral, in geringem Umfang auch zur Parfümierung von Seifen und technischen Produkten.

lengthening
Engl. für verlängernd. Als Namenszusatz ist damit i.d.R. die optische Verlängerungswirkung von Mascara gemeint.

Lentigo, Mz. Lentigines
(lat. lens, lentis = Linse) Linsen- oder Leberfleck. Bis 3 mm großer, rundlicher oder ovaler brauner Hautfleck, der durch Vermehrung von Melanozyten entsteht. → Naevus

Leuchtschicht
Glanzschicht, glänzende oder helle Schicht, Stratum lucidum ist eine zur Verhornungszone zählende Hautschicht der Epidermis (→ Haut, Aufbau der Haut) mit einer hohen Strukturdichte der Zellen: Sie hat die Aufgabe, auffallende Sonnenstrahlen zu reflektieren. Sie ist nur wenige Zellschichten stark und zeigt ein gleichmäßiges hell glänzendes Aussehen. Sie kann aber auch ganz fehlen. Stark ausgebildet ist die Leuchtschicht im Handteller und an den Fußsohlen. Die Zellen besitzen keine Kerne mehr, die durch Anfärben sichtbar gemacht werden können. Innerhalb und außerhalb der platten Zellen der Leuchtschicht befindet sich das Eleidin, ein glykogenähnlicher Körper von ölartiger Konsistenz, der die Lichtbrechung bewirkt.

Leucin

$$\begin{matrix}H_3C\\H_3C\end{matrix}\!\!>\!\!CH-CH_2-CH(NH_2)-COOH$$

α-Amino-Isocapronsäure
Essenzielle Aminosäure, wichtiger Bestandteil des Haarkeratins.

Leukoderma
(gr. leukos = weiß; derma = Haut) Weißhaut. Fleckenförmiger Melaninverlust, z.B. infolge bestimmter Krankheiten. Leukoderma ist differenzialdiagnostisch zu unterscheiden von der Scheckhaut.

Leuconychie
(gr. onyx, onychos = Nagel) Die Nagelplatte zeigt weiße Flecken oder Streifen oder kann auch ganz weiß sein durch Einlagerung von Luftbläschen zwischen den Lamellen der Nagelplatte. Die Ursache kann ektogen (mechanische oder chemische Reize) oder endogen (z.B. Anämie) sein.

Leukopathie → Albinismus, → Scheckhaut

Leukotrichosis
Weißwerden der Haare.

LF
Auch LSF. Abkürzung für Lichtschutzfaktor.

Lichen
(gr. leichen = Flechte)
1. Bezeichnung für verschiedene Krankheitsbilder der Haut, deren Hauptaffloreszenz ein kleines papulöses Knötchen ist.
2. Botanische Bezeichnung für Flechten, z. B. lichen irlandicus = Carrageen, lichen islandicus = Isländisches Moos.

Lichen ruber planus
Flache Knötchenflechte. Die meist mit starkem Juckreiz verbundene Hautkrankheit neigt zu einem chronischen Verlauf. Sie kommt bei Erwachsenen beiderlei Geschlechtes ab dem 40. Lebensjahr vor. Die Erkrankung verlangt ärztliche Behandlung.

Lichenifikation
Vergröberung und Verdickung der Hautfelderung und Vertiefung der Hautfurchen mit teilweisem Auftreten von flachen Papeln.

Lichtdermatosen
Photodermatiden. Hautkrankheiten und Veränderungen der Haut, die durch die UV-Strahlung des Lichtes ausgelöst werden. Sie entstehen
a) **phototraumatisch** durch Überdosierung kurzwelliger UV-Strahlung (Sonnenbrand);
b) **phototoxisch** durch Substanzen, die sich unter Lichteinfluss derart verändern, dass sie schon bei der ersten Bestrahlung Hautschäden verursachen;
c) **photoallergisch** durch Stoffe, die unter Lichteinfluss Allergencharakter annehmen;
d) **photoanaphylaktisch** durch Überempfindlichkeit selbst gegenüber normalen Strahlendosen.
Hierzu gehören u.a. Licht-Urticaria, Sommerprurigo, die sich in Rötung, Knötchen-, Bläschen- und Quaddelbildung äußern.
Phototoxizität und Photoallergie fasst man unter dem Begriff der Photosensibilisierung zusammen. Zu den chronischen Lichtdermatosen zählt auch die Landsmann- oder Seemannshaut.

Lichtschutzfaktor (LSF)
Auch LF oder international SPF (sun protection factor) und IP (indice de protection). Der auf einem Kosmetikum aufgedruckte LSF gibt an, wie viel mal länger man durch die Anwendung des Produktes in der Sonne aufhalten kann, ohne dass es zu einer Erythembildung kommt. Es ist der Quotient aus

Zeit bis zur Hautrötung mit Sonnenschutzmittel
Zeit bis zur Hautrötung ohne Sonnenschutzmittel

→ Lichtschutzfaktorbestimmung, → Sonnenschutzmittel.

Lichtschutzfaktorbestimmung
Lichtschutzfaktoren können nicht für eine UV-Filtersubstanz angegeben werden, sondern nur für fertige Präparate, da sie außer von der Filterkonzentration und der aufgetragenen Schichtdicke auch von der Produktbasis abhängig sind. Für Vorabbestimmungen stehen für UV-A-/UV-B-Produkt-Screenings neben spektralphotometrischen Transmissionsmessungen, computerunterstützte SPF-Bestimmungsgeräte (basierend auf den Arbeiten von Diffey und Robson) zur Verfügung, wobei spezielle Tapes (z. B. Transpore Tape) als hautähnliche Medien verwendet werden.
Die endgültige Bestimmung des LSF im UV-B-Bereich erfolgt in vivo im Vergleich zu einem LSF-Standardprodukt unter definierten künstlichen Strahlungsbedingungen an mindestens 20 Testpersonen mit unterschiedlichem Pigmentierungstyp.
Während in Deutschland in der Vergangenheit hier die DIN 67501 (in vivo Bestimmung) angewendet wurde, lagen im übrigen Europa verschiedene Methoden vor. Zur besseren Vergleichbarkeit hat die COLIPA 1992 einen Entwurf vorgestellt, der seit 1994 als offizielle Methode anerkannt ist.
Für die Lichtschutzfaktorbestimmung im UV-A-Bereich gibt es zurzeit in vivo und in vitro Methoden. Eine offizielle europäische Methode liegt noch nicht vor. Bei den in vitro Methoden bilden Transmissions- bzw. Absorptionsmessungen die Basis der Prüfung. Bei den in vivo Methoden wird die Hautreaktion auf die UV-A-Strahlung, z. B. die Pigmentierung oder das Erythem gemessen. Als internationaler Standard gilt derzeit der Australische Standard AS, eine in vitro Methode, bei der das Sonnenschutzprodukt nur 10% der eingestrahlten UV-A-Strahlen durchlassen darf.

Lichtschutzfilter, chemische
Lichtfiltersubstanzen, → UV-Filter.

Lichtschutzfilter, physikalische
Lichtfiltersubstanzen. Mikronisierte, mit bloßem Auge in Cremes oder Lotionen kaum er-

kennbare weiße Pigmente, wie z.B. Zinkoxid oder Titandioxid, die für UV-A- und UV-B-Strahlen undurchlässig sind. Siehe auch → Titandioxid, mikronisiertes. Sie können alternativ oder ergänzend zu chemischen Lichtschutzfiltern (→ UV-Filter) eingesetzt werden.

Lichtschutzmittel → Sonnenschutzmittel

Lichtschwiele
Verdickung der Hornschicht infolge Einwirkung von UV-Strahlen auf die lichtungewohnte Haut. Die Lichtschwiele wird durch erhöhte Zellteilungsaktivität der Basalzellen verursacht und stellt den wichtigsten natürlichen Schutzfaktor der Haut dar.

Lichtstreuung, diffuse
Wird einfallendes Licht durch das Auftreffen auf ein Teilchen mit unregelmäßiger Oberflächenstruktur ungerichtet, d.h. diffus gestreut, spricht man von diffuser Lichtstreuung (engl. auch light-diffusing). Produkte, die eine optische, sofortige Fältchenminderung ausloben, enthalten i.d.R. solche diffus lichtstreuenden Effektpigmente, die dort auch mit Fantasiebezeichnungen wie z.B. „Soft-Focus" oder „Line-Minimizing" betitelt sein können. → Faltenreduzierung, optische

Lichturticaria
Sonnenurticaria. Auftreten von Quaddeln nach Sonneneinwirkung, speziell bei der ersten Bestrahlung lichtungewohnter Hautflächen.

Licorice Extract P-T (40) (Jan Dekker)
(INCI: Glycyrrhiza Glabra) → Süßholzwurzel-Extrakt

Lid
Augenlid, Palpebra. Am unteren und oberen Rand der Augenhöhle vor dem Augapfel (Augenbulbus) ausgespannte Hautfalten, die von der Conjunctiva ausgekleidet sind. Sie können das Auge verschließen und haben die Aufgabe, das Auge durch ständige Benetzung mit Tränenflüssigkeit, die durch die Tränendrüse abgesondert wird, feucht zu halten und vor einer Austrocknung zu schützen. Das obere Augenlid wird als Palpebra superior, das untere Augenlied als Palpebra inferior bezeichnet.

Lidrandentzündung
1. Blepharitis, Entzündung des Augenlidrandes.
2. Madarose. Chronische Entzündung des Lidrandes mit Verlust der Wimpern.

Lidschatten
Engl. auch Eyeshadow. Sammelbezeichnung für dekorative Kosmetika, die zur farbigen Akzentuierung des Augenbereichs (vornehmlich des Augenlides) geeignet sind. Zu den wichtigsten Produktformen zählen:
1. *Lidschattenpuder/Puderlidschatten* (Eyeshadow-Powder)
Kompakt-Puder (→ Puder, gepresste), der i.d.R. mit einem Schwämmchenapplikator oder einem speziellen Pinsel trocken aufgetragen wird. Spezielle Formulierungen erlauben auch die Nassanwendung, bei der der Applikator vorab angefeuchtet ist. Der Auftrag wird dadurch farbintensiver. Der Gehalt an Farb- und Perlglanzpigmenten kann bis zu 50% betragen.
2. *Lidschattencreme* (Eyeshadow-Cream)
Meist handelt es sich um wasserfreie → Pasten, gelegentlich auch um → Cremes im herkömmlichen Sinn, die in Tiegeln oder in Containern mit integriertem Applikator angeboten werden. Die Verteilung der Produktauftrags kann mit den Fingerspitzen erfolgen. Der Gehalt an Farb- und Perlglanzpigmenten liegt bei etwa 30%, zur Verbesserung der Haftfestigkeit werden oft Filmbildner und flüchtige Komponenten, wie z.B. Siliconöle, eingesetzt.
3. *Lidschattenstifte* (Eyeshadow-Stick)
→ Stifte, die prinzipiell ähnlich wie Lippenstifte aufgebaut sind. Insgesamt werden jedoch weniger okklusive Öle, dafür aber öllösliche, flüchtige Komponenten (z.B. Siliconöle) eingesetzt. Sie lassen, evtl. in Kombination mit Filmbildnern, die aufgetragene Schicht trockener und haftfester werden.
Etwas geringere Bedeutung haben:
4. *Lidschatten-Gele*
Schnell trocknende Gelformulierung, die mit bis zu 20% mit Farb- und Perlglanzpigmenten angereichert sein kann.
5. → *Eyegloss*

Lidschattenpuder
Bezeichnung für → Lidschatten in Puderform.

Lifting
(engl. lift = auf-/anheben) Allgemeine Bezeichnung für Maßnahmen zur → Hautstraffung.

light-diffusing
Engl. für → Lichtstreuung.

Light-Diffusing-Make-up
Grundierung, die mit lichtstreuenden Pigmenten angereichert ist. → Lichtstreuung, diffuse → Effektpigmente.

Limonen
1-Methyl-4-isopropenylcyclohexen. Angenehm zitronenartig riechende Flüssigkeit. Das (+)-Limonen ist bis zu 90% im Pommeranzenschalenöl enthalten, im Kümmelöl bis 40%; (−)-Limonen und (±)-Limonen im Edeltannen-, Fichtennadel-, Neroli-, Campheröl u.a.
Verwendung als preiswertes Seifenparfüm.

Linalool
3,7-Dimethyl-1,6-octadien-3-ol (→ Geraniumöl). Als D-Linalool und L-Linalool in vielen ätherischen Ölen enthalten. Von maiglöckchenartigem Geruch. Verwendung in der Parfümindustrie.

(−)-Linalool

Linalylester (-acetat, -formiat, -propionat, -isobutyrat, -valerianat u.a.) sind wertvolle Riechstoffe für blumige Duftnoten.

line minimizing
Engl. Ausdruck für „Falten reduzierend". → Anti-Falten-Produkte

Linolensäure
9,12,15-Octadecatriensäure.

Farblose Flüssigkeit, die an der Luft leicht oxidiert. Sie kommt mit Glycerol verestert im Leinöl vor. Sie wird zu den essentiellen Fettsäuren gerechnet und findet in Form ihrer Ester kosmetische Verwendung.

Linolsäure
cis-cis-Octadeca-9,12-diensäure.

Vorkommen als Triglycerid im Weizenkeim- und Maiskeimöl (→ Getreidekeimöle) und in zahlreichen anderen Pflanzenölen (z.B. Leinöl) sowie in pflanzlichen Phospholipiden. Linolsäure ist ein wertvoller kosmetischer Wirkstoff, indem sie den transdermalen Wasserverlust vermindert und die Talgdrüsenfunktion reguliert. Sie gehört zu den essentiellen Fettsäuren.
Verwendung für Hautcremes und Hautöle bei Sprödigkeit der Haut, Schuppenbildung und Ekzemen.

Linsenflecke → Lentigo

Lip-(Contour)-Pencil → Konturenstifte, Lipliner.

Lipid-Aminosäuren
Kondensationsprodukte aus Fettsäuren und Kollagen- oder Keratinaminosäuren. Anionische Tenside für milde Shampoos und Körperreinigungsmittel.

Lipide
Sammelbezeichnung für strukturell unterschiedliche organische Naturstoffe mit hydrophobem Charakter. Sie sind mit organischen Lösungsmitteln extrahierbar und im Allgemeinen wasserunlöslich.
Einfache Lipide sind z.B. Wachsalkohole, Sterole, Fettsäuren und Ester.
Komplexe Lipide mit mehr als zwei Hydrolyseprodukten: Lipoproteine, Glykolipide und Phospholipide (z.B. Lecithine).

Lipliner
Engl. für Lippenkonturenstift. Dünne Holzstifte oder Drehpencils zum farbigen Akzentuieren der Lippenkontur. Im Vergleich zu den klassischen Lippenstiften enthalten Lipliner i.d.R. einen höheren Farbpigment- und Wachsanteil, sodass sie etwas trockener im Auftrag, aber auch haftfester sind. Durch die Anwendung eines Lipliners lässt sich auch die Haftfestigkeit des Lippenstiftes verbessern, der für die geschmeidigere Lippenstiftmasse eine Art Barriere darstellt. Der Auftrag des Lippenstiftes kann vor oder nach der Lippenumrandung erfolgen.

Lipogel
Ölgel, Oleogel, → Gele. Gemisch flüssiger Öl- und Fettkomponenten, die auch fettlösliche Substanzen wie z. B. Alkohol, Isopropanol, flüchtiges Siliconöl oder kurzfettige Isoparaffine enthalten können. Die Gelstruktur wird durch den Zusatz von verdickend wirkenden Stoffen wie z. B, Bentonit oder Hectorit erreicht. Anwendungsform: z. B. wasserfeste Wimperntusche (→ Mascara).

Lipoide
(gr. lipos = Fett) Allgemeine Bezeichnung für eine nicht genau spezifizierte Gruppe von fettähnlichen Substanzen.

Lipome
Gutartige weiche Fettgeschwülste, meist im Unterhautfettgewebe. Beseitigung auf chirurgischem Wege.

lipophil
(gr. philos = Freund) Fettfreundlich. Lipophile Substanzen sind Stoffe, die sich leicht in Fetten oder fettähnlichen Stoffen lösen.

lipophob
(gr. phobos = Furcht) Fettfeindlich. Lipophobe Substanzen sind Stoffe, die sich Fett abstoßend verhalten und in Fetten und Ölen nicht lösen.

Lipoproteine
Konjugate aus Lipiden und Proteinen, die im Organismus dem Transport der Lipide im Blut dienen.

Liposome
Mikroskopisch kleine Hohlkugeln („Vesikel" von lat. vesicula = Bläschen), die sich durch mechanische Feinstverteilung von Phospholipiden wie z. B. Lecithin oder Spingolipiden (→ Ceramide) in wässrigem Medium unter bestimmten Bedingungen bilden. Sie bestehen aus einer oder mehreren konzentrisch angeordneten Doppelschichten amphiphiler Moleküle, deren hydrophoben Gruppen in das Innere der Doppelschicht zeigen, während die hydrophilen Gruppen zur Außenfläche und zum Hohlraum der Vesikel ausgerichtet sind.
Liposomen werden als Zusatz für Hautpflegemittel empfohlen, da sie aufgrund der Ähnlichkeit ihres Aufbaus mit dem der natürlichen Zellmembran von der Hornschicht adsorbiert werden und deren Barrierefunktion erhöhen. Sie können entweder unbeladen verwendet werden, wobei sie deutlich die Hautfeuchtigkeit erhöhen oder mit wasserlöslichen Wirkstoffen beladen, z. B. mit Feuchthaltemitteln-, Kollagen- oder Elastinhydrolysat, Repair-Komplex, Pflanzenextraktion o. Ä. (→ Mikroverkapselung). Aber auch lipophile Substanzen (Vitamine, ätherische Öle, UV-Filter u. a.) können begrenzt in die Lipid-Doppelschichten eingebaut werden, umso mehr, je größer deren Gehalt an ungesättigten Fettsäuren ist (Sojalecithin). Liposomen schützen empfindliche Wirkstoffe bei gleichzeitigem Depoteffekt. Sie sind toxikologisch unbedenklich, da ihre natürlichen Rohstoffe auch im Lebensmittelbereich zugelassen sind.
Phospholipid-Liposomen werden durch Cholesterol stabilisiert. Wegen ihres Gehalts an ungesättigten Fettsäuren sollten sie durch Antioxidanzien geschützt werden.
Verwendung in Hautreinigungs- und Make-up-Präparaten, Lippenstiften, Sonnenschutzmitteln und besonders, mit den entsprechenden Wirkstoffen beladen, in Kosmetika für die alternde Haut. → Niosome

Lippenbrand
„Aktinischer" Schaden, dem durch Lippenpflegestifte mit UV-Filter oder mit abdeckenden Lippensalben vorgebeugt werden kann. Behandlung mit Brandgelen und mit Panthenol.

Lippenentzündung → Cheilitis

Lippenlack
Auch Lip Lacquer. Alkoholische oder wässrig alkoholische, meist farblose Lösungen, die zur Versiegelung über dem Lippenstift aufgetragen werden. Sie enthalten Filmbildner, die den darunter liegenden Lippenstiftfilm haftfester machen. Dieser Produkttyp hat gegenüber dem Lippenstift nur geringe Bedeutung. Z. T. werden jedoch, leicht missverständlich, auch Lipglossprodukte als Lippenlack bezeichnet.

Lippenpflegestifte
Stiftformulierungen, die i. d. R. wenige oder gar keine Färbemittel enthalten und zum Schutz der Lippen und zur Erhaltung ihrer Geschmeidigkeit angewendet werden. Sind sie mit UV-Filtern angereichert, bezeichnet man sie auch als Sonnenschutzstifte oder Sunprotection Sticks. Ihre Zusammensetzung entspricht in etwa den farbigen Lippenstiftformulierungen. Der Glanz

der Stiftformulierung spielt hier jedoch eine untergeordnete Rolle, dafür steht die möglichst geringe Farbigkeit der eingesetzten Wachse und Öle im Vordergrund.

Lippenpomade
Älterer Ausdruck für → Lippenpflegestifte oder Lipgloss-ähnliche Produkte.

Lippenstifte
Stifte, die der Lippenpflege dienen, enthalten keine oder einen äußerst geringen Anteil an Farbpigmenten → Lippenpflegestifte. Zur farblichen Akzentuierung der Lippen dient der klassische Lippenstift, der zur Farbgebung mit organischen Farblacken, anorganischen Farbpigmenten und Perlglanzpigmenten angereichert ist. Der Einsatz von Eosinfarbstoffen ist rückläufig. Die Zusammensetzung von Lippenstiftformulierungen variiert stark. Die Art, Menge und Kombination der eingesetzten Öle, Fette, Wachse und Pigmente beeinflussen die Geschmeidigkeit, den Glanz, das Gleitvermögen und die Haftfestigkeit eines Stiftes. Maßgebend für die Qualität eines Lippenstiftes sind die Bruchfestigkeit, die Konsistenz, der Geschmack, die Lager- und die Temperaturstabilität.
Zusammensetzung von Lippenstiften (ca. Angaben)
- Wachsmischung 10–40%
- Ölkombination 40–70%
- Farb-, Perlglanzpigmente, Füllstoffe bis 25%
- Hilfs- und Wirkstoffe bis 5%

Eine Vormischung, die nur aus den Basisfett- und Wachskomponenten besteht wird auch als Lippenstiftgrundmasse oder Lippenstiftbase bezeichnet. Häufig eingesetzt werden dabei: Rizinusöl, Fettalkohole, Triglyceride, Lanolin und Wollwachsderivate, Bienen-, Carnauba- und Candelillawachs, Siliconöle und Siliconwachse, Cetyl- oder Myristylalkohol aber auch Erdwachse wie Ozokerite oder Ceresin.

Lippenstifte, haftfeste
Lippenstifte, die eine Haftfestigkeit von mehr als 3 Stunden aufweisen, werden u.a. auch als kussfest, lang haftend, kissproof, ultra- oder long-lasting bezeichnet. D.h. beim Kontakt mit Tassen, Gläsern, Essen oder Mündern sollte möglichst kein Lippenstift haften bleiben. Es gibt jedoch keine festgelegte Zeitspanne, ab der ein Lippenstift als haftfest eingestuft wird. Die besondere Eigenart haftfester Lippenstifte ist, dass sie einen geschlosseneren, z.T. trockeneren Film ausbilden und dadurch umempfindlicher sind. Erreicht werden kann das durch den Zusatz leicht flüchtiger Substanzen wie z.B. Isododecan, die nach dem Auftrag verdunsten. Weiterhin kann die Haftfestigkeit durch den Zusatz von öllöslichen Filmbildnern und hohen Farbpigmentanteilen unterstützt werden, sodass auch bei einem gewissen Abtrag immer noch ein gut erkennbarer Produktfilm verbleibt. Die übrigen Formulierungsbestandteile sind mit dem klassischen Lippenstift vergleichbar.

Lipgloss, Lip Gloss
Zähflüssige bis pastenartige Lippenprodukte, die den Lippen einen brillanten Glanz vermitteln. Hauptkomponenten sind okkulsive, stark glänzende Fette und Öle (z.B. Rizinusöl, synthetisches Squalan, Lanolin, Polybuten). Farb- und Perlglanzpigmente sowie Wachse werden meist nur in geringeren Anteilen oder gar nicht eingesetzt. Lipglossprodukte sind meist transparent, wirken leicht klebrig und sind i.d.R. nicht so haftfest wie klassische Lippenstifte.
Darreichungsformen: Längliche Container mit einem in der Kappe integrierten Applikator sowie Schraub- oder Klappdöschen zur Fingerapplikation.

Lipstick
Engl. für → Lippenstift.

Liquid.../liquid
Engl. für flüssig, wird häufig als Namenszusatz für dünnflüssige Emulsionen und Grundierungen verwendet.

Liquid-Eyeliner → Flüssig-Eyeliner

Liquid-Make-up
Anderer Ausdruck für → Fluid-Make-up.

Liquid Soap → Flüssigseife

Lithiumcarbonat
Lithium carbonicum Li_2CO_3. Verwendung für Zahnpasten. Soll durch basische Reaktion auf Lactobakterien inhibierend wirken.

Lithiumstearat
Verwendung als Puderbestandteil für fette Haut zu Erhöhung der Haftfähigkeit und als Gleit-

mittel; in Salben und Cremes als Verdickungsmittel.

Löffelnagel → Koilonychie

Lösemittel
Synonym für → Lösungsmittel.

Löslichkeit
Im Allgemeinen gilt die Regel: Ähnliches wird von Ähnlichem gelöst. Außerdem bestehen für die einzelnen Substanzen temperaturabhängige Lösungsgrenzen.
Durch Erwärmen des Lösungsmittels kann die Lösung von Salzen gefördert oder u. U. vermindert werden.
Ist die Höchstgrenze der Löslichkeit eines Salzes in einem Lösungsmittel bei einer bestimmten Temperatur erreicht, so spricht man von gesättigten Lösungen (heiß gesättigten oder kalt gesättigten Lösungen). Sinkt die Temperatur, bei der eine Sättigung erfolgte, so tritt ein Auskristallisieren ein. Auskristallisation erfolgt auch bei Verdunsten oder Verdampfen des Lösungsmittels über den Sättigungsgrad hinaus.
Wird bei Konzentrationsangaben der Ausdruck „Prozent" verwendet, so gilt
G/G = Anzahl Gramm einer Substanz in 100 g Endprodukt
G/V = Anzahl Gramm einer Substanz in 100 ml Endprodukt
V/V = Anzahl Milliliter einer Substanz in 100 ml Endprodukt
V/G = Anzahl Milliliter einer Substanz in 100 g Endprodukt
Prozentangaben ohne nähere Bezeichnung sind i. d. R. Gewichtsprozente (G/G).

Lösungen
Homogene, meist klare Gemische verschiedener Stoffe, die aus mindestens zwei Komponenten bestehen. Beispiel: Löst man Zucker in Wasser, so verteilen sich die Zuckermoleküle zwischen den Wassermolekülen. Die gelöste Substanz kann durch Entfernen des Lösungsmittels (hier Wasser) wieder zurückgewonnen werden.
Im Bereich kosmetischer Produkte spielen wässrige, wässrig alkoholische und alkoholische Lösungen eine wichtige Rolle. Der Zusatz von spezifischen Hilfsstoffen, wie z. B. Verdickungsmittel, Filmbildner, Gelbildner, Konservierungsmittel, Farbstoffe o. Ä. ist möglich.

Lösungsmittel, Lösemittel
Flüssigkeiten, die in der Lage sind, bei entsprechenden Temperaturen mit festen, flüssigen oder gasförmigen Stoffen molekular- oder iondisperse Lösungen zu bilden. Praktische Bedeutung für die Kosmetik haben die Lösungen fester oder flüssiger Stoffe.
Man unterscheidet anorganische und organische Lösungsmittel. Zu den ersteren zählt das Wasser. Von den organischen Lösungsmitteln interessieren hier vor allem die Alkohole Ethanol und Isopropanol, Propylen- und Butylenglykol, Glycerin, Ethyl-, Butylacetat und Aceton.

Lösungsvermittler
Solubilisierungsmittel. Substanzen, die schwer lösliche Verbindungen in Lösung halten (solubilisieren) können. Es handelt sich meist um wasserlösliche Tenside, deren Molekülstruktur hydrophile und lipophile Gruppen aufweist, die in einem bestimmten Verhältnis zueinander stehen. Sie lagern sich oberhalb der kritischen Micellbildungskonzentration zu Aggregaten zusammen und umschließen die unlöslichen Substanzen. Durch den Zusatz von Alkoholen können die lösungsvermittelnden Eigenschaften von Tensiden verstärkt werden (→ Hydrotropie). Zu den wichtigsten Lösungsvermittlern zählen z. B. Fettalkoholpolyglykolether, ethoxylierte Sorbitan- und Glycerolmonofettsäureester.

long-hold
Engl. Ausdruck für lang haftend.

long-lasting
Engl. Ausdruck für lang haftend.

Lotionen
(lat. lotum = Wäsche)
1. Bezeichnung für leicht fließfähige Emulsionen, die z. B. als Körper-, Body-, Reinigungs- oder Feuchtigkeitslotion Anwendung finden. Teilweise wird für diese Produkte auch der Ausdruck Milch verwendet.
2. Bezeichnung für wässrige oder wässrig-alkoholische Lösungen, die auch Tenside enthalten können. Beispiel: Gesichtslotion (Gesichtswasser), Handwaschlotion.

LSF
Auch LF. Abkürzung für Lichtschutzfaktor.

Luffah
Die zu den Kürbisgewächsen (Cucurbitaceae) zählende Schwammgurke Luffa cylindrica (Vorkommen in Ägypten, China, Japan) entwickelt gurkenähnliche Früchte, deren fasriges Leitgewebe den so genannten Luffah-„Schwamm" ergibt. Das holzige Fasergewebe dient u.a. zur Herstellung von Frottierhandschuhen und Waschlappen mit frottierender Wirkung.

Lunula
(lat. = Möndchen) Weiße halbmondförmige Stelle vor der Nagelwurzel. → Nagel

Lutein
3,3'-Dihydroxy-α-carotin. Gelber bis granatroter Blattfarbstoff, der auch im Eidotter vorkommt. Kosmetisch als Farbstoff von Interesse.

Luteolin-7-glykosid
Flavonglykosid der Kamille.

Lutrol (BASF)
Handelsbezeichnung für Polyethylenglykole, die in pharmazeutischer Reinheit je nach Molekulargewicht als Lösungsmittel, Lösungsvermittler, Konsistenzgeber, Salben-Grundmasse etc. eingesetzt werden können.

Luvimer (BASF)
Terpolymer aus t-Butylacrylat, Ethylacrylat und Methacrylsäure, zu neutralisieren mit 2-Aminomethypropanol. Kunstharz zur Verwendung in Haarsprays, gut auswaschbar und auskämmbar, mit ausgezeichneter Festigungswirkung selbst bei hoher Luftfeuchtigkeit, löslich in Ethanol, verträglich mit Treibgasen wie Dimethylether oder Propan/Butan. Auch als Pumpsprays und Schaumfestiger geeignet.

Luviset CA 66 (BASF)
Handelsbezeichnung für ein Copolymerisat aus Vinylacetat und Crotonsäure (90:10), das mit Aminen oder Aminoalkoholen neutralisiert oder teilneutralisiert wird. Verwendung als Filmbildner für Haarfestiger.

Luviskol (BASF)
Handelsbezeichnung für verschiedene Filmbildner.

Luviskol-K: Wasserlösliche Polyvinylpyrrolidone (PVP), die als Schutzkolloide, Binde-, und Verdickungsmittel in kosmetischen Präparaten, insbesondere in Haarpflegemitteln, Verwendung finden.

Luviskol-VA: Copolymerisate von PVP mit Vinylacetat u.a. als Filmbildner für Haarsprays und Festiger.

Lycopin
Carotinoid-Farbstoff, isomer mit Carotin, der die rote Farbe der Tomaten, Hagebutten und vieler anderer Früchte hervorruft. Er ist wie alle Carotinoide als Farbstoff für Lebensmittel und Kosmetika zugelassen.

Lymphangiom
(gr. angeion = Gefäß; -oma = Endung mit der Bedeutung von „Geschwulst") Aus gewucherten Lymphgefäßen gebildete gutartige Geschwulst.

Lymphgefäßsystem
(lat. lympha, -ae = Quellwasser) Das Lymphgefäßsystem bildet ein oberflächliches und ein tieferes Netz. Die Lymphflüssigkeit ähnelt in ihrer Zusammensetzung dem Serum des Blutes und der Gewebsflüssigkeit, besitzt ein gelblich klares Aussehen und wird in Lymphknoten filtriert, bevor sie in das venöse Gefäßsystem einmündet. Die Lymphknoten sind in der Lage, Giftstoffe aus der Lymphflüssigkeit zu entfernen. Durch Körperbewegung und Massage wird der Lymphflüssigkeitsstrom angeregt und sowohl der Abtransport der Stoffwechselprodukte als auch die Entgiftung des Körpers beschleunigt.

Lyogel → Gele

Lysin
Aminosäure, die zu 1,9–3,1% in der Haarsubstanz enthalten ist. Formel:
$H_2N-CH_2-CH_2-CH_2-CH_2-CH(NH_2)-COOH$

Lysozyme
(gr. lyein = lösen, zyme = Sauerteig) Bakteriolytisch wirkende Enzyme, die im Hühnereiweiß, in der Milch, der Tränenflüssigkeit, im Schleim und Speichel in größeren Mengen, allgemein in fast allen tierischen Körperflüssigkeiten vorkommen. Ihre Bedeutung für den Organismus liegt in der Abwehr von Bakterien, da sie imstande sind, das Murein der Bakterienzellwände aufzulösen. Lysozyme können deshalb zur Wunddesinfektion oder zur Kariesprophylaxe verwendet werden.

M

Macula
(lat. = Fleck) → Flecke

Maddrellsches Salz
Kristallines Natriumpolyphosphat mit einer Kettenlänge von etwa 2000 Phosphor-Einheiten. Es ist wasserunlöslich und wird als Polier- und Putzkörper speziell für fluoridierte Zahnpasten verwendet.

Magnesiumacetat
$Mg(CH_3COOH)_2 \cdot 4H_2O$. Wirkstoff für Mittel gegen Hyperhidrosis.

Magnesiumalginat → Alginate

Magnesium-Aluminium-Silikate
Wasserlösliche, natürlich vorkommende Verdickungsmittel, die Sedimentationen von Partikeln verzögern oder verhindern können und so zur Stabilität des Produktes beitragen. Die Verarbeitung mit Wasser ergibt viskose Flüssigkeiten. Sie können mit Ethanol, Isopropanol, Glycerol, Propopylenglykolen, fetten Ölen, Mineralölen, Fettalkoholen, Eisenoxiden, Zinkoxid usw. verarbeitet werden. Haupteinsatzgebiet: Stabilisierung von Tensidpräparaten, Suspensionen und Emulsionen.

Magnesiumcarbonat, basisches
(INCI: Magnesium Carbonate) Bruttoformel liegt zwischen $4MgCO_3 \cdot Mg(OH)_2 \cdot 5H_2O$ und $3MgCO_3 \cdot Mg(OH)_2 \cdot 3H_2O$.
Weiße, geruch- und geschmacklose, wasserunlösliche Pulver. Als Puderbestandteil ist nur das schwere basische Magnesiumcarbonat geeignet, das große Mengen Feuchtigkeit absorbieren kann, Duftstoffe bindet, fixiert und gutes Deckvermögen zeigt.

Magnesiumdecanat
$Mg(C_9H_{19}COO)_2$. Verwendung für Pudergrundlagen zur Erhöhung des Haftvermögens. → Metallseifen

Magnesiumhypochlorid, basisches
$Mg(OH)(OCl)$ (Magnocid). Haltbare Verbindung mit ca. 32% Chlor. Da sie in Wasser sehr wenig löslich ist, enthält die 1%ige wässrige Suspension nur geringe Mengen an freiem Chlor (Magnocidwasser pH-Wert ca. 10). Verwendung als Desinfektionsmittel und Antischweißmittel, besonders für Fußbäder und Fußpuder.

Magnesiumlaurylethersulfat
Anionaktives Tensid, das hautschonender waschen soll als das entsprechende Natriumsalz. → Fettalkoholpolyglykolethersulfate

Magnesiumoxid
(INCI: Magnesium Oxide) MgO. Feine, amorphe, geruchlose weiße Pulver, unlöslich in Wasser. Verwendung als Bestandteil von Pudern und Zahnpasten.

Magnesiumpalmitat
(INCI: Magnesium Palmitate) $Mg(C_{15}H_{31}COO)_2$. Verwendung als Puderbestandteil und als W/O-Emulgator. → Metallseifen

Magnesiumperoxid
(INCI: Magnesium Peroxide) Gemisch von MgO und MgO_2. Gehalt an MgO_2 24–28%. Weißes in Wasser unlösliches, leichtes Pulver, das durch Säuren unter Sauerstoffabspaltung zersetzt wird.

Magnesiumphosphate
1. Sekundäres Magnesiumphosphat (Magnesiumhydrogenphosphat) $MgHPO_4 \cdot 3H_2O$.
2. Tertiäres Magnesiumphosphat Trimagnesiumphosphat) $Mg_3(PO_4)_2 \cdot 5H_2O$.
3. Magnesiumpyrophosphat $Mg_2P_2O_7 \cdot 3H_2O$.
Verwendung als Putzkörper für Zahnpflegemittel.

Magnesiumsilikat, natürliches → Talkum

Magnesiumstearat
(INCI: Magnesium Stearate) Meist ein Gemisch aus Stearat und Palmitat. Weißes, sehr feines, sich fettig anfühlendes Pulver, das als Puderbestandteil zur Verbesserung der Gleit- und Deck-

fähigkeit beiträgt. Verwendung für Kompaktpuder.

Magnesiumsulfat
(INCI: Magnesium Sulfate) Bittersalz. Es wirkt leicht anästhesierend und entzündungswidrig und kann für Sonnenbrandmittel, Badesalze und Gesichtswässer verwendet werden und dient als Stabilisator für W/O-Emulsionen.

Magnesiumtrisilikat
$2MgO\ 3SiO_2\ (H_2O)_x$, synthetisches. Zeigt großes Adsorptionsvermögen. Verwendung für Zahnpflegemittel.

Magnocid → Magnesiumhypochlorid

Mahlzähne
Molares, dentes multicuspidati, vielhöckerige Zähne. In jeder Kiefernhälfte befinden sich drei Mahlzähne (s. auch Zähne). Sie zählen zu den Seitenzähnen.

Maisstärke
(INCI: Zea Mays) Im Endosperm der Maiskörper (Zea mays) zu ca. 60% enthalten (→ Stärke). Polyedrische Körner bis 2–23 µm und abgerundete Körner bis 32 µm Durchmesser.

Make-up
Im deutschsprachigen Raum wird der Begriff Make-up häufig als Produktname und Synonym für die → Grundierung (Foundation, Fond de Teint) verwendet. Im internationalen (besonders im engl.) Sprachgebrauch ist mit der Bezeichnung das fertig geschminkte Gesicht im Ganzen gemeint.

Make-up-Produkte
Bezeichnung für dekorative Kosmetika, die allgemein auch Farbkosmetika oder Schminkprodukte genannt werden. → Make-up

Make-up-Stick
Auch Foundation-Stick. Bezeichnung für eine (meist wasserfreie) Grundierung in Stiftform. Siehe auch Compact-Make-up.

Makrofibrillen → Haar

malignes Melanom → Melanom, malignes

Malpighische Schleimschicht
Ältere Bezeichnung für die Keimschicht der Epidermis. → Haut

Malve
Getrocknete Blüten von Malva silvestris L. Der wässrige Auszug von Blüten und Blättern enthält vor allem Schleimstoffe, die reizlindernd wirken und zur Pflege empfindlicher, zu Entzündungen neigender Haut geeignet sind.

Mandelkleie
Bei der Gewinnung von Mandelöl als Pressrückstand anfallendes Mandelmehl, das noch ca. 10% Mandelöl enthält und das Enzym Emulsin. Mandelkleie wird wegen ihrer mild frottierenden Wirkung als Grundlage für Peelings verwendet.

Mandelöl
(INCI: Prunus Dulcis) Fettes Öl der Mandelsamen (Semen Amygdalae), das durch kalte Pressung erhalten wird. Praktisch geruchloses, sehr feines hellgelbes Öl, das bei etwa $-10\,°C$ erstarrt. Der Ölsäuregehalt der Fettsäurefraktion kann 60–90% betragen, der Linolsäuregehalt 17%. Verwendung findet Mandelöl u. a. zur Herstellung von Hautpflegepräparaten. Es wirkt reizlindernd und vermittelt ein weiches Hautgefühl.

Mandibula (lat.) = Unterkiefer.

Mannitol
Mannit, sechswertiger, wasserlöslicher Alkohol.

$$\begin{array}{c} CH_2OH \\ | \\ HO-C-H \\ | \\ HO-C-H \\ | \\ H-C-OH \\ | \\ H-C-OH \\ | \\ CH_2OH \end{array}$$

Verwendung: 2%iger Zusatz erhöht die Schaumkraft der Seifen und synthetischen Waschmittel; als Süßstoff in Zahnpasten. Mannit bildet wie Sorbit Anhydride: Mannitan, Mannid und Isomannid, deren Fettsäuremonoester als Emulgatoren verwendet werden können. → Sorbitane

Mannose
Monosaccharid, Hexose, Isomeres der Glucose (→ Kohlenhydrate). Bestandteil vieler natürlicher Polysaccharide in Form von Mannanen, z.B. im Guar-Mehl, in Johannisbrotsamen oder im Seetang. Durch Oxidation der primären Alkoholgruppe entsteht die Mannuronsäure. → Alginsäure

Maquillage
(franz. maquiller = schminken) Im Französischen Bezeichnung für → Make-up, das geschminkte Gesicht im Ganzen.

Mark (lat. medulla) → Haar

Marlinat (Sasol)
Handelsbezeichnung für verschiedene Basistenside. Beispiele:
Marlinat 242/70
(INCI: Sodium Laureth Sulfate) Basistensid für flüssige Körperreinigungsmittel.
Marlinat 242/90 M
(INCI: MIPA Laureth Sulfate (and) Propylene Glycol) Konzentriertes, wasserfreies Basistensid für Duschöle und wässrige klare Körperreinigungsprodukte mit hohem Ölanteil.
Marlinat CM 105/80
(INCI: Sodium Laureth-11 Carboxylate) Mildes Tensid für Babyshampoos und Schaumbäder.

Mascara
Wimperntusche. Dekoratives Kosmetikum, das der optischen Betonung der Wimpern dient. Die Mascaramasse befindet sich i.d.R. in einem Container mit integrierter Applikator-Bürste. Man unterscheidet hauptsächlich zwei Varianten: Die (klassische) Emulsions-Mascara und die wasserfeste Mascara (auch Waterproof Mascara). Beiden gemeinsam ist ihr Gehalt an Farbpigmenten; es können bis zu 20% enthalten sein. Vorwiegend werden anorganische Pigmente, insbesondere Eisenoxide verwendet, aber auch Perlglanzpigmente sind üblich. Pudergrundstoffe dienen im Allgemeinen als Füllstoff und zur Regulierung der Konsistenz.
Emulsions-Mascara:
Bevorzugt wird dabei als Grundlage die O/W-Emulsion, insbesondere aber Stearatgrundlagen (→ Stearatcremes), da sie über eine gute Haaraffinität verfügen. Der relativ hohe Wachsanteil begünstigt die Fixierung der Wimpern in ihrer neuen Form und sorgt für die erforderliche Zähigkeit der Formulierung. Eingesetzt werden z.B. Carnauba, Candelilla, Kohlenwasserstoffe, Bienen- oder Siliconwachse. Der Zusatz von geeigneten Filmbildnern verbessert die Haftfestigkeit, gering spreitende Öle sorgen für die Geschmeidigkeit der Formulierung.
Waterproof Mascara:
Als Produktbasis dienen meist wasserfreie Lipogele, die über eine vergleichbare Wachs-/Ölkombination verfügen wie emulsionsbasierende Wimperntuschen. Gelbildner, wie z.B. Bentonit und Hectorit, werden zur Stabilisierung eingesetzt, und höhere Anteile fettlöslicher, flüchtiger Substanzen, wie z.B. Alkohol oder Isoparaffin sorgen dafür, dass nach ihrem Verdunsten ein wasserunlöslicher Pigment-Wachs-Ölfilm auf den Wimpern verbleibt. Der Zusatz von öllöslichen Filmbildnern kann die Wasserfestigkeit der Formulierung noch verstärken. Zum Abschminken sind i.d.R. Augen-Make-up-Entferner mit guter Ölsekraft erforderlich.

Mascara, Waterproof
Bezeichnung für wasserfeste Wimperntusche. → Mascara

Maskara → Mascara

Masken → Gesichtsmasken

Massage
Mechanische Behandlung der Haut und tiefer liegender Gewebe mit nervalreflektorischer Beeinflussung innerer Organe, von Stoffwechsel, Kreislauf etc. Man verwendet die Massage
1. als Heilmethode, um leistungsfähige oder leistungsbehinderte Muskelpartien wieder leistungsfähig zu machen und Krankheiten der Muskeln zu lindern oder zu heilen (Krankenmassage),
2. als kosmetische Behandlung, um die Durchblutung zu steigern und die Beweglichkeit der Gliedmaßen zu fördern,
3. um bestimmte Muskelbezirke für Hochleistungen vorzubereiten (Sportmassage).
Arten der Massage in der Kosmetik:
A Ganzmassage (Ganzkörpermassage)
B Teilmassagen
- Kopfhautmassage, Gesichtsmassage
- Halsmassage, Nackenmassage
- Brustmassage, Rückenmassage
- Beinmassage, Fußmassage, Zehenmassage
- Armmassage, Handmassage, Fingermassage

C Trockenmassage, Bürstenmassage
Massagehandgriffe:
1. Streichmassage (Effleurage), 2. Knetmassage, Walken (Pétrissage) 3. Reibungen (Friktionen), Klatschen oder Klopfen (Tapotement), 4. Vibrationen, Punktationen und Erschütterungen, 5. Saugmassage.

Massagepräparate
Präparate, die die Reibung zwischen Haut und Haut vermindern, d. h. die Haut gleitfähig machen, ohne sonst eine Wirkung auszuüben. Man verwendet flüssige Präparate oder solche, die sich bei der Anwendung verflüssigen. Um die Haut gleitfähig zu machen, werden vorwiegend Massageöle eingesetzt, die i.d.R. aus einer geeigneten Mischung okklusiver Öle bestehen und daher nur geringfügig in die Haut einziehen. Massageseifen werden für Schaummassagen verwendet.

Mastix
Pistazienharz. Blassgelbe oder gelbbraune, staubige Körner, deren Lösungen wie Myrrhe in Mundpflegemitteln und gelegentlich in der Maskenbildnerei als Klebemittel Verwendung finden. → Harze

matt.../matte
Engl. für matt, mattierend.

Matricin → Azulen

Matrix
(lat. = Mutterboden)
1. Keimschicht der Haarzwiebel = Haarmatrix
2. Keimschicht der Nagelwurzel = Nagelmatrix
In der Chemie versteht man unter Matrix das Hüllmaterial, das einen andern Stoff eingeschlossen hält. Deshalb bezeichnet man die amorphe Kittsubstanz der Cortex, die die Fibrillen verbindet, auch als Matrix.

mattifiant
Franz. für mattierend.

mattifying
Engl. für mattierend.

mattierende Cremes → Stearatcremes, → Vanishing-Creams.

Maxilla (lat.) = Oberkiefer

Mazeration
(lat. macerare = einweichen)
1. Methode zur Gewinnung von Drogenextrakten auf kaltem Wege durch Extrahieren der Pflanzenteile mit Wasser oder Ethanol bei Normaltemperatur.
2. Methode zur Gewinnung von Blütenölen aus Blüten mittels geeigneter Öle oder Fette bei 50–70 °C. Dauer etwa 2 Stunden. Nach dem Abfiltrieren der erschöpften Blüten wird der Vorgang 10–15-mal mit frischem Material wiederholt. Die Aufarbeitung erfolgt wie beim Enfleurage-Verfahren.
3. Erweichen des Hautgewebes bei Hauterkrankungen, Schwitzprozessen.

Medilan (Croda)
Handelsbezeichnung für besonders gereinigtes Lanolin, das als nichtsensibilisierend eingestuft werden kann.

Medulla = Mark → Haar

Meerrettichwurzel
Radix Aromaciae. Enthält als Wirkstoffe senfölartige organische Schwefelverbindungen wie Allylthioharnstoff, Allyl-, Phenylethylsenföl u.a.

Meersalz
Das Meerwasser der Ozeane enthält ca. 3,5% Salz, davon 97% Kochsalz, außerdem Calciumsulfat, Magnesiumsulfat und Magnesiumchlorid und Spurenstoffe.
Pro kg Meerwasser sind in Ionen ausgedrückt enthalten: etwa 18,98 g Cl$^-$, 10,56 g Na$^+$, 1,272 g Mg^{2+}, 0,884 g S, 0,4 g Ca^{2+}, 0,38 g K$^+$, 0,065 g Br$^-$, 0,004 g B, 0,0014 g F$^-$.
Künstliche Meersalzpräparate weisen meist einen geringeren Gehalt an Calciumsalzen auf. Ihre Zusammensetzung: 2,8% Natriumchlorid, 0,7% Magnesiumsulfat, 0,5% Magnesiumchlorid, 0,24% Calciumchlorid, 0,02% Natriumbicarbonat.

Meißnersche Tastkörperchen
Druckrezeptoren. In den Papillen der Lederhaut liegende Tastkörperchen, an die 3–5 markhaltige Nervenendigungen herantreten.

Melanhidrosis
(gr. hidros = Schweiß) Absonderung von dunkel gefärbtem Schweiß.

Melanin

An Proteine gebundene, natürliche Farbpigmente, die für die Haut-, Haar- und Augenfarbe verantwortlich sind. Sie bilden sich in den als Melanozyten bezeichneten Zellen.
Das Melanin absorbiert und neutralisiert UV-Strahlen und schützt dadurch Haut und Haar vor schädigenden photochemischen Einflüssen (→ Pigmentierung).
Es gibt zwei Arten des Melanins: Das braunschwarze Eumelanin unterliegt bei UV-Bestrahlung reversiblen Vorgängen und zeichnet sich durch ein gutes UV-Absorptionsvermögen aus.
Das gelb-rote Phaeomelanin ist instabiler und wird leicht durch UV-Licht und Luftsauerstoff abgebaut, sodass sich dadurch auch die erhöhte Sonnenempfindlichkeit rötlich hellhäutiger Menschen erklären lässt.
Die Melaninbildung erfolgt in der Basalzellenschicht des Stratum germinativum. Sie geht vom Tyrosin aus, das unter Mitwirkung der Tyrosinase zum 3,4-Dihydroxyphenylalannin (DOPA) oxidiert wird. Pheomelanin entsteht durch Copolymerisation von DOPA und 1-Cystein. Eumelanin ist ein unregelmäßig strukturiertes Polymeres aus verschiedenen 5,6-Dihydroxyindol- und Indolchinonderivaten, die sich durch weitere Oxidation und Cyclisierung von DOPA ableiten lassen.
Die Melaninbildung wird auch hormonell beeinflusst. Störungen im Hormonhaushalt können deshalb zu → Pigmentanomalien führen.

Melaninhemmer

Melanininhibitoren: → Inhibitoren; → Chlorresorcin.

Melanokeratiden

Dunkle Pigmentkomplexe, auf denen Farbstoff und Farbtiefe des Haares beruhen.

Melanom, malignes

Von den Pigmentzellen (Melanozyten) der Haut ausgehender bösartiger Tumor, auch schwarzer Hautkrebs genannt. Man nimmt an, dass die Entstehung durch höhere Sonnenbelastung und häufige Sonnenbrände begünstigt wird. Frühe Metastasierung möglich.

Melanosis

Primär in der Haut entstehende Dunkelfärbung durch Melaninablagerungen, die im Zusammenhang mit inneren Erkrankungen auftreten kann.

Melanozyten

Auf die Bildung von → Melanin spezialisierte Zellen, die sich in der Basalzellschicht der Epidermis befinden. Sie werden in die benachbarten Keratinozyten abgegeben, die durch den natürlichen Verhornungsprozess langsam an die Hautoberfläche gelangen. Die Hautfarben der verschiedenen Rassen resultieren aus der unterschiedlich starken Aktivität der Melanozyten. Sie kommen auch in Teilen des Auges vor und sind für die Entstehung der Haarfarbe verantwortlich.

Melasma

Hyperpigmentierung bzw. Dunkelfärbung der Haut.

Melisse

Die Droge besteht aus den getrockneten Blättern der Melissa officinalis L. Sie enthält mindestens 0,05 % ätherisches Öl, dessen Hauptbestandteile Citronellal und Citral für die antibakterielle Aktivität des Melissenöls verantwortlich sind. Worauf die beruhigende Wirkung der Melisse beruht, ist nicht bekannt. Kosmetische Verwendung in Badezusätzen, Hautpflegemittel für sensible und für unreine Haut.

Melissinsäure

Wachssäure. C_{30}-Carbonsäure.

Melissylalkohol → Myricylalkohol

Membranfiltration
Filtration von Flüssigkeiten durch Membranen, deren Porengröße, Dicke und Material dem jeweiligen Verwendungszweck angepasst sein müssen. Sie sind aus Cellulose, Celluloseestern oder anderen Polymeren. Die Membranfiltration kann zur Abtrennung von Pilzen und Bakterien bei der Wasserentkeimung, zur Entkeimung von hitzeempfindlichen Flüssigkeiten oder von Fetten und Ölen dienen oder auch zur Abtrennung von Elektrolyten aus Lösungen (→ Umkehr-Osmose).

Menthol *(INCI)*
Hauptbestandteil der aus Mentha piperita und Mentha arvensis gewonnenen Pfefferminzöle, aus denen es durch Ausfrieren gewonnen wird.

Menthol kommt in 4 Paaren von Spiegelbildisomeren vor, wobei vor allem (–)Menthol den charakteristischen Pfefferminzgeruch und die kühlende Wirkung hat.
Verwendung findet Menthol in der Kosmetik für Haarpflegemittel (z.B. Mentholhaarwässer, Mentholhaaröl), für Zahnpflegemittel (z.B. Mentholmundwässer), für Gesichtswässer, Rasierwässer, Mentholpuder, Insektenabwehrmittel usw. Menthol ist aber nicht nur ein Aromatikum, sondern besitzt auch juckreizstillende, kühlende, erfrischende, desinfizierende und durchblutungsfördernde Eigenschaften (→ Pilomotorika).

Menthylacetat
Geruch: minzenartig. Verwendung für Mundpflegemittel.

Mercaptane
Ältere Bezeichnung für Thiole, Thioalkohole, azyklische Schwefelverbindungen der allgemeinen Formel R–SH. (Der Sauerstoff des Alkohols ist durch Schwefel ersetzt.) Vor allem die niederen Alkanthiole besitzen einen widerlichen Geruch. Sie sind im Absonderungen der apokrinen Drüsen (Schweißdrüsen) enthalten. Die Thiolgruppe findet sich im Cystein.

Enthaarungsmittel und Dauerwellpräparate enthalten Verbindungen mit -SH-Gruppen z.B. die Thioglykolsäure.

Merkelsche Tastscheiben
Menisci tactus. Rezeptoren für die Tastempfindung. In den unteren Schichten der Epidermis gelegene helle Epithelzellen mit scheibenförmigen, neurofibrillären Nervenendigungen.

Meso-Inosit → Inosit

Metallseifen
Salze von Metallen (Magnesium, Cacium, Aluminium, Zink, nicht Natrium und Kalium) mit höheren Fettsäuren (C_{10}–C_{18}). Sie sind in Wasser sehr wenig löslich, quellen aber unter Gelbildung. Die pulverförmigen Substanzen haften gut auf der Haut und sind Wasser abweisend. Verwendung als Kompaktierungshilfe und Haftmittel in Pudern; in W/O-Cremes als Emulsionsstabilisator und Verdickungsmittel.
→ Magnesium-decanat, -laurat, -palmiat, -stearat, Calciumpalmitat, -stearat, Aluminiumstearat, Zinkstearat.

Methanal → Formaldehyd

Methanol
H_3COH, Methylalkohol. Farblose, giftige Flüssigkeit. Eigenschaften sind denen des Ethanols ähnlich. Methanol darf nicht in pharmazeutischen und kosmetischen Mitteln enthalten sein.

DL-Methionin
DL-α-Amino-γ-methylmercaptobuttersäure.
H_3C–S–CH_2–CH_2–$CH(NH_2)$–$COOH$. Wichtige exogene Aminosäure, die der menschliche Körper nicht bilden kann. Methioninmangel führt u.a. neben schweren Leberschädigungen zu Haarausfall. Methionin ist als Aminosäure zu 0,7–1,0% in der Haarsubstanz enthalten (nachgewiesen durch Adsorptionschromatographie).
Verwendung für Haarpflegemittel; als Zusatz zu schwefelhaltigen Cremes gegen Akne.

8-Methoxypsoralen
8-MOP, Xanthotoxin.

Furocumarinderivat, das u. a. in Ammi majus, Psoralea corylifolia, Fagara xanthoxyloides vorkommt und eine Photosensibilisierung der Haut bewirkt. Die Kosmetik-Verordnung verbietet alle Furocumarine, ausgenommen normale Gehalte in natürlichen ätherischen Ölen.

p-Methoxyzimtsäureester → Zimtsäureester, → UV-Filter.

Methyladipinsäure
Verwendung wie Adipinsäure.

Methylalkohol → Methanol

Methylaminoessigsäure → Sarkosin

Methylamylacetat
$H_3CCOOCH(CH_3)CH_2CH(CH_3)_2$. In Wasser nicht löslich. Verwendung: Lösungsmittel für Nagellacke.

Methylcellulose
Cellulosemethylether. Nichtionogener wasserlöslicher Celluloseether der mit durchschnittlichem Substitutionsgrad 1,5. Aufgrund seiner hydrophilen OH-Gruppen und der hydrophoben OCH_3-Gruppen ist er oberflächenaktiv und ein guter Emulgator für fette, mineralische und ätherische Öle. Seine Lösungen sind nicht hitzebeständig, sie flocken bei ca. 50 °C aus. Kosmetische Verwendung für Gele, Masken, Zahnpasten, als Emulgiermittel für O/W-Emulsionen, als Konsistenzregler für Shampoos und Rasiercremes.

Methylchavicol
Estragol, Chavicolmethylether.

$H_3CO-\langle O \rangle-CH_2-CH=CH_2$

Bestandteil des Estragon-, Basilikum-, Anis- und Fenchelöls. Verwendung für grün-würzige Duftnoten und als Aroma für Mundpflegemittel.

Methylenchlorid
Dichlormethan CH_2Cl_2. D = 1,320. K_p 40 °C. Verwendung als nicht brennbares Lösungsmittel und als Lösungsvermittler in kosmetischen Produkten, wie z.B. Haarsprays. (Nach der Kosmetik-Verordnung bis zu 35% zugelassen.)

Methylchloroisothiazolinone *(INCI)*
5-Chloro-2-methyl-4-isothiazolin-3-on. Wasserlösliches Konservierungsmittel mit breitem Wirkungsspektrum gegen Bakterien, Hefen und Pilze. Es wird für Rinse-off-Produkte verwendet, i.d.R. aber nur in Kombination mit Methylisothialzolinone im Verhältnis 3:1 eingesetzt. In dieser Mischung beträgt die zulässige Höchstkonzentration 0,0015%. Allergien gegen diese Konservierungsmittel sind bekannt.

$$Cl-C\underset{S}{\overset{H}{\underset{\|}{C}}}\overset{O}{\underset{\|}{C}}N-CH_3$$

Methylhydroxyethylcellulose
Nichtionische Celluloseether verschiedener Veretherungsgrade, die außer in Wasser auch in organischen Lösungsmittelgemischen wie Methylenchlorid/Methanol löslich sind.

Methylhydroxypropylcellulose
Nichtionischer Celluloseether, löslich in Wasser und in verschiedenen organischen Lösungsmitteln.

Methylhydroxystearat → Hydroxystearinsäure

Methylisothiazolinone *(INCI)*
2-Methyl-4-isothiazolin-3-on. Konservierungsmittel, das in Kombination mit → Methylchloroisothialzolinone eingesetzt wird.

$$H-C\underset{S}{\overset{H}{\underset{\|}{C}}}\overset{O}{\underset{\|}{C}}N-CH_3$$

Methyljonone
Im Gegensatz zu den Ironen, bei denen die zusätzliche Methylgruppe sich am Cyclohexanring befindet (→ Irone), ist bei den Methyljononen die Seitenkette methylsubstituiert. Methyljononen sind synthetische Riechstoffe, Isomerengemische, die für sehr feine Duftnoten verwendet werden. → Jonone

Methylnonylacetaldehyd
2-Methylundecanal-1, $C_9H_{19}-CH(CH_3)-CHO$. Synthetischer Riechstoff mit starkem Geruch nach Orangen und Weihrauch. Eines der wich-

tigsten Nuancierungsmittel für Parfümölkompositionen.

Methylparaben
(→ Parabene) Konservierungsmittel mit fungistatischer Wirkung.

2-Methyl-2,4-pentandiol → Hexylenglykol

Methylsalicylat

[Strukturformel: Benzolring mit OH und COOCH$_3$]

Salicylsäuremethylester. Hauptbestandteil des aus Gaultheria procumbens gewonnenen Wintergrünöls, das zu 96–99% aus Methylsalicylat besteht. Diese natürlich oder der synthetisch hergestellten Ester werden wegen ihres aromatischen Geruchs in der Parfümindustrie verwendet. Wegen ihrer hyperämisierenden Wirkung werden sie auch in Körperlotionen, Salben und als Aromatikum für Mundwässer und Zahnpasten eingesetzt.

Methyltaurin
Methylaminoethansulfosäure.

$$\text{H}_3\text{C} \diagdown \text{N}-\text{CH}_2-\text{CH}_2-\text{SO}_3\text{Na}$$
$$\text{H} \diagup$$

Natriumsalz des Mentyltaurins

Die Natriumsalze der Kondensationsprodukte von Methyltaurin und Palmkern/Kokosfettsäuren sind gut schäumende, hautverträgliche Aniontenside.

$$\text{R}-\underset{\underset{\text{O}}{\|}}{\text{C}}-\underset{\underset{\text{CH}_3}{|}}{\text{N}}-\text{CH}_2-\text{CH}_2-\text{SO}_3\text{Na}$$

R = Fettalkyl

Mica (INCI)
INCI- und internationale Bezeichnung für → Glimmer.

Micellen
(→ Emulsionen, → Tenside) Aggregate von Molekülen oder Ionen, die sich in Lösungen von grenzflächenaktiven Verbindungen oberhalb einer gewissen Konzentration, der kritischen Micellbildungskonzentration (CMC) bilden. Durch Erhöhung der Tensidkonzentration über die CMC hinaus kann die Grenzflächenspannung nicht weiter herabgesetzt, die Monomerenkonzentration in der Lösung nicht mehr vergrößert werden. Stattdessen lagern sich im Innern der Lösung die amphiphilen Moleküle zu Micellen zusammen, in denen die lyophilen (bei Tensiden in Wasser: hydrophilen) Gruppen dem Lösungsmittel zugewandt sind, die lyophoben (bzw. hydrophoben) Gruppen zum Zentrum der Micelle zeigen. Die CMC ist eine charakteristische Größe für jedes Lösungsmittel/Tensid-System und ist abhängig von der Struktur insbesondere des hydrophoben Restes des Tensids, von den Bedingungen der Umgebung (Elektrolytkonzentration, Temperatur, etc.). Micellen können globuläre, zylindrische oder laminare Formen aufweisen und in ihrem Innern wasserunlösliche Öle einbauen und dadurch solubilisieren.

Miglyol-Neutralöle (Sasol)
Handelsbezeichnung für Ester mittelkettiger Fettsäuren (C_8 und C_{10}) mit Glycerol (oder anderen Alkoholen), die sich durch Oxidationsstabilität, gute Spreitung, hauterweichende, hautglättende und penetrationsfördernde Wirkung auszeichnen. Beispiele:
Miglyol-Neutralöl 810 (INCI: Caprylic/Capric Triglyceride)
Miglyol-Neutralöl 812 (INCI: Caprylic/Capric Triglyceride)
Verwendung für Emulsionen, Badezusätze und Fixateure für ätherische Öle.
Miglyol-Gele sind Miglyol-Neutralöle mit Bentonen. Sie sind für wasserfreie Präparate (Salben, Compakt-Make-ups, Lipgloss etc.) als Konsistenzregler und Emulsionsstabilisatoren verwendbar.

Mikrobizide
Sammelbegriff für alle Mikroorganismen bekämpfenden Mittel.

Mikroemulsionen
Besondere Form der → Emulsionen mit besonders geringer Teilchen- bzw. Tröpfchengröße (30–200 nm). Man unterscheidet die so genannten Ringing Gele, die abhängig von der Zusammensetzung und der Herstellungstemperatur transparente, gelartige Systeme bilden und die PIT-Emulsionen (PIT = Phaseninversionstemperatur). Bei den PIT-Emulsionen handelt es sich um wasserdünne O/W-Emulsionen, deren optimale Zusammensetzung im Hinblick auf

die enthaltenen nichtionischen (ethoxylierten) Emulgatoren und Öle ermittelt werden muss. Im Übergangsbereich der Phaseninversionstemperatur wird die Grenzflächenspannung auf ein Minimum reduziert, sodass sich durch geringe mechanische Energiezufuhr die Phasen im System umkehren und feine Mikroemulsionen ausbilden können. Zur Herstellung sind höhere Anteile hydrophiler nichtionischer Emulgatoren (HLB-Wert 15–18) oder Emulgatorgemische erforderlich.

Mikrofibrillen → Haar

Mikroorganismen
In der Regel einzellige, meist nur im Mikroskop sichtbare Lebewesen. Zu den Mikroorganismen gehören Bakterien, Hefen und andere Pilzarten und gewisse Algen, die hier nicht behandelt werden sollen. Bakterien pflanzen sich durch Querteilung fort (Spaltpilze). Sie haben im Gegensatz zu Pilzen keinen „echten", von einer Membran umgebenen Zellkern. Nach der Form unterscheidet man kugelige (Kokken), stäbchenförmige (Bazillen) und schraubenförmig gedrehte (Vibrionen, Spirillen) Zellen; oder man unterscheidet nach dem Zellaufbau, d.h. nach ihrer Anfärbbarkeit, grampositive und gramnegative Bakterien. Von den in der Kosmetik interessierenden Arten gehören zu den grampositiven Bakterien: Kokken (z. B. Staphyloccus aurerus, S. epidermis, Streptococcus pyogenes, Mikrokokken), Propionibakterien und die Sporen bildenden Bazillen (Clostridium, Bacillus subtilis); zu den gramnegativen: Pseudomonaden (Pseudomonas aeruginosa), Enterokokken, Escheria coli. In kosmetischen Präparaten gelten Staph. aureus, Enterokokken und Kolibakterien als Indikatorkeime für unhygienische Produktionsbedingungen. Ebenso sollten Pseudomonaden, die im Allgemeinen durch das Wasser eingeschleppt werden, nicht anwesend sein.
Grampositive Bakterien lassen sich durch Konservierungsmittel leichter bekämpfen als gramnegative.
Zu den Hefen gehören die Saccharomyces- und die Candidaarten. Von den anderen Pilzarten sind für die Kosmetik vor allem die Haut- und Haarpilze von Interesse (Trichophyton, Epidermophyton, Microsporon, Trichosporon, Pityrosporon), sowie die Schimmelpilze (Aspergillus- und Penicilliumarten), die die Haltbarkeit der Präparate gefährden. Alle Mikroorganismen brauchen Wasser und organische Nährstoffe zu ihrer Entwicklung. Bestimmte Arten von Bakterien und die meisten Pilze bilden jedoch unter ungünstigen Bedingungen Dauerformen, durch die sie auch ohne Nahrung überleben können. Diese Sporen sind thermoresistente Zellen, die den meisten chemischen und physikalischen Desinfektionsverfahren widerstehen, während lebende Bakterien meist schon in feuchter Hitze ab 70 °C zugrunde gehen. In wasserhaltigen Präparaten liegen für alle Keime günstige Lebensbedingungen vor. Es ist deshalb wichtig, dass die verwendeten Rohstoffe und das Wasser keimarm sind. In Wasser können außer Pseudomonaden Enterobakterien, Mikrokokken, Corynebakterien, Clostridien, Hefen und Schimmelpilze enthalten sein. Die meisten dieser Mikroorganismen sind normalerweise harmlos und Teile der menschlichen Hautflora, sie werden erst dann pathogen, wenn die Umweltbedingungen besonders günstig für ihre Vermehrung sind. Dann können sie Pyodermien, Dermatiden oder Dermatomykosen verursachen.

Micropearl (Interorgana)
Handelsbezeichnung für verschiedene sphärische Mikropigmente, die durch ihre große spezifische Oberfläche ein hohes Wasser- und Ölabsorptionsvermögen aufweisen. Sie sind als mattierend wirkende Effektpigmente einsetzbar und tragen auch zur Verbesserung des Hautgefühls bei. Beispiele:
Micropearl M 100 (INCI: Polymethylmethacrylate)
Micropearl M 305 (INCI: Methyl Methacrylate Copolymer)

Microslip (IMPAG)
(INCI: PTFE) Handelsbezeichnung für mikronisiertes, pulverförmiges weißes Wachs aus Polytetrafluoroethylen, das als Effektpigment in Emulsionen, Stiften oder Pasten in pflegenden und dekorativen Kosmetika eingesetzt werden kann. Es vermittelt ein samtiges Hautgefühl und verringert den fettigen (oder klebrigen) Charakter von sehr reichhaltigen Formulierungen. Es wirkt zudem als SPF-Booster.

Microspheres
Engl. Sammelbegriff für kugelförmige (sphärische) Mikropigmente. Es handelt sich i.d.R. um weißliche Pulver, die auf der Haut ein samtiges, leicht rollendes Gefühl vermitteln und daher

vielfach als Effektpigmente zur Verbesserung der Sensorik (Hautgefühl) eingesetzt werden. Als Basismaterial können dienen: Nylon, Siliciumdioxidkügelchen, Polymethylmethacrylat u.a.

Mikronisierung
Technisches Zerkleinerungsverfahren, bei dem Farbpigmente, wie z.B. Titandioxid oder andere Feststoffe, wie z.B. Talkum oder Polyethylen, zu mikrofeinen Partikeln vermahlen werden. Mikronisierte Pigmente werden oft als Effektpigmente zur Erzielung eines seidigen Hautgefühls oder zur Verbesserung der Textureigenschaften eingesetzt. Mikronisiertes Titandioxid oder Zinkoxid findet jedoch auch als physikalischer Lichtschutzfilter Verwendung.

Mikropigmente
Engl. auch Microspheres. Allgemeiner Begriff für sehr kleine, kugelförmige Pigmente. Z.T. werden auch sehr fein vermahlene, mikronisierte Pigmente (→ Mikronisierung) unter dieser Bezeichnung gehandelt.

Mikrosporie
(Kleinsporenflechte) Epidermomykose, besonders der behaarten Kopfhaut, die durch Mikrosporonpilze verursacht wird. Sie kommt häufig bei Kindern vor und kann in Schulen und Heimen zu Epidemien führen, da sie sehr ansteckend ist. Man findet, ähnlich wie bei der Trichophytie, mit Haarstümpfen besetzte, schuppende Herde. Die Haarstümpfe sind gleich lang und erscheinen durch Pilzsporen kreidig weiß. Es kommen auch außerhalb der Kopfhaut gelegene, gerötete, schuppende Flecke vor. Animalische Stämme können auf den Menschen übertragen werden und führen auch bei Erwachsenen zu stärker entzündlichen Reaktionen an behaarter und unbehaarter Haut. Die Behandlung ist Aufgabe des Arztes.

Mikroverkapselung
Umhüllung kleinster fester oder flüssiger Teilchen mit filmbildenden natürlichen oder synthetischen Polymeren. Die Hülle kann dicht, semipermeabel oder permeabel sein und durch Druck oder einen Lösungsvorgang gesprengt werden oder den eingeschlossenen Wirkstoff durch Diffusion freigeben. Als Kapselmaterial kommen Gelatine, Alginate, Gummi arabicum, Celluloseether, synthetische Polymere, aber auch Wachse, Paraffine u.a. infrage.
Mikroverkapselung ist z.B. für Wirkstoffe geeignet, die durch Luft, Licht oder Feuchtigkeit zersetzt werden würden oder für leicht flüchtige Substanzen. Beispiele für die Anwendung in kosmetischen Präparaten: Verkapselung von Vitaminen, Azulen, Haarfarben oder anderen oxidationsempfindlichen Stoffen, von Fettkomponenten in Seifen oder Shampoos, von Feuchthaltemitteln in Lippenstiften, von Riechstoffen in Pudern oder anderen Präparaten, von Aromen in Zahnpasten u.a. → Liposome

Mikrowachs
Mikrokristallines gereinigtes Mineralwachs aus Erdöldestillationsrückständen, auch als mikrokristallines Paraffin, Ceresin oder Hartpetrolatum bezeichnet.
F. 60–90 °C. Mikrowachse vermögen größere Mengen an Öl zu binden; in Mischungen mit Hartparaffinen vermindern sie deren Kristallisation und verleihen ihnen Plastizität.

Milch → Lotionen

Milchsäure
2-Hydroxypropionsäure. HJ_3–C–CH(OH)–COOH. Die konzentrierte Lösung (88–92%ig) ist ein Gemisch aus Milchsäure und ihren Estoliden, das sind Ester aus zwei oder mehr Molekülen Milchsäure.
Aufgrund ihrer keratolytischen Wirkung finden ca. 10%ige Lösungen für Hühneraugen- und Warzenmittel Verwendung. In größerer Verdünnung dient Milchsäure als Säurekomponente für Hautcremes, Gesichtswässer und Haarpflegemittel.
Milchsäure und Natriumlactat sind Bestandteile des natürlichen Feuchthaltefaktors der Haut (→ NMF) und sind deshalb in vielen Feuchthaltepräparaten enthalten. → Hydroxysäuren

Milchsäureester
Insbesondere die Ester mit C_{12}–C_{16}–Fettalkoholen werden als Rückfetter und Emollients verwendet. Der Benzylester dient als Repellent.

Milchsäurethioglykolat
HS–$CH_2COOCH(CH_3)$–COOH.
Verwendung für Dauerwellpräparate (saure Dauerwelle).

Milchzucker → Lactose

Miliaria → Schweißdrüsenfriesel

Milium
Hautgrieß, Hirsekörner. Sie treten besonders oft im Bereich der Gesichtshaut und hier wiederum an den Lidern auf. Die harten, hirsekorngroßen, weißlichen Kügelchen sind harmlose, subepitheliale kleine Zysten, die sich meist im äußeren Teil des Follikels bilden. Ihr Inhalt besteht aus lamellenförmigen Hornsubstanzen mit Calciumsalzen. Die Behandlung besteht darin, dass die Grießkörner mit einem Messerchen herausgeschält werden.

mineralische Fette und Öle
Höhermolekulare, zum größten Teil gesättigte, flüssige oder feste Kohlenwasserstoffe (→ Vaselin, Ceresin, Ozokerit, Paraffine), die in vielen kosmetischen Präparaten Verwendung finden. Gegenüber pflanzlichen oder tierischen Fetten, Ölen und Wachsen haben die mineralischen den Vorteil der nahezu unbegrenzten Haltbarkeit, da sie nicht hydrolisieren und nicht oxidieren. Gereinigte Produkte reizen die Haut nicht. Sie werden von der Haut nicht resorbiert, sondern bilden eine wasserundurchlässige Schicht, die, wenn sie auf große Körperpartien aufgetragen wird, zu Wärmestauungen führen kann. Mineralfette werden in Emulsionen und Cremes eingesetzt, um einen Ölfilm auf der Haut auszubilden oder einen gewissen Glanz zu vermitteln. In Hautpflegeprodukten ist die Komedonen fördernde Eigenschaft dieser Stoffgruppe zu berücksichtigen. Weitere Einsatzgebiete sind Stifte, Massageöle, Reinigungsemulsionen und andere Haut- und Haarpflegeprodukte. → Kohlenwasserstoffe

Mineralöl
Flüssige Ölkomponente auf Kohlenwasserstoffbasis. → mineralische Fette und Öle

Minzöl
Durch Wasserdampfdestillation und teilweiser Abtrennung des Menthols enthaltenes ätherisches Öl aus Mentha arvensis L. var. piperascens. Es enthält 3–17% Ester (beruhend auf Methylacetat), mindestens 42% Alkohole (das Wasserdampfdestillat enthält ursprünglich 80–90% Menthol) und 25–40% Ketone (Menthon). Minzöl wird wie Pfefferminzöl vor allem in Zahn- und Mundpflegemitteln verwendet. Minzöl enthält im Gegensatz zu Pfefferminzöl kein Menthofuran.

Mischemulsionen
Emulsionsarten, die in Teilen der dispersen Phase noch Anteile der geschlossenen Phase enthalten. → multiple Emulsionen

Mischhaut → Hauttypen

Mitesser → Komedonen

Mitose → Zellteilung

Mixturen
Begriff aus der Pharmazie für Mischungen mehrerer Flüssigkeiten oder Lösungen mehrerer Stoffe in einer Flüssigkeit. Schüttelmixturen enthalten unlösliche Pulver, die vor Gebrauch durch Schütteln in der Flüssigkeit suspendiert werden müssen.

Mizellen → Micellen

Modulan (Nordmann, Rassmann)
(INCI: Acetylated Lanolin) Handelsbezeichnung für acetyliertes Lanolin, das als Emollient, Dispergiermittel für Pigmente, als Glanzgeber und Rissverhinderer in Seifen einsetzbar ist.

moisture
Engl. für Feuchtigkeit. Wird als Namenszusatz für feuchtigkeitsspendende Präparate verwendet.

moisturizing, moistuizer
Engl. für feuchtigkeitsspendend, Feuchtigkeitsspender. Wird häufig als Namenszusatz für feuchtigkeitsspendende Hautpflegepräparate verwendet.

Moisturizing Factor
(engl.) → NMF (natural moisturizing factor).

Molaren
(lat. molaris, -e, = zum Mühlstein gehörend) Mahlzähne, Backenzähne (Dentes morales).

Molke
Flüssigkeit, die übrig bleibt, wenn aus der Milch Fett und Casein abgeschieden werden. Sie ist reich an Milchzucker und B-Vitaminen, enthält

ferner Aminosäuren (Tryptophan, Methionin, Cystin), anorganische Salze und Spurenelemente. pH-Wert 4–5. Molke wird zur Behandlung alternder Haut, z. B. in Gesichtsmasken, empfohlen.

Molluscum
(lat. molluscus = weich, schwammartig) Weiche Geschwulst der Haut bzw. mit der Bildung von epithelialen Geschwülsten einhergehende Hautkrankheit. Molluscum contagosium (lat. contagiosus = ansteckend) → Dellwarze (Epithelioma contagiosum), Molluscum sebaceum = Keratoakanthom.

Monoalkanolamine → Alkanolamine

Mono/-Diglyceride
Das bei der partiellen Veresterung von Glycerol mit Fettsäuren entstehende Gemisch aus Mono- und Diglyceriden, das im Allgemeinen etwa 50% Monoester enthält und stets auch geringe Mengen an Triestern. → Glycerolfettsäureester

Monoethanolamin → Aminoethanol, → Alkanolamine

Monoethanolammoniumthioglykolat
Das Monoethanolammoniumsalz der Thioglykolsäure findet gelegentlich anstelle des Ammoniumsalzes in Dauerwellpräparaten Verwendung. Es ist weniger toxisch, weniger sensibilisierend und sein Geruch ist leichter zu überdecken.

Monoglyceride → Glycerolfettsäureester

Monomuls (Cognis)
Handelsbezeichnung für Mono-/Diglyceride natürlicher molekulardestillierter Fettsäuren mit über 90% Monoglyceridanteil, die als Emulgatoren, Fettkörper und Konsistenzgeber verwendbar sind. → Glycerolfettsäureester

Monosaccharide
Einfachzucker. Sie sind die Grundbausteine der Kohlenhydrate. Beispiele: Glucose, Fruktose und Galaktose.

Moorbäder
Mischungen aus Moor und Wasser, die vor allem als Heilbäder Verwendung finden. Moor entsteht durch Verwesung von Pflanzenteilen und enthält Bitumen (Kohlenwasserstoffe, Wachse und Harze), Gerbsäuren, Huminsäuren, Pektine, Cellulose, oestrogene Substanzen, organische und anorganische Salze, Schwefel u. a. Von der Kosmetik werden Moorbäder empfohlen bei peripheren Durchblutungsstörungen, Frostbeulen, Pyodermien, chronischen Ekzemen, Pilzerkrankungen.

Moschus
Sekret einer walnussgroßen Drüse des männlichen Moschustieres, das in Nepal, Tibet und der Mongolei lebt. Moschus ist eine krümelige Masse von stark ammoniakalischem Geruch, die für parfümistische Zwecke in alkoholischer Lösung verwendet wird. Diese Tinktur soll etwa 9 Monate reifen, ihre Duftnote ist animalisch, erdig, holzig und wird erst in großer Verdünnung angenehm. Wegen des hohen Preises wird echter Moschus nur in Luxusparfüms eingesetzt.

Moschusverbindungen
Als Ersatz für die teure Moschussubstanz tierischen Ursprungs stehen verschiedene synthetisch hergestellte Moschusverbindungen zur Verfügung. Sie verleihen Parfümölkompositionen eine herb-animalische, fein holzige, etwas süßlich nussartige Note. Verbindungen mit 14–17 Kohlenstoffatomen im Ring dienen dabei der Abrundung und Duftverstärkung. Polyzyklische Moschuskörper (z. B. Versalide) und Nitromoschusverbindungen sind jedoch auch kritisch zu betrachten, da sie sich im menschlichen Fettgewebe anreichern können. Moschus-Xylol ist nur eingeschränkt zugelassen, denn es steht im Verdacht, Krebs erregend zu wirken. Moschus-Ambrette darf in der EU nicht mehr eingesetzt werden. Es ist u. a. für seine photoallergene Wirkung bekannt. Als Ersatz wird häufig das Moschus-Keton verwendet.

Moschus-Keton

Muconaldehyd
OHC–CH=CH–CH=CH–CHO und Muconaldehydtetraethylacetal. Künstliche Hautbräunungsmittel, die schon nach 30 Minuten und in

geringer Konzentration (0,1–0,6%) eine sonnenbraun-ähnliche Farbe hervorrufen.

Mucopolysaccharide
(lat. mucus = Schleim) Natürliche makromolekulare Verbindungen, die in der Grundsubstanz des Bindegewebes und in den Schleimstoffen des Körpers vorkommen. Sie bestehen aus einer Uronsäure (Glucuronsäure) und einem acylierten Aminozucker. → Hyaluronsäure, → Chondroitinsulfat.

Mückenschutzmittel → Repellents

multiple Emulsionen
→ Emulsionen vom Typ W/O/W oder O/W/O. Häufiger kommen W/O/W-Systeme zum Einsatz, in denen Wassertröpfchen fein in einer öligen Phase dispergiert sind, die wiederum von einer Wasserphase umschlossen sind. Sie sind so leicht und gut verteilbar wie O/W-Emulsionen, vom Pflegeaspekt her jedoch mit den W/O-Emulsionen vergleichbar. Diese Zubereitungsform eignet sich daher besonders für Anwendungen, die über einen längeren Zeitraum feuchtigkeitsspendend wirken oder Wirkstoffe kontinuierlich freigeben sollen.

Multi-Purpose-Produkte
Engl. Ausdruck für Produkte mit Mehrfachnutzen. Beispiele: Shampoo und Haarspülung in einem Produkt oder Stifte, die zum Schminken der Lippen, der Augenlider und als Rouge verwendbar sind. Häufig findet man dafür auch Bezeichnungen wie „Two-in-one" oder „Three-in-one".

Munddusche
Elektrisches Gerät zur Unterstützung der Mundhygiene, bei dem Wasser unter Druck durch ein Mundstück mit vielen Düsenöffnungen in die Mundhöhle eingespritzt wird, um Speisereste aus den Stellen zu entfernen, die die Zahnbürste nicht erreichen kann. Außerdem übt die Munddusche eine Massagewirkung auf das Zahnfleisch aus und beugt so der Parodontose vor. Dem Wasser können Mundwasser oder Medikamente zugesetzt werden.

Mundgeruch
(Halitosis, Foetor ex ore) Mund- bzw. Atemgeruch kann durch bakterielle Abbauprozesse von Nahrungsresten, abgeschilferten Epithelien und Gewebeteilen, schlecht gereinigten Zähnen oder Zahnzwischenräumen oder kariösen Zähnen entstehen. Vorkommen auch bei Schleimhautentzündung (Gingivitis, Stomatitis, Parondontitis) und anderen Erkrankungen.

Mundpflegemittel
Mundwasser, Mundsprays, Zahnpasten, Zahnbürsten und Zahnseide.
Zweck der Mittel ist es, Krankheiten der Mundschleimhaut und des Zahnfleisches, Zahnkaries und Zahnsteinbildung wirksam vorzubeugen. Dazu dient in erster Linie eine gründliche mechanische Reinigung. Während jedoch mit der Zahnbürste nur die Zahnoberflächen erreicht werden können, dringen Mundwasser und der Strahl der Munddusche auch in die Zahnzwischenräume und in Zahnfleischtaschen ein. Da die Mundhöhle normalerweise von einer Standflora von Mikroorganismen besiedelt ist, die als Schutz gegen artfremde Keime dient, ist die Verwendung von Antiseptika in Mundpflegemitteln im Allgemeinen nicht zu empfehlen.

Mundschleimhautentzündung
Stomatitis. Die gewöhnliche Mundschleimhautentzündung (Stomatitis simplex) kann durch örtliche Reizung (Zahnsteinablagerung, künstliches Gebiss) oder infolge fieberhafter Erkrankungen hervorgerufen werden. Die Schleimhaut ist gerötet und geschwollen und neigt zu Blutungen.
Die Stomatitis aphthosa äußert sich in pfefferkorngroßen Pusteln, die sehr schnell zerfallen und rundliche, in die Schleimhaut eingelassene Defekte darstellen. Sie sind gelblich belegt und von einem entzündlichen Hof umgeben. Die als Aphthen bezeichneten Gebilde sind schmerzhaft und werden durch das Herpes simplex Virus hervorgerufen. Die Lokalbehandlung besteht in Mundspülungen mit Wasserstoffperoxid, Kaliumpermanganatlösungen sowie Pinselungen mit Myrrhentinktur. Aufsuchen des Zahnarztes ist erforderlich.

Mundsprays
Produkte zur Beseitigung bzw. Maskierung von Mundgeruch. Sie enthalten i.d.R. ein Aromaöl (z.B. Pfefferminzöl oder Menthol) in alkoholischer Lösung, geringe Mengen Süßstoff und ggf. einen bakteriziden Wirkstoff. Sie kommen im Allgemeinen als Pumpsprays in den Handel.

Mundwässer
Wässrig alkoholische oder alkoholische Lösungen, die zum Spülen und der unterstützenden Reinigung des Mund-Rachenraumes eingesetzt werden. Die Anwendung kann bakteriellem Zahnbelag, Zahnfleischentzündungen und der Entstehung von Paradontitis vorbeugen. Die Lösungen können neben antibakteriellen u./o. antiphlogistischen Wirkstoffen auch ätherische Öle, Drogenextrakte, Süßstoffe, Aromastoffe, Farbstoffe und ggf. (kationische) Tenside enthalten. Der Gehalt an ätherischen Ölen ist variabel. Eingesetzt werden häufig: Pfefferminz-, Anis-, Fenchel-, Nelken-, Eukalyptus-, Thymian-, Salbei-, Teebaum- und Zimtöl und als erfrischende Komponente Menthol.

Murein
Mit Oligopeptiden verknüpftes Mucopolysaccharid, Stützsubstanz der Bakterienzellwände, die durch Lysozym aufgelöst werden kann. Die verschiedene Anfärbbarkeit von Bakterien beruht auf unterschiedlichen Mureinstrukturen. → Mikroorganismen

Murmeltieröl
Aus dem Depotfett der Murmeltiere gewonnenes stark ungesättigtes Öl. Es zeichnet sich durch einen in der Natur ungewöhnlichen Gehalt (ca. 1%) an ungeradzahligen Fettsäuren aus, denen entzündungswidrige Wirkung zugesprochen wird. Außerdem wurden im Murmeltieröl verschiedene Corticosteroide nachgewiesen (ca. 30–80 ppm), die zu der antiphlogistischen Wirkung sicher beitragen. Deshalb wird das Murmeltieröl für kosmetische Präparate zur Pflege rauer und rissiger Haut sowie für Sonnenschutzmittel empfohlen.

Musculus arrector pili = Haaraufrichtemuskel → Haar

Muttermal → Naevus

Mykosen
Erkrankungen der Haut, Haare, Schleimhäute oder innerer Organe, die durch niedere Pilzarten hervorgerufen werden. → Aktinomykose, Epidermophytie, Erythrasma, Mikrosporie, Pityriasis, Soor, Sporotrichose, Trichophytie.

Myricylalkohol
$C_{30}H_{61}OH$ (Melissylalkohol). Wachsalkohol, der als Palmitat in Bienen- und Carnaubawachs vorkommt.

Myristinsäure
(INCI: Myristic Acid) n-Tetradecansäure $C_{13}H_{27}COOH$. Natürliche Vorkommen u. a. im Muskatöl und im Kokosfett. Myristinsäurederivate sind Bestandteil vieler Tenside und synthetischer Wachse, ihre Zink- und Magnesiumsalze dienen als Pudergrundlagen. → Metallseifen

Myristinsäureisopropylester → Isopropylmyristat

Myristylalkohol
(INCI: Myristyl Alcohol) n-Tetradecanol $C_{14}H_{29}OH$. Weiße kristalline Masse, F. um 37 °C, unlöslich in Wasser, löslich in Alkoholen. Myristylalkohol enthält stets geringe Mengen an Lauryl- und Cetylalkohol.
Verwendung als konsistenzgebende Grundlage für Cremes und Stifte und zur Überfettung von Pudern. → Fettalkohole

Myrj (Brenntag)
Handelsbezeichnung für Polyethylenglykolstearate mit 8, 20, 40, 50 oder 100 Molekülen Ethylenoxid. Weiße bis cremefarbige wachsartige Produkte, die als nichtionogene hydrophile Emulgatoren und Lösungsvermittler Verwendung finden. → Polyethylenglykolester

Myrrhe
(INCI: Commiphora Myrrha) Gummiharz verschiedener Commiphoraarten aus der Familie der Balsambaumgewächse. Nussgroße, gelbliche oder braunrötliche Stücke von würzig balsamischem Geruch. 40–60% des Harzes ist alkohollöslich. Die antiseptischen Eigenschaften beruhen auf dem Gehalt an phenolartigen Substanzen. Myrrhentinktur dient als Zusatz für Mundpflegemittel und für adstringierende und desinfizierende Spülungen bei Entzündungen in der Mundhöhle.
Das Resinoid findet in der Parfümerie Verwendung.

Myrrhentinktur
Herstellung: 1 Teil grob gepulverte Myrrhe, 5 Teile Ethanol (90%ig).
Eigenschaften: Klare gelbbraune, nach Myrrhe riechende, bitter schmeckende Flüssigkeit, die sich durch Wasser milchig trübt.

N

Nachtcremes
Hautpflegepräparat, das abends nach der Gesichtsreinigung aufgetragen wird. Häufig bilden W/O-Emulsionen die Produktgrundlage, die je nach Hauttyp mit Wirkstoffen, pflegenden Ölen und Feuchtigkeitsspendern angereichert sein können. Im Unterschied zu Tagespflegeprodukten sind Nachtcremes meist etwas fettender eingestellt.

Nacol (Sasol)
Handelsbezeichnung für Einzelfraktionen linearer Fettalkohole mit gerader Anzahl von C-Atomen (C_4–C_{22}), die als Konsistenzregler, Emulgatoren und zur Herstellung von Ethoxylaten, Sulfaten und Ethersulfaten verwendbar sind.

Nährcremes
Ältere Bezeichnung für Hautcremes mit besonders hoher Pflegeleistung. Da die Haut jedoch von außen nicht durch kosmetische Produkte „ernährt" werden kann, ist dieser Begriff als Produktbezeichnung unzulässig, umgangssprachlich wird er z.T. aber noch verwendet. → Hauternährung

Nägel, künstliche → Nagelmodellage

Naevus, auch Nävus
(lat. = Mal) Muttermal. Umschriebene z.T. erbliche, pigmentierte oder unpigmentierte Fehlbildung der Haut, die schon bei der Geburt besteht oder später auftreten kann. Zu der großen Zahl verschiedener Naevi gehören auch das Feuermal und das Spinnenmal.

Naevuszellen
Neurogene rundliche, ovale oder spindelförmige Zellen mit hellem Plasma und bläschenförmigem Kern, die mehr oder weniger große Mengen an Melanin enthalten. Sie bilden kleine Hauttumore. Durch Reizungen, unzulängliche Eingriffe, falsche Behandlung usw. können derartige Naevuszell-Naevi bösartig werden und sich zu Melanomen entwickeln. Die Behandlung von Muttermalen oder allen unklaren, warzenähnlichen Gebilden ist dem Arzt zu überlassen.

Nagel
(lat. unguis; gr. onyx, onychos; engl. nail; franz. l'ongle) Die dünne durchscheinende gebogene Hornplatte auf den Streckseiten der Endglieder (Endphalangen) der Finger und Zehen. Sie entspringt einer epidermalen Taschenbildung, die in der neunten Embryonalwoche sichtbar wird. Sie ist mit dem Vorwachsen eines fertigen Nagels um die zwanzigste Embryonalwoche praktisch abgeschlossen.
Aufgabe der Nägel ist es, die Finger beim Greifen zu unterstützen und die empfindlichen Nerven der Fingerspitzen zu schützen. Die Nägel sind, wie die Haare, Hornbildungen der Haut. Man rechnet sie zu den Anhangsgebilden der Haut.
Teile des Nagelgliedes sind:
1. Nagelbett (Lectulus unguis, Hyponychium). Teil der dorsalen Endphalanx, der unter der sichtbaren Nagelplatte liegt. Das Nagelbett besteht aus der Keimschicht der Haut unter der Nagelplatte.
2. Nagelplatte (Onyx). Stratum corneum unguis = Hornschicht des Nagels. Die Nagelplatte liegt dem Nagelbett fest auf. Man unterscheidet einen dreischichtigen Aufbau der Nagelplatte (dorsale, mittlere und ventrale Schicht). Die Nagelplatte wird von der Nagelmatrix gebildet. Während die dorsale und mittlere Schicht dem Dach bzw. dem Boden der Nageltasche entstammt, wird die ventrale Schicht aus den Verhornungsprodukten des Nagelbettes gebildet. Die dorsale Schicht besteht aus hartem, an Calcium reichem Keratin, die mittlere Schicht aus Weichkeratin und die ventrale Schicht aus Nagelbettkeratin. Vermehrte Ablagerungen von Nagelbettkeratin sind bei subungualen Hyperkeratosen, chronischen Ekzem, Psoriasis vulgaris oder Onychomykosen zu beobachten.
3. Nagelwall (Vallum unguis). Hautwulst, der den Nagel an der Wurzel und an den Seiten umfasst. Beim erwachsenen Menschen bedeckt der dorsale Nagelwall etwa ein Drittel der Nageloberfläche.
4. Nagelfalz: Seitliche und hintere Verankerung der Nagelplatte, die vom Nagelwall umrandet wird.

5. Nagelrand: Seitliche und vordere Begrenzung des Nagels. Der vordere freie Nagelrand (Margo liber) überragt die Fingerspitze und muss von Zeit zu Zeit beschnitten werden. Der seitliche Nagelrand (Margo lateralis) liegt unter dem Nagelwall.
6. Nagelwurzel (Radix unguis). Von der weichen unverhornten, im hinteren Nagelfalz liegenden Mutterzellenschicht, Nagelmatrix (Matrix unguis) schieben sich die Nagelzellen auf dem Nagelbett nach vorn und verhornen. Die Nagelmatrix liegt am Boden der Nageltasche und erstreckt sich von der Übergangsstelle des dorsalen in den ventralen Teil bis zum distalen Rand der Lunula. Hier, am Ort ihrer Entstehung ist die Nagelplatte extrem dünn.
7. Nagelhalbmond (Lunula, Möndchen). Weiße, halbmondförmige Stelle vor der Nagelwurzel mit stark mitotischer Aktivität.
8. Nagelhäutchen (Eponychium). Vom dorsalen Nagelwall her dehnt sich die Epidermis als Eponychum auf die Nagelplatte aus und überspannt oft zusammen mit der nur aus weichem Keratin bestehenden Cuticula größere Bezirke der proximalen Nagelplatte. Unvorsichtiges Zurückschieben des Nagelhäutchens bei der Nagelpflege führt zum Riss und zu der Öffnung des Spaltes zwischen Nagelplatte und dorsalem Nagelwall. Die Pathogenese der chronischen Paronychie wird dadurch gefördert.

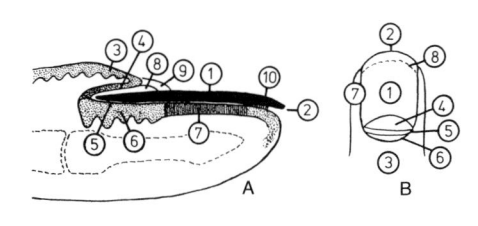

Abb. A 1. Nagelplatte, 2. freier Nagelrand, 3. Nagelwall (Haut über dem dorsalen Nagelfalz), 4. Dach des dorsalen hinteren Nagelfalzes, 5. Nagelfalz, 6. Nagelmatrix, 7. Nagelbett, 8. Eponychium, 9. Cuticula, 10. Sohlenhorn.

Abb. B 1. Nagelplatte, 2. freier Nagelrand, 3. Nagelwall, 4. Lunula, 5. Cuticula, 6. Eponychium, 7. seitlicher Nagelrand, 8. Trennungslinie zwischen Nagelbett und Nagelplatte.

Nagelmatrix und Nagelbett werden reichlich mit Blut versorgt. Der einmal gebildete Nagel wächst, im Gegensatz zum Haar, das ganze Leben lang gleichmäßig weiter. Die Wachstumsrate beträgt etwa 0,5 bis 1,2 mm pro Woche. Das schließt jedoch nicht aus, dass durch Krankheitsprozesse Wachstumsveränderungen möglich sind.

Nagelablösung → Onycholysis

Nagelbettentzündung
Onychie → Nagelpanaritium

Nagelcremes
Präparate, die wie Nagelöle der Behandlung trockener oder rissiger Nägel dienen. Als Bestandteile der Ölphase werden Paraffinöl, Wollwachs, Silikonöle oder andere Wachse und Triglyceride verwendet.

Nagelerkrankungen → Nagelveränderungen

Nagelfalzentzündung
Paronychie (= Panaritium parunguale). Entsteht oft, wie die Nagelbettentzündung durch falsche Behandlung eines Niednagels oder ungeschickte Nagelpflege sowie bei eitrigen Hauterkrankungen.

Nagelhärter
Farblose oder nur leicht eingefärbte Nagellackprodukte zur Festigung weicher Nägel. Als Basis dient i. d. R. eine Klarlackformulierung, die den Nagel durch den ausgebildeten Film vor mechanischen Einflüssen schützt. Eine Festigung der Hornplatte kann durch den Zusatz von Formaldehyd (bis zu 5% sind erlaubt) erreicht werden. Der Formaldehydanteil bewirkt die Vernetzung des Keratins und härtet dadurch die Nagelplatte. Bei empfindlichen, dünnen oder sehr langen Nägeln kann die Härtung die Nägel jedoch auch spröder und dadurch leichter brüchig werden lassen.

Nagelhäutchen → Nagel

Nagelhautentferner
Nagelhauterweicher. Präparate, die die Aufgabe haben, die Nagelhäutchen zu erweichen, damit sie sich leichter ohne Verwendung eines scharfen Gegenstandes entfernen lassen. Als hauterweichende Substanzen dienen wässrige Lösun-

Nagellack

gen von Natrium- oder Kaliumhydroxid, Kaliumcarbonat, Alkylolaminen, Trinatriumphosphat, denen als Feuchthaltemittel Glycerol oder Sorbit zugesetzt wird. Die Konzentration an Alkalihydroxid liegt bei ca. 5%; milder wirkt Trinatriumphosphat, das ca. 10%ig eingesetzt wird. Die Flüssigkeiten werden mittels eines mit Watte umwickelten Stäbchens aufgetragen und nach 5–10 Min. wieder abgewaschen. Nach der Behandlung ist mit einem Nagelöl oder einer Nagelcreme einzufetten.
Neben den Flüssigpräparaten sind auch cremeförmige im Handel.

Nagellack
Es handelt sich um Suspensionen, die sich je nach Anwendungsziel als Farb-, Klar- oder Funktionslack einordnen lassen.
1. Farblacke
Sie werden in unterschiedlicher Deckkraft angeboten und dienen in erster Linie der optischen Akzentsetzung der Finger- oder Fußnägel. Man spricht von Cremefarben (Cremelacken), wenn ausschließlich anorganische Farbpigmente oder organische Farblacke zur Farbgebung eingesetzt wurden. Metallisch schimmernde Farbnuancen mit hohen Anteilen an Perlglanzpigmenten werden auch Pearlfarben (Pearllacke) genannt.
Zusammensetzung (ca.-Angaben):
• Lösemittelgemisch 70%
• Filmbildner 12–15%
• Harze 7–12%
• Weichmacher 5–7%
• Färbemittel und Hilfsstoffe 1–2%
Als Lösemittel werden häufig Ethyl- und Butylacetat, n-Butylalkohol sowie Isopropylalkohol eingesetzt. Teilweise wird auch das als karzinogen eingestufte Toluol noch verwendet. Das Lösemittelgemisch beeinflusst das Auftrags- und Trocknungsverhalten des Lackes. Der Hauptfilmbildner ist mittelviskose Nitrocellulose, die einen harten klaren Film ausbildet. Weichmacher, wie z.B. Dibutylphthalat, Campher oder Acetyltributylcitrat, sorgen für die erforderliche Elastizität, während Harze vorwiegend für den Glanz und die Haftung verantwortlich sind. Diese Funktion erfüllen z.B. Toluolsulfonamidharze, Polyvinylacetat oder Polyacrylester. Als Hilfsstoffe kommen Gelbildner, wie z.B. Bentonit oder Kieselsäure zur Stabilisierung der Suspension in Betracht, während UV-Filter i.d.R. dem Produktschutz dienen.

2. Klarlacke
Sie sind meist etwas dünnflüssiger als die Farblacke, farblos-transparent oder mit löslichen Farbstoffen leicht eingefärbt. Nach dem Auftrag kommt hauptsächlich der Glanz und weniger der Farbaspekt zur Geltung. Bei Glitterlacken handelt es sich i.d.R. auch um Klarlackformulierungen, denen einzeln sichtbare Glitterpartikel als Effektpigmente zugefügt wurden. Die Zusammensetzung ähnelt prinzipiell den Farblacken. Werden zur Stabilisierung Gelbildner eingesetzt, erscheint der Lack leicht eingetrübt.
3. Funktionslacke
Sammelbegriff für Nagellacke, die nicht vornehmlich aus dekorativen Gründen angewendet werden. Häufig, aber nicht grundsätzlich, bilden Klarlacke die Formulierungsgrundlage. Als Funktionslacke gelten z.B. → Nagelhärter, → Unterlacke, → Überlacke, → Rillenfüller.

Nagellackentferner
Präparate, die der Entfernung des getrockneten Nagellackfilms dienen. Als Darreichungsformen kommen Lösungen, Gele oder getränkte Pads infrage, die einen ausreichend hohen Anteil Lösemittel wie z.B. Ethyl-, Butylacetat oder Isopropanol enthalten. Aceton ist aufgrund seiner starken Lösekraft ebenfalls geeignet, es wirkt jedoch stark entfettend. Zur Lackentfernung bei künstlichen Nägeln ist acetonfreier Entferner erforderlich, da die Kunststoffoberfläche sonst angegriffen wird. Zur Abmilderung der entfettenden Wirkung können auch Wasser, Emulgatoren und Rückfettungsmittel beigemischt werden.

Nagelmodellage
Oberbegriff für die dauerhafte Verstärkung u./o. optische Verlängerung des natürlich vorhandenen Nagels mithilfe verschiedener Materialien und Einsatz verschiedener Techniken. Das Endprodukt wird allgemein auch als „künstlicher Nagel" bezeichnet. Am weitesten verbreitet ist die Anwendung von lichthärtenden Kunststoffen, die nach dem Aufmodellieren unter dem Einfluss von UV-Licht (370 nm) aushärten. Chemisch gesehen findet dabei eine radikalische Polymerisation statt. Man unterscheidet dabei:
Dreiphasenprodukte: Bestehend aus Haftvermittler, Modelliergel und Versiegler.
Einphasenprodukte: Modelliergele, die bereits über Eigenhaftung und einen hohen Endglanz verfügen.

Selbsthärtende Kunststoffmischungen sind i. d. R. Zweikomponenten-Systeme (Pulver-Flüssigkeits-Systeme), die Methylmethacrylat als funktionellen Bestandteil enthalten und selbstständig an der Luft aushärten. Ein weiteres Verfahren ist die Gewebetechnik (Wrap-Coat-System), bei dem feine Gewebe, z. B. aus Seide oder Fiberglas mit in die Kunststoffschicht eingearbeitet werden. In allen Fällen ist die Kunststoffschicht fest mit der Nagelplatte verbunden. Sie wächst mit dem Nagel mit und muss daher alle 3-4 Wochen nachmodelliert werden.

Nagelöle
Präparate, die angewendet werden, wenn rissige Nägel oder eine rissige Nagelhaut vorliegen. Sie haben weiter die Aufgabe, den Nägeln Fett zuzuführen, wenn durch eine zu starke Entfettung der Nägel durch Nagellacke oder Nagellackentferner Schäden zu befürchten sind. Die Verwendung von Nagelölen oder Nagelcremes soll ein Brüchigwerden der Nägel verhindern. Als Nagelölgrundlage werden verwendet: Olivenöl, Mandelöl, Rizinusöl, Isopropylmyristat, Siliconöle u. a.

Nagelpanaritium
Nagelbettentzündung, Onychie, Maniküre-Infektion. Ursache: kleinste Verletzungen bei der Nagelpflege mit nachfolgender eitriger Entzündung.

Nagelpflege
Sie umfasst einerseits das in Form halten und in Form bringen der Nägel und dient andererseits auch der Gesunderhaltung der den Nagel umgebenden Haut.
Zum Schneiden der Finger- und Fußnägel stehen je nach Stärke des Nagels Nagelscheren, Nagelknipser oder Nagelzangen zur Verfügung. Besonders bei Zehennägeln lässt sich durch regelmäßiges Beschneiden das Einwachsen des Nagels sowie evtl. nachfolgende Entzündungen vermeiden. Die Egalisierung der beschnittenen Ränder mit Hilfe von Nagelfeilen beugt kleinen Rissen und Nagelspliss vor. Die richtige Feiltechnik führt vom Nagelrand nach innen. Das Entfernen oder Zurückschieben des Nagelhäutchens ist mit Hilfe von Nagelhautentfernern oder nicht metallischen Geräten möglich. Um Verletzungen und damit eventuell verbundene Infektionen am Nagelfalz zu vermeiden, ist die Bearbeitung der Nagelhaut mit Sorgfalt durchzuführen. Nagelöle und Nagelcremes sorgen für die Zufuhr von Fett bzw. Fett und Feuchtigkeit und wirken bei sehr beanspruchten Nägeln dem Austrocknen entgegen.

Nagelpilzerkrankungen
Onychomykosen (→ Dermatomykosen). Die Pilze wuchern in die Nagelsubstanz ein und verursachen Glanzverlust, graugelbe Verfärbungen und Verdickungen der Nagelplatte. Der feste Zusammenhalt der Hornmasse geht verloren. Die Nägel werden am vorderen Rand und an den Seitenstellen brüchig und heben sich stellenweise oder im Ganzen vom Nagelbett ab. Im Allgemeinen sind nur einzelne Nägel an der Erkrankung beteiligt. Der Erkrankungsprozess kann an den Nagelwällen entzündliche Formen annehmen.

Nagelpolituren
Sie haben die Aufgabe, durch milde Schleif- und Poliermittel dem Nagel ein glänzendes gepflegtes Aussehen zu geben, ohne dass ein Nagellack angewendet werden muss.
Als milde Schleifmittel werden für die Präparate verwendet: Kreide, Talkum, Kaolin, Zinkoxid. Als Bindemittel und glanzgebende Bestandteile kommen in Frage: Wachse, Paraffin, Carnaubawachs, Bienenwachs, Metallseifen, flüssiges Paraffin.
Der Glanz wird durch Polieren mit einem weichen Polierkissen oder Poliertuch erzielt.

Nagelquerrillen → Beausche Furchen

Nagelspliss
Umgangssprachlicher Ausdruck für Nägel, die sich am Rand aufspalten.

Nagelveränderungen
Nagelerkrankungen können entweder als selbstständige Krankheiten auftreten oder sehr häufig Kennzeichen (Symptome) und Auswirkungen schwerer innerer Erkrankungen oder einer Hauterkrankung darstellen. Viele Ursachen von Nagelerkrankungen sind noch unbekannt.

1. Farbveränderungen der Nagelplatte
a) Weißfleckigkeit der Nägel, Weißfärbung, Leukonychie; punktförmige Weißfleckigkeit, Leukonychia punctata; strichförmige Weiß-

Nagelweißstift

fleckigkeit, Leukonychia striata; vollständige Weißfleckigkeit, Leukonychia totalis.
b) Braunfärbung der Nägel durch Pigmenteinlagerungen (bei dunkelhäutigen Rassen), durch Chemikalien (Berufskrankheit der Friseure, Fotografen, Chemiearbeiter in Färbereien).

2. Formveränderungen der Nagelplatte
a) Abnorme Kleinheit der Nagelplatte (erblich bedingt oder bei Kindern durch „Nägelkauen" verursacht).
b) Hohlnagel, Koilonychie, Löffelnagel.
c) Uhrglasnagel. Der Nagel zeigt eine starke Querwölbung. (Auftreten bei Erkrankungen der Respirationsorgane, vor allem bei Emphysem, bei angeborenen Herzfehlern und im Verlauf von Lebererkrankungen.)
d) Krallennagel, Onychogryposis. Krallenartige Verdickung und Verkrümmungen der Zehennägel durch Überproduktion von Hornsubstanz.
e) Nagelablösung, Onycholysis; völliges Ausfallen der Nägel (Onycholysis totalis).

3. Veränderung der Nagelsubstanz
a) Weichwerden der Nagelsubstanz, Hapalonychie.
b) Brüchigkeit der Nagelplatte, Onychorrhexis.
c) Spaltung des Nagels, Onychoschisis.

4. Veränderungen der Oberfläche
a) Nagelquerrillen, Beausche Furchen.
b) Längsrillen der Nageloberfläche.
c) Punktförmige Grübchen (Rosenausches Zeichen bei schwerem Rheumatismus).

5. Nagelbett-, Nageltaschen-, Nagelwallveränderungen
a) Panaritium, Nagelpanaritium, Nagelbettentzündung, Onychie.
b) Chronische Paronychie, Nagelfalzentzündung.
c) Eingewachsener Nagel, Unguis incarnatus.

6. Pilzinfektionen
Nagelpilzerkrankungen, Nagelmykosen, Scherflechte der Nägel (Tinea unguium), Erbgrind der Nägel.

Nagelweißstift
Bleistiftdünner Holzstift (→ Pencil), der zur Aufhellung des überstehenden Nagelrandes eingesetzt wird. Eine gute Farbabgabe erreicht man durch Anfeuchtung der Mine mit Wasser. Der Auftrag erfolgt dann unter dem gereinigten freien Nagelrand. Als Farbkomponenten kommen Titandioxid und Zinkoxid in Frage. → French Manicure

nail...
(engl. nail = Finger-, Zehennagel) Wortteil mit der Bedeutung Nagel.

Nail Enamel
(engl. enamel = Lack, Glasur, Nagellack) → Nagellack

Nail Hardener
(engl. hardener = Härtemittel) → Nagelhärter

Nail Polish
(engl. polish = polieren, Politur, Glanz) → Nagellack

Nail Varnish
(engl. varnish = Lack, Glasur) → Nagellack

Nanopartikel → Nanosphären

Nanosphären
Auch Nanopartikel. Den Liposomen ähnliche, sehr kleine i.d.R. kugelförmige Partikel, die als Wirkstoffträger in kosmetischen Präparaten dienen. Sie können mit verschiedenen Wirkstoffsubstanzen (z.B. Vitamine) beladen und z.B. in Cremeformulierungen eingearbeitet werden.

Narbe
(lat. cicatrix, -icis f. = Narbe, Schmarre, Kerbe) Narben sind bindegewebige Bildungen von harter Konsistenz, die überall dort entstehen, wo ein größerer Substanzverlust der Haut bestanden hat. Sie besitzen gegenüber dem normalen Bindegewebe eine verminderte Widerstandskraft und reißen oft leichter als normales Gewebe.

Nasolabialfalten
Sulcus nasolabialis. Nasolabialfalten sind mimische Falten des Gesichts (Bewegungsfalten), die sich rechts und links der Oberlippe vom Nasenflügel zum Mundwinkel ziehen.

Natriumalginat → Alginate, → Alginsäure.

Natriumalkylethersulfate → Fettalkoholpolyglykolethersulfate

Natriumalkylsulfate → Fettalkoholsulfate

Natriumaluminiumsilikate → Zeolithe

Natriumbenzoat
(INCI: Sodium Benzoate) C_6H_5COONa. Wasserlösliches Konservierungsmittel, das aber nur im sauren Bereich wirksam ist. Gute Wirksamkeit gegen Hefen und Schimmelpilze.

Natriumbicarbonat → Natriumhydrogencarbonat

Natriumborat → Borax

Natriumcarbonat
(INCI: Sodium Carbonate) Soda, $NA_2CO_3 \cdot 10\,H_2O$. Weißes wasserlösliches Pulver, dessen Lösung stark alkalisch reagiert und keratolytisch wirkt. Verwendung als Enthärtungsmittel für Badesalze, zur Herstellung von Stearatcremes, für Handwaschpasten u.a.

Natriumcarboxymethylcellulose → Carboxymethylcellulose

Natriumcetylstearylsulfat
(INCI: Sodium Ceteraryl Sulfate) Gemisch aus etwa gleichen Teilen Natriumcetylsulfat und Natriumstearylsulfat, insgesamt mindestens 90% Natriumcetylstearylsulfat, daneben sind 4% freie Alkohole und bis 7% Natriumsulfat/Natriumchlorid zulässig.
Verwendung als Emulgator für hydrophile Salben, Cremes und flüssige Emulsionen.

Natriumchlorid
(INCI: Sodium Chloride) NaCl, Kochsalz. Kosmetische Verwendung für Badesalze und als Verdickungsmittel für Tensidlösungen, in denen es schon in geringer Konzentration durch Beeinflussung der Micellstruktur die Viskosität erhöht.

Natriumcitrat
(INCI: Sodium Citrate) Natriumsalz der 2-Hydroxy-1,2,3,-propantricarbonsäure (Zitronensäure). Verwendung als Komplexbildner und pH-Regulator.

Natriumcyclamat → Cyclamate

Natriumdehydroacetat
(INCI: Sodium Dehydroacetate) Natriumsalz der Dehydracetsäure, das auch im neutralen und schwach alkalischen Bereich als Konservierungsmittel eingesetzt werden kann.

Natriumdioctylsulfosuccinat
Anionisches Tensid, Netzmittel und Emulgator. Wachsartige, hygroskopische Masse. → Sulfobernsteinsäureester

Natriumdiphosphat → Tetranatriumdiphosphat

Natriumfluorid
(INCI: Sodium Fluoride) NaF. Mittel zur Fluoridierung von Zahnpasten, wenn diese als Putzkörper amorphe Kieselsäure anstelle von Calciumcarbonat enthalten. Zulässige Höchstkonzentration: 0,15% berechnet als Fluor.

Natriumhydrogencarbonat
Natriumbicorbonat, $NaHCO_3$. Wässrige Lösungen reagieren schwach basisch (0,1n:pH=8,3); mit Säuren zerfallen sie unter Abgabe von Kohlendioxid.
Festes Natriumbicarbonat verliert an feuchter Luft langsam CO_2 und geht in das beständige Natriumsesquicarbonat über. Man verwendet Natriumbicarbonat als Enthärtungsmittel für Badesalze, in Verbindung mit Säuren für brausende Badesalze und -tabletten.

Natriumhydrogensulfat
Natriumbisulfat, $NaHSO_4$. Verwendung als Mischungskomponente für Badetabletten. Die Chemikalie hat den Zweck, aus dem Kohlensäureträger (z.B. Natriumhydrogencarbonat) das Kohlendioxid freizumachen.

$$NaHCO_3 + NaHSO_4 \rightarrow Na_2SO_4 + H_2O + CO_2$$

Natriumhydrogentartrat
Natriumbitartrat. Saures Natriumsalz der Weinsäure. Verwendung als Säureträger für brausende Salzgemische.

Natriumhydroxid
(INCI: Sodium Hydroxide) NaOH. Weiße hygroskopische Substanz, löslich in Wasser und in Ethanol. Verursacht auf der Haut ein schlüpfriges Gefühl durch Quellung der Oberhaut und Verseifung des Hauttalgs.
Verwendung als Ätznatron oder Seifenstein zur Seifenherstellung (Toilettenseifen); als Alkalisierungs- und Ätzmittel; zur Herstellung von Stearatcremes; als Natronlauge in 5%iger Lö-

sung für Nagelhautentferner zum Erweichen des Nagelhäutchens.

Natriumlactat
Natriumsalz der Milchsäure, das als Feuchtigkeitsspender verwendet wird. → NMF

Natriumlaurylsulfat → Fettalkoholsulfate, → Laurylalkohol.

Natriummonofluorphosphat

$$Na^{\oplus} \begin{bmatrix} O^{\ominus II} & & O^{\ominus II} \\ & P^{\oplus V} & \\ O^{\ominus II} & & F^{\ominus I} \end{bmatrix}^{2\ominus}$$

(INCI: Sodium Monofluorophosphate) Na_2FPO_3. Fluoridierungsmittel für Zahnpasten, das weniger toxisch ist als die Salze des Fluorwasserstoffs und besser verträglich mit kalziumhaltigen Putzkörpern. → Zahnpasten, → Zahnkaries.

Natriumperborat
Natriumperoxoborat (→ Peroxoborate). Die alkalische wässrige Lösung gibt langsam Sauerstoff ab; in der Wärme oder mit Säuren erfolgt Zersetzung unter Bildung von Wasserstoffperoxid. Verwendung als desinfizierendes Reinigungsmittel, z. B. für Zahnprothesen, für Sauerstoff abgebende Badesalze, als Fixiermittel für die Kaltwelle und als Oxidationsmittel in der Haarfärbung.
Natriumperborat hat einen Gehalt an aktivem Sauerstoff von mindestens 10%.

Natriumpercarbonat
Natriumcarbonatperoxohydrat $Na_2CO_3 \cdot xH_2O_2$. Weißes wasserlösliches Pulver, das in Natriumcarbonat und bleichend und oxidierend wirkenden Sauerstoff zerfällt.
Verwendung wie andere Persalze in Bleichmitteln und Sauerstoffbädern.

Natriumperpyrophosphat
Natriumpyrophosphatperoxohydrat, $Na_4P_2O_7 \cdot 2H_2O_2$. Natriumperoxodiphosphat. Sauerstoff abspaltender Bestandteil in Sauerstoffbadetabletten, Badesalzen usw.

Natriumpersulfat
Natriumperoxodisulfat $NaO_3S-O-O-SO_3Na$. Weißes, wasserlösliches Pulver, dessen Lösungen sich erst bei Siedetemperatur zersetzen. Verwendung für Badesalze, Gebissreinigungsmittel.

Natriumphosphate
Natriummonophosphate.
1. Natriumdihydrogenmonophosphat $NaH_2PO_4 \cdot 2H_2O$. Wässrige Lösung reagiert sauer. pH der 1%igen Lösung = 4,5.
2. Dinatriumhydrogenmonophosphat $Na_2HPO_4 \cdot 12H_2O$. pH der 1%igen Lösung = 9,1.
3. Trinatriummonophosphat $Na_3PO_4 \cdot 12H_2O$. pH der 1%igen Lösung = 11,5.
Die Monophosphate bilden schwer lösliche, voluminöse, schlammige Kalziumsalze, die bei der Wasseraufbereitung durch Sedimentation oder Filtration abgetrennt werden können. Außer als Enthärtungsmittel kann das Trinatriumphosphat aufgrund seiner alkalischen Reaktion und seiner Fett verseifenden und Schmutz lösenden Wirkung als Zusatz zu Wasch- und Reinigungsmitteln verwendet werden.
Kosmetische Verwendung in Badesalzen und Nagelhautentfernern.

Natriumpolyphosphate
(→ Polyphosphate) Kondensierte Natriumphosphate, die nach ihrer Struktur in drei Gruppen eingeteilt werden:
1. Metaphosphate = ringförmige, meist Tri- oder Tetraphosphate; (es sind aber auch Ringe mit bis zu acht Phosphor-Einheiten bekannt). Die Metaphosphate haben technisch keine Bedeutung.
2. Kettenförmige Polyphosphate.
3. Vernetzte Polyphosphate, die sich aus verzweigten Ketten und/oder Ringen aufbauen (Ultraphosphate).
Wichtigster Vertreter der kettenförmigen Polyphosphate ist das Pentanatriumtriphosphat $Na_5P_3O_{10}$, das mit 30–40% Bestandteil der meisten synthetischen Waschmittel war. Höher kondensierte Natriumpolyphosphate das glasig amorphe, wasserlösliche Graham'sche Salz und das kristalline unlösliche Maddrell'sche Salz. Die Verwendung der kettenförmigen Polyphosphate beruht auf ihrer Fähigkeit, mehrwertige Metallionen zu binden und in Lösung zu halten. Sie verhalten sich wie Ionenaustauscher. Außerdem wird eine Art Chelatbildung angenommen, in denen die Kationen an mehr als eine PO_3-Gruppe gebunden sind. Die höher kondensierten Schmelzphosphate verstärken zudem die Oberflächenaktivität von Netzmitteln, wirken

dispergierend und emulsionsstabilisierend. Polyphosphate dienen deshalb vor allem als Wasserenthärtungsmittel, als Zusatz zu Wasch-, Reinigungs- und Körperpflegemittel und zur Maskierung von Schwermetallionen. Wegen der Gefahr der Umweltschäden durch Überdüngung der Gewässer sind die Phosphate in Waschmitteln weitgehend ersetzt durch EDTA, NTA, Polycarbonsäurederivate oder Zeolithe. → Komplexbildner

Natriumpropionat
(INCI: Sodium Propionate) Wasserlösliches Salz der Propionsäure, das im sauren Bereich speziell als Fungizid verwendbar ist. → Konservierungsmittel

Natriumsalicylat
(INCI: Sodium Salicylate) Weiße seidige Schuppen oder weißes Pulver, leicht löslich in Wasser, löslich in Ethanol. Natriumsalicylat kann sich unter Lichteinwirkung verfärben. Als Konservierungsmittel zugelassen, aber nicht in Mitteln für Kinder unter 3 Jahren, ausgenommen Shampoos.

Natriumsesquicarbonat
$Na_2CO_3NaHCO_3 \cdot 2H_2O$. Das Salz bildet schöne große glänzende Kristalle, die nicht verwittern, sich leicht in Wasser lösen, sich gut färben und parfümieren lassen. Verwendet wird es zur Herstellung von Badesalzen (Kristallbadesalze).

Natriumsorbat → Sorbinsäure

Natriumstearat
(INCI: Sodium Stearate) Wesentlicher Bestandteil der Stückseifen neben den Natriumsalzen anderer höherer Fettsäuren (Natriumpalmitat, -myristat, -olecat etc.). Verwendung als Emulgator und als Gelbildner für Stiftpräparate.

Natriumsulfit
(INCI: Sodium Sulfite) $Na_2SO_3 \cdot 7H_2O$. Löslich in Wasser, wenig löslich in Ethanol; mit Säuren SO_2-Entwicklung; wirkt antiseptisch und als Antioxidanz. Verwendung als Reduktionsmittel in Haarfärbemitteln, für Dauerwellpräparate und als Konservierungsmittel in alkalischem Milieu.

Natriumtetraborat → Borax

Natriumthioglykolat
Verwendung gelegentlich als Zusatz zu anderen Thioglykolsalzen für Dauerwellpräparate und Depilatorien. → Thioglykolsäure

Natriumthiosulfat
$Na_2S_2O_3 \cdot 5H_2O$. Glasklar kristallisierendes Salz, das sich leicht färben und kristallisieren lässt. Es löst sich leicht in Wasser (pH-Wert = 6,5–8), besitzt aber den Nachteil, dass es verwittert. Natriumthiosulfatlösungen sind nicht lange haltbar. Durch Säureeinwirkung erfolgt Abscheidung von Schwefel unter Freiwerden von stechend riechendem Schwefeldioxid und Spuren von Schwefelwasserstoff.
Verwendung für Badesalze (Kristallbadesalze), in der Haarpflege zum Weißbleichen der Haare und als Stabilisierungsmittel für Seife.

Natriumtriphosphat → Natriumpolyphosphate

natürliche Färbemittel
Zu den natürlichen → Färbemitteln zählen Farben pflanzlichen, tierischen oder mineralischen Ursprungs, wie z. B. Anthocyane, Betanin, Bixin, Karmin, Karminsäure, Kurkumin, Lactoflavin, Lycopin, Titandioxid, Chlorophylline. Auch beta-Carotin ist ein natürlicher Farbstoff, er wird jedoch i. d. R. synthetisch gewonnen, ebenso wie Eisenoxide. Natürlich vorkommende, synthetisch hergestellte Färbemittel fallen unter die Rubrik → naturidentische Färbemittel.

Natural Moisturing Factor → NMF

Naturfarben → natürliche Färbemittel

Naturhaarfarbe → Haarfarbe

naturidentische Färbemittel
→ Färbemittel, die in der Natur (→ natürliche Färbemittel) vorkommen, jedoch (überwiegend) synthetisch hergestellt werden. Dazu zählen z. B. Eisenoxide, beta-Carotin, Lactoflavin und Kurkumin. Die kosmetikrechtlichen Bestimmungen unterscheiden nicht zwischen natürlich oder synthetisch gewonnenen Produk-

ten. Die Deklaration lässt somit keine Aussage über die Herkunft der Färbemittel zu.

Naturkosmetik
Der Begriff selbst und die Rohstoffe, die Naturkosmetika enthalten dürfen, sind rechtlich nicht eindeutig festgelegt. In Deutschland wurde 1993 (unter Federführung des damaligen Bundesministeriums für Gesundheit) der Begriff definiert. Naturkosmetika müssen demnach ausschließlich aus Naturstoffen hergestellt sein. Ausnahmen gelten für bestimmte naturidentische Konservierungsstoffe und aus Naturstoffen bestehende Emulgatoren, da diese nicht oder nur sehr eingeschränkt verfügbar sind. Alle übrigen Rohstoffe sollten somit nicht chemisch modifiziert oder synthetisch hergestellt worden sein.
Die Definition der Narturkosmetikhersteller im BDIH-Verband lautet: Naturkosmetik dient der Verschönerung und Pflege des menschlichen Körpers mittels Wirkstoffen aus der Natur. Zum Einsatz kommen haut- und umweltfreundliche, gesundheitserhaltende natürliche Rohstoffe. Nach welchen Grundsätzen Naturkosmetika tatsächlich erarbeitet werden, liegt in der Verantwortung des Herstellers. Naturkosmetika unterliegen denselben gesetzlichen Auflagen wie alle anderen Kosmetika.

Nekrose
Örtlicher Gewebstod, Absterben von Gewebeteilen oder Organteilen, während die umgebenden Zellen weiterleben. Nekrosen entstehen durch Verletzungen, Sauerstoffmangel, Vergiftungen, Verbrennungen, Strahlenschäden etc. Anstelle des toten Gewebes bildet sich Granulationsgewebe, es entsteht eine Narbe.

Nelkenöle
Caryophylli aetheroleum. Durch Wasserdampfdestillation aus den Blütenknospen, Blütenstielen oder Blättern von Syzygium aromaticum gewonnene ätherische Öle.
Hauptbestandteil ist mit ca. 80 % das für den Geruch und die antiseptischen Eigenschaften verantwortliche Eugenol. Eugenolacetat ist vor allem im Nelkenblütenöl (10–15 %) enthalten, das geruchlich das Feinste ist.
Verwendung in der Parfümerie und Seifenindustrie und für Mundpflegemittel, Zahnpasten etc. Nelkenöl ist auch als Repellent wirksam.

Neo-Heliopan (Symrise)
Handelsbezeichnung für verschiedene chemische → UV-Filter.

Neo-PCL wasserlöslich N (Symrise)
(INCI: Trideceth-9, PEG-5-Ethylhexanoate, Aqua) Handelsbezeichnung für das flüssige Gemisch eines Fettsäurepolyglykolesters und eines Fettalkoholpolyglykolethers. Als hydrophiles Emollient kann es als Rückfetter in Tensidpräparaten, in After-Shaves und Gesichtswässern eingesetzt werden.

Nerol
Das dem Geraniol stereoisomere Nerol kommt in der Natur im Neroliöl, Rosenöl und anderen ätherischen Ölen vor. Es besitzt feinen Rosengeruch.

$$\text{CH}_2\text{OH}$$

Nerol
(cis-Verbindung)

Verwendung in der Parfümerie zu feinen Rosen- und Orangenblütenkompositionen.

Neroliöl
Orangenblütenöl. Durch Wasserdampfdestillation der frischen Blüten von Citrus aurantium (Pomeranze) gewonnenes gelbliches bis bräunliches Öl von angenehmem erfrischenden Geruch. Als Bestandteile sind u. a. zu erwähnen: Linalool, Geraniol, Nerol, Geranylacetat, Nerylacetat, Linalylacetat, Farnesol. Neroliöl ist eines der kostbarsten ätherischen Öle, und wird zur Herstellung feiner Parfümöle eingesetzt.

Nerzöl
Fettes Öl aus dem Unterhautfettgewebe des Nerzes mit hohem Anteil an mehrfach ungesättigten Fettsäuren.
Verwendung für Haut- und Haarpflegemittel.

Nesselfieber
Nesselsucht, Urticaria. Prototyp der allergischen Krankheiten, die durch schubartige Quaddelbildungen mit starkem Juckreiz charakterisiert sind und einen abnormen Erregungszustand der gesamten Hautoberfläche darstellen. Die Quaddelgröße und Quaddelform ist unterschiedlich, zuweilen sind auch die Schleimhäute befallen.

1. Urticaria gigantea mit handtellergroßen plateauartigen Flächen.
2. Urticaria annularis mit ringförmig angeordneten Quaddelbildungen.
3. Urticaria figurata gyrata mit girlandenförmiger Quaddelanordnung.
4. Urticaria bullosa mit Blasenbildung.
5. Urticaria porcellanea mit anämischer Quaddelbildung von porzellanähnlichem Aussehen.

Zwecks Behandlung der Urticaria sind die auslösenden Ursachen zu ermitteln. Ernährungsmäßig bedingte (nutritive) Allergien werden z.B. durch den Genuss von Krebsen, Erdbeeren, Pilzen, Austern und Muscheln hervorgerufen. Auslösende Ursachen sind ferner Medikamente, kosmetische Präparate, Parfümerien, Magen- und Darmstörungen, Zahnschäden, Tonsillen. Sonderformen sind die Lichturticaria, die Wärme- und Kälteurticaria und die Urticaria nervosa.

Netzmittel
Tenside, engl. Surfactants. Natürliche oder synthetische grenzflächenaktive Stoffe, die in Lösungen die Oberflächenspannung des Wassers oder anderer Flüssigkeiten herabsetzen, sodass eine schwer benetzbare Fläche besser benetzbar wird. Dadurch können im Waschprozess Verunreinigungen von kompliziert strukturierten Oberflächen leichter abgehoben werden; Schaum- und Emulsionsbildung wird begünstigt. In kosmetischen Präparaten hängt die Tiefenwirkung von der Herabsetzung der Oberflächenspannung ab.
Netzmittel werden u.a. verwendet für Dauerwellpräparate, Haarfarben, Schaumbäder, Wasch- und Zahnpflegemittel, Emulsionen.

Neutralöle
Allgemeine Bezeichnung für synthetisch hergestellte Triglyceride mit mittelkettigen Fettsäuren, die keine freien Säureester mehr enthalten. Sie haben hautglättende Eigenschaften, weisen eine gute Spreitfähigkeit auf und können penetrationsfördernd wirken.

Neutralrot-Test
Zytotoxizitätstest. Alternatives Testverfahren zum → Tierversuch, das durchgeführt wird, um Aussagen über die Reizwirkung von Substanzen oder Substanzgemischen zu erhalten. Als Prüfbasis dienen kultivierbare, langlebige Bindegewebszellen (Fibroblasten) der Maus. Sie haben die Eigenschaft, den Farbstoff Neutralrot gut zu absorbieren. Die Methode beruht auf dem Effekt, dass durch hautreizende Stoffe geschädigte Bindegewebszellen weniger Farbstoff aufnehmen können als gesunde. Ein Maß für die Beurteilung der Schädigung ist die Konzentration, die zu einer definierten Verringerung der Farbstoffaufnahme führt.

Nexbase 200x FG (Jan Dekker)
(INCI: Hydrogenated Polydecene) Handelsbezeichnung für Polydecene (synthetische Öle) mit hohem Reinheitsgrad, die auch als Lebensmittelzusatzstoff Verwendung finden. Sie zeichnen sich durch ein weiches Hautgefühl aus, hinterlassen keinen fettigen Rückstand, sind nicht okklusiv, aber oxidations- und photostabil sowie farb-, geruch- und geschmacklos. Einsetzbar in nahezu allen kosmetischen Zubereitungen.

nichtionische/nichtionogene Tenside
(→ Tenside) Oberflächenaktive Substanzen, die in wässriger Lösung keine Ionen bilden und demzufolge mit anionischen und mit kationischen Tensiden verträglich sind. Dazu gehören: Fettsäure-Sorbitanester, Polyethylenglykolester, Mono/-Diglyceride, Fettsäureamide und -alkanolamide und ethoxylierte Verbindungen derselben, Alkylpolyglykolether, Alkylphenolpolyglykolether, Zuckerester.

Nicotinsäureamid
Antipellagra-Vitamin, PP-Faktor, Pyridin-3-carbonsäureamid. Das meist in gebundener Form als Wirkstoffgruppe von Coenzymen in allen lebenden tierischen und pflanzlichen Zellen enthaltene Vitamin ist wasserlöslich. Es dient dem intermediären Kohlenhydrat-, Eiweiß- und Fettstoffwechsel und ist wichtig für den Aufbau und die Funktion von Haut und Schleimhäuten sowie zur Verhinderung nervöser Störungen. Steigert die Durchblutung der Haut.
Verwendung bei Haut- und Nervenschäden, seborrhoischem Ekzem, Lichtdermatosen sowie allergischen und allgemeinen Hauterkrankungen (Dermatosen).

Nicotinsäure   Nicotinamid

Nicotinsäureester
Der Methyl-, Benzyl-, Hexyl-, Tetrahydrofurfurylester erzeugt bei örtlicher Anwendung erhöhte Hautdurchblutung und Wärmegefühl. Verwendung zur Verhütung von Schwangerschaftsstreifen, Haarwässer, Sportlotionen u.a.

Niednagel
Schmerzhafte Einrisse des Nagelhäutchens bis zum Nagelwall. Niednagel- oder Neidnagelbildung wird oft bei Jugendlichen beobachtet. Vorsichtiges Entfernen der Nagelhautfetzchen durch die Nagelhautschere oder durch einen Nagelhautentferner ist erforderlich.
Infektionsmöglichkeit: Niednagelabszess.

Night Cream
Engl. für → Nachtcreme.

Niosomen
Liposomen, deren Membransubstanz aus synthetischen nichtionischen Tensiden besteht.

Niotenside, NIO-Tenside → nichtionische Tenside

Nitrilotriessigsäure
$N(CH_2COOH)_3$ → Komplexbildner. NTA wird u.a. als Ersatz für Polyphosphate in Wasch- und Reinigungsmittel eingesetzt und ist biologisch abbaubar.

Nitrocellulose
Chemisch gesehen ist der Name Nitrocellulose unzutreffend, denn es handelt sich um einen Ester der Cellulose (Cellulosenitrat). Die niedernitrierte Cellulose liefert nach Auflösen in Ethanol-Ether die Kollodiumwolle. Im kosmetischen Bereich dient Nitrocellulose in Nagellacken als Filmbildner. Sie bildet widerstandsfähige, schnell trocknende, harte und transparente Lackschichten aus.

Nitromoschusverbindungen
Synthetische → Moschusverbindungen, zu denen auch Moschus-Ambrette und Moschus-Keton zählen.

Nitrosamine
Sammelbezeichnung für N-Nitrosoverbindungen von Aminen, mit >N-NO als funktionelle Gruppe. Sie können als Reaktionsprodukte von sekundären Aminen und salpetriger Säure bzw. Nitriten oder Stickoxiden im neutralen bis sauren pH-Bereich entstehen. Da Nitrosamine, insbesondere das Dimethylnitrosamin, karzinogen wirken, ist bei der Formulierung von kosmetischen Produkten eine mögliche Nitrosaminbildung durch entsprechende Rohstoffauswahl zu vermeiden. Beim Einsatz von Triethanolamin (TEA) kann Diethanolamin, das als Verunreinigung gilt, z.B. in Gegenwart von → Bronopol zur Nitrosaminbildung führen.

NMF
Abkürzung für Natural Moisturizing Factor (Natürlicher Feuchthaltefaktor). Gemisch hydrophiler Substanzen in der Hornschicht der Haut, das der Regulierung des Wasserhaushalts dient. Es enthält u.a. ca. 40% Aminosäuren, 7% Harnstoff und als stark hygroskopische Bestandteile 12% Pyrrolidoncarbonsäure in Form des Natriumsalzes und 12% Milchsäure/Natriumlactat, ferner ein neutrales Kohlenhydratgemisch, das ebenfalls zur Wasserretension beiträgt sowie Glucosamin, Harnsäure und verschiedene Salze.
→ Feuchtigkeitsspender, → ZUK.

Noduli cutanei
(lat. nodulus = Knötchen; cutaneus = zur Haut gehörig) Oberflächliche kleine Fibrolipome der Haut, die weder als harte noch weiche Fibrome zur malignen Entartung neigen.

1-Nonanol $C_9H_{19}OH$ → Pelargonalkohol, → Isononanol.

Nonoxynol → Alkylphenolpolyglykolether

non-transfer
Engl. für nicht abfärbend.

Normalgewicht
Nicht genau spezifizierte Bezeichnung für das unter gesundheitlichen Gesichtspunkten angestrebte Körpergewicht des Menschen. Die Berechnung kann z.B. über den → Body-mass-index erfolgen.

Noxe
(lat. noxa = Schaden) Chemische Substanz oder Faktor, der einen schädigenden Einfluss auf den Organismus ausübt.

NTA
Abkürzung für Nitrilotriacetic Acid. → Nitrilotriessigsäure

Nucleinsäuren
Polynucleotide. Makromoleküle, die aus drei Grundkomponenten aufgebaut sind:
Pentosen (D-Ribose oder Desoxyribose)
Phosphorsäure
Heterozyklische organische Basen: Purine (Adenin, Guanin) oder Pyrimidine (Cytosin, Uracil, Thymin).
Es sind lebensnotwendige Stoffe des pflanzlichen und tierischen Organismus, die am Aufbau des Zellkerns und des Protoplasmas beteiligt sind. Nach der Art der Zuckerkomponente unterscheidet man Ribonucleinsäuren (RNS) und Desoxyribonucleinsäuren (DNS). Mono- und Dinucleotide sind Bestandteile vieler Enzyme.

Nucleoproteine
Eiweißstoffe mit einer Nucleinsäure als prosthetischen Gruppe.

Nucleotide
Strukturmonomere der Nucleinsäuren, bestehend aus organischer Base, Zucker und ein bis drei Phosphorsäureestern.

Nussöl
Das z. T. für Sonnenöle verwendete Nussöl ist Walnussschalenöl, ein durch Infundieren hergestellter öliger Auszug der grünen noch unreifen hydrojuglon-haltigen Walnussfruchtschalen (Oleum Juglandis nucum infusum).

Nylon
Nach einem speziellen Verfahren hergestelltes weißes, geruchloses Pulver, dessen Partikel sich durch eine besonders runde Kornform auszeichnen. In Form von *Nylon-6* oder *Nylon-12* (INCI) kann es in Präparaten der dekorativen und pflegenden Kosmetik zur Verbesserung des Hautgefühls eingesetzt werden. Es kann durch seine poröse, aufnahmefähige Struktur auch zur Mattierung des Produktauftrages beitragen.
In gröberer Form dient es auch als Peelingpartikel, z. B. in Duschpräparaten.

O

Oberflächenspannung
Grenzflächenspannung von Festkörpern oder Flüssigkeiten gegen Gase, speziell gegen Luft. Die Oberflächenspannung bewirkt, dass die Flüssigkeiten bestrebt sind, ihre Oberfläche so weit wie möglich zu verkleinern, d.h. Kugelform anzunehmen.

Oberhaut
→ Epidermis, → Haut. Epithelialer Teil der Gesamthaut. Die Oberhaut besteht aus der Verhornungszone, die Hornschicht, Körnerschicht und ggf. Leuchtschicht umfasst und der Keimzone aus Basalzellenschicht und Stachelzellenschicht.

Octadecadiensäure → Linolsäure

Octadecensäure → Ölsäure

Octadecatriensäure → Linolensäure

Octanal
Caprylaldehyd. Angenehm fruchtartig riechende Flüssigkeit, die zur Herstellung von synthetischen Rosen- und Zitronenölen verwendet wird.

Octanol
(INCI: Caprylic Alcohol) Caprylalkohol, $C_8H_{17}OH$, Octylalkohol.
n-Octanol: Farblose angenehm aromatisch riechende Flüssigkeit, kaum löslich in Wasser, löslich in Ethanol. Es wird als Lösungsmittel in Parfümerie und Kosmetik verwendet.

Octopirox (Clariant)
(INCI: Piroctone Olamine) Handelsbezeichnung für 1-Hydroxy-4-methyl-6-(2,4,4-trimethylphenyl)-2(1H)-pyridon, Ethanolaminsalz. Piroctonolamin.
Substantives, gut haut- und schleimhautverträgliches Antischuppenmittel, gut löslich in Tensidlösungen und in wässrigem Alkohol. Konzentration in Produkten, die wieder ausgespült werden: 0,5–1,0%; in Präparaten, die auf der Haut verbleiben: 0,05–0,1%.

Octylacetat
Duftstoffe von orangenähnlichem Geruch für Jasmin-, Iris-, Neroli- und Rosenparfüms.

Octyldodecanol (INCI)
Gesättigter, verzweigt kettiger Fettalkohol (Guerbet Alkohol), der als flüssige und klartransparente Fettkomponente vielseitig, z.B. in Emulsionen, Stiften, Pasten einsetzbar ist. Handelsbezeichnung → Eutanol G

Octylphenolpolyglykolether
Alkylarylpolyetheralkohole, die als Emulgatoren und Lösungsvermittler verwendet werden.

Octyl-Triazone
2,4,6-Trianilino-p-(carbo-2'-ethylhexyl-1'-oxi)-1,3,5-triazin. UV-Filter für Lichtschutzmittel. Aufgrund seines hohen Extinktionskoeffizienten im UVB-Bereich lassen sich mit Octyl-Triazone schon bei niedrigen Konzentrationen hohe Lichtschutzfaktoren erreichen.

Odor (lat.) = Geruch

Oedeme
(gr. ödema = Schwellung) Schwellungen, die durch Ansammlung wässriger (seröser) Flüssigkeiten in den Gewebsspalten, z.B. der Haut und der Schleimhäute infolge venöser Stauung, Lymphstauung, gestörter Kapillarsekretion hervorgerufen werden. Die Ursachen von Ödemen sind durch den Arzt festzustellen.

Ölbäder → Badeöle

Öle
Sammelbezeichnung für unterschiedliche flüssige Fettkörper. Dazu zählen die aus Erdöl ge-

wonnenen Mineralöle (Kohlenwasserstoffe) und die Öle natürlichen Ursprungs, wie z.B. Pflanzenöle und ätherische Öle, die oft durch das Vorhandensein ein- oder mehrfach ungesättigter Fettsäuren gekennzeichnet sind. Öle tierischer Herkunft werden meist als Fette bezeichnet. Viele in der Kosmetik eingesetzten Ölkomponenten, wie z.B. Fettalkohole, Fettsäureester und Triglyceride sind synthetischer Herkunft. Diese und chemisch modifizierte (z.B. hydrierte) flüssige Fettkörper werden den Ölen zugeordnet. Obwohl auch Siliconöle die Bezeichnung Öl in sich tragen, ölähnlichen Charakter besitzen und dementsprechend eingesetzt werden, zählen sie chemisch gesehen nicht zu den Ölen.

Öle, ätherische → Ätherische Öle

Öle, fette
Triglyceride und okklusive Öle werden im Allgemeinen auch als fette Öle bezeichnet.

Öle, hydrophile
Öle, die durch Zusatz von Emulgatoren (bevorzugt Polyethylenglykolether mit hohem HLB-Wert) mit Wasser mischbar sind. Sie dienen als abwaschbare Haut- und Massageöle, Reinigungsöle, Dusch- und Badeöle.

Öle und Fette, mineralische → mineralische Fette und Öle

Öle, okklusive
Öle, die wenig oder gar nicht in die Haut einziehen, sondern als fettiger, z.T. glänzender, kaum durchlässiger Film auf der Haut verbleiben. Umgangssprachlich werden sie auch als fette Öle bezeichnet. In Emulsionen, Pasten, Stiften und Salben werden sie in Mischung mit anderen Ölkomponenten eingesetzt. Sie verbessern das Gleitvermögen, die Verteilbarkeit, verleihen dem Produktauftrag Glanz und eine gewisse Wasserresistenz und verhindern das Austrocknen der Haut. In höheren Konzentrationen findet man sie in Massageölen, in Lippenstift- und Lipglossformulierungen und in Produkten für trockene Haut. Okklusiv wirkende Öle sind z.B. Rizinusöl, Lanolinöl, Paraffinöle und Polybuten.

Öle, synthetische
Flüssige Fettkörper, die sich durch Haltbarkeit, Spreitvermögen und gute Lösungsmitteleigenschaften auszeichnen. Nachteil der natürlichen pflanzlichen und tierischen Öle ist das Ranzigwerden, das in erster Linie auf ihrem Gehalt an Estern ungesättigter Fettsäuren beruht. Durch Hydrierung kann die Haltbarkeit verbessert werden, andrerseits werden dabei die Schmelzpunkte erhöht (→ Fetthärtung) und meist die in den natürlichen Ölen enthaltenen Vitamine zerstört. In kosmetischen Präparaten bevorzugt man deshalb synthetische Öle: Triglyceride mittelkettiger Fettsäuren, Ester höherer Fettsäuren mit ein- und zweiwertigen Alkoholen (z.B. Fettsäureisopropylester), Ester von Fettalkoholen mit ein- bis zweibasischen Carbonsäuren (Lactate, Adipate), Ester mit verzweigten Kohlenstoffketten oder verzweigte Kohlenwasserstoffe (Perhydrosqualen, Isoparaffine).

Öle, trocknende → Leinsamenöl

Ölsäurebutylester
Butyloleat. Flüssiger Fettkörper, der als Ersatz für fette Öle in Cremes, Lippenstiften und anderen kosmetischen Produkten verwendet werden kann.

Ölsäure, 9-Octadecensäure (cis-Form)

/\/\/\=/\/\/\COOH

(INCI: Oleic Acid) Einfach ungesättigte Fettsäure, die als Glycerolester in vielen Fetten und Ölen vorkommt. Etwa 75–85% der Fettsäuren des Olivenöls bestehen aus Ölsäure; als freie Fettsäure ist sie im Hauttalg enthalten. Die flüssige Ölsäure erstarrt bei 14 °C, sie besitzt cis-Konfiguration, während die feste trans-Konfiguration (F. 44 °C) als Elaidinsäure bezeichnet wird.
Die Haltbarkeit der Ölsäure ist von ihrem Gehalt an mehrfach ungesättigten Fettsäuren abhängig, die die Autoxidation begünstigen. Verwendung zur Herstellung von Seifen, Ölsäurealkanolamiden und -estern, synthetischen Triglyceriden etc.

Ölsäuredecylester
(INCI: Decyl Oleate) Decyloleat. Veresterungsprodukt von Ölsäure mit Decanol. Eigenschaften: Klare, schwach gelbliche, ölige, hautverträgliche Substanz. Sie zeichnet sich durch ein gutes Netzvermögen und große Tie-

Ölsäurediethanolamid

fenwirkung aus. Mischbar mit Ölen und Fetten. Lösungsmittel für lipoidlösliche Wirkstoffe, sodass Ölsäuredecylester als dermatophile Gleitschiene dient.
Verwendung: Zur Herstellung von Hautölen und als auffettender Bestandteil für Salben, Cremes und Emulsionen.

Ölsäurediethanolamid
(→ Fettsäurealkanolamide) Rötlich braune, ölig viskose Flüssigkeit mit substantiven Eigenschaften, die als Überfettungs- und Konditioniermittel, Antistatikum und Schaumstabilisator für Shampoos und Badepräparate empfohlen wird.

Ölsäureoleylester
(INCI: Oleyl Oleate) Oleyloleat. Ester der Ölsäure mit ungesättigten Fettalkoholen, vorwiegend Oleylalkohol. Flüssiges Wachs, das vor Licht und Luft geschützt aufbewahrt werden muss. Es dringt gut in die Haut ein und fördert die Tiefenwirkung inkorporierter Wirkstoffe. F. unter +5 °C; mischbar mit pflanzlichen, tierischen und mineralischen Fetten.
Verwendung für kosmetische Stifte, Salben und Emulsionen.

Ohrenhaare
Tragi. Haare des äußeren Gehörganges, die zu den Borstenhaaren gehören. Sie sind Erscheinungen bei älteren Menschen.

Ohrenschmalz → Cerumen

Ohrenschmalzdrüsen
Glandulae ceruminosae. Aprokrine Drüsen des äußeren Gehörgangs.

Oil-free-Foundation
Engl. für ölfreie → Grundierung. Es handelt sich meist um Emulsionen, deren Ölphase aus Siliconölen u./o. flüchtigen Siliconölen besteht. → Öle

okklusiv
(engl. occlusion = Verschluss, Verschließung) Im kosmetischen Bereich sind damit Substanzen gemeint, die auf der Haut einen undurchlässigen Film hinterlassen. → Öle, okklusive

Oleogel → Lipogel

Oleylalkohol
(INCI: Oleyl Alcohol) n-Octadecenol C_8H_{17}–CH=CH–C_8H_{16}OH. Einfach ungesättigter Alkohol, der im Fett der Stirnhöhlen des Pottwals auch natürlich vorkommt. Oleylalkohol ist haut- und schleimhautverträglich; er ist ein gutes Lösungsmittel für lipoidlösliche Wirkstoffe und wird vielseitig in Präparaten der pflegenden und dekorativen Kosmetik eingesetzt.

Oleyloleat → Ölsäureoleylester

Oligohidrosis
(gr. oligos = wenig; hidrosis = Schweißabsonderung) Geringe Schweißabsonderung.

Oligopeptide
Verbindungen, die durch peptidartige Verknüpfung bis zu 10 Aminosäuren entstehen mit einem Molekulargewicht bis zu etwa 1000.

Olivenöl
(INCI: Olea Europaea) Fettes, hellgelbes, kalt gepresstes Öl aus den Olivenfrüchten (Olea europaea L.) Trübungspunkt ca. 10 °C; Erstarrungspunkt ca. 6 °C. Es enthält außer Ölsäure auch Linolsäure, Palmitinsäure und geringe Mengen anderer Säuren.
Verwendung für Hautpflegepräparate und zur Herstellung von Seifen und Ölsäurederivaten.

Ombre à paupière
Franz. für → Lidschatten.

Omegafettsäuren (ω-Fettsäuren)
Mehrfach ungesättigte Fettsäuren, die besonders im Fischöl vorkommen und in Pflegeprodukten für trockene Haut eingesetzt werden.

Onkotischer Druck
(gr. onkos = Schwellung) Kolloidosmotischer Druck mit Wasserbindungsvermögen der Gewebe- und Körperflüssigkeiten. Die kolloidalen Plasmaproteine (Albumine) üben im Blutplasma einen osmotischen Druck von 33–40 mbar aus.

Onych-, Onycho-
Wortteile mit der Bedeutung Nagel.

Onychatrophie
(gr. atrophia = Auszehrung) Verkümmerung und Verdünnung der Nagelplatte.

Onychauxis
(gr. auxis = Wachstum) Verdickung der Nagelplatte.

Onychia periungualis
Entzündung der Nagelhautränder.

Onychie
Nagelbettentzündung → Nagelpanaritium

Onychodystrophie
(gr. dys = un, fehlerhaft; trophe = Ernährung) Wachtumsstörung des Nagels infolge innerer Krankheiten oder Verletzung des Nagelbetts.

Onychogryposis
(gr. grypos = krumm) Verdickung und krallenartige Verkrümmung der Nägel, besonders der großen Zehen.

Onycholysis
(gr. lysis = Lösung) Ablösung der Nagelplatte vom Nagelbett.

Onychomykose
(gr. mykes = Pilz) Durch Pilze hervorgerufene Erkrankung der Nägel. Ihre Entstehung wird gefördert durch Hyperhidrosis, Tragen von Gummihandschuhen oder Gummisohlen, Maniküreverletzungen, häufigen Kontakt mit Wasser und Seife. Als Erreger kommen in Frage: Trichophyton- oder Candidaarten.

Onychophagie
(gr. phagein = essen) Krankhafte Angewohnheit, auf den Fingernägeln zu kauen oder die Nägel abzubeißen.

Onychorrhexis
(gr. rhexis = Brechen, Zerreißen) Abnorme Brüchigkeit der Nagelsubstanz in Längsrichtung.

Onychoschisis
(gr. schisis = das Spalten) Krankhaftes Spalten des Nagels in zwei übereinander liegende Hornlamellen.

Ophiasis
(gr. ophis = Schlange) Bandartig kranzförmiger Haarausfall, der im Nacken beginnt und über die Schläfen bis zur Stirn reicht. Sonderform der Alopecia areata.

optische Aktivität
Eigenschaft vieler Stoffe, insbesondere Naturstoffe, die Schwingungsebene von linear polarisiertem Licht zu drehen. Die optische Aktivität ist von der Molekülstruktur abhängig, und zwar bei organischen Verbindungen an das Vorhandensein mindestens eines asymmetrischen Kohlenstoffatoms gebunden, d. h. eines C-Atoms, dessen vier Wertigkeiten durch vier verschiedene Reste abgesättigt sind. Die Moleküle existieren in zwei zueinander spiegelbildlichen Formen, die sich nicht miteinander zur Deckung bringen lassen. Die eine Form dreht die Ebene des Lichts im Uhrzeigersinn, (+)-Form, die andere gegen den Uhrzeiger, (−)-Form. Beide Enantiomere können bei gleichen chemischen und physikalischen Eigenschaften unterschiedliche physiologische Eigenschaften aufweisen.

optischer Aufheller
Organische Verbindungen, deren Moleküle ultraviolettes Licht (bis 380 nm) absorbieren und als sichtbares blaues Licht (ca. 450 nm) wieder emittieren. Die Absorption wird durch Kohlenstoff-Kohlenstoff- oder Kohlenstoff-Stickstoff-Mehrfachbindungen verursacht, die meist in aromatische heteroaromatische Ringsysteme eingebaut sind. Optische Aufheller werden da eingesetzt, wo ein störender Gelbstich eines Materials durch zusätzliches Blauteil im reflektierten Licht ergänzt werden soll, sodass sich ein strahlendes Weiß ergibt. Im Gegensatz zum früheren Bläuen der Wäsche wirkt der optische Aufheller als zusätzliche Strahlungsquelle. Nach ihrer chemischen Konstitution sind die optischen Aufheller Derivate der Diaminostilbendisulfonsäure, des Cumarins, des Diphenylpyrazolins oder anderer heterozyklischer Verbindungen.
In der Kosmetik werden optische Aufheller vor allem in Haarpflegemitteln für blondes und weißes Haar verwendet, um den oft vorhandenen Gelbstich zu unterdrücken, aber auch für dunkles Haar, um es lebhafter erscheinen zu lassen. In geringen Mengen werden optische Aufheller auch in Seifen eingesetzt.

Orangenblütenöl
Bezeichnung für das durch Extraktion aus den Blüten von Citrus aurantium gewonnene ätherische Öl. → Neroliöl

Orangenhaut
Bezeichnet die oberflächlich sichtbaren Eindellungen der Haut, die durch → Cellulite entstehen.

Orangenschalenöl, bitter → Pomeranzenöl

Orangenschalenöl, süß
Das durch Kaltpressen der Fruchtschalen von Citrus sinensis L. enthaltene Öl enthält ca. 90% Terpene (hauptsächlich (+)-Limonen), daneben Aldehyde wie Octanal, Decanal, Citral und Ester.
Verwendung für frische, fruchtige Duftnoten.

Organextrakte → Gewebeextrakte

Organic Plant Extracts (Symrise)
Wasserlösliche Pflanzenextrakte in Pulverform für kosmetische Haut- und Haarpflegemittel, die gemäß EU-Verordnung als Bio-Produkte zertifiziert sind.

Orotsäure
(gr. oros = Molke) 6-Uracil-4-carbonsäure. Vorkommen in der Kuhmilch (6–10 mg/l), Leber und Hefe; biologisch für die Synthese der Nucleinsäuren von Bedeutung. Ihre Verwendung als Feuchtigkeitsfaktor für Haut- und Haarwässer ist umstritten.

Osm(h)idrosis
(gr. osme = Geruch, Gestank; hidrosis = Schweißabsonderung) Bromidrosis, Uridrosis. Absonderung übel riechenden Schweißes (Stinkschweiß).

Osmologie
(gr. logos = Lehre) Lehre von den Riechstoffen.

Osmose
(gr. osmos = Druck, Antrieb) Übergang des Lösungsmittels einer Lösung in eine stärker konzentrierte Lösung durch eine semipermeable Scheidewand, die nur für das Lösungsmittel, nicht aber für den gelösten Stoff durchlässig ist. Der durch Volumenvergrößerung in einer osmotischen Zelle entstehende Druck einer gelösten Substanz wird als osmotischer Druck bezeichnet. Ein osmotischer Druck kann aber nur in echten oder kristalloiden Lösungen auftreten. Werden verschiedene Lösungen hinsichtlich ihrer Druckverhältnisse verglichen, so spricht man von isotonisch, wenn sie den gleichen, von hypertonisch, wenn sie einen höheren, hypotonisch, wenn sie einen geringeren osmotischen Druck als die Vergleichsflüssigkeit aufweisen. Osmotische Erscheinungen spielen im biologischen Geschehen eine große Rolle. Zellwände sind in gewisser Weise semipermeable Wände, indem sie für Wasser sehr viel besser durchlässig sind als für Substanzen mit niedrigen Molekulargewichten und undurchlässig für große Moleküle und für kolloid gelöste Stoffe.
→ Umkehr-Osmose.

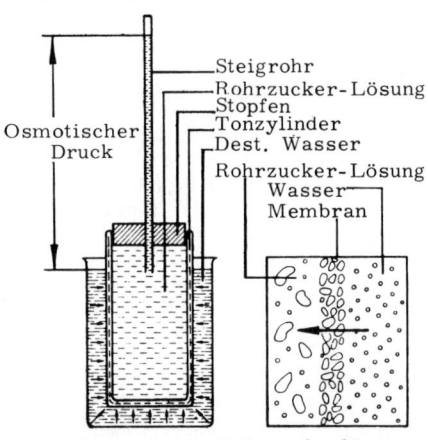

Osmose von Rohrzuckerlösung

O/W-Emulsionen
Kurzform für Öl-in-Wasser-Emulsionen. → Emulsionen, bei der die Ölphasentröpfchen von Wasserphasentröpfchen umgeben sind und durch einen entsprechenden O/W-Emulgator in Schwebe gehalten werden. Die Wasserphase bildet dabei die äußere Phase.

O/W/O-Emulsionen
Kurzform für Öl-in-Wasser-in-Öl-Emulsionen. Es handelt sich um eine Form der → multiplen Emulsion. Hier sind Öltröpfchen von Wassertröpfchen umgeben, die ihrseits wieder von Ölphasentröpfchen umschlossen werden. Die Ölphase bilden dabei die äußere Phase.

Oxalsäure
(INCI: Oxalic Acid)

$$HO-\underset{\underset{O}{\|}}{C}-\underset{\underset{O}{\|}}{C}-OH$$

Ihre Ester und Salze sind nach der Kosmetik-Verordnung nur in Haarmitteln (bis 5%) für gewerbliche Zwecke zugelassen.

Oxethlylate → Ethoxylate

Oxidation
Chemische Reaktion, bei der ein Element mit Sauerstoff vereint wird. Die Bezeichnung ist aus dem französischen (franz. oxygène = Sauerstoff) abgeleitet. Gegenteil → Reduktion.

Oxidationshaarfarben
→ Haarfärbemittel, die dem Haar dauerhafte Farbe verleihen. Es handelt sich um Gemische aus farblosen Farbstoffvorstufen, die mit Oxidationsmitteln zu Farbstoffen reagieren. Da in alkalischem Milieu die Schuppenschicht des Haares quillt, können in ammoniakalischer Lösung die relativ kleinen Moleküle der farbbildenden Substanzen in die Faserschicht des Haares hineindiffundieren; dort werden sie durch das Oxidationsmittel Wasserstoffperoxid zu Verbindungen oxidiert, die ihrerseits mit noch nicht oxidiertem Farbbildner oder mit einer anderen Komponente des Gemisches, den sog. Kupplern, zu den permanent färbenden großen Farbstoffmolekülen reagieren. Diese sind durch Wasser nicht mehr aus dem Haar herauslösbar. Farbbildende Komponente in fast allen Oxidationshaarfarben ist in den meisten europäischen Ländern das 2,5-Diaminotoluol (p-Toluylendiamin), in den USA das p-Phenylendiamin. Als Kuppler werden m-Phenylendiamin, o-Toluylendiamin, Aminophenole, Polyhydroxybenzole, α-Naphthol o.a. verwendet. Durch Kombination verschiedener Farbstoffvorstufen können alle Farbtöne von hellblond bis schwarz erzielt werden. Die meisten dieser Substanzen unterliegen wegen der Gefahr der sog. Paragruppenallergie gewissen Anwendungsbeschränkungen, die in der Kosmetik-Verordnung, Anlage 2 festgelegt sind. Alle Farbstoffvorstufen müssen vor vorzeitiger Oxidation durch Luftsauerstoff geschützt werden, z.B. durch Zusatz von Natriumsulfit oder Ascorbinsäure, und dürfen erst unmittelbar vor Gebrauch mit dem Wasserstoffperoxid vermischt werden.
Die Intensität der Färbung wird u.a. auch durch die Länge der Einwirkzeit bestimmt.

Oxidationsmittel
Elektronen aufnehmende Systeme. In der Praxis versteht man darunter Verbindungen, die leicht Sauerstoff abspalten oder die dehydrierend wirken, d.h. Wasserstoff entziehen. In der Kosmetik finden Oxidationsmittel bei der Kaltwelle, bei der Coloration und als Desinfektionsmittel Verwendung. Oxidationsmittel sind: Wasserstoffperoxid, Harnstoffperoxid, Natriumperborat, Natriumperoxid, Peroxodisulfate, Perpyrophosphate, u.a.

Oxypon (Zschimmer und Schwarz)
Handelsbezeichnung für verschiedene Emollients, die in Körperreinigungsmitteln Verwendung finden.
Beispiele:
Oxypon 328 (INCI: PEG-26 Jojoba Acid (and) PEG-26 Jojoba Alcohol) Jojobaölethoxylat.
Oxypon 288 (INCI: PEG-10 Olive Glycerides) Olivenölethoxylat.
Oxypon 365 (INCI: PEG-11 Avocado Glycerides) Avokadoölethoxylat.
Oxypon 401 (INCI: PEG-9 Cocoglycerides) Kokosölethoxylat.

Oxynex (Merck)
Handelsbezeichnung für eine Gruppe von Antioxidanzien, die zur Stabilisierung von ungesättigten Fetten, Ölen sowie ätherischen Ölen einsetzbar sind. Je nach natürlichem Tocopherolgehalt der zu stabilisierenden Öle werden unterschiedliche Oxynex-Typen verwendet. Die Einsatzkonzentration beträgt 0,01–0,2%.
Beispiele:
Oxynex 2004 (INCI: Propylene Glycol, BHT, Ascorbyl Palmitate, Glyceryl Stearate, Glyceryl Distearate, Citric Acid) Feste, salbenartige Mischung, geeignet für Öle mit niedrigem und hohem Tocopherolgehalt.
Oxynex AP (INCI: Lecithin, Carpylic/Capric Triglyceride, Ascorbyl Palmitate, Citric Acid) Flüssige Mischung, geeignet für Öle mit hohem Tocopherolgehalt.

Ozokerit
Bezeichnung für natürlich vorkommende Erdwachse, die überwiegend aus festen, gesättigten,

hochmolekularen Paraffinkohlenwasserstoffen bestehen. Amorphe Massen von weicher bis spröder, harter Konsistenz. Beimengungen von Isoparaffinen und Aromaten verhindern beim Ozokerit die Kristallisation. Durch Reinigung mit rauchender Schwefelsäure werden die Beimengungen zerstört, es entsteht Ceresin.

Ozon

Dreiatomiger Sauerstoff, der durch stille elektrische Entladung aus Sauerstoff entsteht. Ozon ist ein starkes Oxidationsmittel und kann als Desinfektionsmittel (z.B. für Wasser) und als Bleichmittel verwendet werden. 10^{-7} Vol. Teile der Lufthülle bestehen aus Ozon. In Erdnähe wird das Ozon durch Oxidationsvorgänge laufend zerstört, in höheren Luftschichten (25–50 km Höhe) durch fotochemische Reaktionen neu gebildet. Dieser Ozonmantel absorbiert die kurzwellige UV-Strahlung und schützt die Erde vor den schädigenden Wirkungen dieser Strahlen.

P

PABA → 4-Aminobenzoesäure

Pachydermie
(gr. pachys = dick) Bindegewebshyperplasie. Umschriebene Verdickung und Verhärtung der Haut durch Fibrosierung, oft mit warzenartigen Hornauflagerungen.

Pachyonychie
Angeborene oder erworbene Verdickung des Nagels (z.B. nach Erfrierungen, Verbrennungen; bei Mykosen).

Packungen
→ Gesichtspackungen, → Haarkuren. Eine Packung ist ein kosmetisches Präparat und zugleich eine kosmetische Anwendungsform, wobei man die nicht erhärtende Substanz aufträgt, etwa 15–20 Minuten einwirken lässt und dann mit feuchten Kompressen abnimmt oder mit Wasser aus- bzw. abwäscht.

Pads
(engl. pad = Poster, Kissen, Bausch, Unterlage) Allgemeine Bezeichnung für handliche geformte Stücke aus Watte, Viskose oder anderem Gewebematerial, die je nach Materialbeschaffenheit für unterschiedliche Anwendungszwecke geeignet sind. Sie können z.B. als Abschmink- oder Nagelpolierhilfsmittel verwendet werden, in getränkter Form zur Reinigung (→ Feuchttücher) oder als Augenpflegemittel dienen.

Palmarosaöl
Durch Wasserdampfdestillation aus der wild wachsenden oder kultivierten Grasart Cymbopogon Martini, var. motia, gewonnenes ätherisches Öl mit rosenartigem Geruch. Es enthält 75–95% Geraniol, teilweise verestert (3–15%) und dient als Ausgangsmaterial zur Herstellung von Geraniol oder direkt zur Parfümierung von Seifen und Kosmetika.

Palmitinsäure
(INCI: Palmitic Acid) n-Hexadecansäure $C_{15}H_{31}COOH$ (Cetylsäure). Bestandteil vieler natürlicher Fette und Wachse. F. 62 °C. Weiße blättrige Masse, unlöslich in Wasser, löslich in heißem Ethanol und Ether. Verwendung zur Herstellung von Estern (→ Isopropylpalmitat), Seifen, Fettsäurealkanolamiden, Metallseifen, synthetischen Wachsen u. a.

Palmitinsäurecetylester
Cetylpalmitat $C_{15}H_{31}CO-OC_{16}H_{33}$. Weiße blättrig kristalline Substanz, löslich in heißem Ethanol. Hauptbestandteil des Walrats. F. 53 °C. Verwendung als Konsistenzregler für Emulsionen, Stifte, Salben und Pasten.

Palmitinsäuremyricylester
Bestandteil des Bienenwachses.

Palmitoleinsäure
cis-9-Hexadecensäure (Zoomarinsäure) $CH_3(CH_2)_5-CH=CH-(CH_2)_7-COOH$.
Sie findet sich in fast allen natürlichen Fetten und Ölen, bei Pflanzen besonders in den Samenölen, bei Tieren in den Fischölen. Öle mit reichlich Palmitoleinsäuretriglycerid dringen leicht in die Haut ein und besitzen gutes Spreitvermögen.

Palmitoylascorbinsäure
Ester der primären OH-Gruppe der Ascorbinsäure mit Palmitinsäure, der als Antioxidanz eingesetzt wird.

Palmitylalkohol → Cetylalkohol

Palmkernfett, Palmkernöl
(INCI: Elaeis Guineensis) Butterähnliche Masse aus den Fruchtkernen der Ölpalme (Elaeis guineensis). F. 26–30 °C. In Form von Triglyceriden sind enthalten: Bis zu 55% Laurinsäure, ca. 18% Ölsäure, ~ 12% Myristinsäure, ~ 7% Palmitinsäure, Caprinsäure, Linolsäure. Verwendung zur Herstellung von Seifen und synthetischen Tensiden.

Palmöl
Palmfett. Gelbrote, butterähnliche Masse aus dem Fruchtfleisch der Ölpalme (Elaeis guineensis). F. ca. 27 °C. Bestandteile: Palmitinsäure (bis

47%), Ölsäure (bis 48%), Linolsäure (ca. 10%) in Form von Triglyceriden. Die Farbe ist durch den Gehalt an Carotinoiden bedingt. Verwendung zur Herstellung von Seifen und kosmetischen Grundstoffen.

Palpebra (lat.) = Augenlid

Panamarinde
Quillaya-Rinde, Seifenrinde, Cortex Quillaiae. Saponindroge, die ca. 10% Saponine enthält, Glykoside der Quillajasäure. Sie wirken fungistatisch.
Verwendung für Mundwässer, Zahnpflegemittel und Badepräparate. In Shampoos sollen Panamarindeextrakte das Nachfetten der Haare verzögern.

Panaritium
(Nagelgeschwür, Umlauf) Sammelbezeichnung für eitrige Entzündungen an den Fingern infolge von Wundinfektionen mit Eitererregern (Staphylokokken, Streptokokken u.a.) nach oft geringfügigen Verletzungen.

Pankreatin
Durch Extraktion frischer Bauchspeicheldrüsen von Rindern und Schweinen gewonnenes Enzympräparat. Weißes bis gelbliches Pulver von fleischbrühartigem Geruch. Es enthält proteolytische Enzyme (Trypsin, Chymotrypsin, Carboxypeptidasen), fettspaltende Enzyme (Lipase, Phospholipase, Esterasen) und kohlenhydratspaltende Enzyme (Amylase).
Verwendung fand Pankreatin in der Kosmetik als enzymatisch wirkendes Reinigungsmittel für Zahnprothesen, in Körperpflegemitteln wird es nicht mehr eingesetzt.

Panniculus adiposus
Unterhautfettgewebe, Fettpolster.

D-Panthenol
(INCI: Panthenol) D(+)-Pantothenylakohol, Provitamin B5. Im Körper ist Panthenol Vorstufe der Pantothensäure. Es dringt in Epidermis und Corium und in Wurzel und Schaft des Haares ein, wirkt lindernd bei Sonnenbrand, vermindert das Erythem, stimuliert die Epithelisierung und Pigmentation und zeigt gutes Feuchthaltevermögen für Haut und Haar.

$$HO-H_2C-\underset{\underset{H_3C}{|}}{\overset{\overset{H_3C}{|}}{C}}-\underset{H}{\overset{H}{C}}-\overset{O}{\overset{\|}{C}}-\underset{H}{\overset{H}{N}}-CH_2-CH_2-CH_2OH$$

Verwendung für After-Sun-Präparate, Cremes und Lotionen gegen spröde und rissige Haut und für Haarpflegemittel.

D-Panthotensäure

$$HO-H_2C-\underset{\underset{CH_3}{|}}{\overset{\overset{CH_3}{|}}{C}}-CH(OH)-\overset{O}{\overset{\|}{C}}-\underset{H}{\overset{H}{N}}-CH_2-CH_2-\overset{O}{\overset{\|}{C}}-OH$$

Wichtige Aminosäure, die zum Vitamin-B-Komplex gerechnet wird. Hellgelbes, instabiles, hygroskopisches, zähflüssiges, wasserlösliches Öl. Pantothensäure findet sich in fast allen pflanzlichen und tierischen Geweben, in höherer Konzentration in Hefe, Leber, Niere und Hirn; besonders reich an Pantothensäure ist der Weiselfuttersaft der Bienen (Gelee Royale). Pantothensäuremangel führt bei Tieren zu Haarausfall und vorzeitigem Ergrauen des Felles, beim Menschen sind keine Mangelsymptome bekannt. Wegen ihres günstigen Einflusses auf die normale Funktion von Haut und Schleimhäuten und auf die Wundheilung wird sie kosmetisch in Haar- und Gesichtswässern, in Packungen und Hautcremes eingesetzt.

Papain
Eiweiß spaltendes Enzym, das aus dem eingetrockneten Milchsaft der Früchte von Carica papaya (Melonenbaum) gewonnen wird. Verdaut Proteine zu Aminosäuren, pH-Optimum 4–7.
Verwendung zur schonenden Darstellung von Eiweißhydrolysaten, als Zusatz zu Gebissreinigungsmitteln und Zahnpasten.

Papel → Papula

Papillarlinien
Cristae cutis = Hautleisten (lat. crista, -ae f. = Leiste). Charakteristische Papillarlinienmuster zeigen die Hand (Hohlhand) und die Fußsohle. Auf den Papillarlinien sind die Poren der Schweißdrüsen reihenweise angeordnet.

Papillarschicht
Stratum papillare, Papillarkörper. Oberste Schicht der Lederhaut mit kuppel- oder kegelförmigen Ausstülpungen, durch die die Lederhaut mit der Oberhaut verbunden wird. Diese wird durch die in der Papillarschicht enthaltenen Blutgefäße mit Nährstoffen versorgt. Mit zunehmendem Alter flachen die Papillarkörper ab.

Papille
(lat. = Warze, Bläschen) Warzenartige Erhebung an der Oberfläche von Organen. Haarpapille → Haarfollikel; Papillen der Lederhaut → Papillarschicht.

Papillenhaar → Haarwechsel

Papillenhals
Die Verengung zwischen Papillenpolster und eigentlicher Papille wird als Papillenhals bezeichnet (→ Haare, → Haarfollikel).

Papillenpolster
Boden der Haarpapille (→ Haare → Haarfollikel).

Pappelknospen
Gemmae Populi. Sie werden sowohl in Form eines wässrig glykolischen Extraktes als auch als Pappelknospenöl für Haarwässer (Antischuppenmittel), Haaröle und Hautkosmetika verwendet. Als Wirkstoffe gelten das ätherische Öl, Flavonglykoside, Phenolglykoside (Salicin und Populin) Mannit, Gerbstoffe, Pappelknospenextrakte sollen die Wundheilung begünstigen und als Feuchthaltemittel für Haut und Haare geeignet sein.

Papula
(lat. = Knötchen) Primäre Effloreszenz von Stecknadelkopf- bis Linsengröße, die das Niveau der Haut überragt.

Parabene
Bezeichnung für para-Hydroxybenzoesäureester bzw. PHB-Ester.

HO—⟨⟩—COOR

R = Methyl-, Ethyl-, Propyl-, Butyl- Rest.
Die PHB-Ester sind einzeln oder in Kombinationen (z.B. Methyl- und Propylester) die meist verwendeten Konservierungsmittel, gut wirksam in schwach saurem Bereich gegen Hefen und Schimmelpilze, weniger wirksam gegen Bakterien. Die Wasserlöslichkeit nimmt vom Methyl- zum Butylester ab, die Wirksamkeit mit steigender Kettenlänge zu. Nichtionogene Emulgatoren und Makromoleküle wie Celluloseether, Polysorbate, Polyvinylpyrrolidon können inaktivierend wirken. PHB-Ester werden oft mit Bakteriziden wie Germall oder Phenoxyethanol kombiniert. Gelegentlich werden auch die Natriumsalze der PHB-Ester verwendet, sie sind besser löslich, die wässrigen Lösungen reagieren aber alkalisch. Den PHB-Estern wird ein gewisses sensibilisierendes Potenzial zugesprochen.

Paraffin
Bezeichnung für gesättigte aliphatische Kohlenwasserstoffe → Alkane.
Man unterscheidet 3 Arten:
1. Hartparaffin, Paraffinum solidaum.
F. 50–62 °C. Gemisch fester, gereinigter, gesättigter Kohlenwasserstoffe; farblose bis weiße, miteinander verfilzte Kristalle, deren Zwischenräume mit flüssigem Paraffin ausgefüllt sind. → Mikrowachse, → Ceresin.
2. Dickflüssiges Paraffin, Paraffinum liquidum
3. Dünnflüssiges Paraffin, Paraiffinum perliquidum.
Die flüssigen Paraffine werden auch als Paraffinöl zusammengefasst. Sie bestehen überwiegend aus verzweigten und zyklischen Alkanen. Sie sind klare, farblose, im Tageslicht nicht fluoreszierende, geruch- und geschmacklose, viskose Flüssigkeiten (→ Mineralöle). Alle Paraffine sind unlöslich in Wasser, schwer löslich in 100%igem Ethanol, löslich in Ether, mischbar mit Fetten, fetten Ölen und Wachsen.
Kosmetische Verwendung in Cremes, Salben, Emulsionen und Stiftpräparaten.

Parakeratose
(gr. keras = Horn) Verhornungsanomalie der Oberhaut mit Schuppenbildung als Folge von entzündlichen Dermatosen (Sonnenbrand, Ekzem, Psoriasis). Die Parakeratose ist charakterisiert durch kernhaltige Hornzellen.

Parfüm
(lat. fumare = dampfen, rauchen) Bezeichnung für hochprozentig-ethanolische Lösungen von

→ Parfümölen, die zur Beduftung des Körpers eingesetzt werden. Z.T. ist mit Parfüm auch der Duft selbst gemeint oder die in Produkten eingesetzten Parfümölkomposition.
Nach dem Gehalt an Riechstoffen unterscheidet man die Kategorien:
• Parfüm (15–30%)
• Eau de Parfum (10–15%)
• Eau de Toilette (5–10%)
• Eau de Cologne (2–4%)
Der Duft eines Parfüm lässt sich einteilen in:
Kopfnote:
Sie bildet den ersten Eindruck eines Parfüms, verflüchtigt sich jedoch schnell. Als Kopfnote gelten Zitrusdüfte, aldehydische, fruchtige, grüne und krautige Noten.
Herznote (Bouquet, Coeur):
Sie bestimmt den eigentlichen Duftcharakter und verbleibt mehrere Stunden. Die Duftausrichtung kann fruchtig sein oder in Richtung blumig tendieren mit Ausprägungen zu grünen, schweren oder würzigen Noten.
Grundnote (Fond, Basis-Note, Fixateur)
Sie bildet das Fundament des Parfüms und lässt den Duft „ausklingen". Die dazugehörigen Duftrichtungen sind holzig, animalisch, balsamisch, süß- und würzigaromatisch sowie Ambra, Eichenmoos, Leder und Tabak.

Parfümierungsmittel → Parfümöle

Parfümöle
Auch Riechstoffe, → Duftstoffe, Parfümierungsmittel. Unverdünnte Einzelsubstanzen oder deren Mischungen, die aus Naturrohstoffen stammen, oder (halb-)synthetisch hergestellt sein können. Sie sind Ausgangsrohstoffe zur Herstellung von → Parfüm, Eau de Parfum, Eau de Toilette, Eau de Cologne und Duftstoffkompositionen, die zur Parfümierung von Kosmetika, Haushaltsreinigern, Raumdüften und dergleichen eingesetzt werden. In kosmetischen Produkten werden sie als *Parfum* (INCI) deklariert.
Zu den Parfümölen zählen ätherische Öle, Concrètes, Resinoide und Absolues. Als Riechstoffquellen dienen u.a.:
• Blüten (Lavendel, Rosen, Jasmin, Neroli u.a.)
• Blätter und Stängel (Geranium, Patchouli, Petitgrain)
• Früchte oder Fruchtschalen (Zitrusöle)
• Wurzeln (Kalmus, Iris, Angelika)
• Holz (Sandel, Cedern)
• Gräser oder Kräuter (Lemongras, Salbei, Thymian)
• Nadeln (Fichten, Tannen, Latschenkiefern)
• Harze und Balsame (Benzoe, Myrrhe, Peru, Tolu)
• Tierische Drogen (Ambra, Castoreum, Moschus, Zibet)
Außerdem werden aus Naturprodukten isolierte Aldehyde, Ketone, Ester, Alkohole etc. verwendet (Geraniol, Citronellal, Citral, Eugenol, Menthol) sowie halbsynthetische (Citronellol, Geranylacetat, Jonone) und synthetische Riechstoffe (Phenylethylalkohol, Linalool u.a.).

Parodontitis
Entzündliche, durch bakterielle Beläge verursachte Erkrankung aller Anteile des Parodontiums, die bei Nichtbehandlung bis zum Zahnverlust führen kann.
Parodontitis marginalis:
Schubweise fortschreitende Erkrankung, die mit dem Verlust des Stützgewebes aller Anteile des Zahnhalteapparates einhergeht. Dabei können einzelne oder mehrere Zähne betroffen sein.
Entwicklungsstufen der Parodontitis:

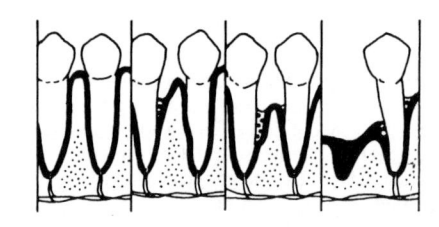

Parodontium
(gr. odus, odontos = Zahn) Zahnhalteapparat, Zahnbett. Besteht aus 1. Gingiva, 2. Wurzelhaut (Periodontium), 3. Zement, 4. Zahnfach (Alveole). Physiologisch stellt das Parodontium ein einheitliches funktionelles System von Stützgeweben dar, das alle auf den Zahn einwirkenden normalen Kräfte mit seinen Periodontalfasern, den Gefäßkanälchen, der Lymphflüssigkeit elastisch auffängt und auf den Kieferknochen weiterleitet.

Parodontopathien
Sammelbegriff für alle Erkrankungen des Parodontiums.

Parodontose
Veraltete Bezeichnung für nichtentzündliche Zahnbetterkrankungen. Der Ausdruck wird umgangssprachlich auch allgemein für Erkrankungen des Parodontiums verwendet. Vgl. → Parodontitis.

Paronychie
(gr. para = entlang, neben; onyx, onychos = Nagel) Panaritium parunguale → Nagelfalzentzündung.

Parsol (Brenntag)
Handelsbezeichnung für verschiedene chemische → UV-Filter.

Partialfettsäureester
Fettsäureester mehrwertiger Alkohole oder Zucker, bei denen nicht alle Hydroxylgruppen durch Fettsäuren verestert sind. → Glycerolfettsäureester, → Sorbitanester, → Zuckerester.

Partialglyceride
Mono- oder Diglyceride. → Glycerolfettsäureester

Pasten
Oberbegriff für meist wasserfreie, zähe bis feste Zubereitungen, deren Hauptbestandteile neben Ölen und Wachsen auch Pigmente sind. Pastenförmige Zubereitungen im kosmetischen Bereich sind z.B. Nagelschleifpasten, Compact-Make-ups oder Camouflages, aber auch Zahnpasten und Gesichtsmasken zählen dazu.

Patchouliöl
Grünliches oder gelbbraunes ätherisches Öl aus den Blättern des Pogostemon cablin Bentham von campherartigem Geruch. Es enthält als Hauptbestandteil Patchoulialkohol (Sesquiterpen-Alkohol). Das sehr haftfeste Patchouliöl wird in Parfüms zur Erzielung orientalischer und Fougèrenoten verwendet.

Patchtest / Patch Test
→ Epikutantest

PCL-Liquid (Dragoco)
(INCI: Cetearyl Ethylhexanoate, Isopropyl Myristate)
Handelsbezeichnung für ein flüssiges Gemisch alkylverzweigter Fettsäureester, das als Emollient eingesetzt wird. Seine molekulare Struktur ist an das natürliche Bürzeldrüsenfett der Wasservögel angelehnt und zeichnet sich durch ein hohes Spreitvermögen und gute benetzende Eigenschaften aus. Es bildet einen dünnen hydrophoben Film auf der Haut, der vor Austrocknung schützt, leicht rückfettend wirkt und die Haut geschmeidig macht.

PCMC
Abkürzung für p-Chlor-m-kresol → Chlorcresole

PCMX
Abkürzung für → p-Chlor-m-xylenol

Pearleffekt
Engl. für Perlglanzeffekt. Der Ausdruck wird allgemein für den metallisch wirkenden Schimmer verwendet, der bei dekorativen Kosmetika durch den Einsatz von → Perlglanzpigmenten zustande kommt.

Pearlfarbe
Kurzbezeichnung für Nagellack- oder auch Lippenstiftfarben, die aufgrund ihres hohen Gehaltes an → Perlglanzpigmenten einen metallisch schimmernden Perlglanzeffekt (→ Pearleffekt) aufweisen.

Pearllacke
Fachausdruck für farbige Nagellacke, die Perlglanzpigmente enthalten und dadurch einen Perlglanzeffekt (→ Pearleffekt) aufweisen.

Pedique
Spezialprodukte, die dem Aufbau und Ersatz von Fußnägeln dienen. Sie ähneln prinzipiell den lichthärtenden Einphasen-Modelliergelen (→ Nagelmodellage), zeichnen sich jedoch durch eine höhere Materialelastizität aus.

Peeling
(engl. peel = schälen) Intensive Form der Hautreinigung, die mit körnigen Präparaten durchgeführt wird. Je nach Anwendungsgebiet unterscheidet man Körper- und Gesichtspeelings. Ziel ist es, durch mechanische Einwirkung die Durchblutung anzuregen, verstopfte Hautporen zu öffnen und lockere Hornschüppchen zu entfernen, sodass das Hautbild feiner und die Haut glatter und weicher erscheint. Die enthaltenen Abrasivstoffe (Abrasiva), wie z.B. Mandelkleie, mikrofeine Wachs- oder Nylonkügelchen sorgen während des Einmassierens auf der Haut für

den erwünschten Rubbel- bzw. Peeling-Effekt. Die durchschnittlichen Korngrößen liegen bei 250–600 µm. Peelingprodukte können als Waschcreme (Rubbelcreme, Dusch-Peeling) konzipiert sein oder liegen als Pulvermischung vor und sind mit Wasser anzuteigen. Für empfindliche und zu Teleangiektasien neigende Haut ist diese Reinigungsmethode nicht empfehlenswert. Siehe auch → Schälkuren.

PEG
Abkürzung für → Polyethylenglykol.

Pektine
(gr. pektos = geronnen) Hochmolekulare Gerüst- und Kittsubstanzen der Pflanzen, die aus 1,4-α-glykosidisch verknüpften Polygalakturonsäureketten bestehen, deren Carboxylgruppen zu 20–60% mit Methanol verestert sind. Pektine werden aus Äpfeln oder aus Zitrusschalen gewonnen. Sie sind alkaliempfindlich, aber säurestabil. Mit Zuckern und Säuren bilden sie transparente Gele. Größere Mengen Alkohol wirken fällend.
Verwendung gelegentlich als Verdickungsmittel für Zahnpasten, Cremes, als Schutzkolloide und Emulgatoren für fette, mineralische und ätherische Öle. Auch die mit Ethanol veresterten Polygalakturonsäuren sind als O/W-Emulgatoren geeignet.

Pelargol
Dimethyloctanol, Dihydrocitronellol. Substanz mit rosenartigem Duft, die in der Natur nicht vorkommt. Sie wird in der Parfümindustrie verwendet.

Pelargonaldehyd
n-Nonylaldehyd, Nonanal-1, $C_8H_{17}CHO$. Vorkommen in Zitrus- und Rosenölen u.a. Geruch rosenartig.
Verwendung für blumige Duftkompositionen.

Pelargonalkohol
n-Nonylalkohol, Nonanol-1, $C_9H_{19}OH$. Citronellolartig riechende Flüssigkeit, die für Kölnisch Wasser, Seifen und Parfüms verwendet wird (auch als Ester).

Pellagra
(gr. pella = Haut; agra = rau) Chronische, meist in Schüben verlaufende Avitaminose, bedingt durch Fehlen insbesondere des Nicotinsäureamids. Charakteristische Hautveränderungen an den der Sonne ausgesetzten Körperteilen: Groblamellöse Schuppung, ödematöse, oft juckende Erytheme mit Blasen und Pusteln, starke Pigmentierung.

Pellicula
(lat. = Häutchen) Dünne eiweißhaltige Schicht, die sich auf der sauberen Zahnoberfläche aus dem Speicheleiweiß bildet und durch Nahrungsaufnahme verfärben kann. Plaque setzt sich auf der Pellicula ab. Beides wird durch die abrasiven Bestandteile der Zahnpasten beim Zähneputzen entfernt.

Peloidbäder
(gr. pelos = Schlamm, Lehm) Peloide sind durch geologische Vorgänge entstandene Produkte, die aus anorganischen oder organischen Stoffen bestehen und die entweder bereits von Natur aus feinkörnig vorliegen oder nach entsprechender Aufbereitung in fein zerkleinertem Zustand in der medizinischen Praxis in Form von schlamm- oder breiförmigen Bädern oder Packungen verwendet werden. Die Peloide können als Packungen auch in der Kosmetik angewendet werden. Das bekannteste Peloid nach den Torfen, die zu den aquatischen Lockersedimenten gehören und die in Flachmoortorf, Hochmoortorf und Moorerde unterteilt werden, ist die Heilerde, von der Ton, Lehm, Mergel, Löss, vulkanischer Tuff unterschieden werden. Die Heilerden gehören zu den terrestren Lockersedimenten. → Fango, → Heilerde.

Pemphigus
(gr. pemphix = Blase) Blasensucht. Auf unveränderter Haut entstehende kleine bis faustgroße, intraepitheliale Blasen mit wasserhellem oder gelblichem Inhalt, die oft platzen und ohne Narben verheilen.

Pencil
Sammelbegriff für bleistiftdünne oder etwas dickere kosmetische Stifte, deren Mine, ähnlich wie bei Buntstiften, von einem Holz- oder Kunststoffmantel umschlossen ist (→ Holzstifte). Sie müssen bei regelmäßiger Anwendung mit einem speziellen Anspitzer nachgespitzt werden. Lipliner, Kajal und Eyeliner werden häufig in einer dieser Formen angeboten. Befindet sich die Mine in einer länglichen Kunststoffhülse mit integrierter Drehmechanik,

die das Heraus- und wieder Hereindrehen der Mine erlaubt, so spricht man auch von (mechanischen) → Drehpencils. Diese müssen aufgrund ihres geringen Minendurchmessers nicht mehr angespitzt werden. Teilweise bei diesen Modellen auch der Ausdruck Automatic Liner gebräuchlich.

Penetration
(lat. penetrare = durchdringen) Im kosmetischen Bereich ist damit das Durchdringen oder Eindringen von Substanzen in die natürlich vorhandenen Hautöffnungen (z.B. Drüsen) gemeint. → Permeabilität

Penetrometer
Messgerät zur Bestimmung der Konsistenz halbfester oder sehr hochviskoser Systeme. Die Eindringtiefe einer Nadel oder eines Konusses dient als Maß für die Festigkeit der Prüfsubstanz. Anwendung z.B. zur Qualitätsbestimmung bei gepressten Pudern, Pasten und wachsartigen Zubereitungen.

Pentaerythrit
2,2-Bis(hydroxymethyl-)1,3-propandiol, Tetramethylolmethan, $C(CH_2OH)_4$. Die Partialfettsäureester des Pentaerythrits und deren Polyglykolether werden in der Kosmetik als nichtionogene Emulgatoren eingesetzt.

Pentan
C_5H_{12}. Es gibt drei isomere Pentane: n-Pentan $CH_3-(CH_2)_3-CH_3$ K_p 36 °C.
2-Methylbutan, Isopentan $CH_3-CH-(CH_3)-CH_2-CH_3$ K_p 28 °C
Dimethylpropan (Neopentan) $(CH_3)_3-C-CH_3$ K_p 9,5 °C.
Verwendung als Treibgase für Aerosole.

1-Pentanol
(→ Amylalkohol) $C_5H_{11}OH$. Farblose, ölartige, unangenehm riechende Flüssigkeit, hustenreizend.

Pentaoxyethylstearylammoniumlactat

$$\left[\begin{array}{c} (CH_2)_2-O-(CH_2)_2-OH \\ R-N-(CH_2)_2-O-(CH_2)_2-OH \\ (CH_2)_2-OH \end{array} \right]^{\oplus} \quad H_3C-CH-COO^{\ominus} \atop OH$$

Kationaktive quaternäre Ammoniumverbindung, die als Konditioniermittel für Shampoos,

Haarfestiger, Haarwässer, Haarfärbemittel und Dauerwellpräparate verwendbar ist.

Pentylacetat
$C_5H_{11}OOCCH_3$. Farblose, brennbare Flüssigkeit von charakteristischem Geruch, meist als Isomerengemisch im Handel.
Verwendung als Lösungsmittel für Nitrocellulose, zur Herstellung von Nagellacken und Nagellackentfernern.

Peptidasen
Proteolytische Enzyme (Peptidhydrolasen), die Peptidbindungen in Polypeptide und Proteine spalten. Endopeptidasen (Trypsin, Chymotrypsin) hydrolisieren innerhalb der Peptidketten liegende Bindungen, während Exopeptidasen (Carboxypeptidasen) nur endständige Aminosäuren abspalten können.

Peptidbindung
Säureamidartige Verknüpfung von Aminosäuren zu Peptidketten und Polypeptiden (→ Aminosäuren). Die Spaltung der Peptidbindungen kann chemisch durch starke Säuren oder Basen oder enzymatisch durch Peptidasen erfolgen.

$$H_2N-\underset{H}{\overset{R}{C}}-\underset{H}{\overset{O}{C}}-\left[\underset{H}{\overset{H}{N}}-\underset{R}{\overset{H}{C}}-\underset{H}{\overset{O}{C}}\right]_n \underset{H}{\overset{H}{N}}-\underset{H}{\overset{R}{C}}-\underset{O}{\overset{}{C}}-OH$$

Peptide
Kontensationsprodukte aus 2 bis 10 (= Oligopeptide) oder mehr (Polypeptide) Aminosäuren. Eiweißabbauprodukte, die durch enzymatische oder chemische Hydrolyse aus Casein, Gelatine, Kollagen, Haar-, Haut- oder Hornsubstanzen gewonnen werden und als Schutzkolloide für Dauerwellpräparate, Haarfärbemittel, Haarkuren, Hautpflegemittel, Seifen etc. verwendet werden können.

Peptidschraube, Peptidspirale → Helix

Peptone
Eiweißabbauprodukte, die durch tryptische Verdauungsvorgänge gewonnen werden. Sie enthalten Peptide, Aminosäuren, B-Vitamin, Wuchsstoffe, Spurenelemente usw. Wie den Peptiden wird auch den Peptonen eine Schutzwirkung zu-

gesprochen, sodass sie für Hautcremes und Haarpflegemittel Verwendung finden.

Perborate
Salze der Borsäure, die zusätzlich „aktiven", d.h. oxidierend bzw. bleichend wirkenden Sauerstoff enthalten. Größte Bedeutung hat das aufgrund seiner Bruttoformel meist als Natriumperborat-Tetrahydrat, $NaBO_3 \cdot 4H_2O$, bezeichnete Peroxoborat, das als bleichender Bestandteil in Wasch- und Reinigungsmitteln verwendet wird. Es ist eine echte Peroxoverbindung mit ringförmigem Anion. → Natriumperborat

$$\begin{bmatrix} HO & O-O & OH \\ B & & B \\ HO & O-O & OH \end{bmatrix}^{2\ominus} 2\,Na^{\oplus} \cdot 6\,H_2O$$

Percarbamid → Harnstoffperoxid

Perhydrosqualen → Squalan

Periodontium
Wurzelhaut des Zahnes. → Zähne

Perionyx
(gr. onyx = Nagel) Nagelhaut, die das halbmondförmige Feld am hinteren Nagelwall bedeckt.

Perkolation
(lat. percolare = durchseihen) Verfahren zur Herstellung von Drogenauszügen, bei dem das Lösungsmittel langsam durch den zu extrahierenden Stoff hindurchfließt. Der Extrakt tropft am unteren Ende des Perkolators ab, während von oben kontinuierlich neues Lösungsmittel nachläuft.

Perlglanzmittel
Stoffe, die hauptsächlich flüssigen Tensidpräparaten zugesetzt werden, um ihnen ein schöneres, reichhaltigeres, leicht perlglänzendes Aussehen zu verleihen. Sie werden bis etwa 10% eingesetzt, trüben das Produkt leicht ein und weisen einen gewissen Rückfettungseffekt auf. Als Perlglanzmittel können z.B. Glykoldistearinsäure und Fettsäuremonoglykolester eingesetzt werden.

Perlglanzpigmente
Pigmente, die in kosmetischen Produkten eingesetzt werden, um ihnen einen seidigen oder perlmutterartigen Schimmer, einen intensiv metallischen oder mehrfarbig schimmernden Farbglanzeffekt zu verleihen. Als natürliches Perlglanzpigment wurde früher Fischsilber (Guanin) verwendet. Der Einsatz von Bismutoxychlorid ist in den USA weiter verbreitet als in Europa. Perlglanzpigmente werden synthetisch auf der Grundlage plättchenförmiger Substrate hergestellt, die in unterschiedlicher Teilchengröße (ca. 10–150 µm) zum Einsatz kommen. Der erkennbare Glanzeffekt entsteht durch die glatte Oberfläche, an der das Licht spiegelgleich reflektiert wird. Auf das Substrat aufgebrachte lichtdurchlässige Schichten bewirken z.T. auch eine Ablenkung der Lichtstrahlen, sodass durch das Zusammenwirken von Brechung, Transmission und Reflexion der Lichtstrahlen verschiedene Glanzeffekte entstehen.

Glimmer (Mica) ist das am häufigsten eingesetzte Substrat, Siliciumdioxid (SiO_2) und Glasflakes zählen zu den neueren Substanzen. Auf diese Basis aufgebrachte, definierte Titandioxid-Schichten ergeben silbrig schimmernde Perlglanzpigmente. Durch Variation der Schichtdikke lassen sich Interferenzeffekte erzielen. Der Einsatz von blauen, gelben, grünen oder roten, organischen oder anorganischen Farbpigmentbeschichtungen ermöglicht die Herstellung von farbigen Perlglanzpigmenten.
Schematischer Aufbau eines silberfarbenen Perlglanzpigmentes:

- Titandioxid
- Substrat (z.B. Glimmer)

Schematischer Aufbau eines roten Perlglanzpigmentes:

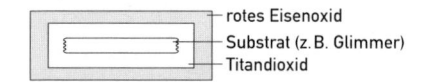

- rotes Eisenoxid
- Substrat (z.B. Glimmer)
- Titandioxid

Die Größe der einzelnen Partikel bestimmt den Glanzeffekt und beeinflusst die Deckkraft:
Teilchengrößen
- bis 25 µm = seidiger Schimmer, gutes Deckvermögen
- bis 125 µm = metallisch schillernder Glanz, mittleres bis geringes Deckvermögen
- bis 150 µm = starker Glitzereffekt, hohe Transparenz

Einsatzmöglichkeiten: Dekorative Kosmetika, Emulsionen, Gele, Tensidpräparate, Zahnpasta usw. Die Einsatzkonzentration ist abhängig vom gewünschten Effekt und kann zwischen 0,5 und 40% liegen.

Permanent Make-up
Abkürzung: PMU. Dauerhafte Schminkmethode, zur farbigen Akzentuierung, z. B. von Augenbrauen, Lippen- oder Augenrändern. Auch Schönheitsflecke, Narbenüberzeichnungen oder die optische Nachbildung von Brustwarzen ist möglich. Mithilfe von Pigmentierungsnadeln werden dabei, ähnlich wie beim Tätowieren, Farbpigmente (z. B. Eisenoxide) in die obere Hautschicht eingebracht. Die Haltbarkeit der Pigmentierung beträgt 2–5 Jahre und hängt davon ab, wie tief die Farbpartikel in die Haut eingebracht wurden.

Permeabilität der Haut
Unter Permeabilität versteht man die Durchlässigkeit der Haut für Stoffe der verschiedensten Art. Die Haut ist aufgrund ihrer Beschaffenheit im Prinzip impermeabel, also undurchlässig (→ Barriere).
Die perkutane Aufnahme von Wirkstoffen kann erfolgen:
- transepidermal infolge Durchdringens der Lipidmembran
- transfollikulär über die natürlichen Poren der Schweißdrüsen, die Haarfollikelwand und die Talgdrüsen.

Bei der transepidermalen Aufnahme bewegen sich die Wirkstoffe entweder in den Interzellularräumen (interzelluläre Penetration) oder sie werden durch die Zellmembranen hindurch von Zelle zu Zelle weitergegeben (transzelluläre Penetration). Eine günstigere Möglichkeit der Wirkstoffaufnahme besteht über die Ausführungsgänge der Schweißdrüsen und der Talgdrüsen sowie die Haarfollikel (transfollikuläre Penetration).
Von den Wirkstoffen sind beim Durchdringen der gesamten Epidermis folgende Widerstände zu überwinden:
1. Die Hautoberfläche
   a) Hautfettfilm
   b) Stratum disjunctum der Hornschicht
   c) Stratum conjunctum der Hornschicht, einschließlich der Barriere.
2. Die vitalen Zellschichten der Epidermis
   a) Das relativ festgefügte Stratum spinosum
   b) Die locker zusammenhängende Schicht des Stratum basale
3. Die epidermale Grenzmembran zum Corium
4. Die Grundsubstanz im Bereiche des Coriums
5. Die Gefäßwände des Blut- und Lymphsystems als letzte Widerstände für die Resorption in die Hautgefäße. → Resorption

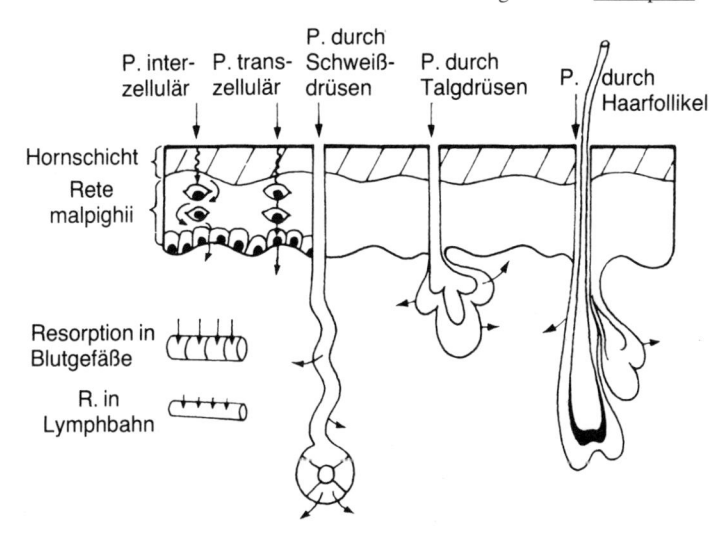

Die Wege einer perkutanen Resorption (nach Stüttgen)

Permeation
(lat. permeare = durchgehen, durchwandern, ans Ziel bringen) → Permeabilität der Haut

Permutite
Künstlich hergestellte Natrium-Aluminiumsilikate wechselnder Zusammensetzung, die als Kationaustauscher zur Wasseraufbereitung dienen.
→ Ionenaustauscher → Zeolithe.

Perniones
(lat. pernio, -onis = Frostbeulen) Teigige Schwellungen, besonders an Fingern und Zehen, die bei Erwärmung jucken und brennen. → Frostschäden

Perilla Seed Extract Powder (Jan Dekker)
(INCI: Perilla Ocymoides) Handelsbezeichnung für den Samenextrakt von Perilla (Perilla Frutescens), der Flavonoide wie Luteolin sowie Polyphenole enthält. Die Flavonoide liegen als Aglicone vor und nicht wie meist üblich als Glucoside. Aglicone zeichnen sich durch gute antioxidative Eigenschaften und perkutane Absorption aus. Das Flavonoid Luteolin besitzt antiphlogistische Eigenschaften und hemmt Licht und Allergie bedingte Entzündungen. Einsetzbar in Produkten für empfindliche Haut, in After-Sun- und Anti-Ageing-Präparaten.

Peroxide
Merkmal dieser Verbindungsklasse ist die –O–O–Brücke, einfachster Vertreter ist das Wasserstoffperoxid. Durch Substitution eines oder beider H-Atome durch Metalle oder anorganische Gruppen ergeben sich Hydroperoxide bzw. Peroxomonosäuren oder Peroxide bzw. Peroxodisäuren. Die Peroxosäuren bilden mit Metallionen saure und neutrale Salze. Viele Peroxosäuren sind nur in Form ihrer Salze, nicht in freiem Zustand bekannt.
Von den Peroxoverbindungen, welche die Peroxogruppe –O–O– unmittelbar im Molekül der Grundsubstanz enthalten, unterscheidet man die „H_2O_2-Anlagerungsverbindungen". In ihnen tritt H_2O_2 neben oder anstelle von Kristallwasser. Sie werden daher auch Peroxohydrate genannt.
Siehe auch → Magnesiumperoxid, Zinkperoxid, Natriumpersulfat, Kaliumpersulfat, Natriumperborat, Natriumpercarbonat, Natriumperpyrophosphat, Percarbamid.

Peroxyverbindungen
Organische Derivate des Wasserstoffperoxids.

Perspiration
(lat. spirare = wehen, atmen) Perspiratio insensibilis = unmerkliche Abgabe von Wasser und Stoffwechselprodukten, die dem Schutz der Epidermis gegen Austrocknung dient.
Perspiratio sensibilis = sichtbare Abgabe von Schweiß. → Transpiration

Persulfate
→ Kaliumpersulfat, → Natriumpersulfat. Salze der Peroxodischwefelsäure, die als Bleich-, Oxidations- und Desinfektionsmittel verwendet werden.

Perubalsam
Aus der Rinde von Myroxylon balsamum (H.) var pereira gewonnene dunkelbraune, sirupartige Masse von aromatischem, vanilleähnlichem Geruch; unlöslich in Wasser, löslich in Ethanol. Hauptbestandteil sind der Benzoesäure- und der Zimtsäureester des Benzylalkohols, daneben sind anderer Ester, freie Zimtsäure, Vanillin, Harze u. a. enthalten. Perubalsam wirkt antiseptisch und keratoplastisch, kann aber allergische Reaktionen hervorrufen, weshalb er nur noch selten verwendet wird. In der Riechstoffindustrie bedient man sich des aus Perubalsam gewonnenen Öls und des Resinoids als fixierende Grundnote für Parfüms.

Petechien
Kleinste punktförmige Hautblutungen.

Petitgrainöl
Ätherisches Öl aus jungen Früchten, Blättern und Zweigen der bitteren Pomeranze (Citrus aurantium subsp. aurantium). Das auf dem Wege der Wasserdampfdestillation gewonnene Öl ähnelt dem Geruch des Neroliöl.

Petrissage
Knetmassage. → Massage

Petrolether
Bezeichnung für ein leicht flüchtiges Lösungsmittel, das aus niedrig siedenden Alkanen, hauptsächlich Pentan und Hexan, besteht. K_p 40–70 °C.

Pfanne
Flaches rundes oder eckiges Behältnis, meist aus Aluminium oder Weißblech, das besonders im Bereich der dekorativen Kosmetik Verwendung findet. In die Puderpfanne wird loser Puder hineingepresst. Der resultierende Puderstein, auch Kompaktpuder genannt, wird dann z.B. als Lidschattenpuder oder Gesichtspuder angeboten. Auch für Pasten ist die Abfüllung in Pfannen eine gängige Darreichungsform (z.B. Compact-Make-up).

Pfefferminzöl
(INCI: Mentha Piperita) Ätherisches Öl, das aus den Zweigspitzen von Mentha piperita L. durch Wasserdampfdestillation gewonnen wird. Es enthält 4,5–20% Ester (beruhend auf Menthylacetat), mindestens 44% Alkohole (Menthol), 15–32% Ketone (Menthon) und als charakteristischen Bestandteil das Menthofuran.

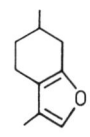

Menthofuran

Pfefferminzöl wirkt spasmolytisch, antiseptisch, hyperämisierend, erzeugt auf der Haut einen Kälte- und Kühleffekt. Verwendung für Mund- und Zahnpflegemittel, gegen Hautjucken und Insektenstiche.
Pfefferminzöle von anderen Mentharten (arvensis) → Minzöl.

Pfirsichkernöl
(INCI: Prunus Persica) Fettes Öl aus Pfirsichkernen; entspricht etwa dem fetten Mandelöl und wird an dessen Stelle für kosmetische Präparate verwendet.

Pflanzenextrakte
Wichtigste Extraktform ist der wässrig-glykolische Pflanzenextrakt mit bis zu 50% Propylenglykol. → Extrakte, → Extraktion.
Für kosmetische Präparate werden vor allem die Extrakte folgender Pflanzen verwendet: Algen, Aloe, Arnika, Birke, Brennnessel, Eibisch, Eichenrinde, Ginseng, Gurke, Hamamelis, Heublumen, Hopfen, Johanniskraut, Kamille, Melisse, Rosmarin, Rosskastanie, Salbei, Schafgarbe, Thymian, Tormentill, u.a.

Pflanzenfarbstoffe → Farbstoffe

Pflanzenfette
Nichtflüssige Bestandteile von Pflanzen, ihren Samen oder Früchten, die wie → Pflanzenöle gewonnen werden können. Pflanzenfette, wie Palmkernfett, Kokosfett, Sheabutter und Kakaobutter enthalten überwiegend gesättigte Fettsäuren (Stearinsäure, Palmitinsäure) und können vielseitig in kosmetischen Zubereitungen eingesetzt werden.

Pflanzenhormone → Phytohormone

Pflanzenöle
Flüssige Pflanzenfette, die durch Pressen oder Extraktion aus Pflanzenteilen oder ihren Samen gewonnen werden können. Sie enthalten i.d.R. einen hohen Anteil ungesättigter Fettsäuren, wie z.B. Linol- und Linolen- oder Ölsäure und müssen daher durch Antioxidanzien geschützt werden. Sie sind als Pflegekomponente in Cremes, Emulsionen, Stiften usw. einsetzbar.

pflegende Kosmetik
Auch präparative Kosmetik, Pflegekosmetik, Skin Care. Kosmetische Zubereitungen, die vornehmlich den Schutz, die Pflege und Reinigung der Haut und ihrer Anhangsgebilde zum Ziel haben. Ihr Pendant ist die dekorative Kosmetik. Hier steht die optische Verschönerung im Vordergrund.

Pfundsnase → Rhinophym, → Rosacea.

Phase
Bezeichnung für die Kombination miteinander mischbarer Komponenten, wie sie z.B. in Emulsionen zum Einsatz kommen. Öle, Fette und Wachse können durch Mischen oder Aufschmelzen zu einer gemeinsamen, so genannten Öl- oder Fettphase vereinigt werden. Wasserlösliche Bestandteile ergeben zusammen mit Wasser die wässrige Phase bzw. die Wasserphase.

PHB-Ester
Abkürzung für para-Hydroxybenzoesäureester. → Parabene

Phellandren
α- und β-Phellandren sind Hauptbestandteil des Latschenkiefernöls, kommen aber auch im Campher-, Terpentin-, Eukalyptusöl u.a. vor.

Sie werden zum Aufbau künstlicher Riechstoffkomplexe mit krautig würzigen Duftnoten verwendet.

α-Phellandren   β-Phellandren

Phenethylalkohol

⌬—CH₂CH₂—OH

(INCI: Phenethyl Alcohol) 2-Phenylethanol. Schwaches <u>Konservierungsmittel</u>. Vorkommen in den Duftkomplexen der Rose und der Orangeblüte sowie im <u>Geraniumöl</u> und Gartennelkenöl. Farblose Flüssigkeit mit zartem Rosenaroma. Nach einiger Zeit durch leichte Oxidation zu <u>Phenylacetaldehyd</u> geringe Honig-Hyazinthenbeinote.
Verwendung: Zur Herstellung künstlicher <u>Rosen-</u> und <u>Neroliöl</u> und als Lösungsmittel in der Parfümindustrie. Auch die Ester des Phenylethylalkohols, z.B. das Acetat, Propionat, Butyrat, Isovalerat u.a. sind als <u>Duftstoffe</u> verwendbar.

Phenol

⌬—OH

Hydroxybenzol, Carbolsäure. Nach der Kosmetik-Verordnung als <u>Desinfektionsmittel</u> mit Einschränkung (1%) nur in <u>Seifen</u> und <u>Shampoos</u> zugelassen und auf der Verpackung mit entsprechenden Warnhinweisen zu deklarieren. Phenol hat in der Kosmetik keine Bedeutung, da es auch in stark verdünnten Lösungen zu Hautreizungen führen kann.

Phenolderivate

Vor allem halogenierte Phenole finden als <u>Antiseptika</u> und <u>Konservierungsmittel</u> Verwendung.
→ <u>Dichlorophen</u>, <u>Chlorkresol</u>, <u>Chlorthymol</u>, <u>Phenylphenol</u>. Diaminophenole dienen als Kuppler in <u>Oxidationshaarfarben</u>.

Phenoxyethanol

(INCI: Phenoxyethanol) Phenoxethylalkohol. Wasserlössliche, klare angenehm riechende Flüssigkeit, die überwiegend als <u>Konservierungsmittel</u> eingesetzt wird, aber auch als Riechstoff dienen kann.

⌬—O—CH₂—CH₂OH

Als Konservierungsmittel (max. Einsatzkonzentration 1%) wirkt es vor allem gegen Bakterien; es wird oft mit <u>Parabenen</u> kombiniert. Wirkungsoptimum im pH-Bereich 4–5.

Phenoxyethylisobutyrat

Substanz mit Geruchsnote nach Rosen und Honig.
Verwendung für Rosen- und Blumenduftkompositionen.

Phenylacetaldehyd

Bestandteil des <u>Neroliöls</u>. Farblose ölige Flüssigkeit mit hyazinthenähnlichem Geruch.
Verwendung in der Parfümindustrie für Rosen-, Hyazinthen-, Flieder-, Gardenia-Duftnoten.

⌬—CH₂—CHO

Phenylacetaldehyddimethylacetal

<u>Riechstoff</u>, stabiler als <u>Phenylacetaldehyd</u>, verleiht blumigen Parfümkompositionen eine krautartige Grünnote.

Phenylalanin

(INCI: Phenylalanine) Essenzielle <u>Aminosäure</u>, die bis zu 3,6% im menschlichen <u>Haar</u> enthalten ist.

⌬—CH₂—CH(NH₂)—COOH

Verwendung als Konditioniermittel für Haarprodukte.

2-Phenylbenzimidazol-5-sulfonsäure

Natrium-, Mono- und Triethanolaminsalz, wasserlösliche <u>UV-B-Filter</u>, die für <u>Lichtschutzmittel</u> verwendet werden.

Phenylendiamine
o-, m- und p-Diaminobenzol. Phenylendiamine sowie ihre Stickstoff-substituierten Derivate werden als Farbstoffvorstufen oder als Kuppler für Oxidationshaarfarben eingesetzt. o-Phenylendiamin ist wegen der Gefahr von Hautirritationen und Allergien in den meisten europäischen Ländern, u. a. in Deutschland, verboten.

ortho   meta   para

Phenyl Dimethicone *(INCI)*
Polymethylphenylsiloxane. Siliconöltyp, der in unterschiedlicher Viskosität erhältlich ist und als texturverbessernde ölähnliche Komponente in Haut- und Haarpflegeprodukten sowie in dekorativen Kosmetika Verwendung findet.

o-Phenylphenol
2-Hydroxydiphenyl. Konservierungsmittel, fast unlöslich in Wasser, löslich in Alkalilösungen und organischen Lösungsmitteln.

Phenylquecksilbersalze
Phenylmercuriacetat, -borat, -nitrat. Verwendung als Konservierungsmittel. Wirksam gegen grampositive und gramnegative Bakterien und gegen Pilze. (Maximale Konzentration 0,007% als Hg)

Phenylsalicylat
(INCI: Phenyl Salicylate) Salicylsäurephenylester, Salol. Weißes kristallines Pulver, unlöslich in Wasser, löslich in Ethanol. Verwendung als Antiseptikum in Mund- und Zahnpflegemitteln. Als UV-Filter in Lichtschutzpräparaten nicht mehr erlaubt.

Phaeomelanin
Gelb-roter Melanintyp, der vorwiegend bei hellen Haut- und Haartypen vorhanden ist.

Ph. Eur.
Abkürzung für Pharmakopoea Europea = Europäisches Arzneibuch.

Phlebektasie
(gr. phlebs = Vene) Venenerweiterung

Phlegmone
(gr. phlego = angezündet, brennen) Flächenhaft fortschreitende eitrige Zellgewebsentzündung. Erreger: besonders hämolysierende Streptokokken.

Phloxin B
(C.I. 45410), auch Phloxine B. 3',4',5',6'-Tetrachlor-2,4,5,7-tetrabromfluorescein, Dinatriumsalz.
Wasserlöslicher, bläulich roter Xanthenfarbstoff mit gelber Fluoreszenz bei 350 nm, der zur Färbung von Tensidpräparaten einsetzbar ist. → Fluoresceinderivate

Phosphate
Salze der Monophosphorsäure H_3PO_4. Es werden unterschieden:
1. primäre (saure) Phosphate, $Me^I H_2PO_4$
2. sekundäre Phosphate, Me_2HPO_4
3. tertiäre Phosphate, Me_3PO_4
Für die Kosmetik wichtige Phosphate: Natriumphosphate, Calciumphosphate, Magnesiumphosphate.

Phosphatide → Phospholipide

Phospholipide
Zu den Lipiden gehörende Verbindungen, die aus Phosphorsäure, Fettsäuren, einem Alkohol und einer stickstoffhaltigen Komponente bestehen. Sie sind in der Natur weit verbreitet in pflanzlichen und tierischen Zellen, Geweben und Körpersäften.
Für die Kosmetik sind vor allem die Lecithine und Ceramide von Interesse. → Liposome
Als Begleiter der Lecithine finden sich, speziell in den pflanzlichen Phospholipiden, die Kephaline, in denen der Gylcerolphosphorsäurerest mit β-Aminoethanol (Colamin) oder mit Serin verestert ist.

Phospholipide sind zur Ausbildung flüssigkristalliner Phasen befähigt. Sie sind nicht toxisch, nicht allergen, wirken reizlindernd und erhöhen die Hautfeuchtigkeit. Aufgrund ihrer amphiphilen Natur sind sie natürliche Emulgatoren für W/O und O/W-Systeme.

Phosphonsäure

$$H-\underset{\underset{O}{\|}}{P}-(OH)_2$$

Zweibasige Säure, tautomer mit der phosphorigen Säure $P(OH)_3$. Organische Derivate der Phosphonsäure wie z. B. Etidronsäure dienen als Wasserenthärtungsmittel, da sie mit mehrwertigen Metallionen Komplexe bilden und schon in unterstöchiometrischen Mengen die Ausfällung von Calciumsalzen verhindern. Außerdem werden durch die Komplexierung von Schwermetallionen Autoxidationen und andere durch Metallionen katalysierte Reaktionen unterbunden.

Phosphorsäure

(INCI: Phosphoric Acid) Klare, farblose, geruchlose, hygroskopische Flüssigkeit von sirupartiger Konsistenz, die ca. 85–90% H_3PO_4 enthält. Sie ist mischbar mit Wasser und Ethanol. Verdünnte Phosphorsäure ist ca. 10%ig.
Verwendung: Als Adstringens z. B. in Haarwässern und pH-Regulierungsmittel.

Phosphorsäureester

1. Natürliche Phosophorsäureester: → Phospholipide, Nucleinsäure.
2. Synthetische Phosphorsäureester: Mono-, Di- und Triester der Monophosphorsäure mit Fettalkoholen sind je nach der Art der Alkohole (C_{12}-C_{18}, gesättigt oder ungesättigt) mehr oder weniger viskose Flüssigkeiten bis wachsartige Massen. Sie sind grenzflächenaktive Substanzen und dienen als Netzmittel und Emulgatoren, Mono- und Diester bilden mit organischen oder anorganischen Basen Salze.
Allgemeine Formel:

$$\underset{R-O}{R-O}\!\!>\!\!\underset{\|}{\overset{O}{P}}\!\!-OH(Na)$$

R = Oleylalkoholrest oder 2-Ethylhexanolrest oder Kokosalkoholrest

Die ethoxylierten Alkylphosphorsäureester sind kalt verarbeitbare Emulgatoren mit hohem Emulgiervermögen.

photo...
(griech. phos = Licht) Wortteil mit der Bedeutung Licht.

Photoageing
Engl. Kurzform für lichtbedingte Hautalterung. Die UV-Strahlung führt in der Haut zu photochemisch bedingten Reaktionen. U. a. werden freie Radikale gebildet, die die Lipidmembranen der Zellen angreifen können. Bei häufiger und regelmäßiger Sonnenexposition verliert die Haut zudem an Elastizität und erscheint vorzeitig derb und runzelig. → Landmannshaut

Photoallergien
(gr. phos, photos = Licht) → Lichtdermatosen

Photodermatitis → Lichtdermatosen

Photosensibilisierung
(→ Sensibilisierung) Steigerung der Lichtempfindlichkeit der Haut. Photosensibilisierung ist die Ursache für Lichtdermatosen, die durch das Zusammenwirken von UV-Strahlung und Sensibilisatoren entstehen.
Zu den Photosensibilisatoren gehören u. a. Sulfonamide, Tetracycline, Teer, Furocumarine, gewisse Farbstoffe wie Eosin und Erythrosin.

phototoxische Reaktionen
Nicht immunologisch bedingte, obligat auftretende Entzündungsreaktionen der Haut, die durch UV-Strahlung und den Kontakt mit einer → phototoxischen Substanz zu Stande kommen.

phototoxische Substanzen
Stoffe, die im Zusammenwirken mit UV-Strahlung eine nicht immunologische, entzündliche Hautreaktion hervorrufen. Die Schwere der Entzündung hängt von der Art und Menge der Substanz ab und wird durch die Intensität der Lichteinwirkung beeinflusst. Die Reaktion entsteht an den sonnenexponierten Stellen durch direkten Kontakt mit der Substanz oder nach erfolgter oraler Aufnahme.

Phototoxizität
Schädigende Einwirkung von UV-Strahlen (meist UV-A-Strahlen) auf die Haut, die im Zu-

sammenwirken mit → phototoxischen Substanzen zustande kommt. Schon beim Erstkontakt mit der betreffenden Substanz können sich nach wenigen Stunden Erytheme ausbilden, die jedoch lokal auf die bestrahlten Stellen begrenzt bleiben. → Lichtdermatosen

Phthalsäure
= 1,2-Benzoldicarbonsäure

Phthalsäureester
Ester der Phthalsäure werden in der Kosmetik als Insektenabwehrmittel (→ Repellents, → Dimethylphthalat, → Diethyl-, Dibutylphthalat) und als Weichmacher für Nagellacke und Haarsprays verwendet (auch Dioctylphthalat, Diamylphthalat, Diisononylphthalat u.a.). Allergische Reaktionen sind bekannt.

pH-Wert
Negativer dekadischer Logarithmus der Wasserstoffionenkonzentration. Seine Maßzahl gibt an, wie stark alkalisch (basisch) oder sauer eine wässrige Lösung ist.
pH 0–3 stark sauer
pH 4–7 schwach sauer
pH 7 neutral
pH 7–10 schwach alkalisch
pH 10–14 stark alkalisch
Die pH-Werte der Hautoberfläche sind je nach Körperregion unterschiedlich ausgeprägt. Als pH-hautneutral gelten pH-Werte zwischen 5,3 und 6,5, da dieser Bereich etwa dem natürlichen pH-Wert (Säureschutzmantel) der Haut entspricht.

Phytoconcentrol (Dragoco)
Handelsbezeichnung für öllösliche Pflanzenextrakte, die in einem fetten Öl gelöst sind und besonders für Hautöle, Cremes oder Lippenstifte geeignet sind.

Phytodermatosen
Phytophotodermatosen. Hautveränderungen, die durch das Zusammenwirken von Substanzen pflanzlichen Ursprungs und UV-Strahlung hervorgerufen werden. → Lichtdermatosen
Die ausgelösten Reaktionen können immunologischen oder phototoxischen Charakter haben.

Bekannt für immunologische Reaktionen vom Ekzemtyp sind:
Sesquiterpenlactone (enthalten z.B. in Arnika, Margerite, Gewürzlorbeer), langkettige Phenole (enthalten z.B. in Schalen der Mangofrucht, Früchte des Ginkobaum, Fruchtschale der Cashew-Nuss) und Chinonverbindungen (enthalten z.B. in Becherprimel). Das in Henna enthaltene Lawson hat ebenfalls ein geringes Sensibilisierungspotenzial.

Phytohormone
Pflanzenwuchsstoffe. Wirkstoffe, die für die Entwicklung und das Wachstum der Pflanzen notwendig sind. Dazu gehören u.a. Blühhormone, Wundhormone, Wachstumshormone (Auxine), Phytooestrogene. Wachstumsfördernde Substanzen aus Keimen werden in der Kosmetik zur Aktivierung des Zellstoffwechsels und Beschleunigung der Zellteilung für die Behandlung alternder Haut empfohlen. Stoffe mit oestrogener Wirkung sind im Pflanzenreich weit verbreitet, z.B. im Hopfen, Klee etc. Überdosierungserscheinungen sind bei ihrer Verwendung nicht zu befürchten, da die oestrogene Wirkung nur schwach ist. Ihre chemische Struktur kann sehr unterschiedlich sein und ist nicht an das Steroidsystem gebunden.

Phytosterole
Pflanzliche Sterole, die im Unverseifbaren der Pflanzenfette und -wachse enthalten sind. Dazu gehören z.B. Sitosterol, Campesterol, Ergosterol, Stigmasterol, Brassicasterol u.a. Die Phytosterole unterscheiden sich in ihrer chemischen Struktur nur geringfügig vom Cholesterol und können wie dieses als W/O-Emulgatoren und Emulsionsstabilisatoren eingesetzt werden, ihre Polyglykolether auch als O/W-Emulgatoren.

Piedra
(span. piedra = Stein) Tropische Haarpilzerkrankung, Trichosporie, bei der sich im Haar und in der Kopfhaut steinharte Knötchen bilden.

Pigmentanomalien
(lat. pigmentum = Färbestoff) Pigmentierungsstörungen, die durch Über- oder Unterfunktion der Melanozyten entstehen können. Depigmentierungserscheinungen sind z.B. Vitiligo, zu den Hyperpigmentierungen zählen Sommersprossen, Lentigo, Chloasma u.a.

Pigmentation → Pigmentierung

Pigmentatrophien
Pigmentmangel. Siehe auch → Albinismus, → Leukoderma, → Poliosis, → Scheckhaut.

Pigmentdegeneration
1. Umwandlung des eingelagerten Pigmentes in maligne Formen (→ Melanin).
2. Krankhafte Einlagerungen von Pigmenten infolge degenerativer Vorgänge.

Pigmente
1. Sammelbegriff für praktisch unlösliche Partikel organischen oder anorganischen Ursprungs, die als kosmetische Rohstoffe Verwendung finden. Dazu zählen Pigmente, die die Produktfarbe beeinflussen, wie z. B. Farbpigmente, Farblacke, Perlglanzpigmente und weißliche, körpergebende Pudergrundstoffe, wie z. B. Talkum. Die Gruppe der → Effektpigmente ist groß und nicht fest umrissen. Hier können sowohl farbgebende als auch sensorische oder funktionelle Eigenschaften für den Einsatz eine Rolle spielen.
2. Pigment im medizinisch biologischen Sinn ist jeder Farbstoff im Körper, der in feinen Körnern in den Zellen, besonders in der Haut und im Haar eingelagert wird und die Färbung der Gewebe bestimmt. Der im Körper selbst erzeugte Farbstoff wird als endogenes Pigment, der von außen in den Körper eindringende Farbstoff als exogenes Pigment bezeichnet. → Hautfarbe, → Haarfarbe, → Melanin.

Pigmente, gecoatete
(→ Coating) Verschiedene Pigmente wie z. B. Pudergrundstoffe oder Farbpigmente werden auch „gecoated", d. h. mit einer speziellen Beschichtung versehen und als kosmetische Rohstoffe angeboten. Die Beschichtung verleiht dem Pigment neue, andersartige Eigenschaften, die sich positiv auf die Herstellung oder Anwendung des Produktes auswirken können. Beispiel: Die Beschichtung eines Pudergrundstoffes mit Silicon kann zur Hydrophobierung des Pigmentes beitragen und so die Haftfestigkeit des Fertigproduktes positiv beeinflussen.

Pigmentierung, direkte
Hautbräunung, die durch UV-A-Strahlung ausgelöst wird und im Gegensatz zur indirekten Pigmentierung recht schnell eintritt. Durch die Oxidation von Melaninvorstufen in den oberen Hautschichten entstehen gefärbte jedoch nicht sehr stabile Pigmente, die relativ schnell herauswachsen.

Pigmentierung, indirekte
Hautbräunung, die zeitlich verzögert nach der Einwirkung von UV-B-Strahlung auf die Haut eintritt. Dabei werden die Melanozyten und das Enzym Tyrosinase angeregt. In den Basalzellen werden mithilfe der Melanozyten Melanosome gebildet, die für die bräunliche Einfärbung der Haut verantwortlich sind. Der Höhepunkt dieser Hautbräune ist nach etwa 10–20 Tagen erreicht und hält ca. 3–4 Wochen an. Die Hautfarbe verblasst dann allmählich, weil die eingelagerten Pigmente dann mit der obersten Hornschicht abgetragen werden.

Pigmentierung, Pigmentation
Einlagerung von Pigmentkörnchen in die Basalzellschicht der Haut oder den Cortex- bzw. Medullazellen der Haare. Sie enthalten den Farbstoff Melanin und sind verantwortlich für die Entstehung der Hautbräune sowie der natürlichen Augen- und Haarfarbe. Die Pigmentierung stellt den wichtigsten körpereigenen Schutzmechanismus vor UV-Strahlung dar. Durch die Melaninbildung erhöht sich die Eigenschutzzeit der Haut um das bis zu 10fache. Man unterscheidet die direkte und die indirekte Pigmentierung, wobei die resultierende Intensität der Hautbräune von der Dauer der Sonnenexposition und dem Pigmentierungstyp abhängig ist.
Auch bei der künstlichen Einbringung von Farbpigmenten in die oberste Hautschicht spricht man von Pigmentierung (→ Permanent Make-up).

Pigmentierungstyp
Wie schnell die direkte und indirekte Pigmentierung der Haut unter UV-Lichteinfluss stattfindet, hängt vom Pigmentierungstyp ab. Man unterscheidet dabei die 4 Hauttypen:

Typ I
(Keltischer Typ) Personen mit sehr heller, leicht rosiger Haut und starker Neigung zu Sommersprossen. Die Haarfarbe ist meist rötlich oder rötlich blond. Die Haut verfügt nur über eine sehr geringe Eigenschutzzeit (ca. 5–10 Minuten),

bräunt gar nicht oder kaum und ist stark sonnenbrandgefährdet.
Typ II
Personen mit heller Haut und Neigung zu Sommersprossen. Die Haare sind meist blond, dunkelblond oder braun. Die Hautbräunung ist etwas stärker ausgeprägt als beim Typ I, doch insgesamt noch als relativ schwach anzusehen. Die Überschreitung der Eigenschutzzeit (ca. 10–20 Minuten) kann starke Sonnenbrände hervorrufen.
Typ III
Personen mit heller bis hellbrauner Haut ohne Sommersprossen. Die Haare sind meist dunkelblond oder braun. Die Hautbräunung ist gut, die Neigung zu Sonnenbrand geringer ausgeprägt. Die Eigenschutzzeit liegt bei ca. 20–30 Minuten. Der Großteil der Mitteleuropäer ist dieser Kategorie zuzuordnen.
Typ IV
(Mediterraner Typ) Personen mit dunklerer bis olivbrauner Haut ohne Sommersprossen. Die Haare sind meist braun, dunkelbraun oder schwarz. Die Haut bräunt schnell und intensiv, die Neigung zu Sonnenbrand ist gering. Die Eigenschutzzeit liegt bei etwa 40 Minuten.
Typ V
Von Natur aus schon dunkler Hauttyp (z. B. südamerikanischer Typ), mit dunkelbraunen bis tiefschwarzen Haaren und meist dunkler Augenfarbe mit geringer Sonnenempfindlichkeit.
Typ VI
Zu diesem Typ zählen Schwarze, die von Natur aus eine sehr dunkel pigmentierte Hautfarbe, schwarzes negroides Kraushaar und eine schwarzbraune Augenfarbe haben. Die Sonnenempfindlichkeit ist sehr gering, doch können sie trotzdem, z.B. bei stark sonnenentwöhnter Haut, einen Sonnenbrand erleiden.

Pigmenthypertrophien
Pigmentanhäufungen in der Haut.

Pigmentmal
Naevus pigmentosus → Leberflecken

Pigmentzellen → Melanozyten

Pili anulati
(lat. pilus = Haar; anulus = Ring) → Ringelhaare

Pili monileformes
(lat. monile, -is = Halskette) → Spindelhaar

Pili torti
(lat. tortus = gewunden, verschlungen) → Haare, gedrehte

Pilomotorika
(lat. pilus = Haar; motor = Beweger) Stoffe, die durch Reizung des Haarbalgmuskels ein Aufrichten der Haare bewirken. Sie werden insbesondere in Rasierwässern für die Trockenrasur verwendet, um ein besseres Erfassen der Haare durch den Scherkopf zu ermöglichen. → Pre-Shaves
Eine pilomotorische Wirkung zeigt bereits hochprozentiger Alkohol. Sie kann durch Zugabe von Menthol verstärkt werden. Der Effekt beruht auf der Reizwirkung der Verdunstungskälte (→ Gänsehaut).

Pilze
Pflanzliche Organismen, die keine Wurzeln, Stängel und Blätter bilden. Sie enthalten kein Chlorophyll. Sie ernähren sich als Saprophyten von abgestorbenem organischen Material oder als Parasiten von lebender organischer Substanz. Pilze haben keine Organe, sondern bestehen aus Pilzfäden oder Hyphen (gr. hyphe = Gewebe), die in ihrer Gesamtheit als Myzel bezeichnet werden. Die sich auf dem Mycelium bildenden Fruchtkörper zeigen eine spezifische Gestalt und Färbung.
Die Pilze vermehren sich ungeschlechtlich durch Sporenbildung, Sprossung, Teilung.
Bei der geschlechtlichen Vermehrung vereinigen sich Gameten (gr. gametes = Gatte), ganze Gametangien oder auch zwei Körperzellen (Somatogamie).
Einteilung der echten Pilze (Myzeten) mit Beispielen.
I. Klasse: Phycomycetes
Algenpilze, niedere Pilze.
1. Ordnung: Zygomycetales (Jochpilze).
Gattungen: Mucor (Kopfschimmel) und Rhizopus.
2. Ordnung: Oomycetales (Eipilze).
II. Klasse: Eumycetes
Echte Pilze, höhere Pilze.
1. Unterklasse: Basidiomycetes (Ständerpilze, Stielpilze).
Gattungen: Hutpilze (Speisepilze, Giftpilze).

Brandpilze (Ustilago), Rostpilze (Puccinia).
2. Unterklasse: Ascomycetes (Schlauchpilze).
1. Ordnung: Hemiascomycetales (Hefen).
Gattungen: Saccharomyces und Endomyces.
2. Ordnung: Plectascales (Schimmelpilze).
Gattungen: Aspergillus, Penicillium.
3. Ordnung: Gymnascales (Nacktpilze, Haut- und Haarpilze).
Gattungen: Trichophyton (Ctenomyces), Epidermophyton, Microsporon.
3. Unterklasse: Hyphomycetes (Fadenpilze).
1. Ordnung: Conidiosporales (Hautpilze).
Gattungen: Hormodendron, Phialophora, Sporotrichon.
2. Ordnung: Thallosporales (Sprosspilze).
Gattungen: Cryptococcus, Candida (Candida albicans), Geotrichum, Trichosporon (Trichosporon cutaneum), Pityrosporon.
Pilze, deren Einordnung nicht möglich ist, weil sie weder Askus- noch Basidienbildung zeigen, werden als Fungi imperfecti (Pilze mit unvollständig bekannter Entwicklung) zusammengefasst.
Die meisten pathogenen Pilze sind Fungi imperfecti und zählen zu den Fadenpilzen (Hyphomycetes). Sie befallen die Epidermis, Haare und Nägel und verfügen über ein keratolytisches Enzym, das ihnen ein Eindringen in die Hornmasse ermöglicht.

Pilzerkrankungen
Pilzbefall der Haut, Haare, Nägel siehe unter → Mykosen, → Dermatomykosen, → Epidermophytie.

Pinen
α-Pinen, β-Pinen usw. Ungesättigte bizyklische Terpenkohlenwasserstoffe, die sich durch die Lage ihrer Doppelbindungen unterscheiden. Sie kommen in vielen ätherischen Ölen vor, besonders in denen der Nadelhölzer. Pinene autoxidieren leicht; durch Umlagerung entstehen Menthan- und Campherderivate.

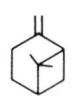

α-Pinen   β-Pinen

Pinselhaarbruch → Trichorrhexis nodosa

Pinselhaare
Thysanotrix. Stachelförmige Haargebilde, bei denen 10 bis 40 Härchen durch eine Schuppenschicht umschlossen sind. Vorkommen der Pinselhaare bei Männern in der Bartgegend.

Piperonal → Heliotropin

PIT
Abkürzung für Phaseninversionstemperatur. → PIT-Emulsionen

PIT-Emulsionen
Flüssige → Mikroemulsionen, die durch Ausnutzen der Phaseninversion bei einer bestimmten, zu ermittelnden Temperatur hergestellt werden. Bei der Phaseninversion kehren sich die Phasen der Emulsion um: Die vormals innere Phase wird zur äußeren und umgekehrt. Die Tröpfchenverteilung ist dabei besonders fein und gleichmäßig.

Pityriasis
(gr. pityron = Kleie) Hauterkrankung mit kleienförmiger Schuppung.
Pityriasis alba faciei: Rundliche oder ovale, zuweilen etwas gerötete Herde, meist im Gesicht, die bei Sonnenbräunung blasser bleiben.
Pityriasis capitis: Abschuppung der Kopfhaut, die zu Atrophie der Haarpapillen und Kahlheit führen kann (Alopecia pityroides). → Seborrhoe.
Pityriasis rosea: Gelbrote, leicht erhabene Schuppenherde, die manchmal auch jucken, später verhornen. Meist spontane Abheilung. Tritt gelegentlich nach dem Tragen neuer ungewaschener Wäsche auf.
Pityriasis rubra pilaris: Stachelflechte. Follikuläre, reibeisenartige Hyperkeratose besonders an den Finger- und Handrücken. Auch flächige schuppende Eritheme, Kopfschuppung mit Abbrechen der Haare oder Nagelveränderungen.
Pityriasis versicolor: Kleienpilzflechte. Erreger: Microsporon furfur. Runde oder ovale Flecke auf Brust und Rücken von gelber bis brauner oder auch violetter Farbe mit geringer Schuppung. Starke Schweißabsonderung fördert die Entstehung. Die Krankheit ist nicht ansteckend.

Pityrosporon ovale
Zu den Sprosspilzen gehörende Saprophyten, die bei krankhafter Schuppenbildung, aber auch auf der gesunden Kopfhaut angetroffen werden.

Planta pedis → Fußsohle

Plaque
(franz. = Fleck) 1. Umschriebener Hautfleck. 2. Zahnbelag, der sich aus den Mucoproteinen des Speichels, Speiseresten und Bakterien aufbaut und auf der Zahnoberfläche klebt. Er ist nicht wegspülbar, sondern muss mechanisch entfernt werden, da es sonst durch Stoffwechselprodukte der Bakterien (Säuren) zu Karies und Mundschleimhautentzündungen kommen kann.

Plasticizer (engl.) → Weichmacher

Plastifikatoren
(lat. plastes = Bildner; facere = bereiten) → Weichmacher

Platonychie
(gr. platys = platt; onyx = Nagel) Krankhafte Abflachung des Nagels, die als Vorstufe des Löffelnagels anzusehen ist.

Plexus
(lat.) = Geflecht, das durch netzartige Verknüpfungen von Venen, Lymphgefäßen, Arterien und Nerven entsteht. Durch Teilung und weitere Verknüpfungen werden neue Stämme gebildet. In der Haut wird zunächst der tiefe Plexus als grobmaschiges Netz angelegt, dessen kleine Äste zu den Schweißdrüsen und Haarpapillen führen. Die in das obere Cutisdrittel aufsteigenden Äste bilden den noch feineren oberen oder subpapillären Plexus, der u.a. die kleinen Arterien für Haarbälge und Talgdrüsen liefert. → Gefäßsysteme der Haut

PMU
Abkürzung für → Permanent Make-up.

Polierfeile
Auch Schleifpad oder Buffer. Je nach Körnung dient es der Reinigung, Glättung, Anrauung oder Mattierung der Nageloberfläche bzw. Nagelkanten.

Poliosis
(gr. polios = grau) Pigmentatrophie. Depigmentierung, Hypopigmentierung der Haare. Gleichbedeutend mit Canities.

poly...
(griech. poly = viel) Wortteil mit der Bedeutung viel, viele, mehrere.

Polyacrylsäureester

$$-\!-\!-CH_2-\left[-CH-CH_2-\atop |\atop COOR\right]_n-CH-CH_2-\atop |\atop COOR$$

R = Alkylrest

Verbindungen, die in der Kosmetik in Nagellacken und Haarstylingprodukten als Filmbildner verwendet werden.

Polyacrylsäuren

$$-CH_2-\left[-CH-CH_2-\atop |\atop COOH\right]_n-CH-CH_2-\atop |\atop COOH$$

Polyacrylate. Feste glasartige Produkte oder lockere weiße Pulver, die sich in Alkalien oder organischen Basen lösen und hochviskose Lösungen oder Gele bilden. Die Alkalisalze dienen als Verdickungs- und Dispergiermittel für Shampoos, Haarpflegepräparate, Reinigungslotionen, Zahnpasten etc. Copolymerisate mit Acrylsäureestern werden als Filmbildner für Haarsprays und -festiger eingesetzt.

Polyalkohole
Polyole. Mehrwertige Alkohole, Verbindungen mit zwei und mehr Hydroxylgruppen im Molekül. Siehe auch → Glykole, Polyethylenglykole, Glycerol, Polyglycerole, Sorbitol, Mannitol.

Polybuten
(INCI: Polybutene) Synthetisch auf Basis von Butylen hergestelltes Polymer. Als zähviskose, okklusive Ölkomponente dient es als Squalanersatz und wird häufig zur Verbesserung der Haftfestigkeit und des Glanzes besonders in Emulsionen, Pasten, Stiften und Salben eingesetzt.

Polydimethylsiloxane → Silicone

Polyethylen
(INCI: Polyethylene) Synthetisch hergestelltes Ethylenpolymer, das als wachsartiger Konsistenzgeber in Emulsionen einsetzbar ist. In

mikronisierter Form dient es als Effektpigment oder, etwas gröber, als Schleifpartikel (→ Abrasiva).

Polyethylenglykole
Polyethylenoxide, Polyglykole, PEG, Macrogole. Polykondensationsprodukte des Ethylenglykols oder Polymerisationsprodukte des Ethylenoxids. Allgemeine Formel:
$HO-H_2C-(CH_2-O-CH_2)_n-CH_2-OH$
$n = 3$ bis 200
Polyethylenglykole mit Molekulargewichten zwischen 200 und 600 sind klare, farblose hygroskopische Flüssigkeiten mit je nach MG unterschiedlicher Viskosität. Sie sind mischbar mit Wasser, leicht löslich in Ethanol, Aceton, unlöslich in fetten Ölen, Mineralölen etc. Polyethylenglykole mit MG 1000 bis 6000 und höher sind weiche bis feste Massen von wachsartigem Charakter. Ihre Wasserlöslichkeit nimmt mit steigendem MG ab. PEG werden von Mikroorganismen nicht angegriffen, zeigen geringe Toxizität, gute Hautverträglichkeit, sie unterliegen aber der Autoxidation. Dioxan als Nebenbestandteil der Herstellung ist durch moderne Verfahren weitgehend eliminiert. Flüssige und feste Polyethylenglykole sind miteinander mischbar. Die beiden endständigen Hydroxylgruppen können verethert oder verestert werden.
Verwendung: Als wasserlösliche, nichtfettende Substanzen sind Polyethylenglykole für viele kosmetische Zwecke geeignet. Die flüssigen PEG dienen als Glycerolersatz in Gesichts-, Rasier- und Haarwässern, als Lösungsmittel für Lösungsvermittler für Wirkstoffe, Parfümöle und Farbstoffe, als Feuchthaltemittel, die höheren PEG als Grundlagen für Cremes und Salben, als Konsistenzregler, Bindemittel, für Haarkuren, als Weichmacher und Fixatoren, die Polywachse vor allem für Stifte.

Polyethylenglykolester
Polyethylenglykolfettsäureester, Polyoxyethylenfettsäureester, Fettsäurepolyglykolester. Veresterungsprodukte von Polyethylenglykolen mit höheren Fettsäuren, vorwiegend Kokosfettsäuren, Laurinsäure, Myristinsäure, Palmitinsäure, Oleinsäure, Stearinsäure, Hydroxystearinsäure, Ricinolsäure.
Allgemeine Formeln:
1. Mono-Fettsäurepolyglykolester (Polyglykolmonofettsäureester)
$R-CO(OCH_2-CH_2)_nOH$

2. Di-Fettsäurepolyglykolester (Polyglykoldifettsäureester)
$R-CO(OCH_2CH_2)_nOOC-R$
R = Alkyle, vorzugsweise mit 10–20 C-Atomen
n = Anzahl der im Polyglykol vorliegenden Ethylenoxid-Moleküle
Je nachdem, ob man eine oder beide Hydroxylgruppen verestert, ob man gesättigte oder ungesättigte Fettsäuren einsetzt, ob man niedere oder höhere Polyglykole verwendet, variieren die Eigenschaften der Veresterungsprodukte. Sie sind flüssig (Ester ungesättigter Säuren) bis fest (Ester gesättigter Säuren), die Reaktionsprodukte aus niederen Polyglykolen neigen zur Mischbarkeit mit Ölen, die aus höhermolekularen Polyglykolen zur Wasserlöslichkeit. Alle Polyglykolester sind nichtionogene, grenzflächenaktive Verbindungen.
Sie werden verwendet als Dispergatoren und Emulgatoren für Hautcremes, als Verdickungsmittel, Perlglanz- und Trübungsmittel für Shampoos und andere kosmetische Zubereitungen, z. B. Haarkonditioniermittel.

Polyethylenglykolether → Polyglykolether

Polyethylenglykolsorbitanfettsäureester →
Polysorbat

Polyethylengylkol-400-stearat, Macrogolstearat 400
Monoester des Polyethylenglykol-400 (durchschnittlich 9 PEG) mit Stearinsäure, mit geringen Mengen Diester und freiem PEG. Gelblich weiße, in Wasser unlösliche, aber leicht dispergierbare Masse von salbenartiger Konsistenz, löslich in Ethanol, mischbar mit Fetten, Wachsen, Mineralölen, Paraffin, Fettalkoholen, Fettsäuren.
Verwendung als nichtionogener Emulgator (HLB-Wert 12) zur Herstellung von O/W-Emulsionen, Cremes, Salben etc.

Polygalakturonsäure → Pektine

Polyglycerole
(Polyglycerolether) Allgemeine Formel:
$HO-H_2C-CHOH-CH_2-O-[H_2C-CHOH-CH_2-O]_n-CH_2CHOH-CH_2OH$
Je nach der Anzahl kondensierter Glycerolmoleküle werden Diglycerole, Triglycerole, Tetraglycerole etc. unterschieden. Mit der Zahl der Glycerolmoleküle (n) steigt die Viskosität der

Substanzen. Verwendung für Cremegrundlagen. Polyglycerole haben emulgierende Eigenschaften.

Polyglycerol(fettsäure)ester
Veresterungsprodukte von Fettsäuren mit Polyglycerolen fallen öl- oder wasserlöslich aus; sie sind flüssig oder wachsartig, gesättigt oder ungesättigt und je nach der Anzahl der veresterten OH-Gruppen hydrophil oder lipophil.
Verwendung als nichtionogene W/O-Emulgatoren; einige Typen eignen sich auch als O/W-Emulgatoren.

Polyglykole → Polyethylenglykole

Polyglykolester → Polyethylenglykoester

Polyglykolether
→ Alkylphenolpolyglykolether, Fettalkoholpolyglykolether, Fettaminpolyglykolether, Fettsäurealkanolamidethoxylat, Fettsäureamidpolyglykolether.

Polyisobuten
(INCI: Polyisobutene) Synthetisch hergestelltes klares Isoparaffin (Polymer auf Kohlenwasserstoffbasis), das in flüssiger bis zähflüssiger Konsistenz angeboten wird. Es ist stark okklusiv, hochglänzend und kann daher den Glanz und die Haftfestigkeit von Emulsionen, Pasten und Stiften verbessern. Häufiger Einsatz auch in Lippenstiften und Lipglossprodukten.

Polymannuronsäure → Alginsäure

Polymere
Einzelmoleküle, die durch chemische Reaktion (Polymerisation) zu einem langkettigen Makromolekül verbunden wurden. Die Bezeichnung Polymer wird vielfach auch als Sammelbegriff für synthetisch hergestellte Verbindungen verwendet. So werden z.T. auch Filmbildner, Verdickungsmittel, Kunstharze oder bestimmte Effektpigmente mit Polymerstruktur umgangssprachlich als Polymer bezeichnet.

Polymerisation
Chemische Verknüpfung kleiner Moleküle (der Monomeren) zu einem Makromolekül (dem Polymer).

Polymethacrylsäureester
Polymethacrylate. Polymerisationsprodukte der Methacrylsäureester, glasartige durchsichtige Substanzen ähnlich dem Plexiglas.
Verwendung als Kunststoffe vor allem in Copolymerisaten.
Allgemeine Formel:

$$-CH_2 \left[\begin{array}{c} CH_3 \\ | \\ -C-CH_2- \\ | \\ COO-R \end{array} \right]_n \begin{array}{c} CH_3 \\ | \\ -C-CH_2- \\ | \\ COO \cdot R \end{array}$$

R = Methyl-, Ethyl- oder Propylgruppen

Polymethylmethacrylat (INCI)
Wird in mikronisierter Form als kugelförmiges → Effektpigment mit großer spezifischer Oberfläche und hohem Wasser- und Ölabsorptionsvermögen eingesetzt. In pflegenden und dekorativen Kosmetika verbessern sie das Hautgefühl und können zur Mattierung des aufgetragenen Produktfilms beitragen.

Polyole → Polyalkohole

Polyoxyethylenfettalkoholether → Fettalkoholpolyglykolether

Polyoxyethylenfettsäureester → Polyethylenglykolester

Polyoxyethylen-Polyoxypropylen-Polymere
Allgemeine Formel:

$$HO(CH_2CH_2O)_a-(CH-CH_2O)_b-(CH_2CH_2O)_cH$$
$$|$$
$$CH_3$$

a und c = Anzahl der Ethylenoxid-Moleküle (10–200)
b = Anzahl der Propylenoxid-Moleküle (15–20)
Molekülmasse zwischen 800–1600 (bis einige Tausend)
Konsistenz: flüssig bis pasten- bis wachsartig.
Gruppe von nichtionogenen Tensiden, die mit anderen nichtionogenen, anionischen oder kationischen Substanzen verträglich sind. Die Polyethylenoxidgruppen bilden den hydrophilen, die Polypropylenoxidgruppen den hydrophoben Anteil der Verbindungen. Die Substanzen sind hautverträglich, gegenüber Säuren, Alkalien und Metallionen beständig.
Verwendung als Netzmittel, Dispergier- und Emulgierhilfsmittel.

Polyoxyethylensorbitanfettsäureester
→ Polysorbat, → Sorbitanfettsäureester, ethoxyliert.

Polypeptide
Aus Aminosäuren aufgebaute Makromoleküle mit Molekulargewichten zwischen 1000 und 7000. Sie entstehen bei schonend durchgeführter partieller Hydrolyse von Proteinen wie z. B. Kollagen. Polypeptide sind wasserlöslich und werden in der Kosmetik als Hautschutzfaktoren und in Haarbehandlungsmitteln eingesetzt. → Eiweißhydrolysate

Polypeptid-Fettsäure-Kondensate → Eiweiß-Fettsäure-Kondensate

Polyphosphate
Kondensierte Phosphate, zu denen man auch schon die Diphosphate rechnet. Sie bilden sich beim Erhitzen von sauren Monophosphaten unter Wasserabspaltung. Durch Verknüpfung mehrerer PO_4-Tetraeder über gemeinsame Sauerstoffatome entstehen ring-, ketten- oder netzförmig strukturierte Polymere, die mit Ausnahme der kristallisierten hochmolekularen Salze (Maddrellsches Salz) wasserlöslich sind. In wässriger Lösung werden die Polyphosphate bei höheren Temperaturen wieder zu Monophosphaten hydrolysiert.

$$\begin{matrix} O\diagdown_{\!\!\!P}\diagup O^{\ominus} \\ O\diagup\diagdown O\diagdown\diagup O^{\ominus} \\ \diagup P\diagdown O\diagup P\diagdown \\ \ominus OO \end{matrix} \qquad \begin{bmatrix} & O & & O & & O & \\ O & P^{\oplus V} & O & P^{\oplus V} & O & P^{\oplus V} & O \\ & O & & O & & O & \end{bmatrix}^{5\ominus}$$

$$\begin{bmatrix} & O & & O & & O & \\ O & P^{\oplus V} & O & P^{\oplus V} & O & P^{\oplus V} & O \\ & O & & O & & & \\ & & & O & P^{\oplus V} & O & \\ & & & & O & & \end{bmatrix}$$

(→ Natriumpolyphosphate)

Polypropylenglykole
Sie werden durch Kondensation von Propylenglykol mit Propylenoxid erhalten. Allgemeine Formel:

$$H_2C\diagup_{\!\!\!O}\diagdown CH-CH_3 \qquad HO\begin{bmatrix} H \\ | \\ C-CH_2-O \\ | \\ CH_3 \end{bmatrix}_n \begin{matrix} H \\ | \\ C-CH_2OH \\ | \\ CH_3 \end{matrix}$$

Wasserlösliche, viskose Flüssigkeiten, die wie Polyethylenglykole verwendet werden können.

Polysaccharide
Glykane. Makromolekulare Kohlenhydrate, die aus glykosidisch verknüpften Monosaccharidmolekülen aufgebaut sind und in der Natur als Gerüst- und Reservestoffe dienen. Dazu gehören vor allem die Polykondensationsprodukte der Glucose: Stärke, Cellulose und Glykogen, und das Inulin, ein Polyfructosan. Polysaccharide, die aus verschiedenen Bausteinen bestehen, sog. Heteroglykane wie Alginsäure, Carobengummi, Carrageenan, Gummi arabicum, Pektine, Tragant und die Mucopolysaccharide. Sie enthalten außer Pentosen und Hexosen auch Methylpentosen, Uronsäuren, Zuckersulfate o. a.

Polysiloxane → Silicone

Polysorbat
Polyoxyethylensorbitanmonofettsäureester. Gemisch von Partialestern des Sorbits und seiner Anhydride (→ Sorbit, Sorbitan) mit Laurinsäure, mit etwa 20 Molen Ethylenoxid (pro Mol Ester) ethoxyliert (→ Sorbitanfettsäureester, ethoxyliert). Klare, gelbliche oder bräunlich gelbe, ölige Flüssigkeit, mischbar mit Wasser, Ethanol, Ethylacetat, unlöslich in Fetten und Mineralölen, HLB-Wert 16,7.
Polysorbate mit HLB-Werten über 15 bilden in Wasser oberhalb der kritischen Micellbildungskonzentration Micellen, in die schwer lösliche Substanzen eingelagert werden können. Sie finden Verwendung als Netzmittel, O/W-Emulgatoren und Lösungsvermittler für Parfümöle und öllösliche Wirkstoffe, sowie zur Extraktion pflanzlicher Drogen. PHB-Ester und Quats werden in ihrer konservierenden Wirkung von Polysorbaten gehemmt.

Polyvinylacetat
Allgemeine Formel:

$$\begin{matrix} O & & O \\ \| & & \| \\ O-C-CH_3 \\ | \\ -CH-CH_2- \end{matrix}\begin{bmatrix} O-C-CH_3 \\ | \\ -CH-CH_2- \end{bmatrix}_n -$$

Verwendung als Lackrohstoff für Nagellacke; steigert die Elastizität, den Glanz und die Haftfähigkeit des Films.

Polyvinylacetat-Copolymerisate
Mischpolymerisate von Vinylacetat mit Vinylpyrrolidon, Vinylpropionat, Crotonsäure und/oder Acrylsäureestern. Flexible Filmbildner für Haarfestiger und Haarsprays.

Polyvinylalkohol, PVA
Allgemeine Formel:

$$-CH-CH_2-\left[-CH-CH_2-\right]_n-CH-CH_2-$$
$$|||$$
$$OHOHOH$$

Feines weißes Pulver; wasserlöslich, unlöslich in vielen organischen Lösungsmitteln, hygroskopisch; pH-Wert = 5,0–6,5.
Verwendung als Schutzkolloid zur Herstellung von Emulsionen; als Zusatz zu Seifen, Zahnpasten, Cremes; als Filmbildner und Verdickungsmittel. Durch Alkalien werden PVA-Lösungen zu Gelen verdickt.

Polyvinylpyrrolidon, PVP
Allgemeine Formel:

Weißes, hygroskopisches Pulver, löslich in Wasser und Alkoholen. PVP ist ungiftig, gut hautverträglich und besitzt hautschützende Eigenschaften; in Haarbehandlungsmitteln verleiht es dem Haar Glanz und Geschmeidigkeit. Die wässrigen Lösungen müssen konserviert werden. Verwendung als Verdickungs-, Dispergiermittel und Filmbildner, zur Herstellung fettfreier und fetthaltiger Cremes, als Schutzkolloid für dünnflüssige Emulsionen, als Hautschutzmittel in Haar- und Haushaltswaschmitteln, zur Fixierung von Riechstoffen u. Ä. Für Haarfestiger und Haarsprays werden wegen der Hygroskopizität des PVP meist Mischpolymerisate mit Vinylacetat und/oder anderen Vinylverbindungen verwendet.

Pomaden
Wasserfreie Haarfestlegungsmittel, Haarglanzmittel von weicher salbenartiger bis fester wachsartiger Konsistenz auf der Basis pflanzlicher, tierischer und/oder mineralischer Fette und Wachse. Heute werden Pomaden kaum noch verwendet. → Brillantinen

Pomeranzenschalenöl
Durch Auspressen der Schalen von Citrus aurantium L. subsp. amara gewonnenes Öl. Es ähnelt in seiner Zusammensetzung dem süßen Orangenschalenöl, hat aber meist einen geringeren Aldehyd- und Estergehalt.

Pongamia Extract (Brenntag)
(INCI: Pongamol) $C_{18}H_{14}O_4$, F 124–130 °C.

Handelsbezeichnung für den weißlichen, puderförmigen Extrakt aus den Samen des in Indien beheimateten Karanja Baumes. Das Öl wird auch im Rahmen von Ayurveda-Behandlungen verwendet und zeichnet sich durch ein angenehmes Hautgefühl aus. Der Extrakt absorbiert in gewissem Umfang UV-Strahlen aus dem UV-A-Bereich und eignet sich damit als Zusatz in Sonnenschutz- und Hautpflegepräparaten. Die Einsatzkonzentration liegt bei 0,5–1,0 %.

Pore
(lat. porus = Öffnung) Kosmetisch interessieren die Poren (Ausgänge) der kleinen und großen Schweißdrüsen. Diese sind frei und sauber zu halten, um einen ungehinderten Abfluss des Schweißsekretes zu gewährleisten.

Poudre Libre
Franz. für losen → Puder.

Powder
Engl. für → Puder.

PP-Faktor
Pellagra-Präventiv-Faktor, Antipellagra-Vitamin, wurde als Nicotinsäureamid erkannt. Gehört zum Vitamin-B-Komplex.

präparative Kosmetik → pflegende Kosmetik

Pregnenolon
(Skinostelon, Progenitin) Zu den Steroiden gehörende Verbindung, die jedoch keine oestrogene oder gestagene Wirkung zeigt. Pregnenolon und seine Ester lösen auf der Haut einen dem β-Oestradiol ähnlichen Effekt aus, sie sollen das Wachstum der Epidermis, besonders der Basal-

zellenschicht sowie eine bessere Ausbildung der Papillen anregen.
Verwendung für Antifaltencremes. Zusätze zwischen 0,1 und 0,5%.

Pre-Shave
Rasierwasser zur Vorbehandlung der Haut vor der Elektrorasur. Es soll ein Aufrichten der Barthaare bewirken (→ Pilomotorika) und die Gleitfähigkeit der Haut erhöhen. Pre-Shave-Rasierwässer sind hochprozentige alkoholische Lösungen, die als Gleitmittel Isopropylfettsäureester, Isopropyladipat, synthetische Triglyceride oder andere flüssige Ölkomponenten und evtl. Parfümöle enthalten.

Prokollagen → Kollagen

Prolin
Pyrrolidincarbonsäure. Aminosäure, die zu 4,3 (bis 9,6)% in der Haarsubstanz des Menschen enthalten ist (nachgewiesen durch Adsorptionschromatographie). Neben Hydroxyprolin und Glycin wesentlicher Bestandteil des Kollagens und der aus Knochen gewonnenen Gelatine. Verwendung für Feuchthaltesubstanzen.

Propan
C_3H_8; $CH_3-CH_2-CH_3$. Farb- und geruchloses, brennbares, in hohen Dosen leicht narkotisch wirkendes Gas. K_p –42 °C.
Verwendung als Treibgas für Aerosole im Gemisch mit Butan und Isobutan.

Propandiole → Propylenglykol

Propanol
(INCI: Propyl Alcohol) 1-Propanol, n-Propylalkohol, $CH_3-CH_2-CH_2OH$, K_p 97 °C.
Im kosmetischen Bereich wird jedoch häufig 2-Propanol, Isopropanol, $CH_3-CHOH-CH_3$. K_p 82 °C, (INCI: Isopropyl Alcohol) eingesetzt. Beide Alkohole ähneln in ihren Eigenschaften dem Ethanol, jedoch sind Desinfektionskraft, Toxizität und narkotische Wirkung stärker. Sie sind zugelassen für äußerlich anzuwendende kosmetische Präparate. Vor allem 2-Propanol wird als Lösungs- und Verdünnungsmittel für Haar- und Rasierwässer und als Lösungsmittel in Sprays verwendet.
Wichtig ist die Verwendung eines Isopropanols von höchstem Reinheitsgrad. Zur Milderung seines etwas strengen Eigengeruchs kann 1-Propanol zugesetzt werden.

Propanon → Aceton

Propantriol → Glycerol, → Glyzerin.

Propionibakterien
Grampositive Bakterien, die Milchsäure, Kohlenhydrate und Polyalkohole unter Bildung von Propion- und Essigsäure spalten.

Propolis
Bienenkitt. Braune harzartige Masse, die von den Bienen aus gesammelten Baumharzen, Drüsensekreten und Verdauungssäften produziert und zum Bau der Wabenzellen benutzt wird. Bienenkitt weist antimikrobielle und antioxidative Eigenschaften auf, die wahrscheinlich auf dem Gehalt an Flavonoiden sowie Zimtsäure- und Kaffeesäureestern beruhen. Er kann als natürliches Konservierungsmittel für Kosmetika und als Wirkstoff für Deodorantien, Aknemittel, Fußpuder u. a. verwendet werden.

1,2-Propylenglykol
(INCI: Propylene Glycol) $H_3C-CH(OH)-CH_2OH$. Klare, farblose, viskose Flüssigkeit von süßlichem Geschmack, mischbar mit Wasser und niederen Alkoholen, gutes Lösungsmittel für ätherische Öle, Farbstoffe, Riechstoffe, Harze etc. Propylenglykol ist ungiftig und haut- und schleimhautverträglich.
Verwendung wie Glycerol für Hautcremes, Gesichtswässer etc., als Lösungsmittel und Lösungsvermittler.

Propylenglykolalginat
(→ Alginate) Die wässrigen Lösungen sind säurebeständig und unempfindlich gegen Erdalkali- und Schwermetallsalze.
Verwendung als Verdickungsmittel in saurem Milieu und als Schaumstabilisator.

Propylenglykolfettsäureester
Allgemeine Formel:

$$R-\overset{O}{\underset{\|}{C}}-O-H_2C-CH(OH)-CH_3$$

Propylenglykolester, meist Gemische aus Mono- und Diestern mit Stearin-, Laurin-, Ölsäure u.a. Sie sind öl- oder wachsartig, dispergierbar in Wasser, löslich in Ethanol, Fetten und Paraffinöl. Sie werden als Emulgatoren und Emollients für Cremes und Lotionen verwendet.

Propylgallat
(INCI: Propyl Gallate) Gallussäure-n-propylester. Antioxidanz für Fette und Öle, gewöhnlich mit Synergisten wie Zitronensäure oder Phosphorsäure verwendet.

Protection
(engl. protection = Schutz) Ausdruck, der häufig als Namenszusatz gebraucht wird (z.B. Sun Protection Stick, Sun Protection Factor). Siehe auch → Hautschutz.

Proteine → Eiweiß

Proteinhydrolysate → Eiweißhydrolysate

Prothesenhaftmittel → Zahnprothesenhaftmittel

Prothesenreiniger → Gebissreinigungsmittel

Provitamin
Allgemeine Bezeichnung für eine Vitaminvorstufe, aus der sich unter Einfluss bestimmter Faktoren (z.B. Sonnenlicht) das Vitamin aufbauen kann.

Provitamin A
Andere Bezeichnung für → beta-Carotin.

Provitamin B 5 → D-Panthenol

Prurigo
(lat. prurigo = Jucken) Bezeichnung für eine uneinheitliche Gruppe von Hauterkrankungen mit juckenden, teilweise urtikariellen Papeln oder Knötchen.

Pruritus
(lat. prurire = jucken) Hautjucken, das mit zwanghaftem Kratzen verbunden ist. Dabei können u.a. auch die Schmerzrezeptoren, das vegetative Nervensystem, das Gefäßsystem der Haut, innere Organe sowie die Psyche beteiligt sein. Die verursachten Hautveränderungen sind strichförmige Rötungen, Krusten, Hyperpigmentierungen oder Lichen. Innere Krankheiten können ebenso auslösend wirken wie Nervosität, tierische und pflanzliche Parasiten, Überempfindlichkeitserscheinungen, Unverträglichkeiten sowie Intoxikationen.

Pseudomonas aeruginosa
(→ Mikroorganismen) Gramnegatives, begeißeltes Stäbchenbakterium, ubiquitär im Wasser, Boden, auf der menschlichen Haut und im Darm. Mischinfektionserreger bei Eiterungen nach vorangegangener Schädigung oder bei geschwächter Abwehrlage.

Psoralen
Fucomarin, das in Pflanzen wie z.B. Feigen, Sellerie und Petersilie vorkommt und durch Lichteinwirkung aktiviert, schädigend wirken kann.

Psoriasis
Schuppenflechte. Scharf begrenzte, erythematöse, mit silberweißen Schuppen bedeckte, zuweilen juckende Herde besonders an den Streckseiten der Ellenbogen, Knie, am behaarten Kopf, an den Handinnenflächen und Fußsohlen. Die Schuppen treten beim Kratzen deutlich hervor (Kerzenfleck). Darunter befindet sich ein dünnes Psoriasishäutchen, nach dessen Entfernung eine punktförmige Blutung auftritt. Die Nagelpsoriasis äußert sich in stecknadelkopfgroßen, napfförmigen Einsenkungen, sog. „Tüpfelnägeln". Als „Ölflecke" sind subunguale, gelbliche Nagelverfärbungen bekannt. Bei dem psoriatischen Krümelnagel ist die Nagelplatte zerstört; bei der Nagelfalzpsoriasis entstehen schuppende Herde am Nagelfalz. Die Pathogenese der Psoriasis ist unbekannt. Behandlung durch den Arzt erforderlich.

Puder
Man unterscheidet die der Pflege und Gesunderhaltung der Haut dienenden Puder und die ausschließlich zum Schminken geeigneten Puderprodukte. Zu der ersten Gruppe zählen die streufähigen, weißlichen Produkte, wie z.B. Fußpuder, Körperpuder oder Babypuder. Die farbigen Puder werden in lose und gepresste Puder (Kompakt-Puder) unterteilt. Unter diese Rubrik fallen z.B. Gesichtspuder, Puder-Make-up, Lidschattenpuder und Rouge in Puderform.
→ Puder, gepresste, → Puder, lose.
Bei Anwendung von Pudern ist zu berücksichti-

gen, dass sie i.d.R. immer über eine gewisse fettu./o. feuchtigkeitsbindende Wirkung verfügen. Die Verwendung bei trockener Haut ist daher nur mit Einschränkung zu empfehlen.

Aufbau:
Die Puderbasis besteht jeweils aus einer geeigneten Mischung von fein vermahlenen → Pudergrundstoffen, die mit dem → Binder vermengt werden. Kompakt-Puder enthalten meist einen etwas höheren Binderanteil, um den Zusammenhalt der Pudersubstanz zu garantieren. Als Zusatzstoffe kommen, je nach Produktausrichtung, antibakterielle oder juckreizstillende Substanzen, Parfümöle, Effekt- oder Farbpigmente in Frage.

Das Flüssigkeitsaufsaugvermögen von Pudergrundlagen wird mittels der Enslin-Apparatur gemessen und Wasser- bzw. Ölaufsaugfaktor nach der Formel P = t/Q errechnet. Es bedeuten P = 1 g Pudersubstanz, t = Zeit der Aufnahmefähigkeit von Flüssigkeiten in Minuten; Q = aufgenommenes Flüssigkeitsquantum in Gramm.

Das Schüttvolumen ist das Volumen, das 1 g eines Pulvers unter gegebenen Bedingungen einnimmt; das Schüttgewicht ist der reziproke Wert des Schüttvolumens. Für die Puderherstellung ist die Beachtung der Schüttgewichte der Einzelbestandteile wichtig, da Unterschiede in den spezifischen Gewichten Entmischungsvorgänge fördern. Schüttgewicht und Schüttvolumen lassen auch Rückschlüsse auf die Teilchengröße (Kornfeinheit) und somit auf das Deck- und Haftvermögen zu. Die Streu- und Fließfähigkeit eines Puders wird bestimmt durch Teilchengröße und Feuchtigkeitsgehalt. Die Teilchengröße soll unter 100 µm liegen; grobere Bestandteile bewirken ein Bremsgefühl auf der Haut und verleihen dem Puder einen rauen Griff.

Enslin-Apparat (von Schmidt und Enslin).

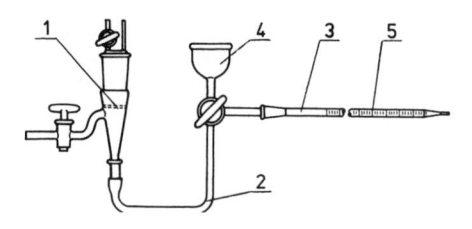

U-förmiges Rohr (2) und graduierte Röhre (3 und 5) werden durch den Stutzen (4) mit Prüfflüssigkeit bis zur Glasfritte (1) gefüllt. Auf die Fritte wird 1 g Puder aufgetragen. Die von der Probe aufgenommene Flüssigkeitsmenge ist an der graduierten Kapillare (5) abzulesen.

Puder-Aerosole
Talkumpuder mit einer maximalen Teilchengröße von 25 µm, die mit den entsprechenden Wirkstoffen (Deodorantien, Desinfektionsmitteln, Antimykotika) als Körperpuder oder Fußpuder hergestellt werden. Sie liegen als Suspensionen im verflüssigten Treibgas vor und müssen vor dem Gebrauch aufgeschüttelt werden. Um Ventilverstopfungen zu vermeiden, sollten nicht mehr als 10% Festsubstanz enthalten sein. Für Haarpuder werden wegen der besseren Fettabsorption Stärkepuder verwendet.

Puder, gepresste
Auch Kompakt-Puder, kompaktierte Puder. Es handelt sich i.d.R. um dekorative Puderprodukte, die als Gesichtspuder, Lidschattenpuder oder Rouge konzipiert sein können. Der Aufbau entspricht den → Pudern, der Gehalt an Farb- und Perlglanzpigmenten kann jedoch, z.B. bei sehr intensiven Lidschattenfarben, bis zu 50% betragen. In der Herstellung unterscheiden sie sich im Prinzip nur durch den abschließenden Pressvorgang von den losen Pudern. Der Pressdruck und die Pressdauer müssen an den Durchmesser der Pfanne und die Formulierungsbestandteile angepasst sein. Zu hoher Druck kann den Puderstein, z.B. nach mehrmaliger Anwendung „speckig" werden lassen, sodass die Oberfläche glänzt und die Puderabgabe erschwert ist. Der Auftrag erfolgt, je nach Produkttyp, mit dem Pinsel, der Puderquaste oder einem Applikatorschwämmchen.

Puder, lose
Äußerlich anzuwendendes, pulverförmiges, rieselfähiges Produkt für den pflegenden oder dekorativen Kosmetikbereich. → Puder
Hautfarbener loser Gesichtspuder (auch Pudre Libre oder Loose Powder) wird meist als transparente Formulierung angeboten, die der Teint-Mattierung und der Fixierung des fertigen Make-up's dient. Er wird mithilfe einer Puderquaste oder eines großen Puderpinsels aufgetragen. Die Anwendung von weißlichen Pudern für den Hauptpflegebereich erfolgt i.d.R. durch direktes Aufstreuen auf die Haut. Der Auftrag kann dann per Hand leicht verteilt werden und ist da-

nach meist kaum noch sichtbar. Anwendungsformen sind z. B. Fußpuder oder Körperpuder.

Pudergrundstoffe
Sammelbegriff für verschiedene Füllstoffe. Pulverförmige, meist weißliche → Pigmente, die in Pflegeprodukten und dekorativen Kosmetika einsetzbar sind. Je nach Korngröße, Einsatzkonzentration und Beschaffenheit der Partikel lassen sich die sensorischen und die anwendungstechnischen Produkteigenschaften beeinflussen. In Emulsionen können sie das Gefühl der Reichhaltigkeit vermitteln, Pasten wirken trockener und weniger ölig, in Stiften verändern sie das Auftragsverhalten und die Haftfestigkeit. In Pudern wird durch die geeignete Auswahl die Produktbeschaffenheit und das Deckvermögen des Produktes beeinflusst.
Zu den einfachen Pudergrundstoffen zählen u. a. Substanzen wie Talkum, Kaolin, Glimmer, Magnesium- und Calciumcarbonat, Stärke und Zinkoxid. Metallseifen, wie z. B. Zinkstearat, verbessern die Bindung von gepressten Pudern und fördern das Gleitvermögen. Titandioxid zählt nicht direkt zu den Pudergrundstoffen; es wird aufgrund seiner starken Weißwirkung den Farbpigmenten zugerechnet. Handelt es sich um spezialisierte, z. B. gecoatete Pudergrundstoffe (→ Pigmente, gecoatete) oder um Substanzen mit einer besonderen Funktion (z. B. Lichtstreuung) spricht man auch von → Effektpigmenten oder funktionellen Füllstoffen.

Puderlidschatten
→ Lidschatten, der als gepresster Puder angeboten wird.

Puder-Make-up
Kompaktpuder, der im Gegensatz zu herkömmlichen Gesichtspudern auch mit einem feuchten Schwämmchen wie ein Compact-Make-up angewendet werden kann. Meist sind in diesen Formulierungen hydrophobierte (gecoatete) Pudergrundstoffe enthalten, die die Nass- und Trockenapplikation erlauben. Diese Anwendungsform ist besonders für sehr fettige Haut geeignet.

Puderstein
Auch Pressling genannt. Bezeichnung für kompaktierten (gepressten) Puder, der sich in einer Metall- oder Kunststoffpfanne befindet. → Puder, gepresste

Puffersubstanzen
Sie sollen unerwünschte pH-Änderungen (Änderung der Wasserstoffionenkonzentration) von Lösungen verhindern. Sie bestehen meist aus schwachen Säuren bzw. Basen und ihren Salzen (z. B. Essigsäure und Natriumacetat bzw. Ammoniak und Ammoniumchlorid). Die Zugabe kleiner Mengen Säure bzw. Alkali verursacht bei Gegenwart von Puffersubstanzen nur geringfügige pH-Änderungen, weil die durch die Zugabe frei werdenden Protonen (bzw. H_3O^+-Ionen) oder OH-Ionen abgefangen werden. Besonders bedeutungsvoll ist das Vorhandensein von Puffersubstanzen im Blut, weil die Aktivität der die Stoffwechselvorgänge katalysierenden Enzyme vom pH-Wert abhängig ist.
Das Blut enthält 3 Puffersysteme: Das Hydrogencarbonatsystem, das Phosphatsystem und das Proteinatsystem, die den pH-Wert des Blutes auf 7,35 halten.
Puffergemische der Haut → Pufferhülle der Haut.

Pufferhülle der Haut
Hydrolipidmantel, der aus Hautfett, Wasser und wasserlöslichen Substanzen besteht. Der Feuchtigkeitsfilm der Hautoberfläche weist unter normalen Bedingungen einen schwach sauren → pH-Wert auf. Das entspricht dem isoelektrischen Punkt des Keratins, bei dem dieses seine größte Stabilität erreicht. Die Pufferhülle der Haut tritt in Aktion, wenn z. B. durch Waschungen mit alkalisch reagierenden Seifenlösungen der pH-Wert der Hautoberfläche steigt. Die gesunde Haut kann diese pH-Verschiebung innerhalb von ca. 30 Minuten wieder rückgängig machen. Als Puffersubstanzen können niedere Fettsäuren, Milchsäure und Lactate, Aminosäuren, phosphorsäurehaltige Verbindungen, Carbonate oder Eiweißkörper in Betracht gezogen werden.
Eine weitere Pufferwirkung des Hydrolipidmantels besteht in der Regulierung des Wasserhaushalts der Hornschicht. Durch Emulsionsbildung wird die Feuchtigkeitsabgabe der umgebenden Atmosphäre angepasst; bei Wasserüberschuss bildet der Hauttalg eine O/W-Emulsion, bei Lipidüberschuss eine W/O-Emulsion.

Pulpa
(lat. = Fleisch) Weiche Gewebsmasse, Mark.

Pulpa coronalis
Der in der Zahnkrone gelegene Teil des Zahnmarks.

Pulpa dentis
Zahnmark. Netzartiges, Nerven und Blutgefäße enthaltendes Bindegewebe im Innern des Zahnes.

Pulpahöhle
Pulpakammer, Cavum dentis = Zahnhöhle.

Pulpa radicularis
Der in der Zahnwurzel gelegene Teil des Zahnmarks.

Pulpitis
Entzündung des Zahnmarks im fortgeschrittenen Stadium der Karies.

Pumpspray
Sprayvorrichtung ohne Treibgas. Die Vernebelung der enthaltenen wässrigen oder wässrig alkoholischen Lösungen wird durch den Druck auf den Sprühkopf bewirkt. Der Sprühnebel ist jedoch weniger fein als bei Aerosolsprays. Anwendungsformen sind z. B. Eau de Toilette, Haarstylingprodukte, Deodorantien und sprühbare Sonnenschutzmittel.

pure
(engl. pure = sauber, rein, makellos)

Pustel
(lat. pustula, -ae = Bläschen, Blase) Eiterbläschen; bis linsengroße Epidermiserhebung mit eitrigem Inhalt. Entsteht meist an der Mündung eines Haarfollikels. Pusteln zählen zu den Primär-Effloreszenzen (z. B. Akne-„Pickel").

Pustulose
Pustulosis. Mit Pustelbildung verbundene Hautkrankheit.

Putzkörper
Abrasivstoffe (→ Abrasiva), die die mechanische Reinigungswirkung unterstützen. → Schleifmittel

PVA → Polyvinylalkohol

PVP → Polyvinylpyrrolidon

Pyodermie
(gr. pyon = Eiter; derma = Haut) Durch Eitererreger hervorgerufene Hautkrankheiten; Eiterausschlag; Schmutzkrankheiten.

Pyridin-3-carbonsäureamid → Nicotinsäureamid

Pyridiniumsalze, quaternäre
Allgemeine Formel:

$$\left[R-N \underset{6}{\overset{\oplus}{\bigcirc}}_{5}^{2} \right] Cl^{\ominus}$$

$R = C_{12}H_{25}$ (Lauryl) oder $C_{16}H_{33}$ (Cetyl)

Kationaktive Tenside mit antimikrobiellen Eigenschaften, die als Desinfektionsmittel in Zahn- und Mundpflegepräparaten und als Konditionier- und Avivagemittel in Haarpflegeprodukten verwendet werden.

Pyridonderivate
1-Hydroxy-2-pyridon oder 2-Hydroxypyridin-N-oxid. Das 1-Hydroxy-4-methyl-6-(2,4,4-trimethylpenyl)-2-pyridon und sein Monoethanolaminsalz sind als Konservierungsmittel zugelassen für Mittel, die nach Gebrauch ausgespült werden. Als Antischuppenmittel sollen die Pyridonderivate wirksamer sein als die Pyrithione.
→ Octopirox

Pyridoxin
Gruppe von 3-Hydroxy-2-methylpyridinderivaten (Pyridoxol, Pyridoxal, Pyridoxamin), die als → Vitamin B_6 zusammengefasst werden und als Coenzyme für den Eiweißstoffwechsel von Bedeutung sind. Mangel führt u. a. zu seborrhoischen Hautveränderungen. Kosmetische Verwendung als Vitamin B-Komplex oder auch in Form des öllöslichen Palmitinsäureesters.

Pyridoxol (PN)

Pyridoxal (PL)

Pyridoxamin
(PN)

Pyrithionderivate
2-Pyridinthiol-1-oxid im tautomeren Gleichgewicht mit 1-Hydroxy-2-pyridinthion. Die Verbindung hat fungizide und bakterizide Wirkung. Das Zinksalz ist als Konservierungsmittel und als Antischuppenmittel zugelassen für Präparate, die nach Gebrauch sofort wieder ausgespült werden. Die Verwendung von Pyrithion-Natrium und des Anlagerungsproduktes mit Magnesiumsulfat ist durch die Kosmetik-Verordnung verboten.

2-Pyrrolidon-5-carbonsäure
Wesentlicher Bestandteil des NMF, wichtig für den bakteriziden Einfluss des „wasserlöslichen" Anteils der Hornschicht. Das Natriumsalz ist stark hygroskopisch.

Q

Quaddel
(lat. urtica) Flache, das Hautniveau überragende Effloreszenz mit rotem Hof und weicher Konsistenz als Ausdruck eines akuten Ödems der Kapillargefäße. Die entzündlichen Reizödeme können ebenso schnell wieder verschwinden wie sie entstehen.

Quaternäre Ammoniumverbindungen → Ammoniumverbindungen, quaternäre

Quarternium-15 *(INCI)*
Hexaminderivat. N-(3-Chlorallyl)hexaminiumchlorid. Wasserlösliches Konservierungsmittel, das im pH-Bereich 4 bis 10 gegen grampositive und gramnegative Bakterien, Hefen und Pilze wirksam ist. Mit anionischen, kationischen und nichtionischen u./o. amphoteren Tensiden ist es gut verträglich, es sollte jedoch nicht über 60 °C erhitzt werden. Die übliche Einsatzkonzentration liegt zwischen 0,02 % und 0,3 %.

Quats
Abkürzung für quaternäre Ammoniumverbindungen.

Quecksilber
Seine Verbindungen sind in kosmetischen Präparaten nicht zugelassen; ausgenommen sind Thiomersal und Phenylquecksilber und seine Salze bis zu einer Konzentration von 0,007 % (ber. als Quecksilber) als Konservierungsmittel für Schmink- und Abschminkmittel für die Augen.

Quecksilberdampflampen
Gasentladungslampen mit Quecksilberdampffüllung, die als Lichtquellen und als künstliche UV-Strahler der Entkeimung und therapeutischer Bestrahlung dienen. Man unterscheidet Quecksilber-Niederdruck- und Quecksilber-Hochdrucklampen. Die Niederdrucklampen erzeugen überwiegend unsichtbares UV-Licht. Ihr Gehäuse ist aus Quarzglas, das für UV-Strahlen bis ca. 180 nm durchlässig ist. Quarzlampen werden zur Raumdesinfektion verwendet. Die Strahlung der Hochdrucklampen reicht auch in den sichtbaren Bereich hinein, sie weist jedoch gegenüber Sonnenlicht ein Defizit im Rotanteil auf.
Das Spektrum der Quecksilberdampflampen lässt sich verändern, indem man die Zusammensetzung der Gasfüllung variiert oder in die Entladungsröhren Leuchtstoffe einbringt, die im kurzwelligen UV-Bereich absorbieren und die aufgenommene Energie in Form von längerwelliger Strahlung wieder emittieren.

Quellstoffe → Hydrokolloide

Quenching-Effekt
Aufhebungseffekt. Die Erscheinung, dass verschiedene Stoffe, die isoliert getestet, die Haut sensibilisieren können, in Gemischen mit anderen Stoffen keine Hautreizung hervorrufen. Beispiel: Bei ätherischen Ölen können einzelne Komponenten Irritationen verursachen, das natürliche Gemisch aber nicht.

Quendel
Herba Serpylli, Feldthymian. Die Droge enthält ätherisches Öl, Gerbstoffe, Bitterstoffe, Flavone. Sie wirkt anregend, krampflösend und leicht desinfizierend. Verwendung der Extrakte vor allem für Badepräparate.
Das ätherische Öl wird in der Parfümerie für würzig krautige und Fougère-Duftnoten eingesetzt.

Quillaya-Rinde → Panamarinde

Quittenschleim
Aus unzerquetschten Quittensamen mit warmem Wasser extrahiertes Polysaccharid. Es kann als natürlicher Verdicker in Emulsionen und Gelen verwendet werden.

R

Radikale
Im deutschsprachigen Raum sind damit i.d.R. die „echten", sog. freien Radikale gemeint. → Radikale, freie

Radikale, freie
Kurzlebige (instabile), und sehr reaktionsfähige Atome oder Atomgruppen, mit einzelnen, d.h. ungepaarten Elektronen. Peroxid-, Hydroperoxid- und Hydroxylradikale sind natürliche Zwischenprodukte bei oxidativen Stoffwechselvorgängen in den Zellen. Der Organismus verfügt deshalb über Radikalfänger und über Enzyme, die diese Radikale in Wasserstoffperoxid, Wasser und molekularen Sauerstoff umwandeln. Radikale werden aber auch durch die ultraviolette Strahlung des Sonnenlichts gebildet. Durch die Einwirkung von UV-B- und UV-C-Strahlung auf die Haut können Elektronen von ihrer Umlaufbahn entfernt werden. Es entstehen Ionen oder freie Radikale, die in der Haut Schäden verursachen und mit zur vorzeitigen Hautalterung (Photoageing) beitragen. Um das zu verhindern, werden in Pflegeprodukten → Radikalfänger bzw. → Antioxidantien eingesetzt.

Radikalfänger
Substanzen, wie z.B. → Antioxidanzien, können Radikale binden und sie dadurch unschädlich machen. → Radikale, freie

Radix
(lat. radix = Wurzel) 1. Pflanzenwurzel, die pharmakologisch als Droge verwendet wird. 2. Anatomische Ursprungsquelle eines Organs, eines Nervs oder sonstigen Körperteils.
Radix clinica = vom Zahnfleisch bis zur Zahnwurzel reichender Teil des Zahnes.
Radix dentis = Zahnwurzel, vom Zahnfleisch bedeckter, nicht sichtbarer konischer Teil des Zahnes, Eintrittstelle der Zahnnerven und gefäße.
Radix nasi = Nasenwurzel; das zwischen den Augenhöhlen liegende schmale Ende der Nase.
Radix pili = Haarwurzel.

Radix unguis = Nagelwurzel; unter dem Nagelfalz liegender hinterster Teil des Nagels.

Ranzidität
Unter Ranzidität versteht man die durch chemische Reaktionen verursachte Geruchs- und Geschmacksveränderungen von Fetten und fetten Ölen. Sie kann verschiedene Ursachen haben:
1. Autoxidation
Dabei werden die durch Luftsauerstoff gebildeten Peroxide in niedermolekulare Aldehyde und Carbonsäuren gespalten. Diese Zerfallsprodukte sind für den unangenehmen Geruch und Geschmack ranziger Fette verantwortlich. Die Autoxidation kann durch Antioxidanzien und durch kühle, dunkle Lagerung der Fette unter Luftabschluss eingeschränkt werden.
2. Mikrobieller Verderb
Er beruht auf der Tätigkeit von Mikroorganismen oder Enzymen, bei der es zur Spaltung der Triglyceride und/oder Phospholipide kommen kann (Lipolyse). Der Geschmack wird seifig oder tranig. Der mikrobielle Verderb kann durch Konservierungsmittel verhindert werden.

Rasiercremes
Cremeartige Formulierungen, die vor der Nassrasur wie eine Creme aufgetragen werden. Sie benetzen das Barthaar, erweichen die Keratinsubstanz und verleihen der Haut die nötige Gleitfähigkeit. Nichtschäumende Rasiercremes sind in der Regel überfettete Stearatcremes. Zur Verseifung werden Kaliumhydroxid und/oder Triethanolamin verwendet. Als Zusätze kommen in Betracht: Glycerol oder Propylenglykol als Feuchthaltemittel, Fettalkohole oder andere Rückfettungsmittel, Polyethylenglykole als Konsistenzgeber, die gleichzeitig den Auftrag erleichtern und hautglättend wirken, Emulgatoren, Duftstoffe und Konservierungsmittel. Schäumende Rasiercremes sind weiche Seifen, die durch Verseifen von Stearin-, Myristin- und Kokosfettsäuren mit Kalilauge und nur wenig Natronlauge gewonnen werden. Außer den oben genannten Zusätzen enthalten sie meist ein Tensid mit starkem Schaumvermögen.

Rasierpuder
Puder mit erfrischend oder adstringierend wirkenden Zusätzen werden zur hautpflegenden Nachbehandlung nach der Rasur verwendet. Sie sollen eine glänzende Haut abstumpfen. Im Allgemeinen handelt es sich um Gesichtspuder, denen Alaun oder Menthol oder Campher zugesetzt sein kann.
Rasierpuder können aber auch vor der Elektrorasur benutzt werden, um schweißfeuchter oder fettiger Haut die nötige Gleitfähigkeit zu verleihen.

Rasierschaum
Flüssige → Rasierseife in Aerosolform. Der Schaum steht direkt für die Applikation zur Verfügung und muss nicht vorher angerieben werden. Er ist leicht verteilbar und hält die Barthaare aufrecht.

Rasierseife
Hilfsmittel für die Nassrasur. Rasierseife soll einen feinblasigen dichten Schaum entwickeln, in dem die Barthaare so aufgerichtet gehalten werden, dass sie mit einem Rasiermesser möglichst tief erfasst und abgeschnitten werden. Rasierseife erweicht die Haare, ohne die Haut zu schädigen oder zu reizen.
Feste Rasierseifen sind durch Kali-/Natronlauge verseifte Gemische aus Stearin-, Palmitin- und Myristinsäure, Kokosfett und kleinen Anteilen an Talg, Oliven-, Palm- oder Erdnussöl. Sie enthalten meist Glycerol oder einen Glycerolaustauschstoff, schaumverbessernde Tenside, Natriumpolyphosphate zur Verminderung der Kalkseifenbildung, Rückfetter und ggf. Antiseptika.
Cremeförmige Rasierseifen siehe → Rasiercremes.

Rasiersteine, Rasierstifte
Alaunsteine, Alaunstifte. Sie werden bei kleinen Schnittwunden zur Blutstillung verwendet. Die zu behandelnde Hautpartie muss vor dem Auftragen des Steines oder Stiftes angefeuchtet werden. Grundsubstanz ist Kalialaun mit etwa 5% Glycerol. Das Glycerol dient als Konstituens und verhütet das Auswittern.

Rasierwässer
Sammelbegriff für wässrig alkoholische Formulierungen, die vor der Rasur (→ Pre-Shave) oder nach der Rasur (→ After-Shave) angewendet werden.

Ratanhiawurzel
Gerbstoffdroge, die in ihrer Bedeutung der einheimischen Tormentillwurzel entspricht. Kosmetische Verwendung der Extrakte und Tinkturen für Präparate zur Behandlung fetter Haut und für Mund- und Zahnpflegemittel. Ratanhiaextrakte besitzen Lichtschutzeffekt.

Redoxreaktion
Chemische Reaktion, bei der ein Stoff oxidiert (→ Oxidation) und parallel dazu ein Stoff reduziert wird (→ Reduktion).

Reduktion
Chemische Reaktion, bei der Sauerstoff einem Oxid entzogen wird. Umkehrreaktion zur → Oxidation.

Regeneration
(lat. regenerare = von Neuem hervorbringen)
1. Im med. Bereich: Heilungsvorgang.
2. Im biologischen Bereich: Ersatz zugrunde gegangener Zellen und Gewebe im Rahmen physiologischer Vorgänge im Organismus.

Rehabilitation, Rehabilitierung
1. Wiedereingliederung eines Versehrten oder körperlich Behinderten in das berufliche und gesellschaftliche Leben durch Beratungs-, Fürsorge-, und Betreuungsmaßnahmen.
2. Orale Rehabilitation. Wiederherstellung der Funktionsfähigkeit des Kauorgans durch kombinierte chirurgische, konservierende und prothetische zahnärztliche Behandlung.

Reibeisenhaut
Keratosis follicularis lichenoides, Lichen pilaris, Keratosis pilaris. Hyperkeratosen, die sich in Hornkegelform um die Follikelöffnungen legen und der Haut ein reibeisenartiges Aussehen geben. Der an sich harmlose Zustand entwickelt sich zwischen dem 15. und 20. Lebensjahr, hängt also mit der Pubertät zusammen, in der die Follikel besondere Wachstumsimpulse empfangen. Die Reibeisenhaut zeigt sich hauptsächlich an den Streckseiten der Oberarme und Oberschenkel. In späteren Lebensjahren kommt es zu einer spontanen Rückbildung. Die Behandlung ist kosmetisch in einer regelmäßigen Hautpflege zu sehen.

Reibungen
Friktionen oder Zirkelungen sind Massagehandgriffe, die mit dem Handballen oder mit den Fingerspitzen in kreisähnlichen Kurven durchgeführt werden. Sie dienen zur Behandlung von Muskelhärten, zur Verteilung von Stoffwechselschlacken, zur Beseitigung von Schmerzen usw. (→ Massage)

Reinigungscreme
→ Reinigungsmilch in Cremeform.

Reinigungsgel
Engl. auch Cleansing Gel/Jelly. Gelförmige Abschminkprodukte, die auf Wasser- oder Ölbasis (Lipogel) formuliert sein können. Als Verdicker kommen z.B. Kieselsäure oder andere → Gelbildner infrage. Die Produktanwendung erfolgt analog der → Reinigungsmilch.

Reinigungsmilch
Engl. auch Cleansing Lotion oder Cleansing Cream genannt. Fließfähiges Gesichtsreinigungspräparat, meist auf Emulsionsbasis, das die Haut schonend und ohne sie auszutrocknen, von Make-up-Resten befreit. Bei höher viskosen Emulsionen spricht man auch von Reinigungscremes. Ein höherer Emulgatoranteil und der Einsatz okklusiver Ölkomponenten sorgt dafür, dass auch hartnäckige Make-up-Bestandteile angelöst werden und sich dann mit Wasser u./o. einem Kosmetiktuch abnehmen lassen.

Reinigungsmittel
Im kosmetischen Bereich Sammelbezeichnung für Produkte, die der Hautreinigung dienen. Dazu zählen z.B. Tensidpräparate wie Duschbäder, Syndets und Seifen sowie Produkte, die zum Abschminken geeignet sind (z.B. Reinigungsmilch).

Reinigungstücher, feuchte → Feuchttücher

Reinsche Barriere → Barriere

Reisstärke
→ Stärke. Sehr kleine Korngröße von 2–5 µm, deshalb für Puder besonders geeignet, aufgrund ihres guten Ölabsorptionsvermögen auch für Trockenshampoos.

Reizschwelle
Quantitatives Maß für die Empfindlichkeit der Nerven. Eine Reizwirkung, die gerade noch empfunden wird.

Reizstrom
Die äußerliche Anwendung von Reizstrom erfolgt i.d.R. durch die geschulte Kosmetikerin mithilfe spezieller Reizstromgeräte. Die Behandlung wirkt durchblutungsfördernd, Stoffwechsel anregend und Lymphfluss aktivierend und kann z.B. bei Cellulite oder erschlafftem Bindegewebe durchgeführt werden. Vorsicht ist u.a. geboten bei: Herzkrankheiten, Muskelverletzungen und Schwangerschaft.

Rekonstituierte Triglyceride
Aus natürlichen Ölen und Fetten gewonnene reine Fettsäuren, die wieder mit Glycerol verestert werden, sodass maßgeschneiderte Öle oder Fette mit präzisen Schmelzpunkten entstehen. Entsprechend sind aus den Fettsäuren mit reinen Fettalkoholen Wachse herstellbar.

Remover
Engl. für Entferner. Gemeint sind damit Entferner- bzw. Abschminkprodukte.

Reng
Blätter von Indigofer argentea, einer Indigopflanze, die früher zum Haarfärben (wie Henna) verwendet wurde. Der in der Pflanze enthaltene Pflanzenfarbstoff ist Indigotin. Henna und Reng ergeben braune bis schwarze Haarfärbungen.

repair
(engl. repair = erneuern, ausbessern) Wortteil, das im Zusammenhang mit Reparaturprozessen der Haut verwendet wird. Beispiel → Repair-System.

Repair-System
Durch übermäßige UV-Bestrahlung werden strukturelle Veränderungen an den Desoxyribonucleinsäuren der Zellsubstanz hervorgerufen, die durch einen körpereigenen Reparaturmechanismus (Dark Repair) wieder rückgängig gemacht werden können. Dieser Mechanismus besteht in der Aktivität eines Enzymsystems, das die geschädigten Glieder der Nucleinsäureketten eliminiert und durch ungeschädigte ersetzt und damit die normale Struktur der Makromoleküle wieder herstellt. Voraussetzung ist aller-

dings, dass die Schädigung der DNS nicht so groß ist, dass die Kapazität des Repairsystems nicht ausreicht. Es hat den Anschein, dass das Reparaturvermögen bei älteren Menschen schwächer ist als bei jungen, dass also die Hautschäden durch starke Sonneneinwirkung mit dem Alter zunehmen. Ein aus inaktivierten Bifidus-Bakterien gewonnener Enzymkomplex soll bei lokaler Anwendung auf der Haut im Stande sein, den Repair-Mechanismus an strahlengeschädigter DNS in Gang zu setzen.

Repellents
Insektenabwehrmittel, die die Aufgabe haben, anfliegende Insekten zu vertreiben, ehe sie die Haut berührt haben. Sie erfüllen damit eine Schutzfunktion. Ihre Wirkung beruht darauf, dass sie den natürlichen Geruch von Schweiß und Blut, der die Insekten anlockt, durch ihren Eigengeruch überdecken. Natürliche Insektenabwehrmittel sind einige ätherische Öle, wie Citronellöl, Nelkenöl, Eukalyptusöl, Lavendelöl, Zimtöl u. a., die aber in den notwendigen Konzentrationen Hautreizungen verursachen können und deren Wirkung nicht lange anhält. Deshalb verwendet man heute synthetische Repellents, die in geringeren Mengen zuverlässiger und anhaltender wirken. Sie müssen chemisch stabil sein, d. h. nicht oxidierbar oder hydrolysierbar, haut- und schleimhautverträglich sein, dürfen nicht sensibilisieren, allergisieren oder toxisch sein und nicht resorbiert werden. Da die Wirkungsbreite der Produkte unterschiedlich ist, einige besser gegen Fliegen, andere besser gegen Stechmücken, Bremsen oder Zecken wirken, kombiniert man oft verschiedene Repellents. Eine Substanz mit breitem Wirkungsspektrum und großer Wirkungsdauer ist Caprylsäurediethylamid; speziell gegen Stechmücken, Bremsen und Zecken wirkt Diethyltoluamid (DEET), weitere Repellents sind Phthalsäureester (Methyl-, Ethyl-, Butylester) sowie Ethyl Butylacetylaminopropionat, 2-Cyclohexylcyclohexanol, 2-Phenylcyclohexanol, 2-Ethylhexandiol-1,3, Hexylenglykol. Die Produkte kommen als Sprays, Lotionen, Emulsionen, Stifte oder Gele in den Handel. Beim Auftragen sollten Mund, Nase und Augen ausgespart werden.

Residentflora
Ständige mikrobielle Besiedlung der Haut durch Bakterien, Pilze und Milben. → Hautflora

Resin
(engl. resin = Harz) Begriff, der im Sinne von Harz oder Kunstharz als Rohstoffbezeichnung, z. T. auch als Fachbegriff für ein spezielles Harzprodukt verwendet wird.

Resinoide
Resinoid war ursprünglich die Bezeichnung für Extrakte harzartiger aromatischer Drogen. Heute versteht man unter Resinoiden Extraktionsprodukte aus Drogen (im Gegensatz zu „essences concrètes", die aus frischen Blüten gewonnen werden) oder aus noch wertvollen harzartigen Rückständen von Drogen, die bei der Wasserdampfdestillation anfallen. Die Resinoide sind oft nur schwach riechende, harz- oder pflanzenwachshaltige Produkte. Infolge ihrer dickflüssigen oder pechartigen Beschaffenheit kommen sie meist verschnitten mit hoch siedenden Lösungsmitteln in den Handel. Neben den klassischen Resinoiden, z. B. Labdanum, Styrax sind heute auch Muskat-, Patschuli-, Tonka-, Vanilleresinoide und viele andere im Handel, die oft viel feiner und haftender als ätherische Öle sind. Verwendung als Parfümöle für kosmetische Präparate und als Fixateure.

Resorcin
(INCI: Resorcinol) 1,3-Dihydroxybenzol. Weißes Pulver, leicht löslich in Wasser und Ethanol, löslich in Glycerol. Die Lösungen wirken bakterizid und keratoplastisch (den Verhornungsprozess fördernd).

Die kosmetische Verwendung ist durch die Kosmetik-Verordnung eingeschränkt, da Resorcin durch perkutane Aufnahme in größeren Mengen schädlich ist. Es darf bis 0,5% in Haarlotionen und Shampoos eingesetzt werden zur Bekämpfung von Schuppen, seborrhoischem Ekzem und Haarausfall (Vorsicht bei blondem Haar, es kann rötlich oder dunkel gefärbt werden) und bis 5% in Oxidationshaarfarben.

Resorcinacetat
(INCI: Resorcinol Acetate) Dickflüssige, honiggelbe, angenehm riechende, ölartige Flüssigkeit. Leicht löslich in Ethanol, Aceton, Alkalien. Wirkt mild desinfizierend.

Verwendung für Haarwässer, Kopfwässer, Schuppenwässer; gegen Haarausfall, Seborrhoe, Bartflechte. Es färbt die Haare nicht dunkel wie Resorcin.

Resorption, perkutane
Aufnahme von Substanzen durch die Hornschicht in die vitalen Zellschichten der Epidermis. Es ist zu unterscheiden zwischen Stoffen, die von der Haut resorbiert werden und dort ihre Wirkung entfalten (kosmetischer Effekt) und solchen, die über die Haut in die Blutbahn gelangen und auch an entfernten Stellen des Körpers wirken (medizinischer Effekt). Die Resorption kann durch die Schweißdrüsen- und Haarfollikelausgänge und durch die Hautoberfläche allgemein erfolgen. (→ Permeabilität) Durch Hydratation der Hornschicht oder Entfernung des Hautfettfilmes wird die Resorption verstärkt. Eine Aufnahme hydrophiler Substanzen findet kaum statt, während lipidlösliche Stoffe und solche mit hydrophilen und lipophilen Eigenschaften besser resorbiert werden und auch als Gleitschienen für andere, sonst schwer resorbierbare Stoffe dienen können. Maßgeblich für die Resorption von Wirkstoffen aus kosmetischen Präparaten ist das Verhältnis ihrer Löslichkeit im Hautgewebe zu ihrer Löslichkeit in der Präparate-Grundmasse; um eine optimale Hautresorption zu erzielen, sollte der Wirkstoff in der Grundmasse nicht zu leicht, sondern nur gerade eben löslich sein. Die Resorption in die Gefäßsysteme der Haut ist bei kosmetischen Präparaten nicht erlaubt.

Nachgewiesen ist die perkutane Resorption von Carbonat-, Sulfat-, Phosphat-, Jodionen, Schwefel, Jod, Borsäure, Salicylsäure, Phenolen, vielen ätherischen Ölen, Vitaminen, Hormonen, aber auch von chlorierten Kohlenwasserstoffen und organischen Phosphorverbindungen (Pestiziden), lipidlöslichen Schwermetallsalzen und vielen anderen.

Resorptionsvermittler
Gleitschienen. Substanzen, die dafür sorgen sollen, dass hautaktive Wirkstoffe in die tieferen Hautschichten eingeschleust werden. Zu diesen Stoffen gehören z. B. Substanzen, die die Oberflächenspannung herabsetzen und die Benetzung fördern (Emulgatoren) und lipidlösliche Substanzen wie Lecithin, Cholesterol, Lanolin oder Isopropylfettsäureester, die die Resorption fettlösender Wirkstoffe fördern.

Rete Malpighii
(lat. rete = Netz) Netzwerk epidermaler Leisten an der Grenze von Dermis und Epidermis.

Retentionszysten
Zystenbildungen infolge Abflussbehinderung von flüssigkeitserzeugenden oder Flüssigkeit enthaltenden Hohlräumen. Zu den Retentionszysten zählen z. B. der Hautgries (Milium), der Grützbeutel (Atherom). Die genannten Hautanomalien sind Retentionszysten der Talgdrüsen.

Retikularschicht
Untere Schicht der Lederhaut.

Retikulinfasern
Gitterfasern. Teil der Interzellulärsubstanz des Bindegewebes. Die Retikulinfasern stehen morphologisch zwischen den Kollagen- und den Elastinfasern. Sie sind netzartig angeordnet und weisen gewisse elastische Eigenschaften auf.

Retinol (INCI)
(→ Vitamin A). Diterpenalkohol $C_{20}H_{30}O$ mit 5 konjugierten Doppelbindungen, der in verschiedenen isomeren Formen vorliegen kann. Das alltrans-Retinol ist die Verbindung mir der stärksten Vitamin A-Wirkung. Retinol ist empfindlich gegen Licht und Luft und Oxidationsmittel und dient dem Organismus als Radikalfänger. Es ist unlöslich in Wasser, löslich in Ethanol und fetten Ölen. Es kommt besonders reichlich in Fischleberölen vor, aber auch in der Leber anderer Tiere, in Milch und im Eidotter. Provitamin ist das β-Carotin, das in der Darmschleimhaut und in der Leber in Vitamin A umgewandelt werden kann. Retinol übt eine Epithelschutzfunktion aus, Mangel führt zu Nachtblindheit und krankhaften Veränderungen an Haut und Schleimhäuten (Hyperkeratosen, Schuppenbildung). Bei lokaler Anwendung wirkt es zellregenerierend.

Retinolester
Wegen der Empfindlichkeit des Retinols gegen Säuren und Oxidationsmittel werden in Kosmetika im Allgemeinen das stabilere Retinolpalmitat oder -acetat eingesetzt. Sie steigern die Mitoseaktivität und die Kollagenbildung der Altershaut, sodass es zu einer Verdickung der Epidermis kommt. Die Ester werden in fetten Ölen gelöst und mit Antioxidanzien (Tocopherolen) geschützt.

Rewoderm (Degussa)
Handelsbezeichnung für verschiedene Fettsäuremonoglyceridpolyglykolether unterschiedlicher Ethoxylierungsgrade, die als rheologisches Additiv in Tensidpräparaten für empfindliche Haut eingesetzt werden können.

Rewopol SB (Degussa)
Handelsbezeichnung für Sulfobernsteinsäureester. Aniontenside von sehr guter Haut- und Schleimhautverträglichkeit für Shampoos und Schaumbäder, auch für Babypflegeprodukte geeignet.

Rewoteric-Serie (Degussa)
Handelsbezeichnung für Amphotenside (Amphoacetate und Amphopopionate) mit gutem Schaum- und Reinigungsvermögen, besonders haut- und schleimhautverträglich. Sie dienen zur Herstellung von Shampoos und avivierenden Haarpflegemitteln, Schaumbädern etc.

Rezeptor
(lat. recipere = aufnehmen)
1. Sinneszellen zur Aufnahme von äußeren Reizen (z. B. Druck, Wärme oder Kälte).
2. Intrazellulär befindliche Andockstellen für endogene Signale, die z. B. durch Hormone, Antigene oder Antikörper vermittelt werden.

Rhagaden
(gr. rhagas = Riss) Schrunden. Kleine Hautspalten, die entstehen, wenn die Elastizität der Haut verändert ist. Am häufigsten treten Rhagaden an Übergangsstellen zwischen Haut und Schleimhaut auf (z. B. an der Nase, an den Lippen).
Rhagaden können nässende, manchmal auch blutende Eigenschaften haben und sehr schmerzhaft sein.

Rheologie
Lehre vom Fließverhalten von Stoffen oder Stoffgemischen.

Rhinophym
(gr. rhis, rhinos = Nase; phyma = Knolle) Pfundnase, Knollennase. Knollige Verdickung der Nase infolge Hyperplasie von Talgdrüsen und Bindegewebe; oft gleichzeitig mit Rosacea auftretend.

Rhodamin B
C.I. 45170. Rötlich violetter Xanthenfarbstoff, der in Wasser und Ethanol leicht löslich ist. Verwendung in Haarfärbemitteln.

$$[(H_5C_2)_2N-\text{···}-O-\text{···}-\overset{\oplus}{N}(C_2H_5)_2 \quad ; \quad COOH] \quad X^{\ominus}$$

Rhodamin B

Rhodansalze
Sie besitzen beträchtliche antiseptische Wirkung. Kaliumrhodanid (Kaliumthiocyanat), KSCN, ist Bestandteil des menschlichen Speichels.
Verwendung für Mundpflegemittel.

Rhodinol
Isomeres des Citronellols mit endständiger Doppelbindung. Rhodinol kommt in der Natur als Begleiter des Citronellols vor. Das Handelsprodukt ist gewöhnlich eine Mischung von Rhodinol mit 1-Citronellol und Geraniol und wird zur Herstellung von Blütenparfüms verwendet.

$$CH_2OH$$

Rhodinolester
Rhodinylacetat, Rhodinylbutyrat, Rhodinylformiat, Rhodinylphenylacetat. Die durch Veresterung von Rhodinol erhaltenen Verbindungen besitzen Rosengeruch und werden in der Parfümindustrie für Rosen- und andere Blütenduftkompositionen verwendet.

Riboflavin *(INCI)*
Lactoflavin. Vitamin B2, 7,8-Dimethyl-10-(1'-D-ribityl)-iso-alloxazin. Vorkommen: In Hefe, Getreide, Gemüse, Ei, Leber, Milch, Nieren; Bestandteil vieler lebenswichtiger Enzyme (Flavoproteine), z.B. gelbe Atmungsenzyme und Cytochromreduktasen, fast immer mit Phosphorsäure verestert. Eigenschaften: Fast geruchloses, orangegelbes, sehr schwer wasserlösliches Pulver. Die wässrige Lösung zeigt neutrale Reaktion und gelbgrüne Fluoreszenz. Kaum löslich in Ethanol, nicht löslich in Fetten. Die Substanz ist licht- und sauerstoffempfindlich. In saurem Milieu bis pH 5 hitzebeständig. Riboflavinmangel äußert sich in Rhagaden und gelben Borken an der Lippenschleimhaut und in den Mundwinkeln, Hornhaut- und Bindehautveränderungen am Auge, Sprödigkeit und Rissigwerden der Fingernägel.
Verwendung innerlich gegen Rötungen und Schuppung der Haut, bei seborrhoischer Dermatitis. Als Farbstoff zum Färben von Mundpastillen, Zahn- und Mundpflegemitteln. Als Farbstoff auch für Lebensmittel zugelassen.

Ribonucleinsäure
Abkürzung: RNS, engl. RNA. Biopolymer, das in allen Organismen vorkommt. Die Monomere der RNS bestehen aus Ribonucleotiden und den Basen Adenin, Guanin, Cytosin und Uracil. Im Gegensatz zur DNS ist die RNS meist einzelsträngig.

Ribose
Einfacher Zucker mit 5 Kohlenstoffatomen (→ Kohlenhydrate), der in der Natur häufig mit Phosphorsäure verestert vorkommt (→ Nucleinsäuren).

Ricinolalkohol
Ungesättigter C_{18}-Alkohol (1,12-diol). Er enthält meist noch etwa 8% Oleylalkohol, etwas Linoleylalkohol. Der flüssige Alkohol erstarrt bei -12 °C, ist löslich in Ethanol, unlöslich in Paraffinen.

Ricinolsäure
(INCI: Ricinoleic Acid) 12-Hydroxy-9-octadecensäure, Hauptbestandteil des Rizinusöls in Form des Triglycerids (80–85%).
$CH_3-(CH_2)_5-CH(OH)-CH_2-CH=CH-(CH_2)_7-COOH$
Verwendung in Hautpflegepräparaten und zur Herstellung von Spezialseifen, Alkanolamiden und Estern. Das Zinksalz dient als Wirkstoff in Deodorantien.

Ricinolsäurealkanolamide
→ Fettsäurealkanolamide.
Verwendung auch als Ausgangsprodukt zur Herstellung besonders hautfreundlicher Tenside wie z.B. Sulfosuccinaten oder Amphotensiden vom Betaintyp und von quaternären Ammoniumverbindungen.

Ricinolsäureester
Kosmetische Bedeutung haben die Ester des Methyl-, Ethyl- und Butylalkohols als Weichmacher, des Isopropylalkohols für Haarwässer, des Cetylalkohols z.B. für Lippenstifte, das Polyethylenglykol-400-ricinoleat und die Partialester des Glycerols.

Ricinolsäuremonoglycerid
Glycerylmonoricinoleat, → Glycerolfettsäureester.
Verwendung als Hautschutzkomponente, Konsistenzregler, Glanzgeber für Lippenstifte und als nicht-selbstemulgierende Cremegrundlage. Die Polyoxyethylenverbindungen des Glycerylricinoleats dienen als Lösungsvermittler.

Ricinolsäuresulfate und -sulfonate → Türkischrotöl

Ridge Filler
Engl. für → Rillenfüller.

Riechstoffe
Natürliche, aus Naturstoffen isolierte oder synthetische Substanzen, die in konzentrierter oder

verdünnter Form einen angenehmen oder auch unangenehmen Geruch aufweisen. Riechstoffe müssen flüchtig sein, um wahrgenommen zu werden. Dabei kann sich die Geruchsschwelle, das ist die Konzentration, bei der ein Geruch gerade eben noch wahrgenommen wird, für verschiedene Riechstoffe um mehrere Zehnerpotenzen unterscheiden. Der Geruch einer Verbindung ist eng mit der chemischen Konstitution verknüpft, Isomere können verschiedenen Geruch haben, die Einführung oder Aufhebung einer Doppelbildung kann den Geruch verändern. Als funktionelle Gruppen finden sich bei Riechstoffen mit angenehmem Geruch oft –OH, –OR, –CHO, –COOR, –COR, die man als osmophore Gruppen bezeichnet, bei Riechstoffen mit unangenehmem Geruch die Gruppen –SH, –SR, –CHS, –CSR, –NH$_2$ (organische Schwefelverbindungen, Amine). Allgemein bezeichnet man diejenigen Riechstoffe, die beim Menschen eine angenehme Geruchsempfindung auslösen, als Duftstoffe.

Rillenfüller
Auch engl. Ridge Filler. Nagellackformulierung, die als Klarlack, leicht farbig oder opak (eingetrübt) konzipiert sein kann. Das Ziel der Anwendung ist das Nivellieren von Längs- oder Querrillen des Nagels, die mit zunehmendem Alter auftreten können. Durch eine höher eingestellte Viskosität und dem Einsatz von speziellen Pudergrundstoffen (z.B. Nylon), entsteht ein dickerer Lackfilm, sodass das „Auffüllen" der Rillen eine optische Kaschierung ermöglicht. Der Einsatz ist auch als → Unterlack möglich.

Rindertalg
Festes Fett, das aus Glyceriden der Ölsäure, Palmitin-, Stearin-, Mysterin- und Linolsäure besteht. F. 43–45 °C, Erstarrungspunkt 35–37 °C. Rindertalg wird leicht ranzig. Verwendung für die Seifenfabrikation.

Ringelblume → Calendula

Ringelhaare
Pili anulati. Die an Oberfläche und Umfang unveränderten Haare zeigen eine eigentümliche weiße Bänderung (Ringelung). Die mikroskopische Untersuchung zeigt Lufteinlagerungen. Über die Ätiologie der seltenen Anomalie, die in etwa den weißen Flecken an den Nägeln entspricht, ist bisher nichts bekannt.

Rinse-off Produkte
(engl. rinse = spülen, off = fort, weg) Ausdruck für Präparate, die nicht dauerhaft auf der Haut verbleiben, sondern unmittelbar nach ihrer Anwendung wieder (mit Wasser) abgewaschen bzw. ausgespült werden. Beispiele: Shampoos, Duschbäder oder Flüssigseifen.

Rizinusöl
(INCI: Ricinus Communis) Kalt gepresstes Öl aus den Samen von Ricinus communis (Gehalt 40–50%). Es ist mischbar mit Ethanol und Eisessig, löslich in Ether und Chloroform. Als Glycerolester sind außer Ricinolsäure Ölsäure und Linolsäure enthalten. Die Samen enthalten außerdem das toxische Albumin Ricin, das Alkaloid Ricinin, ein Fett spaltende Enzym und allergisch wirkende Stoffe, die aber bei der Kaltpressung im Rückstand verbleiben. Heiß gepresstes oder extrahiertes Rizinusöl ist deshalb für pharmazeutische und kosmetische Zwecke nicht brauchbar.
Kosmetische Verwendung vorwiegend für Lippenprodukte. Ethoxyliertes Rizinusöl dient als Solubilisator für ätherische Öle, Fette und Wirkstoffe in Haar- und Körperpflegemitteln.

Rizinusöl, gehärtet
(INCI: Hydrogenated Castor Oil) Feines weißes Pulver, das überwiegend aus dem Triglycerid der Hydroxystearinsäure besteht. F. 80–88 °C. Verwendung als schmelzpunkterhöhende Substanz für Stiftpräparate und andere dekorative Kosmetika sowie als Konsistenzfaktor in Cremes.
Die Polyoxyethylenverbindungen des hydrierten Rizinusöls sind gute Lösungsvermittler für Öle.

RNA
Abkürzung (engl.) für ribonucleic acid. → Ribonucleinsäure

RNS
Abkürzung (deutsch) für → Ribonucleinsäure.

Roll-on
Applikationsform, bei der die Produktdosierung und der Auftrag über eine Kugel erfolgt. Beim Rollen der Kugel auf der Haut wird die flüssige bis zähflüssige Masse in einem dünnen Film auf die Haut befördert. Typische Anwendungsformen sind z.B. Deodorant, Lipgloss, Parfüm oder Repellent.

Rollstifte → Roll-on

Rosacea
(früher: Acne rosacea) Die Rosacea hat mit der Acne vulgaris nichts zu tun, denn es handelt sich bei ihr nicht um eine Talgdrüsenerkrankung im engeren Sinn, wenn auch bei den befallenen Personen oft eine Seborrhoe vorhanden ist. Die Rosacea hat ihren Sitz im Gesicht, hauptsächlich an der Nase und an den Wangenpartien, ferner an Kinn und Stirn. Wesentliche Symptome sind Teleangiektasien, rosafarbene umschriebene Flecke und Erytheme mit kleinlamellöser Schuppung, hanfkorngroße, lebhaft rote Knötchen, Ödeme, Papeln, Pusteln (kleine Komedonen), die aber im Gegensatz zur Acne vulgaris nicht follikulär, sondern blutgefäßgebunden angeordnet sind. Hautverdickungen können zu knollenartigen Wucherungen führen. Lieblingssitz der Hypertrophie ist die Nase (Knollennase = Rhinophym).
Beim Zustandekommen der Rosacea spielen zunächst konstitutionell erbliche Faktoren eine Rolle. Sie bestehen in einer Gefäßschwäche mit Neigung zu Dilatationen. Verstärkend wirken dann hormonale Einflüsse, Hypertonie, Magen-Darmstörungen, Verstopfung, Verdauungsstörungen, Alkohol- und Nikotinmissbrauch, Wettereinwirkungen.

Rosenholzöl
Ätherisches Öl aus dem Holz des Baumes Aniba Rosaeodora. Es enthält 85–90% Alkohole, vor allem Linalool, daneben Terpineol, Geraniol und Nerol. Der Geruch ist maiglöckchenähnlich.

Rosenöle
Blütenöle, die aus Rosa damascena und Rosa centifolia gewonnen werden. Sie finden ausgedehnte Verwendung in der feinen Parfümerie und Kosmetik. Hauptbestandteil des ätherischen Öles ist das 2-Phenylethanol. Außerdem sind enthalten: Geraniol, Nerol, Citronellol, Eugenol, Farnesol, Linalool, Citral, Citronellal. Bei der Gewinnung der Rosenöle durch Wasserdampfdestillation findet sich das 2-Phenylethanol aufgrund seiner Wasserlöslichkeit fast nur in der Wasserphase, dem sog. Rosenwasser. Durch Extraktion der Blüten erhält man eine Essenz, die das 2-Phenylethanol noch in der ursprünglichen Konzentration (60–75%) enthält.
→ Blütenöle

Rosenblütenwasser
Produkt der Wasserdampfdestillation von Rosenblüten. Verwendung z.B. in Gesichtswasser und pflegenden Emulsionen. Siehe auch → Rosenöle.

Roseola
(lat. roseus = rosenfarben) Bezeichnungen für kleinfleckige Hautrötungen, die bei Hautkrankheiten auftreten können.

Rosmarinöl
(INCI: Rosmarinus Officinalis) Durch Wasserdampfdestillation aus den Blüten tragenden Spitzen von Rosmarinus officinalis Linné gewonnenes ätherisches Öl von charakteristischem Geruch und campherartigem Geschmack. Hauptbestandteile: Cineol, Borneol (16–18%), Bornylester, Pinene und Campher. Vielseitige Verwendung in der Parfümerie, z.B. für herb-krautige Duftnoten.
Der wässrig/glykolische Extrakt der Rosmarinblätter enthält Gerbstoffe, Flavonoide und phenolische Komponenten. Er wirkt hyperämisierend, anregend, leicht antiseptisch und schmerzlindernd und wird in Badezusätzen, Hautölen, Einreibungen und Haarwässern eingesetzt.

Rosskastanienrinde
Cortex Hippocastani. Sie enthält das kosmetisch interessante Aesculin.

Rosskastaniensamen
Die Extrakte der Kastanien enthalten u.a. ca. 10% eines Saponingemisches (Aescin), Flavonoide und Gerbstoffe. Dieser Wirkstoffkomplex fördert die Durchblutung der Haut, festigt die Kapillargefäßwände, hemmt Ödembildung und übt einen günstigen Einfluss auf Krampfadern, Hämorrhoiden und venöse Stauungen aus. Kosmetische Verwendung in Badezusätzen und Spezialcremes.

Roter-Blutzellentest
Der RBZ dient zum Nachweis der Zerstörung von Zellstrukturen durch die Einwirkung von Tensiden oder anderen Rohstoffen, indem
1. das durch die Hämolyse von Erythrozyten freigesetzte Hämoglobin und
2. die Denaturierung des Hämoglobins photometrisch bestimmt werden. Die Ergebnisse lassen Schlüsse auf die Haut- und Schleimhautverträglichkeit der untersuchten Substanzen zu.

Rotlicht und Rotlichtbestrahlung

Wärmestrahlungen verursachen Wärmereize auf der Haut, die zu einer Steigerung der lokalen Durchblutung führen. Die stärkere Durchblutung erfasst aber nicht nur alle Kapillargefäße, sondern bewirkt auf reflektorischem Wege eine Hyperämie der tiefer liegenden Organe. Stoffwechselsteigerung, Schweißsekretion und andere Funktionssteigerungen der Zellen werden durch Licht- und Wärmebestrahlungen hervorgerufen. Der Wärmereiz besitzt auch eine schmerzstillende und krampflösende Wirkung. Durch Lampen, die neben wenig sichtbaren roten Lichtstrahlen vor allem infrarote (ultrarote) Strahlen und Wärmestrahlen aussenden (Sollux-Lampe), wird eine Tiefenwirkung von etwa 10 mm erzielt. Masken, die besonders tief wirken sollen, werden mit infrarotem Licht bestrahlt.
Verschiedene Hauterkrankungen sind Wärmeapplikationen zugänglich.

Rouge

(franz. rouge = rot) Wangenrot, Wangenfarbe, auch engl. Blush oder Blusher.
Sammelbezeichnung für dekorative Kosmetika, die der farbigen Akzentuierung des Wangenbereichs dienen. Sie sollen dem Gesicht mehr Frische verleihen und runden das Make-up farbig ab, wobei der Auftrag i. d. R. über der Grundierung erfolgt. Durch die geschickte Platzierung des Rouges ist auch die Gesichtsform optisch leicht korrigierbar.
Gängige Darreichungsformen sind: Kompakt-Puder, wasserfreie Paste (auch Creme-Rouge genannt) und Stifte, seltener Emulsionen, Lösungen oder Gele. Im Allgemeinen beinhalten die Basisformulierungen organische Farblacke und anorganische Farbpigmente als Farbgeber. Im Bereich der Lösungen und Gele können auch lösliche Farbstoffe zum Einsatz kommen.

Rouge a lèvres

Franz. Bezeichnung für Lippenstift.

Rubbelcremes → Peeling

Rubefazienzien

Hyperämisierende, hautreizende Mittel.

Rückfetter

Auch Rückfettungsmittel. Substanzen, die vorwiegend Tensidpräparaten zugesetzt werden, um ihren entfettenden Charakter entgegenzuwirken. Dazu sind z. B. geeignet: Fettsäureester, Triglyceride, Fettalkohole und ethoxylierte Partialglyceride.

Rückfettung (der Haut)

Bei jeder Reinigung der Haut durch oberflächenaktive Substanzen oder durch Alkohol/Wasser-Gemische (oder durch andere Lösungsmittel) wird die Hautoberfläche entfettet. Dadurch kann auch der natürliche Feuchthaltekomplex aus der Hornschicht herausgewaschen werden. (→ NMF) Nach vorübergehender Quellung kommt es zu einer Austrocknung der Haut. Zur Verhinderung dieses Effekts setzt man Feinseifen, Dusch- und Schaumbädern, Gesichts-, Rasier- und Haarwässern sog. Rückfettungsmittel oder Rückfetter zu.

Ruffinische Endkörperchen

Sensibles Neurofibrillengeflecht in der Haut und im subkutanen Gewebe, das das Wärmeempfinden vermittelt.

Runzeln → Falten

Ruß

Fuligo, Lampenruß. Fein verteilter Kohlenstoff von guter Qualität, der als Farbpigment verwendet werden darf, jedoch kaum (noch) eingesetzt wird.

S

Saccharin-Natrium
(INCI: Sodium Saccharin) 1,2 Benzisothialzol-3(2H)-on 1,1-dioxid, Natriumsalz (o-Benzoesäuresulfimid) → Süßstoff
Wegen der Schwerlöslichkeit des Saccharins verwendet man als Süßstoff im Allgemeinen das leicht lösliche Natriumsalz, ein weißes kristallines Pulver, das die 450fache Süßkraft des Rohrzuckers besitzt.

Saccharin-Natrium

Saccharose
(INCI: Sucrose) Rohrzucker (engl. sucrose) β-D-Fructofuranosyl-α-D-glucopyranosid.
Disaccharid aus Glucose und Fructose, die über die Acetalhydroxylgruppen glykosidisch verknüpft sind. Deshalb ist Saccharose ein nicht reduzierender Zucker. Durch hydrolytische Spaltung mit verdünnten Säuren oder mit Invertase entsteht Invertzucker. Für die Kosmetik sind die Partialfettsäureester des Zuckers von Interesse. → Saccharoseester

Saccharoseester
Zuckerester, Zuckertenside. Mono- und Dipalmitat- oder -laurat der Saccharose. Nichtionogene Tenside, nicht toxisch, nicht sensibilisierend, verursachen keine Irritation der Haut, Schleimhäute oder Augen, wirken wenig entfettend und zeigen gute Emulgiereigenschaften.

Säuremantel der Haut
Auch Säureschutzmantel. Dieser Begriff wurde geprägt aufgrund der Tatsache, dass die Hautoberfläche schwach sauer reagiert. Bei einem pH-Wert von 4–6 ist die Widerstandsfähigkeit der Hornschicht am größten. (→ Pufferhülle der Haut) Man spricht beim „Säuremantel" aber auch einen hemmenden Einfluss auf das Bakterienwachstum zu. Wurde der pH-Wert der Haut oder Kopfhaut durch alkalische Kosmetika wie Rasierseife oder Kaltwelllösungen gestört, sollte er durch saure Rasierwässer oder Spülungen mit gepufferten organischen Säuren wieder hergestellt werden.

Säureschutzmantel → Säuremantel der Haut

Säurezahl
(SZ) Sie gibt den Gehalt eines Fettes an freien (ungebundenen) Fettsäuren an. Sie wird in der gleichen Weise wie die Verseifungszahl (VZ) ermittelt. Die in 1 g Fett oder Öl enthaltenen freien Fettsäuren werden mit Kaliumhydroxidlösung titriert.

Safrol
Hauptbestandteil des ätherischen Öls, das in der → Sassafras Baumwurzel vorkommt. Der Rohstoff dient aus Ausgangsmaterial zur Herstellung des Duftstoffes Heliotropin.

Salbei
Salbeiblätter gehören sowohl zu den Gerbstoffdrogen als auch zu den Drogen mit ätherischem Öl. Die aus den verschiedenen Salbeiarten durch Wasserdampfdestillation gewonnenen Öle können bis zu 60% Thujon enthalten und wechselnde Mengen an Cineol, Pinenen, Borneol und Campher. Ihr Geruch ist würzig, menthol- oder eukalyptusähnlich. Sie werden in der Parfümindustrie verwendet. Salbeiextrakte besitzen adstringierende, antiphlogistische und schweißhemmende Wirkung und werden für Antitranspirantien, zur Behandlung großporiger und unreiner Haut, für Badepräparate, Mundspülungen und Gurgelwasser empfohlen.

Salben
Sie bestehen im Allgemeinen aus einer wasserfreien Basis mit fettlöslichen, flüssigen und festeren gerüstbildenden Substanzen. Als Grundlage dienen entsprechend dem Anwendungszweck ausgerichtete Abmischungen von ver-

schiedenen Wachsen und Ölen (siehe auch → Lipogele).
Neben den lipophilen gibt es auch hydrophile Salben, die durch den Zusatz eines Emulgators leichter mit Wasser abwaschbar sind. Werden in Salben Pigmente eingearbeitet, spricht man im kosmetischen Bereich auch von Pasten. Im pharmazeutischen Bereich zählen zu den Salben halbfeste, einphasige Arzneizubereitungen auf Basis von Fetten, Ölen oder Wachsen, aber auch Emulsionen vom Typ W/O.

Salicylaldehyd

o-Hydroxybenzaldehyd. Angenehm bittermandelartig riechende Flüssigkeit, die in vielen ätherischen Ölen vorkommt (Spiraea-Arten). Verwendung in der Parfümerie als Nuancierungsmittel.

Salicylanilide
Die halogenierten Salicylanilide zeigen bakterizide und fungizide Eigenschaften und werden als Desinfektionsmittel eingesetzt. Wegen potenzieller photosensibilisierender Wirkung ist ihre Verwendung in kosmetischen Präparaten durch die Kosmetik-Verordnung eingeschränkt: Erlaubt ist nur 3',4',5-Trichlorsalicylanilid, das für Deodorantseifen verwendet wird.

Salicylsäure
(INCI: Salicylic Acid) 2-Hydroxybenzoesäure (Spirsäure).
Weißes, nadelförmiges Kristallpulver, schwer löslich in Wasser, löslich in Ethanol. Salicylsäure wird durch die Haut aufgenommen; Konzentration und Lösungsmittel bestimmen die aufgenommene Menge. Salicylsäure ist als Konservierungsmittel bis 0,5% zugelassen, jedoch nicht in Präparaten für Kinder unter 3 Jahren. Weitere Verwendungsmöglichkeiten als Antiseptikum und in Antischuppenshampoos sowie als keratolytisches Mittel (5%ig) in Hühneraugen- und Hornhautpräparaten.

Salmiakgeist → Ammoniak

Salol → Phenylsalicylat

Salzbindungen
→ Aminosäuren, → Keratine. Salzartige Bildungen (Ionenbindungen) können sich, falls die sterische Lage es erlaubt, zwischen den basischen und den sauren Resten von Peptidketten bilden. Ebenso wie bei der Lösung eines festen Salzes in Wasser werden diese Salzbindungen bei Eiweißstoffen durch Aufnahme von Wasser geschwächt bzw. sogar aufgehoben. Die Nassverformung des Haares wäre ohne die Quellung des Haares durch Feuchtigkeit, bei der die Salzbrücken auseinander gedrängt werden, nicht möglich. → Wasserwelle

Sandarak
Resina Sandaraca. An der Luft erhärteter Balsam von Tetraclinis articulata (Familie: Cypressengewächse); löslich in Isopropanol, Pentanol, Aceton. Bestandteile: Ätherisches Öl, Bitterstoffe, Pimarsäure. Das Harz wird heute kaum noch verwendet.

Sandelholzöle
Man unterscheidet das durch Wasserdampfdestillation aus dem Holz von Santalum album gewonnene indische Sandelholzöl von dem durch Extraktion mit Petrolether aus Santalum spicatum gewonnenen australischen Sandelholzöl. Beide haben ähnliche Zusammensetzung, Hauptbestandteil ist das α- und β-Santalol (bis 90%), und einen balsamisch süßlichen, holzigen, anhaftenden Geruch. Sie finden als wertvolle stabile Fixateure in der Parfümerie Verwendung.

α-Santalol   β-Santalol

Dem β-Santalol strukturell ähnlich ist das synthetische Brahmanol.

Santalin
Natürlicher roter Farbstoff aus dem Holz des Pterocarpus santalinus, dem roten Sandelholz. Er kann zum Färben von Hautölen und anderen kosmetischen Präparaten verwendet werden.

Saponine
Pflanzliche Glykoside, die in Wasser kolloidale, seifenähnliche Lösungen bilden. Diese schäumen stark, haben jedoch nur geringe Reinigungswirkung. Die Aglykone der Saponine, die Sapogenine, gehören aufgrund ihrer chemischen Konstitution entweder zu den Steroiden oder zu den zyklischen Triterpenen. Parenteral sind Saponine wegen ihrer hämolytischen Wirkung stark giftig. Saponindrogen sind: Panamarinde (Quillajasaponin), Rosskastanie (Aescin), Süßholzwurzel u.v.a. Die äußerliche Anwendung ihrer Extrakte in Haarwässern und Shampoos soll das Nachfetten der Haare verzögern.

Saprophyten
Fäulnisbewohner. Pflanzliche Organismen (Bakterien, Pilze), die sich ihre Nährstoffe aus toten Substraten holen. Sie können die für ihre Lebensvorgänge benötigten Kohlenstoffverbindungen nicht selbst aufbauen.

Sarkoside → Fettsäuresarkosinate

Sarkosin
N-Methylglycin, N-Methylaminoessigsäure, $H_3C-NH-CH_2-COOH$. Verwendung zur Herstellung von N-Acylsarkosinaten. → Fettsäuresarkosinate

Sassafras
Das ätherische Öl aus der Wurzel von Sassafras officinalis riecht kräftig, würzig, holzig und besteht zu 80% aus Safrol; daneben sind u.a. Camphen, Pinen und Eugenol enthalten.

Sauna
Heißluftraumbad, das Dampfbad und Heißluftbad miteinander verbindet. Die Temperatur im Saunaraum liegt zwischen 65 und 90 °C bei relativ geringer Luftfeuchte. Mit einem so genannten Aufguss wird in zeitlichen Abständen Wasserdampf erzeugt. Die Aufenthaltsdauer pro Saunagang liegt bei 10–20 Minuten. Es schließen sich Frischluft- und Kaltwasserbehandlungen sowie eine Ruhepause an, bevor der Saunagang erneut beginnt. Die Blutzirkulation und die Stoffwechselvorgänge werden angeregt, der Körper in seinen Abwehrkräften gestärkt.

Scabies
(lat. scabere = schaben, kratzen; scaber, scabra, scabrum = rau, räudig). Die durch die Krätzemilbe Acarus siro hervorgerufene Hautkrankheit macht sich vor allem bemerkbar an den Zwischenfingerräumen, Innenseiten der Handflächen, Achselfalten, Brustwarzen, in der Nabelgegend, in den Schnürfurchen der Kleider. Die Erreger der Krätze gehören zur Klasse der Spinnentiere. Die Milbe gräbt parallel zur Hautoberfläche verlaufende Minengänge in die Haut ein, in denen Eier und Kotmassen abgelegt werden. Die Milben verursachen einen heftigen Juckreiz, der vorwiegend nachts und in der Bettwärme auftritt, da die Tiere vor allem nachts aktiv tätig sind. Die Übertragung von Mensch zu Mensch erfolgt auf dem Kontaktwege (Händedruck). Die Behandlung der Krätze liegt in den Händen des Arztes.

Scapus pili
(lat. scapus, -i m. = Stock, Schaft; pilus, -i m. = Haar) Haarschaft.

Schachtelhalm
Zinnkraut, Stammpflanze: Equisetum arvense. Bestandteile: 6–8% Kieselsäure, Flavonglykoside, organische Säuren. Die Droge wirkt als Abkochung oder in Form von Extrakten als gewebebefestigendes Mittel, das die Widerstandsfähigkeit der Haut erhöht. Sie kann ferner zu Spülungen bei Entzündungen der Mund- und Rachenschleimhaut und für die Herstellung von Haarwässern verwendet werden.

Schälkuren
Behandlungsform, die im Rahmen der Akne-Therapie, bei Verhornungsstörungen oder zur Glättung der Hautoberfläche angewendet werden kann. Im Gegensatz zum oberflächlich wirkenden Peeling wird hier mithilfe von geeigneten → Schälmitteln die oberste Hautschicht mehr oder weniger stark abgetragen, teilweise spricht man daher auch von Tiefen-Peeling. Der Abheilungsprozess kann je nach Aggressivität der Behandlung mehrere Tage bis Wochen betragen.

Schälmittel

Substanzen, die im Rahmen von → Schälkuren eingesetzt werden. Zu den starken Schälmitteln, die im Rahmen einer ärztlichen Behandlung Anwendung finden, zählen:
- keratolytisch wirkende Substanzen, wie z. B. Vitamin-A-Säure, Benzoylperoxid oder Salicylsäure.
- (verdünnte) Trichloressigsäure. Sie soll die Zellneubildung der Haut anregen und kleine Fältchen minimieren.

Zu den milderen Schälmitteln zählen:
- verdünnte Fruchtsäuren (α-Hydroxysäuren) und Glykolsäure: Sie bewirken ein starkes Abschuppen der Haut, die sich dann nach ca. einer Woche erneuert.
- Enzyme (z. B. Pankreasenzym). Sie entfernen die oberen toten Hornzellen der Haut.

Schäume

Ein Schaum ist ein disperses System, in dem ein Gas als zerteilte Phase in einer Flüssigkeit als kontinuierlicher Phase vorliegt. Man unterscheidet zwei Arten von Schäumen: 1. Den Kugelschaum, der aus selbstständigen Gasblasen in einem flüssigen, möglichst viskosen Dispersionsmittel ohne Mitwirkung einer oberflächenaktiven Substanz entsteht (z. B. Schaumstoffe) und 2. den Polyederschaum mit einem viel höheren Gasanteil, bei dem die Flüssigkeitslamellen zwischen den Gasblasen beidseitig von einem elastischen Film eines Tensids bedeckt sind (z. B. kosmetische Reinigungspräparate). Das Gas wird im Allgemeinen mechanisch durch Schütteln, Rühren, Schlagen, Verreiben oder Versprühen in die flüssige Phase eingebracht. Die Stabilität des Polyederschaumes ist u. a. von der Konzentration und chemischen Konstitution des Tensids, von der Viskosität der kontinuierlichen Phase und von der Art der Schaumerzeugung abhängig.

Zur Charakterisierung eines Schaumes gehören das Schaumvolumen, das Anschäumvermögen (d. i. die Schnelligkeit der Schaumbildung), die Schaumbeständigkeit und die physikalische Beschaffenheit (feinblasig oder grobblasig, cremig, nass oder trocken). Diese Eigenschaften können unter Normalbedingungen oder unter Belastung durch Fett, Schmutz oder Wasserhärte geprüft werden. Obgleich zwischen Schaumvermögen und Reinigungswirkung kein unmittelbarer Zusammenhang besteht, ist bei verschiedenen kosmetischen Präparaten ein Schaum erwünscht:

Bei Shampoos, um die Reibung zwischen Haaren und Händen zu mildern, bei Schaumbädern, um die Abkühlung des Badewassers zu verzögern oder bei Rasierschäumen, um die Barthaare aufrechtzuhalten.

Schafgarbe

Achillea millefolium. Wirkstoffe sind das durch Chamazulen dunkelblau gefärbte ätherische Öl, Flavone und Gerbstoffe. Extrakte der Droge und das Schafgarbenöl werden äußerlich zur Behandlung unreiner und fetter Haut und zur Anregung der Durchblutung in Badepräparaten, Gesichtswässern, Hautcremes und Haarpflegemitteln verwendet.

Schaumbäder

Flüssige oder gelartige Präparate (kaum noch als Pulver im Handel), die bis zu 30% waschaktive Substanzen enthalten, bevorzugt Natriumlaurylethersulfat, aber auch ethoxylierte Sulfobernsteinsäurelaurylester-Salze, Fettsäuresarkosinate oder, in besonders hautfreundlichen Schaumbädern, Amphotenside (Betaine, Imidazolinderivate), Zuckerfettsäureester oder Proteinhydrolysat-Fettsäuretenside. Als Zusätze mit rückfettender Wirkung und zugleich schaumstabilisierend dienen Fettsäurealkanolamide, als Gelbildner und Verdickungsmittel Celluloseether und Natriumchlorid. Duftstoffe sollen das Gefühl der Erfrischung verstärken, dem Badewasser und auch dem Körper Wohlgeruch verleihen. Das richtige Ansetzen eines Schaumbades ist wichtig zur Erzielung eines dichten Schaumes. Zu diesem Zweck löst man 10–20 ml des Präparats in wenig Wasser und lässt dann die Wanne mit möglichst scharfem Wasserstrahl voll laufen. Die Schaumbläschen üben einen leichten mechanischen Reiz auf die Haut aus, die Schaumdecke hält die Temperatur des Wassers über längere Zeit konstant. Die Präparate sollen außerdem verhindern, dass sich ein Schmutzrand in der Badewanne absetzt. Als Spezialwirkstoffe können z. B. Pflanzenextrakte enthalten sein.

Schaumbooster/Schaum-Booster

(engl. boost = hoch-/auftreiben) Bezeichnung für schaumverstärkend wirkende Substanzen.

Schaumfestiger

Auch Haarfestiger oder Konditionierer genannt. Es handelt sich meist um Haarstylingprodukte, die als wässrig alkoholische Lösungen in Aerosolform angeboten werden. Neben den für die Fixierung wichtigen Filmbildnern sind Lösungsmittel (z.B. Isopropanol) und Treibmittel wie Propan, Butan oder Dimethylether enthalten.

Schauminhibitoren
Substanzen, die die Schaumbildung reduzieren. Silicone sind sehr wirksame Schauminhibitoren; Fette und Seifen verringern das Schaumvolumen der meisten synthetischen Tenside.

Schaumstabilisatoren
Substanzen, die waschaktiven Systemen zugesetzt werden, um das Zusammenfallen des Schaumes zu verzögern. Als Schaumstabilisatoren wirken Fettsäurealkanolamide, Aminoxide, Albumine, Eiweißhydrolysate, Propylenglykolalginat, Methylcellulose u.a.

Schaumtönung
Bezeichnung für → Haartönungen oder → Tönungsfestiger in Aerosolform.

Scheckhaut
Vitiligo, Leukopathia acquisita. Erworbene Pigmentanomalie, die sich in weißen, pigmentfreien, oft allmählich größer werdenden Flecken mit hyperpigmentiertem Rand äußert. Sie tritt besonders an den Händen und im Gesicht auf. Beschwerden bestehen nicht und die Haut ist sonst nicht verändert. Eine wirksame Behandlungsmethode ist nicht bekannt. Die Scheckhaut ist wahrscheinlich endokrin oder neurogen bedingt.

Schellack
(INCI: Shellac) Harzmasse von orangegelben bis bräunlich gefärbten Blättchen, Ausscheidungsprodukt weiblicher Lackschildläuse, das von verschiedenen tropischen Bäumen gesammelt wird. Raffinierter gebleichter oder modifizierter Schellack dient noch gelegentlich als Filmbildner in Haarsprays oder Mascara (→ Harze).

Schieferöl, sulfoniertes
→ Ammoniumbituminosulfonat

Schildkrötenöl
Aus den Fettgeweben verschiedener Schildkrötenarten gewonnenes Öl, das reich an mehrfach ungesättigten Fettsäuren ist. Es soll das Eindringen öllöslicher Wirkstoffe in die Haut erleichtern.

Schlammpackungen → Fango, → Moorbäder, → Peloidbäder

Schleifkörper → Schleifmittel

Schleifmittel
Auch Schleifkörper, Putzkörper oder Abrasiva. Partikel, die als Zusatzstoffe die Reinigungswirkung von Produkten unterstützen. Im Hautpflegebereich werden als Grundstoffe z.B. Mandelkleie, Kunststoffmaterial, Aprikosenkerne oder Wachse als Rubbelpartikel in → Peeling-Produkten für Gesicht und Körper eingesetzt. Im Zahnpflegebereich (Zahnpasten) können Kieselsäure, gefälltes Calciumcarbonat, Di- oder Tricalciumphosphat als Putzkörper dienen.
Als Schleifmittel für Hornhautablagerungen wird Bimsstein verwendet.

Schleimbeutel
Bursa synovialis. Mit Schleim gefüllte Taschen, die sich an Stellen des menschlichen Körpers befinden, an denen die Haut Knochenvorsprüngen aufliegt, das ist z.B. im Bereich der Gelenke, an Ellenbogen, Kniescheiben usw. Die Entzündung eines Schleimbeutels nennt man Bursitis.

Schleime
(Mucilagines) Dickflüssige, durch Lösen, Ausziehen oder Ausschütteln von Quellstoffen mit kaltem oder heißem Wasser hergestellte Zubereitungen. Schleime sind kolloidale Lösungen von kettenförmigen Makromolekülen. (→ Hydrokolloide) Schleimstoffe dienen als Verdickungsmittel, Emulsionsstabilisatoren und als Antireizstoffe und Absorbentien.

Schleimhaut
(Tunica mucosa) Schicht, die durch Drüsensekrete feucht gehalten wird. Sie kleidet u.a. das Innere von Hohlorganen aus. Zu den kosmetischen Präparaten mit Schleimhautkontakt zählen alle Zubereitungen, die in oder an den Augen, auf den Lippen oder im Mund angewendet werden.

Schmelzpunkt
Schmp. oder F. Die Temperatur, bei der flüssige und feste Phase eines Stoffes im Gleichgewicht

miteinander stehen. Beim Schmelzen geht der Stoff vom geordneten festen in den ungeordneten flüssigen Zustand über, wofür eine bestimmte Wärmemenge (Schmelzwärme) nötig ist. Bei amorphen Stoffen gibt es keinen definierten Schmelzpunkt, sondern nur einen Schmelzbereich, in dem der Stoff erweicht und dann flüssig wird. Die Schmelzpunktbestimmung ist ein Mittel zur Reinheitsprüfung einer Substanz, da bei Gemischen der Schmelzpunkt stets niedriger liegt als bei den einzelnen Komponenten. Zur Schmelzpunktbestimmung wird der zu untersuchende Stoff in einem Kapillarröhrchen im Wasserbad (oder auch Paraffin- oder Siliconöl) vorsichtig erwärmt und die Temperatur abgelesen, bei der der Stoff vollständig geschmolzen ist.

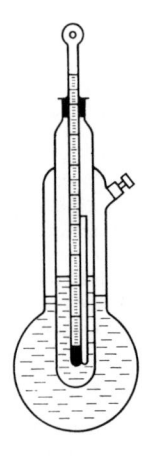

Schmerbalg = Grützbeutel → Atherom

Schmerfluss → Seborrhoe

Schmerzsinn
Der Schmerzsinn ist selbstständig. Er hat nichts mit einer verstärkten Tast- oder Berührungsempfindung zu tun. Die Endigungen des Schmerzsinnes liegen frei im Gewebe und unterscheiden sich dadurch von den Tastkörperchen der Gefühlsnerven. In den obersten Hautschichten finden sich etwa 50–200 schmerzempfindliche Nervenendigungen pro cm^2. Sie liegen also dichter als die Tastkörperchen der Berührungsnerven. Am schnellsten wird der Schmerz nach chemischen Reizen empfunden. Auffällig ist, dass bei vielen Hauterkrankungen ein eigentlicher Schmerz fehlt. Unterschwellige Schmerzempfindungen des Schmerzsinnes werden an der Haut als Juckreiz, unterschwellige Reizempfindungen des Tastsinnes als Kitzelgefühl empfunden. Die Stärke des Schmerzes ist subjektiv und nicht messbar. Als Nebenwirkungen des Schmerzes werden beobachtet: Zusammenziehung der Haargefäße der Haut, Steigerung der Schweißabsonderung, Blutdruckschwankungen, Pulsbeschleunigung.

Schmetterlingsflechte
Erythematodes chronicus discoides (faciei). Der Name der Erkrankung, deren Ursache noch ungeklärt ist, rührt von ihrer Erscheinung her, bei der meist die Nase („Körper des Schmetterlings") und die beidseitigen Wangenpartien („Flügel des Schmetterlings") betroffen sind. Der münzengroße oder auch größere scheibenförmige (gr. diskus = Scheibe) Krankheitsherd ist von rötlicher Farbe und scharf begrenzt. Die Behandlung erfolgt durch den Facharzt.

Schmierseifen
(→ Seifen) Weiche Kaliumseifen von Pflanzenölen (Sojaöl, Rüböl, Leinöl, Tallöl) mit reichlichen Mengen an ungesättigten Fettsäuren, die früher für Rasierseifen und Seifenbäder verwendet wurden.

Schminken
Allgemeiner Ausdruck für dekorative Kosmetika und Make-up-Präparate, bzw. die Applikation dieser Präparate.

Schönheitsoperationen
Umgangssprachlicher Sammelbegriff für chirurgische Eingriffe, die der Beseitigung bzw. Verminderung von Alterserscheinungen dienen u./o. zur Erfüllung persönlicher ästhetischer Vorstellungen. Dazu zählen chirurgische Maßnahmen wie z. B. Faltenunterspritzungen, Nasenkorrekturen, Brustverkleinerungen und -vergrößerungen oder Fettabsaugungen. → Hautstraffungen

Schorf
Wundschorf. Aus geronnenem Blut und Gewebesekret bestehende eingetrocknete Wunddecke.

Schrumpfungsfurchen
Deformierung des Haarschaftes, die durch übermäßige Quellung in starken Alkalien bewirkt wird.

Schrunden → Rhagaden

Schüttelmixturen → Suspensionen

Schüttgewicht
(→ Puder) Gewicht von $1\,cm^3$ eines pulverförmigen oder körnigen Stoffes.
Schüttvolumen ist das Volumen, das 1 g eines Pulvers einnimmt.

Schuppen
→ Abschuppung der Haut. Plättchenförmige, mehr oder weniger leicht von der Haut durch Abkratzen zu beseitigende Auflagerungen, deren Dicke verschieden sein kann. Sie entstehen bei der Verhornungsanomalie, die als Parakeratose bezeichnet wird. Starke Schuppenbildung der Kopfhaut mit gleichzeitig verstärkter Fettabsonderung kann zu einem echten Krankheitszustand überleiten, der sich in massiven, fetten graugelben Belägen äußert, die durch Haarwäsche nicht mehr zu entfernen sind. → Kopfschuppen, → Antischuppenmittel.

Schuppenflechte → Psoriasis

Schuppenschicht des Haares
Cuticula, siehe auch → Haar.

Schutzcremes
→ Barrierepräparate, → Hautschutzmittel, → Kälteschutzmittel, → Sonnenschutzmittel

Schutzkolloide
Lyophile Kolloide wie Gelatine, Casein, Stärke, PVP oder Polyacrylate, die die Koagulation (Ausflockung) bzw. Koaleszenz von lyophoben Kolloiden (Solen, Emulsionen) verhindern sollen. Sie bilden um jedes einzelne Teilchen bzw. Tröpfchen eine kolloidale Schutzhülle.

Schwämme
Hilfsmittel für die Körperpflege (Badeschwämme).
Man unterscheidet: Natur- und Kunstschwämme (Viskose-, Nylon-, Perlonschwämme, Gummischwämme).
Bei den Naturschwämmen handelt es sich um die Skelettgerüste niedrig entwickelter Seetiere, die auf dem Grunde warmer Meere wachsen. Die besten Sorten liefert das Mittelmeer.
Der Körper der Schwämme ist kugelig, teller-, schüssel- oder trichterförmig. Er ist von einer schwärzlichen Haut überzogen, die entfernt wird. Durch Kneten, Stampfen und Waschen in Seewasser wird der Weichkörper entfernt. Das übrig bleibende Horngerüst wird nach einer Behandlung mit Salzsäure (um Kalkreste zu entfernen) gebleicht, getrocknet und evtl. zurechtgeschnitten.
Behandlung der Schwämme: Niemals mit heißem Wasser behandeln. Nach Gebrauch stets mit reinem Wasser nachspülen und zum Trocknen frei aufhängen.

Schwangerschaftsflecke → Chloasma

Schwangerschaftsstreifen → Dehnungsstreifen

Schwefel
Feines gelbes Pulver, F. 118–120 °C, unlöslich in Wasser, sehr wenig löslich in Ethanol (1:1000) und Glycerol (1:2000), löslich in Schwefelkohlenstoff.
Der „Schwefel zum äußerlichen Gebrauch" wird meist durch Mahlen aus dem rhombischen Schwefel hergestellt. Für dermatologische Zwecke darf die Teilchengröße von 90% der Teilchen nicht größer sein als 20 µm (98% nicht größer als 40 µm). Bei äußerlicher Anwendung wird der Schwefel nicht in molekularer Form resorbiert, sondern er wird auf der Haut zu Schwefelwasserstoff reduziert. Da der Grad der Umwandlung von der Korngröße abhängig ist, wird die Wirksamkeit nicht nur von der applizierten Menge, sondern auch von der Feinheit des Präparates bestimmt.
Schwefel ist Bestandteil der Eiweißsubstanz in Form der Aminosäuren Cystin, Cystein und Methionin. Er ist für Haut und Haare ein unentbehrliches Element. Man nimmt an, dass der Organismus sich zur Durchführung seiner lebenserhaltenden Funktionen schwefelhaltiger Redoxsysteme bedient.
„Feinverteilter Schwefel" mit seiner keratolytischen, keratoplastischen, seboregulierenden und desinfizierenden Wirkung spielt bei der Bekämpfung unreiner Haut (Akne-Behandlung, Seborrhoe, Rosacea), in der Haarpflege gegen Schuppen und zur Behandlung schnell fettenden Haares eine Rolle. Man verwendet

Schwefelbäder

ihn für Puder, Cremes, Salben, Pasten (oft in Verbindung mit Ichthyol), Schwefelhaarwässer sowie für Badepräparate. Die Menge des aufgenommenen Schwefels ist abhängig von dem Stoff, in dem er verteilt ist. Bei manchen krankhaften Veränderungen der Haut ist die Aufnahmefähigkeit der Haut für Schwefel beachtlich erhöht.
Am wirksamsten haben sich Schwefelpräparate erwiesen, die Schwefel in kolloidaler Form oder an Fettsäurederivate angelagert, in wasserlöslicher oder alkohol-wasserlöslicher Zubereitung enthalten.

Schwefelbäder

Schwefelhaltige Heilquellen enthalten 1–120 mg Schwefelwasserstoff im Liter, der durch bakterielle Zersetzung von Eiweißstoffen und Sulfaten oder durch Hydrolyse von Sulfiden entsteht. Der gelöste Schwefelwasserstoff wird durch die Haut resorbiert. Schwefelbäder werden bei Hautkrankheiten empfohlen, aber auch Rheuma, Gicht, Neuralgien und eine Reihe von Stoffwechselstörungen werden günstig beeinflusst.
Künstliche Schwefelbäder werden durch Verwendung von Kaliumpolysulfid (150–200 g/Vollbad) oder Calciumsulfidlösung (Liquor Calcii sulfurati) bereitet. Beim Vermischen mit Badewasser entsteht durch Hydrolyse der Polysulfide zunächst Schwefelwasserstoff, der sich weiter mit dem in der Schwefelleber enthaltenen Thiosulfat zu kolloidem Schwefel umsetzt.

Schwefelbrücken → Aminosäuren, → Disulfidbindungen

Schwefelcremes

Kosmetische Erzeugnisse, die kolloiden Schwefel bzw. fein verteilten Schwefel enthalten und allein oder in Kombination mit Teerfraktionen gegen Akne verwendet werden.

Schweiß

Flüssige Absonderung der Schweißdrüsen. Durch den Sekretionsvorgang werden
1. der Wasserhaushalt des Körpers geregelt,
2. die Temperatur des Körpers ausgeglichen,
3. Stoffwechselschlacken ausgeschieden.
Die Schweißabsonderung erfolgt durch die Körperhaut
a) ohne Beteiligung der Schweißdrüsen (Perspiration)

b) unter Beteiligung der Schweißdrüsen (Transpiration).
Die Perspiratio insensibilis (unsichtbare Schweißabsonderung) erfolgt über die Hautoberfläche und über die Schleimhäute der Atemwege. Die abgegebene Feuchtigkeit beträgt normal ca. 1 Liter in 24 Stunden und ist abhängig von der Temperatur und dem Wassergehalt der Haut und der umgebenden Luft. Steigt die Temperatur der Umgebung über die Hauttemperatur (ca. 30 °C) oder wird durch körperliche Arbeit vermehrt Wärme gebildet, setzt zur Regulierung der Körpertemperatur die Aktivität der Schweißdrüsen ein. Die sichtbare Wasserabgabe des Körpers (Perspiratio sensibilis), auch Transpiration genannt, macht sich durch feine Tröpfchen auf der Hautoberfläche bemerkbar.
Bei schwerer Arbeit oder großer Hitze kann die durch Transpiration abgegebene Wassermenge bis zu 20 Litern betragen. Der Schweiß entzieht beim Verdunsten auf der Hautoberfläche dem Körper Wärme. Fehlt die Luftzirkulation und besteht darüber hinaus bei feuchtigkeitsgesättigter Atmosphäre eine hohe Außentemperatur, kommt es zu Wärmestauungen, die bis zum Hitzschlag führen können.
Zusammensetzung des Schweißes:
99% Wasser, 0,6–0,7% Kochsalz, geringe Mengen anderer anorganischer Salze, Harnstoff, Aminosäuren, Milchsäure, Brenztraubensäure, Fettsäuren, Urocaninsäure, u.a. In den Absonderungen apokriner Schweißdrüsen kommen dazu Skatol, Mercaptane u.a. Der pH-Wert liegt zwischen 4 und 6,8.
Sonderformen des Schweißes → Bromhidrosis, Chromhidrosis, Urhidrosis.

Schweißabsonderung, übermäßige

Hyperhidrosis. Funktionelle Störung der Schweißsekretion. Man unterscheidet:
1. Allgemeine Vermehrung der Schweißdrüsensekretion = Hyperhidrosis universalis
2. Lokale Vermehrung der Schweißdrüsensekretion
a) Fußschweiß = Hyperhidrosis pedum
b) Handschweiß = Hidrosis palmae manus
c) Achselschweiß = Hyperhidrosis axillae
Schweißhemmende Mittel (→ Antihidrotika) sollen durch Verengung der Schweißdrüsenausgänge die übermäßige Sekretion herabsetzen, aber nicht ganz unterbinden. Als Wirkstoffe ver-

wendet man hautgerbende und adstringierende Mittel. → Antitranspirantien

Schweißdrüsen
(→ Drüsen) Knäueldrüsen, d. h. zu einem Knäuel gewundene Schläuche, die an der Grenze zwischen Lederhaut und Subcutis liegen. Der Mensch hat ca. 2 Millionen Schweißdrüsen, die unregelmäßig über den ganzen Körper verteilt sind. Ihre Tätigkeit wird vom vegetativen Nervensystem gesteuert. Man unterscheidet 2 Typen:
Die **apokrinen Schweißdrüsen** (Duftdrüsen, große Schweißdrüßen), deren Ausführungsgänge oberhalb der Talgdrüsen in die Haarfollikel münden. Sie sind ursprünglich Sexualdrüsen und treten erst mit der Pubertät in Funktion; sie sind vorwiegend in der Achsel-, Anal- und Genitalgegend und im Bereich der weiblichen Brustdrüsen lokalisiert. Ihr Sekret enthält Zellbestandteile, flüchtige Fettsäuren und bakterielle Zersetzungsprodukte, auf die die Geruchsentwicklung zurückzuführen ist.
Die **ekkrinen Schweißdrüßen** (kleine Schweißdrüsen) münden mit ihren Ausführungsgängen in die Hautoberfläche (Schweißporen); sie sind über den ganzen Körper verteilt, besonders dicht an den Handflächen und Fußsohlen. In den ekkrinen Schweißdrüsen findet ein echter Sekretionsvorgang statt ohne Zersetzung der Zellen, es wird ein klares Sekret abgesondert. → Schweiß

Schweißdrüsenentzündung
Hidradenitis. Kommt hauptsächlich in den Achselhöhlen als Hidradenitis axillaris in Betracht. Stark schmerzende, oft Monate andauernde Eiterungen der (meist) axillaren, apokrinen Schweißdrüsen.

Schweißdrüsenerkrankungen
1. Funktionelle Störungen der Schweißdrüsen (Hyperhidrosis, Anhidrosis, Oligohidrosis, Osmhidrosis)
2. Miliaria cristallina (Schweißdrüsenfrieseln)
3. Organische Erkrankungen (z. B. Schweißdrüsenabszess)

Schweißdrüsenfriesel
Miliaria, Frieselausschlag. Harmlose, hirsekorngroße, wasserhelle Bläschen der Haut mit mehr oder weniger rotem Hof, die besonders nach starkem Schweißen z. B. bei Fieberkrankheiten auftreten und bald abtrocknen.

Schweißfüße → Fußschweiß

Schweißgeruch
Frischer Schweiß hat nur einen schwachen, nicht unangenehmen Geruch. Der typische Schweißgeruch beruht auf der bakteriellen Zersetzung des apokrinen Schweißes (→ Schweißdrüsen), bei der niedere Fettsäuren und aus den Zellbestandteilen Ammoniak, Amine, Indol und schwefelhaltige Substanzen entstehen.
Mittel gegen Schweißgeruch sind Antitranspirantien, die die Schweißsekretion unterdrücken, oder Deodorantien, die die bakterielle Zersetzung verhindern oder die Zersetzungsprodukte binden. Zusätzlich können Duftstoffe den Schweißgeruch maskieren.

schweißhemmende Mittel → Antihidrotika, → Antitranspirantien.

Schwellungen → Oedeme

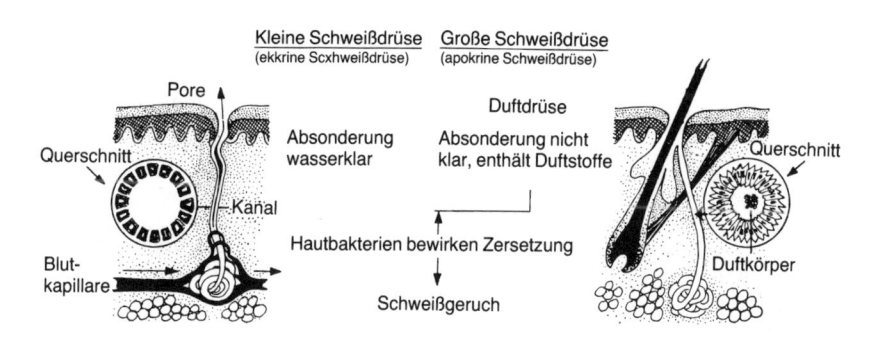

Kleine Schweißdrüse (ekkrine Scxhweißdrüse)

Große Schweißdrüse (apokrine Schweißdrüse)

Pore
Querschnitt
Absonderung wasserklar
Duftdrüse
Absonderung nicht klar, enthält Duftstoffe
Querschnitt
Blutkapillare
Kanal
Hautbakterien bewirken Zersetzung
Schweißgeruch
Duftkörper

Schwielen
Callus. Umschriebene Hyperkeratosen. Schwielen entstehen durch Druck oder Reibung vor allem an Händen und Füßen. Vielfach sind es Berufserscheinungen. Eine besondere Form der Fußschwielen ist das Hühnerauge. → Hornhaut

Sebacinsäure
(INCI: Sebacic Acid) Decandisäure, Octandicarbonsäure, $HOOC-(CH_2)_8-COOH$. Weißes kristallines Pulver, schwer löslich in Wasser, leicht löslich in Ethanol. F. 134,5 °C.
Für kosmetische Präparate sind die Ester der Sebacinsäure von Interesse: Sebacinsäurediethylester und -diisopropylester sind farb- und geruchlose Öle, die als Lösungsmittel und teilweiser Ersatz für fette Öle und Paraffinöl und als sehr hautverträgliche Emollients für Haut- und Badeöle, Lippenstifte und Hautcremes verwendet werden können.

Sebocystomatosis = Grützbeutel → Atherom

Seborrhö → Seborrhoe

Seborrhoe, Seborrhö
(lat. sebum = Talg; gr. rheo = fließe) Schmerfluss. Krankhaft vermehrte Absonderung von Hauttalg, die genetisch bedingt ist. Der Einfluss von Geschlecht und Lebensalter weist auf hormonale Steuerung hin.
Die *Seborrhoea sicca* äußert sich in trockenem Haarboden, Absonderung bröckeliger Massen (harter Talg) und trockenen Haaren, die mit staubfeinen weißen Schuppen bedeckt sind.
Die *Seborrhoea oleosa* beginnt im Allgemeinen in der Pubertät und befällt bestimmte Hautbezirke, die besonders stark mit Talgdrüsen besetzt sind (behaarter Kopf, Stirn, Nase, Brustbeingegend). Die Haut erscheint fettig, glänzend, großporig, derb, das Haar schon wenige Tage nach der Wäsche schmierig. Es besteht Neigung zu verstärkter Schweißsekretion, zu Akne und zur Bildung fettiger Kopfschuppen, die auch zu Haarausfall führen können.

Sebostase
(lat. sebum = Talg; gr. stasis = Stauung) Verringerung der Talgdrüsensekretion. Die Haut ist feinporig und trocken, Haar und Kopfhaut ebenfalls. Es besteht Neigung zu feiner Abschuppung und vorzeitigen Alterserscheinungen der Haut (Falten). Kosmetische Behandlung besteht in milder, schonender Reinigung, Zuführung von Fett und Feuchtigkeit (Emulsionen).

Sebum cutaneum → Hauttalg

Seemannshaut → Landmannshaut

Seidenprotein
Seide besteht hauptsächlich aus Fibroin, einem amphoteren Protein. Seidenpulver ist gelblich bis bräunlich gefärbt und kann als Pudergrundstoff dienen. Seine Haftfähigkeit ist gut, ebenso seine Fähigkeit, Feuchtigkeit aufzunehmen (250%), sein Deckvermögen ist nur mäßig. Seidenprotein und Hydrolysate können vielseitig in pflegenden und dekorativen Kosmetika eingesetzt werden.

Seifen
Wasserlösliche Alkalisalze höhermolekularer Fettsäuren der allgemeinen Formel:
R–COOMe;
Me = Natrium (harte Seifen), Me = Kalium (Schmierseifen).
Fein-, Toilette- oder Stückseifen sind Hautreinigungsmittel, deren Marktbedeutung jedoch gegenüber den flüssigen Syndetseifen zunehmend zurückgeht. Es gibt parfümierte Luxusseifen, Transparentseifen, Babyseifen, Cremeseifen, die Rückfettungsmittel enthalten und Seifen mit spezieller Ausrichtung (z.B. Deodorantseifen). → Seifenherstellung
Alle Seifenlösungen reagieren alkalisch (pH-Wert über 9) und bilden mit hartem Wasser unlösliche Kalkseifen.
Alkali-, Ammonium- und Alkanolaminsalze der Fettsäuren finden auch als Emulgatoren Verwendung, besonders die Triethanolaminseifen, die sowohl wasserlöslich als auch öllöslich sind. Erdalkali- und Metallseifen: → Metallseifen, → Stearatcremes.

Seifenherstellung
Die Herstellung erfolgt entweder durch Neutralölverseifung nach dem Schema: Fett + Alkalihydroxid = Seife + Glycerol oder durch Fettsäureverseifung, d.h. Neutralisation von Fettsäuren mit Alkalihydroxid. Rohstoffe sind vor allem Rindertalg und Kokosöl oder Palmöl, ferner Palmkernöl, Erdnussöl, Olivenöl und Schmalz, für Schmierseifen auch Leinöl, Sojaöl, Rüböl und Baumwollsaatöl. Die Neutralölverseifung der Fette mit Natronlauge kann entweder im of-

fenen Kessel bei 100 °C oder nach dem heute üblicheren Verfahren kontinuierlich in geschlossenen Anlagen unter Druck vorgenommen werden. Die Reaktion verläuft autokatalytisch, indem die gebildete Seife das System Fett/Natronlauge emulgiert und dadurch den Verseifungsprozess beschleunigt. Durch Aussalzen wird der Seifenkern von dem Seifenleim getrennt, danach mehrmals mit Wasser gewaschen („geschliffen"). Die Unterlauge und die Waschwässer enthalten das wertvolle Glycerol.
Bei der Fettsäureverseifung werden die Fette erst gespalten, die rohen Spaltfettsäuren destilliert und dann neutralisiert. Hier entfällt das Waschen und Abtrennen des Seifenkerns. Bei beiden Verfahren erhält man eine 60–65%ige flüssige Seife, die durch Versprühen im Vakuum getrocknet und auf einen Fettsäuregehalt von ca. 80% gebracht wird. Diese Grundseife ist Ausgangsprodukt für die Herstellung von Feinseifen und Spezialseifen.
An Zusatzstoffen sind erforderlich: Antioxidanzien, um das Ranzigwerden der Seifen zu verhindern, Komplexbildner, um Schwermetallspuren zu binden und Parfüm. Weitere mögliche Zusätze sind Farbstoffe, Rückfettungsmittel oder andere Wirkstoffe. Grundseife und Zusatzstoffe werden in Mischmaschinen und Pilierwalzen homogenisiert und über Strangpressen, Schneidemaschinen und Prägestanzen zu den fertigen Seifenstücken verarbeitet.
Die meisten Feinseifen sind kristallin und undurchsichtig. Bei der Herstellung von Transparentseifen muss durch Kristallisationshemmer wie Glycerol, Zuckerlösung oder Sorbit die Kristallisation verhindert werden. Bei gegossenen Transparentseifen aus der Neutralölverseifung wird der Seifenleim nicht ausgesalzen, sondern mit dem Glycerol und Zusätzen von Zuckerlösung, Alkohol und Parfümöl in Stangen gegossen und wie üblich weiterverarbeitet.

Seifenrinde → Panamarinde

Selbstbräuner
Auch Self Tanner. Hautbräunungsmittel, die der Haut ohne UV-Bestrahlung Sonnenbräune verleihen. Die Hornschicht wird dabei oberflächlich angefärbt, mit dem Abschilfern der Hornzellen verblasst die Bräune nach ca. 3 bis 4 Tagen. Diese Produkte stellen jedoch keine Sonnenschutzpräparate dar, es sei denn UV-Filter sind zusätzlich enthalten.

Man unterscheidet hautbräunende Stoffe, die eine physikalische Bindung mit der Hautoberfläche eingehen, wie z. B. Juglon oder Lawson und Substanzen, die mit den Aminosäuren oder Peptiden der Haut chemisch reagieren. Dazu zählt auch das häufig verwendete Dihydroxyaceton. Der resultierende Hautton (gelblich/rötlich) kann durch Kombination der Einzelrohstoffe eingestellt werden.
Die Präparate werden als Pumpspray, Creme oder Lotion angeboten und können dementsprechend auch als Self Tanning Lotion/Cream oder Spray benannt sein.

Selbstbräunungsmittel → Selbstbräuner

Selensulfid
Selendisulfid wird in der Dermatologie bei verschiedenen Formen der Seborrhoe des behaarten Kopfes verordnet. In kosmetischen Präparaten ist die Verwendung auf Antischuppenshampoos beschränkt.

Self Tanner → Selbstbräuner

self tanning…
Engl. Ausdruck für selbstbräunend.

Senfsamen
1. Schwarzer Senf, Semen Sinapis nigrae, Brassica nigra enthält das schwefelhaltige Glykosid Sinigrin, das unter Einwirkung des Enzyms Myrosinase in Allylsenföl, Glucose und Kaliumhydrogensulfat gespalten wird. Das Allylsenföl (Allylisothiocyanat $H_2C=CHCH_2N=C=S$) in den gemahlenen Samen wirkt in Form von Breiumschlägen oder Teilbädern stark hautreizend und dadurch durchblutungsfördernd bei Rheumatismus und Gelenkentzündungen. Für ein Fußbad werden 50 g, für ein Vollbad 800 g schwarzes Senfmehl verwendet.
2. Weißer Senf, Semen Erucae (Sinapis alba). Seine Verwendung als Hautreizmittel ist unbedeutend.

Sensibilisierung
(lat. sensus = Gefühl, Empfindung) Darunter versteht man
1. die angeborene oder erworbene Fähigkeit des Organismus zur Antikörperbildung gegen ein bestimmtes Antigen und
2. die künstliche Anregung des Organismus zur Bildung von Antikörpern. Findet nach erfolgter

Sensibilisierung eine erneute Berührung der Haut mit dem betreffenden Stoff – dem Allergen – statt, treten allergische Erscheinungen der Haut auf. → Allergie

Sensibilisierungsindex
Verhältnis der Anzahl der Versuchspersonen, die auf ein bestimmtes (zu prüfendes) Präparat oder einen bestimmten Wirkstoff allergisch reagieren zur Anzahl der Versuchspersonen, die durch die Mittel unbeeinflusst bleiben. Der Sensibilisierungsindex bei kosmetischen Präparaten soll praktisch = 0 sein. Sensibilisierungsrisiken liegen nicht nur in den Wirkstoffen, sondern auch in den Hilfsstoffen und in den Parfümsubstanzen begründet.

Sepia
Farbstoff, der aus dem Tintenbeutel des Tintenfisches gewonnen wird. Die schwarzbraune Substanz wird in Kosmetika kaum verwendet. Der Farbstoff ist ungiftig.

Sepiaschalen
Die aus Calciumcarbonat und Calciumphosphat bestehenden Rückenschalen des Tintenfisches, die als Schleifmittel in Peelings verwendet werden können.

Sepigel (Seppic)
Handelsbezeichnung für eine Serie von flüssigen, vorneutralisierten Verdickungsmitteln auf Polyacrylamidbasis. Sie können O/W-Emulsionen stabilisieren und dienen der Herstellung von Cremegelen. Die Verarbeitung erfolgt ohne vorherige Dispergierung oder Hydratation. Beispiel:
Sepigel 305 (INCI: Polyacrylamide/C13–14 Isoparaffin/Laureth-7)

Sequestrierungsmittel
(lat. sequester, -tra-, -trum und sequestris, -e = vermitteln; sequestrare = trennen, ausschließen). Chemische Substanzen, die Metallionen durch Komplexbildung (Chelatbildung) in eine inaktive aber lösliche Form überführen. → Komplexbildner

Serin
β-Hydroxyalanin, $HOH_2C–CH(NH_2)–COOH$. Nichtessenzielle Aminosäure, die zu 7–10 % im Haarkeratin enthalten ist.

Sesamöl
(INCI: Sesamum Indicum) Kalt gepresstes Öl aus Sesamum indicum L. Die Samen enthalten ca. 45 % fettes Öl mit hohem Gehalt an ungesättigten Fettsäuren (45 % Linolsäure, 42 % Ölsäure). Erstarrungspunkt –3 bis –6 °C. Sesamöl weist eine gewisse Lichtschutzwirkung auf.
Verwendung als Ölkomponente in Pflegekosmetika und in Ayurveda-Anwendungen als entgiftendes Öl.

Sesquiterpene
Gruppe von organischen Verbindungen (Naturstoffen), die anderthalbmal (Sesqui...) so viele Kohlenstoffatome enthalten wie Terpene, also C_{15}-Verbindungen. (→ Isoprenoide) Sie kommen in Ketten- oder Ringform in vielen ätherischen Ölen vor; z. B. Farnesol, Bisabolol, Cadinen u. v. a.

Shampoos
Haarwaschmittel, die Schweißrückstände, Talgdrüsensekret, abgestoßene Zellen, Mikroorganismen, Staub und ggf. restliche Haarkosmetika entfernen sollen. Sie können zusätzlich Hilfe für bestimmte Haar- und Kopfhautprobleme bieten. Der Schaum erleichtert den Abtransport des Schmutzes. Die waschaktiven Substanzen müssen haarschonend, haut- und schleimhautverträglich sein. Als Grundstoffe dienen Fettalkolethersulfate, Sulfobernsteinsäureester, Aminoxide, Fettsäuresarkosinate und fast immer Fettsäurealkanolamide, die schaumstabilisierend, verdickend und rückfettend wirken. Dazu kommen andere Verdickungsmittel, pflegende und konditionierende Verbindungen, Rückfetter, wenn erwünscht Trübungs- oder Perlglanzmittel, Duftstoffe und, wenn nicht genügend germizide Amphotenside oder Quats vorhanden sind, Konservierungsmittel. Spezialshampoos können Antischuppenmittel enthalten, Proteinderivate gegen trockenes Haar, Kräuterauszüge, Vitamine u. a.
Für die Beurteilung eines Haarwaschmittels sind zu beachten:
1. Konsistenz: Mittel- bis hochviskos, um ein Abfließen zu verhindern.
2. Schaumeigenschaften: Gutes Anschäumvermögen auch unter starker Belastung durch Fett, Schmutz, Haarspray etc., Schaumvolumen, Schaumbeständigkeit, Ausspülbarkeit.
3. Waschkraft, Entfettung, Rückfettung.
4. Konditionierende Eigenschaften: Adsorption,

Nass- und Trockenkämmbarkeit des Haares, Glanz, elektrostatische Aufladung.
5. pH-Wert: Sollte zwischen 5 und 7 liegen.
6. Parfümierung.
7. Konservierung.

Sharpey-Fasern
Gewebefasern der Wurzelhaut, die im Zahnzement verankert sind und sich zum Alveolarknochen hinziehen. Dadurch wird der Halt des Zahnes in seiner Alveole gewährleistet. Benannt wurden diese Gewebefasern nach dem Anatom Sharpey.

Sheabutter
(INCI: Butyrospermum Parkii) Aus dem Fruchtfleisch der Nüsse des Sheabutterbaumes durch Kaltpressung gewonnenes Fett, das je nach Reinheitsgrad schmalz- oder talgähnliche Konsistenz hat. Es enthält 8–10% unverseifbare Bestandteile, denen die hautpflegenden, -glättenden und -schützenden Eigenschaften zugesprochen werden. Gute Penetration, Rückfettung und Wasserbindungsvermögen machen Sheabutter zu einem natürlichen Grundstoff für kosmetische Präparate.

Siambenzoe → Benzoeharz

Sicherheitsbewertung
Sie dient der Gewährleistung der gesundheitlichen Unbedenklichkeit kosmetischer Fertigprodukte. Ergänzend zu der KVO wird die Sicherheitsbewertung durch die 7. Änderungsrichtlinie der EG-Kosmetik-Richtlinie gefordert. Die Zusammenstellung und Bewertung sicherheitsrelevanter Daten obliegt der Verantwortung des Herstellers. Die Risikoabschätzung erfolgt unter Berücksichtigung der folgenden Punkte:
- Rezeptur/Zusammensetzung
- Toxikologisches Profil der Einzelrohstoffe
  - Chemischer Aufbau
  - Ort und Ausmaß des Hautkontakts
  - Dauer der Anwendung
- Mikrobiologische Stabilität
- Produktstabilität
- Hautverträglichkeit
- Wirkungsnachweis (bei ausgelobter Wirkung)

Bei der Sicherheitsbewertung finden des Weiteren auch das Gefahrstoffrecht, das Lebensmittel- und Bedarfsgegenständegesetz Anwendung. Tierversuche dürfen an kosmetischen Fertigprodukten nicht durchgeführt werden.

Silanole
Hydroxylgruppenhaltige Siliciumverbindungen wie $H_3Si(OH)$, $H_2Si(OH)_2$, $HSi(OH)_3$, deren organische Substituenten (Monomethylsilanol, Dimethylsilanol) durch Kondensation in Siloxane übergehen. → Kieselsäure, → Silicone

Siliciumdioxid, hochdisperses
(INCI: Silica) Leichtes, weißes, röntgenamorphes Pulver mit großer Oberfläche ($175–225\,m^2/g$). Größe der Primärteilchen: ca. 12 nm, Schüttgewicht: ca. 15 g/l, bei verdichteten Produkten bis 120 g/l. Siliciumdioxid ist unlöslich in Wasser und verdünnten Säuren, löslich in Natronlauge. Es kann bis zu 40% Feuchtigkeit aufnehmen.
Verwendung als Adsorptionsmittel für Flüssigkeiten (z. B. ätherische Öle), als Gerüstbildner zur Herstellung thixotroper Gele, zur Stabilisierung von Suspensionen und Emulsionen. In Pudern erhöht es die Streu-, Haft- und Saugfähigkeit. → Kieselsäuren

Silicone/Siliconöle
Synthetische polymere siliciumorganische Verbindungen der allgemeinen Formel:

$$-O-\underset{\underset{R}{|}}{\overset{\overset{R}{|}}{Si}}-O-\underset{\underset{R}{|}}{\overset{\overset{R}{|}}{Si}}-O-\underset{\underset{R}{|}}{\overset{\overset{R}{|}}{Si}}-O-$$

Ist $R = CH_3$, dann liegen Polymethylsiloxane (Dimethicone) vor. Die Silicone können kettenförmige, verzweigte oder Ringstruktur haben. Je nach dem Polymerisationsgrad sind sie von flüssiger bis wachsartiger Konsistenz. Kurzkettige Verbindungen (Hexamethyldisiloxan) oder Ringe mit 5 Si-Atomen (Cyclopentasiloxan) sind leicht flüchtige Substanzen.

Silicone sind oberflächenaktiv, zeigen gutes Spreitvermögen, sind in einem breiten Tempe-

raturbereich beständig, chemisch stabil, hervorragend hautverträglich. Ihre Filme sind gasdurchlässig, d. h. sie behindern nicht die Hautatmung und die Wasserverdunstung.
Silicone sind unlöslich in Wasser, aber gut emulgierbar, ihre Löslichkeit in organischen Stoffen ist vom Charakter der Substituenten R abhängig. Ersetzt man einen Teil der Methylgruppen durch Phenylreste, entstehen Polyphenylmethylsiloxane. Diese sind löslich in Ethanol und vielen anderen organischen Lösungsmitteln und bilden stabile Emulsionen mit Fettsäureestern, Wachsen, Mineralölen u.ä. Grundlagen. Werden die endständigen Methylgruppen durch Stearylreste ersetzt, werden wachsartige Produkte erhalten, die für hoch wirksame Schutzcremes und für dekorative Kosmetika verwendet werden können. Durch Umsetzung von Polysiloxanen mit Ethylenoxid oder/und mit Propylenoxid entstehen Polyethoxy- bzw. Polypropoxymethylsiloxane (Silicontenside), die in Wasser dispergierbar bis wasserlöslich sein können oder bei höherem Propylenoxidgehalt mit Ölen mischbar sind. Ihre Oberflächenaktivität ist stärker ausgeprägt als bei den rein organischen Tensiden. Sie sind als Schaumbildner, Netzmittel und Emulgatoren einsetzbar.
Verwendung: Dimethicone und Phenyldimethicone werden aufgrund ihres hydrophoben Charakters vor allem in Hautschutzcremes, Babycremes und Sonnenschutzmitteln eingesetzt, aber auch in Hautpflegepräparaten, wo sie eine gute Verteilbarkeit und ein angenehmes, nicht fettiges Hautgefühl bewirken und zudem den Weißeleffekt verhindern. In Lippenstiften verbessern sie das Hautgefühl, in Haarspülungen die Nasskämmbarkeit. Silicone in Shampoos oder Konditioniermitteln verleihen dem Haar Glanz und seidigen Griff, ohne es zu belasten. Die flüchtigen Siliconöle werden vor allem in Präparaten der dekorativen Kosmetik zur Verbesserung des Auftrags und der Haftfestigkeit verwendet.

Siliconemulsionen

→ Emulsionen, deren Ölphase nur aus Siliconen besteht. Meist ist auch der Emulgator auf Siliconbasis aufgebaut. Sie zeichnen sich i.d.R. durch ein elegantes, samtiges Hautgefühl aus und vermitteln einen leicht gleitenden Auftrag. Sie können als Basis für Hautpflegeprodukte und Grundierungen dienen und werden z.T. auch als sog. ölfreie Produkte ausgelobt.

Silkall 100 (Nordmann, Rassmann)
(INCI: Serica) Handelsbezeichnung für ein pulverförmiges Seidenprotein, das vornehmlich in dekorativen Kosmetika Verwendung findet.

silky...
Engl. für seidig.

Siloxane → Silicone

Simethicone (INCI)
Silicongemisch, dass sich aus Dimethicone und Siliciumdioxid *(Silica)* zusammensetzt. Es wird als Antischaummittel und → Coating für Pigmente eingesetzt.

Simulgel (Seppic)
Handelsbezeichnung für eine Serie von flüssigen, vorneutralisierten Verdickungsmitteln auf Polyacrylatbasis. Einsatz und Verwendung wie → Sepigel. Beispiel:
Simulgel 305 (INCI: Ammonium Polyacrylate/Isohexadecane/PEG-40 Castor Oil)

Sinushaare
Besonders stark mit Nervenendigungen ausgestattete Tasthaare (z.B. bei Säugetieren, Raubkatzen). Sie fehlen beim Menschen, wenn auch die Lippen- und Barthaare des Menschen stärker mit Nervenendigungen besetzt sind als die Kopfhaare.

β-Sitosterol
Das meist verbreitete pflanzliche Sterol und Hauptbestandteil der Phytosterole aus Sojaöl, Tallöl und Getreidekeimölen. Sitosterol ist oberflächenaktiv und kann in kosmetischen Präparaten wie Cholesterol als Emulgator, Emulsionsstabilisator und Weichmacher eingesetzt werden.

Skarifikationstest
Irritationstest an Haut, deren Hornschicht künstlich durch Nadelstiche, die man in Form eines Gitters anbringt, verletzt wurde. Er kann als Kammertest oder als Läppchentest durchgeführt werden. Die Reaktion wird nach 4 Stärkegraden bemessen: Schwaches Gittererythem, stärkeres bis starkes Erythem bis zum Verschwinden der Gitterstruktur im Erythem.

Skatol
β-Methylindol. Farblose Kristalle von widerwärtigem Geruch. Abbauprodukt von Tryptophan durch Fäulnisbakterien. Vorkommen: im Darm, in Faeces, im Sekret der Zibetkatze, im Holz einiger Celtus- und Nectandraarten. In starker Verdünnung ist der Geruch blumig, sodass Skadol in der Parfümerie zur Herstellung von Blumengerüchen verwendet wird. Verwendung auch zur Herstellung von künstlichem Zibet.

Skinostelon → Pregnenolon

skin
(engl. skin = Haut)

Skin-Lightening Produkte
(engl. lighten = erhellen) Auch → Whitening-Produkte. Präparate, die der Aufhellung der Haut oder bestimmter Hautpartien dienen. Sie zählen u. a. auch zur Ethnokosmetik.

Skin Refreshener
(engl. skin = Haut; refresh = erfrischen) Ausdruck für → Gesichtswässer

Skin Repair → Repair System

Skin-Tonic
(engl. tonic = Stärkungsmittel) → Gesichtswässer

Sklerodermie
(gr. skleros = hart; derma = Haut) Systemerkrankung des Bindegewebes. Beginnt mit Quellung und endet mit Verhärtung und Verdünnung (Atrophie) der Haut. Skleroderma circumscripta tritt in Form umschriebener Verhärtungsherde auf. Behandlung durch den Arzt erforderlich.

Skleroproteine
Gerüsteiweiß. Aus Eiweißkörpern bestehende fasrige Substanzen im Bindegewebe, in der Haut und in den Hautanhangsgebilden (→ Eiweißkörper).

Soda → Natriumcarbonat

smooth
(engl. smooth = glatt, geschmeidig)

Softigen (Sasol)
Handelsbezeichnung für verschiedene Emulgatoren, Lösungsvermittler und Rückfettungsmittel. Beispiele:
Softigen 701
(INCI: Glyceryl Ricinoleate) Mono-diclycerid der Ricinolsäure. Hautschutzstoff und W/O-Emulgator.
Softigen 767
(INCI: PEG-6 Caprylic/Capric Glycerides) Wasserlösliches, ethoxyliertes Partialglyceridgemisch mittelkettiger gesättigter Fettsäuren (C_8–C_{12}), das als Rückfettungsmittel für Tensidpräparate, Gesichts- und Rasierwässer und als Lösungsvermittler für ätherische Öle verwendet wird.

Softisan (Sasol)
Handelsbezeichnung für Triglyceride natürlicher geradzahliger unverzweigter Pflanzenfettsäuren (C10–C18), frei von Stabilisierungsmitteln, die als Hartfette oder schmalzartige Grundlagen verwendbar sind, z. B. als Konsistenzregler für Cremes, Stifte und andere dekorative Kosmetika.
Softisan 601
(INCI: Glycerol Cocoate (and) Hydrogenated Coconut Oil (and) Ceteareth-25) Mischung von Triglyceriden und Partialglyceriden natürlicher Fettsäuren mit nichtionogenen Emulgatoren als O/W-Cremegrundlage.
Softisan 649
(INCI: Bis-Diglyceryl Polyacladipate-2) Synthetisches oxidationsstabiles Wollwachssubstitut. Glycerolester von pflanzlichen Fettsäuren, einer Isostearinsäure und Adipinsäure. Verwendung als W/O-Cremegrundlage.

Soft-Focus-Pigmente
Andere Bezeichnung für lichtstreuende → Effektpigmente, die in kosmetischen Produkten zur „Weichzeichnung" bzw. optischen Fältchenminderung eingesetzt werden.

Sojaöl/Sojabohnenöl
(INCI: Glycine Soya) Fettes Öl aus Sojabohnen mit 51% Linolsäure, 25% Ölsäure, 9% Linolensäure, 11% Palmitinsäure in Form von Triglyceriden, 1–4% Lecithinen und bis zu 1% Phytosterolen (davon ca. 60% Sitosterol, ca. 30%

Campesterol und 4–7% Stigmasterol). Kosmetische Verwendung vor allem als Wirkstoffträger für lipidlösliche Pflanzeninhaltsstoffe und Vitamine.

Solarium
Auch Sonnenbank. Gerät, das zur künstlichen Ganz- oder Teilkörperbräunung vorwiegend UV-A-Strahlung, z.T. auch einen geringen Teil UV-B-Strahlung aussendet (→ Pigmentierung, direkte).
Bei zu häufiger und zu intensiver Bestrahlung ist das Auftreten chronischer Hautschäden (→ Lichtdermatosen) möglich.

Solbäder
Salzbäder mit einem Gehalt von mindestens 1,4 kg Natriumchlorid auf 100 kg Wasser. Auch Meerbäder rechnen zu den Solbädern. Sie enthalten neben Kochsalz noch andere Mineralsalze, insgesamt 32–38 g/kg. Solbäder zeigen starke Wirkung auf die Haut und auf das vegetative Nervensystem; es kommt zu Stoffwechselsteigerung, besserer Hautdurchblutung und Erhöhung der Abwehrkräfte gegen Infektionen. Solen mit mehr als 6% Kochsalz müssen verdünnt werden.

Solubilisierung
Löslichmachen von schwer oder unlöslichen Stoffen ohne Veränderung ihrer chemischen Struktur durch spezielle Tenside, die zur Micellbildung befähigt sind. → Lösungsvermittler

Sommersprossen
Epheliden. Sommersprossen sind Pigmentanhäufungen. Nach Kumer sind die keimplastisch angelegten, dominant vererbten Sommersprossen auf umschriebene Pigmentansammlungen in den Basalzellen der Epidermis zurückzuführen. Blonde Menschen, besonders rotblonde, sind stärker betroffen als dunkelhaarige, obwohl auch bei schwarzhaarigen Menschen Sommersprossen vorkommen können. Hauptsitz der Sommersprossen sind Gesicht und Arme. Sommersprossen treten im Frühjahr am stärksten, im Winter am schwächsten auf.
Die Behandlung der Sommersprossen ist schwierig und wenig Erfolg versprechend. Vorbeugende Maßnahmen sind die Vermeidung starker Sonnenbestrahlung und die Verwendung von Lichtschutzpräparaten mit hohem Schutzfaktor.

Sommersprossenmittel → Whitening Produkte

Sonnenbäder
Die im Sonnenspektrum enthaltenen ultravioletten Strahlen stimulieren den Blutkreislauf, bewirken die Umwandlung der Provitamine in die D-Vitamine und üben einen günstigen Einfluss auf das vegetative Nervensystem aus. Es kommt zur Steigerung der Aktivität und des subjektiven Wohlbefindens und zur Verminderung der Anfälligkeit gegen Infektionen. Die Hautbräunung erfolgt dabei über die direkte und indirekte → Pigmentierung. Um Sonnenbrand vorzubeugen, sollten dem Hauttyp und der Sonnenintensität entsprechende → Sonnenschutzmittel verwendet werden.
Am gefährlichsten ist die Sonne in der Zeit von 10–15 Uhr. Ihre Strahlen können den als Lichtfilter wirkenden dünnen Luftmantel der Erde fast ungehindert senkrecht durchdringen. Die UV-Strahlen werden nur wenig absorbiert. Nach 15 Uhr dagegen nimmt der Einfallswinkel der Sonnenstrahlen mehr und mehr ab, sodass die Sonnenstrahlen, weil sie seitlich einfallen, eine starke Luftschicht durchdringen müssen. Die schädlichen kurzwelligen Strahlen erreichen die Erdoberfläche kaum.

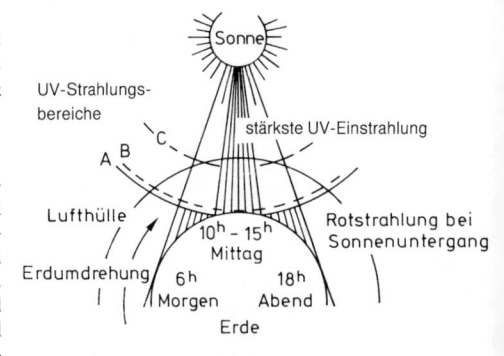

Sonnenblumensamenöl
(INCI: Helianthus Annus) Hellgelbes, trocknendes Öl der Samen von Helianthus annuus. Das Öl ist reich an ungesättigten Fettsäuren (34% Ölsäure, 58% Linolsäure) und Vitamin E, wird aber wegen seiner Oxidationsempfindlichkeit für kosmetische Zwecke wenig verwendet.

Sonnenbräune → Sonnenbäder, → Solarium → Selbstbräuner

Sonnenbrand

Dermatitis solaris, Erythema solare. Schädigung der Haut, die durch übermäßige Einwirkung von UV-Strahlung (vorwiegend UV-B-Strahlung) zustande kommt. Das Ausmaß der Reaktion kann von Rötung bis hin zu schweren Entzündungen mit Fieber, Blasenbildung und anschließender großflächiger Schuppung reichen. Für die Entstehung des Sonnenbrandes ist auch die Dicke der Hornschicht von Bedeutung; die Hornschicht der lichtgewohnten Haut ist bis zu zehnmal dicker als die der lichtungewohnten. Zudem stellt eine bereits vorhandene Pigmentierung der Haut durch Melanin einen gewissen Schutz dar. Sicherstes Mittel gegen Sonnenbrand ist die Verwendung von Sonnenschutzpräparaten, die durch UV-Filter die Erythem verursachenden Strahlen aus dem Sonnenspektrum herausfiltrieren. Als Spätschäden durch Sonnenerytheme können Hautkarzinome auftreten.

Sonnencreme

Emulsionsbasierendes → Sonnenschutzpräparat mit cremiger Konsistenz.

Sonnenlicht (-Spektrum)

Die optische Strahlung des Sonnenlichts wird in Wellenlängen (λ) eingeteilt. Im kosmetischen Bereich sind die folgenden Bereiche von Interesse: (1 nm = 10^{-9} m)
- Nahes Infrarot: 1500–750 nm (Wärmestrahlung)
- Sichtbares Licht: 750–400 nm
- UV-Strahlung: 400–100 nm

Dabei gilt: Je kurzwelliger die Strahlung, desto energiereicher. Die → UV-Strahlung setzt sich zusammen aus den Bereichen UV-A, UV-B und UV-C. Der für den Menschen gefährlichere, energiereiche UV-C-Anteil wird größtenteils durch die Atmosphäre absorbiert. Nur an den Stellen, wo die Ozonschicht stark zurückgegangen ist, kann UV-C-Strahlung bis zur Erdoberfläche durchdringen.
→ Sonnenschutzpräparate, → Pigmentierung.

Sonnenöl

Flüssiges, auf einer Mischung verschiedener Öle basierendes Präparat, das die Haut während des Sonnenbades geschmeidig halten und vor Austrocknung schützen soll. Mit UV-Filtern angereichert zählt es zu den → Sonnenschutzpräparaten.

Sonnenschutz, natürlicher

Ein wichtiger Bestandteil des hauteigenen Schutzmechanismus besteht in der Bildung von Melanin (→ Pigmentierung, direkte und indirekte). Darüber hinaus wird durch wiederholten Kontakt mit Sonnenlicht die Hornschicht der Haut verdickt. Die so entstehende → Lichtschwiele und die im Schweiß enthaltene Urocainsäure wirken zusätzlich als natürlicher Sonnenschutz.

Sonnenschutzfaktor → Lichtschutzfaktor

Sonnenschutzfilter

→ UV-Filter. Chemische Substanzen, die aufgrund ihrer Molekülstruktur in der Lage sind, Sonnenstrahlen zu „neutralisieren". Man unterscheidet → UV-A- und → UV-B-Filter und die so genannten Breitbandfilter, die in beiden Bereichen wirksam sind.

Sonnenschutzpräparate/Sonnenschutzmittel

Lichtschutzmittel, die die Haut vor Sonnenbrand und chronischen Schäden schützen sollen, die → Pigmentierung jedoch nicht unterbinden. Sie enthalten UV-Filter, die UV-A- u./o. UV-B-Strahlen absorbieren und sie in unschädliche Wärmestrahlen umwandeln können. Mikronisierte Pigmente (→ Mikronisierung) zählen zu den physikalischen Lichtschutzfiltern.
Die Schutzleistung wird ausgedrückt durch den Lichtschutzfaktor (LSF oder LF), der durch die geeignete Kombination von wasser- und öllöslichen UV-Filtern und Mikropigmenten erreicht wird. Dabei ist die Wirksamkeit eines Lichtschutzmittels abhängig von:
- dem Absorbtionsvermögen der eingesetzten UV-Filter
- der UV-Filter-Konzentration
- der aufgetragenen Schichtdicke
- den chemisch physikalischen Eigenschaften der Präparategrundlage.

Die meisten Lichtschutzfaktoren werden im Bereich 4 bis ca. 30 angeboten. Produkte mit sehr hoher Schutzwirkung werden auch als Sunblocker bezeichnet.
Die Bandbreite der Sonnenschutzpräparate reicht von Emulsionen (Cremes und Lotionen), über Gele, Öle und Stifte bis hin zu wässrig alkoholischen Lösungen, Pumpsprays, treibgasfreien Schaumformulierungen und mit Sonnenschutzlotion getränkte Tücher. Auch Tagespfle-

geprodukte und dekorative Kosmetika werden sehr häufig mit LSF angeboten. Eine hohe Wasserfestigkeit der Präparate wird durch den Zusatz von hydrophoben UV-Filtern, Wachsen und Filmbildnern erreicht.

Sonnenschutzstifte
→ Lippenpflegestifte, die mit UV-Filtern angereichert sind und bei extremer Sonneneinstrahlung, wie z.B. beim Skifahren die empfindlichen Lippen vor Sonnenbrand schützen.

Soor
(Candidiasis) Grauweißer Belag der Mundschleimhaut, insbesondere bei Säuglingen, infolge Infektion mit Candidapilzen. Bei Erwachsenen, die berufsmäßig viel mit Wasser und Waschmitteln zu tun haben und deren Haut einer ständigen Mazeration ausgesetzt ist, können die Zwischenfingerräume befallen werden, gelegentlich auch die Achselhöhlen, Inguinalfalten, Bauchfalten, die Submammärregion, Genital- und Nabelgegend. Bei Befall der Fingernägel werden Nagelverkrümmungen und schiefergraue Verfärbung der Nägel beobachtet. Begünstigt wird die Candidamykose durch Vitamin B_2-Mangel, Diabetis, Feuchtigkeit und durch Behandlung mit Antibiotika. Behandlung durch den Arzt ist erforderlich.

Sorbinsäure
(INCI: Sorbic Acid) Trans-trans-2,4-hexadiensäure.

$\sim\!\!\sim\!\!$COOH

Konservierungsmittel, das wegen seiner geringen Toxizität auch in Lebensmitteln eingesetzt werden darf. Da nur die undissoziierte Säure antimikrobielle Eigenschaften aufweist, wirkt Sorbinsäure nur im sauren Bereich (pH < 6,5), und zwar vorwiegend gegen Hefe- und Schimmelpilze. Sorbinsäure ist wenig löslich in Wasser, besser in Ethanol und Prophylenglykol; in der Praxis bedient man sich meist der sehr gut löslichen Alkalisorbate oder Mischungen derselben mit Sorbinsäure, besonders in Emulsionen, um einen günstigen Verteilungskoeffizienten zu erzielen. Anwendungskonzentration der Sorbinsäure: 0,3–0,6%, oft in Kombination mit anderen Konservierungsstoffen und mit Antioxidanzien, da die Doppelbindungen der Sorbinsäure sauerstoffempfindlich sind.

Sorbitane
Sammelbezeichnung für 4-wertige Zuckeralkohole, die durch Entzug von 1 Mol Wasser aus Sorbit entstehen. Dabei bilden sich neben geringen Mengen 1,5-Pyranderviaten zu 85% 1,4-Tetrahydrofuranderivate (Hexitane), die unter weiterer Wasserabspaltung zu Dianhydroethern (Hexiden) reagieren können. So entstehen aus Sorbitol 1,5- und 1,4-Sorbitan und daneben die 1,4–3,6-Dianhydroverbindung, das Sorbid.

$$H_2C\!-\!\!\!\overset{O}{\underset{}{}}\!\!\!-\!CH\!-\!CH_2OH \quad H_2C\!-\!\!\!\overset{O}{\underset{}{}}\!\!\!-\!CH\!-\!CHOH\!-\!CH_2OH$$
$$HOHC\!-\!\!\!\underset{C}{}\!\!\!-\!CHOH \quad HOHC\!-\!\!\!-\!\!\!-CHOH$$
$$H\quad OH$$

Sorbitane

$$H_2C\!-\!\!\!\overset{O}{\underset{}{}}\!\!\!-\!CH\!-\!CHOH$$
$$HOHC\!-\!\!\!-\!\!\!-CH\!\underset{O}{}CH_2$$

Sorbid

Durch Veresterung mit Fettsäuren entstehen die als Tenside bekannten Sorbitanfettsäureester.

Sorbitanfettsäureester
Gemisch aus Sorbitolfettsäureestern, Sorbitanfettsäureestern und Sorbitsäureestern, das bei der Veresterung von Sorbit mit Fettsäuren bei erhöhter Temperatur in Gegenwart eines sauren Katalysators entsteht. Dabei wird im Mittel eine der freien Hydroxylgruppen, bevorzugt eine primäre OH-Gruppe, verestert; es können aber auch Sesqui- und Triester gebildet werden. Die Partialester mit Laurin-, Palmitin-, Stearin- oder Ölsäure sind sehr gut hautverträgliche, öllösliche, nichtionogene W/O-Emulgatoren, die oft gemeinsam mit den ethoxylierten Sorbitanestern eingesetzt werden.

Sorbitanfettsäureester, ethoxyliert
Durch Ethoxylierung von Sorbitanfettsäureestern entstehen Produkte mit hydrophilem Charakter. Die Polyoxyethylenketten können sich entweder auf die noch freien Hydroxylgruppen verteilen oder aber die Esterverbindungen aufspalten, wobei die Fettsäurereste dann an die endständige OH-Gruppe der Polyoxyethylenkette treten zu Polyoxyethylensorbitanfettsäu-

reestern. (→ Polysorbate) Diese werden als Netzmittel, Lösungsvermittler und O/W-Emulgatoren verwendet.

$$HO(CH_2CH_2O)_w \overset{(OCH_2CH_2)_xOH}{\underset{(OCH_2CH_2)_z-OH}{\diagup O \diagdown CH_2(OCH_2CH_2)_y-O\overset{O}{\overset{\|}{C}}-R}}$$

$(w+x+y+z = 20, 40 ...)$

Sorbitol *(INCI)*
Sorbit. Sechswertiger Alkohol, der in vielen essbaren Früchten enthalten ist, vor allem in der Vogelbeere, aus der er erstmalig gewonnen wurde. Die industrielle Herstellung erfolgt heute durch katalytische Hydrierung von Glucose. Sorbit ist ungiftig und gut haut- und schleimhautverträglich. Seine Süßkraft beträgt 50% von der des Rohrzuckers.
In kosmetischen Präparaten wird Sorbitsirup als Feuchthaltemittel und Weichmacher verwendet; er weist gegenüber Glycerol den Vorteil der niedrigeren Hygroskopizität auf. In Emulsionen lassen sich mit Sorbit sehr feine Disperionen herstellen, in Zahnpasten dient er als Weichmacher und Süßstoff.

$$\begin{array}{c} CH_2OH \\ | \\ H-C-OH \\ | \\ HO-C-H \\ | \\ H-C-OH \\ | \\ H-C-OH \\ | \\ CH_2OH \end{array}$$

Sorbitol

SPA
Abkürzung für den lateinischen Ausdruck „sana per aquam" (= gesund durch Wasser). Der Begriff steht für Wasseranwendungen, die im Rahmen von Kuren oder Wellness-Behandlungen angeboten werden. Dazu zählen z. B. auch Thermalbäder, die Verwendung von Quellwasser und Kneipp-Therapien.

Spanischpfefferextrakt
Ätherische oder alkoholische Extrakte aus verschiedenen Capsicum-Arten mit einem Capsaicin-Gehalt von 1–3% werden als hyperämisierende Zusätze für Haar- und Hautpflegemittel verwendet.

Speicheldrüsen des Mundes
Glandulae oris. Die drei großen Speicheldrüsen:
• Unterkieferspeicheldrüse (Glandula submandibularis)
• Unterzungenspeicheldrüse (Glandula sublingualis) und
• Ohrspeicheldrüse (Glandula parotis)
sondern täglich ca. 1,5 l Speichel ab. Dieser besteht zu 99% aus Wasser, in dem Na^+, K^+, Ca^{++}, Cl^-, CO_3^{--}, HCO_3^- und PO_4^{---} Ionen vorkommen. pH-Wert 6,6–6,9. Außerdem enthält der Speichel Rhodansalze, das Stärke spaltende Enzym Ptyalin und Mucin (Schleimstoff), um die Speisen gleitfähig zu machen. In der Mundhöhle wird die feste Nahrung durch den Kauprozess und die Durchmischung mit dem Speichel auf den Verdauungsvorgang vorbereitet.

Spermöl
Walratöl. Durch Abpressen des Walrats gewonnenes farb- und geruchloses, niedrigviskoses Öl. Es besteht zu 75% aus Wachsestern der Laurin-, Myristin-, Palmitin- und Ölsäure mit Cetyl-, Oleyl- und Stearylalkohol und zu 25% aus Triglyceriden derselben Fettsäuren. Spermöl ist sehr hautverträglich und ähnelt in seinen Eigenschaften dem Perhydrosqualen. Kosmetische Verwendung → Walrat.

SPF
Engl. Abkürzung für sun protection factor. → Lichtschutzfaktor (LSF)

SPF-Booster
(engl. boost = hoch-/auftreiben) Abkürzung für → SPF-Verstärker. Bezeichnung für Substanzen, die selbst keine oder nur geringe Lichtschutzwirkung aufweisen, in Zusammenhang mit → UV-Filtern den resultierenden Lichtschutzfaktor des Produktes jedoch signifikant erhöhen können.
Z. B. kann der Zusatz von lichtstreuenden Hohlraumkapseln (INCI: Styrene/Acrylates Copolymer) die Lichtschutzfilterwirkung erhöhen.

Sphingolipide → Ceramide

Spiköl
Aus Lavandula latifolia (L. f.) Medikus (großer Speick) gewonnnenes lavendelartig camphrig

riechendes Öl, das in der Parfümerie als Ersatz für Lavendelöl verwendet wird.

Spinaliom
Plattenepithelkrebs, Lichtkrebs, Stachelzellenkrebs. Form des Hautkarzinoms, das meist auf chronisch entzündeter, strahlengeschädigter Haut entsteht.

Spindelhaare
Pili monileformes, Monilethrix. Seltene Krankheit, die keimplasmatisch bedingt ist. Vererbbare verhornungsanomalie des Kopfhaares. Die Haare entwickeln sich nur kümmerlich, und der Haarschaft ist von ungleichmäßiger Beschaffenheit. Durch den Wechsel von dünnen und verdickten Teilen des Haares entsteht ein halskettenartiges Bild des Haares (lat. monile = Halsband). Der Zustand ist therapeutisch nicht zu beeinflussen.

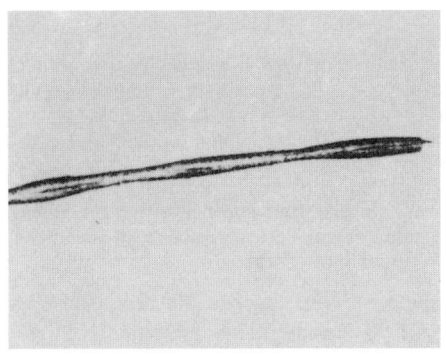

Spinnenmale
Naevi aranei. Blutgefäßerweiterungen, die von einem zentralen Mittelpunkt strahlenförmig auslaufende rote Äderchen erkennen lassen. Spinnenmale sind weit verbreitet und oft schon bei Kindern zu beobachten. Gehäuft auftretende Spinnenmale im Abflussbereich der oberen Hohlvene können auf eine Lebererkrankung (Leberzirrhose) hindeuten.

Spiritus → Ethanol

Spirulina
Mikroalgenart. Blaualgen (z. B. Spirulina platensis, gigantea, maxima), die zur Biomassengewinnung durch Photosynthese eingesetzt werden können. Sie finden als Algenextrakte sowohl in Kosmetika als auch in Nahrungsmitteln Verwendung. Sie enthalten hohe Anteile an mehrfach ungesättigten Fettsäuren, Proteinen und essenziellen Aminosäuren, Mineralstoffen und Antioxidantien wie Tocopherol oder β-Carotin. Als Wirkstoff sind sie einsetzbar in: Anti-Ageing-, Tensid- und Sonnenschutzpräparaten sowie dekorativen Kosmetika.

Spirulina-Premium Powder (Interorgana)
(INCI: Algae Spirulina) Handelsbezeichnung für eine → Spirulina Mikroalgenart.

Spliss
Trichoptilosis, Haarsplitterung, Federhaar. Die Haarspitzen sind leicht brüchig, pinselartig aufgesplittert und erscheinen glanzlos. Die Ursache liegt meist in einer Überstrapazierung der Haare durch mechanische, thermische oder chemische Einwirkung.

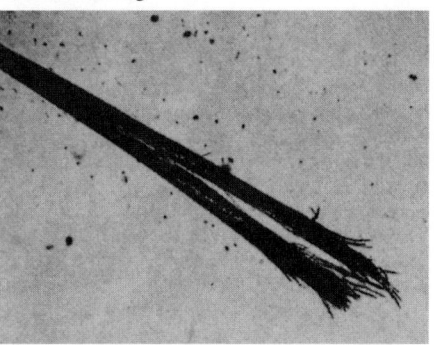

Sporotrichose
Hauterkrankungen durch auf Pflanzen, Tierkadavern, in Wasser und auf dem Erdboden weit verbreitete Pilze. Kontaktinfektion nach Hautverletzung durch Dornen, Holzsplitter u. Ä.

Spray
(engl. spray = sprühen) Umgangssprachliche Bezeichnung nicht nur für den Sprühnebel, sondern für den Behälter mit Inhalt. → Aerosole, → Pumpspray.

Spreitvermögen
Eigenschaft einer unlöslichen festen oder flüssigen Substanz, sich auf einem Festkörper oder auf einer Flüssigkeitsoberfläche auszubreiten. Das Spreitvermögen ist umso besser, je größer die Fläche ist, die eine bestimmte Menge einer Substanz abzudecken in der Lage ist.

Squalan
(INCI: Squalane) Perhydrosqualan. Verzweigtes, klares, farb- und geruchloses Öl auf Kohlenwasserstoffbasis, das als Pflegekomponente für Emulsionen, Stifte, Pasten und andere Zubereitungen geeignet ist. Es ist synthetisch herstellbar und kann natürlich aus dem unverseifbaren Anteil des Olivenöls gewonnen werden. Es ist hautverträglich, zeigt gutes Spreitvermögen, wirkt hautglättend und ist als Lösungsmittel für fettlösliche Wirkstoffe geeignet. Siehe auch → Squalen.

Squalen
(INCI: Squalene)

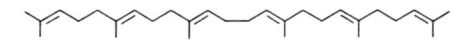

Aliphatisches Triterpen. Verzweigter ungesättigter Kohlenwasserstoff, der in den Leberölen verschiedener Fische vorkommt, in geringen Mengen auch in Getreidekeimölen und im Olivenöl. Der menschliche Hauttalg enthält 5% Squalen. Es wird durch Luftsauerstoff oxidiert.
Durch Hydrierung entsteht aus dem Squalen der gesättigte Kohlenwasserstoff Squalan, der aufgrund seiner größeren Stabilität für die Verwendung in kosmetischen Präparaten besser geeignet ist als das Squalen.

Squama
(lat. = Schuppe) → Schuppen

Stabilisatoren
Stoffe, welche unbeständigen Substanzen zugesetzt werden, um unerwünschte chemische oder physikalische Veränderungen zu verhindern. Hierzu zählen: Emulgatoren, Schaumstabilisatoren, Schutzkolloide, Antioxidanzien, Konservierungsmittel, Komplexbildner u. a.

Stachelwarzen
Verrucae vulgares (→ Warzen).

Stachelzellschicht
(Stratum spinosum) Mehrschichtige, wasserreiche Schicht der Epidermis, die eindringende Fettstoffe abweist. Sie befindet sich zwischen Körnerschicht und Basalzellschicht. Die Zellen der Stachelzellschicht sind mit zahlreichen „Brücken" (Tonofibrillen, Interzellularbrücken, Plasmodesmen) versehen, die den Zellen ein stacheliges Aussehen geben. In Wirklichkeit werden durch die Brücken die interzellularen Zwischenräume überbrückt und ein Stoffaustausch zwischen den Zellen ermöglicht. Die Zellteilung erfolgt in den untersten Schichten der Stachelzellschicht. Nach oben hin flachen sich die Zellen ab.

1 – Zellen des Stratum spinosum
2 – Tonofibrille
3 – Tonofilament
4 – Interzellularraum

Stärke
(INCI: Amylodextrin) Assimilationsprodukt und Reservekohlenhydrat der Pflanzen, Polysaccharid der allgemeinen Formel $(C_6H_{10}O_5)_n$, das aus 1,4-α-glykosidisch verknüpften D-Glucopyranoseeinheiten aufgebaut ist. Die Stärkekörner enthalten zwei verschieden strukturierte Polysaccharide, die Amylose (15–25%), die aus langen unverzweigten Ketten aus 300–1000 Glucosemolekülen mit spiralförmiger Sekundärstruktur (Helix) besteht, und das Amylopectin, ein verzweigtes Makromolekül aus 9000–10000 Glucosemolekülen.
Alle Stärkesorten sind praktisch unlöslich in kaltem Wasser, quellen aber mit warmem Wasser oder mit heißem Glycerol. Mit siedendem Wasser werden kolloidale Lösungen gebildet, die beim Erkalten zu Gelen erstarren. In der Kosmetik werden Reisstärke, Weizenstärke und Maisstärke in Pudergrundlagen verwendet. Sie zeichnen sich durch gute Haft- und Saugfähigkeit aus, wirken kühlend, sind aber wegen ihres Quellvermögens und wegen ihrer Anfälligkeit gegenüber Mikroorganismen für Fuß- und Babypuder nicht geeignet. Durch Veretherung entstehen nicht-quellende Stärken. → ANM

Staphylococcus aureus
(→ Mikroorganismen) Eitererreger mit Neigung zum Einbruch in die Blutbahn und das Lymphsystem. Vorkommen bei Furunkulose, Akne u. a.

Stearyl Glycyrrhetinate (INCI) (Jan Dekker)
$C_{48}H_{82}O_4$

Handelsbezeichnung für das Veresterungsprodukt von Glycyrrhetinsäure und Stearylalkohol. Dieser Rohstoff ist in Ölen oder Fetten leichter löslich als die reine Glycyrrhetinsäure. Die entzündungshemmenden und bakteriostatischen Eigenschaften bleiben jedoch erhalten.

Staphylococcus epidermis
Synonym für Micrococcus epidermis. Ubiquitärer Hautkeim. → Hautflora

Stearatcreme
Nichtfettende, mattierende Creme. Durch partielle Verseifung von Stearinsäure mit Alkali oder Triethanolamin entsteht eine O/W-Emulsion einer freien Fettsäure in einem nicht alkalischen Medium. 15–20% der enthaltenen Fettsäure sind verseift. Die Stearatcreme besteht also aus Wasser (bis 75%), unverseifter Fettsäure und der Seife als Emulgator. Dieser Grundmasse können z.B. Glycerol oder Sorbit als Feuchthaltemittel zugesetzt werden. Kleine Mengen an Siliconölen verhindern das „Weißeln" der Creme.

Stearate
Allgemeine Bezeichnung für Salze und Ester der Stearinsäure. Al-, Ca-, Mg-, Zn-stearat → Metallseifen.

Stearin
Gemisch von Stearinsäure (43–48%), Palmitinsäure (50–51%), Myristinsäure (1–2%) und Ölsäure (3–5%).

Stearinsäure
(INCI: Stearic Acid) n-Octadecansäure, $C_{18}H_{36}O_2$. Feste, weiße, wachsartige, geruchlose Masse, F. 69 °C. In der Praxis wird meist das Gemisch aus Stearin- und Palmitinsäure (Stearin) verwendet, und zwar zur Herstellung von Seifen Stearatcremes, Salben, Esterverbindungen und als Überfettungsmittel.

Stearinsäurebutylester → Butylstearat

Stearinsäureisopropylester → Isopropylstearat

Stearylalkohol
n-Octadecanol-1, $C_{18}H_{37}OH$. F. 55–57 °C. D 0,815–0,825 (bei 60 °C). Feste weiße Masse, unlöslich in Wasser, löslich in Ethanol. Verwendung als konsistenzgebende, nicht selbstemulgierende Komponente für Salben, Cremes, flüssige Emulsionen und Stiftpräparate.

Steroide
Gruppe von biologisch wichtigen Verbindungen, die sich vom hydrierten Cyclopentaphenanthren ableiten. Sie sind in der Natur weit verbreitet als Sterole, Gallensäuren, Hormone etc. Die Steroide unterscheiden sich durch Zahl und Lage der Doppelbindungen, Hydroxyl-, Keto- oder Methylgruppen und durch das Vorhandensein und die Struktur einer Seitenkette am C_{17}-Atom.
Da Nebennierenrinden- und Sexualhormone in kosmetischen Präparaten nicht verwendet werden dürfen, interessieren hier vor allem die Sterole.

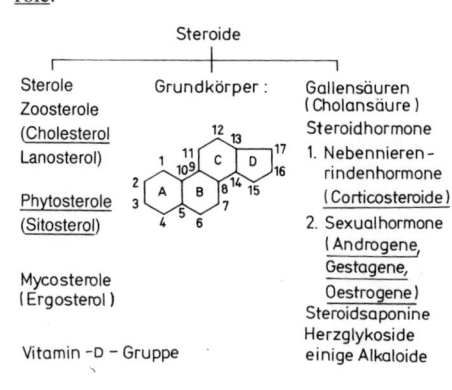

Sterole Zoosterole (Cholesterol, Lanosterol) Phytosterole (Sitosterol) Mycosterole (Ergosterol) Vitamin-D-Gruppe	Grundkörper:	Gallensäuren (Cholansäure) Steroidhormone 1. Nebennierenrindenhormone (Corticosteroide) 2. Sexualhormone (Androgene, Gestagene, Oestrogene) Steroidsaponine Herzglykoside einige Alkaloide

Sterole
Zu den Steroiden zählende einwertige Alkohole, die dadurch charakterisiert sind, dass sie am Cyclopentaphenanthren-Grundkörper eine OH-Gruppe am C_3-Atom und eine aus 8–10 C-Atomen bestehende Seitenkette am C_{17} aufweisen. Sterole kommen in der Natur frei und verestert vor; von ihnen leiten sich auch durch

Ringaufspaltung die Vitamine der D-Gruppe ab.
In der Kosmetik sind die Sterole als nichtionogene Emulgatoren, Konsistenzregler und als hautpflegende Komponenten vielseitig verwendbar. → Cholesterol, → Phytosterole, → Sitosterol, → Lipide.

Stick
(engl. stick = Stift)

Stiefmütterchen
Verwendung der Extrakte der Viola tricolor aufgrund ihrer heilenden Wirkung bei rissiger und gereizter Haut, bei Akne und allergischen Erscheinungen in Badepräparaten, Hautpflegemitteln, Sonnenschutz- und After-sun-Präparaten.

Stifte
Engl. auch Sticks genannt. Nach ihrer Zusammensetzung lassen sich die Stiftkategorien einteilen in:
Fettstifte:
Dazu zählen → Lippenstifte, → Lippenpflegestifte, Lidschattenstifte, → Foundation-Sticks und → Pencils (z.B. Lippenkonturenstift, Kajal). Diese Stifte enthalten in der Regel keine wässrigen Bestandteile, sondern nur eine ausgewogene Mischung verschiedener Wachse, Öle und ggf. Farbpigmente. Je nach Anwendungsgebiet wird die Kombination der Einzelkomponenten variiert: Hoch schmelzende Wachse erhöhen die Temperaturstabilität, okklusive Öle sorgen für Geschmeidigkeit, einen bleibenden Ölfilm und mehr oder weniger hohen Glanz. Fettkomponenten, die gut in die Haut einziehen, lassen den Auftrag matter erscheinen. Die Fettmassen werden i.d.R. heiß in Formen gegossen, abgekühlt und dann in ihre vorgesehene Verpackung eingefügt.
Gel- oder Alkoholstifte: z.B. Deodorant-, Repellent- oder Parfümstifte. Die Basis dieser Stiftformen ist ein festes → Gel, wobei als Gelbildner oft Natriumstearat eingesetzt wird. Ferner können Alkohole wie Ethanol, Butanol oder Hexandiol enthalten sein, die dem Produktauftrag eine gewisse Frische verleihen. Ein Glyzerinzusatz erhöht die Transparenz der Stifte. Gelegentlich sind in Stiften auch flüchtige Bestandteile enthalten. Im Falle von Wasser spricht man auch von Emulsionsstiften. Sind Anteile leicht flüchtiger Silikonöle z.B. zur Verbesserung der Haftfestigkeit vorhanden, zählt man diese Stifte zu den Fettstiften. Zu beachten ist, dass in diesen Fällen eine luftdichte Verpackung (Hülse) notwendig ist, um die Masse vor dem vorzeitigen Austrocknen zu schützen.

Stilbene
Diphenylethylenverbindungen, deren Derivate (→ Diaminostilbendisulfonsäure) als optische Aufheller verwendet werden.

Stimulatoren, biogene → Biostimuline

Stomatitis
(gr. stoma = Mund, itis = Endung für Entzündung) Mundschleimhautentzündung, häufig in Verbindung mit einer Gingivitis auftretend.

stimulieren
(lat. stimulare = antreiben, reizen) beleben, anregen.

Stomatitis aphthosa
Durch Infektion mit Herpes simplex-Virus verursachte Aphthen.

Stomatitis ulcerosa
Mundfäule. Geschwüriger Zerfall des Zahnfleisches und der Mundschleimhaut.

Stomatoschisis
(gr. schizein = spalten) Hasenscharte.

Stratum
(lat. stratum = Decke, Polster, Pflaster) Im medizinischen Bereich ist damit eine ausgebreitete Zellschicht gemeint. → Epidermis

Stratum basale (epidermidis)
Basalzellschicht.

Stratum conjunctum
Untere Zellagen der Hornschicht (zum Unterschied von der darüber liegenden, die als Stratum disjunctum bezeichnet wird).

Stratum corneum (epidermidis)
Hornschicht der Epidermis

Stratum corneum unguis
Hornschicht der Nagelplatte.

Stratum disjunctum
Obere Zelllagen der Hornschicht (die untere Lage wird als Stratum conjunctum bezeichnet).

Stratum germinativum
Keimschicht der Epidermis.

Stratum germinativum unguis
Keimschicht des Nagels.

Stratum granulosum (epidermidis)
Körnerschicht.

Stratum lucidum (epidermidis)
Leuchtschicht (fast nur auf Handfläche und Fußsohle vorhanden).

Stratum papillare (corii)
Papillarschicht der Lederhaut.

Stratum reticulare (corii)
Retikularschicht. Untere Schicht der Lederhaut.

Stratum spinosum (epidermidis)
Stachelzellschicht.

Streichmassage
Effleurage. Sanfte Streichbewegungen, die besonders bei der Gesichtsmassage angewendet werden.

Streptococcus pyogenes
(→ Mikroorganismen) Erreger eitriger Entzündungen; findet sich auch auf der gesunden Nasen- und Rachenschleimhaut.

Striae
(lat. stria, -ae = Streifen) Striae cutis, Striae gravidarum, Striae adipositatis. → Dehnungsstreifen

Strontiumthioglykolat
(INCI: Strontium Thioglycolate) Strontiumsalz der Thioglykolsäure. Es kann wie Calciumthioglykolat als Wirkkomponente in → Depilatorien eingesetzt werden.

Stützgewebe
Bindegewebe, Knorpel- und Knochengewebe. Die Zellen der Gewebe haben nur eine untergeordnete Bedeutung. Sie scheiden eine Substanz aus, die die Eigenschaften der Gewebe bedingt. Fett, Fasern, Knochen- und Knorpelsubstanz sind die wichtigsten.

Styrax
Balsam aus dem Holz der in Kleinasien und Mittelamerika vorkommenden Baumart Liquidambar orientalis. Graubraune zähflüssige Masse mit aromatischem hyazinthenähnlichem Geruch, die im Wesentlichen aus verschiedenen Zimtsäureestern besteht. Durch Extraktion mit Ethanol wird aus dem Styrax das Resinoid hergestellt. Balsam und Resinoid werden in der Parfümerie als Fixateure für blumige Duftnoten verwendet.

subkutan
(lat. sub = unter, cutis = Haut) Medizinischer Ausdruck für unter der Haut bzw. unter die Haut.

Subkutis → Unterhautfettgewebe, → Haut.

Subpapillares Netz
Blutgefäßnetz unter der Papillarschicht der Haut, von dem einzelne Kapillaren bis in die Papillen der Lederhaut aufsteigen und hier Gefäßschlingen bilden.

Substantivität
Unter Substantivität versteht man das Aufziehvermögen einer Substanz aus einem flüssigen Medium auf ein Substrat und die Fixierung auf diesem. Sie wird bewirkt durch Dipolkräfte, semipolare Bindungskräfte oder van der Waals'sche Kräfte.

Sucrose
(engl. für Saccharose = Rohrzucker) Sucroseester → Saccharoseester

Sudanrot
(C.I.12150) Fettrot G. Roter öllöslicher Farbstoff, der für alle kosmetischen Präparate einsetzbar ist.

Süßholzwurzel-Extrakt
(INCI: Glycyrrhiza Glabra) Pulver, welches durch Extraktion aus der Wurzel von Glycyrrhiza glabra gewonnen wird. Es enthält ca. 35% Glabridin und 2–15% Glycyrrhizin, dass durch Hydrolyse in Glycyrrhetinsäure und Glucuronsäure zerfällt. Es wirkt entzündungshemmend und reizlindernd. Einsatzbereich: In Mundpfle-

gepräparaten, auch als Geschmackskomponente (Lakritz), in Whitening-Produkten zur Hemmung der Melaninbildung.

Glabridin:

[Strukturformel von Glabridin]

Süßstoffe
Sie werden in der Kosmetik für Präparate verwendet, die mit den Geschmacksnerven der Zunge in Berührung kommen oder in Berührung kommen können. Sie dienen als Geschmackskorrigentien vor allem in Zahnpflegemitteln, und Mundwässern.
→ Cyclamate, → Saccharin.

Sulcus
(lat.) = Furche.
S. glutaeus = Gesäßfurche, die das Gesäß von der Rückseite des Oberschenkels trennt.
S. infrapalpebralis = Furche, die vom inneren Augenwinkel unterhalb des unteren Augenlids schräg abwärts zur Wange zieht.
S. matricis unguis = Matrix unguis = Nagelfalz.
S. mentolabialis = Querfurche zwischen Unterlippe und Kinn.
S. nasolabialis = Furche, die vom Nasenflügel zum Mundwinkel verläuft = Nasolabialfalte.

Sulfobernsteinsäureester
Sulfosuccinate. Oberflächenaktive Verbindungen, die in der Kosmetik als milde, anionaktive Waschmittel verwendet werden.

$R-O-OC-CH_2-CH-COONa$
                        $|$
                       SO_3Na
oder

$R-CONH-CH_2-CH_2-O-OC-CH_2-CH-COONa$
                                                   $|$
                                                 SO_3Na

$R-(OCH_2-CH_2)_n-O-OC-CH_2-CH-COONa$
                                                    $|$
                                                  SO_3Na

Es sind Monoester der Sulfobernsteinsäure mit Fettalkoholen oder anderen OH-Gruppen enthaltenden Verbindungen wie Fettsäurealkanolamiden, ethoxylierten Fettsäurealkanolamiden oder Fettalkoholpolyglykolethern oder es sind Diester wie → Dioctylnatriumsulfosuccinat.

Sulfobetaine
Amphotenside, die als saure Gruppe den $-SO_3^-$ Rest enthalten:

$$R-\overset{CH_3}{\underset{CH_3}{\overset{|}{\underset{|}{N^\oplus}}}}-(CH_2)-SO_3^\ominus$$

R = Fettalkylgruppe
→ Betaine

Sulfosuccinate → Sulfobernsteinsäureester

Summation
Bezeichnung für den verhältnismäßig stärkeren Effekt, den gleichförmige Reize erzielen, die in kurzen Zeitabständen auf die Haut einwirken.

Sun Protection Factor (SPF)
Engl. Bezeichnung für → Lichtschutzfaktor.

Sun Protection Stick
Engl. für Sonnenschutzstift. Es handelt sich um Lippenpflegestiftformulierungen, die zusätzlich mit UV-Filtern angereichert sind.

Sunblocker
Engl. Ausdruck für Sonnenschutzmittel mit sehr hohem Lichtschutzfaktor, meist zwischen 20 und 30.

sunlight
Engl. für → Sonnenlicht.

sunscreen
(engl. Sun = Sonne, screen = Schutz, Schirm) Ausdruck für Sonnenschutz.

Supercilium
(lat.) für Augenbraue.

Surfactants
(engl. surface active substances) Kurzbezeichnung für oberflächenaktive Substanzen (Netzmittel, Emulgiermittel, Tenside).

Suspensionen
(lat. suspendere = schwebend erhalten) Disperse Systeme von festen Stoffen in flüssigen oberhalb kolloider Teilchengröße (> 200 nm). Aufschwemmungen, Aufschüttelungen, Anreibungen, in denen die Feststoffe möglichst lange im Schwebezustand erhalten bleiben sollen. Das wird durch Zugabe von Hilfsstoffen erreicht, z.B. grenzflächenaktiven Verbindungen, die die Benetzbarkeit der dispergierten Phase verbessern, oder Verdickungsmitteln, die ihr Absinken verzögern. Für kosmetische Suspensionen kommen in Betracht als Dispersionsmittel: Wasser, Alkohol oder andere Lösungsmittel (z.B. für Nagellacke); als Feststoffe: z.B. Pigmente. Präparate: Schüttelmixturen, Nagellacke, Eyelinertinte.

Syncrowax (Croda)
Handelsbezeichnung für synthetische Wachse, die als Festigungskomponente besonders für den Einsatz in Emulsionen und Stiftformulierungen geeignet sind. Beispiele:
Syncrowax HRC (INCI: Tribehenin)
Syncrowax BB4 (INCI: Synthetic Beeswax)

Syndets
Engl. Kurzwort für synthetic detergents (= synthetische waschaktive Substanzen). Unter diese Rubrik fallen sowohl flüssige Hautreinigungsprodukte, wie z.B. Duschbäder, als auch stückförmige → Syndetseifen, die anstelle von alkalischer Seife synthetische waschaktive Substanzen enthalten. Sie sind unempfindlicher gegenüber der Wasserhärte und sind pH-Wert-neutraler als Seifen.

Syndetseifen
(Syndet = Abkürzung v. engl. synthetic detergents) Seifenstücke auf Basis von synthetischen Tensiden oder auch Mischungen von synthetischen Tensiden mit Fettsäure-Alkalisalzen. Syndetseifen sind hartwasserbeständig, im pH-Wert variabel und für seifenempfindliche Haut verträglicher als Alkaliseifen. Als Grundstoffe dienen: Fettalkoholsulfate, Sulfobernsteinsäureester, Zuckerfettsäureester, o.a.; als Plastifikatoren: Fettalkohole, Fettsäuren, Magnesiumseifen, synthetische Wachse etc.; als weitere Zusätze: Rückfettungsmittel, Feuchthaltemittel, Polypeptide, o.a. sowie Farb- und Duftstoffe. Die Versumpfung von Syndetseifen lässt sich durch Aluminiumtriformiat (1–2%) reduzieren.

Syndrom
(gr. syn = zusammen; dromos = Lauf) Symptomenkomplex; Krankheitsbild mit mehreren charakteristischen Symptomen.

Synergisten
(gr. synergein = mit jemandem zusammenarbeiten) Verstärker. Substanzen, die in Verbindung mit anderen Stoffen einen wirkungssteigernden, additiven oder potenzierenden Effekt hervorrufen.

Synthese
(gr. synthesis = Zusammensetzung) Aufbau chemischer Verbindungen aus einfachen Stoffen.

Syringom
(gr. syrinx, syringos = Röhre) Hidradenom. Lokalisierte ektodermale Fehlbildungen; hanf- bis pfefferkorngroße bräunliche, derbe Knötchen im Bereich der apokrinen Schweißdrüsen.

T

Tabletten
(lat. tabuletta = Täfelchen) In Tablettenpressen komprimierte Pulvermischungen, denen Bindemittel, Füllstoffe, Spreng- oder Gleitmittel zugesetzt sein können. Kosmetische Präparate in Tablettenform sind Badetabletten.

Tätowierung
Engl. auch Tattoo. Dauerhafte Einbringung von Farbpigmenten in die oberen Schichten der Lederhaut mittels feiner Nadelstiche. Das Entfernen der Tätowierung ist außerordentlich schwierig und hinterlässt meist Narben. Es kann durch Abschleifen oder chirurgisch durch Entfernen des gesamten betroffenen Hautbezirks versucht werden.
Die im Kosmetikbereich übliche Anwendung, jedoch mit weniger dauerhaftem Farbergebnis ist das → Permanent-Make-up.

Tagat (Degussa)
Handelsbezeichnung für Polyoxyethylen-Glycerolmonofettsäureester, die als Lösungsvermittler, Emulgatoren und schaumverbessernde, irritationsreduzierende Sekundärtenside verwendet werden können. Es sind wasserlösliche, flüssige und wachsartige, nichtionogene Produkte mit HLB-Werten zwischen 14 und 17. Zusammen mit den nicht-ethoxylierten Monoglyceriden dienen sie zur Herstellung stabiler O/W-Emlusionen.

Tagescremes
Engl. Day Cream, franz. Crème de Jour. Meist emulsionsbasierende Zubereitungen, die die Haut tagsüber mit der notwendigen Fett- und Feuchtigkeitsmenge versorgen, sie vor schädigenden Umwelteinflüssen schützen und als Make-up-Unterlage dienen. Die Formulierung sollte auf die Bedürfnisse des → Hauttyps abgestimmt sein. Okklusive Öle werden in geringem Umfang nur für sehr trockene Haut eingesetzt, da sie ansonsten das Gesicht zu sehr glänzen lassen. Als Zusatzstoffe kommen u.a. UV-Filter, Radikalfänger, Feuchtigkeitsspender, spezielle Wirkstoffe oder mattierende Pudergrundstoffe in Betracht. Der Ausdruck Vanishing-Cream für mattierende Tagescremes wird heute kaum mehr verwendet.
Getönte Tagescremes erfüllen denselben Zweck, enthalten jedoch zusätzlich einen geringen Anteil an Farbpigmenten. Sie verleihen der Formulierung keine Deckkraft, die Haut wirkt nach der Anwendung nur leicht gebräunt.

Talg
Kurzform für → Hauttalg.

Talgdrüsen
(Glanduale sebaceae) Ausbuchtungen des Follikelepithels und damit regelrechte Bestandteile des Follikels, mit dem sie eine funktionelle Einheit bilden. Wie die anderen Anhangsgebilde der Haut sind sie Abkömmlinge der Epidermis. Talgdrüsen sind holokrine Drüsen, d.h. beim Sekretionsvorgang gehen die Zellen mit zugrunde, indem sie sich in das Sekretionsprodukt Talg umwandeln. Die Zellen der Talgdrüsen, die von unten her ständig erneuert werden, verfetten und zerfallen. Der Hauttalg wird durch die Follikelmündungen auf die Hautoberfläche entleert. Auf diese Weise wird dafür gesorgt, dass Haut und Haare geschmeidig bleiben. Bei unge-

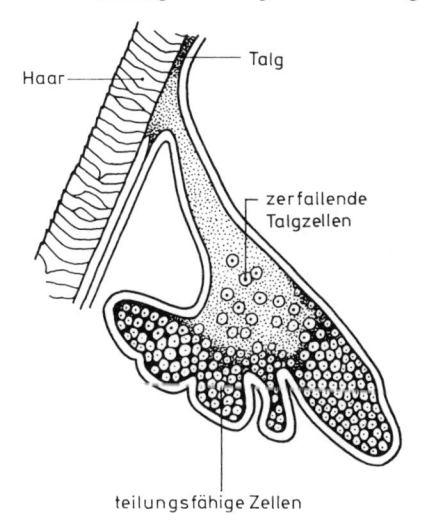

nügender Arbeit der Talgdrüsen wird die Haut trocken, rissig und spröde. Verschmutzen die Talgdrüsen, so entstehen Mitesser, entzünden sie sich, entstehen Furunkel.
Die Zahl der Talgdrüsen pro cm^2 Hautoberfläche ist individuell verschieden. Mit zahlreichen und großen Talgdrüsen ist die Nasen-Stirn-Partie versehen.
Vom Kopf abwärts nimmt die Anzahl der Talgdrüsen ab. Handflächen und Fußsohlen besitzen keine Talgdrüsen.
Die großen Talgdrüsen setzen sich oft aus mehreren sackartigen Kolben zusammen, die durch lockeres Bindegewebe getrennt sind. Zerstörte Talgdrüsen können aus Epidermiszellen erneuert werden. Auch eine Neubildung fehlender Epidermis kann von den in der Lederhaut liegenden Talgdrüsen durch Umbildung von Zellen der Talgdrüse erfolgen.
Einzeln stehende Talgdrüsen liegen am Haar immer in dem stumpfen Winkel, den das schräg stehende Haar mit der Hautoberfläche bildet.
Krankheiten der Talgdrüsen: Seborrhoea oleosa, Seborrhoea sicca (Pityriasis sicca), Acne vulgaris, Acne conglobata, Acne arteficalis.
Talgretentionszysten: 1. Milium, 2. Atherom, 3. Steatocystomatosis cutis, 4. Acne nectrotica (varioliformis).
Von den Talgdrüsen werden täglich etwa 2 g Hauttalg abgesondert, davon die Hälfte von den Talgdrüsen der Kopfhaut.

Talkum
(INCI: Talc; C. I. 77718) Natürliches wasserhaltiges Magnesiumsilikat, das eine geringe Menge Aluminiumsilikat enthält. Leichtes, weißes, fettig anzufühlendes Pulver aus unregelmäßigen, mikroskopisch kleinen Blättchen (< 50 µm lang). Talkum ist der am häufigsten für Puder verwendete Grundstoff. Aufgrund seiner kristallinen Schichtstruktur besitzt er große Gleitfähigkeit. Das Streuvermögen anderer Puderbestandteile wird durch Talkumzusatz verbessert. Talkum besitzt gute Aufnahmefähigkeit für Öle, vermag aber nur sehr geringe Mengen an Wasser zu binden, ist deshalb für trocknende Puder nicht geeignet. Die Hauthaftung von Talkum ist ausgezeichnet.
Verwendung für Kompaktpuder, Gesichts- und Körperpuder und Puder-Aerosole. Talkum ist nicht für Wundpuder und nicht als Gleitpuder für Operationshandschuhe zu verwenden, da es Gewebegranulombildung bewirkt. Es sollte auch nicht über längere Zeit oder in größeren Mengen eingeatmet werden.

Tallöl
(von schwedisch: tall = Kiefer) Natürliches Gemisch aus Harzsäuren (30–50%) vom Typ Abietinsäure, gesättigten und ungesättigten Fettsäuren und Fettsäureestern (40–58%) und kleinen Mengen an Sterolen, höheren Alkoholen und Kohlenwasserstoffen. Tallöl fällt bei der Zellstoffherstellung aus Kiefernholz und nach dem Sulfatverfahren als Nebenprodukt an. Tallölfettsäuren werden zur Seifenherstellung weiter verarbeitet.

Tannin
Acidum tannicum, Gerbsäure. Aus den Gallen verschiedener Pflanzen gewonnenes Estergemisch der Glucose mit Gallussäure und m-Digallussäure. Es ist in Wasser kolloidal oder semikolloidal löslich, fällt Eiweißlösungen noch in großer Verdünnung, schmeckt adstringierend. Kosmetische Verwendung in Mitteln gegen übermäßige Schweißabsonderung, gegen Sonnenbrand, in Haarwässern, in Badepräparaten gegen Frostbeulen und als Hämostyptikum.

Tapotement
(franz. tapoter = klopfen) Klopfmassage. Massagegriffe, die durch Klatschen und Klopfen die erschlaffte Haut reizen und zu einer besseren Durchblutung und Straffung (Tonisierung) der Muskulatur führen sollen. Die Klopfmassage wird mit den Fingerkuppen, den Seitenflächen der Hand oder auch mit den ganzen Händen ausgeführt.

Tastkörperchen
→ Meißnersche Tastkörperchen
→ Merkelsche Tastscheiben
→ Hautnervensystem
Die Tastkörperchen sind in den Fingerspitzen konzentriert; andere Körperteile, z.B. der Rücken, sind weniger stark mit Tastkörperchen besetzt.

Tattoo
Englischer Ausdruck für → Tätowierung.

Taurin
2-Aminoethansulfosäure, $H_2N-CH_2-CH_2-SO_3H$.
In Wasser mit neutraler Reaktion löslich, liegt in

einer Betain-Struktur vor: H_3N^+–CH_2–CH_2–SO_3^-.

Tautomerie
Form der Isomerie, bei der eine Verbindung in zwei miteinander im Gleichgewicht befindlichen Formen vorliegt, die sich reversibel ineinander umwandeln können. Z.B. Ring-Ketten-Tautomerie bei Glucose und Fructose (→ Kohlenhydrate) oder → Pyrithion- oder → Pyridonderivate.

TEA = Abkürzung für Triethanolamin.

Teebaumöl
(INCI: Melaleuca alternifolia) Ätherisches Öl, das aus den Blättern und Zweigen des australischen Teebaums gewonnen wird. Ein Bestandteil dieses Öls ist das Cineol, dessen Gehalt aufgrund möglicher Hautirritationen unter 5% liegen sollte. Als therapeutisch wirksam gilt das Terpinen-4-ol. Ein qualitativ hochwertiges Öl sollte davon mindestens 30% enthalten. Durch seine antibakterielle, antiseptische und antiphlogistische Wirkung findet Teebaumöl vielseitig Verwendung z.B. in Deodorantien Hautpflege- und Tensidpräparaten.

Teer
Braune bis schwarze halbfeste Produkte, die bei der trockenen Destillation von Kohlen, Holz oder Ölschiefer entstehen. Sie enthalten vor allem aromatische Kohlenwasserstoffe und verschiedene Phenolderivate. Teer wirkt antiseptisch, austrocknend, Juckreiz stillend, keratolytisch oder je nach Anwendung keratoplastisch. Teer ist nicht anzuwenden bei akut entzündlichen Hauterkrankungen. Bei starker Lichteinwirkung besteht die Gefahr der Sensibilisierung. In kosmetischen Präparaten werden die Holzteere (Birken-, Buchen-, Wacholderteer) und die Ölschieferdestillate (→ Ammoniumbituminosulfonat) nur noch in geringem Umfang verwendet. Steinkohlenteer ist nicht erlaubt. Sie können als Zusatz zu Salben, Pudern, Haarwässern, Shampoos und Badepräparaten zur Behandlung von Seborrhoe, unreiner Haut, Akne, Psoriasis, Pyodermien und anderen Hautkrankheiten beitragen.

Tegine (Degussa)
Handelsbezeichnung für Partialester des Glycerols mit verschiedenen Fettsäuren aus natür-

lichen Rohstoffen, die als Emulgatoren, Konsistenzgeber und z.T. als Perlglanzmittel verwendbar sind.

Tegosoft (Degussa)
Handelsbezeichnung für synthetische Ölkomponenten, flüssige Wachsester mit verzweigten Kohlenstoffketten, die als Emollients mit gutem Spreitvermögen der Hautpflege dienen.

Teint
Franz. für Gesichtshaut/Gesichtsfarbe.

Teintgrundierung
Allgemeiner Ausdruck für Foundations oder → Grundierungen.

Teleangiektasien
(gr. tele = fern; angeion = Gefäß; ektasis = Ausdehnung) Haargefäßerweiterungen, Erweiterungen der Kapillargefäße, die häufig im Wangen- und Nasenbereich auftreten und als kleine rote → Äderchen auf der Hautoberfläche sichtbar werden.

Telogenes Effluvium
Vermehrter Haarausfall aus dem Ruhestadium heraus. Die ausgefallenen Haare sind Kolbenhaare. Es handelt sich um vorübergehende Haarverluste, deren Ursachen in fieberhaften Infekten, Operationen, Entbindungen, Einwirkungen ionisierender Strahlen, der Einnahme bestimmter Medikamente usw. zu suchen sind.

Telogenphase
(gr. telos = Ende; gennan = erzeugen) Endstadium des Haares. Ruhestadium des Haares. → Haarzyklus

Temperaturregelung durch die Haut
Die Temperatur im Innern des menschlichen Körpers liegt relativ konstant bei ca. 37 °C. Die Temperatur der Haut und der Extremitäten ist dagegen größeren Schwankungen unterworfen, die von der umgebenden Atmosphäre abhängig sind. So kann bei 20 °C Außentemperatur die Hauttemperatur zwischen 28 und 33 °C betragen. Die Regelung der Körpertemperatur erfolgt durch ein Wärmeregulationszentrum im Gehirn, das eine Reaktion der Haut auf die Temperaturänderung ihrer Umgebung bewirkt. Da der Wärmetransport im Körper durch den Blutkreislauf erfolgt, wird bei niedriger Außen-

temperatur die Hautdurchblutung eingeschränkt, um größere Wärmeverluste zu vermeiden. Bei höherer Außentemperatur wird die Hautdurchblutung gesteigert, sodass vermehrt Wärme abgeleitet und abgestrahlt werden kann. Genügt diese Maßnahme nicht, um die überschüssige Wärme abzugeben, oder wird durch Muskelarbeit eine extrem große Wärmemenge produziert, dann setzt die Schweißsekretion ein. Die Verdunstung des Schweißes entzieht dem Körper die Verdampfungswärme und bewirkt so die Abkühlung der Hautoberfläche. → Schweiß

Temperatursinn
Fähigkeit der Haut, kalt und warm zu unterscheiden. Der Temperatursinn wird durch Wärmepunkte (Ruffinische Nervenendigungen von zylindrischer oder spindeliger Form) in einer Anzahl von 16000 und durch Kältepunkte (Krausesche Endkolben) in einer Anzahl von 142000 erregt. Extreme Temperaturen werden als Schmerz empfunden. Es werden durch den Temperatursinn keine absoluten Temperaturen, sondern nur Temperaturdifferenzen registriert.

Tenside
(engl. Surfactants) Verbindungen mit amphiphilem Charakter, die sowohl lipophile als auch hydrophile Gruppen enthalten. Sie sind in mindestens einer Phase eines flüssigen Systems löslich, sind grenzflächenaktiv, wobei ihre Moleküle in der Grenzfläche in bestimmter Weise ausgerichtet sind. Sie bilden oberhalb gewisser Konzentrationen Micellen und weisen charakteristische Eigenschaften auf wie Benetzen, Schäumen, Emulgieren und Solubilisieren. Man unterscheidet zwischen Aniontensiden, Kationtensiden, Amphotensiden und nichtionogenen Tensiden.
Als lipophile Gruppen fungieren im Allgemeinen Kohlenwasserstoffreste ab 10 C-Atomen, aber auch Siloxan- oder Oxalkylketten; als hydrophile Gruppen in den Aniontensiden Carboxylat-, Sulfat-, Sulfonat- oder Phosphatgruppen, in den Kationtensiden Amin- oder Ammoniumgruppen, in den nichtionogenen Tensiden Hydroxylgruppen oder Ethylenoxidketten. In den Amphotensiden liegen sowohl anionische als auch kationische hydrophile Gruppen vor. Die meisten Tenside sind keine definierten chemischen Verbindungen, sondern Mischungen von Verbindungen gleichen Typs, z.B. aus Fettsäuren mit 12, 14, 16, 18 C-Atomen oder mit Polyoxyethylenketten verschiedener Länge. Tenside mit unverzweigten Kohlenstoffketten sind biologisch abbaubar. Bei Mischungen von Tensiden ist die Verträglichkeit der verschiedenen Typen miteinander zu beachten: Aniontenside sind mit Kationtensiden im Allgemeinen nicht verträglich, während nichtionische und amphotere Tenside sowohl mit Anion- als auch mit Kationtensiden zusammen zu verwenden sind. Die größte wirtschaftliche Bedeutung haben die Aniontenside (ca. 70%), gefolgt von den nichtionogenen Tensiden, während die Kationtenside und die Amphotenside mengenmäßig bei 5% liegen. Tenside werden als Reinigungsmittel, Emulgatoren, Lösungsvermittler, Netz-, Schaum- und Dispergiermittel verwendet. Unter den immer wichtiger werdenden ökologischen Gesichtspunkten werden heute Tenside aus nachwachsenden Rohstoffen gefordert, ohne chemische Verunreinigungen aus dem Herstellungsprozess und biologisch abbaubar. → Alkylpolyglykoside, → Zuckertenside.

Tensidpräparate
Sammelbegriff für Produkte auf Tensidbasis, die zur Haut- und Haarreinigung Verwendung finden und meist als wässrige, leicht verdickte Lösungen vorliegen. Beispiele: Duschbäder, Flüssigseifen, Shampoos usw.

Terminalhaare
(→ Haararten) Endgültige Haarbekleidung des Menschen.

Terpene, Terpenoide
Gruppe von organischen Verbindungen mit 10 C-Atomen, die man als Dimere des Isoprens auffassen kann. (→ Isoprenoide) Entsprechend würden Diterpene aus 4, Triterpene aus 6, Sesquiterpene aus 3 Isopreneinheiten aufgebaut sein. Terpene sind in der Natur weit verbreitet. Es sind meist angenehm riechende, kettenförmige, monozyklische oder bizyklische ungesättigte Verbindungen. Die gesättigten oder oxidierten Derivate bezeichnet man als Terpenoide. Dazu gehören Terpenalkohole, -aldehyde, -ketone und -ester. Sie sind als Inhaltsstoffe der ätherischen Öle und als synthetische Riechstoffe von großer Bedeutung für die Parfümindustrie. → Pinene, Camphen, Limonen, Cineol, Fenchon, Campher, Linalool, Citronellol, Geraniol, Nerlol, Citral, Citronellal, Terpineol, Menthol, Borneol, Jonone.

Siehe auch → Sequisterpene, → Diterpene. Zu den Triterpenen gehören das Squalen, zu den Tetraterpenen die Carotinoide.

Terpentinöle
Aus dem Balsam oder Holz verschiedener Kiefernarten durch Wasserdampfdestillation gewonnene ätherische Öle, die als Hauptbestandteil je nach Herkunft Pinene oder Limonen enthalten, daneben Camphen, p-Cymol, Anethol, Bornylacetat und andere Terpenkohlenwasserstoffe. Der Rückstand bei der Terpentinöldestillation aus Kiefernbalsam ist das Kolophonium. Terpentinöl dient der Kosmetik als Rohstoff für die Herstellung von Riechstoffen.

Terpineol
Einer der wichtigsten synthetischen Riechstoffe mit zartem, fliederartigen Geruch, der wegen seines niedrigen Preises in größtem Maßstab als Fliedergrundlage für Badepräparate und Seifen verwendet wird.

α-Terpineol

Terpinylacetat
Wichtiger Riechstoff mit Lavendel-Bergamotte-Geruch zur Parfümierung von Seifen.

Tetrabromfluorescein → Eosin

Tetrabrom-o-kresol
Mildes Bakterizid für Deodorantien.

Tetradecanol
Tetradecylalkohol → Myristinalkohol

Tetrahydrofuran
Lösungsmittel für die Riechstoffindustrie. K_p 66 °C.

Tetranatriumdiphosphat
Tetranatriumpyrophosphat $Na_4P_2O_7$, wasserfrei oder mit $10H_2O$. Verwendung zur Stabilisierung von Wasserstoffperoxidlösungen durch Maskierung von Schwermetallionen. Als Zusatz zu Zahnpasten reduziert es die Zahnsteinbildung.

Textur
Fachausdruck, der im kosmetischen Bereich für die Gesamtheit bzw. die Struktur einer Formulierung und ihrer sensorischen Wirkung steht.

Thiamin
Vitamin B_1 (Aneurin). Wasserlösliches Vitamin; Vorkommen in Getreidekeimen, Hefe, Leber, Gehirn etc. meist als Phosphorsäureester. Als Coenzym der Carboxylasen übt es eine wichtige Funktion im Kohlenhydratstoffwechsel aus. Mangel an Thiamin führt zu Störungen im Zentralnervensystem. Die synthetisch hergestellten Produkte liegen meist als Chloride oder Nitrate vor. Kosmetische Verwendung in Form des Vitamin B-Komplexes.

Thioglykolsäure
(INCI: Thioglycolic Acid) Mercaptoessigsäure, HS–CH_2–COOH. Klare farblose Flüssigkeit mit stechendem Geruch nach organischen Schwefelverbindungen, mischbar mit Wasser, Ethanol, Glycerol etc.
In neutraler und alkalischer Lösung ist Thioglykolsäure ein starkes Reduktionsmittel:

2HS–CH_2–COOH $\xrightarrow{O_2}$ HOOC–H_2O–S–S–CH_2–COOH + H_2O

Sie ist der Wirkstoff für alle sog. Keratin verformenden Präparate in der Haarkosmetik, d. h. für Dauerwellpräparate, Haarglättungsmittel und Depilatorien.
Thioglykolsäure kommt nicht als freie Säure, sondern in Form ihrer Ammonium-, Calcium- und Ethanolammoniumsalze zur Anwendung. Die Thioglykolsäure ist nach der Kosmetikverordnung beschränkt auf das Anwendungsgebiet der Haarkräuselung und Entkräuselung zur gewerblichen Verwendung bis 11% (pH ≤ 9,5), zur Heimverwendung bis 8% und für Depilatorien bis 5% (pH ≤ 12,7) zugelassen.

Thalasso
Darunter fallen verschiedene, bisher noch nicht genau spezifizierte Behandlungen, die im Rahmen von (Wellness-)Kuren im und mit Meerwasser durchgeführt werden. Dabei werden u. a. die positiven Einflüsse des Salzwassers und des Meeresklimas auf die Haut und die Atemwegsorgane genutzt.

Thiomersal
(INCI: Thimerosal) Natriumethylmercurithiosalicylat und andere organische Quecksilbersalze wie Phenylquecksilbernitrat oder -acetat zeigen schon in sehr großer Verdünnung (1:10000) gute Hemmwirkung besonders gegen Pseudomonaden. Sie dürfen nur als Konservierungsmittel für Augen-Make-up-Präparate verwendet werden. Maximale Konzentration 0,007% ber. als Quecksilber. Die Verwendung von Thiomersal muss mit dem Hinweis „Enthält Ethylquecksilbersalicylat" gekennzeichnet sein.

$$\underset{}{\overset{COONa}{\bigcirc}}-S-Hg-C_2H_5$$

Thiomilchsäure
(INCI: Thiolactic Acid) $CH_3CH(SH)COOH$. Ölige, unangenehm riechende Flüssigkeit, die anstatt der Thiogykolsäure für haarverformende Präparate (Kaltwelle) verwendbar ist. Sie ist weniger toxisch und weniger hautreizend, aber konnte sich bisher gegen die Thioglykolsäure nicht durchsetzen, da sie längere Einwirkungszeiten benötigt.

Thixotropie
(gr. thixis = Berührung) Die Erscheinung, dass bestimmte Gele, Emulsionen oder Suspensionen durch mechanische Beanspruchung (Schütteln, Rühren) vom festen in den flüssigen Zustand übergehen, ohne dass sich dabei der Wassergehalt ändert. Die Viskositätsabnahme kommt durch die reversible Zerstörung der inneren Struktur zu Stande. In Ruhe verfestigt sich die Substanz wieder und erreicht dieselbe Konsistenz wie vor der Beanspruchung. → Viskosität

Threonin
2-Amino-3-hydroxybuttersäure,
$H_3C-CH(OH)-CH(NH_2)-COOH$.
Essenzielle Aminosäure.

Thrombose
Teilweiser oder völliger Verschluss eines Blutgefäßes durch ortsständige Blutgerinnsel. Bei der Embolie erfolgt der Verschluss, im Gegensatz zur Thrombose, durch körpereigene oder fremde Substanzen, die im Blutstrom mitgeschleppt werden.

Thrombozyten
„Blutplättchen". Scheibenförmige, farblose, dünne Zellbruchstücke des Blutes, die die Blutgerinnung einleiten.

Thujon
Zyklisches Terpen mit mentholähnlichem Geruch, das in zahlreichen ätherischen Ölen vorkommt (Thujaöl, Salbeiöl u. a.) und für Parfümierungsmittel mit herben Duftnoten verwendet wird.

Thymian
Das Thymiankraut enthält etwa 1–2,5% ätherisches Öl, ferner Gerbstoffe, Bitterstoffe, Flavone, Saponine. Thymianextrakte werden in der Kosmetik in Badepräparaten, Deodorantien, Zahn- und Mundpflegemitteln verwendet. → Thymianöl

Thymianöl
(INCI: Thymus vulgaris) Ätherisches Öl von starkem würzig phenolischem Geruch, das durch Wasserdampfdestillation aus den Blättern und Blüten von Thymus vulgaris L. gewonnen wird. Die Zusammensetzung des Öls kann je nach Herkunft verschieden sein. Hauptbestandteil sind die beiden Isomeren Thymol (30–70%) und Carvacrol (3–15%). Weitere Bestandteile sind Thymolmethylether, Cineol, Borneol und Bornylacetat, Linalool und Linalylacetat, Geraniol, γ-Terpinen u. a. Verwendung zur Parfümierung von Seifen und für Badepräparate. Wegen seines hohen Phenolgehaltes wirkt Thymianöl antibakteriell und wird deshalb Mundpflegemitteln, Deodorantien und Haarwässern (Antischuppenpräparaten) zugesetzt.

Thymol
(INCI:Thymol) 3-Methyl-6-isopropylphenol. Farblose, stark antiseptisch wirkende, nach Thymian riechende Kristalle, löslich in Ethanol, fetten Ölen und Paraffinöl, sehr schwer löslich in Wasser.
Verwendung in der Parfümindustrie zur Erzie-

lung frischer Kopfnoten, als Desinfektionsmittel in Zahn- und Mundpflegepräparaten und in Haarwässern.

Thysanotrix
(gr. thysanos = Quaste; thrix = Haar) → Pinselhaare

Tiefen-Peeling → Schälkuren

Tiefenschälkur
Spezielle Form der → Schälkur.

Tiefenwirkung
Präparate, die im Stande sind, die Reinsche Barriere zu durchdringen und die Eigenschaften der darunter liegenden Schichten der Oberhaut und der Lederhaut zu beeinflussen, können Tiefenwirkung ausüben. → Resorption, → Permeabilität der Haut.

Timiron (Merck)
Handelsbezeichnung für verschiedene, im Basiston silbrig weiß → Perlglanzpigmente und Interferenzpigmente. Es handelt sich um mit Titandioxid ummantelten Spezialglimmer mit unterschiedlicher Beschichtungsdicke und unterschiedlicher Teilchengröße.

Tinea
Fadenpilzerkrankungen. Erreger sind Epidermophyton-, Trichophyton- oder Mikrosporonstämme.

Tinkturen
Auszüge aus Drogen, die mit Ethanol, Ether oder deren Mischungen ggf. mit bestimmten Zusätzen so hergestellt werden, dass 1 Teil Droge mit mehr als 2, aber höchstens 10 Teilen Extraktionsflüssigkeit ausgezogen wird. Die Herstellung der Tinkturen erfolgt durch Mazeration oder Perkolation.

Tinted Day Cream
Engl. für getönte → Tagescreme.

Tip
(engl. tip = Spitze, Ende) Künstliche Nagelverlängerung, die im Bereich der → Nagelmodellage verwendet wird.

Titandioxid
(C.I. 77891) Pigmentweiß, TiO_2. Weißes anorganisches, praktisch unlösliches → Farbpigment mit höchstem Deck- und Aufhellvermögen. Es kommt in den drei Kristallmodifikationen Brookit, Anatas und Rutil vor. Die Anatasform wird als reines Weißpigment eingesetzt. Die Rutilmodifikation weist eine höhere Photostabilität auf und wird auch häufig zur Herstellung von → Perlglanzpigmenten verwendet. Brookit hat als kosmetisches Pigment keine Bedeutung. In Produkten der dekorativen Kosmetik ist Titandioxid neben der Weißwirkung insbesondere auch für das → Deckvermögen verantwortlich. Es kann in allen Arten von Emulsionen, Pasten, Stiften und Suspensionen sowie in Seifen, Zahnpasten usw. eingearbeitet werden.
Es wird ferner zur Herstellung von Perlglanz- und Interferenzpigmenten verwendet und in mikronisierter Form als physikalischer Lichtschutzfilter (→ Titandioxid, mikronisiertes) eingesetzt.

Titandioxid, mikronisiertes
Physikalischer Lichtschutzfilter, der in Pulverform oder als gebrauchsfertige Dispersion (30–50%ig) und mit unterschiedlichen Beschichtungen zur Steigerung der Dispergierfähigkeit und der Photostabilität erhältlich ist. Durch die geringe Teilchengröße (10–20 nm) wirkt die mikronisierte Form im Gegensatz zu herkömmlichem Titandioxid transparent. Als UV-Filter wird neben der Anatas-Modifikation zumeist die nanofeine Rutil-Modifikation eingesetzt, da mit letzterer extrem hohe Absorptionsleistungen (= hohe Lichtschutzfaktoren) erreicht werden. Mikronisiertes Titandioxid wirkt als Breitbandfilter (UV-A und UV-B).
Besonderheiten: Im Bereich des isoelektrischen Punktes kann es innerhalb der Formulierung zu Agglomerationen kommen. Nicht gecoatetes Titandioxid ist nicht UV-stabil, sodass unter Sonnenlichteinfluss Ti-IV zu Ti-III reduziert werden kann (Graufärbung).
Chemische UV-Filter und mikronisierte Lichtschutzfilterpigmente werden häufig kombiniert in → Sonnenschutzpräparaten und mit zuneh-

mender Tendenz auch in Tagespflegeprodukten eingesetzt.

Tierversuche

Die 7. Änderung der EU-Kosmetikrichtlinie verbietet Tierversuche zur Überprüfung der Verträglichkeit kosmetischer Fertigprodukte (→ Sicherheitsbewertung). Zur Sicherstellung der Unbedenklichkeit von *neuen* kosmetischen Rohstoffen sind hingegen toxikologische Untersuchungen vom Gesetzgeber gefordert, die bis heute teilweise nur durch Tierversuche nachweisbar sind. Unerheblich ist dabei, ob es sich um einen Naturrohstoff oder einen synthetischen Rohstoff handelt. Als größtenteils anerkannte und aussagefähige Alternativmethoden haben sich folgende In-vitro-Methoden etabliert, die auch zur Überprüfung von Fertigprodukten eingesetzt werden können:
Beispiele:
- HET-CAM-Test (Untersuchung der Schleimhautverträglichkeit)
- Neutralrot- oder Zytotoxizitätstest (Untersuchung der Zellgiftigkeit)
- Hautkultur-Test (Untersuchung der Reizwirkung)
- Messung der perkutanen Penetration (Überprüfung der Aufnahme durch die Haut)
- Phototoxizitätstest (Neutralrot-Test in Verbindung mit sichtbarem Licht und UV-A- und UV-B-Strahlung.

Tocopherylacetat, DL-α-Tocopherylacetat
(INCI: Tocopheryl Acetate) Vitamin-E-Acetat. Klare, leicht gelbliche, öllösliche, etwas zähe Flüssigkeit. Der Ester des Tocopherols ist gegenüber Luftsauerstoff stabiler als das freie Tocopherol. Es wird daher häufiger als Antioxidanz und Radikalfänger verwendet. Die physiologische Wirkung ist mit dem unveresterten Vitamin E vergleichbar. Einsatzbereiche: Als Produktschutz und als Wirkstoff in Hautpflegepräparaten.

Tocopherol *(INCI)*

α-Tocopherol

Gruppe von isomeren Chromanderivaten, die sich durch Zahl und Stellung der Methylsubstituenten am Benzolkern unterscheiden. Wichtigstes Tocopherol ist das α-Tocopherol (Vitamin E), das 2,5,7,8-Tetramethyl-2-(4',8',12'-trimethyltridecyl)-6-hydroxychroman. Es kommt in Getreidekeimölen, anderen fetten Ölen, Milch, Eidotter, Salat, Spinat u. a. im Gemisch mit den weniger wirksamen β, γ, δ-Tocopherolen vor. Es sind ölige Substanzen, mischbar mit fetten Ölen und organischen Lösungsmitteln. Durch Oxidationsmittel werden sie zerstört. Ihre physiologische Wirkung besteht in einem unspezifischen Oxidationsschutz und der Beeinflussung des Proteinstoffwechsels. Vitamin E-Mangelerscheinungen beim Menschen sind nicht bekannt. Tocopherole dienen als Antioxidanzien für ungesättigte Fettsäuren, Carotinoide und Vitamin A, da sie freie Radikale inaktivieren. Bei lokaler Anwendung fördern sie die Durchblutung der Haut, wirken zellerneuernd und bindegewebsfestigend, indem sie RNS und DNS schützen. Sie verbessern den Feuchtigkeitsgehalt der Haut und mindern Schäden durch UV-Bestrahlung. Vitamin E wird deshalb häufig in Hautpflege- und Sonnenschutzpräparaten eingesetzt.

Tönungen → Haartönung

Tönungsfestiger
Auch Farbfestiger. Tönungsmittel, mit dem sich leichte, temporäre Farbeffekte im Haar erzielen lassen. Kationaktive und u. U. auch andere Farbstofftypen färben den Produktfilm, der auf das Haar aufgebracht wird, an. Dieser wird mit der nächsten Haarwäsche wieder entfernt. Der Tönungsfestiger wird in unterschiedlichen Darreichungsformen angeboten, z. B. als Aerosol oder wässrig alkoholische Lösung.

Tönungsmittel
Temporäre → Haarfärbemittel, die dem Haar eine leichte Schattierung verleihen, jedoch im Laufe der folgenden Haarwäschen wieder ausgewaschen werden. Die eingesetzten katonischen Farbstoffe ziehen aufgrund ihrer guten Substantivität auf die Haaroberfläche auf. Sie dürfen nicht mit amphoteren oder nichtionischen Tensiden zusammen verarbeitet werden. Produktformen: Tönungsshampoo, Tönungsfestiger, Farbspülung.

Toiletteseifen → Seifen

Tolubalsam
Harte, bei 30 °C erweichende, aus Myroxylon balsamum (L.) var. germinum gewonnene rötlich braune Substanz von perubalsamartigem Geruch. (→ Harze) Hauptbestandteile sind Zimt- und Benzoesäureester. In der Parfümerie werden vor allem das ätherische Öl und das Resinoid verwendet. Allergische Reaktionen sind bekannt.

Toluylacetaldehyd
p-Methylphenylacetaldehyd, Fliederaldehyd. Kommt in der Natur nicht vor.
Verwendung als Grünkomponente für Fliederkompositionen.

p-Toluylacetaldehyd-Dimethylacetal
Geruch nach Flieder und Holunder (→ Acetale). Verwendung in der Parfümindustrie.

p-Toluylaldehyd
p-Methylbenzaldehyd. In Ethanol (60%ig) lösliche farblose bis schwach gelbliche Flüssigkeit mit Mandelgeruch.

Verwendung als Nuancierungsmittel für Flieder- und Heugerüche.

Toluylendiamine → Diaminotoluole

m-Toluylsäurediethylamid → Diethyltoluamid

Ton, weißer → Kaolin

Toner
Wird als engl. Bezeichnung auch für → Gesichtswasser verwendet.

Tonic
Wird als engl. Bezeichnung für → Gesichtswasser oder im Sinne von Tonikum verwendet.

Tonikum
(gr. tonos = Spannung) Dieser aus der Medizin bekannte Begriff für Kräftigungsmittel wird auch in der Kosmetik verwendet für Präparate, die die Gesundung und Gesunderhaltung der Haut und des Haarbodens bezwecken, aber auch für solche, die in erster Linie das allgemeine Wohlbefinden des Verbrauchers erhöhen sollen.

Tonus der Haut
Spannungszustand der Haut, der Elastizität und Reißfestigkeit einschließt. Der Tonus wird zum einen von den Eigenschaften der Bindegewebsfasern beeinflusst (Kollagenfasern sind zugfest, aber nicht dehnbar, Elastinfasern sind stark dehnbar, Retikulinfasern sind biegungselastisch) und zum anderen vom → Turgor der Haut. Beide Faktoren sind altersabhängig; im fortgeschrittenen Alter nimmt der Tonus der Haut ab.

Top Coat
Engl. für → Überlack.

Tormentillwurzel
(INCI: Potentilla erecta) Blutwurz. Aus der Familie der Rosengewächse stammende Pflanze, deren Wurzeln zur Gerbstoffdrogengewinnung verwendet werden. Der Extrakt ist in Zahn- und Mundpflegemitteln, Badepräparaten oder Cremes gegen großporige Haut, in Rasierwässern, Deodorantien einsetzbar.

Tosylchloramid-Natrium
4-Toluolsulfonsäurechloramid-Natrium
→ Chloramin T

Toxikologie
(gr. toxikon = Gift) Lehre von den Giften und ihren Wirkungen.

Toxizität
Giftigkeit einer Substanz (vgl. → Toxin).

Toxin
Sammelbegriff für Giftstoffe organischen Ursprungs (z.B. Ausscheidungsprodukte von Mikroorganismen, Pflanzen oder Tieren).

Tränendrüse
Glandula lacrimalis. Die Tränendrüsen gehören zu den Schutzorganen des Auges. Sie sondern die Tränenflüssigkeit ab, die aus Wasser besteht und 0,4% Eiweiß in Form von Globulin und Albumin, 0,9–1% Chloride und 0,3% Hydrogencarbonat enthält.
Der pH-Wert beträgt 7,7. Die Tränenflüssigkeit überzieht die Hornhaut mit einem dünnen Film und schützt sie vor Austrocknung. Eingedrungene kleine Fremdkörper werden durch die Tränenflüssigkeit weggespült. Der Abfluss der Tränenflüssigkeit erfolgt vom inneren Augenwinkel über ein Kanalsystem in die Nase (Tränennasengang).

Tränensäcke
Bezeichnet die einer Schwellung ähnlichen, leichten Hervorwölbung des Hautbereichs unter dem Auge. Die Ursache ist meist anlagebedingt, doch können auch innere Erkrankungen, Ermüdung und Erregung verantwortlich sein. Sie können z. T. auch bei der Frau in den Wechseljahren oder während der Periode auftreten.
Die völlige Beseitigung ist nicht mit kosmetischen, sondern nur mit chirurgischen Maßnahmen zu erreichen.

Tragant
(INCI: Astragalus gummifer) Der aus Stamm und Zweigen verschiedener Astragalusarten ausgetretene, an der Luft erhärtende Schleim stellt eine weiße, durchscheinende hornartige Masse dar. Sie besteht aus einem Gemisch hochpolymerer Kohlenhydrate, die einen wasserlöslichen Anteil von 15–40% enthalten, das Tragacanthin, und einen wasserunlöslichen, aber mit Wasser quellbaren Anteil von 60–80%, das Bassorin. Vor dem Anrühren mit Wasser ist Tragantpulver mit Ethanol anzufeuchten, um Klumpenbildung zu vermeiden. 10%ige Tragantlösungen haben Gelkonsistenz. Verwendung als Binde- und Verdikkungsmittel in Zahnpasten, zur Stabilisierung von Emulsionen und Suspensionen sowie als Haftpulver für Zahnpasten.

Tragi
(gr. tragos = Ziegenbock) Haarbüschel am Eingang des Gehörganges, vornehmlich bei älteren Leuten.

trans…
(lat. trans = hinüber, hindurch) Wortteil mit der Bedeutung (hin)durch.

translucent
Engl. für durchscheinend, transparent.

transparent
Durchsichtig, durchscheinend, nicht deckend. Vgl. → Deckvermögen.

Transparentlacke → Klarlacke

Transparentseifen
Glycerolseifen → Seifen.

Transpiration
Ausdünstung, Schwitzen. Die sichtbare Abgabe von Schweiß. → Perspiratio sensibilis, → Schweiß.
Die Transpiration wird gesteuert
1. zentral durch Gehirnfunktionen infolge einer emotionellen (seelisch bedingten) oder infolge einer thermoregulatorisch bedingten Anregung,
2. peripher durch sekretorische Fasern. Angeregt wird die periphere Steuerung durch pharmakodynamische Einwirkungen (Acetylcholin, Pilocarpin, Acetylcholinesterase-Hemmer, z. B. Prostigmin, Adrenalin, Nor-Adrenalin).

treatment
(engl. treat = behandeln) Behandlung.

Treibgase
Leicht zu verflüssigende Gase (Flüssiggase) oder komprimierte Gase, die bei gemeinsamer Abfüllung mit flüssigen Stoffen oder mit Wirkstofflösungen oder Suspensionen in Aerosoldosen den Druck erzeugen, um diese Stoffe zu zerstäuben. Halogenierte Treibgase (→ FCKW) werden heute nicht mehr eingesetzt. Als halogenfreie Treibgase werden vor allem niedrig siedende Kohlenwasserstoffe (Propan, Butan, Isobutan, Pentan und Isopentane) und Dimethylether verwendet sowie Stickstoff, Kohlendioxid und Lachgas. Kohlenwasserstoffe und Ether sind zwar brennbar, werden aber durch Zumischen nicht brennbarer Treibgase und Verwendung spezieller Ventil-/Sprühkopfsysteme entschärft. Stickstoff wird insbesondere für Zweikammersysteme (→ Aerosole) eingesetzt, Dimethylether für Präparate auf wässriger Basis.

Trephone
(gr. trepho = ernähre) Bezeichnung für Wachstumsstoffe des Epithel- und Bindegewebes, von

Lymphozyten abgesondert, aber auch für wachstumsfördernde Stoffe junger Pflanzen.

Tretionin → Vitamin-A-Säure

Trichalgie
(gr. thrix, trichos = Haar; algos = Schmerz) Berührungsempfindung im Bereich der Kopfhaare. Vorkommen bei Neuralgie der Kopfnerven.

Trichauxis
(gr. auxis = Vermehrung) → Hypertrichose

Trichiasis
Angeborene oder erworbene Fehlstellung der Augenwimpern nach innen, die zu Reibungen auf der Hornhaut und zu Hornhauterkrankungen führen kann.

3,4,4'-Trichlorcarbanilid (TCC)

$$Cl-\underset{Cl}{\underset{|}{C_6H_3}}-NH-\overset{O}{\underset{\|}{C}}-NH-C_6H_4-Cl$$

(INCI: Trichlorcarban) Triclocarbanum. Baktericid, das besonders in Deodorantien und Deoseifen verwendet wird.

Trichloressigsäure
Cl_3CCOOH. Starke Säure, die als Ätzmittel verwendet wird. In kosmetischen Präparaten nicht erlaubt! → Schälmittel

Trichohyalin
Verhornungssubstanz, die vom Haarfollikel gebildet wird und dem Keratohyalin der Oberhaut entspricht.

Trichoklasie
(gr. klasis = zerbrechen) Abnorme Brüchigkeit der Haare, hervorgerufen z. B. durch chemische, mechanische oder thermische Überbeanspruchung der Haare.

Trichomykose
(gr. mykes = Pilz) Die Trichomykose (Tr. axillaris, Tr. nodosa, Tr. palmellina) befällt vor allem die Achselhaare rotblonder oder rothaariger Menschen, die unter starken Schweißausbrüchen leiden. Die Trichomykose, eine durch Aktinomyzeten (Nocardia tenuis) zusammen mit Farbstoff bildenden Kokken hervorgerufene Knötchenkrankheit des Haares, äußert sich in einer orangefarbigen klebrigen Beschichtung der Haare, die dadurch an ihrer Oberfläche unregelmäßig erscheinen. Der Zustand ist harmlos, und leicht durch Abrasieren der Haare zu beseitigen.

Trichophytie
(gr. phyton = Pflanze) Durch Trichophytonarten hervorgerufene ansteckende Scherpilzflechte der Haut, Haare und Nägel. Die Infektion erfolgt meist von Tier zu Mensch. Endothrixstämme wachsen innerhalb des Haares, Ektothrixstämme außerhalb des Haares.
1. **Trichophytia superficialis** (Herpes circinatus oder Herpes tonsurans): Umschriebene runde Herde, die mit Schuppen bedeckt sind und am Rande kleine Bläschen zeigen; auch am behaarten Kopf auftretend (Trichophytia superficialis capillitii).
2. **Trichophytia profunda:** Tief gehende entzündliche abszedierende Infiltrate. Vorkommen häufig bei Kindern am behaarten Kopf, bei Männern im Bartbereich oder im Bereich der Augenbrauen.
3. **Trichophytia unguium:** Nagelpilzflechte, oft Ursache der Nageldystrophie.
Übertragung der Trichophytien durch Kontaktinfektion (Kämme, Bürsten, Waschzeug). Die Behandlung ist Aufgabe des Arztes.

Trichophyton
Gattungsbegriff für die zu den Schlauchpilzen gehörenden pathogenen Haut- und Haarpilze von Menschen und Tieren.

Trichorrhexis nodosa
Haarknotenkrankheit, Pinselhaarbruch. Der Haarschaft zeigt knötchenförmige Auftreibungen, die mit dem bloßen Auge als weißliche Pünktchen erkennbar sind. Unter starker Vergrößerung sieht man eine bürstenförmige Auf-

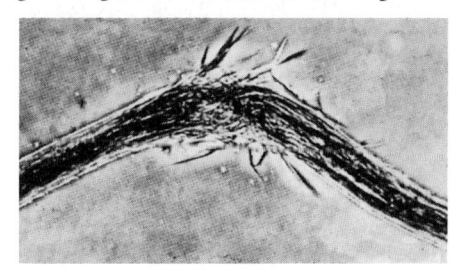

splitterung im Bereich der Knötchen. An diesen Stellen reißt oder bricht das Haar. Ursachen der Erscheinung können unzweckmäßige Haarbehandlungen (→ Trichoklasie) oder Befall durch Trichosporonarten sein.

Trichoschisis
(gr. schizein = spalten) Trichoptilose. → Spliss

Trichosis, Trichose
Sammelbezeichnung für Anomalien des Haarwachstums, z. B. Hypertrichosis (übermäßige Behaarung), Atrichia (Haarlosigkeit), Hypotrichosis (verminderter Haarwuchs).

Trichosporie
Pilzerkrankung der Haare, die durch Trichosporonarten verursacht wird. → Trichorrhexis nodosa

Trichosporon
Hefeartige Sprosspilze auf der Haut und in den Haaren des Menschen; sie können pathogen werden. Erreger der Trichorrhexis nodosa.

Trichlorcarban (INCI)
→ Trichlorcarbanilid

Triclosan (INCI)
2,4,4'-Trichlor-2'-hydroxydiphenylether. Weiße öllösliche Kristalle. Konservierungsmittel gegen Bakterien und Pilze (max. 0,3%), das vorwiegend in Deodorantien eingesetzt wird.

Triethanolamin
(INCI: Triethanolamine) Viskoses, farbloses bis gelbliches, stark hygroskopisches, glycerolähnliches Öl mit ammonialkalisch fischartigem Geruch. Wegen der geringen Basizität des Triethanolamins reagieren seine Salze in den üblichen Konzentrationsbereichen praktisch nicht alkalisch. Sie sind sehr hautverträglich.

$$HOH_4C_2-N\begin{matrix}C_2H_4OH\\C_2H_4OH\end{matrix}$$

Verwendung als organische Base zur Erzeugung alkalifreier, nichtätzender Seifen, als Neutralisierungsmittel und zur Herstellung von Stearatcremes.

Triethanolammoniumlaurylsulfat
Hellgelbe klare viskose Flüssigkeit; anionaktive, hautverträgliche waschaktive Substanz, für Shampoos, Schaumbäder und als Emulgator für O/W-Emulsionen verwendbar.

Triehanolammoniumstearat
Wachsartige Masse, löslich in Ethanol, die als Emulgator Verwendung findet.

Triethylcitrat
(INCI: Triethyl Citrate) Zitronensäuretriethylester (→ Zitronensäureester). Verwendung für bakterizidfreie Deodorantien, vor allem für Intimsprays. Durch unspezifische Esterasen der Hautoberfläche findet eine Hydrolyse des Triethylcitrats statt, wodurch der pH-Wert erniedrigt wird und die Aktivität der schweißzersetzenden Bakterien gehemmt. Triethylcitrat ist außerdem als nichttoxischer Weichmacher verwendbar.

Triglyceride → Glycerolfettsäureester

Trihydroxynaphthalin → Hydrojuglon

Trihydroxypropan → Glycerol

Triisoproanolamin
$(CH_3CHOHCH_2)_3N$. Weiße Kristalle, löslich in Wasser und Ethanol. Verwendung zur Herstellung fettsaurer Seifen, die als Emulgatoren lipophiler sind als die entsprechenden Triethanolaminseifen, und zur Herstellung von Fettsäureisopropanolamiden als Schaumstabilisatoren und Verdicker.

Trocken-Bürsten-Massage
Tägliches Trockenbürsten mit weicher Bürste bessert den Zustand der Seborrhoe und bringt die Keratose langsam zum Verschwinden. Die Hautdurchblutung wird angeregt.
In der Körperpflege benutzt man zur Trocken-Bürsten-Massage Agavenfaserbürsten oder Luffah. Das Bürsten erfolgt in langen Strichen zum Herzen zu, auf der Rumpfhaut in kreisenden Bewegungen bis zur leichten Hautrötung. Kalt nachspülen. Die Haut wird durch die Trocken-Bürsten-Massage glatt, schuppenlos, sauber.

Trockenshampoos
Haarentfettungsmittel in Form von fettaufsaugenden, austrocknenden Pudergrundlagen, die auf das Haar aufgetragen und auffrottiert wer-

den und nachher wieder sorgfältig ausgebürstet werden müssen. Die Pudergrundlage besteht aus Talkum, Kaolin, Magnesiumcarbonat, Stärke, Bentonit, kolloidaler Kieselsäure o.ä. Trockenshampoos sind auch als Sprays im Handel.

Tropokollagen → Kollagen

Trübungsmittel
Substanzen, die klaren Tensidlösungen zugesetzt werden, um sie zu trüben oder um einen Perlglanzeffekt zu erzeugen. Als Trübungsmittel für Shampoos, Badepräparate, Flüssigseifen u.a. werden vor allem die Mono- und Diester des Ethylenglykols und der Polyethylenglykole mit höheren Fettsäuren verwendet.

Trübungspunkt
Die Temperatur, bei der ein klares flüssiges Produkt bei langsamer Abkühlung eine Trübung zeigt. Der Trübungspunkt ist eine charakteristische Größe für nichtionogene Tenside (Polyglykolether), Öl- und Wachsmischungen und wichtig für den Gebrauchswert kosmetischer Präparate, bei denen eine Ausscheidung einzelner Inhaltsstoffe vermieden werden soll. Die Durchführung der Untersuchung zeigt die folgende Skizze:

— Thermometer
— Kältemischung
— Untersuchungssubstanz

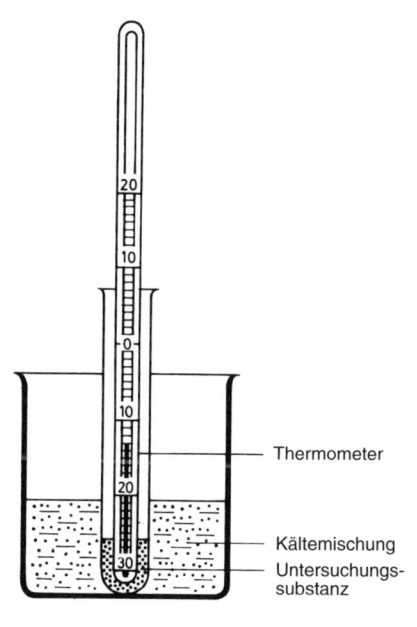

Die Untersuchungssubstanz (Haarwasser, Toilettewasser usw.) wird in ein Reagenzglas gegeben. Das Reagenzglas wird in eine Kältemischung (z. B. 100 Teile Calciumchlorid krist. + 70 Teile zerkleinertes Eis ergibt Temperaturen bis zu $-50\,°C$) getaucht und mit einem Thermometer $+20$ bis $-30\,°C$, Unterteilung in $1/10°$, umgerührt. Die Temperatur wird in dem Augenblick abgelesen, bei dem eine Trübung des Präparates eintritt.

Trypsin
(→ Pankreatin) Eiweißspaltendes Enzym. Als Trypsinogen vom Pankreas gebildet, wird es durch die Enterokinase im Darm aktiviert. Verwendung zur Eiweißspaltung.

Tryptophan
β-Indolyl-α-aminopropionsäure. Zyklische essenzielle Aminosäure. Eiweißbaustein.

$CH_2-CH(NH_2)-COOH$

Tuberculum
(lat. = kleiner Höcker) Ausdruck für knötchenförmige Gewebsveränderung.

Türkischrotöl
Sulfatiertes Rizinusöl, das beim Behandeln von Rizinusöl mit konzentrierter Schwefelsäure entsteht. Dabei bildet sich ein Gemisch verschiedener Verbindungen a) durch Veresterung der Hydroxylgruppe der Ricinolsäure mit Schwefelsäure, b) durch Anlagerung der Schwefelsäure an die Doppelbindung der Ricinolsäure, c) durch Oxidationsprozesse, d) durch Reaktion der Schwefelsäure mit den anderen, im Rizinusöl enthaltenen Fettsäuren. Türkischrotöl ist das mit Natriumionen neutralisierte Produkt, das grenzflächenaktive Eigenschaften aufweist und in kosmetischen Seifen verwendet wird. Auch Olivenöl oder andere ungesättigte Fettsäuren enthaltende Öle lassen sich zu Türkischrotölen sulfatieren.

Tücher, getränkte → Feuchttücher

Tumor
(lat. tumere = geschwollen sein) 1. Jede krankhafte Anschwellung eines Organs oder eines Organteils. 2. Gewächs, Geschwulst, Gewebswucherung infolge Zellproliferation. Die Zellwucherungen können a) gutartiger oder b) bösartiger Natur mit Neigung zur Metastasenbildung sein.

Tunica
(lat. tunica = Haut, Hülle) Gewebeschicht.

Tunica mucosa → Schleimhaut

Tunica propria (corii)
Kompakte Schicht (→Haut). Untere Schicht der Lederhaut, Netzschicht, Stratum reticulare.

Turgor
(lat. turgere = strotzen, geschwollen sein) Unter Turgor versteht man den Spannungszustand der Gewebe in Abhängigkeit vom Wasser- und Elektrolythaushalt des Körpers. In der Kosmetik bedeutet Turgor die Prallheit der Haut als Ganzes, insbesondere der Subkutis, bedingt durch den Füllungszustand der Gefäße, den subkutanen Fettkörper sowie durch das extra- und intrazelluläre Wasser.

Two-in-One.../Three-in-One...
Engl. Bezeichnung für Produkte mit Mehrfachnutzen (Zwei-/Drei-in-eins-Produkt). Dazu zählen z.B. Kombinationsprodukte aus Shampoo und Spülung, Mundwasser und Zahnpasta oder Lippenstift und Rouge.

Tyloma
(gr. tylos = Wulst, Schwiele) → Schwielen

Tylosen (Clariant)
Handelsbezeichnung für wasserlösliche Celluloseether, die als Binde- und Verdickungsmittel für Zahnpasten, Dauerwellpräparate, dekorative Kosmetika u.a. verwendet werden.
Tylose H = Hydroxyethylcellulose
Tylose MH = Methylhydroxyethylcellulose

Tyrosin
(gr. tyros = Käse) p-Hydroxyphenylalanin.

Aromatische Aminosäure. Baustein zahlreicher Eiweißverbindungen (z.B. des Caseins). Ist u.a. an der Bildung von Thyroxin, Adrenalin und Melanin im Organismus beteiligt. Zu 2,2–3% in der Haarsubstanz enthalten.

Tyrosinase
Kupfer-Protein-Komplex. Auch Phenoloxidase. An der Melaninbildung beteiligtes Enzym, bei der Tyrosin zu → Melanin umgewandelt wird.

T-Zone
Gesichtspartie, die Kinn, Nase und Stirn umfasst. Die T-Zone wird besonders im Zusammenhang mit der Mischhaut (→ Hauttypen) erwähnt, weil hier im Vergleich zu den übrigen Gesichtspartien die Talgdrüsenaktivität deutlich erhöht ist und zu stärkerem Glanz neigt.

U

Überbein
Ganglion. Geschwulstbildung im Bereich von Gelenkkapseln oder des Sehnengewebes. Langsam wachsende Zysten mit gallertigem Inhalt. Vorkommen besonders an den Streckseiten des Handgelenks und auf dem Fußrücken.

Überempfindlichkeit
Man unterscheidet
1. Erworbene Überempfindlichkeit = Allergie.
2. Angeborene Überempfindlichkeit = Idiosynkrasie (in den meisten Fällen verkannte Allergie).
3. Unzureichende Schutzfunktion = chemische Schädigungen.

Überfettungsmittel
Auch → Rückfetter. Fette oder fettähnliche Substanzen, die fettfreien oder entfettend wirkenden Kosmetika zugesetzt werden, um den Pflegeaspekt zu erhöhen u./o. die Austrocknung der Haut zu verhindern.

Überlack
Engl. auch Top Coat. Klarer, schnell trocknender Nagellack (Funktionslack), der als Schutzschicht über dem Farblack aufgetragen wird und für eine bessere Haftfestigkeit sorgt.

Uhrglasnagel
→ Nagelveränderungen

Ulcus
(lat. = Geschwür) Entzündung der Haut oder Schleimhaut mit örtlichem Substanzverlust. Heilung erfolgt mit Narbenbildung.
Ulcus cruris = Unterschenkelgeschwür, das sich aufgrund von Varizen entwickelt. Infolge von Blutumlaufstörungen besteht schlechte Heilungstendenz.

Ule
(gr. ule = vernarbte Wunde) Narbe, bindegewebige Verhärtung nach Verletzung oder Durchtrennung von Geweben.

Ultramarine
Sammelbezeichnung für schwefelhaltige i.d.R. synthetisch hergestellte Natrium-Aluminium-Silicate, die als anorganische Farbpigmente in den Farben blau, rosa, lila violett zum Einsatz kommen. Sie werden hauptsächlich in dekorativen Kosmetika eingesetzt. → Ultramarinblau

Ultramarinblau
(C.I. 77007) Anorganisches synthetisch hergestelltes, strahlend blaues Farbpigment, dessen natürliches Vorkommen der Halbedelstein Lapislazuli ist. Ultramarinblau wird vorwiegend in dekorativen Kosmetika verwendet, kann jedoch in Emulsionen wegen seiner geringen Säurestabilität nur bedingt eingesetzt werden.

Ultraschall
Schall, dessen Frequenzen oberhalb des menschlichen Hörbereichs liegen (> 20 kHz). Infolge der auf kleinstem Raum erzeugten hohen Druckunterschiede entstehen rasche mechanische Erschütterungen, die für Mahl- und Mischprozesse ausgenutzt werden können. Ultraschall wird zur Homogenisierung von kosmetischen Emulsionen verwendet sowie bei der Mazeration von Drogen.

Ultraviolettentkeimung
Entkeimung von Trink- oder Gebrauchswasser oder Luftentkeimung mit UV-Strahlen (Wirksamkeitsmaximum bei 260 nm). Man verwendet dazu im Allgemeinen Quecksilberniederdrucklampen. Die keimschädigende Wirkung ist von der Bestrahlungsdosis abhängig, die Eindringtiefe von der optischen Dichte des behandelten Materials. Bei klarem Wasser reicht die Strahlenwirkung nur wenige cm tief, bei festen Körpern wird praktisch nur die Oberfläche entkeimt, bei Luft sind die Verhältnisse am günstigsten.

Ultraviolettstrahlung → UV-Strahlen

Umbelliferon
7-Hydroxycumarin. Vorkommen in der Rinde von Seidelbast, in Umbelliferenharzen, Kamil-

lenöl, Hortensien, Habichtskraut, Möhren usw. Farblose Nadeln, sehr wenig löslich in kaltem Wasser, löslich in Ethanol und in Alkalien.

HO—[Umbelliferon-Struktur]—O—O

Umbelliferon

Hydroxycumarine absorbieren einen gewissen UV-Strahlenanteil des Spektrums. Pflanzenextrakte, die Umbelliferon enthalten, bieten deshalb im begrenzten Maße Lichtschutz.

Umkehr-Osmose

Umkehrung der Osmose, indem man die Wanderung von Lösungsmittel aus einer konzentrierteren Salzlösung in eine verdünntere Lösung durch eine semipermeable Membran erzwingt. Dazu muss ein Druck aufgewendet werden, der höher ist als der osmotische Druck der konzentrierteren Lösung und der mit fortschreitender Konzentrierung der Salzlösung entsprechend zunehmen muss. Als Membranen können Cellulosederivate oder Kunststoffe oder Kombinationen beider Materialien verwendet werden. Mithilfe der Umkehr-Osmose kann eine Trennung gelöster Stoffe vom Lösungsmittel erreicht werden; Wasser kann weitgehend entsalzt und gleichzeitig keimfrei gemacht werden.

γ-Undecalacton

4-Hydroxyundecansäurelacton, „Pfirsichaldehyd". Fast farblose Flüssigkeit mit pfirsichartigem Geruch für Blumenduftkompositionen.

$H_3C(CH_2)_6 CH(CH_2)_2CO$
$\underbrace{O}$

Undecansäure

Undecylsäure, $C_{10}H_{21}COOH$. Bestandteil der Pufferhülle der Haut. Kosmetisch von Bedeutung sind die Zink- und Magnesiumsalze der Säure sowie einige Ester (z.B. Isopropylundecanat), indem sie der Haut Glätte verleihen.

10-Undecenal

$H_2C=CH(CH_2)_8CHO$, Undecenaldehyd. Farblose Flüssigkeit von blumigem Geruch, die als Nuancierungsmittel für Parfümkompositionen dient.

Undecensäure

Undecylensäure, $H_2C=CH–(CH_2)_8COOH$. Schweißartig riechende Masse (F. 25 °C), die bakterizid und fungizid wirkt.

Undecensäurealkanolamide

Undecensäurederivate. Mono- und Diethanolamid der Undecensäure vereinigen die antimikrobiellen Eigenschaften mit ausgezeichneter Hautverträglichkeit und nur schwachem Geruch. Außerdem wird auch das Undecensäuremonoethanolamidosulfosuccinat und ein Undecensäure-Eiweißhydrolysat-Tensid in der Kosmetik eingesetzt.

Unguentum

(lat.) Im pharmazeutischen Bereich Synonym für → Salbe

Unguis

(lat.) → Nagel

Unguis incarnatus

Eingewachsener Nagel. Traumatisch bedingte Nagelmissbildung.
Behandlung: Durch erweichende Bäder (Seifenbäder u.a.), Einlagen zwischen Nagel und Nagelbett, um das Herauswachsen des Nagels zu erleichtern, Nagelpflege zur Verhütung des erneuten Einwachsens. In schweren Fällen chirurgische Behandlung.

Unterhautfettgewebe

Subcutis. Lockeres Bindegewebe, in das mehr oder weniger Fettgewebe (Panniculus adiposus) eingelagert ist, welches für den Wärmehaushalt des Körpers von Bedeutung ist. Die Subcutis ist reich von Gefäßen und Nerven durchzogen; in ihr sind die Haarwurzeln verankert. Die Menge des Unterhautfettgewebes kann sehr unterschiedlich sein; es dient als Schutzpolster, Kälteschutz und Energiespeicher. Zu Fetteinlagerungen neigen vor allem die Bauchdecke, Hüften und Oberschenkel, während Augenlider, Ohren und Lippen fettarm oder fettfrei bleiben. Fetteinlagerungen, die durch Diät stark abgebaut wurden, hinterlassen ein lockeres, überdehntes Bindegewebe, das sich nicht immer vollständig zurückbildet.

Unterlack

Auch engl. Base Coat. Transparenter, schnell trocknender → Klarlack, der als Basis für Farblacke fungiert (Funktionslack). Die Haftfestigkeit der darüber aufzutragenden Farblackschicht wird verbessert und das evtl. Abfärben auf die Nägel verhindert.

Unverseifbares
Die unverseifbaren Anteile von Fetten und fetten Ölen lassen sich nach der Verseifung mit organischen Lösungsmitteln extrahieren. Das Unverseifbare beträgt bis zu 2% und besteht überwiegend aus Sterolen (bei tierischen Fetten: Cholesterol, bei pflanzlichen Fetten: Phytosterolen); daneben sind Kohlenwasserstoffe (Squalen, Carotinoide), Fettalkohole, fettlösliche Vitamine u. a. enthalten. In kosmetischen Präparaten übt der Komplex des Unverseifbaren pflanzlicher Öle und Fette (Avocadoöl, Sojaöl) eine hydratisierende Wirkung aus und wird zur Behandlung der Altershaut und von Verhornungsstörungen empfohlen.

Unverträglichkeitserscheinungen
Sie können in unterschiedlicher Stärke und Form durch verschiedene Substanzen hervorgerufen werden. Auch einzelne kosmetische Inhaltsstoffe können zu Unverträglichkeitsreaktionen führen.
Mögliche Auswirkungen:
• allgemeine Verschlechterung des Haut- oder Haarzustandes (z. B. trockene Haut, glanzloses Haar)
• direkte Hautreaktionen (Dermatitis) z. B. durch Irritantien oder phototoxisch wirksame Substanzen
• immunologisch bedingte Hautreaktion (→ Allergie)
Um die Ursache für Unverträglichkeitserscheinungen zu klären, ist der Arztbesuch ratsam.

Uranin
(C. I. 45350) Auch Fluorescein. Gelber wasserlöslicher Xanthen-Farbstoff, der bei 350 nm eine gelb-grüne Fluoreszenz aufweist. Einsatz vorwiegend in Tensidpräparaten wie z. B. Schaumbädern (max. 6%).

Urea (INCI)
Carbamid. → Harnstoff

5-Ureidohydantoin → Allantoin

Ur(h)idrosis
(lat. urea = Harnstoff; gr. hidros = Schweiß) Absonderung eines an Harnstoff reichen Schweißes.

Urocaninsäure
Urocansäure, 3-Imidazol-4-yl-acrylsäure. Bestandteil des menschlichen Schweißes, der als Zwischenprodukt beim Abbau des Histidins durch Desaminierung entsteht. Unter UV-Bestrahlung nimmt die Konzentration der Urocaninsäure zu; sie dient der Haut als natürlicher Sonnenschutz, da sie im UV-Bereich absorbiert. Die Schutzwirkung ist aber, verglichen mit synthetischen UV-Filtern, nur schwach.

Urticaria → Nesselfieber

Usnea barbata
Gemeine Bartflechte. Flechtenextrakte werden aufgrund ihrer bakteriziden und fungiziden Wirkung in Deodorantien, Fuß- und Mundpflegemitteln eingesetzt. Wichtigster Inhaltsstoff ist die Usninsäure, daneben sind Polyphenole, Terpene und andere Flechtensäuren enthalten.

Usninsäure
Einbasische Säure, die sich vom Dibenzofuran ableitet. Sie kommt in zahlreichen Flechten vor (→ Usnea barbata) und zeichnet sich durch antimikrobielle Wirkung aus, speziell gegen grampositive Bakterien (Staphylococcus aureus, Propionibacterium acnes u.a.). Verwendung in Antischuppen- und Aknepräparaten und in Deodorantien.

UV-Absorber
(engl. absorb = aufnehmen) Anderer Ausdruck für → UV-Filter.

UV-A-Filter
Chemische Substanzen, die UV-Strahlen aus dem Bereich 400–320 nm absorbieren.

UV-B-Filter
Chemische Substanzen, die UV-Strahlen aus dem Bereich 320–285 nm absobieren.

UV-Breitbandfilter
Lichtfiltersubstanzen, die UV-Strahlen aus dem UV-A- und UV-B-Bereich absorbieren.

UV-Filter
Sonnenschutzfilter, Lichtfiltersubstanzen, Lichtschutzfilter, UV-Strahlenfilter. Sie werden als Wirkstoffe in → Sonnenschutzpräparaten eingesetzt. In sehr geringer Konzentration (ca. 0,1%) dienen sie auch als Produktschutz, um Farbveränderungen o. Ä. zu vermeiden.
Chemische UV-Filter absorbieren bestimmte Wellenlängen und geben sie nach Wechselwirkungen im Molekül als längerwellige und damit energieärmere Wärmestrahlung ab.
Physikalische Lichtfiltersubstanzen streuen und reflektieren die Strahlung. Dazu zählen z. B. Titandioxid und Zinkoxid in mikronisierter Form. Chemische und physikalische Filter sind auch miteinander kombinierbar. Die jeweiligen Konzentrationen sind abhängig vom gewünschten LSF.
Als natürliche UV-Filter gelten Extrakte von Aloe, Ferulasäure, Grüner Kaffee, Zimtrinde, Rathania, Süßholz, Sheabutter und Tamanuöl, sie sind jedoch weniger effektiv wie die synthetischen Substanzen. Zu den besonderen Anforderungen, die UV-Filter erfüllen müssen, zählen:
- Chemische und physikalische Stabilität
- Gute Hautverträglichkeit
- Toxikologische Unbedenklichkeit
- Photostabilität
- Leichte Verarbeitung, gute Löslichkeit

Die Löslichkeit der festen, pulverisierten UV-Filter kann durch den Einsatz von flüssigen UV-Filtern, Fettsäureestern, Triglyceriden oder Fettalkoholen verbessert werden. Bei Mikropigmenten ist die optimale Dispergierung der Teilchen wichtig.
Die für den Einsatz in kosmetischen Mitteln zugelassenen UV-Filter sind der Anlage 7 der KVO Teil A mit ihren Höchstmengen gelistet. Die im Anhang aufgeführte tabellarische Übersicht gibt diese mit der entsprechenden Zuordnung zur INCI-Bezeichnung im Wesentlichen wieder. Bei der Auswahl von UV-Filtern in Sonnenschutzmitteln ist die Patentlage zu prüfen.

Uvinul (BASF)
Handelsbezeichnung von → UV-Filtern auf Basis von Benzophenon, p-Aminobenzoesäure, Triazin oder Zimtsäure.

UV-Licht → UV-Strahlen

UV-Strahlen/-Strahlung
Abkürzung für ultraviolette Strahlen. Nicht sichtbares Licht der Wellenlänge 400–100 nm. Die UV-Strahlung ist Bestandteil des → Sonnenlichts und wird in 3 Bereiche unterteilt:
- *UV-A-Strahlung:* ca. 400–320 nm

Sie kann bis zur Dermis in die Haut eindringen und ist für die direkte Pigmentierung der Haut verantwortlich und trägt auch zum so genannten Photoageing bei (→ Altershaut).
- *UV-B-Strahlung:* ca. 320–285 nm

Sie dringt bis zur Epidermis ein, ist für die Bildung von Melanin (indirekte Pigmentierung) und die Erythembildung verantwortlich.
- *UV-C-Strahlung:* ca. 285–100 nm

Ist die energiereichste Anteil der UV-Strahlung. Die größte Anteil der UV-C-Strahlung wird von der Ozonschicht absorbiert, sodass sie die Erdoberfläche kaum noch erreicht. Mit zunehmendem Ozonschwund erhöht sich jedoch die Gefahr, dass auch die schädliche UV-C-Strahlung auf die Erdoberfläche trifft.
Einen wirkungsvollen Schutz vor UV-A- und UV-B-Strahlung bietet die Anwendung von → Sonnenschutzpräparaten.

UV-Strahlenfilter → UV-Filter

V

Valin
2-Amino-3-methylbuttersäure → Aminosäuren, essenzielle

$$\begin{array}{c}H_3C\\H_3C\end{array}\!\!>\!CH-CH(NH_2)-COOH$$

Vallum
(lat. = Wall) Hautwall.
Vallum unguis = Nagelwall.

Vanillin (INCI)
Vanillinum, 4-Hydroxy-3-methoxybenzaldehyd. Farblose bis schwach gelbliche Kristallnadeln von vanilleartigen Geruch und Geschmack, leicht löslich in Ethanol und Ether, löslich in ca. 100 Teilen Wasser. F. 81–83 °C. Vanillin ist in geringen Konzentrationen im Pflanzenreich weit verbreitet, in Vanilleschoten sind bis zu 2% enthalten. Die Darstellung erfolgt aber synthetisch aus Eugenol.
Kosmetische Verwendung als Duft- und Geschmacksstoff in Lippenstiften, Mund- und Zahnpflegepräparaten und in der Parfümerie.

(Struktur: 4-Hydroxy-3-methoxybenzaldehyd, Benzolring mit CHO, OCH₃, OH)

Vanishing-Cream
(engl. vanish = verschwinden) Nichtfettende Cremes oder Cremelotionen, die nach dem Auftragen in der Haut zu verschwinden scheinen. Es sind entweder Stearatcremes oder mehr oder weniger flüssige Emulsionen auf der Basis von Fettalkoholen mit Fettalkoholsulfaten, Fettalkoholpolyglykolethern oder Polyethylenglykolestern als Emulgatoren. Der Ausdruck Vanishing-Cream wurde früher für Tagescremes gebraucht, heute wird er jedoch kaum noch verwendet.

Vapozon
Gerät, dass zur Bedampfung des Gesichtes im Rahmen von kosmetischen Behandlungen verwendet wird. → Bedampfer

Varix
(lat. varix; Plur. varices) Varizen, Krampfadern, Venenknoten. Umschriebene krankhafte Erweiterung und Stauung einer Vene meist an Ober- und Unterschenkel.

Vas lymphaticum
(lat. vas, vasis = Gefäß) „Lymphgefäß". Bahn, in der sich die Lymphe ansammelt.

Vaselin(e)
(INCI: Petrolatum) Weißliches salbenartiges Gemisch gereinigter, gebleichter und gesättigter Kohlenwasserstoffe. Naturvaselin aus den Rückständen der Erdöldestillation enthält außer den n-Paraffinen und Isoparaffinen geringe Mengen ungesättigter und hydroaromatischer Kohlenwasserstoffe. Kunstvaselin wird durch Auflösen von Hartparaffin und mikrokristallinen Wachsen in raffiniertem Mineralöl dargestellt.
Vaseline ist wasserunlöslich, erstarrt zwischen 38° und 56 °C und wirkt auf der Haut okklusiv. Verwendung als Salbengrundlage und als Fettkomponente in Cremes, Stiften, Pasten usw.

Vater-Pacinische Lamellenkörperchen
Corpuscula lamellosa. Bis 3 mm lange und 2 mm dicke nervöse Endapparate im Stratum subcutaneum der Haut, die das Druckempfinden vermitteln.

Vehikel
(lat. vehiculum = Bewegungsapparat, Fahrzeug) Trägersubstanzen, in denen die Wirkstoffe kosmetischer Präparate gelöst oder verteilt werden.

Veilchenblätteralkohol
$C_2H_5-CH=CH-C_2H_4-CH=CH-CH_2OH$, 2,6-Nonadienol-1. In Veilchenblättern vorkommende Flüssigkeit, die in der Parfümerie für hochwertige Veilchengerüche verwendet wird.

Veilchenriechstoffe
Iron, Jonon, Veilchenblätteralkohol. Verwendung zur Herstellung von Veilchenparfüm und Blumenduftkompositionen.

Vellushaar
Flaumhaar. → Haararten

Verbrennungen
Verbrennungen I. Grades: Sie zeigen gerötete Haut, Hyperämie (Combustio erythematosa). Die Gefäße der Cutis sind geschädigt, aber die Epidermis erleidet keine nennenswerten Veränderungen.
Verbrennungen II. Grades: Hyperämie und Blasenbildung aufgrund eines entzündlichen Ödems (Combustio bullosa).
Verbrennungen III. Grades: Sie zeigen eine histologisch völlig zerstörte Haut. Das Eiweiß ist geronnen und die befallenen Hautpartien sehen zunächst grau-weiß oder schwärzlich-rot aus, je nachdem, ob die Verbrennung durch kochende Flüssigkeit oder eine offene Flamme verursacht wurde. Der verbrannte Hautbezirk schmerzt nicht und ist nicht druckempfindlich, da die sensiblen Nervenfasern mitvernichtet wurden. Schmerzempfindlich sind jedoch die Randbezirke (Nekrose).
Strahlende Hitze, die nicht zu einer Verbrennung ausreicht, kann die Haut schädigen und zu netzförmigen Pigmentierungen führen (Erythema caloricum pigmentosum et reticulatum).

Verdicker → Verdickungsmittel

Verdickungsmittel
Auch Verdicker oder Konsistenzregler. Hochmolekulare Substanzen, die Wasser oder andere Flüssigkeiten unter Bildung zähflüssiger homogener kolloidaler Lösungen aufnehmen (→ Hydrokolloide). Es können auch Tenside sein, die zur Micellbildung fähig sind und verdickend und gelbildend wirken, z.B. Fettsäurealkanolamide oder Glyzerinpolyethylenglykolfettsäureester. Im Allgemeinen wird durch die Erhöhung der Konsistenz eine Stabilisierung z.B. von Emulsionen oder Suspensionen erreicht, man spricht daher z.T. auch von Co-Emulgatoren oder Bindemitteln.
Als Verdickungsmittel für Tensidpräparate, speziell für Alkylsulfate und -ethylsulfate, sind Zusätze von Elektrolyten, wie z.B. Natriumchlorid geeignet.
Öle können mit Wachsen, amorpher Kieselsäure, Hectoriten oder Metallseifen verdickt werden. Wässrige oder wässrig alkoholische Systeme erhalten durch Gelbildner eine höhere Viskosität.

vergällen
Bezeichnet das Ungenießbarmachen von Rohstoffen durch bittere Zusatzstoffe. Ethanol wird für kosmetische Zwecke i.d.R. nur vergällt angeboten, sodass er nicht mehr als Genussmittel dienen kann. → Denaturierungsmittel

Vergällungsmittel → Denaturierungsmittel

Verhornung
Keratinisierung der Oberhaut. Umwandlung der Zellen der Keimschicht in Hornzellen. In der Körnerschicht zerfallen die Zellkerne und es bilden sich Keratohyalinkerne. Die Zellen werden flacher und verlieren einen Teil ihres Wassers, die Proteine des Protoplasmas werden in Keratin umgebaut. Die Zellen der Hornschicht sind kernlos und werden laufend abgestoßen (→ Abschuppung). Dieser normale Vorgang wird als Orthokeratose bezeichnet.

Verhornungsstörungen
Bei einer Hyperkeratose ist die Abstoßung der Hornzellen wesentlich vermindert oder fehlt ganz. Es wird von Retentionshyperkeratose gesprochen.
Bei vermehrtem Nachschub der Epidermiszellen von Seiten der Keimzellenschicht und überstürzter Verhornung liegt eine Proliferationshyperkeratose vor.
Fehlen die Keratohyalinkörner im Stratum corneum und bleiben die Zellkerne bis in die Hornschicht erhalten, so bezeichnet man diese fehlerhafte Verhornung als Parakeratose.
Die Parakeratose ist die häufigste Ursache aller Schuppenbildungen. Ihr liegt eine Entzündung der Papillarschicht zugrunde. Vorkommen z.B. bei Psoriasis, Ekzem.

Vernis à Ongles
Franz. für → Nagellack

Verruca
(lat. verruca, -ae = Auswuchs) → Warzen

Verseifung
Hydrolytische Aufspaltung von Estern in Säuren und Alkohole mithilfe von verdünnten Säuren, Laugen oder Enzymen (chem.). Im Allgemeinen wird mit Verseifung die Aufspaltung von Fetten und Ölen (Fettsäureglycerolestern) durch Alkalien zur Gewinnung von Seifen bezeichnet.

Verseifungszahl
(Abk.: VZ) Maßzahl für Fette und Öle. Die Verseifungszahl gibt an, wie viel Milligramm Kaliumhydroxid zur Bindung der in 1 g Fett, Öl, Wachs oder Balsam enthaltenen freien Säure und zur Verseifung der Ester nötig sind.

Verträglichkeitsprüfungen
Allgemeine Umschreibung für Prüfungen, die im Rahmen der → Sicherheitsbewertung von kosmetischen Produkten mit dem Ziel durchgeführt werden, die → Hautverträglichkeit des Fertigproduktes zu bestätigen. Dazu zählen neben in-vitro-Tests auch Epikutantests oder dermatologisch kontrollierte Anwendungstests, die an freiwilligen Probanden durchgeführt werden können.

Vesikel → Liposome

Vesicula
(Verkleinerungsform von lat. vesica, -ae = Blase) Bläschen, kleine Blase. Mit Flüssigkeit gefüllter Hohlraum in der Epidermis oder zwischen Epidermis und Cutis. Gehört mit zu den primären → Effloreszenzen.

Viskositätsbestimmung
Die Messung der Viskosität kann nach verschiedenen Methoden erfolgen. Am gängigsten ist die Erfassung mit dem Rotationsviskosimeter. Es dient zur Aufnahme von Fließkurven und wird vielfach für die Qualitätsbestimmung von Produkten mit flüssiger bis cremiger Konsistenz eingesetzt. Das Kapillarviskosimeter und das Kugelfallviskosimeter eignen sich eher für idealviskose Flüssigkeiten und finden daher im Bereich kosmetischer Produkte kaum Verwendung.

Vetiveröl
Aus der Wurzel von Vetiveria zizanioides (L.) Nash (Vorkommen in Java, Réunion, Haiti, Brasilien) gewonnenes zähflüssiges, oft dunkles ätherisches Öl, das geruchlich an Edelhölzer erinnert. Verwendung in der Parfümerie.

Vibrationen
Erschütterungen, Schüttelungen. → Massagehandgriffe. Schnelle rhythmische Schwingungen bestimmter Hautpartien durch vibrierende Massagehandgriffe oder mittels „Schwebestroms" bewirken eine Lockerung der Muskeln und der Haut. Sie fördern die Durchblutung.

Vibrissen
(lat. vibrissae, -arum = Nasenhaare) Haare im Naseneingang. Oft Ausgangspunkt eines Schleimhautfurunkels der Nase.

Vinylacetat
Abkürzung VA. Verwendung als → Filmbildner. Siehe auch → Polyvinylacetat.

Vinylpyrrolidon → Polyvinylpyrrolidon

Viskosität
Zähigkeit. Die Viskosität eines Stoffes ist ein Maß für sein Fließverhalten. Dieses wird bestimmt durch den Widerstand, den der Stoff bei gegebener Temperatur der Verschiebung zweier benachbarter paralleler Schichten entgegensetzt. Die Viskosität beruht auf der inneren Reibung der Moleküle oder Molekülaggregate und nimmt mit steigender Temperatur ab. Bei idealviskosen Flüssigkeiten (Newtonschen Fl.) ist die Schubspannung (die Kraft pro Flächeneinheit), die die Strömung erzeugt, dem Geschwindigkeitsgefälle senkrecht zur Strömungsrichtung (Schergeschwindigkeit) proportional. Die Proportionalitätskonstante ist die dynamische Viskosität, ihre Maßeinheit die Pascalsekunde (Pa · s) bzw. Milipascalsekunde (mPa · s).
Bei kosmetischen Präparaten hat man es im Allgemeinen mit nicht-Newtonschen Flüssigkeiten zu tun, sondern mit sog. strukturviskosen Stoffen. Darunter fallen z.B. Tensidlösungen, hochmolekulare Stoffe, Emulsionen, Salben oder Gele, deren Molekülaggregate sich unter der Einwirkung von Scherkräften in ihrer räumlichen Struktur verändern. Die Viskosität nicht-Newtonscher Flüssigkeiten ist deshalb von der Schubspannung abhängig und wird erniedrigt, wenn die Moleküle ausgerichtet werden (Scherentzähnung), oder erhöht, wenn die innere Reibung zunimmt (dilatantes Fließverhalten). Im Sonderfall der Thixotropie ist die Viskosität auch von der Einwirkungszeit abhängig.

Vitamin A
(INCI. Retinol) Wird auch als → Retinol bezeichnet. Es reguliert die Verhornung der Haut, wirkt zellregenerierend, mitosefördernd. Vitamin A-Mangel führt zu Trockenheit, Schuppung und Faltenbildung der Haut, Glanzverlust der Haare und Haarausfall. Retinol und sein Provi-

tamin, das β-Carotin, kann in Hautcremes, Ölen, Masken und Haarpflegemittel eingearbeitet werden, wegen seiner Oxidationsempfindlichkeit auch als Retinolester und in Kombination mit Vitamin E.

Vitamin A-Säure
Tretinoin, auch Retinsäure. Die Wirkung ist stark keratolytisch. Verhornungsstörungen können beseitigt und die Zellteilung angeregt werden. Verwendung nur in der dermatologischen Praxis als Schälmittel und zur Aknebehandlung.

Vitamin B
Die B-Vitamine sind als prosthetische Gruppen für Enzyme unentbehrlich. Zu den für die Kosmetik wichtigen Vertretern gehören das B_1 (Thiamin), B_2 (Riboflavin), B_5 (Pantothensäure und Panthenol), B_6 (Pyridoxin) und das Nicotinsäureamid. Sie werden zur Behandlung trockener, schuppender Dermatitis, von Seborrhoe und Dyskeratosen, oft in Form von Hefegesamtextrakten, in Hautcremes und Haarwässern verwendet. Besonders das Panthenol hat als Provitamin B_5 in der Kosmetik Bedeutung erlangt.

Vitamin C
(INCI: Ascorbic Acid) → Ascorbinsäure kann als Radikalfänger oder Antioxidanz eingesetzt werden, ist jedoch in Formulierungen oft nicht ausreichend stabil. Es wird daher häufig der vergleichbar wirksame Palmitinsäureester in Form des Ascorbylpalmitats (INCI: Ascorbyl Palmitate) verwendet.

Vitamin C, öllösliches
(INCI: Ascorbyl Tetraisopolamitate) Vertrieb unter der Handelsbezeichnung *Nikkol VC-IP* (Jan Dekker). Das Vitamin C-Derivat weist eine gute Hitzestabilität auf und zeigt keine Verfärbungen. Es verfügt über eine gute perkutane Absorption und zersetzt sich dort zu freiem Vitamin C. Einsetzbar in Whitening-, Anti-Ageing- und Akne-Produkten.

Vitamin D
Gruppe öllöslicher Substanzen. Das vom Körper selbst unter Einwirkung von UV-Strahlung gebildete D-Vitamin ist das Cholecaliferol (Vitamin D3), es ist auch in Fettleberölen und tierischen Fettgeweben vorhanden. Vitamin D2 (Ergocalciferol) befindet sich in Pflanzen. Ein akuter Vitamin-D-Mangel bei Kleinkindern kann zu Rachitis (Skelettdeformierungen), Überdosierungen zu schweren Intoxikationen führen.

Vitamin E
(INCI: Tocopherol) Das α-Tocopherol (→ Tocopherole) wird ebenso wie Vitamin E-Acetat als Antioxidanz und Radikalfänger in kosmetischen Produkten eingesetzt.

Vitamin E-Acetat
(INCI: Tocopheryl Acetate) Vitamin E-Derivat, das wie Vitamin E verwendet wird.

Vitamin F
Es handelt sich nicht um ein Vitamin im eigentlichen Sinne. Die Bezeichnung wurde früher für essenzielle Fettsäuren (→ Fettsäuren, essenzielle) verwendet, ist heute jedoch kaum noch gebräuchlich.

Vitamin H → Biotin

Vitamine
Sammelbezeichnung für lebensnotwendige organische Wirkstoffe, die im Allgemeinen im menschlichen Organismus nicht gebildet werden können und deshalb als solche oder in Form ihrer Provitamine mit der Nahrung aufgenommen werden müssen. Die Einteilung der Vitamine in fettlösliche (A, D, E, K) und wasserlösliche (B-Gruppe und C) erlaubt Rückschlüsse auf ihr Vorkommen in den verschiedenen Nahrungsmitteln. Bei unzureichendem Vitaminangebot kommt es zu Hypovitaminosen oder Avitaminosen, bei Vitaminüberschuss zu Hypervitaminosen, die bei den fettlöslichen Vitaminen A und D Gesundheitsschäden verursachen können. Aus diesem Grund ist die Verwendung von D-Vitaminen in kosmetischen Präparaten nicht erlaubt. Die meisten der bekannten Vitamine sind für die Gesundheit der Haut und der Haare unentbehrlich. Da sie auch bei äußerlicher Anwendung eine günstige Wirkung zeigen, werden sie vielen kosmetischen Präparaten zugesetzt.

Vitiligo → Scheckhaut

VOC
Abkürzung für Volatile Organic Compound = Mischung flüchtiger organischer Substanzen. In den USA sind in kosmetischen Produkten Höchstmengen für leicht flüchtige Substanzen vorgeschrieben.

W

Wachsalkohole
Höhere Alkohole mit langen unverzweigten oder verzweigten Kohlenwasserstoffketten mit mehr als 18 C-Atomen, die als Spaltstücke von Wachsen bekannt sind, z.B. Cerylalkohol $C_{26}H_{53}OH$, Myricylalkohol $C_{30}H_{61}OH$. → Wollwachsalkohole

Wachse
Sammelbezeichnung für Substanzen natürlichen oder synthetischen Ursprungs, die bei Raumtemperatur fest oder knetbar sind. Sie können auch brüchig hart, grob bis feinkristallin, durchscheinend oder opak sein. Sie schmelzen ohne Zersetzung und sind oberhalb des Schmelzpunktes dünnflüssig. In Kombination mit verschiedenen Ölen lassen sich daraus Fett- bzw. Ölphasen herstellen, die zur Herstellung von Cremes und Emulsionen dienen. Je höher der Wachsanteil gewählt wird, desto fester wird auch das Endprodukt. In reinen Fettprodukten (Stifte, Salben oder Pasten) dienen Wachse meist als Strukturgeber und Konsistenzregler. Je nach Substanz werden auch der Glanz, die Elastizität und das Erstarrungsverhalten des Endproduktes mit beeinflußt.
Nach ihrer Herkunft sind die Wachse einzuteilen in: Natürliche pflanzliche Wachse wie Carnaubawachs, Candelillawachs, Jojobaöl; tierische Wachse wie Bienenwachs, Wollwachs, Walrat; natürliche und synthetische Mineralwachse (Hartparaffin, Ceresin, Ozokerit) und synthetische Wachse, die sowohl rekonstituierte Esterwachse sein können als auch Polyethylenglykol- oder Polyethylenglykolesterwachse, Silicone o.Ä. Chemisch bestehen die pflanzlichen und tierischen Wachse überwiegend aus Estern höherer Fettsäuren mit Wachsalkoholen und geringen Mengen an Kohlenwasserstoffen, freien Wachssäuren und Wachsalkoholen. Die Mineralwachse sind Gemische höherer Kohlenwasserstoffe. Die synthetischen Wachse können dagegen sehr unterschiedlich zusammengesetzt sein: Es sind Ester aus geradkettigen oder verzweigten, gesättigten oder ungesättigten, niederen oder höheren Fettsäuren und Alkoholen, höhere gesättigte Fettsäuren, Fettalkohole oder Polymere.

Wachsester → Wachse

Wachssäuren
Hochmolekulare Fettsäuren, die verestert in Wachsen enthalten sind: Lignocerinsäure $C_{24}H_{48}O_2$, Cerotinsäure $C_{26}H_{52}O_2$, Octacosansäure $C_{28}H_{56}O_2$, Melissinsäure $C_{30}H_{60}O_2$.

Wärmeempfindung → Temperatursinn, → Ruffinische Endkörperchen.

Wärmeregulation
Wärmebildung und Wärmeabgabe werden von Wärmezentren im Gehirn gesteuert. Die Wärmebildung erfolgt durch Steigerung der Stoffwechselvorgänge, die Wärmeabgabe durch Ableitung, Strahlung und Wasserverdunstung. → Temperaturregelung durch die Haut

Wärmeschutz
Die Haut und das Unterhautfettgewebe schützen aufgrund ihrer schlechten Wärmeleitfähigkeit den Körper vor Wärmeverlust. Die Funktion der Haut kann durch → Kälteschutzmittel unterstützt werden.

Walnussschalenextrakt
Wird aus dem grünen Exokarp und Mesokarp der Früchte des Walnussbaumes (Juglans regia) gewonnen und enthält als Wirkstoff Hydrojuglon, das durch Sauerstoffeinwirkung in den haut- und haarbräunenden Farbstoff Juglon übergeht.
Walnussschalenextrakt kann auch Selbstbräunern als Nuancierungsmittel zugesetzt werden, um den gelblichen Farbton, der durch DHA auf der Haut hervorgerufen wird, zu korrigieren.

Walrat
Weiße, wachsartige, grobblättrige Masse von eigenartigem Geruch, das aus den Knochenhöhlen und dem Speck des Pottwals gewonnen wird. Hauptbestandteil ist Palmitinsäurecetylester, daneben sind Laurin- und Myristinsäurecetylester enthalten sowie geradzahlige Ester mit 28–36 C-Atomen. F. 43–48 °C. Walrat wurde früher zur Herstellung hochwertiger Cremes ver-

wendet. Da seit Januar 1982 für den EG-Bereich die Verwendung von Walraterzeugnissen in kosmetischen Produkten nicht mehr zugelassen ist, setzt man heute im Allgemeinen Cetylpalmitat ein.

Walratöl → Spermöl

Wangenrot → Rouge

Warzen
(lat. verruca) Umschriebene, virusbedingte gutartige Akanthome. Man unterscheidet:
Verrucae vulgares: Stachelwarzen; gewöhnliche Warzen an Händen und Füßen, meist halbkugelig geformt mit zerklüfteter, blumenkohlartiger Oberfläche.
Verrucae planae juvelines: meist nur wenige Millimeter große Flachwarzen, die vorwiegend bei Kindern im Gesicht, an Armen und Beinen auftreten und dabei eine glatte Oberfläche aufweisen.
Verrucae plantares: Dornwarzen, Fußwarzen; flache Warzen, die dornartig in die Haut einwachsen und an den Fußsohlen schmerzhaft sein können.
Verruca seniles/seborrhoicae: Alterswarzen; hellbraune bis dunkelbraune, fettige, wie aufgesetzt wirkende Hautgebilde, die linsen- bis bohnengroß sein können und auch vermehrt auftreten können. Leichter Juckreiz möglich.
Lokale Behandlung durch den Arzt mit Keratolytika, Zytostatika, mit flüssigem Stickstoff (Kryotherapie), Diathermie etc.

WAS
Abkürzung für „waschaktive Substanzen". Dieses sind oberflächenaktive Stoffe, die den Wasch- und Reinigungspräparaten ihre Wascheigenschaften verleihen. → Tenside

Waschcremes → Reinigungsemulsion

Waschlotion
Auch Cleansing Gel/Lotion. Allgemeiner Begriff für flüssige Tensidpräparate, die zur Hautreinigung mit Wasser angeschäumt und dann abgespült werden (z. B. Duschbad oder Flüssigseife).

Waschrohstoffe
Aus der Vielzahl der im Handel befindlichen Mittel sind für kosmetische Präparate die folgenden von Bedeutung: Alkylsulfate, Alkylethersulfate, Sulfobernsteinsäureester, Fettsäuresarkosinate, -methyltauride und -peptidkondensate sowie die Amphotenside vom Betaintyp, Alkylaminopropionate und Imidazolinderivate. Sie werden in Waschmitteln, Shampoos und Schaumbädern eingesetzt. In Stückseifen wird die Seife (Alkalisalze der Fettsäuren) als Waschrohstoff immer noch häufig verwendet.

Wasser
Nach der Herkunft des Wassers unterscheidet man: Quellwasser (Mineralwasser), Grundwasser, Oberflächenwasser (aus Flüssen, Seen etc.), Regenwasser und Meerwasser. Mit Ausnahme des Regenwassers enthalten alle Arten mehr oder weniger große Mengen an gelösten Salzen. Die Aufarbeitung des natürlichen Wassers richtet sich nach dem Verwendungszweck: Das industrielle Brauchwasser muss von den die Wasserhärte bildenden Salzen befreit werden, um Kesselstein, Korrosion und Leitungsverstopfungen zu vermeiden. Das Trinkwasser darf vor allem keine pathogenen Keime oder andere gesundheitsschädliche Stoffe enthalten, es wird aber für häusliche Zwecke im Allgemeinen nicht entsalzt. Für die Herstellung kosmetischer und pharmazeutischer Präparate wird gereinigtes Wasser verwendet. Dieses kann destilliertes Wasser sein oder durch Ionenaustauscher oder Umkehr-Osmose demineralisiertes und den Anforderungen entsprechend keimfrei gemachtes Wasser.

Wasserdampfdestillation
Methode zur Gewinnung ätherischer Öle. Der Siedepunkt einer Substanz ist die Temperatur, bei der ihr Dampfdruck dem Druck der umgebenden Atmosphäre gleich ist. Bei der Destillation zweier nicht miteinander mischbarer Substanzen setzt sich der Gesamtdampfdruck aus den Dampfdrücken der Komponenten bei der jeweiligen Temperatur zusammen. Erhitzt man eine Droge, die ein flüchtiges ätherisches Öl enthält, im Gemisch mit Wasser zum Sieden (oder behandelt sie mit Wasserdampf), so sind im Destillat außer Wasser bestimmte Anteile des ätherischen Öls kondensiert, wobei die Molmengen den Partialdrücken entsprechen. Auf diese Weise können hochsiedende Öle weit unterhalb ihres Siedepunkts mit Wasserdampf destilliert werden.

Wasserentkeimung

Die Entkeimung kann durch Erhitzen auf 80 °C, durch Membranfiltration, durch Ultraviolettbestrahlung oder auch durch Ozonisierung erfolgen. Wasserentkeimung ist notwendig speziell bei durch Ionenaustauscher entmineralisiertem Wasser, da dieses meist einen hohen Keimgehalt aufweist. Bei Verwendung von keimfreiem oder keimarmem Wasser zur Herstellung kosmetischer Präparate kann der Gehalt an Konservierungsmitteln gesenkt werden.

Wasserhärte

Leitungswasser enthält in Abhängigkeit von Landschaft und Jahreszeit gelöstes Calciumhydrogencarbonat, Calciumsulfat, Calciumchlorid, Magnesiumsulfat und Magnesiumchlorid. Die Hydrogencarbonate fallen beim Kochen als Carbonate aus. Sie bilden die vorübergehende oder temporäre Härte. Die restlichen Salze bilden die bleibende (permanente) oder Nichtcarbonathärte. Die Summe von Carbonathärte und Nichtcarbonathärte wird als Gesamthärte bezeichnet.
Die Härte des Wassers wird nach Deutschen Härtegraden (DH) angegeben. Ein Wasser von 1° DH enthält in 100 Litern 1 g CaO (in 1 Liter 10 mg). Für kosmetische und pharmazeutische Zwecke ist die Verwendung von Wasser bis 8° DH erlaubt. Hartes Wasser führt zu Kesselsteinbildung und vermindert die Waschwirkung der Seife beträchtlich. Außerdem können durch die Kalkseifenbildung Hautreizungen und Hautschäden (raue, rissige Haut, Ekzeme) entstehen. → Enthärtungsmittel

Wasserhaushalt des Körpers und der Haut

Der Gesamtwassergehalt des Körpers beträgt beim Erwachsenen 55–60% des Körpergewichtes. Etwa 40–45% des Gesamtwassers befindet sich im Intrazellularraum, etwa 15% im Extrazellularraum. Das Extrazellularwasser ist in Plasmawasser und interstitielles Wasser zu unterteilen. Wassergehalt und -verteilung stehen in enger Beziehung zur Körperoberfläche. Der Gesamtwassergehalt nimmt mit zunehmendem Alter ab.
Die Wasseraufnahme erfolgt mit der Aufnahme von Flüssigkeit, mit der Aufnahme fester Nahrungsmittel, durch Bildung von Oxydationswasser im intermediären Stoffwechsel. Die Wasserabgabe erfolgt durch Harn, Fäzes und Perspiratio insensibilis.

Der Wasserhaushalt ist mit dem Elektrolythaushalt funktionell eng verknüpft, denn für den Ablauf vitaler Vorgänge ist ein definierter (genau bestimmter) Elektrolytbestand des Organismus Voraussetzung.

Wassermangel der Haut

Je größer die Wasserverdunstung bei mangelnder Wasserbindefähigkeit der Keratinschicht, desto stärker die Austrocknung. Die Haut wird faltig, fühlt sich trocken an und zeigt eine Elastizitätsminderung. Eine angehobene Hautfalte bleibt längere Zeit bestehen.

Wasserspeicherung der Haut, krankhafte

Eine Speicherung von Wasser im Unterhautfettgewebe wird als Gewebewassersucht oder Ödem bezeichnet. Ödeme, die auf einer Wasserspeicherung der Haut beruhen, hinterlassen beim Eindrücken des Fingers in die aufgedunsen und schwammig erscheinenden Körperpartien eine Delle, die sich nur langsam wieder zurückbildet. Ursache der Ödembildungen können u. a. Herz- und Nierenerkrankungen sein. Sie ist durch den Arzt festzustellen.

Wasserstoffbrückenbindung

Nebenvalenzbindung, die sich zwischen einem Wasserstoffatom, das an ein elektronegatives Element (Protonendonator) kovalent gebunden ist, und dem einsamen Elektronenpaar eines anderen elektronegativen Atoms (Protonenakzeptor) ausbildet. Als Protonendonatoren und -akzeptoren können Sauerstoff-, Stickstoff-, Schwefel- oder Halogenatome wirken.
Beispiele: Beim Wasser und beim Ethanol kann das Wasserstoffatom einer Hydroxylgruppe mit dem Sauerstoffatom einer benachbarten Molekel eine Brückenbindung eingehen; dadurch bilden sich größere Aggregate, die einen geringeren Dampfdruck und einen höheren Siedepunkt zur Folge haben. So ist auch die Wasserlöslichkeit von Alkoholen, Mono- und Disacchariden und von ethoxylierten Verbindungen zu erklären. Bei letzteren bilden sich die Wasserstoffbrücken zwischen den Sauerstoffatomen der Ethylenoxidketten und den Wasserstoffatomen des Wassers aus. Die Strukturen vieler Naturstoffe kommen durch Wsserstoffbrückenbindungen zu Stande, so bei Stärke, Cellulose und Polypeptiden. Die Helixstruktur von Polypeptidketten wird durch Nebenvalenzen zwischen Wasserstoffatomen von NH-Gruppen und

räumlich günstig gelegenen Sauerstoffatomen der CO-Gruppen gefestigt. Im Gegensatz zu Peptid- und Disulfidbindungen sind Wasserstoffbrückenbindungen leichter spaltbar als diese. Wasserstoffbrückenbindungen zwischen den Aminosäuren 1 und 5, 3 und 7, 5 und 9 etc.

fähigkeitsmessungen von reinem Wasser hat man festgestellt, dass bei einer Temperatur von 22 °C in 10 Millionen (10^7) Liter Wasser 1 Mol Wasser (18 g) in Wasserstoff- und Hydroxidionen aufgespalten ist. Da die H$^+$-Ionen jeweils mit einem zweiten Wassermolekül reagieren, ergeben sich als Anlagerungspunkte H$_3$O$^+$-Ionen (Hydroxoniumionen). In reinem Wasser bei neutraler Reaktion beträgt also die Wasserstoffionenkonzentration [H$_3$O$^+$] in 1 Liter 10^{-7} und die Hydroxidionenkonzentration [OH$^-$] ebenfalls 10^{-7}. Das Ionenprodukt des Wassers ist demnach 10^{-14}. Bei Erhöhung der H$^+$-Ionenkonzentration, die eine Erniedrigung der OH$^-$-Ionenkonzentration zur Folge hat, tritt saure Reaktion auf; bei Erniedrigung der H$^+$-Ionenkonzentration, die eine Erhöhung der OH$^-$-Ionenkonzentration zur Folge hat, tritt alkalische Reaktion auf.

Die Bestimmung der Wasserstoffionenkonzentration erfolgt elektrometrisch oder kolorimetrisch mittels Indikatoren oder Indikatorpapieren.

Wasserstoffperoxid
(INCI: Hydrogen Peroxide) H$_2$O$_2$. Da die Lösungen sich im alkalischen Bereich unter Aufbrausen zersetzen, werden sie mit Schwefelsäure, Phosphorsäure oder Natriumdiphosphat stabilisiert. Spuren von Schwermetallen katalysieren die Zersetzung. Wasserstoffperoxidlösungen sind starke Oxidationsmittel. Sie müssen vor Licht und Wärme geschützt aufbewahrt werden. In der Kosmetik ist die Verwendung in Haarbehandlungsmitteln (z. B. Oxidationshaarfarben) bis zu einer Konzentration von 12% zulässig.

Wasserwelle
Temporäre Verformung der Haare. Durch Wasser und Wärme werden die Wasserstoffbrücken des Keratins geöffnet und die elektrostatischen Ionenbindungen geschwächt. Die durch Wickler erzielte Verformung wird fixiert, indem die Wasserstoffbrücken und die Ionenbindungen durch Trocknen wieder hergestellt werden. Durch Haarfestiger kann die Frisur haltbarer gemacht werden.

Wasserzahl
Das Wasseraufnahmevermögen von Absorptionsbasen wird durch die Wasserzahl definiert. Die Wasserzahl gibt die Höchstmenge Wasser in g an, die von 100 g einer wasserfreien Salbengrundlage bei gewöhnlicher Temperatur (20 °C)

Wasserstoffionenkonzentration
Menge der Wasserstoffionen in einem bestimmten Flüssigkeitsvolumen. Aufgrund von Wechselwirkungen zwischen den Wasserstoffionen und anderen in der wässrigen Lösung enthaltenen Ionen und Molekülen ist jedoch die potenziometrisch gemessene Wasserstoffionenkonzentration im Allgemeinen kleiner als die analytische Konzentration. Diese gemessene Konzentration bezeichnet man als die Wasserstoffionenaktivität, ihren negativen dekadischen Logarithmus als den → pH-Wert. Durch elektrische Leit-

dauernd festgehalten wird. Die Höhe dieser Zahl wird durch die in den Absorptionsbasen enthaltenen Emulgatoren bestimmt. Im Allgemeinen soll eine gute Absorptionsbase einen Wassergehalt von 60% erreichen und dabei stabil bleiben.

Waterproof-Mascara
(engl. waterproof = wasserfest) Bezeichnung für wasserresistente Wimperntusche. → Mascara

Watte
Als Watte können alle Produkte auf Faserstoffgrundlage bezeichnet werden, die roh oder gebleicht einen Krempelprozess durchlaufen haben. Watten für Kosmetik und Hygiene bestehen aus Baumwolle oder Zellwolle oder Mischungen von beiden. Baumwollwatte sind natürliche, gereinigte und gebleichte Baumwollhaare, in sich gedrehte Cellulosefasern mit einer Mindestlänge von 10 mm. Watte aus Zellwolle besteht dagegen aus nach dem Viskose-Verfahren gesponnenen, glatten Fasern aus regenerierter Cellulose, die auf eine Länge von 30–40 mm geschnitten werden. Sie werden gelegentlich mit optischen Aufhellern geschönt.

Weichmacher
Plastifikatoren. Substanzen, die die Strukturen von plastischen Stoffen so verändern, dass diese an Elastizität, Geschmeidigkeit und Haftfestigkeit zunehmen. Weichmacher werden z. B. in Kunststoffen eingesetzt, wo sie bei der „inneren" Weichmachung durch Copolymerisation in das Makromolekül mit eingebaut werden, bei der „äußeren" Weichmachung dagegen nachträglich über zwischenmolekulare Bindungskräfte an die Makromoleküle angelagert werden und dadurch deren Struktur auflockern. In der Kosmetik werden Weichmacher in Haarsprays und Nagellacken eingesetzt. Als äußere Weichmacher sind kleine Moleküle mit polaren Gruppen (–COOR) geeignet, sie müssen einen hohen Siedepunkt und gute Lösungs- oder Quellfähigkeit für den Kunststoff haben, geruchlos, farblos, kälte- und wärmebeständig sein und, da sie zum „Auswandern" neigen, müssen sie physiologisch unbedenklich sein. Man verwendet: Phthalsäureester, aliphatische Dicarbonsäureester (Adipate, Sebacate), Zitronensäureester und Fettsäureester mit niedermolekularen Alkoholen (Butylstearat, Isopropylmyristat), daneben Rizinusöl, Campher,

Nitrocelluloselacke und Polyethylenglykole, Sorbit u. Ä. für Haarfestiger.
Man spricht auch von Weichmachern und Plastikfiktoren in Stückseifen. Sie sollen Sprödigkeit und Rissbildung verhindern. Zu diesem Zwecke werden Metallseifen oder synthetische Wachse den Grundseifen zugesetzt.
Weichmacher im Sinne der Haut-Weichmachung sind → Emollients.

Weingeist → Ethanol

L(+)-Weinsäure
(INCI: Tartaric Acid) 2,3-Dihydroxybernsteinsäure. Aufgrund der beiden strukturell gleichartigen asymmetrischen C-Atome existieren 2 optisch aktive Formen und deren Racemat, sowie die inaktive nicht spaltbare Mesoweinsäure. Die wässrigen Lösungen der natürlichen, aus Weinstein gewonnenen Weinsäure sind rechtsdrehend. Als Säurekomponente für Sauerstoff- und Kohlensäurebäder, für Gesichts- und Rasierwässer, Haarspülungen und in Antischweißmitteln.

$$\begin{array}{c} \text{COOH} \\ | \\ \text{H}-\text{C}-\text{OH} \\ | \\ \text{HO}-\text{C}-\text{H} \\ | \\ \text{COOH} \end{array}$$

Weiselfuttersaft → Gelée Royale

Weißeln
Beim Einreiben einer kosmetischen Emulsion auf die Haut kann es zum „Weißeln" der Creme kommen, d. h. zur Ausbildung eines weiß feinblasigen Kugelschaums. Dieser oft als störend empfundene Effekt wird durch Einkneten von Luft in die Emulsion hervorgerufen und ist abhängig vom Emulgatorsystem. Das Weißeln lässt sich verhindern durch Zusatz von Siliconen, mehrfach verzweigten Alkoholen, Fetten o. Ä.

Weißfleckigkeit der Nägel → Leukonychie

Weißpigmente
Dazu gehören: Titandioxid, Zinkweiß (Zinkoxid) und Bariumsulfat, die häufig im Bereich der dekorativen Kosmetik verwendet werden.

Weizenkeimöl → Getreidekeimöl

Weizenkleie
Kosmetisch verwendet werden die Extrakte der Weizenkleie. Sie enthalten Fette, Sterole, Phospholipide, Tocopherole u. a., die in Badepräparaten, Gesichtspackungen und Haarkuren eine pflegende, konditionierende Wirkung entfalten.

Wellness
Oberbegriff, der aus den engl. Wörtern wellbeing (= Wohlergehen) und fitness (= Fitness, Gesundheit) zusammensetzt und allgemein für Behandlungen oder Maßnahmen verwandt wird, die zur Erhaltung der Gesundheit und des Wohlbefindens beitragen. → Wellness-Behandlungen

Wellness-Behandlungen
Die im Rahmen von Wellness-Behandlungen angebotenen Maßnahmen sind nicht fest definiert. Es kann sich um spezielle Massagen, wie z. B. Fußreflexzonenmassage, Fingerdruckmassage, Bewegungsmeditation (Qui Gong), Spa- oder Thalasso-Anwendungen handeln. Auch kosmetische Behandlungen (durch die Kosmetikerin ausgeführt), Sauna-Aufenthalte und Dampfbäder usw. sind diesem Bereich zuzuordnen.

Wet Wipes
Engl. Bezeichnung für → Feuchttücher.

Wetgel
Haarstylingprodukt, das in nasse oder trockene Haar eingearbeitet werden kann. Es handelt sich meist um durchsichtige, eingefärbte oder trübe → Haargele auf wässriger oder wässrig alkoholischer Basis. Sie enthalten neben Filmbildnern, Parfümölen und Gelbildnern auch Feuchthaltemittel wie z. B. Glycerol. Nach dem Trocknen des Wetgels wird das Haar durch die Filmbildner fixiert und erscheint gleichzeitig so, als sei es nass.

Wet-Look-Gel → Wetgel

Whitening-Produkte
Auch Skin-Lightening, früher Bleichcremes. Engl. Bezeichnung für Produkte, die auf der Haut aufgetragen eine aufhellende Wirkung entfalten. Darreichungsformen sind meist Emulsionen oder Stifte. Anwendungsgebiete: Pigmentierungsstörungen, Sommersprossen oder Alterspigmentierungen. Teilweise werden aufhellende Präparate auch für die von Natur aus dunkle Haut angeboten (Ethnokosmetik).
Als Wirkstoffe kommen Sauerstoff abspaltende Verbindungen (z. B. Wasserstoffperoxid) oder Tyrosinasehemmer (z. B. Arbutinderivate) und Ascorbinsäure infrage. Der Einsatz von Tyrosinasehemmern unterbindet die Oxidation von Tyrosin zu Dihydroxyphenylalanin, einer Vorstufe des → Melanins und verhindert so seine Bildung. Die Depigmentierung ist jedoch nicht dauerhaft, da die Melanozyten in ihrer Funktion nicht beeinträchtigt werden und somit die Neubildung von Melanin fortbesteht. Sichtbare Behandlungserfolge können u. U. erst nach Wochen oder Monaten erkennbar werden. Hydrochinon, das auch als Tyrosinasehemmer eingesetzt wurde, ist aus toxikologischen Gründen nicht mehr zugelassen, Kojicsäure gilt als umstritten. Zu den mild wirkenden biologischen Wirkstoffen zählen Milchsäure, Zitronen- und Gurkensaft.

Wiesendermatitis
Entsteht bei Berührung der Haut mit Gras während des Sonnenbadens. Als Ursache wurde das im Wiesenbärenklau und anderen Doldengewächsen und in Hahnenfußgewächsen enthaltene Furocumarin festgestellt. Auf der menschlichen Haut entstehen an den Berührungsstellen Jucken, Flecke, Quaddeln und Blasen.

Wimpern
(lat. cilia, Mz.) Borstenhaare. Sie gehören zu den Terminalhaaren. Die Wimpern sind in zwei bis drei Reihen im Augenlid verankert. Jede Wimper hat an ihrer Wurzel eine kleine Talgdrüse (Mollsche Drüse). Die Wimpern sind Hilfsorgane des Auges, die als Melde- und Warnsystem fungieren. Kommt ein Fremdkörper in den Wirkungsbereich der Augenwimpern, dann wird ein Schließen der Augenlider und damit ein Schutz des Augapfels bewirkt.
Künstliche Wimpern sind Streifen von natürlichem oder künstlichem Haar, die mit speziellen hautfreundlichen, gut haftenden, aber leicht zu entfernenden Klebstoffen an den Augenlidern angebracht werden.

Wimpernfärbung
Die dauerhafte Färbung der Wimpern mit Oxidationsfarben ist nur für gewerbliche Verwendung zulässig. Sie basiert auf den gleichen Farbkomponenten wie die Haarfärbemittel, wegen der Empfindlichkeit der Augenpartie wird aber

mit Mono- oder Triethanolamin alkalisiert anstelle von Ammoniak. Auch sollte die Wasserstoffperoxidmenge so gering wie möglich gehalten werden. Vorübergehende Akzentuierung der Wimpern → Mascara.

Wimperntusche → Mascara

Windbrand
Hautentzündung, die durch starken Wind ohne Sonnenbestrahlung verursacht wird und einem Sonnenbrand ähnlich ist.

Wintergrünöl
Gaultheriaöl. Das in der nordamerikanischen Pflanze Gaultheria procumbens vorkommende ätherische Öl enthält als Hauptbestandteil (96–98%) Methylsalicylat. Der Geruch ist phenolisch, aber angenehmer als der des reinen synthetischen Esters. Verwendung in der Parfümerie und zur Aromatisierung von Mundpflegemitteln.

Wipes
(engl. wipe = auf-/abwischen) Englischer Ausdruck für (meist getränkte) Tücher, die sich zum einmaligen Produktauftrag oder zur Hautreinigung eignen. Siehe auch → Feuchttücher.

Wirksamkeit
Die Wirksamkeit von kosmetischen Mitteln lässt sich durch Messung verschiedener physikalischer und physiologischer Effekte an der Haut verfolgen. Messbar sind u.a.: Hauttemperatur, Wärmeabgabe, Hautfeuchtigkeit, Wasserdampfdurchlässigkeit, Quellung, pH-Wert, Lichtschutz, Spreitung, Schuppung, Keimreduzierung, Substantivität, Entfettung, Rückfettung, Elastizität, Pufferkapazität, Resorption.

Wismutverbindungen → Bismut ...

W/O-Emulsionen
Kurzform für Wasser-in-Öl-Emulsionen. → Emulsionen

Wollfett → Wollwachs

Wollhaare
Flaumhaare → Haararten

Wollwachs
(INCI: Lanolin) Adeps lanae Ph. Eur. 2001. Die bei der Aufbereitung der Schafwolle gewonnene gereinigte salbenartige Masse, der geeignete Stabilisatoren (Antioxidanzien) zugesetzt sein können. Reines Wollwachs ist öllöslich und fast geruchsfrei. Tropfpunkt 36–42 °C. Es besteht zu 95% aus Estern höherer Fettsäuren (→ Wollwachsfettsäuren) mit Wollwachsalkoholen, ca. 3% freien Alkoholen und 1–2% Kohlenwasserstoffen und freien Säuren. Die Cholesterolester verleihen dem Wollwachs hydrophilen Charakter, sein Wasseraufnahmevermögen beträgt 200–300%, wobei stabile W/O-Emulsionen gebildet werden. Verwendung zur Herstellung von Salben, Hautcremes und als Überfettungsmittel und Emollient.

Wollwachsalkohole
(INCI: Lanolin Alcohol) Gemisch von Sterolen und aliphatischen Alkoholen aus dem Wollwachs. Hellgelbe bis bräunlich gelbe, öllösliche wachsartige Masse. Tropfpunkt 64–72 °C. Hauptbestandteil der Wollwachsalkohole ist das Cholesterol (ca. 30%), dann folgen mit 27% das Lanosterol und Lanosterol-ähnliche Verbindungen. Die aliphatischen Alkohole (ca. 20%) setzen sich zusammen aus C_{18}–C_{30} n-Alkoholen, C_{16}–C_{26} iso-Alkoholen, Alkandiolen und iso-Alkandiolen. Verwendung der Wollwachsalkohole als Fettkomponente in Salben, Pasten und Emulsionen sowie als Emulgator und zur Herstellung von Derivaten.

Wollwachsderivate
Durchfraktionierte Kristallisationen lassen sich in flüssige und wachsartige Komponenten des Wollwachses trennen.
Die flüssigen Fraktionen sind auch als ethoxylierte/propoxylierte Produkte in mehr oder weniger löslicher oder dispergierbarer Form erhältlich.
Durch Acetylierung des Wollwachses lässt sich die Öllöslichkeit verbessern. In allen Derivaten sollen die konditionierenden Eigenschaften des Wollwachses erhalten bleiben.

Wollwachsfettsäuren
Die in den Wollwachsestern enthaltenen Fettsäuren sind geradzahlige C_{10}–C_{26} n-Fettsäuren, Hydroxyfettsäuren und verzweigte iso-Säuren sowie auch ungeradzahlige C_9–C_{29} iso-Säuren.

Wollwachsfettsäureisopropylester
Ester mit gutem Spreitvermögen und hauptflegenden Eigenschaften. Dispersionsmittel für Pigmente.

W/O/W-Emulsionen
Kurzform für Wasser-in-Öl-in-Wasser-Emulsionen. Form einer → multiplen Emulsion, bei der die Wasserphasentröpfchen von Ölphasentröpfchen umgeben sind, die ihrerseits wieder von der Wasserphase umschlossen werden. Die Wasserphase bildet dabei die äußere Phase.

Wundliegen → Dekubitus

Wundrose → Erysipel

Wundsein
Hautwolf → Intertrigo

Wurzelfüßchen
Sie bilden die Verbindung zwischen der Basalzellenschicht und der darunter liegenden Lederhaut.

Wurzelgranulom
Granulationsgewebe an der Wurzelspitze von Zähnen als Zeichen einer chronischen Periodontitis. Zu Zystenbildung neigende, oft Bakterien enthaltende Herde.

Wurzelhaut → Periodontium

Wurzelhautentzündung = Periodontitis

Wurzelscheiden
Epithelialer Teil des Haarfollikels. Die innere Wurzelscheide entspricht der Hornschicht der Oberhaut, die äußere Wurzelscheide der Keimschicht. Talgdrüsen und apokrine Schweißdrüsen sind Anhangsgebilde der äußeren Wurzelscheide.

X

Xanthan
(INCI: Canthan Gum) Xanthan-Gummi ist ein biotechnologisch hergestelltes Polysaccharid, das von Xanthomonas campestris aus Glucose oder hydrolysierter Stärke erzeugt wird. Es löst sich gut in heißem Wasser unter Bildung eines Hydrokolloids von hoher Viskosität, das stabil ist unter extremen pH-, Temperatur- oder Salzkonzentrationsbedingungen. Es kann als Stabilisierungs- und Verdickungsmittel für Emulsionen, Gele, Zahnpasten u. a. verwendet werden.

Xanthelasma
(gr. xanthos = gelb; elasma = Platte) Hellgelbe Platten von Cholesterolablagerungen an den Augenliedern, die im fortgeschrittenen Alter auftreten. Zur Entfernung der Xanthelasmen wird ärztlicherseits ein Ausschneiden empfohlen.

Xanthene → Xanthenfarbstoffe

Xanthenfarbstoffe
Farbstoffgruppe, die vom Aufbau her mit den Triarylmethanfarbstoffen verwandt sind. Kennzeichnend ist das zentrale Kohlenstoffatom, das mit drei Aryl-Resten verbunden ist und ein weiteres Ringsystem mit einer Sauerstoffbrücke enthält. Erythrosin ist ein wasserlöslicher, rosaroter Xanthenfarbstoff, der als unlöslicher Farblack auch in dekorativen Kosmetika eingesetzt werden kann.

Xanthom
Gelbknoten. Meist gutartige, mit der Haut auf der Unterlage verschiebbare, hirsekorngroße, plane, papulöse oder tuberöse Knoten von gelber Farbe, die bei Störungen des Lipidstoffwechsels entstehen und nur chirurgisch entfernt werden können.

Xanthophylle
Gruppenname für oxidierte Carotinoide. Xanthophyll, α-Carotin-3,3'-diol, gelber Blatt- und Blütenfarbstoff, der auch im Eidotter vorkommt und als Lebensmittelfarbstoff sowie für kosmetische Produkte zugelassen ist.

Xanthotoxin → 8-Methoxypsoralen

Xerodermie
Medizienischer Ausdruck für Trockenheit der Haut.

Xylol
Dimethylbenzol, $C_6H_4(CH_3)_2$. Es gibt drei Isomere: ortho-, meta- und para-Xylol. Verwendung als Lösungsmittel.

Y

Yamswurzel
(INCI: Dioscorea Villosa) Yams ist eine Pflanze aus der Familie der Schmerwurzgewächse, die in tropischen und gemäßigten Zonen vorkommt. Zu den Hauptinhaltsstoffen des getrockneten Wurzelstocks zählen neben Stärke (ca. 80%) Saponine und Pryridinalkaloide. In kosmetischen Präparaten können die Extrakte als entzündungshemmender Wirkstoffzusatz eingesetzt werden.

Yeux
(franz. yeux = Augen)

Ylang-Ylang-Öl
Ätherisches Öl von Cananga odorata. Das Öl besitzt einen feinen exotisch blumigen Geruch. Als Hauptbestandteile wurden nachgewiesen: L-Linalool, Geraniol, Eugenol, Isoeugenol, Eugenolmethylether, Safrol, Isosafrol, Methylbenzoat, Methylsalicylat, Benzylalkohol, Benzylacetat, Benzylbenzoat, Cadinen, α-Pinen, Nerol, Farnesol u.a.
Verwendung als Parfümölbestandteil.

Z

Zähne

Zähne
(lat. dens, dentis = Zahn; Mz.: dentes) Die in besonderen Vertiefungen der Kieferknochen, die sog. Zahnfläche (Alveolen), eingelassenen Zähne selbst sind eigentlich nicht Bestandteil des Knochengerüstes, sondern ursprünglich Abkömmlinge der Haut; es sind Hautknochen. Das Zahnbein ist ein Produkt der Lederhaut, der Schmelz wird von der Epidermis erzeugt.

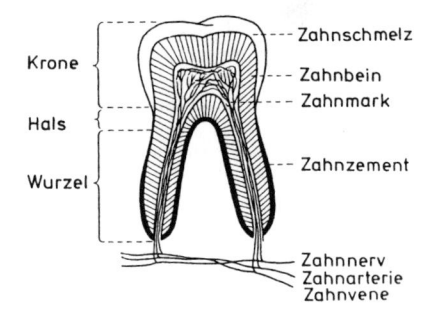

bedeckt und sich von der Mundschleimhaut durch die blasse Farbe und die fehlende Verschiebbarkeit unterscheidet. Das Zahnfleisch wird als Gingiva bezeichnet.

Krone — Zahnschmelz, Zahnbein, Zahnmark
Hals
Wurzel — Zahnzement
Zahnnerv, Zahnarterie, Zahnvene

Zahnschmelz, die äußerste Schicht
Zahnbein oder Dentin, die Hauptmasse des Zahnes
Zahnmark, blut- und nervenreiches Bindegewebe

A = Knochenhaut zwischen Zahn und Kiefer
B = Kieferknochen
C = Zahnfleisch
(A, B, C bilden zusammen das Zahnbett)

D = Zahnnerv, E = Zahnarterie, F = Zahnvene

Teile der Zähne:
Zahnkrone (Corona dentis), Zahnhals (Collum dentis), Zahnwurzel (Radix dentis).
Zusammensetzung der Zähne:
Zahnschmelz (Enamelum, Substantia adamantina), Zahnbein (Dentinum, Dentin, Substantia eburnea), Zahnzement (Cementum, Substantia ossea), Zahnhöhle (Cavum dentis, Pulpakammer, Pulpahöhle), Zahnmark (Pulpa dentis), Wurzelkanal (Canalis radicis dentis).

Das Zahnbett, der Zahnhalteapparat, das Parodontium, besteht aus:
a) Zahnfächern (Alveolen) im Alveolarfortsatz der Kieferkörper. Diese knöchernen Anteile des Parodontiums dienen der Aufnahme der Zahnwurzel. Es sind nach der Tiefe zu konisch verengte Röhren.
b) Marginalem Zahnfleischraum (Gingivasaum). Schleimhaut, die die Alveolarfortsätze

c) Wurzelhaut (Periodontium, Desmodont). Die Wurzelhaut ist ein systematisch angeordnetes Geflecht aus Bindegewebsfasern, das die Befestigung des Zahns und die Ernährung des Zementes bewirkt. Die Wurzelhaut enthält Blutgefäße, Nerven und Lymphgefäße. Die Nerven der Wurzelhaut kontrollieren die Beiß- und Kaufunktion.
d) Wurzelzement (Cementum, Zahnzement). Der Zement entspricht in seiner chemischen Zusammensetzung dem Knochen. Er wird von der Wurzelhaut (Periodontium) gebildet und erhalten. Der Zahnzement ist dem Wurzeldentin (Zahnbein, substantia eburnea) fest angelagert, aber nicht mit ihm organisch verbunden. Er bedingt den Halt des Zahnes in seiner Alveole durch die im Zement verankerten und zum Alveolarknochen ziehenden Gewebstasern (Sharpey-Fasern) der Wurzelhaut.

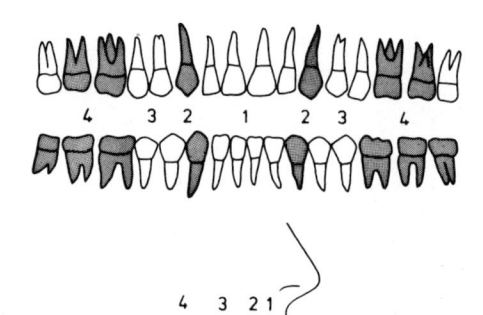

Zahnbein

Das Gebiß
a) das Milchgebiß umfaßt 20 Zähne: 8 Schneidezähne, 4 Eck- und 8 Backenzähne;
b) das permanente Gebiß 32 Zähne.

Bleibende Zähne
1 = Schneidezähne ⎫
2 = Eckzähne ⎬ Frontzähne
3 = (vordere) Backenzähne ⎫
4 = Mahlzähne oder ⎬ Seitenzähne
hintere Backenzähne ⎭

Zahnbein
Dentin, Dentinum, Substantia eburnea. Hauptmasse des Zahnes. Umschließt die Zahnhöhle. Das Zahnbein ist weniger hart als der Zahnschmelz. Es enthält etwa 28% lebende Substanz und ist von einem parallel zur Oberfläche und radiär verlaufenden Fibrillennetz durchzogen. Dentinkanälchen durchziehen das Zahnbein von der Pulpa her bis zur Zahnbein-Zahnschmelzgrenze. Sie enthalten die Fortsätze der Zahnbeinbildner (Odontoblasten) und einzelne Nervenfasern. Das Dentin ist deshalb bei lebendem Zahnmark für Wärme, Berührung und chemische Reize empfindlich, wenn das Dentin, wie z.B. am Zahnhals, freiliegt.

Zahnbelag → Plaque, → Zahnverfärbungen.

Zahnbett → Parodontium, → Zähne.

Zahnbürsten
Gebrauchsgegenstände für die Zahn- und Mundpflege, mit weichen bis harten abgerundeten Kunststoffborsten. Elektrische Zahnbürsten gestatten durch die Vertikalbewegung des Borstenkopfes, der aus abgerundeten Kunststoffborsten besteht, eine gründliche Reinigung besonders der Zahnzwischenräume und darüber hinaus eine intensive Massage des Zahnfleisches. Letztere hat besonders im Hinblick auf die Entstehung von Zahnbetterkrankungen vorbeugende Wirkung. → Zahnpflege

Zahnersatz
Er dient vorwiegend der Wiederherstellung einer normalen Kaufunktion, hat aber auch nicht zu unterschätzende ästhetische und kosmetische Forderungen zu erfüllen (psychischer Faktor).
Unterscheidung zwischen
1. festsitzendem Zahnersatz
a) Einzelzahnersatz: Metallkronen; Jacketkronen (Porzellan oder Kunststoff); Verblendkronen (Metallkronen mit einer Verblendung aus Prozellan oder Kunststoff); Stiftkronen, Halbkronen.
b) Brückenersatz: Dazu sind immer mehrere Brückenanker oder Pfeiler notwendig. Der Brückenkörper ersetzt die eigentlich fehlenden Zähne.
Die Voraussetzung für die Eingliederung eines festsitzenden Zahnersatzes sind eine oder mehrere gesunde tragfähige Zahnwurzeln.
2. herausnehmbarem Zahnersatz
a) Schleimhautgetragene Prothesen. Fast alle Totalprothesen sind schleimhautgetragene Prothesen.
Bei den Teilprothesen bewirkt eine nicht genügende Abstützung am Restgebiss krankhafte Veränderungen am Zahnbett der noch vorhandenen Zähne.
Deshalb ist funktionell wertvoller die
b) abgestützte Prothese (Modellgussprothese. Chrom-, Kobalt-, Molybdänlegierung oder Edelmetall) mit vielfältigen, differenzierten Halte- und Stützelementen.
Hierbei wird der Kaudruck sowohl auf die bedeckende Kieferschleimhaut als auch auf das Zahnbett der Restzähne übertragen.
3. Implantate
Hierbei werden geeignete Gerüst-, Schrauben- oder Blattimplantate im Kieferknochen befestigt und verblockt, die dann als künstliche Zahnstümpfe die eigentliche Prothese tragen.

Zahnfächer
Alveolen. → Zähne

Zahnkaries
Zahnfäule oder auch einfach Karies genannt, ist ein chemisch parasitärer Vorgang, der mit einer mehr oder weniger schnellen Zerstörung der Zahnhartgewebe (Schmelz und Dentin) unter Mitwirkung von Bakterien oder Hefen und sauren Gärungsprodukten einhergeht. Es kommt im Endstadium zu einer Entzündung und Vernichtung des Zahnmarks und kann Infektionen der knöchernen Zahnumgebung und Infektionsausbreitung auf dem Blut- und Lymphwege im ganzen Organismus zur Folge haben (Herdinfektion oder Fokaltoxikose). Die Karies beginnt hauptsächlich an den Stellen des Zahnes, an denen sich ungestört Beläge (→ Plaque) aus Schleim, Nahrungsbestandteilen (vor allem gärungsfähiges Material, Kohlenhydrate, wie Stärke und Zucker) und Bakterien befinden, denen dieser Nährboden zusagt. Zahnzwischenräume und Einkerbungen auf der Zahnfläche (Fissuren) sind besonders gefährdet.
Von den verschiedenen Keimarten der Mundhöhle sind an der Kariesentstehung vor allem der Streptococcus mutans und Aktinomyzeten beteiligt. Die Entmineralisierung des Zahnschmelzes und der enzymatische Abbau der Cuticula denis, später auch der organischen Substanz des Zahnbeins durch Eiweiß spaltende Enzyme werden verstärkt durch Ernährungsfehler (mineralsalz- und vitaminarm, zucker- und kohlenhydratreich), mangelnde Kautätigkeit und schlechte Zahnpflege. Vorbeugende Maßnahmen gegen Karies sind die regelmäßige Anwendung von Zahnpflegemitteln (Fluorzahnpasten, Fluorgeles), und Mundwässern mit Bakterien auflösender oder Bakterien abtötender Wirkung. Natriumlauroylsarkosinat als Schaummittel in Zahnpasten soll ebenfalls kariesprophylaktisch wirken.

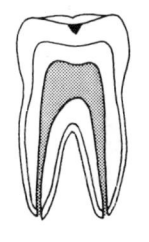

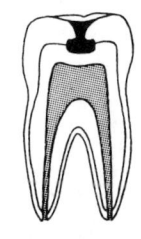

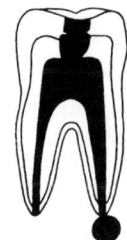

Entwicklung der Karies

Zahnfleisch = Gingiva

Zahnfleischentzündung = Gingivitis

Zahnmark
Pulpa dentis (Kurzform: Pulpa). → Zähne

Zahnpasten
Präparate zur Reinigung und Pflege der Zähne, zur Prophylaxe von Karies, Gingivitis, Plaque und Zahnstein. Zahncremes sind aus Putzkörpern (40–50%), Feuchthaltemitteln (ca. 30%) und Wasser (ca. 10%), Binde- und Verdickungsmitteln (1–2%), Schaummitteln und WAS (bis 2%), Konservierungsstoffen, Aroma- und Geschmacksstoffen und ggf. Spezialwirkstoffen zusammengesetzt.
Putzkörper für täglich verwendete Zahnpasten sollen feinkörnig sein und nicht zu stark abrasiv wirken, um den Zahnschmelz nicht zu verkratzen, während für die gelegentliche Reinigung verfärbter Zähne kräftige Abrasiva einzusetzen sind. Als Putzmittel können gefälltes Calciumcarbonat und/oder Mischungen von Dicalciumphosphatdihydrat mit wasserfreiem Dicalciumphosphat eingesetzt werden. Das wasserhaltige DCP ist grobkörnig und bewirkt geringeren Abrieb als das feinkörnige, sehr harte, wasserfreie DCP. Zur Verhinderung der hydrolytischen Spaltung, bei der freie Phosphorsäure entstehen würde, muss das DCP durch Zusatz von Magnesiumphosphat und/oder Salzen kondensierter Phosphorsäuren ($Na_4P_2O_7$) stabilisiert werden. Dieses ist besonders wichtig bei fluorhaltigen Zahnpasten, um die Bildung von schwer löslichem Calciumfluorid zu verhindern. Außer den genannten Putzkörpern kommen auch das Magnesiumsilikate, Kieselsäure oder Kunstharze zur Anwendung.
Als Feuchthaltemittel werden vor allem Glycerol, Sorbit, Mannit und 1,2-Propylenglykol eingesetzt.
Binde- und Verdickungsmittel bestimmen das rheologische Verhalten der Zahnpasta. Sie sollen sowohl eine leichte Entnahme aus der Tube, als auch stabile Haftung auf der Zahnbürste, gute Verteilbarkeit und physikalische Haltbarkeit garantieren. Es kommen u. a. verschiedene Celluloseether zum Einsatz.
Als Schaummittel und WAS zur Verbesserung der Reinigung und Benetzung dienen Fettalkoholsulfate, Fettsäuretauride und Natriumlauroylsarkosinat, letzteres gleichzeitig als Antienzym.
Aroma- und Geschmacksstoffe (1–1,5%) sind

z.B. Anisöl, Eucalyptusöl, Nelkenöl, Pfefferminzöl, Wintergrünöl, Zimtöl oder Anethol, Cineol, Eugenol, Menthol o. Ä. dazu Süßstoffe oder Süßholzextrakt.
Spezialzusätze mit adstringierender, antiseptischer, konservierender oder antikariöser Wirkung: Aluminiumsalze, Drogenextrakte, Allantoin, Thymol, Benzoesäure, Fluorverbindungen.
→ Fluoridierung
Die anwendungstechnische Prüfung von Zahnpasten umfasst: Reinigungswirkung, Abrasivität, Teilchengröße, Dispergiervermögen, rheologische Eigenschaften und das Schaumverhalten.

Zahnpflege
Wichtigste Maßnahme zur Erhaltung gesunder Zähne und zur Verhinderung von Mundgeruch und Parodontopathien ist die Vermeidung von Belagsbildung. Dazu ist es nötig, die Zähne nach jeder Mahlzeit mechanisch von Speiseresten zu befreien, um den Mikroorganismen der Mundhöhle diese Nährquelle zu entziehen. Die Reinigung und Entfernung der Plaque sollte durch Bürsten, und zwar immer von der Zahnwurzel zur Krone hin, erfolgen. Die Zwischenräume, die man mit der Bürste nicht erreicht, sind mit Zahnstochern oder Zahnseide zu säubern. Durch Spülungen mit Wasser oder Mundwasser oder mit der Munddusche können die löslichen Kohlenhydrate und Speisereste entfernt werden, zur Beseitigung der Beläge ist jedoch der Putzkörper der Zahnpasten nötig. Die Zahnpflege ist nach jeder Mahlzeit zu empfehlen, da die Gärungsvorgänge sonst ungehindert ablaufen können.

Zahnprothesen → Zahnersatz

Zahnprothesenhaftmittel
Um Zahnprothesen sicher auf ihre Unterlage (Gaumen) zu befestigen und ein Wackeln zu verhüten, werden Haftpulver, Haftpasten, Haftfolien oder Gummiplättchen benötigt. Haftpulver und Haftpasten bestehen in der Regel aus Tragant oder Methylcellulose.

Zahnprothesenreiniger → Gebissreinigungsmittel

Zahnschmelz
Enamelum, Substantia adamantina. Härteste Substanz des menschlichen Körpers. Der Zahnschmelz bedeckt die in die Mundhöhle ragende Zahnkrone und besteht aus anorganischen Salzen, zu 97% aus Hydroxylapatit $Ca_{10}(OH)_2(PO_4)_6$. Gefäße und Nerven sind nicht vorhanden. Die Oberfläche des Zahnschmelzes wird von einer dünnen hornähnlichen Schicht überzogen, die als Schmelzoberhäutchen (Cuticula dentis) bezeichnet wird.

Zahnschmelzhypoplasien
Der Herkunft nach erbliche oder rachitische Mineralisationsfehler während der Schmelzbildung. Höckerige oder grübchenförmige Strukturveränderungen im Zahnschmelz, der eine erhöhte Kariesanfälligkeit aufweist. Kosmetisch im Frontzahnbereich sehr störend. Behandlung besteht nur im Abtragen des minderwertigen Schmelzes und nachfolgendem Eingliedern von Jacketkronen.

Zahnstein
Harte Ablagerungen am Zahnkörper, besonders am Zahnhals, die hauptsächlich aus Calciumsalzen (Calciumphosphaten) bestehen, denen Kalium-, Natrium-, Eisen- und Mangansalze, Bakterien und organische Substanz beigemischt sind. Zahnstein kann zur Parodontitis führen und eine Lockerung der Zähne bewirken. In den meisten Fällen ist die Entfernung des Zahnsteins durch den Zahnarzt erforderlich.

Zahnstellungsanomalien
Fehlstellungen der Zähne. Sie haben oft neben der weitaus schwerwiegenderen Störung der Kau- und Atemfunktion sowie der erhöhten Kariesanfälligkeit des Betroffenen eine Beeinträchtigung des Gesichtsausdrucks zur Folge. Sie fallen in das Gebiet der Kieterorthopädie oder Mund-Kiefer-Gesichtschirurgie.
Bestes Behandlungsalter zwischen 9 und 11 Jahren. Im späteren Alter geringere Behandlungserfolge.

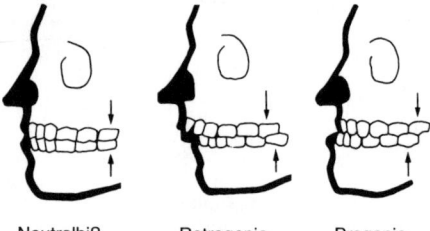

Neutralbiß (neutral)   Retrogenie (Unterkiefer zurück)   Progenie (Unterkiefer vor)

Zahnverfärbungen
Sie können endogene (innerliche) oder exogene (äußerliche) Ursachen haben:
1. endogen:
a) braun verfärbtes Zahnbein bei tief reichender Karies,
b) bei nervtoten Zähnen durch Blutreste in Pulpakammer oder Wurzelkanal,
c) braune Schmelzflecken durch Medikamente, z. B. Antibiotika, in der Zahnmineralisationsperiode (auch schon pränatal) oder durch ätherische Öle (Nelkenöl),
d) weiß gefleckte Stellen durch vermehrte Anlagerung von Fluoriden im Schmelz,
2. exogen
a) dunkelbrauner Belag von Teerrückständen bei Rauchern,
b) weiche, zäh haftende Beläge (→ Plaque),
c) schwarze Beläge, meist von Oxalaten aus Speisen (Rhabarber, Spinat) stammend.

Zahnzement
Cementum, Substantia ossea, ist am einzelnen Zahn von allen drei Hartsubstanzen am schwächsten vertreten und hat die größte Ähnlichkeit mit dem Knochen. Der Zahnzement überzieht in dünner Schicht den ganzen Dentinkern der Wurzel. Von diesem Wurzelelement gehen die wichtigsten Wurzelhautfasern in radialer Richtung aus, die den Zahn gelenkig mit dem Kieferknochen verbinden. Der Zahn ist gewissermaßen in seinem Zahnfach „aufgehängt".

Zein-Test
Zein, das wasserunlösliche Protein des Maiskorns, wird von einer wässrigen Tensidlösung mehr oder weniger gelöst. Da ein direkter Zusammenhang zwischen dem Solubilisierungsvermögen eines Tensids und seiner akuten Reizwirkung auf die Haut besteht, gibt dieser Test Aufschluss über das Irritationspotenzial der untersuchten Substanz.

Zelle
Kleinste, alle Lebenserscheinungen zeigende Einheit aller Organismen. Die Zellen bestehen aus der Zellmembran (bei Pflanzen: Zellwand), dem Zytoplasma, dem Zellkern und den Zellorganellen. Das Zytoplasma ist die Grundsubstanz, in die der Zellkern und die verschiedenen Zellorganellen eingelagert sind. Aus dem Zytoplasma werden die Zellmembranen gebildet. Dieses sind semipermeable Lipidschichten, die durch osmotische, Diffusions- oder Carriervorgänge den Stofftransport ermöglichen. Der Zellkern ist Träger der genetischen Information. Zu den Zellorganellen gehören u. a. die Mitochondrien (Träger der Stoffwechselenzyme), das endoplasmastische Retikulum (Sitz der Eiweißsynthese), die Lysosomen (Auf-, Ab- oder Umbau zelleigener oder zellfremder Substanzen) und das Zentralkörperchen. Gleichartig differenzierte Zellen treten zu Zellverbänden (Geweben) zusammen. Der Wassergehalt der lebenden Zelle beträgt ca. 70%, der Wassergehalt der Zellen der Körnerschicht ist geringer, die Zellen der Hornschicht enthalten nur ca. 10% Wasser.

Zellschädigung → Nekrose

Zellstoff
Technische Cellulose.

Zellteilung
Sie dient der Vermehrung der Zelle.
Amitose
Direkte Zellteilung durch einfache Abschnürung und Halbierung. Vorkommen nur bei niederen Organismen und bei atypischem Kernzerfall.
Mitose
Indirekte Zellteilung, bei der folgende Phasen unterschieden werden:
1. Phase (Prophase): Teilung des Zentralkörperchens. Anordnung der Chromatinkörnchen des Kerns zu einem Knäuelfaden, der beim Menschen in 48 U-förmige Teilstücke (Chromosomen) zerfällt. Um den Zentralkörper ordnet sich das Protoplasma strahlenförmig an.

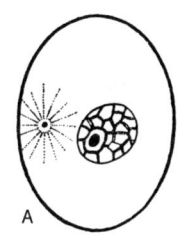

A. Zelle im Ruhestand.

Zellulitis

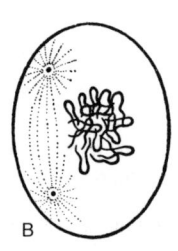

B. Teilung des Zentralkörperchen und fädige Zellkernstruktur.

2. *Phase (Metaphase):* Es sind folgende Teilphasen zu beobachten:
a) Teilung des Zentralkörpers in zwei Teilstücke, die eine gegenpolige Stellung einnehmen und mit ihren Protoplasmastrahlen eine Kernspindel bilden.
b) Chromosomen ordnen sich in der Äquatorialebene an und teilen sich durch Längsspaltung in zwei Hälften (Mutterstern).

C. Zentralkörperchen an die Pole gerückt, Bildung von Chromosomen.

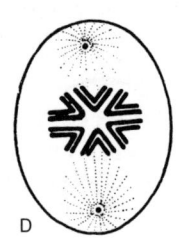

D. Anordnung der Chromosomen in der Äquatorebene und Längsteilung derselben.

3. *Phase (Anaphase):* Die Chromosomenhälften rücken jeweils nach den entgegengesetzten Teilen der Kernspindel auseinander und bilden um die beiden Zentralkörper Tochtersterne (Diaster).

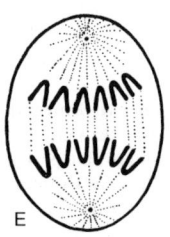

E. Chromosomenhälften rücken auseinander.

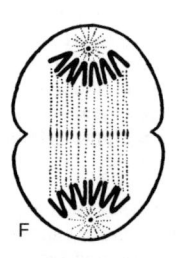

F. Beginn der Teilung.

4. *Phase (Telophase):* Verschmelzung der Chromosomen zu einem neuen Kern und Teilung des Zellleibs im Äquator zu zwei gleichen Teilen.

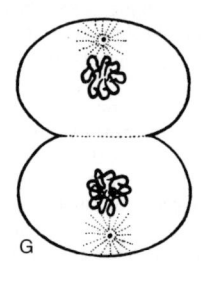

G. Beginn der Chromosomenauflösung und Kernbildung.

Zellulitis → Cellulite

Zellulose → Cellulose

Zeolithe
Natürlich vorkommende, wasserhaltige Aluminiumsilikate, die in ihrem Kristallgitter austauschbare Kationen (bevorzugt Natrium- und

Kaliumionen) enthalten und als Wasserenthärtungsmittel verwendet werden (→ Ionenaustauscher). Zeolithähnliche Verbindungen können auch als Phosphatersatz für Waschmittel eingesetzt werden.

Zetesap (Zschimmer & Schwarz) Handelsbezeichnung für Grundmassen zur Herstellung von pH-neutralen synthetischen Feinseifen, die als WAS eine Kombination aus Fettalkoholsulfaten und Sulfosuccinaten, Isethionaten oder Sulfoacetaten enthalten, ferner Gerüstsubstanzen auf Polysaccharidbasis und Plastifikatoren. Beispiel:
Zetesap C11 (INCI: Propylene Glycol, Aqua, Sodium Stearate, Sodium Laureth Sulfate, Sorbitol, Glycerin, Sodium Laurate, Tetrapotassium Etidronate, Pentasodium Pentetate)
Diese Grundmasse ist zur Herstellung transparenter, gegossener Transparentseifen (Combo-Seifenstücke) geeignet.

Zibet
Drüsenprodukt der in Abessinien beheimateten Zibet-Katze (Civettictis civetta und anderer Zibetkatzenarten). Das Erzeugnis ist von salbenförmiger Konsistenz. Als Hauptbestandteile werden Zibeton, Zibetol, Skatol und Fettsäuren genannt. Sein Geruch ist streng animalisch. Verwendung finden die mit Alkohol oder Aceton gewonnenen Resinoide. Sie verbessern Parfümerzeugnisse und verleihen ihnen bei niedriger Dosierung eine spürbare Duftabrundung.

Zibeton
Cycloheptadecenon. Farblose, mit Wasserdampf flüchtige Kristalle von widerlichem Geruch, der erst in großer Verdünnung angenehm wird und an Moschus erinnert. Geruchsträger des Zibets.

$$HC-(CH_2)_7 \atop HC-(CH_2)_7 \Big\rangle C=O$$

Zimtaldehyd
3-Phenylpropen-2-al. Hauptbestandteil der Zimtöle. Gelbe, nach Zimt riechende, in Ethanol lösliche Flüssigkeit, die an der Luft leicht zu Zimtsäure oxidiert. Verwendung als Riechstoff in der Parfümindustrie.

$$\langle O \rangle - CH = CH - C {\overset{H}{\underset{O}{\nwarrow}}}$$

Zimtalkohol
3-Phenylpropen-2-ol. Weiße, nach Hyazinthen riechende Nadeln, leicht löslich in Ethanol. In der Parfümerie wird er wegen seiner fixierenden Wirkung vielen Blumenkompositionen (Flieder, Maiglöckchen, Hyazinthe) zugesetzt. Geruchlich wertvoller sind seine Ester. In der Natur kommt der Zimtsäureester u. a. im Perubalsam und Styrax vor, das Acetat im Cassiaöl (→ Zimtöle).

$$\langle O \rangle - CH = CH - CH_2OH$$

Zimtöle
1. Das durch Wasserdampfdestillation aus der Rinde von Cinnamomum ceylanicum gewonnene ätherische Öl enthält bis zu 76% Zimtaldehyd und ca. 10% Eugenol. Es hat Geruch und Geschmack des Zimts.
Das aus Blättern derselben Pflanze gewonnene Öl enthält dagegen hauptsächlich Eugenol, hat einen feineren, an Nelken erinnernden Geruch und ist deshalb für die Parfümherstellung besser geeignet. Außerdem dient es zur Herstellung von Eugenol.
2. Das chinesische Zimtöl, Cassiaöl genannt, ähnelt im Geruch und Geschmack mehr dem Zimtrindenöl, enthält aber kein Eugenol. Es wird aus Blättern, Stängeln und Zweigen von Cinnamomum aromaticum und C. cassiae gewonnen.
Kosmetische Verwendung der Zimtöle in Zahnpasten und anderen Mundpflegemitteln (sie wirken antiseptisch) und als Parfümölkomponente.

Zimtsäureester
Balsamisch oder fruchtig riechende Substanzen, die in der Natur in ätherischen Ölen, Balsamen und Harzen vorkommen, aber auch synthetisch hergestellt werden.
Der Methylester, Hauptbestandteil des ätherischen Öls des Campherbasilikums, hat einen erdbeerartigen Geruch.
Der Benzyl- und der Zimtalkoholester kommen in Balsamen und Harzen vor und dienen als fixierende Grundnoten für schwere Blütendüfte und orientalische Parfums.

Ester der p-Methoxyzimtsäure sind häufig verwendete → UV-Filter.

Zinkacetat
(INCI: Zinc Acetate) $Zn(CH_3COO)_2 \cdot 2H_2O$.
Weiße, schwach nach Essigsäure riechende Kristalle, leicht löslich in Wasser und Ethanol, pH-Wert ca. 5–6.
Verwendung als mildes Adstringens und Antiseptikum.

Zinkcarbonat
Basisches Zinkcarbonat $5ZnO \cdot 2CO_2 \cdot 4H_2O$.
Weißes, wasserunlösliches Pulver, dessen Deckkraft geringer ist als die von Zinkoxid. Es wirkt aber stärker adstringierend als dieses. Wässrige Aufschwemmungen reagieren basisch.
Nur noch selten Verwendung für Puderpräparate.

Zinkchlorid
(INCI: Zinc Chloride) $ZnCl_2$. Hygroskopisches Pulver, leicht löslich in Wasser, Ethonol, Glycerol, Aceton. Konzentrierte wässrige Lösungen reagieren stark sauer und wirken ätzend, stark verdünnte antiseptisch, deodorierend, entzündungswidrig.
Verwendung als Adstringens und Antiseptikum.

Zinkcitrat
(INCI: Zink Citrate) Zinksalz der Zitronensäure. Verwendung in Zahnpasten zur Verhinderung von Karies- und Zahnsteinbildung.

Zinklactat
(INCI: Zink Lactate) Zinksalz der Milchsäure.
Verwendung siehe → Zinkcitrat.

Zinkmyristat
(INCI: Zinc Myristate) $(CH_3(CH_2)_{12}COO)_2Zn$.
Weißes Pulver, das als Puderbestandteil für Gesichts- und Körperpuder nur noch selten verwendet wird.

Zinkoxid
(INCI: Zinc Oxide) C.I. 77947, ZnO, Zinkweiß.
Weißes, schwach alkalisch reagierendes, in Wasser sehr wenig lösliches Pulver. Infolge seines starken Absorptionsvermögens wirkt Zinkoxid auf der Haut austrocknend, aber auch adstringierend und entzündungswidrig. Es besitzt gutes Deckvermögen, das allerdings von Titandioxid übertroffen wird.

Verwendung in Puderprodukten, Nagelpoliermitteln sowie in Zinkpasten und -cremes. In mikronisierter Form wird es auch als physikalischer Lichtschutzfilter (→ UV-Filter) eingesetzt.
Zinkoxid färbt sich bei starkem Erhitzen gelb, beim Erkalten wieder weiß.

Zinkpalmitat
Verwendung als W/O-Emulgator (säureempfindlich).

Zinkperoxid
(INCI: Zinc Peroxide) ZnO_2. In Wasser fast unlösliches weißes, adstringierend, oxidierend und desinfizierend wirkendes Pulver, das wenigstens 46% Zinkperoxid enthalten soll. Verwendung für Fußpuder, Salben und Streupuder. Der durchschnittliche Zusatz beträgt etwa 10%.

Zink-Phenolsulfonat
(INCI: Zinc Phenolsulfonate) $HOC_6H_4SO_3)_2Zn$.
In Wasser und Ethanol leicht lösliche Kristalle. Die Lösungen reagieren schwach sauer und wirken deodorierend, adstringierend und antiseptisch.
Verwendung für Haar- und Rasierwässer und Deodorantien.

Zinkpyrithion
(INCI: Zinc Pyrithione) Zinksalz des Pyridin-2-thiol-1-oxids, das in Shampoos zur Behandlung von Kopfschuppen verwendet wird. Es ist nur zugelassen für Präparate, die wieder abgespült werden (bis 0,5%). → Konservierungsmittel, → Antischuppenmittel.

Zinkstearat
(INCI: Zinc Stearate) $C_{17}H_{35}COO)_2Zn$. Weißes feines Pulver von schwachem stearinähnlichem Geruch, unlöslich in Wasser und Ethanol, löslich in Fetten und Ölen. Es wirkt adstringierend und deodorierend und kann in Emulsionen und als Verdickungsmittel eingesetzt werden. Häufig wird es jedoch in gepressten Pudern als Bindemittel und Kompaktierungshilfe verwendet.

Zinksulfat
(INCI: Zinc Sulfate) $ZnSO_4 \times 7H_2O$. Das Zinksalz der Schwefelsäure löst sich in Wasser mit saurer Reaktion. Es wirkt mild desinfizierend, adstringierend und antiseptisch und eignet sich zum Einsatz in Deodorantien, in Mundpflegepräparaten, als Stabilisator für W/O-Emulsionen und als Antiseptikum.

Zinkundecanat
Zinksalz der Undecansäure. Talkumähnliches weißes Pulver mit gutem Haftvermögen und mäßiger Deckkraft, das in Mengen von 2–10% für Gesichts- und Körperpuder eingesetzt werden kann.

Zinkundecenat
Zinksalz der Undecensäure. Feines weißes Pulver, unlöslich in Wasser und Ethanol, das für fungizide Puder Verwendung findet.

Zinkweiß → Zinkoxid

Zinnfluorid
(INCI: Stannous Fluoride) SnF_2, Zinn(II)-fluorid. Verwendung als Fluoridierungsmittel für Zahnpasten. Zulässige Höchstkonzentration: 0,15%.

Zinnkraut → Schachtelhalm

Zinn(IV)-oxid
Zinndioxid, SnO_2, Zinnasche, Zinnsäureanhydrid. Gelblich weißes, feines Pulver, das als Schleifmittel für Nagelpoliermittel kosmetisch Verwendung findet.

Zirkoniumchlorhydrat
(INCI: Zirconium Chlorohydrate) Wirkt adstringierend und findet in schweißhemmenden Mitteln Verwendung. → Antitranspirantien

Zitronenöl
(INCI: Zitrus Limonum) Ätherisches Öl, das aus den Schalen von Zitrus medica L. subsp. limonum gepresst wird. Hellgelbe, zitronenartig riechende Flüssigkeit, löslich in Alkoholen und Ölen. Hauptbestandteil ist Limonen (ca. 90%); Citral (3–5%) bedingt den charakteristischen Geruch. Zitronenöl ist licht- und luftempfindlich. Terpenfreies Zitronenöl besteht vorwiegend aus Citral, Geranyl- und Linalylacetat und riecht intensiv nach Zitrone.
Verwendung u.a. in Parfümölen.

Zitronensäure
(INCI: Citric Acid) 2-Hydroxy-1,2,3-propantricarbonsäure.

$$HOOC-CH_2-\underset{\underset{OH}{|}}{\overset{\overset{COOH}{|}}{C}}-CH_2-COOH$$

Farblose, in Wasser, Ethanol und Glycerol lösliche Kristalle von zitronensaurem Geschmack. Zitronensäure wirkt mild adstringierend und bleichend und kann in Emulsionen eingesetzt werden. Sie dient ferner als Säurekomponente zur Einstellung des pH-Wertes und als Synergist für Antioxidanzien.

Zitrusöle
Agrumenöle. Zu diesen Ölen zählen: Bergamottöl, Zitronenöl, Mandarinenöl, süßes Orangenschalenöl (Portugalöl), Bitterorangenöl, Grapefruitöl. Die Gewinnung erfolgt durch Auspressen der Zitrusfruchtschalen. Verwendung u.a. zur Herstellung von Parfümölen und Aromen.

Zitronensäureester
Alkylcitrate, z.B. Triethylcitrat, Tributylcitrat und deren Acetate, in denen die Hydroxylgruppe der Zitronensäure mit Essigsäure verestert ist.
Verwendung als nichttoxische Weichmacher z.B. für Haarsprays und als Emulgatoren für Salben und Cremes.

Zitronensäuretriethylester
(INCI: Triethyl Citrate) Ester der Zitronensäure und Ethanol, der als flüssiger, öliger Wirkstoff in Deodorantien eingesetzt werden kann. Funktion: Er wird anstelle des Körperschweißes von der Bakterienflora der Haut zu geruchsarmen Stoffen zersetzt.

Zoosterole
(gr. zoon = Lebewesen, Tier) Sterole, die im tierischen und menschlichen Organismus vorkommen (z.B. Cholesterol, Lanosterol). → Steroide, → Sterole

Zucker → Kohlenhydrate

Zuckeralkohole → Sorbitol, → Mannitol.

Zuckerester
Mono- und Diester, insbesondere der Glucose und der Saccharose mit Laurin-, Myristin-, Palmitin-, Stearin-, Ricinol- oder Ölsäure sind grenzflächenaktiv, biologisch leicht abbaubar, sehr hautfreundlich und werden als nichtionogene Reinigungsmittel und Emulgatoren eingesetzt. → Glucose, → Saccharoseester.

Zuckertenside
Ester und Ether vor allem der Glucose und der Saccharose mit höheren Fettsäuren bzw. Fettalkoholen und der ethoxylierte Verbindungen. → Glucose, → Saccharoseester, → Alkylpolyglykoside.

ZUK, Zuckerumwandlungskomplex
Als Bestandteil des NMF wurde eine neutrale Kohlenhydratfraktion isoliert, die wesentlich zum Wasserbindevermögen der Hornschicht beiträgt und nicht so leicht ausgewaschen wird wie die anderen Komponenten des NMF. Der ZUK ist eine präparativ hergestellte Mischung nahezu gleicher Zusammensetzung, die, substantiv an bestimmte Aminosäuren des Keratins gebunden, die gleiche wasserretinierende Wirkung zeigt wie die natürliche Kohlenhydratfraktion. Anwendung bei rauer trockener Haut, bei Altershaut, Seborrhoea sicca, Psoriasis, Ichthyosis etc.

Zylinderschicht → Basalzellenschicht

Zyste
Abgeschlossenes, sackartiges Geschwulst mit dünn- oder dickflüssigem Inhalt. Zysten der Haut: Atherome, Epithelzysten, Follikel- oder Talgzysten, Schweißzysten, Milien.

Zytostatika
Substanzen, die das Zellwachstum hemmen, besonders das Wachstum schnell wachsender Zellen. Sie werden in der Kosmetik in Antischuppenmitteln verwendet.

Anhang kosmetische UV-Filter

UV-Filter für kosmetische Mittel – gelistet nach Anlage 7 KVO Teil Stand Juli 2002

Nr.	INCI	Colipa Nr.	Chemische Bezeichnung Formel/Struktur	Wirkungs-bereich	Löslich in	Zulassung	Handelsnamen	Bemerkung
1	PABA	S 1	4-Aminobenzoesäure	UV-B	Öl, Ethanol	EU: max. 5% USA: 5–15% Japan: 4%	PABA (Merck)	Sensibilisierungen möglich, schwache Löslichkeit.
2	Camphor Benzalkonium Methosulfate	S 57	3-(4'-Trimethylammonium)benzylide n-bornan-2-on-methylsulfat	UV-B		EU: max. 6% USA: nicht zugelassen Japan: nicht zugelassen	Mexoryl SK (Chimex)	
3	Homosalate	S 12	Homomethylsalicylat; 3,3,5-Trimentyl-cyclohexal-Salicylat	UV-B	Öl	EU: max. 10% USA: 4–15% Japan: max. 10%	Eusolex HMS (Merck) Neo Heliopan HMS (Symrise)	Klare farblose bis hellgelbe, viskose Flüssigkeit; Lösungsmittel für feste UV-Filter.
4	Benzophenone-3	S 38	Oxybenzon; 2 Hydroxy-4-menthoxy-benzophenon	UV-A /UV-B	Öl	EU: max. 10% USA: 2–6% Japan: max. 5%	Eusolex 4360 (Merck) Neo Heliopan BB (Symrise) Uvinul M 40 (BASF)	Hellgelbes Pulver UVA/UVB Breitbandfilter; auch als Produktschutz einsetzbar. Hinweis auf Fertigproduktverpackungen bei Konzentrationen ab 0,5%: „enthält Oxybenzon"
5	Entfällt		(Urocaninsäure)					
6	Phenylbenzimidazole Sulfonic Acid	S 45	2-Phenylbenzimidazol-5-sulfonsäure (und ihre K-, Na- u. TEA-Salze)	UV-B	Wasser	EU: max. 8% (als Säure) USA: 1–4% Japan: nicht zugelassen	Eusolex 232 (Merck) Neo Heliopan Hydro (Symrise) Parsol HS (Roche)	Weißes Pulver, Einsatz als Na-, TEA-nach oder Trometaminsalz (pH-Wert Neutralisierung zwischen 6,3–7,5) US-Bezeichnung: Ensulizole.

Anhang kosmetische UV-Filter 316

Nr.	INCI	Colipa Nr.	Formel/Struktur	Wirkungs-bereich	Löslich in	Zulassung	Handelsnamen	Bemerkung
7	Terephthalylidene Dicamphor Sulfonic Acid	S 71	3,3'-(1,4-Phenylendimethin)-bis(7,7-dimethyl-2-oxobicyclo-[2.2.1]heptan-1-yl-methansulfon-säure und ihre Salze	UV-A	Wasser	EU: max. 10% (als Säure) USA: nicht zugelassen Japan: nicht zugelassen	Mexoryl SX (Chimex)	In Aerosolen (Sprays) verboten. Absorbtionsmaximum in Wasser bei 345nm
8	Butyl Methoxydi-benzoylmethane	S 66	Avobenzone: 1-(4-tert-Butylphenyl)-3-(4-methoxyphenyl)propan-1,3-dion	UV-A	Öl	EU: max. 5% USA: 2-3% Japan: max. 10%	Eusolex 9020 (Merck) Neo Heliopan 357 (Symrise) Parsol 1789 (Roche) Uvinul BMBM (BASF)	Weißes bis hellgelbes kristallines Pulver, nicht photoinstabil. Unverträg-lich mit Formaldehyd, -derivaten und Konservierungsmitteln mit reaktiven Methylgruppen und Metallsalzen. Der Zusatz von Komplexbildnern wird empfohlen. Absorbtionsmaximum in Ethanol bei 357 nm.
9	Benzylidene Camphor Sulfonic Acid	S 59	3-(4'Sulfo)benzyliden-bornan-2-on und seine Salze	UV-B	Wasser	EU: max. 6% (als Säure) USA: nicht zugelassen Japan: nicht zugelassen	Mexoryl SL (Chimex)	
10	Octocrylene	S 32	2-Cyano-3,3-diphenylacrylsäure, 2-ethyl-hexylester	UV-B	Öl	EU: max. 10% (als Säure) USA: 7-10% Japan: nicht zugelassen	Escalol 597 (ISP) Eusolex OCR (Merck) Neo Heliopan 303 (Symrise) Parsol 340 (Roche) Uvinul N 539 T (BASF)	Klare, gelbe Flüssigkeit, Lösungsmittel für feste UV-Filter, auch als Produkt-schutz einsetzbar. Photostabilisiert Avobenzone. Absorbtionsmaximum in Ethanol bei 302 nm.
11	Polyacrylamido-methyl Benzylidene Camphor	S 72	Polymer von N-[(2 und 4)-[(2-oxoborn-3-yliden)-methyl]benzyl]acrylamid	UV-B		EU: max. 6% USA: nicht zugelassen Japan: nicht zugelassen	Mexoryl SW (Chimex)	

Anhang kosmetische UV-Filter

Nr.	INCI	Colipa Nr.	Formel/Struktur	Wirkungs-bereich	Löslich in	Zulassung	Handelsnamen	Bemerkung
12	Ethylhexyl Methoxycinnamate	S 28	Octyl-methoxycinnamat; p-Methoxyzimtsäure-2-ethylhexylester	UV-B	Öl	EU: max. 10% USA: 2–7,5% Japan: max. 10% (produktabhängig)	Eusolex 2292 (Merck) Neo Heliopan AV (Symrise) Parsol MCX (Roche) Uvinul MC80 (BASF)	Klare, farblose bis hellgelbe Flüssigkeit. Lösungsmittel für feste UV-Filter.
13	PEG-25 PABA	S 3	Ethoxyliertes Ethyl-4-aminobenzoat; $x+y+z = 25$ Mol EO	UV-B	Wasser	EU: max. 10% USA: nicht zugelassen Japan: nicht zugelassen	Uvinul P 25 (BASF)	Hellgelbes Wachs, auch als Produktschutz einsetzbar.
14	Isoamyl p-Methoxycinnamate	S 27	p-Methoxyzimtsäureisoamylester; Isopentyl-4-methoxycinnamat	UV-B	Öl	EU: max. 10% USA: nicht zugelassen Japan: nicht zugelassen	Neo Heliopan E 1000 (Symrise)	Klare, hellgelbe Flüssigkeit, natürliches Vorkommen in den Wurzeln von Kaempferia galanga L. (Gewürzlilie)
15	Ethylhexyl Triazone	S 69	2,4,6-Tris[p-(2-ethylhexyl-oxycarbonyl)anilino]-1,3,5-triazin	UV-B	Öl	EU: max. 5% USA: nicht zugelassen Japan: max. 5%	Uvinul T 150 (BASF)	Weißes bis hellblaues Pulver, auch als Produktschutz einsetzbar. Absorptionsmaximum in Ethanol bei 312 nm.
16	Drometrizole Trisiloxane	S 73	2-(2H-Benzotriazol-2-yl)-4-methyl-6-(2-methyl-3-(1,3,3,3-tetramethyl-1-(trimethylsilyloxy)disiloxanyl)propyl)phenol	UV-A/UV-B	Öl	EU: max. 15% USA: nicht zugelassen Japan: nicht zugelassen	Mexoryl XL (Chimex) Silatrizole (Rhodia)	

Anhang kosmetische UV-Filter 318

Nr.	INCI	Colipa Nr.	Formel/Struktur	Wirkungsbereich	Löslich in	Zulassung	Handelsnamen	Bemerkung
17	Diethylhexyl Butamido Triazone	S 78	4,4'-[(6-[4-((1,1Dimethylethyl)aminocarbonyl) phenylamino]-1,3,5-triazin-2,4-diyl)diimino]bis (benzoesäure-2-ethylhexylester)			EU: max. 10% USA: nicht zugelassen Japan: nicht zugelassen	Uvasorb HEB (Sigma)	
18	4-Methylbenzylidene Camphor	S 60	3-(4'-Methyl)benzylidenbornan-2-on; 3-(4'-Methyl)benzyliden-DL-campher	UV-B	Öl	EU: max. 4% USA: nicht zugelassen Japan: nicht zugelassen	Eusolex 6300 (Merck) Neo Heliopan MBC (Symrise) Parsol 5000 (Roche) Uvinul MBC 95 (BASF)	Weißes kristallines Pulver, photostabilisiert Avobenzone.
19	3-Benzylidene Camphor	S 61	3-Benzylidenbornan-2-on; 3-Benzyliden-campher	UV-B	Öl	EU: max. 2% USA: nicht zugelassen Japan: nicht zugelassen	Mexoryl SD (Chimex) Unisol S-22 (Induchem)	
20	Ethylhexyl Salicylate	S 13	Salicylsäure-2-ethylhexylester; 2-Ethylhexylsalicylat	UV-B	Öl	EU: max. 5% USA: 3–5% Japan: max. 10%	Eusolex OS (Merck) Neo Heliopan OS (Symrise)	Klare, farblose bis hellgelbe Flüssigkeit; Lösungsmittel für feste UV-Filter.
21	Ethylhexyl Dimethyl PABA	S 8	4-Dimethylamino-benzoesäure-2-ethylhexylester	UV-B	Öl	EU: max. 8% USA: 1,4–8% Japan: 10% (produktabhängig)	Escalol 507 (ISP) Eusolex 6007 (Merck)	Flüssigkeit, Lösungsmittel für feste UV-Filter.

Anhang kosmetische UV-Filter

Nr.	INCI	Colipa Nr.	Formel/Struktur	Wirkungs-bereich	Löslich in	Zulassung	Handelsnamen	Bemerkung
22	Benzophenone-4	S 40	2-Hydroxy-4-methoxybenzophenon-5-sulfonsäure und ihr Na-Salz	UV-A/UV-B	Wasser	EU: max. 5% (als Säure) USA: max. 10% Japan: max. 10% (produktabhängig)	Uvinul MS 40 (BASF) Escalol 577 (ISP)	Breitbandfilter, weißes Pulver, Einsatz als Na-, TEA- oder Tromethaminsalz. PH-Wert nach der Neutralisierung zwischen 5,6–6,0; auch als Produktschutz einsetzbar; Unverträglich mit Magnesium-Salzen.
23	Methylene Bis-Benzotriazolyl Tetramethylbutyl phenol	S 79	2,2'-Methylen-bis-(6-(2H-benzotriazol-2-yl)-4-(1,1,3,3-tetramethylbutyl)phenol)	UV-A/UV-B	Öl, wasserdispergierbar	EU: max. 10% USA: nicht zugelassen Japan: nicht zugelassen	Tinosorb M (Ciba)	Wässrige Dispersion (50%ig) eines mikronisierten, organischen Moleküls. 3fach Wirkung durch UV-Absorption, Reflektion und Lichtstreuung.
24	Disodium Phenyl Dibenzimidazole Tetrasulfonate	S 80	2-2'-(1,4-Phenylen)bis(1H-benzimidazol-4,6-disulfonsäure, Mononatriumsalz	UV-A	Wasser	EU: max. 10% (als Säure) USA: nicht zugelassen Japan: nicht zugelassen	Neo Heliopan AP (Symrise)	Feines, gelbes, hygroskopisches Pulver.
25	Bis-Ethylhexyloxy-phenol Methoxyphenyl Triazine	S 81	2,4-bis[4-(2-ethylhexyloxy)-2-hydroxyphenyl]-6-(4-methoxyphenyl)-1,3,5-triazin	UV-A/UV-B	Öl	EU: max. 10% USA: nicht zugelassen Japan: nicht zugelassen	Tinosorb S (Ciba)	Gelbes Pulver.

Anhang kosmetische UV-Filter

Nr.	INCI	Colipa Nr.	Formel/Struktur	Wirkungs-bereich	Löslich in	Zulassung	Handelsnamen	Bemerkung
26	Polysilicone-15	S 74	Dimethicodiethylbenzalmalonat (n ca. 60, ca. 92,1–92,5%; R = CH₃; R = weitere Strukturen ca. 6% und ca. 1,5%)	UV-B	Öl	EU: max. 10%; USA: nicht zugelassen; Japan: nicht zugelassen	Parsol SLX (Roche)	Hellgelbe, ölige Flüssigkeit, gute Hautaffinität; photostabilisiert Nr. 8. Synergistischer Effekt mit Nr. 6 erzielbar.
27	Titanium Dioxide	S 75	TiO_2	UV-A/UV-B	in Wasser u./o. Öl dispergierbar	EU: max. 25%, z. T. länderspezifische Unterschiede; USA: 2–25%; Japan: akzeptiert, aber nicht spezifiziert	Eusolex T-Serie (Merck); Uvinul TiO₂ (BASF)	Mikronisierte Pigmente (10–30 nm), in Pulverform oder als gebrauchs-fertige Dispersion (30–45%ig) mit unterschiedlichen Beschichtungen zur Steigerung der Dispergierfähigkeit (in Wasser und Öl) und der Photostabilität.

Angaben ohne Gewähr